巴巴罗萨脱轨

斯摩棱斯克交战
（1941年7月10日—9月10日）

第一卷

BARBAROSSA
DERAILED
The Battle for Smolensk
10 July-10 September 1941

Volume 1

【美】戴维·M.格兰茨 著

小小冰人 译

台海出版社

BARBAROSSA DERAILED: THE BATTLE FOR SMOLENSK 10 JULY–10 SEPTEMBER 1941 VOLUME 1: THE GERMAN ADVANCE TO SMOLENSK, THE ENCIRCLEMENT BATTLE, AND THE FIRST AND SECOND SOVIET COUNTEROFFENSIVES, 10 JULY – 24 AUGUST 1941 by DAVID M. GLANTZ

Copyright: © DAVID M. GLANTZ 2010

This edition arranged with Helion & Company

through BIG APPLE AGENCY, INC., LABUAN, MALAYSIA.

Simplified Chinese edition copyright:

2019 ChongQing Zven Culture communication Co., Ltd

All rights reserved.

版贸核渝字（2019）第 013 号

图书在版编目（CIP）数据

巴巴罗萨脱轨. 第一卷，斯摩棱斯克交战 ：1941 年 7 月 10 日—9 月 10 日／（美）戴维·M. 格兰茨著；小小冰人译. -- 北京：台海出版社，2019.4

　书名原文：Barbarossa Derailed

　ISBN 978-7-5168-2275-3

Ⅰ．①巴… Ⅱ．①戴… ②小… Ⅲ．①德国对苏联突然袭击（1941）—史料 Ⅳ．① E512.9

中国版本图书馆 CIP 数据核字（2019）第 041626 号

巴巴罗萨脱轨．第一卷，

斯摩棱斯克交战：1941 年 7 月 10 日—9 月 10 日

著　　者：【美】戴维·M. 格兰茨		译　　者：小小冰人	

责任编辑：俞滟荣　　　　　　　　　策划制作：指文文化

视觉设计：王 星　　　　　　　　　责任印制：蔡 旭

出版发行：台海出版社

地　　址：北京市东城区景山东街20号　　邮政编码：100009

电　　话：010 - 64041652（发行，邮购）

传　　真：010 - 84045799（总编室）

网　　址：www.taimeng.org.cn/thcbs/default.htm

E - mail：thcbs@126.com

经　　销：全国各地新华书店

印　　刷：重庆共创印务有限公司

本书如有破损、缺页、装订错误，请与本社联系调换

开　　本：787mm×1092mm　　　　　1/16

字　　数：694千　　　　　　　　　印　　张：44

版　　次：2019年5月第1版　　　　　印　　次：2019年5月第1次印刷

书　　号：ISBN 978-7-5168-2275-3

定　　价：189.80元

"东线文库"总序

泛舟漫长的人类战争史长河，极目四望，迄今为止，尚未有哪场陆战能在规模上超过二战时期的苏德战争。这场战争挟装甲革命与重工业革命之双重风潮，以德、苏两大军事体系20年军改成果为孤注，以二战东线战场名扬后世。强强相撞，伏尸千里；猛士名将，层出不穷。在核恐怖强行关闭大国全面战争之门70年后的今天，回首望去，后人难免惊为绝唱。在面对那一串串数字和一页页档案时，甚至不免有传说时代巨灵互斫之苍茫。其与今人之距离，似有千年之遥，而非短短的七十春秋。

但是，如果我们记得，即便是在核武器称雄的时代，热战也并未绝迹，常规军事力量依然是大国达成政治诉求的重要手段，而苏德战争的胜利者苏联，又正是冷战的主角之一，直到今天，苏系武器和苏式战法的影响仍具有全球意义，我们就会发现，这场战争又距离我们是如此之近。

要知道这场战争究竟离我们有多近，恰恰要先能望远——通过对战争史和军事学说发展史的长程回顾，来看清苏德战争的重大意义。

正如俾斯麦所言："愚人执着于自己的体验，我则师法他者的经验。"任何一个人、一个组织的直接体验总是有限的，但如能将别人的间接经验转化为自己的直接体验，方是智者之所为。更高明的智者又不仅仅满足于经验的积累，而是能够突破经验主义的局限，通过学说创新形成理论体系，从而在经验和逻辑、事实与推理之间建立强互动，实现真正的以史为鉴和鉴往知来。

无怪乎杜普伊会说："军事历史之所以对军事科学的发展至关重要，是因为军事科学不像大多数其他学科那样，可在实验室里验证它们的理论和假说。军事试验的种种形式，如野战演习、对抗演习和实兵检验等，都永远不会再现战争的基本成分：致命环境下对死亡的恐惧感。此类种种试验无疑是非常有益的，但是，这种益处也只能是在一定程度上的。"[1] 但这绝不等于说战争无法研究，只能在战争中学战争。突破的关键即在于如何发挥好战争史研究的作用。所以杜普伊接着强调："像天文学一样，军事科学也是一门观测科学。正如天文学家把天体作为实验室（研究对象），而军人的真正的实验室则永远是军事历史。"[2]

从这个角度上讲，苏德战争无疑是一个巨型实验室，而且是一个直接当下，具有重大特殊意义的实验室。

回顾战争史，不难发现，受技术手段的局限，战场的范围长期局限在指挥官的目力范围之内。故而，在这个时期，战争行为大致可以简化为两个层级，一为战略（strategy），一为战术（tactic）。

战术是赢得战斗的方法，战略则是赢得战争的方法。战之术可以直接构成战之略的实施手段。一般而言，战争规模越有限，战争结局越由战斗决定，战略与战术的边界便越模糊，甚至可以出现"一战定乾坤"的戏剧性结局。这又进一步引发出战局和会战两个概念。

所谓战局，就是英语中的 Campaign，俄语的 кампания，德语的 Feldzug。Campaign 的词源是 campus，也就是营地。因为在罗马时代，受当时的技术条件限制，军队每年会有一个固定的季节性休战期，是为宿营时期。这样就可以很清晰地划分出以年度为单位的"战局"。相对不同的是德语 Feldzug 的词根有拖、拉、移动的意思，对弈中指移动棋子。已隐约可见机动战的独特传统。但三方对战局的理解、使用并无本质不同。

而会战（英语中的 Battle，俄语的 Битва，德语的 Schlacht）则是战斗的放大。换言之，在早期西方军事学说体系中，战略对应战局，战术对应战斗，而"会战"则是战略与战术的交汇地带，战局与战斗的中间产物。在早期冷兵器战争时代，会战较为简单，很多时候就是一个放大的战术行动和缩小的战略行动。但是，随着技术的变革，社会结构、动员体系、战争规模的巨变，会战组织越来越复杂，越来越专业，逐渐成为一个独立于战略和战术之外的层级。拿破仑的战争艺术，归根结底其实就是会战的艺术。

但是，拿破仑并未发展出一套会战学说，也没有形成与之相表里的军事制度和军事教育体系，反而过于依赖自己的个人天赋，从而最终走向不归路。得风气之先的是普鲁士军队的改革派三杰（沙恩霍斯特、格奈瑟瑙、克劳塞维茨），收功者则是促成德意志统一的老毛奇。普德军事体系的发展壮大，正是研究透彻了拿破仑又超越了拿破仑，在战略和战术之间增加了一个新层级——Operation，从根本上改变了军事指挥和军事学术研究范式。所谓

"Operation"，本有操作、经营、（外科）手术等多层含义，其实就是战略实施中的落实性操作，是因为战术已经无法直接构成战略的实施手段而增加的新环节。换言之，在德军军事体系中，Operation 是一个独立的、高度专业化的军事行动层级。

与之相表里，普德军事系统又形成了现代参谋制度，重新定义了参谋，并形成了以参谋军官为核心的现代军官团，和以参谋教育为核心的现代军校体系。总参谋部其实是一个集研究、教育、指挥为一体的复合结构。参谋总长管理陆军大学，而陆军大学的核心课程即为战争史研究，同时负责将相关研究兵棋化、实战化、条令化。这种新式参谋主要解决的就是 Operation Level 的问题，这与高级统帅思考战略问题，基层军官、士官思考战术问题正相等同。

普法战争后，普鲁士式总参谋部制度迅速在全球范围内扩散，举凡英法俄美意日等列强俱乐部成员国，无不效法。但是，这个制度的深层驱动力——Operation Level 的形成和相应学说创新，则长期为德军秘而不宣，即便是其亲传弟子，如保加利亚，如土耳其，如日本，均未得其门径窍奥，其敌手如法，如英，如俄，如美，亦均茫然不知其所以然。

最早领悟到德军作战层级独创性和重要性的军队，正是一战后涅槃重生的苏联红军。

苏军对德语的 Operation 进行了音译，是为 Операция，也就是日后中苏合作时期经苏联顾问之手传给我军的"战役"概念。换言之，所谓战役学，其实就是苏军版的 Operation 学说。而美军要到冷战期间才明白这一点，并正式修改其军事学说，在 Strategy 和 Tactic 之间增设 Operation 这个新层级。

与此同时，英美体系虽然在战役学层次反应迟钝，却看到了德、苏没有看到的另一个层次的变化——战争的巨变不仅发生在传统的战略、战术之间，更发生在战略之上。

随着战争本身的专业性日趋强化，军人集团在战争中的发言权无形中也被强化，而文官和文人战略家对战争的介入和管控力逐渐弱化。但正如克劳塞维茨强调指出的那样，战争是政治的延续[3]。因而，战争只是手段，不是目的。无论军事技术如何变化，这一个根本点不会变化。但现代战争的发展却导致了手段高于目的的客观现实，终于在一战中造成了莫大的灾难。战争的胜利不等于政治的胜利这一基本事实，迫使战争的胜利者开始反思固有战争理论的局限性，逐渐形成了"大战略"（Grand Strategy）的观念，这就在英美体系中形成了大战略（又称国家战略、总体战略、高级战略）、分类战略（包括军事战略、经济战略、外交战略、文化战略等）、战术的三级划分。大战略不再像传统战略那样执着于打赢战争，而是追求战争背后的终极目标——政治目的。因为此种战略在国家最高决策层面运作，所以美国学界又将大战略称为国家战略。用美国国防部的定义来说明，即："国家战略是平时和战时在使用武装力量的同时，发展和运用国家的政治、经济和心理力量，以实现国家目标的艺术和科学。"

冷战初期，美国以中央情报局、国家安全委员会、民营战略智库（如兰德公司）、常青藤联盟高校人才库相呼应的制度创新，其实就是建立在大战略学说领先基础上的国家安全体系创新[4]。而德军和苏军受传统"战略—战局"概念的束缚，均未看清这一层变化，故而在宏观战略指导上屡屡失误，只能仰赖希特勒、斯大林这样的战略怪才，以杰出个体的天赋弥补学说和制度的不足，等于又回到了拿破仑困境之中。

从这个角度上看二战，苏德战争可以说是两个走在战役学说创新前列的军事体系之间的超级碰撞。同为一战失败者的德、苏，都面对一战式的堑壕难题，且都嗅到了新时代的空气。德国的闪电战与苏军的大纵深战役，其实是两国改革派精英在同一场技术革命面前，对同一个问题所做出的不同解答。正是这种军事学说的得风气之先，令两国陆军在军改道路上走在列强前列。二战期间两国彗星撞地球般的碰撞，更进一步强化了胜利者的兼容并蓄。冷战期间，苏军的陆战体系建设，始终以这个伟大胜利为基石，不断深化。

在这个基础上再看冷战，就会发现，其对抗实质是美式三级体系（大战略、战略、战术）与苏式三级体系（战略、战役、战术）的对抗。胜负关键在于谁能先吸取对方之所长，弥补己方之所短。结果，苏联未能实现大战略的突破，建立独立自主的大战略学说、制度、教育体系。美国却在学科化的战略学、国际政治学和战争史研究的基础上，建立了自己的 Operation Level，并借力新一轮技术变革，对苏军进行创造性的再反制。这个连环反制竞争链条，一直延续到今天。虽然苏军已被清扫出局，但这种反制的殷鉴得失却不会消失，值得所有国家的军人和战史研究者注目。而美国借助遏制、接触战略，最终兵不血刃地从内部搞垮苏联，亦非偶然。

正是这种独特的历史地位，决定了东线史的独特重要性，东线研究本身也因而成为另一部波澜壮阔的历史。

可以说，苏军对苏德战争最具切肤之痛，在战争期间就不断总结经验教训。二战后，这个传统被继承下来，形成了独特的苏军式研究。与此同时，美国在二战刚刚结束之际就开始利用其掌握的资料和德军将领，进行针对苏军的研究。众多德军名将被要求撰写关于东线作战的报告[5]。但是，无论是苏军的研究还是美军的研究，都是内部进行的闭门式研究。这些成果，要到很久之后，才能公之于世。而世人能够看到的苏德战争著述，则是另一个景象。

二战结束后的最初 15 年，是宣传品与回忆录互争雄长的 15 年。作为胜利者的苏联，以君临天下的优越感，刊行了一大批带有鲜明宣传色彩的出版物[6]。与之相对应，以古德里安、曼施泰因等亲身参与东线鏖战的德国军人为代表的另一个群体，则以回忆录的形式展开反击[7]。这些书籍因为是失败者痛定思痛的作品，著述者本人的军事素养和文笔俱佳，故而产生了远胜过苏联宣传史书的影响力，以至于很多世人竟将之视为信史。直到德国档案资料的不断披露，后人才逐渐意识到，这些名将回忆录因成书年代的特殊性，几乎只能依赖回忆者的主观记忆，而无法与精密的战史资料互相印证。同时，受大环境的影响，这些身为楚囚的德军将领大多谋求：一、尽量撇清自己的战争责任；二、推卸战败责任（最常用的手法就是将所有重大军事行动的败因统统归纳为希特勒的瞎指挥）；三、宣传自身价值（难免因之贬低苏联和苏军）。而这几个私心又迎合了美国的需求：一、尽快将西德纳入美国领导的反苏防务体系之中，故而必须让希特勒充分地去当替罪羊，以尽快假释相关军事人才；二、要尽量抹黑苏联和苏军，以治疗当时弥漫在北约体系内的苏联陆军恐惧症；三、通过揭批纳粹政体的危害性，间接突显美国制度的优越性。

此后朱可夫等苏军将领在后斯大林时代刊行的回忆录，一方面固然是苏联内部政治生态变化的产物，但另一方面也未尝不可说是对前述德系著述的回击。然而，德系回忆录的问题同样存在于苏系回忆录之中。两相对比，虽有互相校正之效，但分歧、疑问更多，几乎可以说是此亦一是非、彼亦一是非，俨然是在讲两场时空悬隔的战争。

结果就是，苏德战争的早期成果，因其严重的时代局限性，而未能形成真正的学术性突破，反而为后人的研究设置了大量障碍。

进入 20 世纪 60 年代，虽然各国关于东线的研究越来越多，出版物汗牛充栋，但摘取桂冠的仍然是当年的当事人一方。幸存的纳粹党要员保罗·卡尔·施密特（Paul Karl Schmidt）化名保罗·卡雷尔（Paul Carell），在已有研究的基础上，大量使用德方资料，并对苏联出版物进行了尽量全面的搜集使用，更对德国方面的幸存当事人进行了广泛的口述历史采访，在 1964 年、1970 年相继刊行了德军视角下的重量级东线战史力作——《东进：1941—1943 年的苏德战争》和《焦土：1943—1944 年的苏德战争》[8]。

进入 20 世纪 70 年代后，研究趋势开始发生分化。北约方面可以获得的德方档案资料越来越多，苏方亦可通过若干渠道获得相关资料。但是，苏联在公布己方史料时却依然如故，仅对内进行有限度的档案资料公布。换言之，苏联的研究者较之于北约各国的研究者，掌握的史料更为全面。但是，苏联方面却没有产生重量级的作品，已经开始出现军事学说的滞后与体制限制的短板。

结果，在这个十年内，最优秀的苏德战争著作之名被英国军人学者西顿（Albert Seaton）的《苏德战争》摘取[9]。此时西方阵营的二战研究、希特勒研究和德军研究均取得重大突破，在这个整体水涨的背景下，苏德战争研究自然随之船高。而西顿作为英军中公认的苏军及德军研究权威，本身即带有知己知彼的学术优势，同时又大力挖掘了德国方面的档案史料，从而得以对整个苏德战争进行全新的考订与解读。

继之而起者则有英国学者约翰·埃里克森（John Ericsson）与美国学者厄尔·齐姆克（Earl F. Ziemke）。

和西顿一样，埃里克森（1929 年 4 月 17 日—2002 年 2 月 10 日）也曾在英军中服役。不同之处则在于：

其一，埃里克森的研究主要是在退役后完成。他先是进入剑桥大学圣约翰学院深造，1956 年苏伊士运河危机爆发后作为苏格兰边民团的一名预备军官被重新征召入役。危机结束后，埃里克森重启研究工作，1958 年进入圣安德鲁大学担任讲师，开始研究苏联武装力量。1962 年，埃里克森首部著作《苏联统帅部：1918—1941 年》出版，同年在曼彻斯特大学出任高级讲师。1967 年进入爱丁堡大学高级防务研究所任职，1969 年成为教授，研究重心逐渐转向苏德战争。

其二，埃里克森得益于两大阵营关系的缓和，能够初步接触苏军资料，并借助和苏联同行的交流，校正之前过度依赖德方档案导致的缺失。而苏联方面的战史研究也取得了较大的进展，足以为这种校正提供参照系，而不像五六十年代时那样只能提供半宣传品性质的承旨之作。同时，埃里克森对轴心国阵营的史料挖掘也更全面、细致，远远超过了之前的同行。关于这一点，只要看一看其著述后面所附录的史料列目，即可看出苏德战争研究的史料学演进轨迹。

埃里克森为研究苏德战争，还曾专程前往波兰，拜会了苏军元帅罗科索夫斯基。这个非同凡响的努力成果，就是名动天下的"两条路"。

所谓"两条路"，就是 1975 年刊行的《通往斯大林格勒之路》与 1982 年刊行的《通往柏林之路》[10]。正是靠了这两部力作，以及大量苏军研究专著[11]，埃里克森在 1988—1996 年间成为爱丁堡大学防务研究中心主任。

厄尔·齐姆克（1922 年 12 月 16 日—2007 年 10 月 15 日）则兼有西顿和埃里克森的身影。出生于威斯康星州的齐姆克虽然在二战中参加的是对日作战，受的也是日语训练，却在冷战期间华丽转型，成为响当当的德军和苏军研究权威。曾在硫磺岛作战中因伤获得紫心勋章的齐姆克，战后先是在天津驻扎，随后复员回国，通过军人权利法案接受高等教育，1951 年在威斯康星大学获得学位。1951—1955 年，他在哥伦比亚的应用社会研究所工作，1955—1967 年进入美国陆军军史局成为一名官方历史学家，1967—1977 年在佐治亚大学担任全职教授。其所著《柏林战役》《苏维埃压路机》《从斯大林格勒到柏林：德国在东线的失败》《从莫斯科到斯大林格勒：东线的抉择》《德军东线北方战区作战报告，1940—1945 年》《红军，1918—1941 年：从世界革命的先锋到美国的盟友》等书[12]，对苏德战争、德军研究和苏军研究均做出了里程碑般的贡献，与埃里克森堪称双峰并峙、二水分流。

当《通往柏林之路》刊行之时，全球苏德战争研究界人士无人敢想，仅仅数年之后，苏联和华约集团便不复存在。苏联档案开始爆炸性公布，苏德战争研究也开始进入一个前人无法想象的加速发展时代，甚至可以说是一个在剧烈地震、风暴中震荡前行的时代。在海量苏联史料的冲击下，传统研究纷纷土崩瓦解，军事界和史学界的诸多铁案、定论也纷纷根基动摇。埃里克森与齐姆克的著作虽然经受住了新史料的检验，但却未能再进一步形成新方法的再突破。更多的学者则汲汲于立足新史料，急求转型。连保罗·卡雷尔也奋余勇，在去世三年前的1993年刊行了《斯大林格勒：第6集团军的覆灭》。奈何宝刀已老，时过境迁，难以再掀起新的时代波澜了。

事实证明，机遇永远只向有准备、有行动力的人微笑，一如胜利天平总是倾斜于能率先看到明天的一方。风起云涌之间，新的王者在震荡中登顶，这位王者就是美国著名苏军研究权威——戴维·格兰茨（David Glantz）。

作为一名参加过越战的美军基层军官，格兰茨堪称兼具实战经验和学术积淀。1965年，格兰茨以少尉军衔进入美国陆军野战炮兵服役，并被部署到越南平隆省的美国陆军第2军的"火力支援与协调单元"（Fire Support Coordination Element，FSCE，相当于军属野战炮兵的指挥机构）。1969年，格兰茨返回美国，在陆军军事学院教授战争史课程。1973年7月1日，美军在陆军训练与条令司令部下开设陆军战斗研究中心（Combat Studies Institute，CSI），格兰茨开始参与该中心的苏军研究项目。1977—1979年他出任美国驻欧陆军司令部情报参谋办公室主任。1979年成为美国陆军战斗研究所首席研究员。1983年接掌美国陆军战争学院（United States Army War College）陆战中心苏联陆军作战研究处（Office of Soviet Army Operations at the Center for Land Warfare）。1986年，格兰茨返回利文沃思堡，组建并领导外国军事研究办公室（Foreign Military Studies Office，FMSO）。在这漫长的研究过程中，格兰茨不仅与美军的苏军研究同步前进，而且组织翻译了大量苏军史料和苏方战役研究成果 [13]。

1993年，年过半百的格兰茨以上校军衔退役。两年后，格兰茨刊行了里程碑著作《巨人的碰撞》[14]。这部苏德战争新史，系格兰茨与另一位美国军人学者乔纳森·M. 豪斯（Jonathan M. House）合著，以美军的苏军研究为基石，兼顾苏方新史料，气势恢宏地重构了苏德战争的宏观景象。就在很多人将这本书看作格兰茨一生事功的收山之作的时候，格兰茨却老当益壮，让全球同行惊讶地发现，这本书根本不是终点线，而是格兰茨真正开始斩将搴旗、攻城略地的起跑线：

1998 年刊行《泥足巨人：苏德战争前夕的苏联军队》[15]《哈尔科夫：1942 年东线军事灾难的剖析》[16]。

1999 年刊行《朱可夫最大的败仗：红军 1942 年"火星"行动的惨败》[17]《库尔斯克会战》[18]。

2001 年刊行《巴巴罗萨：1941 年希特勒入侵俄罗斯》[19]《列宁格勒之围 1941—1944，900 天的恐怖》[20]。

2002 年刊行《列宁格勒会战 1941—1944》[21]。

2003 年刊行《斯大林格勒会战之前：巴巴罗萨，希特勒对俄罗斯的入侵》[22]《八月风暴：苏军在满洲的战略攻势》[23]《八月风暴：苏联在满洲的作战与战术行动》[24]。

2004 年与马克·里克曼斯波尔（Marc J. Rikmenspoel）刊行《屠戮之屋：东线战场手册》[25]。

2005 年刊行《巨人重生：大战中的苏联军队》[26]。

2006 年刊行《席卷巴尔干的红色风暴：1944 年春苏军对罗马尼亚的攻势》[27]。

2009 年开始刊行《斯大林格勒三部曲·第一部：兵临城下（1942.4—1942.8）》[28]和《斯大林格勒三部曲·第二部：决战（1942.9—1942.11）》[29]。

2010 年刊行《巴巴罗萨脱轨·第一卷·斯摩棱斯克交战：1941 年 7 月 10 日—9 月 10 日》[30]。

2011 年刊行《斯大林格勒之后：红军的冬季攻势》[31]。

2012 年刊行《巴巴罗萨脱轨·第二卷·斯摩棱斯克交战：1941 年 7 月 10 日—9 月 10 日》[32]。

2014 年刊行《巴巴罗萨脱轨·第三卷·斯摩棱斯克交战：1941 年 7 月 10 日—9 月 10 日》[33]《斯大林格勒三部曲·第三部：最后的较量（1942.12—1943.2）》[34]。

2015 年刊行《巴巴罗萨脱轨·第四卷·斯摩棱斯克交战：地图集》[35]。

2016 年刊行《白俄罗斯会战：红军被遗忘的战役 1943 年 10 月—1944 年 4 月》[36]。

这一连串著述列表，不仅数量惊人，质量亦惊人。盖格兰茨之苏德战史

研究，除前述立足美军对苏研究成果、充分吸收新史料及前人研究成果这两大优势之外[37]，还有第三个重要优势，即立足战役层级，竭力从德军和苏军双方的军事学说视角，双管齐下，珠联璧合地对苏德战争中的重大战役进行深度还原。

其中，《泥足巨人》与《巨人重生》二书尤其值得国人注目。因为这两部著作不仅正本清源地再现了苏联红军的发展历程，而且将这个历程放在学说构造、国家建设、军事转型的大框架内进行了深入检讨，对我国今日的军事改革和军事转型研究均具有无可替代的重大意义。

严谨的史学研究和实战导向的军事研究在这里实现了完美结合。观其书，不仅可以重新认识那段历史，而且可以对美军专家眼中的苏军和东线战史背后的美军学术思想进行双向感悟。而格兰茨旋风业已在多个国家掀起重重波澜。闻风而起者越来越多，整个苏德战争研究正在进入新一轮的水涨阶段。

如道格拉斯·纳什（Douglas Nash）的《地狱之门：切尔卡瑟战役1944.1—1944.2》（2002）[38]，小乔治·尼普（George Nipe Jr.）的《在乌克兰的抉择：1943年夏季东线德国装甲作战》（1996）[39]、《最后的胜利》（2000）[40]以及《鲜血·钢铁·神话：武装党卫队第2装甲军与通往普罗霍罗夫卡之路》（2013）[41]均深得作战研究之精髓，且能兼顾史学研究之严谨，从而将老话题写出新境界。

此外，旅居柏林多年的新西兰青年学者戴维·斯塔勒（David Stahel）于2009年刊行的《"巴巴罗萨"与德国在东线的失败》[42]，以及美国杜普伊研究所所长、阿登战役与库尔斯克战役模拟数据库的项目负责人克里斯托弗·劳伦斯（Christopher A. Lawrence）2015年刊行的《库尔斯克：普罗霍罗夫卡之战》[43]，均堪称卓尔不群，又开新径。前者在格兰茨等人研究的基础上，重新回到德国视角，探讨了巴巴罗萨作战的复杂决策过程。整书约40%的内容是围绕决策与部署写作的，揭示了德国最高统帅部与参谋本部等各部门的战略、作战观念差异，以及战前一系列战术、技术、后勤条件对实战的影响，对"巴巴罗萨"作战——这一人类历史上最宏大的地面作战行动进行了精密的手术解剖。后者则将杜普伊父子的定量分析战史法这一独门秘籍发扬到极致，以 1662 页的篇幅和大量清晰、独特的态势图，深入厘清了普罗霍罗夫卡之战的地理、兵力、技战术和战役部署，堪称兼顾宏观、中观、微观的全景式经典研究。曾在英军中服役的高级军医普里特·巴塔（Prit Buttar）同样以半百之年作老当益壮之后发先至，近年来异军突起，先后刊行了《普鲁士战场：苏德战争 1944—1945》（2010）、《巨人之间：第二次世界大战中的波罗的海战事》（2013）、《帝国的碰撞：1914 年东线战争》（2014）、《日耳曼优先：1915 年东线战场》（2015）、《俄罗斯的残息：1916—1917 年的东线战场》（2016）[44]。这一系列著作兼顾了战争的中观与微观层面，既有战役层级的专业剖析，又能兼顾具体人、事、物的栩栩如生。且从二战东线研究追溯到一战东线研究，溯本追源，深入浅出，是近年来不可多得的佳作。

行文及此，不得不再特别指明一点：现代学术著述，重在"详人之所略，略人之所详"。绝不可因为看了后出杰作，就将之前的里程碑著作束之高阁。尤其对中国这样的后发国家而言，更不能限在"第六个包子"的思维误区中。所谓后发优势，无外乎是能更好地以史为鉴，以别人的筚路蓝缕为我们的经验教训。故而，发展是可以超越性布局的，研究却不能偷懒。最多是随着研究的深入，实现阅读、写作的加速度，这是可取的。但怀着投机取巧的心态，误以为后出者为胜，从而满足于只吃最后一个包子，结果必然是欲速不达，求新而不得新。

反观我国的苏德战史研究，恰处于此种状态。不仅新方法使用不多，新史料译介有限，即便是经典著述，亦乏人问津。更值得忧虑之处在于，基础学科不被重视，军事学说研究和严肃的战争史研究长期得不到非军事院校的重视，以致连很多基本概念都没有弄清。

以前述战局、战役、会战为例：

汉语	战局	战役	会战
英语	Campaign	Operation	Battle
俄语	кампания	Операция	Битва
德语	Feldzug	Operation	Schlacht

比如科贝特的经典著作 *The Campaign of Trafalgar*[45]，就用了"Campaign"而非"Battle"，原因就在于这本书包含了战略层级的博弈，而且占据了相当重要的篇幅。这其实也正是科贝特极其自负的一点，即真正超越了具体海战的束缚，居高临下又细致入微地再现了特拉法尔加之战的前因后果，波澜壮阔。故而，严格来说，这本书应该译作"特拉法尔加战局"。

我国军事学术界自晚清以来就不甚重视严肃的战争史研究和精准的学说体系建立。国民党军队及其后身——今日的台军，长期只有一个"会战"概念，后来虽然引入了 Operation 层级，但真正能领悟其实质者甚少[46]，而且翻译为"作战"，过于具象，又易于引发误解。相反，大陆方面的军事学术界用"战役"来翻译苏军的 Операция，胜于台军用"作战"翻译 Operation。因为战役的"役"也正如战略、战术之"略"与"术"，带有抽象性，不会造成过于具象的刻板误解，而且战略、战役、战术的表述也更贯通流畅。但是，在对"战役"进行定义时，却长期没有立足战争史演变的实践，甚至形成如下翻译：

汉语	作战、行动	战役	会战
英语	Operation	Campaign Operation Battle	Battle Operation
俄语	—	Операция кампания	Битва
德语	Operation	Feldzug Operation	Schlacht Operation

但是，所谓"会战"是一个仅存在于国—台军的正规军语中的概念。在我军的严格军事学术用语中，并无此一概念。所以才会有"淮海战役"与"徐蚌会战"的不同表述。实质是长期以来用"战役"一词涵盖了 Campaign、Operation 和 Battle 三个概念，又没有认清苏俄军事体系中的 Операция 和英德军语中的 Operation 实为同一概念。其中虽有小异，实具大同。而且，这个概念虽然包含具体行动，却并非局限于此，而是一个抽象军事学说体系中的层级概念。而这个问题的校正、解决又绝非一个语言问题、翻译问题，而是一个思维问题、学说体系建设问题。

正因为国内对苏德战争的理解长期满足于宣传品、回忆录层级的此亦一是非、彼亦一是非，各种对苏军（其实也包括了对德军）的盲目崇拜和无知攻击才会同时并进、甚嚣尘上。

因此之故，近数年来，我多次向多个出版大社建议，出版一套"东线文库"，遴选经典，集中推出，以助力于中国战史研究发展和军事学术范式转型。其意义当不限于苏德战史研究和二战史研究范畴。然应之者众，行之者寡。直到今年六月中旬，因缘巧合认识了指文公司的罗应中，始知指文公司继推出卡雷尔的《东进：1941—1943年的苏德战争》《焦土：1943—1944年的苏德战争》，巴塔的《普鲁士战场：苏德战争1944—1945》和劳斯、霍特的回忆录《装甲司令：艾哈德·劳斯大将东线回忆录》《装甲作战：赫尔曼·霍特大将战争回忆录》之后，在其组织下，小小冰人等国内二战史资深翻译名家们，已经开始紧锣密鼓地翻译埃里克森的"两条路"，并以众筹方式推进格兰茨《斯大林格勒》三部曲之翻译。经过一番沟通，罗先生对"东线文库"提案深以为然，乃断然调整部署，决定启动这一经典战史译介计划，并与我方团队强强联合，以鄙人为总策划，共促盛举，以飨华语读者。罗先生并嘱我撰一总序，以为这一系列的译介工作开宗明义。对此，本人自责无旁贷，且深感与有荣焉。

是为序。

王鼎杰*

*王鼎杰，知名战略、战史学者，主张从世界史的角度看中国，从大战略的视野看历史。著有《复盘甲午：重走近代中日对抗十五局》《李鸿章时代》《当天朝遭遇帝国：大战略视野下的鸦片战争》。现居北京，从事智库工作，致力于战略思维传播和战争史研究范式革新。

注

1. ［美］T. N. 杜普伊，《把握战争——军事历史与作战理论》，北京：军事科学出版社，2001 年，第 2 页。

2. 同上。

3. ［德］克劳塞维茨，《战争论》，第 1 册，北京：商务印书馆，1995 年，第 43—44 页。

4. 这就是为什么很多优秀制度被一些后发国家移植后往往不见成效，甚至有反作用的根源。其原因并非文化的水土不服，而是忽视了制度背后的学说创新。

5. 战争结束后美国陆军战史部（Historical Division of the U.S.Army）即成立德国作战史分部 ［Operational History（German）Section］，监督被俘德军将领，包括蔡茨勒、劳斯、霍特等人，撰写东线作战的回忆录，劳斯与霍特将军均以"装甲作战"（Panzer Operation）为主标题的回忆录即诞生于这一时期。可参见：［奥］艾哈德·劳斯著，［美］史蒂文·H. 牛顿编译，邓敏译，赵国星审校，《装甲司令：艾哈德·劳斯大将东线回忆录》，北京：中国长安出版社，2015 年 11 月第一版。［德］赫尔曼·霍特著，赵国星译，《装甲作战：赫尔曼·霍特大将战争回忆录》，北京：中国长安出版社，2016 年 3 月第一版。

6. 如国内在 20 世纪五六十年代译介的《苏联伟大卫国战争史》《苏联伟大卫国战争简史》《斯大林的军事科学与苏联伟大卫国战争》《苏军在伟大卫国战争中的辉煌胜利》等。

7. 此类著作包括古德里安的自传《闪击英雄》、曼施泰因的自传《失去的胜利》、梅林津所写的《坦克战》、蒂佩尔斯基希的《第二次世界大战史》等。

8. Paul Carell, *Hitler Moves East, 1941—1943*, New York: Little, Brown; First Edition, 1964; Paul Carell, *Scorched Earth*, London: Harrap; First Edition, 1970.

9. Albert Seaton, *The Russo-German War 1941—1945*, Praeger Publishers; First Edition, 1971.

10. John Ericsson, *The Road to Stalingrad: Stalin's War with Germany* (Harper&Row, 1975); John Ericsson, *The Road to Berlin: Continuing the History of Stalin's War With Germany* (Westview, 1983).

11. John Ericsson, *The Soviet High Command 1918—1941: A Military-Political History* (Macmillan, 1962); *Panslavism* (Historical Association, 1964); *The Military-Technical Revolution* (Pall Mall, 1966); *Soviet Military Power* (Royal United Services Institute, 1976); *Soviet Military Power and Performance* (Archon, 1979); *The Soviet Ground Forces: An Operational Assessment* (Westview Pr, 1986); *Barbarossa: The Axis and the Allies* (Edinburgh, 1994); *The Eastern Front in Photographs: From Barbarossa to Stalingrad and Berlin* (Carlton, 2001).

12. Earl F. Ziemke, *Battle for Berlin: End of the Third Reich* (Ballantine Books, 1972); *The Soviet Juggernaut* (Time Life, 1980); *Stalingrad to Berlin: The German Defeat in the East* (Military Bookshop, 1986); *Moscow to Stalingrad: Decision in the East* (Hippocrene, 1989); *German Northern Theatre Of Operations 1940—1945* (Naval&Military, 2003); *The Red Army, 1918—1941: From Vanguard of World Revolution to US Ally* (Frank Cass, 2004).

13. 这些翻译成果包括：*Soviet Documents on the Use of War Experience*, Ⅰ, Ⅱ, Ⅲ (Routledge,1997); *The Battle for Kursk 1943: The Soviet General Staff Study* (Frank Cass,1999); *Belorussia 1944: The Soviet General Staff Study* (Routledge, 2004); *The Battle for L'vov: The Soviet General Staff Study* (Routledge,2007); *Battle for the Ukraine: The Korsun'-Shevchenkovskii Operation* (Routledge, 2007).

14. David M. Glantz&Jonathan M. House, *When Titans Clashed: How the Red Army Stopped Hitler,*

University Press of Kansas; First Edition, 1995.

15. David M. Glantz, *Stumbling Colossus: The Red Army on the Eve of World War* (Kansas, 1998).

16. David M. Glantz, *Kharkov 1942: Anatomy of a Military Disaster* (Sarpedon, 1998).

17. David M. Glantz, *Zhukov's Greatest Defeat: The Red Army's Epic Disaster in Operation Mars* (Kansas, 1999).

18. David M. Glantz&Jonathan M House, *The Battle of Kursk* (Kansas, 1999).

19. David M. Glantz, *Barbarossa: Hitler's Invasion of Russia 1941* (Stroud, 2001).

20. David M. Glantz, *The Siege of Leningrad, 1941—1944: 900 Days of Terror* (Brown, 2001).

21. David M. Glantz, *The Battle for Leningrad, 1941—1944* (Kansas，2002).

22. David M. Glantz, *Before Stalingrad: Barbarossa, Hitler's Invasion of Russia 1941* (Tempus, 2003).

23. David M. Glantz, *The Soviet Strategic Offensive in Manchuria, 1945: August Storm* (Routledge，2003).

24. David M. Glantz, *The Soviet Operational and Tactical Combat in Manchuria, 1945: August Storm* (Routledge, 2003).

25. David M. Glantz&Marc J. Rikmenspoel, *Slaughterhouse: The Handbook of the Eastern Front* (Aberjona, 2004).

26. David M. Glantz, *Colossus Reborn: The Red Army at War, 1941—1943* (Kansas, 2005).

27. David M. Glantz, *Red Storm Over the Balkans: The Failed Soviet Invasion of Romania, Spring 1944* (Kansas, 2006).

28. David M. Glantz&Jonathan M. House, *To the Gates of Stalingrad: Soviet—German Combat Operations, April—August 1942* (Kansas, 2009).

29. David M. Glantz&Jonathan M. House, *Armageddon in Stalingrad: September—November 1942* (Kansas, 2009).

30. David M. Glantz, *Barbarossa Derailed: The Battle for Smolensk, Volume 1, 10 July—10 September 1941* (Helion&Company, 2010).

31. David M. Glantz, *After Stalingrad: The Red Army's Winter Offensive 1942—1943* (Helion&Company, 2011).

32. David M. Glantz, *Barbarossa Derailed: The Battle for Smolensk, Volume 2, 10 July—10 September 1941* (Helion&Company, 2012).

33. David M. Glantz, *Barbarossa Derailed: The Battle for Smolensk, Volume 3, 10 July—10 September 1941* (Helion&Company, 2014).

34. David M. Glantz&Jonathan M. House, *Endgame at Stalingrad: December 1942—February 1943* (Kansas, 2014).

35. David M. Glantz, *Barbarossa Derailed: The Battle for Smolensk, Volume 4, Atlas* (Helion&Company, 2015).

36. David M. Glantz&Mary Elizabeth Glantz, *The Battle for Belorussia: The Red Army's Forgotten Campaign of October 1943—April 1944* (Kansas, 2016).

37. 格兰茨的研究基石中，很重要的一块就是马尔科姆·马金托什（Malcolm Mackintosh）的研究成果。之所以正文中未将之与西顿等人并列，是因为马金托什主要研究苏军和苏联政策、外交，而没有进行专门的苏德战争研究。但其学术地位及对格兰茨的影响是不容忽视的。

38. Douglas Nash, *Hell's Gate: The Battle of the Cherkassy Pocket, January—February 1944* (RZM, 2002).

39. George Nipe Jr. , *Decision in the Ukraine: German Panzer Operations on the Eastern Front, Summer 1943* (Stackpole, 1996).

40. George Nipe Jr. , *Last Victory in Russia: The SS-Panzerkorps and Manstein's Kharkov Counteroffensive, February—March 1943* (Schiffer, 2000).

41. George Nipe Jr. , *Blood, Steel, and Myth: The Ⅱ. SS-Panzer-Korps and the Road to Prochorowka* (RZM, 2013).

42. David Stahel, *Operation Barbarossa and Germany's Defeat in the East* (Cambridge, 2009).

43. Christopher A. Lawrence, *Kursk: The Battle of Prokhorovka* (Aberdeen, 2015).

44. 普里特·巴塔先生的主要作品包括：Prit Buttar, *Battleground Prussia: The Assault on Germany's Eastern Front 1944—1945* (Ospery, 2010); *Between Giants: The Battle of the Baltics in World War Ⅱ* (Ospery, 2013); *Collision of Empires: The War on the Eastern Front in 1914* (Ospery, 2014); *Germany Ascendant: The Eastern Front 1915* (Ospery, 2015); Russia's Last Gasp, *The Eastern Front, 1916—1917* (Ospery, 2016).

45. Julian Stafford Corbett, *The Campaign of Trafalgar* (Ulan Press, 2012).

46. 参阅：滕昕云，《闪击战——迷思与真相》，台北：老战友工作室 / 军事文粹部，2003 年。该书算是华语著作中第一部从德军视角强调"作战层级"重要性的著作。

序

  1941年7月10日拂晓，德国中央集团军群第2、第3装甲集群的大批坦克和摩托化步兵跨过第聂伯河和西德维纳河向前推进，第三帝国元首阿道夫·希特勒和大多数德军官兵相信，这是朝苏联首都莫斯科展开的一场胜利进军的开始。

  不到三周前的6月22日，希特勒投入德国国防军，大举入侵苏联，行动代号"巴巴罗萨"，力图击败苏联红军，征服这个国家，推翻约瑟夫·斯大林的政权。6月22日至7月10日间，德军深入苏联国土500千米，击毙或俘虏100万名红军士兵，前出到西德维纳河和第聂伯河西岸，这样一来就实现了"巴巴罗萨计划"的首要设想：若能抢在红军撤至两条河流后方安全处之前击败并歼灭其主力，第三帝国就赢得了胜利。苏联红军现在已经被"打垮"，希特勒和大多数德国人都预计几周内就能赢得全面胜利。

  然而，斯摩棱斯克地域的后续战斗挫败了德国人速胜的企图。渡过西德维纳河和第聂伯河后，德军遭遇了苏军五个新锐集团军，这令他们猝不及防。经过一番激战，德国人歼灭了其中两个集团军，重创了另外两个，并将三个集团军的残部包围在斯摩棱斯克地域，但他们未能迅速赢得胜利。相反，在莫吉廖夫和斯摩棱斯克陷入合围的苏军拒不投降，7月、8月和9月初，他们一直在顽强抵抗，苏军先投入五个，随后总共投入七个新动员的集团军，发起两场大规模反攻，以一场场反冲击和反突击削弱德军的力量和意志。虽说人员和装备损失巨大，但苏军这些激烈的行动导致"巴巴罗萨行动"偏离了原定方向，甚至没等斯摩棱斯克地域的战斗结束，希特勒便推迟了向莫斯科的进军，命令他的军队转身向南，在基辅地域打击"更容易得手的目标"。德国军队在斯摩棱斯克的"脱轨"，最终成为"巴巴罗萨行动"的关键转折点，这也就是本书标题的确切含义。

  书中大量使用了苏联和德国方面的档案资料，包括德国最高统帅部（OKW）、国防军陆军总司令部（OKH）、集团军群、集团军和苏联统帅部大本营、红军总参谋部、西方向总指挥部、西方面军、中央方面军、预备队方面军、布良斯克方面军及其下属集团军的战斗命令和作战记录，从而为1941年7月10日至9月10日发生在斯摩棱斯克地域的，旷日持久、激烈复杂的战事提供了详细、明确的诠释和说明。

本书是戴维·M.格兰茨关于斯摩棱斯克交战的四卷本鸿篇巨制的第一卷。这套著作的前两卷按时间顺序详细叙述战役过程，第三卷包含从俄文逐字翻译成英文的大量具体命令和报告，而第四卷则是地图卷，包括一些新制作的彩色地图。

目前，中文版只引进了前两卷，但也足以描绘出一幅斯摩棱斯克交战的全景画卷。

前　言

　　本书探讨的是斯摩棱斯克交战的性质和后果，这是苏德双方1941年7月10日至9月10日期间，在俄罗斯中部的斯摩棱斯克地域展开的一连串军事行动。整个斗争开始于阿道夫·希特勒的第三帝国1941年6月22日对约瑟夫·斯大林领导的苏联发动入侵三周后。德国的入侵代号为"巴巴罗萨行动"，意图击败并歼灭苏联红军，推翻苏维埃政权，征服苏联大部分地区，让这些地区为纳粹德国所用。斯摩棱斯克地域历时十周的激战中，德国中央集团军群与红军西方向总指挥部麾下军队展开厮杀，红军最初投入西方面军，但中央方面军、预备队方面军和布良斯克方面军随后亦卷入其中。战斗涉及的德军士兵超过90万，他们获得了约2000辆坦克的支援，而参战的苏军士兵约为120万，得到了约500辆坦克的加强。

　　战争结束后的六十多年来，大多数回忆录作者和军事历史学家认为，"巴巴罗萨行动"本应是一场天衣无缝的进攻战役，而1941年7月、8月、9月初发生在斯摩棱斯克地域的交战不过是"前进道路上重重障碍"制造的一个小麻烦而已。从巴伦支海南延至黑海，希特勒的军队1941年6月22日沿一条庞大战线发起"巴巴罗萨行动"。采用久负盛名的闪电战策略和装甲力量快速推进战术，遂行入侵的德军在几周内就粉碎了据守苏联西部边境地区的红军。此后，他们向东北面和东面发展，进入苏联庞大的战略纵深。

　　斯摩棱斯克交战开始于1941年7月10日，陆军元帅费多尔·冯·博克率领的中央集团军群麾下部队渡过西德维纳河和第聂伯河并根据"巴巴罗萨计划"向东面的斯摩棱斯克市迅速发展。这场交战结束于1941年9月10日，中央集团军群辖内第2集团军和第2装甲集群当日向南转进，最终导致西南方面军在基辅地域遭围歼，这是红军最恶名昭著的战时惨败之一。因此，斯摩棱斯克交战包括为争夺斯摩棱斯克地域和在该地域的胜利而历时10周的斗争。

　　与过去的关于1941年夏季俄罗斯之战的历史记录不同，这是一份严格的"文献资料"研究。首先，这是因为自苏德战争结束以来，本书首次利用了

"根本事实"，具体而言就是参战部队每日的战略、战役和战术记录。因此，这项研究可谓独一无二，以往大部分关于苏德战争的历史记录，特别是组成这场战争的诸次战役的记录，普遍缺乏"根本事实"这一可靠基础。这一点尤为重要，因为在讨论1941年盛夏期间斯摩棱斯克地域的斗争时出现了相当大的争议。具体说来，这种争议涉及对德国独裁者阿道夫·希特勒所做的决定是否明智的激烈辩论，为消灭红军在基辅地域作战的大股力量，他将中央集团军群向莫斯科的进军从1941年9月初推迟到10月初。

从本质上来说，这项研究必须是"文献资料"研究，因为它挑战的是传统智慧，后者认为斯摩棱斯克地域的战斗不过是通往莫斯科途中的一个障碍而已。与之形成鲜明对比的是，根据新的档案资料，本书认为斯摩棱斯克交战之规模远远比以往人们认识中的要大，给中央集团军群造成的破坏也远远超乎人们的想象，最终导致该集团军群1941年12月初在莫斯科门前遭遇令人尴尬的失败。最后，之所以说这项研究是"文献资料"研究，是因为本书恢复了一场重要的"被遗忘之战"的历史记录，具体说来就是红军当年9月在斯摩棱斯克地域发起的大规模反攻。

由于这项研究严重依赖"根本事实"来描述战斗并得出相关结论，其结构和内容也严重依赖广泛而又直接的文献资料所形成的坚实"肩膀"。因此，本书前两卷对斯摩棱斯克地域军事行动的过程和结果所做的坦率描述，在很大程度上基于参战部队指挥部这段时期提交的指示、命令、报告和批评的意译版本。具体说来，包括交战双方最高统帅部（OKW和苏联最高统帅部大本营）拟制的文件，有时候也包括集团军司令部甚至是师一级的文件。

由于准确的文件对验证本书许多结论至关重要，本书第三卷包含前两卷加以释义的几乎所有文件的完整版本和准确的直译。叙述卷以边注的方式引用这些文件并列出相关附录和每个附录中的具体文件号。[①]出于两个令人信服的理由，收录这些文件非常重要。首先，一字不差地研读文件对确认研究内容的准确性来说很有必要。其次，这些指示、命令、报告、批评的结构和内容，以

---

① 目前中文版只引进了前两卷，所以并未列出这些附录和文件号。另外，考虑到中文阅读习惯，中文版并未使用边注。

及使用的措辞，提供了对拟制这些文件的指挥员的独特个人描绘。具体而言，这些文件的干脆性、简洁性、逻辑性和相关措辞，反映出领导者的智力、技能和效力，以及不那么有形但同样重要的个人特质，例如他们的自负，他们的无情和他们的士气高昂。

另外，叙述卷的内容非常详细，必须加以研究和阅读，这就使地图对理解斯摩棱斯克交战的战略和战役"动向"至关重要。因此，利用该时期德国和苏联的档案地图，我将刚刚够用的作战图和地区图收录进叙述卷，以便读者们留意作战行动的大体进程。但由于这些地图并未提供足够的战术细节，也没有解释档案文件的内容（无论是叙述卷中的意译版还是补充卷中的未删节版），我必须将德军和红军诸多兵团官方记录中的详细地图收录进补充卷。这套著作的第四卷是地图册，包含一些特别定制的彩色地图，用以追踪书中叙述的战役进程。

鉴于这套著作以大量新档案资料为基础，我必须感谢俄罗斯联邦政府，他们公开的文件对完成本书不可或缺。更重要的是，撰写这套著作需要进行大量工作，一如既往，我的妻子玛丽·安为此付出了巨大的努力。首先，我曾认为将斯摩棱斯克交战约100页的简短研究修改、扩充到稍显冗长的200页，需要付出30天的努力，但她正确地预料到这项工作会不可避免地演变成一项更庞大的工程。事实证明，这是一场历时六个月的长期努力，但她无条件地提供了精神支持，我应为此向她表达特别感谢。其次，除了忍受"隐士"丈夫（我经常在办公室里长时间置身于心爱的书中）的习性，她还耗费大量时间替我校对完成的手稿，而我急于投入新的主题和任务，这使我往往无法从事这种费力、平凡而又枯燥的工作。

归根结底，这套著作中的任何错误，无论是实际错误还是翻译问题，都应由我独自负责。

戴维·M.格兰茨
宾夕法尼亚州卡莱尔

缩略语列表

德军

缩略语	全称	释义
A	army	集团军
AC	army corps	军
AG	army group	集团军群
AR	artillery regiment	炮兵团
Bn	battalion	营
Btry	battery	炮兵连
CavD	cavalry division	骑兵师
Co	company	连
EngBn	engineer battalion	工程兵营
EngR	engineer regiment	工程兵团
IB	infantry brigade	步兵旅
ID	infantry division	步兵师
IR	infantry regiment	步兵团
MotC	motorized corps	摩托化军
MotD	motorized division	摩托化师
MotR	motorized regiment	摩托化团
MtnD	mountain division	山地师
MtrcR	motorcycle regiment	摩托车团
PzA	panzer army	装甲军
PzB	panzer brigade	装甲旅
PzD	panzer division	装甲师
PzR	panzer regiment	装甲团
Sec. D	security division	保安师

苏军

缩略语	全称	释义
A	army	集团军
AABn	antiaircraft artillery battalion	防空炮兵营
AR	artillery regiment	炮兵团
ATBn	antitank battalion	反坦克营

ATR	antitank artillery regiment	反坦克炮兵团
AutoBn	automobile battalion	汽车营
BAD	bomber aviation division	轰炸航空兵师
BEPO	armored train	装甲列车
Bn	battalion	营
Btry	battery	炮兵连
CAR	corps artillery regiment	军属炮兵团
CD	cavalry division	骑兵师
CG	cavalry group	骑兵集群
Co	company	连
CR	cavalry regiment	骑兵团
DNO	People's militia division	民兵师
FAD	fighter aviation division	歼击航空兵师
FR	fortified region	筑垒地域
G（作为前缀出现）	guards	近卫部队
GAR	gun artillery regiment	加农炮兵团
Gds.	guards	近卫部队
HAR	howitzer artillery regiment	榴弹炮兵团
MAD	mixed aviation division	混成航空兵师
MC	mechanized corps	机械化军
MD	motorized division	摩托化师
MRB	motorized rifle brigade	摩托化步兵旅
MRD	motorized rifle division	摩托化步兵师
MRR	motorized rifle regiment	摩托化步兵团
MtrR	mortar regiment	迫击炮团
RAS	reconnaissance aviation squadron	侦察航空兵中队
RB	rifle brigade	步兵旅
RBn	rifle battalion	步兵营
RC	rifle corps	步兵军
RD	rifle division	步兵师
RR	rifle regiment	步兵团
Sep.	separate	独立部队
TB	tank brigade	坦克旅
TBn	tank battalion	坦克营
TD	tank division	坦克师
TR	tank regiment	坦克团

CONTENTS
目录

第一章
序幕："巴巴罗萨计划"，交战双方的力量，1941 年 6 月 22 日—7 月 1 日的边境交战

"巴巴罗萨计划"

德国总理阿道夫·希特勒1940年夏季着手策划"巴巴罗萨行动"时，德国处于战争状态已近整整一年。在第二次世界大战于1939年9月3日爆发前，德国元首发挥外交手腕和军事胆识，利用对手的弱点和胆怯多次赢得胜利，这种胜利掩盖了德国国防军的真实实力。[1] 希特勒公然藐视第一次世界大战的战胜国，1936年3月背弃了《凡尔赛和约》中废除军备的条款。随后，德国采取接二连三的行动，当月以重整旗鼓的军队重新占领莱茵兰，1938年3月吞并奥地利，1938年秋季和1939年年初分割捷克斯洛伐克，1939年3月合并梅梅尔，1939年9月1日入侵波兰。除后者外，其他行动都兵不血刃，而且得到西方国家默许。到1939年中期，英国人和法国人在慕尼黑会议上对希特勒的"绥靖主义"终于使约瑟夫·斯大林相信，西方列强完全是在鼓励希特勒将德国领土向东扩张的野心。这反过来促使斯大林1939年8月同希特勒达成了一项玩世不恭的条约，即所谓的《莫洛托夫—里宾特洛甫互不侵犯条约》，这份条约中的条款分割了波兰和位于德国与苏联之间的其他东欧国家，面对持潜在敌意的德国，斯大林获得了他所期望的"缓冲区"。

第二次世界大战爆发后，希特勒的军队1939年9月迅速征服波兰半幅领土。1940年4月，德军占领丹麦并入侵挪威。1940年5月和6月，他们击败西方

国家最受尊敬的军队，占领比利时、荷兰、卢森堡和法国并在敦刻尔克将彻底战败的英国远征军逐出欧洲大陆。1940年9月至1941年6月，希特勒以狠毒的持续空袭实施不列颠战役。凭借令人敬畏的英吉利海峡和被大肆吹嘘的皇家海军舰队的掩护，英国幸免于难，但非常勉强。

具有讽刺意味的是，不列颠战役中的军事失利促使希特勒着手发动对苏维埃政权的打击。虽然德国人在不列颠战役期间遭遇的空中失利挫败了希特勒以"海狮行动"入侵不列颠群岛的计划，但他在"巴巴罗萨计划"上恢复了大胆的本性。受到德国军队一连串史无前例的胜利之激励，希特勒打算实现多年前他在个人信仰声明《我的奋斗》中阐述过的雄心勃勃的目标——获取"生存空间"。他认为无论从历史观点还是人种上来说，德国人民都有权获得这种空间。征服苏联将获得必要的"生存空间"，同时使全世界摆脱布尔什维克主义。

从军事上来说，德国对苏联发起陆地入侵和征服是一项艰巨的任务。德国军队先前在东中欧和西欧取得了惊人的军事胜利，但那里战区相对较小，发达的交通网纵横交错。德军采用所谓的"闪电战"战术，投入以高度机动的装甲和摩托化力量为先锋的军队，在对地攻击机（"斯图卡"）的密集波次支援下，击败了法国、英国、比利时规模较大但基本保持不动的军队，这些军队完全不适合应对或承受这种战术，而他们的政府也缺乏战斗意志，不愿冒重演第一次世界大战的大屠杀的风险。

征服苏联则是个完全不同的问题。虽然德国军事策划者1940年夏季开始拟制入侵苏联的应急计划，但希特勒直到1940年12月18日才颁发"巴巴罗萨"方案的第21号指令。"巴巴罗萨计划"要求，一旦各军兵种的不同计划和命令准备妥当，德国国防军就将击败世界上最庞大的常备军事力量，最终沿从北冰洋延伸至黑海的超过1800千米长的战线向前推进1750千米。除了比整个西欧和中欧面积更大外，东部战区还是片不发达区域，缺乏西部战区那样密集而又有效的公路、铁路网。尽管如此，希特勒和他的高级军事策划人员还是认为"闪电战"战术能迅速解决冲突并据此拟制计划。

"巴巴罗萨计划"最重要的假设是，如果德军歼灭红军部署在苏联边境军区的有生力量，也就是说，待德军到达西德维纳河和第聂伯河一线，斯大林的布尔什维克政权就将崩溃。希特勒本人在1940年12月5日的最终策划会议上指出，红军的崩溃速度很可能会比1940年的法国军队更快。[2] 同一场策划会议上，希特勒明确表示，他认为"巴巴罗萨行动"的目的是歼灭红军，而非实现具体的地理或政治目标，他宣称：

> 装甲部队应果敢作战，楔入敌深远纵深，歼灭部署在俄国西部地区的红军主力，阻止其有作战能力的部队撤至俄国纵深地区。然后应以快速追击到达这样一条战线：从该战线后方起飞的俄国空军将不再能攻击德国本土。
>
> 因此，瞄准莫斯科的中央集团军群应做到尽可能强大，使其能以强大力量向北转进……是否向莫斯科或莫斯科以东地域进军，应到被困于预期中北部和南部包围圈内的大股俄军遭歼灭后再做出决定。重要的是绝不能让俄国人建立一道后方防御阵地。[3]

德国陆军总司令部（OKH）1941年1月31日呈交最终修订后的第21号指令，准确反映出了希特勒的战略意图：

> 3.概念：根据上述目标，陆军总司令部的首要意图是以快速集群实施迅速、强有力的打击，分割集中于俄国[①]西部的俄军主力之防线，并利用这一突破，歼灭敌军支离破碎的集团。
>
> 普里皮亚季沼泽以南，伦德施泰特元帅指挥的南方集团军群，应利用强大装甲兵团从卢布林地区发起的决定性突击，切断盘踞在加利西亚和西乌克兰的苏军撤往第聂伯河的交通线，在基辅附近及其南部夺取第聂伯河上的渡口，并以此确保解决后续任务的机动自由，与在北面展开行动的部队相配合，或在俄国南部遂行新任务。
>
> 冯·博克元帅指挥的南方集团军群[②]将在普里皮亚季沼泽以北展开突击。集团军群应将强有力的装甲兵团投入战斗，从华沙和苏瓦乌基地域朝斯摩棱斯克方向遂行突破，尔后以装甲力量转身向北，与从东普鲁士攻往列宁格勒这一

---

① 译注：原文如此。
② 译注：原文如此。

总方向的北方集团军群（冯·莱布元帅）相配合，歼灭盘踞在波罗的海地区的俄军。尔后，北方集团军群麾下部队和中央集团军群快速力量，以及芬兰军队和为此目的调自挪威的德国军队，应共同粉碎敌人在俄国北部实施最终防御的可能性。这些行动的结果将确保机动自由，从而使之与俄国南部展开进攻的德军部队相配合，遂行后续任务。

倘若达成突然性并彻底歼灭俄国北部的俄军，"快速力量"必向北转进，可能提出立即攻向莫斯科的问题……

只有通过这些措施，我们才能及时阻止敌军后撤并将其歼灭于第聂伯河和西德维纳河一线以西。[4]

为了赢得这场胜利，德国军事策划人员意图抢在苏联动员庞大的战略预备力量前，将大批尚未做好战争准备的红军歼灭在前进地区，也就是苏联的西部军事区域。总司令部计划在苏联的新西部边境内组织一系列戏剧性的合围战，以此达成目的。

为歼灭红军，希特勒将151个德国师（包括19个装甲师和15个摩托化步兵师）集中于东部，并为他们配备约3350辆坦克、7200门火炮和2770架战机。[5]芬兰政府答应提供14个师支持"巴巴罗萨行动"，罗马尼亚人愿意为此贡献4个师又6个旅，另外9个师又2个旅提供支援。[6]指挥东部战区所有轴心国军队的德国陆军总司令部，将这些军队编为一个挪威集团军，在遥远的斯堪的纳维亚北部行动。三个德国集团军群（北方、中央、南方）则部署在从波罗的海南延至黑海的宽大战线上，它们配有四个强大的装甲集群和三个提供支援的航空队。

"巴巴罗萨计划"要求博克麾下编有第4、第9集团军，第2、第3装甲集群的中央集团军群，在第2航空队支援下遂行主要突击。两个装甲集群担任集团军群先锋，应沿比亚韦斯托克（Belostok）突出部两侧突然向东进击，博克麾下力量将在明斯克地域实施战役中的第一场大规模合围，歼灭被围的红军部队，尔后向东推进，穿过斯摩棱斯克直奔莫斯科。莱布的北方集团军群编有第16、第18集团军和第4装甲集群并获得第1航空队支援，该集团军群将在北面展开行动，从东普鲁士发起进攻，穿过苏联波罗的海诸国，夺取列宁格勒。"巴巴罗萨"攻势之南翼, 伦德施泰特的南方集团军群将从波兰南部向东、从罗马尼亚北部向东北推进, 以夺取基辅和乌克兰。该集团军群编有在喀尔巴阡山北面展开行动的德国第6、第17集团军、第1装甲集群, 以及在喀尔巴阡山南面行动的德国第11集团军和罗马尼亚第3、第4集团军一部。为南方集团军群提供空中支援的是第4航空队。德军进攻力量之主力位于普里皮亚季沼泽以北, 这片几乎无法通行的沼泽区将战区分为南北两个部分。

苏联缺乏足够的交通路线, 也就是横跨前线及通往纵深的铁路和公路线, "巴巴罗萨行动"计划试图对此加以利用, 投入装甲力量迅速穿越田野, 抢在对方从一个地带变更部署到另一个地带, 或向东退却前, 包围并歼灭部署在前进地域的红军部队。德军策划者们认为, 通过这种方式, 三个德国集团军群可以在苏军动员起来的援兵赶至前进地域前, 将大部分红军部队消灭在他们的前进防御阵地上。但事实证明, 这种想法并不正确, 因为德国情报部门高估了集中在前进地域的红军师的数量, 完全不了解苏联的动员能力, 特别是低估了苏联组建并投入西德维纳河和第聂伯河以东新防御阵地的预备队集团军的数量。

根据"巴巴罗萨计划", 一旦德军赢得边境交战并歼灭前进地域的红军部队, 三个德国集团军群就将相对不受阻碍地向东北面、东面推进, 北方集团军群奔向列宁格勒, 中央集团军群直扑莫斯科, 南方集团军群攻往基辅。因此, "巴巴罗萨计划"从一开始就预计三个集团军群有能力几乎同时夺取希特勒最看重的三个目标, 而且不会危险地消耗德国国防军的军事实力。

苏联的战争规划: 41号防御计划和"反击侵略"

具有讽刺意味的是, 斯大林1939年8月与希特勒谈判达成的《莫洛托夫—里宾特洛甫条约》, 实际上造成了"巴巴罗萨行动"初期红军遭受的灾难性失败。斯大林希望通过签署这份条约消除德国入侵苏联的可能性, 同时占领波兰东部和波罗的海诸国, 从而建立一片"缓冲区"或安全地域。可是, 苏联随后于1939年9月入侵并占领波兰东部, 1940年秋季又控制波罗的海诸国, 这使苏联同德国占领的领土直接接触。这一事实反过来迫使斯大林政府重新评估苏联面对的潜在军事威胁并据此调整战争、防御和动员计划。总之, 到

1940年7月，苏联认为德国在日后最有可能成为战略对手，红军总参谋部将希特勒的德国国防军确认为对苏联来说最危险的军事威胁。根据相关分析准备防御计划时，苏联元帅鲍里斯·米哈伊洛维奇·沙波什尼科夫领导的红军总参谋部将普里皮亚季河及毗邻的沼泽以北地域视为德国日后最有可能发动一切军事侵略的方向。[7] 但斯大林并不赞同沙波什尼科夫的设想，1940年10月，他坚持要求红军总参谋部根据他的想法拟制一份新计划：如果希特勒发动入侵，德国军队很可能从普里皮亚季沼泽以南地域遂行突击，以夺取具有经济重要性的乌克兰地区。[8] 稍事修改后，防御计划的十月份修订版就成了苏联1941年动员计划（MP-41）和相关战争计划（具体说来就是1941年国防计划，简称DP-41）的基础。

获得斯大林授权后，1941年1月出任红军总参谋长的格奥尔吉·康斯坦丁诺维奇·朱可夫大将当年年初对该计划加以准备，DP-41的规定基于"红军将发起军事行动应对一场主动进攻"这一基本假设。[9] 虽然从战略意义上来说显然是防御性的，但由于20世纪30年代的苏联军事思想在很大程度上侧重于进攻，主导该时期的指导思想是"大纵深战斗""大纵深战役"这些战术和战役进攻学说，DP-41包含许多进攻特点，反映了必要和不可避免的进攻性应对，也就是对潜在之敌的侵略实施反击。例如，总参谋长朱可夫1941年5月15日拟定了一份应急计划（或称之为方案），建议苏联对德国展开先发制人的打击，以此应对德军在苏联西部边境实施的集结，该计划最终作为一项"反击侵略"预案纳入基辅特别军区（战时的西南方面军）的1941年国防计划。[10]

1941年国防计划及相关的支援性动员计划，要求红军将303个现役步兵、骑兵、坦克、摩托化师中的237个部署于波罗的海沿岸军区、西部军区、基辅特别军区和敖德萨军区独立第9集团军，战争爆发后，这些军区将成为西北方面军、西方面军、西南方面军和南方面军（每个方面军的规模相当于西方国家的一个集团军群）。[11] 从整体上说，红军把部署在苏联西部的力量编为两个战略梯队，既为防御提供纵深，也为红军发起的一切反攻行动提供增援。第一战略梯队编有分配给四个西部军区（战时则为四个野战方面军）的186个师，而第二战略梯队的51个师编为五个集团军，动员后将在更大纵深处——特别是在西德维纳河和第聂伯河东面展开行动，由苏联战时统帅部大本营直接掌握。

构成第一战略梯队的四个军区（野战方面军）将他们的军队部署为三个连续的战役梯队，实际上，三道宽大的防御地幅沿苏联1939年后的西部边境线排列。第一战役梯队由实力相对较弱的掩护力量构成，包括筑垒地域（扼守固定防御阵地的火炮和机枪营）和军区诸集团军沿边境线部署的第一梯队师先遣团，NKVD边防支队亦会与之配合。第二、第三战役梯队的规模和实力相当，分别编有军区诸集团军主力、隶属这些集团军的机械化军和诸集团军预备队，他们将与直属军区的机械化军协同。这些战役梯队增加了防御纵深并为实施DP-41要求的反冲击、反突击或全面反攻提供力量。

可是，1941年4月至6月间，许多问题给苏联看似条理清晰的防御计划造成了破坏，其中最严重的问题与一项支援性动员计划有关，给DP-41的执行造成了彻底而又实时的妨碍。这些问题包括极其迟缓的警报通知过程和频频发生的运输困难，导致军队集结缓慢。例如，斯大林1941年4月至6月间试图组织五个集团军实施隐蔽的部分动员时，动员工作远远落后于计划时间表。结果到1941年6月22日，红军第一战略梯队并未获得设想中的强大第二梯队的支援。

截至6月22日，第一战略梯队的三个战役梯队分别编有57个、52个、62个师，红军25个机械化军中的16个驻扎在苏联的欧洲部分。与DP-41的预期相比，缺186个步兵师。[12] 由于斯大林没能完成在苏联内陆军区对五个集团军的部分初步动员工作，6月22日，第一战略梯队仅获得沿西德维纳河和第聂伯河一线集结的约57个师的加强。五个新集团军为不充分的动员工作提供部分弥补，实际上，德国情报部门并未发现这五个实力不足的集团军。这一事实在很大程度上否定了德国人的两个假设：红军主力位于苏联西部军区；歼灭西德维纳河和第聂伯河以西的苏军，就将消除继续攻往莫斯科、列宁格勒和基辅的一切军事障碍。

彻底完成集结后，红军第二战略梯队的任务是同四个前进野战方面军组织并实施的反冲击和反突击相配合，发起一场大反攻。可是，截至6月22日，前进军区和五个动员中的预备队集团军都没能按动员和部署计划完成部署，"巴巴罗萨"入侵完全出乎苏联政治和军事领导人的意料。[13] 这场入侵也令身处转型期的苏联红军猝不及防，这番所谓的"铁木辛哥革新"是斯大林在1939年—1940年令人尴尬的苏芬战争之后下令实施的，目前只完成一半，导致红军无法有效实施动员和防御计划。斯大林从根本上误判了战略形势，另外，由于红军高级将领们遵循斯大林下达的指示，苏联战争策划者们将红军第一战略梯队的军队部署得太靠前，位于很容易遭受合围处，例如比亚韦斯托克突出部，这些都造成了态势的恶化。更糟糕的是，这些策划者认为德国人会在普里皮亚季沼泽以南实施主要突击，所以将红军最强大的力量集结在西南方向。结果，德军装甲和摩托化部队主力转身向北，红军对此毫无准备并遭遇惨败。

交战双方的力量

尽管1939年和1940年惊人的胜利使1941年6月的德国军队看似到达其实力巅峰，可他们绝非不可战胜。德国军官团对其学说有一种传统的自豪感，训练和思维的统一使下级军官得以发挥主动性，因为他们清楚上级的意图，也知道友邻部队的战友会对同样的情况做出何种应对。虽然对正确使用装甲力量的争论打破了20世纪30年代中期的学说统一，但随之而来的胜利证明，德国少数年轻理论家对机械化战争的信念正确无误。获得空军大批攻击机（主要是Ju-87"斯图卡"）有效支援的德军装甲部队，清楚地证明大规模集中的快速突击力量能在狭窄正面地段突破敌军防御，向敌后发展胜利，从而破坏其后勤和指挥控制并合围大股敌军。尾随其后的步兵力量消灭被围之敌时，装甲兵深入敌战役或战略纵深继续发展胜利。

但实际上，先前的战役也表明，倘若身后的步兵部队无法迅速前进、跟上装甲力量并封闭包围圈，部分敌军就有可能逃离口袋。这种情况之所以频频发生，是因为德国陆军的机动车辆不足，只能配备一小部分步兵部队。整个二战期间，德国陆军主要由步行的步兵构成，他们的火炮和补给物资以马匹拖曳，这种情况经常迫使装甲和摩托化先锋停止前进，等待支援部队以强行军赶上。

由于装甲力量对实施进攻学说至关重要，希特勒在"巴巴罗萨行动"前削减现有和新建装甲师的坦克数量，从而组建起更多装甲师。例如，1941年的德军装甲师编有2—3个装甲营，每个师的编制力量为150—202辆坦克。但实际上，每个师平均只有125辆可用坦克，许多坦克火力不足，型号已然过时。

当时，大多数德军装甲师配备的是一号、二号轻型坦克，三号、四号中型坦克和指挥坦克，另外还有捷克制造的38t中型坦克，许多装甲师用这款配备37毫米主炮的战车充当三号坦克的替代品。可是, 轻型坦克和指挥坦克的数量在各装甲师所占的比例高达三分之一, 这些坦克只配有机枪和20毫米主炮, 火力严重不足, 因而无法抗衡T-34、KV等新型坦克。另一方面, 性能可靠的第二代三号和四号坦克虽然足以击败型号陈旧的苏联坦克, 例如T-26轻型坦克、T-8中型坦克和T-35重型坦克, 但很难击毁对方的T-34、KV-1和KV-2坦克。1941年, 德国人忙着将所有三号坦克换上中速50毫米主炮, 而四号坦克仍保留一门低速75毫米主炮。主炮的初速至少与口径同样重要, 因为有效侵彻装甲板需要高速飞行的炮弹。让德军恼火的是, 他们的坦克炮无法击穿刚刚驶离装配线的T-34中型坦克和KV-1重型坦克的正面装甲。

另外, 每个装甲师还编有5个步兵营, 其中4个营搭载卡车, 另外1个是摩托车营。这些摩托化步兵部队很少配备装甲运兵车, 因而不可避免地会遭受更惨重的伤亡。德军装甲师还编有装甲侦察营、装甲工兵营和3个装甲炮兵营(配备的火炮以卡车或拖车拖曳), 外加通信、反坦克、防空部队, 每个师的兵力约为1.7万人。规模稍小些的摩托化步兵师编有1个装甲营(约30辆坦克或突击炮)、7个摩托化步兵营和3—4个炮兵营。[14] 最初4个武装党卫队师的编制与陆军摩托化步兵师相同, 但后来发展成装备精良的装甲师。1941年的摩托化(装甲)军辖2个装甲师和1个摩托化步兵师, 2—4个摩托化军构成一个装甲集群。斯摩棱斯克交战期间和"巴巴罗萨行动"后续阶段, 几个装甲集群增添了步兵军并更名为装甲集团军。

德国人1939年和1940年的行动多为进攻性的, 因此, 德国陆军的防御学说主要以1918年的技术为基础。遂行防御的步兵依托纵深配置、精心构设的防御阵地, 将主力留作预备队, 依靠弹性防御和快速反击挫败进攻方。这种防御学说基于三个假设: 有足够的步兵构设纵深防御; 敌人以徒步步兵发起主要突击; 德军指挥官能够自行选择在何处设防并根据情况实施灵活防御。但事实证明, 这些假设在苏联全然不成立。一个典型的德军步兵师通常编有3个团(每个团辖3个步兵营), 外加4个马拉炮兵团[①], 总兵力达1.5万人。由于步兵师的

---

① 译注: 原文如此; 一般说来, 每个步兵师编有1个炮兵团, 辖3—4个炮兵营, "4个马拉炮兵团"应为"4个马拉炮兵营"之误。

主要步兵反坦克武器，也就是37毫米反坦克炮，已在过去的战斗中证明无法对付英国和法国的重型坦克，各步兵师不得不以100毫米或105毫米中型炮兵营，以及著名的88毫米高射炮打击敌坦克。[15]

德国空军分享了陆军的崇高声誉。为支援"巴巴罗萨行动"投入的2770架战机约占德国空军一线实力的65%。[16] 虽说梅塞施密特Bf-109f战斗机是一款优秀的战机，但德国空军其他型号的战机正在迅速过时。著名的Ju-87"斯图卡"俯冲轰炸机，只有在敌空军无能为力的情况下方可出动，而Do-17、Ju-88这些德国最主要的轰炸机，以及Ju-52多用途运输机，航程和负载（炸弹）能力均不足。由于德国工业没能弥补空军在不列颠战役中的损失，德军1941年的轰炸机数量实际上比去年春季少200架。[17] 鉴于这些短缺，加之从临时性前进机场投入作战的要求，德军飞行员很难在幅员辽阔的苏联欧洲部分上空提供有效空中优势或攻势空袭。简言之，德国空军主要是一支战术空军，能够支援短期的地面进攻行动，但无法遂行一场深远、卓有成效的空中战役。

德国最大的弱点在后勤领域。辽阔的苏联领土上，只有4万英里（约6.4万千米）硬面、全天候公路和5.1万英里（约8万千米）铁路线，而苏联铁路的轨距也比德国铁路更宽。尽管德军向前推进时，竭力将夺取的铁路线改造成西方标准轨距，但其后勤机构不得不使用缴获的各种苏联轨距机车将大部分补给物资前运。重要的铁路桥梁同样存在这个问题，这些桥梁经常需要加以长时间修理，严重妨碍装甲和步兵部队获得充足的再补给。

德军装甲和摩托化部队也没有足够的维护能力遂行一场历时长久的战役。坦克和装甲运兵车的机械复杂性，加之多种型号车辆的零配件互不兼容，给德军补给和维护体系造成了大麻烦。更糟糕的是，先前的战役耗尽了库存的零部件，熟练的维修人员亦供不应求，因此，到1941年年末，德军闪电战的装甲矛头锋芒尽失就一点也不足为奇了。

德国最根本的后勤脆弱性也许源自这样一个事实：他们没有为战争实施经济动员。石油和其他原材料的严重短缺，在整个战争期间限制了德国的生产和运输。这个问题因苏联贫乏的交通网而加剧，经常给德军装甲和摩托化力量及时补充必要的燃料和弹药造成妨碍。德国工业经济的人力资源短缺也是个问题。由于德国国防军的动员要求，德国工业到1941年6月已不得不依靠300万外国劳工，随着军队一次次征召新兵，这种劳动力短缺会变得更加严重。

和以往的战役一样，出于各种原因，希特勒寄希望于一场速胜，而不是为一场旷日持久的斗争加以准备。实际上，他的目光已越过1941年的战事，正计划为北非和小亚细亚的后续行动组建新的机械化和空军兵团。希特勒决定将德国新生产武器装备中的大多数留作后续作战使用，全然不顾东线德军长期遭受的物资短缺。因此，德军必须赢得一场速胜，否则将一无所获。[18]

虽然拥有庞大的规模和纸面上的实力，但1941年6月的苏联红军实际上混乱不堪。他们试图执行防御战略，但其作战理念却是基于20世纪30年代发展起来的大纵深进攻战斗和大纵深进攻战役学说，这就给战役层面（集团军）的有效防御造成了破坏。另外，由于红军1939年在波兰，1939年—1940年在芬兰的表现极其拙劣，苏联人设法扩充、改编、革新其武装力量。所谓的铁木辛哥革新计划是想在1942年夏季前打造一支庞大的、更具效率的红军，以29个实力强大的机械化军构成其装甲力量的核心，但到1941年6月，这项工作只完成了一半。斯大林的军事清洗让问题更趋复杂，这场大清洗始于1937年，第二次世界大战爆发时仍在继续，导致训练有素、经验丰富的指挥员和有能力实施一切构想（进攻或防御）的参谋人员严重短缺。与德国人相信下属主动性的做法相反，大清洗和其他意识形态及体制的约束使红军指挥员们相信，展现出任何独立判断只会危及他们的性命。[19]

红军部队还深受政治要求之苦，他们必须坚守每一寸既有的边境线，同时规避德国人的一切挑衅。红军基本上已放弃并拆除1939年9月前沿原波兰—苏联边境线构设的防御（所谓的"斯大林防线"），转而在"特别军区"西部构筑新的筑垒地域。尽管付出了巨大努力，可是德军发起突袭时，这些新防御阵地极不完整，而由固定防御阵地构成的原"斯大林防线"上，守卫力量和重武器都已调离。红军前进步兵力量之主力驻扎在边境线以东80千米处，而NKVD边防支队和零散的步兵部队依托专门的筑垒地域据守边境。

虽说红军的后勤体系较为混乱，但其士兵至少是在本土作战。甚至在俄罗斯严酷的冬季到来前，红军士兵便已展现出他们的战斗和生存能力，所需要的补给远远少于一名典型的西方国家士兵。随着德军越来越深入苏联欧洲部分，红军补给线不断缩短，而德军的交通线却不断加长，另外他们还要处理数百万俘虏和抓获的平民。同时，迅速推进的德军夺得了红军设在苏联西部的许多后勤仓库。另外，由于苏联重要的国防工业大多位于莫斯科以西，苏联当局不得不将1500座工厂向东疏散至乌拉尔地区，通常是在作战条件下，抢在德军到达前完成。虽然疏散行动最终被认为取得了成功，但苏联人放弃了重要的矿产资源，战时生产在此过程中蒙受了巨大损失。

从编制上看，红军的结构反映出其学说和领导力方面的不足之处。首先，他们缺乏相当于装甲集群或装甲集团军的编制，无法深入敌后方实施持续的大纵深战役。红军最大的装甲兵团是机械化军，这种结构僵化的兵团与德国人更灵活的摩托化军形成不利的对比。红军1940年后期仓促组建机械化军，战争爆发时，组建工作仍在进行中，每个机械化军辖2个坦克师、1个摩托化师、1个摩托车团和各种后勤部队。坦克师理论上编有10940人和375辆坦克，坦克数量过多且缺乏足够的支援，因此机械化军还编有1个摩托化师和各种支援部队。至少从编制表来看，一个笨重的机械化军共有36080人和1031辆坦克。[20]另外，大部分机械化军部署不当，力量分散，辖内各个师经常相距100千米。一些机械化军直属集团军司令部，受领的任务是遂行反冲击、支援集团军辖内步兵军，而另一些机械化军则在方面军指挥下实施大规模反突击。这就导致这些机械化军无法按照国防计划的要求执行决定性的进攻行动。[21]

苏军步兵师的编制兵力为14483人，编为3个步兵团，每个团辖3个营，每个步兵师还配有2个炮兵团（1个加农炮兵团和1个榴弹炮兵团）、1个轻型坦克营和其他支援部队，与德军步兵师类似。但实际上，很少有步兵师获得坦克，因为国防人民委员部（NKO）将这些坦克用于装备新组建的机械化军。从理论上讲，一个苏军步兵军辖2—3个步兵师，一个野战集团军编有3个步兵军（每个军辖3个步兵师）、1个机械化军、数个炮兵团和1个反坦克炮兵旅。但实际上红军的实力严重不足，甚至在德军发起突袭前，大多数红军师的兵力只有8000—10000人。[22] 1941年5月下旬，苏联政府试图解决这个问题，召集80万预备役军人参加一场秘密训练演习并加快各军事院校学员的毕业速度。但战争爆发时，这些人员中的大多数尚未加入各自的部队。实际上，大部分野战集团军只调集起6—10个师（编入两个步兵军），外加一个不完整的机械化军，几乎没有维护保障部队。

另外, 从1941年4月起, 红军实施了一场秘密的部分动员。以所谓 "军事威胁特别严重时期" 为借口, 斯大林命令军队实施一场秘密战略部署, 以此批准 "逐步走向战争"。实际上, 此举涉及苏联内陆军区五个集团军 (第16、第19、第20、第21、第22集团军) 的动员和他们向第二战略梯队阵地的调动, 这些阵地沿西德维纳河、第聂伯河及其后方构设, 跨过一条宽大战线, 从北面的波洛茨克 (Polotsk) 向南延伸至基辅地域。但这场部分动员6月22日时并未完成, 直到7月初, 双方已展开激战后才宣告结束。[23]

虽然德国在一场短期斗争中占有质量, 甚至是数量优势, 但从长远看如果德军的初期猛攻未能将红军歼灭于西德维纳河和第聂伯河以西, 苏联有能力打垮德国。首先, 过度自信的德国人没有意识到, 苏联人在内陆军区和远东拥有相当大的可用力量和庞大的动员潜力。另外, 红军开始使用各种新式武器, 包括多管火箭炮 (著名的 "喀秋莎") 和新型坦克 (T-34中型坦克和KV重型坦克), 性能明显优于德军现有和预计投入的所有战车。

红空军几乎没有给德国空军造成直接威胁, 尽管他们拥有约19533架飞机 (其中7133架部署在西部军区), 是世界上最庞大的空中力量。但其装备和红陆军一样, 很多都已过时且饱受超期使用之苦。大清洗的受害者不仅仅是军事指挥员, 也包括飞机制造者和设计师, 这就结束了苏联过去在航空领域的领先优势。[24] 新型战机, 例如速度较快的米格-3歼击机和性能出色的伊尔-2 "斯图莫维克" 强击机, 在某些方面优于德国同类装备, 但它们在1941年春季刚刚列编, 红空军使用的是新旧混合的装备。获准驾驶这些新型战机的飞行员进行的换装训练进展缓慢, 这是因为空军指挥员们心怀恐惧——任何训练事故都可能导致他们因 "破坏" 而遭逮捕。[25] 苏德战争爆发时, 前进地区的许多苏军飞行员, 驾驶新型战机的飞行时间只有区区4小时。新型战机的换装工作进行得非常混乱, 许多苏军飞行员并不熟悉苏制新式轰炸机的外形, 这导致他们6月22日错误地向己方飞机开火射击。

在A.N.拉普钦斯基这位 "俄国杜黑" 倡导的大规模使用空中力量的理念指导下, 红空军在1939年占领波兰东部的行动中大展拳脚, 1939年和1940年又对日本人和芬兰人成功实施了空中打击, 这使许多红军航空兵高级指挥员产生了一种虚假的优越感。战争前夕, 他们认为将从新近征服的领土上起飞，对敌人发起一场大规模空中攻势。可是，前进地区可用的机场相对较少，一些机场因为扩建的需要已于1941年春季被拆除，少量尚存的机场缺乏必要的护坡和对空防御，无法掩护拥挤的停机坪。指挥不统一和指挥体系的动荡也使红空军深受其害。一些航空兵师奉命支援地面集团军或方面军，另一些直属红军总参谋部，还有些空中力量则致力于本土防空。在混乱的初期战役中，脆弱的通信和指挥链断裂后，这些航空兵师很难将协同一致的空中力量投入关键地点。1941年，苏军大多数战机并未配备电台。更糟糕的是，斯大林的政治清洗铲除了三位杰出的空军指挥员和许多高级军官，随之而来的擢升导致缺乏经验的指挥员占据各级指挥层。这些人根本无力纠正红空军过度僵化、基本上已过时的战术。[26]

边境交战，6月22日—7月5日

"巴巴罗萨行动"造成最明显、最全面破坏之处，莫过于普里皮亚季沼泽以北，德国军队以博克的中央集团军群在那里发起主要突击。[27] 该集团军群的首要任务是在比亚韦斯托克突出部两侧突破苏军防御，沿明斯克—斯摩棱斯克方向攻击前进，绕过、合围并歼灭第聂伯河以西、明斯克地域的红军部队。（参见地图1.1）尔后，中央集团军群将"创造先决条件，以便与北方集团军群协同……目标是消灭波罗的海地区之敌并攻向莫斯科"。[28]

博克集团军群编有阿道夫·施特劳斯大将的第9集团军、京特·冯·克鲁格元帅的第4集团军、赫尔曼·霍特大将的第3装甲集群和海因茨·古德里安大将的第2装甲集群[29]。第3装甲集群辖装甲兵上将鲁道夫·施密特的第49摩托化军①和装甲兵上将阿道夫·孔岑的第57摩托化军，得到里夏德·劳夫大将②的第5军和工兵上将奥托-威廉·弗尔斯特的第6军的配合。霍特装甲集群将向东穿过比亚韦斯托克突出部北面的维尔纽斯（Vilnius），然后向东南方疾进，直扑明斯克。第2装甲集群辖装甲兵上将海因里希·冯·维廷霍夫-谢尔的第46摩托化军、装甲兵上将约阿希姆·莱梅尔森的第47摩托化军和装甲兵上将莱

---

① 译注：应为第39摩托化军。
② 译注：此时仍为步兵上将。

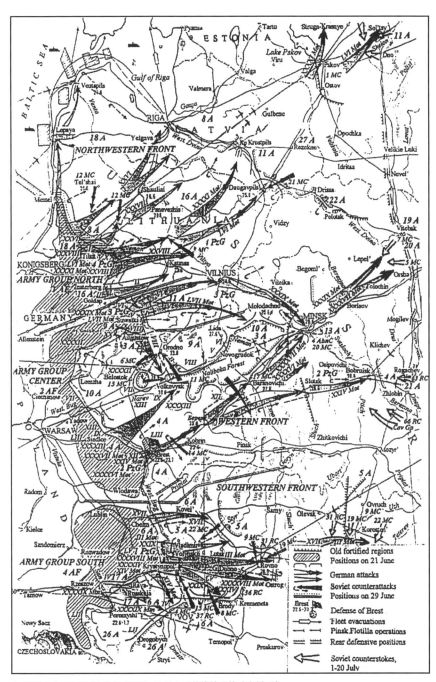

▲ 地图 1.1：1941 年 6 月 22 日—7 月 5 日的边境交战（资料图）

奥·迪特里希·盖尔·冯·施韦彭堡男爵的第24摩托化军，并与步兵上将瓦尔特·施罗特的第12军协同。古德里安装甲集群将从布列斯特南面跨过布格河向东攻击前进，穿过斯洛尼姆（Slonim）和巴拉诺维奇（Baranovichi），然后转向东北方，同霍特装甲集群辖内部队在明斯克会合。

阿尔贝特·凯塞林元帅的第2航空队为博克提供空中支援，该航空队拥有1500架战机，超过"巴巴罗萨行动"中2770架战机总量的半数。最后是帝国男爵马克西米利安·冯·魏克斯担任总司令部预备队的第2集团军，受领的任务是在中央集团军群与南方集团军群结合部向前部署。

位于中央集团军群对面的是德米特里·格里戈里耶维奇·巴甫洛夫大将领导的西部特别军区，战争爆发后，该军区改称西方面军。德军入侵时，西方面军呈单梯队布势，三个集团军靠前部署，彼得·米哈伊洛维奇·菲拉托夫中将的第13集团军司令部远远落在后方。[30]康斯坦丁·德米特里耶维奇·戈卢别夫中将[①]的第10集团军，在米哈伊尔·格奥尔基耶维奇·哈茨基列维奇少将实力强大的机械化第6军和彼得·尼古拉耶维奇·阿赫柳斯京少将几乎没有坦克的机械化第13军的支援下，据守比亚韦斯托克突出部顶端和紧邻的侧翼。亚历山大·安德烈耶维奇·科罗布科夫中将[②]的第4集团军与斯捷潘·伊里奇·奥博林少将的机械化第14军，部署在第10集团军左侧；而瓦西里·伊万诺维奇·库兹涅佐夫中将的第3集团军，在德米特里·卡尔波维奇·莫斯托文科少将的机械化第11军支援下，部署在第10集团军右侧。西部特别军区预备队编有米哈伊尔·彼得罗维奇·彼得罗夫少将的机械化第17军（驻扎在斯洛尼姆附近）、安德烈·格里戈里耶维奇·尼基京少将的机械化第20军和阿列克谢·谢梅诺维奇·扎多夫少将的空降兵第4军（驻扎在明斯克附近）。

6月22日，德国空军的猛烈空袭重创巴甫洛夫的空中力量，苏军战机没能升空便被击毁在机场上，博克随后发起突袭，西方面军的指挥和控制机构遭到打击，几乎彻底瘫痪。科罗布科夫的第4集团军司令部无法同上级和下属指挥部建立可靠通信联系。库兹涅佐夫的第3集团军和戈卢别夫的第10集团军

---

① 译注：少将。
② 译注：少将。

虽然与巴甫洛夫的司令部保持着脆弱的无线电通信联系, 但作为指挥部门, 他们几乎无法发挥更大作用。战争首日, 根据巴甫洛夫的命令, 他的副手伊万·瓦西里耶维奇·博尔金中将穿过大群德军战机, 飞赴比亚韦斯托克城外的第10集团军司令部, 命令该集团军发起一场强有力的反突击, 阻止德军的进攻。戈卢别夫的司令部在一座简易机场旁的小树林中搭设了两座帐篷, 虽然电话线遭破坏, 无线电通信不断受到干扰, 多支德国"阿勃维尔"(反间谍)小队在苏军后方造成全面混乱, 但戈卢别夫正设法抵抗德国的入侵。通过博尔金, 戈卢别夫徒劳地试图于6月23日以他强大但却分散的机械化军按照战前计划发起一场反突击, 但没过几天, 第10集团军已不复存在, 仅有少数人设法逃出德军包围圈外。[31]

除德军据有兵力和快速推进的绝对优势外, 苏联守军面临的最大困难是, 他们几乎没有关于前线当前态势的任何情报。身处莫斯科的苏联领导者没有料到现实情况会如此糟糕, 以至于下达一连串无法加以执行的命令, 要求已不复存在的部队和兵团发起反冲击。例如, 6月22日21点15分, 斯大林和铁木辛哥下达NKO第3号指令, 命令位于边境地区的三个方面军对德国人展开一场全面反攻。接下来几天, 他们顽固地要求靠前部署的几个方面军履行这道指令。[32]下属指挥员们虽然清楚前线的真实情况, 但还是奉命行事, 因为他们对拒不服从命令有可能招致的惩处心怀恐惧。但几天后, 战争初期遭受的巨大失败已有目共睹。可尽管如此, 位于莫斯科的红军总参谋部还是很难从前线获得准确、及时的报告。参谋人员被派往前方地区巡视, 每晚发回报告。很多时候, 他们只是打电话给各村庄和集体农庄的党支部书记, 以确定德军推进的程度。

中央集团军群左翼, 霍特第3装甲集群沿西北方面军与西方面军脆弱的分界线向东进击, 轻而易举地迂回后者的第3集团军, 6月23日晚到达立陶宛的维尔纽斯市。[33]虽然巴甫洛夫深感不安, 但他再次敦促副手博尔金, 设法根据DP–41计划组织一场反突击。博尔金奉命指挥哈茨基列维奇的机械化第6军、莫斯托文科的机械化第11军和伊万·谢苗诺维奇·尼基京少将的骑兵第6军, 他命令三个快速军辖内部队从比亚韦斯托克地域向北攻往格罗德诺(Grodno), 以免暴露在比亚韦斯托克突出部北半部的苏军部队遭合围。由于缺乏有效的通信、空中掩护和后勤支援, 也没有充足的现代化坦克, 博尔金的努力从一开始就注定要失败。[34] 霍特装甲集群向东冲往维尔纽斯后很久，在德军猛烈空袭下幸免于难的少量苏军坦克、骑兵和步兵才到达格罗德诺，随即沦为向前推进的德国第9集团军第5军毁灭性步兵伏击和反坦克炮火的牺牲品。截至6月25日日终，骑兵第6军蒙受的伤亡超过50%（大多源于空袭），军长尼基京被俘，一个坦克师耗尽弹药，另一个坦克师只剩3辆坦克、12辆装甲车和40辆卡车。

虽说博尔金徒劳的努力的确让许多红军部队得以从比亚韦斯托克地区向东逃往明斯克，但这种救援仅仅是暂时的。霍特装甲集群迅速穿过维尔纽斯，沿西方面军北翼径直攻往明斯克，与此同时，古德里安的第2装甲集群突破布列斯特南面的苏军防御，沿巴甫洛夫的南翼朝明斯克疾进。[35] 面对即将形成的合围，别无选择的巴甫洛夫只能后撤，但已无法有序退却。不过，6月25日—26日夜间，他设法组织一场全面后撤，意图在斯洛尼姆的夏拉河（River Shchara）后方构设新防御。可是，接到后撤令的部队寥寥无几，而且无法与敌人脱离接触。由于燃料几乎消耗殆尽，不能使用汽车，也得不到空中支援，巴甫洛夫惊慌失措的部队只能依靠步行，冒着敌人持续不断的空袭向东混乱退却。[36] 东面，前进中的德军装甲遣先力量袭击了菲拉托夫第13集团军的司令部，该集团军是巴甫洛夫的第二梯队，正将辖内分散的各个师向前部署，德军缴获的机密报告暴露了苏军的防御计划。[37]

由于德军战机已将夏拉河上的大多数桥梁炸毁，戈卢别夫第10集团军主力无法渡河。处于恐慌状态的巴甫洛夫6月26日向莫斯科报告："（第3装甲集群）多达1000辆的坦克部队正从西北面包围明斯克……无法抗击对方。"[38] 无奈之下，他命令麾下预备力量——安德烈·格里戈里耶维奇·尼基京少将的机械化第20军和阿列克谢·谢梅诺维奇·扎多夫少将的空降兵第4军实施一场空地联合行动，在斯卢茨克阻挡德军推进，但这番努力也以失败告终。[39] 虽然巴甫洛夫疯狂采取措施，但截至6月30日，霍特和古德里安的装甲集群已合拢铁钳，在明斯克以西形成一个巨大的包围圈，困住巴甫洛夫彻底陷入混乱的第10、第3、第4集团军几乎全部有生力量，以及担任预备队的第13集团军大部。作为一支有组织的作战力量，西方面军几乎全军覆没。不到一个月，斯大林就审判并处决了巴甫洛夫、他的参谋长V.E.克利莫夫斯基赫、第4集团军司令员科罗布科夫和另外几名高级指挥员,罪名是"面对敌人时做出的犯罪行为"。[40] 接替巴甫洛夫出任西方面军司令员的是苏联元帅谢苗·康斯坦丁诺维奇·铁木辛哥,他已来不及沿明斯克东面的别列津纳河构设防御,德军装甲力量迅速渡过别列津纳河,7月初又冲向第聂伯河。

18天的交战中,博克的中央集团军群前进600千米,直奔西德维纳河和第聂伯河接近地,占领了整个白俄罗斯,给西方面军造成417790人的伤亡,其中341073名士兵阵亡、被俘或失踪。另外,西方面军还损失4799辆坦克(其中许多仅仅是因为燃料耗尽)、9427门火炮和迫击炮、1777架战机(大多被击毁在机场上)。[41] 实际上,至少沿西战略方向,中央集团军群实力强大的部队完成了"巴巴罗萨计划"赋予他们的任务,彻底粉碎并歼灭了西德维纳河和第聂伯河以西的红军第一战略梯队主力。根据"巴巴罗萨计划"雄心勃勃的假设,希特勒和国防军最高统帅部的大多数人认为德国已赢得了这场战争。

德军在首次神奇的合围中赢得了巨大成功,但这场胜利也存在一些恼人的缺陷。由于前进中的德军无法集结起必要的兵力封锁包围圈,大批红军士兵丢下重装备后逃之夭夭。希特勒担心他的装甲集群前进得太远、太快,因而命令装甲部队停下脚步,等步兵力量消灭包围圈后再向前挺进。这种犹豫随即引发德军指挥体系中的第一场争论:这场战役该如何进行? 德国陆军总参谋长弗朗茨·哈尔德大将担心这种保守的犹豫会使红军获得重组的时间,他希望古德里安发挥主动性,率领第2装甲集群继续前进。颇具先见之明的哈尔德还指出,许多红军部队正在拼死抵抗,德国情报部门对红军许多大股兵团的识别并不正确。[42] 这一切都对后续作战不利。

注释

1. 德国国防军（Wehrmacht）由陆军（Heer）、空军（Luftwaffe）和海军（Kriegsmarine）构成。

2.《国防军最高统帅部，国防军指挥参谋部（L处），1940年12月5日的战时日志（MS-C-065-k）》[OKW, WFst (Abt. L.), War Diary (MS-C-065-k), 5 Dec 40]，第19—20条。译自：佩尔西·E.施拉姆主编，汉斯-阿道夫·雅各布森编撰并述评，《国防军最高统帅部战时日志（作战处）》（八卷本），第一卷，美因河畔法兰克福：伯纳德&格雷费出版社，1965年，第981—982页，1940年8月1日—1941年12月31日，41项。本书以下简称为《最高统帅部战时日志》。

3. 戈特哈德·海因里希著、约瑟夫·韦尔奇译，《对苏作战》第一卷（未出版），华盛顿特区：美国陆军情报处，1954年，第85页；德文手稿收藏于美国国家档案馆。《最高统率部战时日志》中的《国防军指挥参谋部战时日志》（WFSt War Diary），第27—28条。关于后面这份重要文件，可参阅《1940年12月5日与元首的谈话》（Vortrag beim Fuhrer am 5. Dezember 1940），收录于《最高统帅部战时日志》，1940年8月1日—1941年12月31日，41项，第981—982页。这份谈话记录对理解希特勒坚持要求在夺取莫斯科前先行消灭中央集团军群侧翼的大批苏军有生力量至关重要。

4. 参阅《"巴巴罗萨"集中力量的指示》[Directive for the Concentration of Forces (Plan "Barbarossa")]，1941年1月31日，第050/41号，德国陆军总参谋部作战处签发。收录于：《伟大卫国战争军事和历史资料集》第18期，莫斯科：军事出版局，1960年，第56—57页。这份文件由苏军总参谋部军事科学院翻译，保密级。

5. 最初的"马克斯"计划要求投入147个德国师，包括24个装甲师和12个摩托化步兵师。投入东线作战的总兵力为隶属三个前进集团军群的138个德国师（104个步兵师和34个快速师），另外还有9个保安师、派驻芬兰的4个师、总司令部控制下的2个师、1个独立团和1个摩托化教导旅。苏联方面的最新资料称，德国入侵力量为153个师又3个旅，共410万人、4170辆坦克、40500门火炮和迫击炮、3613架战机。参见V.A.佐洛塔廖夫主编，《伟大卫国战争，1941—1945年》第一卷，莫斯科：科学出版社，1998年，第95页。另可参阅Schematische Kriegsgliederung, Stand: B-Tag 1941（22.6）"Barbarossa"，这份文件反映的是德军"巴巴罗萨行动"的作战序列。

6. 同上。南方集团军群第11集团军掌握罗马尼亚先遣力量，余部由罗马尼亚第3、第4集团军指挥。

7. 1940年7月，红军总参谋长鲍里斯·米哈伊洛维奇·沙波什尼科夫批准他的副手亚历山大·米哈伊洛维奇·华西列夫斯基少将起草的一份计划。华西列夫斯基的设想是，德国会在意大利、芬兰、罗马尼亚（可能还有匈牙利和日本）的支持下发起一场进攻，总共投入270个师，其中233个师沿苏联新西部边境集结。华西列夫斯基所做的评估指出，德国人会以部署在普里皮亚季沼泽以北的123个步兵师和10个装甲师遂行其主要攻势，这股力量随后将攻往明斯克、莫斯科和列宁格勒。因此，他建议将红军主力部署至同一地域。关于苏联战前军事策划的详情，可参阅：戴维·M.格兰茨，《泥足巨人：战争前夕的苏联红军》，堪萨斯州劳伦斯：堪萨斯大学出版社，1998年，第90—98页；以及该书俄文版：《泥足巨人：1941年的苏联红军》，莫斯科：亚乌扎-艾克斯摩出版社，2008年。

8. 国防人民委员、苏联元帅谢苗·康斯坦丁诺维奇·铁木辛哥拒绝接受华西列夫斯基的计划，因为他预料到斯大林会持反对意见。基里尔·阿法纳西耶维奇·梅列茨科夫将1940年8月出任红军总参谋长后，命令华西列夫斯基和总参其他人员拟制一份新计划。第二份草案提供了两个战略变体，根据政治局势将红军主力集中于普里皮亚季沼泽北面或南面。斯大林于10月5日审议这份草案，虽然没有公开拒绝于沼泽以北地域集中兵力，但他指出，希特勒最有可能的目标是乌克兰的粮食和顿巴斯地区的煤及其他矿产。因此，总参谋部又向斯大林呈交了一个新计划，这份草案于1940年10月14日获得批准，红军主力遂沿西南方向部署。

9. V.A.佐洛塔廖夫主编，《伟大卫国战争，1941—1945年》第一卷，第108页。

10. 1941年头五个月，局势愈发严峻，朱可夫试图说服斯大林实施先发制人的打击。这位新任总参谋长写了份《1941年5月15日致人民委员会主席，关于苏联武装力量战略部署计划的报告》，实际上就是一份应急计划，随后说服铁木辛哥共同签署这份文件。在这份手写方案中，朱可夫赞成立即发起进攻，以152个红军师歼灭集结在波兰的约100个德国师。该计划要求西南方面军向西攻击前进，跨过波兰南部，将德军与其南面的盟军隔开；西方面军应与德军主力交战并夺取华沙。虽然铁木辛哥共同签署了朱可夫的计划，但要么斯大林从未见过这份计划，要么就像原始文件上看不到通常都很粗俗的批示所表明的那样，他拒绝接受该计划：首先是因为他意识到红军永远无法实现该计划的动员要求；其次，由于担心遭受报复，他不愿采取公然对抗希特勒的行动。朱可夫的计划，特别是其中涉及投入一支庞大机械化力量、沿西南方向攻入波兰南部的部分，成为西南方面军DP-41所要求的"反击侵略"（反突击或反攻）之基础。不管怎样，鉴于红军1941年夏季遭遇的许多问题，这种进攻无异于一场绝望的赌博。关于这份文件的由来和该计划有效性的争议，可参阅:戴维·M.格兰茨，《苏联的军事战略：一段历史》，伦敦：弗兰克·卡斯出版社，1992年，第87—90页；以及格兰茨的《泥足巨人：战争前夕的苏联红军》。

11. 同上。

12. 沿苏联西部边境部署的四个军区，1941年6月22日共辖170个师、2个独立步兵旅和12个空降兵旅。第一战役梯队驻扎在距离边境10—50千米处，由56个师（53个步兵师、3个骑兵师）和2个独立步兵旅组成。第二战役梯队部署在距离边境50—100千米处，编有52个师（13个步兵师、3个骑兵师、24个坦克师、12个摩托化师）。第三战役梯队由62个师构成，位置从边境线向东延伸100—400千米，大多部署在西德维纳河和第聂伯河西面，担任军区预备队。参见V.A.佐洛塔廖夫主编，《伟大卫国战争，1941年—1945年》第一卷，第108—109页。

13. 例如，指定调拨给西南方面军和几个新预备队集团军的13个师，以及派给统帅部预备队第22集团军机械化第21军的3个师，都未集结完毕，另外10个师仍在从苏联内陆军区，处于变更部署的途中。

14. 参见：托马斯·L.延茨主编，《装甲部队：德军装甲力量的组建和作战使用完全指南，1933年—1942年》第一册，宾夕法尼亚州阿特格伦：希弗出版社，1996年；乔纳森·M.豪斯，《走向诸兵种合成作战：20世纪战术、学说和编成研究》，堪萨斯州莱文沃斯堡：战斗研究所，1984年，第81—83、第96—97页；费迪南德·冯·森格尔·翁德·埃特林，《装甲掷弹兵：机械化步兵的历史和形成，1933年—1960年》，慕尼黑：J.F.莱曼斯出版社，1961年，第72—77页。

15. 蒂莫西·A.雷，《坚守：二战期间德军在东线的防御学说，战前至1943年3月》，第5号调查研究，堪萨斯州莱文沃斯堡：战斗研究所，1986年，第1—21页。

16. 为避免暴露意图，这些战机中的大多数仍留在西线，直到行动发起前几周才停止对英国的空袭。

17. 同样，德国人1941年5月空降入侵克里特岛的行动，也给德军伞兵兵团和空军运输机部队造成了破坏，146架Ju-52被击落，另外150架严重受损。参阅威廉姆森·穆雷，《德国空军》，巴尔的摩：航海和航空出版社，1985年，第79、第83页。

18. 德国方面对战争头六个月的最佳评估，可参阅克劳斯·莱因哈特著、卡尔·基南译，《莫斯科——转折点：1941年—1942年冬季，希特勒在战略上的失败》，英国牛津＆普罗维登斯：冰山出版社，1992年，第26—28页。

19. 红军1941年6月的详细情况可参阅格兰茨的《泥足巨人：战争前夕的苏联红军》。

20. 1941年的红军坦克师辖2个坦克团、1个摩托化步兵团，以及侦察、反坦克、防空兵、工程兵和通信兵营。关于红军机械化力量编制的详情，可参阅：O.A.洛西科，《伟大卫国战争中苏联坦克力量的编成和作战使用》，莫斯科：军事出版局，1979年；戴维·M.格兰茨，《苏军战役法：探寻大纵深战役》，伦敦：弗兰克·卡斯出版社，1991年，第74—121页。

21. 苏军各机械化军的实际力量相差很大。有些军拥有大量新式装备。例如，截至1941年6月20日，波罗的海沿岸方面军的机械化第3军有669辆坦克，其中101辆是新式的KV-1重型坦克和T-34中型坦克，431辆是BT-7，剩下的都是型号较老的T-28和T-26坦克。其他机械化军，特别是远离边境线的军，实力要虚弱得多。例如西方面军编成内的第4集团军，辖内机械化第14军只有534辆老旧的T-26、T-37/38坦克，外加6辆BT坦克，远没有达到编制规定的1031辆中型坦克和重型坦克的标准。在弥补以往对武器生产的忽视方面，严格的工厂纪律也只能做这么多。西南方面军机械化第19军只有450辆坦克，除7辆外都是老旧型号。另外，该军指望征用民用卡车从事运输工作；战争爆发后，该军两个坦克师编成内的"摩托化步兵"团不得不步行190千米开赴前线，这就拖缓了可用坦克的前进速度。驶下工产线的新装备分配给了部署在前进地域的机械化军，可是数量太少（1861辆），就连满枪机械化军也是编有各种不同车辆的大杂烩。这在很大程度上导致维护工作更加复杂。另外，苏军兵团的无线电通信和后勤保障非常薄弱，导致他们根本无法在德军突然发起入侵的混乱状况下实施协同一致的机动。关于1941年6月22日红军实力的详细情况，可参阅：叶甫盖尼·德里格，《战斗中的红军机械化军：1940年—1941年红军汽车装甲坦克兵史》，第135、第375和第489页；以及《苏联武装力量在伟大卫国战争中（1941年—1945年）的作战和数字编成：第1号统计汇编（1941年6月22日）》，莫斯科：军事历史研究所，1994年。

22. 参见《苏联武装力量在伟大卫国战争中（1941年—1945年）的作战和数字编成：第1号统计汇编（1941年6月22日）》。

23. 参见戴维·M.格兰茨，《苏联和平时期和战时的动员，1924年—1942年：一份调查》，宾夕法尼亚州卡莱尔：个人出版，1998年。

24. 至少有一名飞机设计师因为实验飞机坠毁而被冠以"破坏"罪名遭枪毙，许多工程师则在监狱的设计室内从事工作。说得委婉些，这种惩处无法鼓励创新性设计方案。

25. 1941年4月12日，铁木辛哥和朱可夫向斯大林告状，称训练事故导致每天损失2—3架飞机并要求将几名空军高级指挥员撤职。关于1941年红空军的状况，最佳英文著作当属冯·哈德斯蒂，《火凤凰：苏联空中力量的崛起，1941年—1945年》，华盛顿特区：史密森学会出版社，1982年。

26. 1941年的整个灾难性夏季，苏军轰炸机顽固地在8000英尺高度实施攻击，这个高度过高，根本无法确保轰炸准确性，却足以使德军战斗机发现目标并对其实施攻击。虽然个别苏军歼击机飞行员非常英勇，反复冲击德军战机，但他们的战斗编队太偏向于防御，无法有效抗击擅长空中格斗的对手。

27. 欠第3装甲集群，该集群正在西北方面军防区遂行进攻。中央集团军群的总兵力约为63.5万人，以28个师（含4个装甲师）攻击前进。博克集团军群编有51个师和第三个集团军司令部（第2集团军），另外还有担任总司令部预备队的15个师。他们面对的是巴甫洛夫西方面军的671165人，该方面军只有13个步兵师部署在边境线及其附近。

28. 戈特哈德·海因里希著、约瑟夫·韦尔奇译，《对苏作战》第一卷，第87—88页。

29. 克鲁格集团军辖10个步兵军和5个摩托化军，并获得3个保安师和2个预备队步兵军支援，共计20个步兵军、3个装甲师和3个摩托化师。参见德军"巴巴罗萨行动"作战序列。

30. 第13集团军并未配属作战部队。1941年6月22日，巴甫洛夫的西部特别军区共计671165人（包括71715名军校学员）、14171门火炮和迫击炮、2900辆坦克（2192辆可用）、1812架战机（1577架可用）。参阅《苏联武装力量在伟大卫国战争中（1941年—1945年）的作战和数字编成：第1号统计汇编（1941年6月22日）》第16—17页。巴甫洛夫只以13个步兵师据守边境，这些师大多只有1个团靠前部署，另外2个团执行驻防任务。

31. 战争首日西方面军作战地域的详细情况，可参阅《伟大卫国战争作战文件集》第35期，莫斯科：军事出版局，1958年。这份资料由红军总参谋部军事科学院编撰，绝密级。另可参阅博尔金将军的回忆录《生命的篇章》，莫斯科：军事出版局，1961年。

32. V.A.佐洛塔廖夫主编，《伟大卫国战争，1941年—1945年》第一卷，第138页。

33. 施密特的第39摩托化军辖第7、第20装甲师，分别由汉斯·冯·丰克少将和霍斯特·施通普夫中将指挥，另外还有第14、第20摩托化师，分别由海因里希·沃施少将和步兵上将汉斯·措恩[1]指挥。孔岑

---

① 译注：少将。

的第57摩托化军辖第12、第19装甲师, 分别由约瑟夫·哈佩少将和奥托·冯·克诺贝尔斯多夫少将指挥, 另外还有步兵上将弗里德里希·赫尔莱恩[1]的第18摩托化师。参见德军 "巴巴罗萨行动" 作战序列。

34. 哈茨基列维奇的机械化第6军是红军装备最精良的兵团, 拥有1212辆坦克, 包括452辆新型T-34和KV坦克、416辆BT、126辆T-26和127辆旧型号坦克, 另外还有229辆BA-10和BA-20装甲车。可是, 该军开赴集结地域途中折损大半坦克力量, 主要因为德军空袭和机械故障。令情况更趋复杂的是, 约200辆坦克在当日日终前到达进攻阵地时已耗尽燃料。莫斯托文科的机械化第11军奉命于次日攻向格罗德诺, 该军的243辆坦克多是老旧型号, 也遭受到了同样的厄运。参见: 叶甫盖尼·德里格, 《战斗中的红军机械化军: 1940年—1941年红军汽车装甲坦克兵史》, 第221页; V.A.佐洛塔廖夫主编, 《伟大卫国战争, 1941年—1945年》第一卷, 第139页。

35. 施韦彭堡的第24摩托化军与第267步兵师协同行动, 辖瓦尔特·莫德尔中将的第3装甲师、维利巴尔德·冯·朗格曼少将的第4装甲师、弗里德里希-威廉·勒佩尔少将的第10摩托化师, 以及骑兵上将库尔特·费尔特[2]的第1骑兵师。维廷霍夫的第46摩托化军辖费迪南德·沙尔少将的第10装甲师、武装党卫军地区总队长保罗·豪塞尔的 "帝国" 摩托化师, 以及 "大德意志" 步兵团。莱梅尔森第47摩托化军编有卡尔·冯·韦伯少将的第17装甲师、瓦尔特·内林少将的第18装甲师、瓦尔特·冯·博尔滕施泰因少将的第29摩托化师, 以及第167步兵师。

36. 战争首日, 西方面军损失738架飞机, 约占总数量的40%。

37. 菲拉托夫下令集结步兵第21军、步兵第50师和另一些后撤中的部队, 以这些力量实施有效防御, 掩护明斯克接近地。担任预备队的步兵第44军负责据守明斯克城。

38. 《西方面军司令员1941年6月26日发给国防人民委员的作战报告: 关于一支敌坦克队列对明斯克的包围》(Boevoe donesenie komanduiushchego voiskami Zapadnogo fronta narodnomu komissara oborony ot 26 iiunia 1941 g. ob obkhode gor. Minsk tankovoi kolonnoi protivnika), 收录于《伟大卫国战争作战文件集》第35期, 第48页。

39. 机械化第20军辖内各师分散在明斯克地域, 按照计划, 该军应向南发起冲击并与空降兵第4军麾下实施空中突击的空降兵第214旅会合。机械化第20军以93辆老旧型号坦克遂行突击, 但由于缺乏实施空中突击所需要的飞机, 空降兵只能步行向前部署。这两股苏军没能给古德里安的装甲力量造成任何威胁, 前进中的德军装甲大潮将这两股苏军打垮。参见叶甫盖尼·德里格, 《战斗中的红军机械化军: 1940年—1941年红军汽车装甲坦克兵史》, 第487页。

40. 巴甫洛夫被逮捕并遭处决的故事, 可参阅《德米特里·格里戈里耶维奇·巴甫洛夫将军的第24000号案件》(Delo No. P-24000 generals Pavlova Dmitriia Grigor' evicha), 刊登于《武装力量中的共产党人》杂志(Kommunist vooruzhennykh sil)第8期(1991年4月), 第70—75页; 第9期(1991年5月), 第68—73页; 第11期(1991年6月), 第54—60页; 第13期(1991年7月), 第63—68页; 第14期(1991年7月), 第57—67页。

41. V.A.佐洛塔廖夫主编, 《伟大卫国战争, 1941年—1945年》第一卷, 第147页。这段时期, 巴甫洛夫最初的44个师中, 24个彻底覆灭, 另外20个师遭受的人员损失为30%—90%不等。

42. 查尔斯·伯迪克、汉斯-阿道夫·雅各布森译, 《哈尔德战时日记, 1939年—1942年》, 加利福尼亚州诺瓦托: 要塞出版社, 1988年, 第432—435页。另可参阅未删减的德文版: 弗朗茨·哈尔德大将著, 汉斯-阿道夫·雅各布森编, 《战时日记》(三卷本), 斯图加特: W.科尔哈默尔出版社, 1962—1964年。德文版包含更多细节, 本书按日记条目的日期对其加以引用。

---

① 译注: 少将。
② 译注: 少将。

第二章
中央集团军群攻向西德维纳河和第聂伯河，西方面军在列佩利的反突击，1941年7月2日—9日

德军的指挥决定

按照计划，"巴巴罗萨行动"应以德军先前在波兰、法国和巴尔干地区实施的快速打击为榜样，成为一场闪电战。具体说来，该战役的持续时间应以数周计，总司令部期望德国陆军在此期间实现迄今为止惯用的一连串合围，抢在遂行防御的红军进一步撤入苏联腹地并重新组织防御前将其歼灭。通过辖内装甲集群熟练地机动，博克的中央集团军群已在比亚韦斯托克和明斯克交战中出色地完成了这种经典的破坏性机动，以此消灭了西方面军第一梯队集团军并粉碎了苏军统帅部大本营第一战略梯队，对方的任务是坚守边境地区。结果，博克集团军群相对容易地占领了白俄罗斯苏维埃社会主义共和国的大部分地区。

博克在广阔的苏德战线中央地带取得的重大胜利，使最高统帅部和陆军总司令部深感兴奋。就连头脑清醒的德国陆军总参谋长弗朗茨·哈尔德大将也被这种乐观情绪冲昏了头脑，他指出：

将俄军主力歼灭于德维纳河和第聂伯河西面的目标已完成……（这些河流）东面，我们只会遭遇部分敌军……因此，大概可以毫不夸张地说，对俄作战已在两周内赢得胜利。[1]

希特勒本人确信，苏联人实际上已输掉了这场战争。[2] 因此，接下来几周，他毫不令人惊讶地制定了一系列更宏伟的计划，包括征服近东、中东和北非，在苏联欧洲部分设立政治和经济管理部门，对德国的军工生产进行根本性调整，甚至涉及"巴巴罗萨行动"完成后对军队的改编。[3]

但回顾往事，这种奇思怪想本应被视为罔顾东方战场的艰难现实。例如，北方和南方集团军群没能取得能与中央集团军群相提并论的胜利。由于装甲力量不足，陆军总司令部策划人员不得不勉强接受在东线北部和南部地区实施单翼包围的计划，希望这种策略能取得成功。可是，在绘图板上看似可行的方案，在战场上却无法实现。边境交战在概念和执行上的根本性缺陷，远比陆军总司令部和希特勒当时意识到的严重得多，因为它也为苏联人提供了一个机会，他们可以使用第二梯队集团军在腹地组织防御，从而获得动员民众和庞大资源的时间。

边境交战结束后，陆军总司令部实施"巴巴罗萨行动"第二阶段的计划要求博克集团军群渡过西德维纳河和第聂伯河，夺取从西面维捷布斯克和奥尔沙伸向东面斯摩棱斯克的陆桥，这就意味着该集团军群必须突破所谓的"斯大林防线"，继续向莫斯科进军。博克集团军群要想按计划有效地完成这些任务，显然需要保留两个装甲集群。可是，由于北方集团军群和南方集团军群都没能以辖内一个装甲集群完成受领的任务，加之没有其他预备力量可用，要为两个集团军群提供必要的装甲援兵，就只能从中央集团军群抽调。因此，7月份第一周，希特勒和陆军总司令部面临的最关键、最令人恼火的问题是"接下来该如何行事"和"应将博克的装甲集群用于何处"。虽然希特勒和陆军总司令部都无法明确回答这些问题，但他们有两个显而易见的选择。第一，他们可以将两个装甲集群留给博克的中央集团军群并命令该集团军群向东突击，攻向莫斯科。第二，他们可以部分或全部抽调博克的装甲力量，将其派往北面或南面，配合北方或南方集团军群完成他们的任务。希特勒承认，这将是他在整个战役期间做出的最为重要的决定。与他的说法相呼应，最高统帅部指挥参谋部参谋长阿尔弗雷德·约德尔中将告诉陆军总司令瓦尔特·冯·勃劳希契元帅，这将是整个战争中最重要的决定。[4] 与此同时，就在希特勒为确定后续行动的路线深感苦恼之际，斯大林和统帅部大本营的同事们疯狂动员苏联的全部力量，以期进行一场长期、持久、血腥的斗争。

7月初的态势

在不到10天的短得惊人的时间里，博克的中央集团军群已沿布列斯特、明斯克和斯摩棱斯克方向粉碎了西方面军的边境防御，将第3、第4、第10集团军彻底歼灭于比亚韦斯托克和明斯克包围圈，重创第13集团军，并迫使这些集团军之残部可耻地撤至后方不同纵深的新防御地带。利用突然性、丰富的经验、娴熟的指挥和局部优势，博克集团军群赢得了一场壮观而又庞大的初期胜利，这在欧洲任何地方都将具有战略决定性。可是，莱布的北方集团军群和伦德施泰特的南方集团军群没能取得博克这种辉煌胜利。虽说莱布集团军群成功粉碎了苏军西北方面军的防御，歼灭了该方面军辖内许多部队，并迫使其残部混乱地撤往里加东南方的西德维纳河，但苏军统帅部大本营派出的援兵使该方面军得以组织可靠的抵抗并沿德维纳河一线实施强有力的反冲击。南面的情况同样如此，伦德施泰特的南方集团军群设法突破并粉碎了西南方面军沿基辅方向的防御，却遭到对方一场虽然协同不力，但规模庞大、异常激烈的反攻，朱可夫亲自指挥数个机械化军在杜布诺（Dubno）和布罗德（Brody）地区展开这场行动。虽然南方集团军群辖内第1装甲集群击败并歼灭了许多遂行突击的苏军坦克兵团，但这场战斗表明，向基辅的后续推进绝非易事。

因此，"巴巴罗萨行动"第一阶段，德国军队得以按照"巴巴罗萨计划"围歼对面苏军主力的唯一地点是博克中央集团军群的作战地域——博克的胜利为跨过第聂伯河直奔斯摩棱斯克和前方的莫斯科打开了通道。根据相应观点，对苏联首都的夺取和守卫成了两个强大对手卷入生死斗争的最佳象征。[5]

截至7月6日，博克的中央集团军群已深入苏联腹地400多千米，这场进军路途遥远，相当于从德国边境开赴巴黎。可是，这番推进仅占从边境到莫斯科这段路程的三分之一，因而仅仅是通往苏联首都这条漫长道路上的第一步。第二步是渡过西德维纳河和第聂伯河，奔向具有战略重要性的维捷布斯克—奥尔沙—斯摩棱斯克三角区。可是在集团军群准备采取第二步行动时，陆军总司令部只制定了"巴巴罗萨行动"第二阶段的大体方略，而没有更多的具体计划。

具有讽刺意味的是，尽管取得迅速进展和压倒性胜利，但中央集团军群却发现自己身陷困境，这一定程度上要归咎于他们赢得的非凡胜利。其作战地域太过庞大，从边境直至别列津纳河，宽约420千米，深达400千米，面积相当于佛罗里达州或战后的西德。由于几乎没有可供通行的道路，铁路交通线亦寥寥无几，集团军群面临的挑战更趋严峻。另外，兵力短缺的警告信号也开始出现。这一切都成了日后所遭遇的困难的前兆。

中央集团军群眼下最关心的是如何完成双重任务，他们在实施对明斯克以西的合围的同时，还要继续向东推进。理想情况下，前一项任务应由克鲁格的第4集团军和施特劳斯第9集团军的步兵军完成，而后一项任务则由霍特的第3装甲集群和古德里安的第2装甲集群负责。可实际上，这个简洁的方案并不可行，因为巨大的比亚韦斯托克和明斯克合围圈已演变为两个大口袋，每个都需要加以消灭。稀疏的装甲力量控制住最东面的口袋时，克鲁格和施特劳斯的步兵主力仍在解决其他包围圈。总之，德军装甲力量必须收拢辖内部队，以防被围的苏军大股部队抢在自己实施重组并恢复向东进攻的势头前逃出包围圈。

上至元首大本营，下到德军各级指挥部门，德国人越来越意识到他们还需要推进很远的一段距离，而且可用的时间有限。为比亚韦斯托克和明斯克的行动消耗的每一天，都将加剧向东进军的延误，并使苏联人获得更多的喘息之机以构筑并加强他们的新防线。德军空中侦察报告称，大批苏军部队正沿公路和铁路线赶往斯摩棱斯克，无线电拦截亦表明，伏罗希洛夫和铁木辛哥元帅正在前线指挥作战。在博克看来，这说明他的对手"正沿第聂伯河和斯摩棱斯克门户设立一道新防线"，因此，在实施第二阶段的攻势时，他必然会面临一场恶战。[6]

甚至在战役第一周结束前，陆军总司令部和博克的中央集团军群已开始担心，该如何指挥即将到来的战斗。哈尔德和博克都意识到，合围苏军第3、第4、第10、第13集团军的机动导致大批德军部队掺杂在一起，必然会给战役第一、第二阶段间的有序过渡造成妨碍，他们也知道，无法指望步兵军跟上装甲力量的步伐，同样的情况也给友邻集团军群造成了影响，只不过程度较小而已。简言之，步兵师和装甲师已无法捆绑在一起发挥相互支援的作用。因此，战场上的现实和时间、空间的原则迫使总司令部和博克改变他们为战役下一阶段所做的指挥控制安排，以便更有效地控制集团军群辖内部队。

早在6月26日视察博克设在华沙城郊雷姆贝尔图夫（Rembertov）的司令部时，勃劳希契就向博克提出过这个问题。勃劳希契以1940年的法国战役为例,希望霍特的第3装甲集群、古德里安的第2装甲集群和第4、第9集团军辖内所有步兵师脱离比亚韦斯托克及明斯克周围的合围战,编入克鲁格第4集团军。克鲁格获得扩充的集团军随后改称第4装甲集团军。之后,魏克斯尚未投入战斗的第2集团军,将以辖内步兵师和克鲁格原第4集团军及施特劳斯第9集团军已投入的力量遂行消灭包围圈的任务。实际上,勃劳希契建议把中央集团军群分成两个集团,分别执行不同的任务,博克负责全面指挥,但在集团军群与各野战集团军之间插入一个指挥层级。[7]

但博克并不认为有必要实施这种重组,他声称形成包围圈的各集团军最好还是以各自的部队解决问题。在他与装甲集群司令部之间插入克鲁格的指挥部,也与博克的指挥风格不相容,在他看来,此举肯定会给各指挥部间的通信造成妨碍。虽然博克并未这样做,但他还可以指出,克鲁格的司令部组建时是以指挥步兵集团军为目的,其设备并不足以指挥控制装甲力量,因为该司令部缺乏足够的无线通信和越野能力,也没有完成任务所需要的联络飞机。[8]另外,克鲁格,霍特,特别是古德里安,几个人的意志都很顽强,发生令人不快的个性冲突似乎无法避免。实际上,古德里安提出,若把他纳入克鲁格麾下,他就辞职。

最重要的是,博克对自己的指挥权有可能遭到削弱深感恼火,就算不是削弱,至少也是明显地稀释和复杂化。因此,在一个妥协的解决方案中,博克同意克鲁格的第4集团军指挥两个装甲集群,但不再编有大型步兵军团。魏克斯的第2集团军将替代克鲁格第4集团军,第9和第2集团军将按照博克的意愿遂行肃清比亚韦斯托克、明斯克包围圈的任务。这番重组将于7月2日—3日午夜生效。

博克集团军群7月1日签发的作战指令应该以"攻向莫斯科"为题。除了新的指挥安排,这道指令还努力克服同时遂行两项任务(迅速攻向斯摩棱斯克和莫斯科,同时消灭包围圈)造成的困境。整个策划过程中,稀里糊涂的德军情报机构始终低估红军残余的实力和能力并错误地评估苏联人的意图。鉴于红军遭受的巨大损失,加之缺乏关于苏军统帅部大本营战略预备队的及时的、准确的情报,犯下这种错误不足为奇。可是,德国空军的确发现大股敌军沿西德维纳河和第聂伯河集结,而博克立即试图在对方构成实际威胁前将其消灭。另外，总司令部的东线外军处和中央集团军群情报处估计，集团军群当面只有十来个苏军步兵师，可能还有6支坦克部队，对方获得400—500架战机支援，机型新旧不一。而始终悲观的哈尔德则认为，中央集团军群可能还会遭遇多达1500辆敌坦克。[9]

截至1941年7月4日，博克集团军群编有59个作战师（包括9个装甲、5个摩托化师、1个骑兵师）、1个训练（教导）旅（第900摩托化旅）和1个团（武装党卫队"大德意志"摩托化步兵团）[①]，总兵力约为43万，而且将获得1000多辆坦克、6600门火炮和迫击炮、1500架战机的支援（参见表2.1）。这些兵团中，38个师隶属15个第一梯队集团军和摩托化军，28个师沿前线从事战斗。[10]

表2.1：中央集团军群作战序列，1941年7月4日

中央集团军群 [第102步兵师、第900摩托化旅、第43军（第131、第134、第252步兵师）]		
第9集团军（第23军、第206步兵师、第86步兵师）	第6军	第16步兵师
		第6步兵师
	第5军	第35步兵师
		第5步兵师
		第161步兵师
	第8军	第28步兵师
		第8步兵师
	第20军	第256步兵师
		第129步兵师
第2集团军	第53军	第267步兵师
		第255步兵师
		第52步兵师
		第167步兵师
	第35军级指挥部	第45步兵师
		第293步兵师
	第13军	第17步兵师
		第78步兵师
	第7军	第258步兵师
		第23步兵师
		第7步兵师
		第268步兵师

---

① 译注：该团实际上并非武装党卫队。

续表

			第263步兵师
第2集团军	第9军		第137步兵师
			第292步兵师
	第12军		第31步兵师
			第34步兵师
第4装甲集团军（"大德意志"步兵团）	第3装甲集群（第12装甲师、第14摩托化师）	第39摩托化军	第20摩托化师
			第20装甲师
			第7装甲师
		第57摩托化军	第18摩托化师
			第19装甲师
	第4装甲集群[①]（第1骑兵师）	第36摩托化军[②]	第10装甲师
			武装党卫队"帝国"摩托化师
		第37摩托化军[③]	第29摩托化师
			第17装甲师
			第18装甲师
		第24摩托化军	第10摩托化师
			第3装甲师
			第4装甲师
后方地域指挥部	第161、第15、第260、第112步兵师		
总司令部预备队	第110、第106、第96步兵师		

　　虽然西方面军7月份第一周处于严重混乱状态，而统帅部大本营预备队集团军只是沿西德维纳河和第聂伯河逐渐就位，但还是可以对其截至7月4日的实力和部署加以粗略描述。苏联方面的档案记录表明，红军此时正以西方面军第4集团军和第二梯队第13集团军之残部扼守西德维纳河、第聂伯河防线及其接近地，苏联元帅谢苗·米哈伊洛维奇·布琼尼指挥的预备队集团军集群以辖内第19、第20、第21、第22、第16集团军提供支援，该集群编有35个新组建的师。[11] 虽然布琼尼麾下兵团早在5月底便开始调入该地区，但到7月4日尚未集结完毕。斯大林7月1日任命铁木辛哥接替倒霉的巴甫洛夫出任西方面军司令员，同时将布琼尼麾下第19、第20、第21、第22集团军转隶铁木辛哥方面军。布琼尼麾下第五个集团军是米哈伊尔·费多罗维奇·卢金中将实力虚弱的第16

---

① 译注：应为第2装甲集群。
② 译注：应为第46摩托化军。
③ 译注：应为第47摩托化军。

集团军，该部刚刚进入指定地域，负责守卫斯摩棱斯克，该城位于从明斯克通往莫斯科的前进路线上，很可能成为德军的下一个战略目标。

截至7月4日，铁木辛哥的西方面军据守着所谓的"斯摩棱斯克门户"，作战地域从北面的西德维纳河起，沿第聂伯河南延至列奇察（Rechitsa）地区，辖内力量包括西方面军第4、第13集团军残部，以及调自布琼尼预备队集团军集群的第16、第19、第20、第21、第22集团军。铁木辛哥将五个集团军从左至右（由南向北）沿第聂伯河和西德维纳河一线部署为方面军第一梯队，实力虚弱的第4集团军和新开到的第16集团军担任第二梯队（参见表2.2、2.3）。

苏联的动员计划要求机械化军为红军诸兵种合成集团军提供支援，根据该计划，统帅部大本营7月份上半月从内陆军区为西方面军调拨6个机械化军，用以弥补边境交战中遭歼灭的机械化军。其中包括调自哈尔科夫军区的机械化第25军，调自奥廖尔军区的机械化第23军，调自北高加索军区的机械化第26军（最初分配给西南方面军），调自中亚军区的机械化第27军，调自西伯利亚军区的机械化第5军（最初也分配给西南方面军），调自莫斯科军区的机械化第7

表2.2：西方面军诸集团军1941年7月4日的部署和指挥员

第一梯队		
集团军	指挥员	所在地带
第22集团军	菲利普·阿法纳西耶维奇·叶尔沙科夫中将	伊德里察—波洛茨克
第19集团军	伊万·斯捷潘诺维奇·科涅夫中将	维捷布斯克
第20集团军	帕维尔·阿列克谢耶维奇·库罗奇金中将	维捷布斯克—奥尔沙
第13集团军	彼得·米哈伊洛维奇·菲拉托夫中将，费奥多尔·尼基季奇·列梅佐夫中将（7月8日起）	罗加乔夫—奥尔沙
第21集团军	瓦西里·菲利波维奇·格拉西缅科中将，费奥多尔·伊西多罗维奇·库兹涅佐夫上将（7月12日起），米哈伊尔·格里戈里耶维奇·叶夫列莫夫中将（7月23日起）	列奇察—罗加乔夫
第二梯队		
集团军	指挥员	所在地带
第4集团军	列奥尼德·米哈伊洛维奇·桑达洛夫上校	穿过第13和第20集团军后撤
第16集团军	米哈伊尔·费多罗维奇·卢金中将	斯摩棱斯克地域

表2.3：西方面军1941年7月10日的编成和指挥员

（步兵、骑兵、坦克、机械化兵团和部队）

西方面军（苏联元帅谢苗·康斯坦丁诺维奇·铁木辛哥）			
第4集团军 列奥尼德·米哈伊洛维奇·桑达洛夫上校	**步兵第28军**		步兵第6师
			步兵第42师
			步兵第55师
			步兵第143师
第13集团军 彼得·米哈伊洛维奇·菲拉托夫中将，彼得·尼基季奇·列梅佐夫中将（7月8日起），瓦西里·菲利波维奇·格拉西缅科中将（7月14日起），康斯坦丁·德米特里耶维奇·戈卢别夫少将（7月26日起）	**步兵第45军**		步兵第148师
			步兵第187师
	步兵第20军		步兵第132师
			步兵第137师
			步兵第160师
	步兵第61军		步兵第53师
			步兵第110师
			步兵第172师
	空降兵第4军 阿列克谢·谢梅诺维奇·扎多夫少将		空降兵第7旅
			空降兵第8旅
	步兵第24师		
	机械化第20军 安德烈·格里戈里耶维奇·尼基京少将，坦克兵少将尼古拉·杰尼索维奇·韦杰涅耶夫（7月13日起）		坦克第26师（维克托·季莫费耶维奇·奥布霍夫少将）
			坦克第38师（谢尔盖·伊万诺维奇·卡普斯京上校）
			摩托化第210师（费奥凡·阿加波维奇·帕尔霍缅科旅级指挥员）
第19集团军 伊万·斯捷潘诺维奇·科涅夫中将	**步兵第25军**		步兵第127师
			步兵第134师
			步兵第162师
	步兵第34军		步兵第38师
			步兵第129师
			步兵第158师
	机械化第23军 米哈伊尔·阿基莫维奇·米亚斯尼科夫少将		坦克第48师（德米特里·雅科夫列维奇·雅科夫列夫上校）
			坦克第51师（7月10日转隶第31集团军）（格里戈里·格奥尔基耶维奇·切尔诺夫上校）
			坦克第57师（7月10日调拨，但一直未加入该军）（瓦西里·亚历山德罗维奇·米舒林上校）
			摩托化第220师（尼基福尔·戈尔杰耶维奇·霍鲁任科少将）

续表

		步兵第153师
第20集团军 帕维尔·阿列克谢耶维奇·库罗奇金中将	**步兵第69军**	步兵第229师
		步兵第233师
	步兵第2军	步兵第100师
		步兵第161师
	步兵第18师	
	步兵第73师	
	步兵第144师	
	机械化第5军 坦克兵少将伊利亚·普罗科菲耶维奇·亚历克先科	坦克第13师（费奥多尔·乌斯季诺维奇·格拉切夫上校）
		坦克第17师（伊万·彼得罗维奇·科尔恰金上校）
		摩托化第109师（尼古拉·伊万诺维奇·西多连科上校）
		摩托化第1师（雅科夫·格里戈里耶维奇·克列伊泽尔上校）
第21集团军 瓦西里·菲利波维奇·格拉西缅科中将，费奥多尔·伊西多罗维奇·库兹涅佐夫上将（7月12日起），米哈伊尔·格里戈里耶维奇·叶夫列莫夫中将（7月23日起）	**步兵第63军**	步兵第61师
		步兵第154师
		步兵第167师
	步兵第66军	步兵第232师
	步兵第67军	步兵第102师
		步兵第117师
		步兵第151师
	步兵第75师	
	机械化第25军 谢苗·莫伊谢耶维奇·克里沃申少将	坦克第50师（鲍里斯·谢尔盖耶维奇·巴哈罗夫上校）
		坦克第55师（瓦西里·米哈伊洛维奇·巴达诺夫上校）
		摩托化第219师（帕维尔·彼得罗维奇·科尔尊少将）
第22集团军 菲利普·阿法纳西耶维奇·叶尔沙科夫中将	**步兵第51军**	步兵第98师
		步兵第112师
		步兵第170师
	步兵第62军	步兵第174师
		步兵第179师
		步兵第186师
	步兵第50师	
	步兵第214师	
	独立坦克营（坦克第48师）	

续表

		步兵第17师
	步兵第44军	步兵第64师
		步兵第108师
	步兵第49师	
	第61筑垒地域	
	第62筑垒地域	
	第63筑垒地域	
	第65筑垒地域	
方面军预备队	第66筑垒地域	
	第68筑垒地域	
	机械化第7军 瓦西里·伊万诺维奇·维诺格拉多夫少将	坦克第14师（伊万·德米特里耶维奇·瓦西里耶夫上校）
		坦克第18师（坦克兵少将费奥多尔·季莫费耶维奇·列米佐）
	机械化第17军 米哈伊尔·彼得罗维奇·彼得罗夫少将	坦克第27师（阿列克谢·奥西波维奇·阿赫马诺夫上校）
		坦克第36师（谢尔盖·扎哈罗维奇·米罗什尼科夫上校）
		摩托化第209师（阿列克谢·伊里奇·穆拉维耶夫上校）

军。铁木辛哥最终以机械化第23军支援第19集团军，以机械化第5、第7军支援第20集团军，以机械化第25军支援第21集团军，以机械化第26军支援第24集团军，以机械化第27军支援第28集团军。另外，西方面军还编有在边境交战中幸存的两个机械化军残部：机械化第17军7月5日转隶第21集团军，而机械化第20军后来在莫吉廖夫围困战期间遭歼灭（参见表2.4和附录二）。

斯大林以一种相当仓促的方式决定将布琼尼的预备队集团军集群投入战斗，这表明面对德国军队突如其来的、令人始料未及的进攻胜利，苏联统帅部大本营是多么绝望。布琼尼预备队集团军集群过早且以零碎方式加入交战，说明斯大林已放弃将其作为一股统一的战略反攻力量投入行动的一切希望。将战略预备队交给铁木辛哥的西方面军后，统帅部大本营已别无选择，只能组建并投入新预备队集团军以恢复战略防御纵深。7月5日至10日，他们加快动员计划并把新组建的预备队集团军部署到斯摩棱斯克与莫斯科之间的两道防线上（参见表2.5）。

表2.4：1941年7月支援西方面军的机械化军之编成和指挥员

机械化军	指挥员	编成
机械化第5军	坦克兵少将伊利亚·普罗科菲耶维奇·亚历克先科	坦克第13师
		坦克第17师
		摩托化第109师
机械化第7军	瓦西里·伊万诺维奇·维诺格拉多夫少将	坦克第14师
		坦克第18师
		摩托化第1师
机械化第17军	米哈伊尔·彼得罗维奇·彼得罗夫少将	坦克第27师
		坦克第36师
		摩托化第209师
机械化第20军	安德烈·格里戈里耶维奇·尼基京少将；坦克兵少将尼古拉·杰尼索维奇·韦杰涅耶夫（7月13日起）	坦克第26师
		坦克第38师
		摩托化第210师
机械化第23军	米哈伊尔·阿基莫维奇·米亚斯尼科夫少将	坦克第48师
		坦克第51师
		摩托化第220师
机械化第25军	谢苗·莫伊谢耶维奇·克里沃申少将	坦克第50师
		坦克第55师
		摩托化第219师
机械化第26军	尼古拉·雅科夫列维奇·基里琴科少将	坦克第52师
		坦克第56师
		摩托化第103师
机械化第27军	伊万·叶菲莫维奇·彼得罗夫少将	坦克第9师
		坦克第53师
		摩托化第221师

※资料来源：叶甫盖尼·德里格，《战斗中的红军机械化军：1940年—1941年红军汽车装甲坦克兵史》，莫斯科：AST出版社，2005年；伊利亚·莫先斯基和伊万·霍赫洛夫，《对抗：斯摩棱斯克交战，1941年7月10日—9月10日》第一部分，刊登于《军事编年史杂志》2003年第3期，第4—7页。

　　动员这些新预备队时，统帅部大本营将第24和第28集团军集结到斯摩棱斯克东面的维亚济马和斯帕斯杰缅斯克（Spas-Demensk）地区，这是苏联战时动员起来的头两个集团军。[12] 此后不久，大本营又以NKVD边防部队和莫斯科地区的民兵兵团为核心，组建第29、第30、第31、第32、第33集团军，并命令他们占据北起旧鲁萨（Staraia Russa），南至维亚济马东南方的防御阵地。这些集团军形成保卫莫斯科的第二道防线，位于第24和第28集团军所建立的防线的后方。

虽然统帅部大本营谨慎动员更多的集团军并把他们部署至新防线以掩护莫斯科，但持续存在的部署问题和德军迅速前进造成的混乱，导致铁木辛哥的西方面军无法沿西德维纳河、第聂伯河设立一道牢固而又绵亘的防线。由于这些问题，铁木辛哥的66个师中，只有37个在德军逼近两条河流前成功占据指

表2.5：统帅部大本营预备队1941年7月10日的编成和指挥员
（步兵、骑兵、坦克、机械化兵团和部队）

统帅部大本营预备队集团军集群		
第24集团军 斯捷潘·安德里亚诺维奇·加里宁少将[1]	**步兵第52军**	**步兵第91师**
		步兵第133师
		步兵第166师
	步兵第53军	**步兵第19师**
		步兵第107师
		步兵第178师
		步兵第248师
	机械化第26军 尼古拉·雅科夫列维奇·基里琴科少将	**坦克第52师** 格里戈里·米哈伊洛维奇·米哈伊洛夫上校
		坦克第56师 伊万·德米特里耶维奇·伊拉廖诺夫上校
		摩托化第103师 格里戈里·季莫费耶维奇·季莫费耶夫少将，V.P.索科洛夫中校（7月22日起）
第28集团军 弗拉基米尔·雅科夫列维奇·卡恰洛夫中将	**步兵第30军**	**步兵第89师**
		步兵第120师
		步兵第149师
	步兵第33军	**步兵第145师**
		步兵第217师
		步兵第222师
	机械化第27军 伊万·叶菲莫维奇·彼得罗夫少将	**坦克第9师** 瓦西里·格拉西莫维奇·布尔科夫上校

① 译注：中将。

续表

		坦克第53师 阿列克谢·斯捷潘诺维奇·别洛格拉佐夫上校
第28集团军 弗拉基米尔·雅科夫列维奇·卡恰洛夫中将	**机械化第27军** 伊万·叶菲莫维奇·彼得罗夫少将	**摩托化第221师** 格尔什·莫伊谢耶维奇·罗伊坚别尔格上校
第31集团军 瓦西里·尼基季奇·多尔马托夫少将	**步兵第244师**	
	步兵第246师	
	步兵第247师	
	步兵第249师	
独立集团军（兵团/部队）		
第3集团军（司令部） 瓦西里·伊万诺维奇·库兹涅佐夫中将	—	
第16集团军 米哈伊尔·费多罗维奇·卢金中将	**步兵第32军**	**步兵第46师**
		步兵第152师
	坦克第57师 瓦西里·亚历山德罗维奇·米舒林上校	
独立兵团和部队	**步兵第119师**	
	步兵第272师	
	山地步兵第194师	

定防御阵地，这些师中只有24个得以据守第一梯队防御阵地，总实力为27.5万人、135辆坦克、2116门火炮和迫击炮。因此，实力不济的统帅部预备队到达第聂伯河防线时，博克中央集团军群的实力优于遂行防御的西方面军，步兵超过1.5比1，炮兵为1.7比1，坦克力量超过7比1。[13] 不过，苏军随后投入获得加强的机械化第5、第7、第23、第25、第26、第27军全部或部分力量，战车数量超过2000辆，在很大程度上抵消了德军的初始优势。

7月份第一周，实施防御的所有苏军集团军和师严重缺乏坦克、通信设备、反坦克武器和高射炮，紧张不已的统帅部大本营几乎每天都对这些部队的高级指挥人员做出调整。更糟糕的是，大本营仓促的动员计划提供了新组建的集团军和师，外加指挥员和作战士兵，但这些兵团几乎没得到宝贵的准备时间。事实证明这些官兵在随后的战斗中并不可靠。

向前推进的德军对这些苏军新锐力量的存在一无所知，直到与其迎头相遇。结果，双方沿德维纳河和第聂伯河，在斯摩棱斯克及其周边地区展开一连串缺乏协同但异常激烈的厮杀，从7月初持续到9月初。这番斗争最终阻挡住前进的德军，这在战争中尚属首次。

7月份第一周，北方集团军群第4装甲集群跨过西德维纳河下游，迅速进入拉脱维亚，南方集团军群第1装甲集群竭力攻向基辅西接近地，中央集团军群辖内第2、第3装甲集群几乎毫无阻碍地奔向明斯克东面的第聂伯河西岸。霍特装甲集群冲往波洛茨克和维捷布斯克，而古德里安集群直奔博布鲁伊斯克和莫吉廖夫。

博克的作战设想起初要求他的集团军群以魏克斯第2、施特劳斯第9集团军肃清比亚韦斯托克和明斯克包围圈，然后将两个集团军分开，编入第二梯队，支援装甲集群向西德维纳河和第聂伯河的推进。与此同时，集团军群主力及其先锋——克鲁格的第4装甲集团军，应以辖内两个装甲集群于7月3日动身出发，"攻向莫斯科"。古德里安第2装甲集群应以由北至南部署的莱梅尔森第47摩托化军和维廷霍夫第46摩托化军并肩前进，在南面沿经别列津纳河畔的鲍里索夫（Borisov）至斯摩棱斯克的主要公路一线遂行集团军群的主要突击，他的目标是斯摩棱斯克以东50千米，亚尔采沃镇（Iartsevo）东面的高地，以及斯摩棱斯克东南方80千米，叶利尼亚（El'nia）的南面。

在此期间，霍特第3装甲集群应将孔岑第57摩托化军和施密特第39摩托化军由北至南部署，转向东北方，沿鲍里索夫北面的别列津纳河绕开沼泽地，在波洛茨克和维捷布斯克渡过西德维纳河，以其主力攻向别列斯涅沃（Beresnevo）、韦利日（Velizh）和亚尔采沃地区，并以小股力量在更北面攻往涅韦尔（Nevel'）。这一进攻计划表明，两个装甲集群将沿不同方向深入推进，把夺取维捷布斯克和奥尔沙陆桥的任务留给魏克斯第2、施特劳斯第9集团军的步兵，后者接到的命令是尽快投入临时性摩托化力量，从而迅速占领该战略地带。

虽然博克的战役构想很简洁，类似的计划过去也曾实现过，但正如克鲁格的参谋长京特·布鲁门特里特上校指出的那样，这是一场新的、迥然不同的战争。而第9集团军参谋人员的结论是，在苏联保持"西线作战方式"会非常困难。[14] 在写给盟友墨索里尼的一封先知先觉的信中，就连希特勒也开始意识到苏联令人敬畏的实力和庞大的资源，以及苏军士兵狂热的英雄主义，他得出结论，德国再也不能推迟进攻，"否则我们就将输掉这场战争"[15]。仿佛异口同声似的，那些最靠近前线战斗的人经常谈论起地形、严酷的天气和苏联无边无际的广袤领土。

因此，一种忧虑——即便不是彻底的不祥预感，使初期胜利催生的欢欣鼓舞感有所降温。但这些胜利的巨大规模甚至误导了清醒而又有些迂腐的哈尔德，他继续写下经常被引用的公报，称德国陆军将红军主力歼灭于德维纳河—第聂伯河一线以西的目标已然实现，对方不再具备果断干预德军行动的能力。但哈尔德还是对苏联的广阔空间和红军士兵的坚韧感到不安，他确信这些障碍还需要多周激烈战斗才能克服，正如他在7月3日的日记中所写的那样："该国幅员辽阔，采用一切手段实施的抵抗相当激烈，这需要我们付出多周努力将其克服。"[16] 德国高级领导人习惯于以一个经过证明的程序赢得胜利，过去的成功为此提供了保证，但他们还是觉察到一种奇怪的、只能加以模糊定义的新现象，它可能会打乱精心拟制的计划。

这种不安感在后勤领域最为明显。虽然德国军队尚未遭遇任何严重的后勤问题，但很明显，军队交通线正迅速延长，随着德军越来越深入战前苏联的纵深腹地，铁路和公路交通情况的恶化就愈加显著。按照欧洲的标准，一个野战集团军至少可以控制一条双轨铁路线，而进入苏联后，中央集团军群却发现，他们只能靠一条主铁路线支援辖内三个集团军和两个装甲集群。尽管不分昼夜地抢修，但到7月1日，集团军群铁路工程兵只设法将布列斯特—明斯克铁路线修复到巴拉诺维奇，这段距离为300千米，一条铁轨采用德国标准轨距，而另一条则使用更宽的苏联轨距。德军工程兵们夜以继日，7月3日将后一条铁轨延伸到斯托尔布齐（Stolbtsy），一天后到达明斯克。[17] 在此期间，他们还修复了从格罗德诺到莫洛杰奇诺（Molodechno）的干线铁轨，这条铁轨最终将为第9集团军和第3装甲集群所用。

这些铁路线对必不可少的燃料运输至关重要，没有燃料，装甲集群就无法前进，装甲部队的燃油消耗率远远高于陆军总司令部的预计，主要是糟糕的道路状况所致。总司令部原先估计东线军队每天消耗9000立方米或2621049加仑燃料，但7月初的实际消耗量达到11500立方米或3348800加仑。因此，东线德军每天需要的不是22列油罐车，而是28列。让后勤策划者的工作更趋复杂的是，德军不得不使用自己的油罐车，因为苏联人已将大部分铁路车辆疏散或炸毁。战役第一阶段，缴获的苏军大型燃料仓库为德国人提供了每日燃油需求量的三分之一，德军装甲部队得以维持前进步伐。[18] 7月份第一周结束时，总司令部估计中央集团军群每天需要21列补给列车，其中三分之一必须载运燃料。不过，若能以明斯克、莫洛杰奇诺和斯卢茨克为中心建立起前进补给基地，总司令部就有信心完成贮存7.3万吨补给物资的目标，相当于一个弹药基数，以及五日份燃料和口粮。[19]

后勤人员还不得不面对一个更严重的问题，它源自坦克的高耗损率和弥补坦克损失的必要性。德国陆军7月1日在国内的坦克存量只有85辆，德国工业部门计划到月底前再生产210辆，但这个数字并不足以弥补一个装甲集群的预计损失，更不用说四个装甲集群了。以第3装甲集群为例，战役发起时该集群拥有985辆坦克，到7月9日损失154辆（15.6%），另外264辆坦克（26.8%）需要大修。[20] 机动车辆的耗损率与之类似或更高。这些问题不会在日后消失或得到缓解，因为军方维修体系要求所有大修和整备工作必须在德国本土的制造工厂完成。因此，虽说集团军群可以为装甲部队提供零部件，但没有任何处理实际维修问题的设备。更糟糕的是，将严重受损的坦克和车辆运回德国，给基础设施严重不足、已负担过重的铁路系统提出了额外要求。[21]

至于飞机的损失，截至7月5日，德国空军在东线损失491架飞机，包括124架战斗机、196架轰炸机和171架其他类型飞机，另有包括110架战斗机、119架轰炸机、87架其他类型飞机在内的316架飞机受损。因此，德国空军的有效实力约为开战时的70%，也就是说，战役发起时的2740架飞机中只剩下1933架相对完好。[22] 这些飞机中超过半数集中于中央集团军群作战地域。

德军的人员损失较低，截至7月3日，共伤亡5.4万人，约占东线250万德军士兵的2.15%，稍高于法国战役期间的伤亡。但令人惊讶的是，据报另有5.4万名士兵患病。虽然士兵的损失率较低，但是军官的伤亡总数约为12%，其中6.6%为在战斗中阵亡，这项损失较为严重，而且比率仍在继续攀升。[23]

早在7月1日，后方地区的扫荡工作就开始令博克忧心忡忡。斯大林在7月3日的讲话中呼吁在侵略者后方展开游击运动，而在此之前，德国人的文件中已出现"游击队"这个词。实际上，数以千计的红军士兵，或单独，或三五成群，在无人地带展开活动，德军装甲部队前进得太快，无法将对方一网打尽。由于后续步兵部队远远落在装甲突击力量身后，德国人尚未肃清后者绕过的地区，大批苏军散兵游勇，有些仍携带着武器，竭力向东逃窜，他们破坏德军补给线，给作战行动造成妨碍。陆军总司令部分配给中央集团军群用于维持后方治安的三个保安师并不足以完成扫荡任务，博克和总司令部不得不临时抽调正规师从事此类工作。

为缓解博克对后方安全问题的担心，总司令部最终为他提供人员，成立集团军后方地域指挥部。另外，为协助民政管理部门，还给帝国部长阿尔弗雷德·罗森贝格的办公室派去一名联络官。但正如博克很快获知的那样，白俄罗斯是个贫瘠、农业生产水平低下的地区，这种状况因战争的可怕影响而加剧。这一现实，加之行政真空，导致德国人几乎无法为当地平民提供充足的食物、住房和保护，这反过来又破坏了博克的维稳努力。[24]

以希特勒和最高统帅部为一方，勃劳希契、哈尔德和陆军总司令部为另一方，彼此间的信任危机依然严重。高级政治和军事领导人经常持基本互不相容、存有分歧的观点，由此引发的争论导致这两批人产生了根深蒂固的互不信任。德国元首希特勒认为自己对从事战争和军事行动负有个人责任，并据此行事。随着经验和获得的胜利越来越多，他在战略、战役乃至战术决策方面发挥出越来越积极的作用，而陆军总司令部和将领们则将此视为他们的特权。鉴于陆军总参谋部对任务型指令（Weisungen）与直接命令（Befehle）间的明确区分，高级军官们明显地感受到了希特勒的干涉——从简单的插手到彻底干预不等。不过，只要迅速赢得胜利，德军将领们就会放开他们的傲慢，原谅并遗忘这种干涉，因为结果似乎证明所采用的手段正确无误。虽然这种态度在德军成功实施闪电战期间持续存在，但情况很快会发生变化，届时，德国军官团会变得越来越无法忍受希特勒的横加干预。

国防军军官团不断变化的性质往往会加剧希特勒与他那些高级军事领导人之间日益紧张的对立。法国战败后，欢欣鼓舞的希特勒擢升大批将领并为他们颁发勋章。例如，获得元帅军衔者的数量激增，削弱了这个曾令人敬畏的军衔的含金量，而获得这一军衔的人并未得到更多激励。希特勒试图收买诸多高级将领，甚至是那些拒绝加入纳粹党的人的忠诚，比如他曾通过赠送奢侈的礼物拉拢勃劳希契。可是，当这些将领希望取悦元首并接受这些馈赠时，希特勒又对他们加以蔑视，他认为他们缺乏政治能力，而且鼠目寸光，在意识形态上不可靠，在军事方面也堪称拙劣的蠢货，几乎总是向他提出糟糕至极的建议。[25]

　　勃劳希契越来越成为希特勒的藐视对象，这是因为哈尔德无力对付希特勒，因而请勃劳希契充当他的代言人，而这位陆军总司令并没有为哈尔德提供强有力的支持，而且每当希特勒施加压力或娓娓说服时，他总是屈服。结果，哈尔德在写日记发泄沮丧之情的同时，还寻求绕开希特勒指示的办法，他一直危险地低估这位独裁者的智慧和果断。希特勒当初亲自挑选哈尔德接替原陆军总参谋长路德维希·贝克大将，但他现在越来越警惕哈尔德的阴谋诡计，不过，在战争这一阶段，希特勒与哈尔德之间的分歧并不明显，主要因为这两人并非每天都会面。虽然希特勒经常为取悦哈尔德不惜大费周章，例如他6月30日亲自拜望哈尔德，为他庆祝57岁生日，但是，哈尔德正在玩一个危险的猫鼠游戏。[26]

　　6月29日发生的事情说明了这个游戏是如何进行的。在此之前，希特勒一直要求博克，待消灭明斯克包围圈后再恢复装甲集群的推进。勃劳希契夹在希特勒的命令与战地指挥官的愿望之间，他先向博克传达希特勒的指示，但态度随后软化下来，批准古德里安向别列津纳河畔的博布鲁伊斯克展开战斗侦察，哪怕只是为掩护集团军群之侧翼。哈尔德对这种折中措施感到恼火，悄悄鼓励博克全力推进（主要以古德里安的装甲力量），并在日记中写道：

　　……可是，从战役角度看，古德里安以两个装甲师攻向博布鲁伊斯克并朝第聂伯河方向实施侦察的做法可谓相当稳健；他这样做的目的当然不仅仅是为掩护侧翼，实际上是想一有机会便渡过第聂伯河。如果他不这样做，就会犯下大错。我希望他能在罗加乔夫和莫吉廖夫夺取迄今为止依然完好的第聂伯河上的桥梁，这将为他打开通往斯摩棱斯克，再从那里奔向莫斯科的道路。这是立即绕开第聂伯河与德维纳河之间干沟"陆桥"的唯一办法，俄国人已在那里加强防御，从而阻挡住穿过缺口攻向莫斯科的敌军。我们寄希望于各军和各集团军指挥官即便未接到明确命令也能做出正确决定，我们之所以未下达明确命令，是因为元首给陆军总司令下达了指示。[27]

由于未接到明确指令，中间层级的各指挥部通常不知道自己该如何行事，古德里安，在较小程度上也包括霍特，便自行解释相关命令，使之符合自己的意愿。极为糟糕的通信状况经常导致上级指挥部门无法确定究竟发生了什么事，这让中层更加自行其是。例如，古德里安展开战斗侦察期间，克鲁格于7月2日—3日午夜接手指挥装甲集群，但没有同任何一个装甲集群取得联系。7月3日10点30分，克鲁格接到古德里安发来的第一份报告，三小时后，霍特装甲集群也提交报告，而博克与克鲁格之间的通信同样断断续续。尽管这些指挥官试图以"鹳"式轻型飞机相互派遣联络官，但严重的雷暴不仅阻隔了无线电通信，也经常导致这些飞机无法到达目的地。[28] 结果，克鲁格7月4日同勃劳希契商讨态势时，无法向后者简要介绍霍特麾下各摩托化军的状况。相反，勃劳希契刚刚从自己的联络官那里获悉霍特的进展情况，遂将相关信息告知克鲁格。

遵循第一次世界大战期间大总参谋部的传统，拟制方案、意见和作战计划时，陆军总司令部也依靠第一手、及时更新和源自其他来源的独立信息，以此补充通过指挥链获得的报告。例如，7月中旬调查古德里安第2装甲集群辖内装甲部队的人员和物资状况时，克劳斯·申克·冯·施陶芬贝格少校发现，克鲁格第4集团军与古德里安装甲集群之间几乎不存在通信联系，克鲁格与霍特装甲集群的联络也很糟糕，古德里安第2装甲集群编成内存在类似情况，该集群经常与第24摩托化军失去联系。[29]

尽管如此，用博克的话来说，中央集团军群即将开始一场冲向西德维纳河和第聂伯河渡口的赛跑。虽然希特勒反对，而且集团军群缺乏有序集中和重组，也没能建立前进补给基地，且明斯克以西地域的战斗仍在继续，但经博克批准，古德里安和霍特急于恢复进攻。总之，三位指挥官一致认为，中央集团军群要想抢在红军重新组织防御前实现既定目标，就必须承担这些风险。

苏联统帅部大本营和西方面军的困境

博克准备发起第二阶段进攻时，苏联统帅部大本营和支离破碎的西方面军正采取一切措施，竭力阻挡博克深具破坏力的大军。经历整整一周的混乱和瓦解后，6月28日的明斯克陷落令大本营深感震惊，斯大林对此愤怒不已。两天前刚刚将总参谋长朱可夫从西南方面军召回的斯大林立即沿西方向重组指挥和控制机构。首先，他恼怒地将巴甫洛夫和他的许多高级参谋人员解职，派安德烈·伊万诺维奇·叶廖缅科上将[①]接替这位耻辱的方面军司令员，作为一名真正的"斗士"，叶廖缅科将军已赢得声誉。不久之后，斯大林下令逮捕遭解职的指挥员并以无能和渎职罪对他们加以审判、定罪和处决，这是诸多受害者中的第一批，许多人纯属无辜，因为作战失败并不是他们造成的。[30]

叶廖缅科6月29日晨赶至设在莫吉廖夫的新司令部后，听取了国防人民委员铁木辛哥的情况简报，并发现伏罗希洛夫和沙波什尼科夫作为统帅部大本营观察员已到达司令部[②]。很快，红军总参谋部作战部部长格尔曼·卡皮托诺维奇·马兰金中将也来到司令部，他后来担任西方向总指挥部参谋长，一同到来的还有白俄罗斯共产党（布）中央第一书记潘捷列伊蒙·孔德拉季耶维奇·波诺马连科，他和伏罗希洛夫后来负责组织游击队，并在德军后方展开破坏活动。这些高级领导人与叶廖缅科一同开始执行不可能完成的任务，希望将前进中的德军阻挡在第聂伯河以西。[31]

叶廖缅科接掌的西方面军已遭到重创，可用于坚守别列津纳河的部队寥寥无几。7月1日晚，他命令菲拉托夫的第13集团军（该集团军原先受领的任务是坚守明斯克，但在守卫该城的过程中严重受损）撤至别列津纳河，扼守霍尔科尔尼特扎（Kholkolnitza）、鲍里索夫、布罗杰茨（Brodets）镇之间的地域，而科罗布科夫第4集团军残部（面对古德里安的装甲集群，该集团军试图据守斯卢茨克地域，但未成功）应占据从布罗杰茨沿别列纳河向南，穿过斯维斯洛奇（Svisloch'）延伸至博布鲁伊斯克一线。此时，科罗布科夫整个集团军的兵力仅相当于一个步兵师，集团军辖内的机械化第14军只剩1825人和2辆T–26坦克，该军编成内的坦克第22师还剩450名士兵。[32]

因此，坚守鲍里索夫和博布鲁伊斯克对叶廖缅科初步计划的成功至关重要。菲拉托夫第13集团军和科罗布科夫第4集团军撤往别列津纳河期间遭受了严重损失，已不再是有效的作战力量。除此之外，叶廖缅科手中唯一做好战斗

[①] 译注：中将。
[②] 译注：此处的描述与叶廖缅科的回忆录不符，铁木辛哥并未赶至前线，而是在莫斯科向叶廖缅科介绍情况，叶廖缅科之后赶赴前线。

准备的兵团是雅科夫·格里戈里耶维奇·克列伊泽尔上校的精锐部队莫斯科摩托化第1师，该师隶属瓦西里·伊万诺维奇·维诺格拉多夫少将的机械化第7军，正从莫斯科军区火速赶赴鲍里索夫。克列伊泽尔的摩托化师是红军中最著名的兵团，辖2个摩托化步兵团、1个坦克团和一整套支援分队，齐装满员，共有229辆坦克，但其中只有24辆新型KV坦克和T-34坦克。可是，由于古德里安麾下部队已于6月29日和30日在鲍里索夫和斯维斯洛奇，7月2日晨在博布鲁伊斯克渡过别列津纳河，叶廖缅科沿该河设立的防线已无法坚守。

统帅部大本营也已采取措施加强沿西方向组织的防御。例如，明斯克沦陷后，大本营于6月28日晚命令弗拉基米尔·雅科夫列维奇·卡恰洛夫中将的第28集团军与彼得罗夫机械化第27军，在维亚济马东南面占据防御；斯捷潘·安德里亚诺维奇·加里宁少将的第24集团军、M.A.米亚斯尼科夫少将的机械化第23军与基里琴科少将的机械化第26军，在维亚济马东面和东北面设防。两个集团军应"构设防线，并在前方设立一道20—30千米的障碍带，由先遣支队据守"。[33] 次日，统帅部大本营组建新的预备队集团军集群，由NKVD中将伊万·亚历山德罗维奇·波格丹诺夫指挥，该集群最终编有第19、第20、第21、第22集团军，四个集团军奉命在叶廖缅科后方地域沿西德维纳河和第聂伯河构设防御。[34]

具体说来，统帅部大本营7月1日命令瓦西里·菲利波维奇·格拉西缅科中将从伏尔加河沿岸军区向前部署的第21集团军，接管仍在博布鲁伊斯克地域战斗的科罗布科夫第4集团军残部，后者将撤至后方接受休整和补充并在罗加乔夫和日洛宾附近沿第聂伯河据守新防御。[35] 此时，科罗布科夫集团军只剩7000人、42门火炮、3辆装甲车和1辆T-38坦克。[36] 次日，大本营命令菲利普·阿法纳西耶维奇·叶尔沙科夫中将的第22集团军占据防御，掩护维捷布斯克接近地，而菲拉托夫第20集团军负责守卫奥尔沙接近地，该集团军的司令员已换为费奥多尔·尼基季奇·列梅佐夫中将①。[37]

---

① 译注：列梅佐夫7月9日前任第20集团军司令员，之后接替菲拉托夫担任第13集团军司令员，而菲拉托夫从未担任过第20集团军司令员。

危机最为严重的7月2日,斯大林将第19、第20、第21和第22集团军交给西方面军,并任命铁木辛哥出任方面军司令员,叶廖缅科和布琼尼担任他的副手。7月2日通过电话与铁木辛哥简短交谈后,斯大林震惊地获悉调拨给该方面军的,米哈伊尔·费多罗维奇·卢金中将第16集团军的状况,该集团军最初编有步兵第32军的两个师,外加坦克兵少将伊利亚·普罗科菲耶维奇·亚历克先科的机械化第5军。年仅46岁的铁木辛哥比博克年轻20岁,拥有传奇性的名声,与斯大林关系密切,他作为国防部部长[①]和苏联元帅的威望,加之他公认的实用主义和冷酷无情的做派,使摇摇欲坠的西方面军明显获得了一种精神上的振奋。就连德国人也对铁木辛哥表现出近乎钦佩的高度敬意。例如,一份德方情报报告指出,铁木辛哥是德国效率和军事传统的崇拜者,但也将他高度评价为让苏联红军实现现代化的革新者和领导者,还对他的军人风度、坦率性格、过人学识、非凡勇气、谦逊品格和幽默言行大唱赞歌。总之,在红军诸多高级将领中,德国人将铁木辛哥视为最顽强、最具能力者,斯摩棱斯克交战将证明这一判断的正确性。[38]

截至7月2日,统帅部大本营给铁木辛哥下达的命令是"坚定守卫"西德维纳河—第聂伯河一线,包括维捷布斯克—奥尔沙—斯摩棱斯克陆桥,铁木辛哥共掌握7个集团军,其中5个由大本营调自布琼尼的预备队集团军集群。北面,部署在铁木辛哥右翼的是叶尔沙科夫的第22集团军,该集团军组建于乌拉尔军区,辖2个步兵军,共计6个步兵师,部署至波洛茨克地域,防御地幅从谢别日(Sebezh)南延至西德维纳河,并从波洛茨克北面沿该河南延至别申科维奇(Beshenkovichi),以步兵第51军扼守谢别日筑垒地域,以步兵第62军守卫波洛茨克筑垒地域。位于叶尔沙科夫左侧的是列梅佐夫第20集团军,该集团军组建于奥廖尔军区,编有步兵第61、第69军和步兵第18师,奉命据守从别申科维奇(维捷布斯克西南方)南延至奥尔沙以南30千米什克洛夫(Shklov)的陆桥。另外,大本营还把维诺格拉多夫机械化第7军和亚历克先科机械化第5军调拨给列梅佐夫集团军,前者拥有974辆坦克,其中包括7辆KV坦克和10辆

---

① 译注:1940年5月任苏联国防人民委员。

T-34，后者拥有571辆坦克，其中包括34辆KV坦克和29辆T-34。[39]

伊万·斯捷潘诺维奇·科涅夫中将的第19集团军位于叶尔沙科夫与列梅佐夫集团军结合部，但靠后部署，该集团军辖步兵第25、第34军，步兵第38师和尼古拉·雅科夫列维奇·基里琴科少将的机械化第26军，7月2日从基辅地域向北变更部署，奉命扼守维捷布斯克地域并支援第22和第20集团军。基里琴科机械化军组建于北高加索军区，原先用于加强基尔波诺斯的西南方面军，最初拥有约200辆坦克，但在开赴新集结区的途中获得了一些增援。南面，格拉西缅科第21集团军部署在铁木辛哥左翼，编有步兵第63、第66军和谢苗·莫伊谢耶维奇·克里沃申少将的机械化第25军，该军最初只有164辆老式坦克，但7月13日前将获得了64辆T-34加强。第21集团军的防御地幅从罗加乔夫南延至戈梅利以西60千米、别列津纳河与第聂伯河交汇处以南40千米的列奇察，该集团军会获得菲拉托夫第13集团军和科罗布科夫第4集团军残部的加强，这些残余部队将从博布鲁伊斯克地域后撤，在格拉西缅科后方沿索日河（Sozh）实施重组和改编。铁木辛哥打算将卢金的第16集团军留在斯摩棱斯克地域担任预备队，该集团军先从外贝加尔军区调至基尔波诺斯的西南方面军，7月2日后转隶西方面军。

7月2日，德军情报部门估计铁木辛哥的第一梯队编有约24个各种类型的师。可是，如上所述，包括基本已被歼灭的第3、第4、第10集团军残部在内，铁木辛哥方面军沿第聂伯河部署或靠前部署的力量实际上共计37个师，其中24个师的实力约为编制力量的30%—50%，另外44个师要么沿河据守，要么向前部署至第聂伯河与斯摩棱斯克之间的集结区。总之，包括预备队集团军在内，这股力量的兵力超过50万，外加2000多辆坦克。[40] 不过，克鲁格的第4集团军7月2日恢复进攻时，铁木辛哥麾下只有三个预备队集团军（第22、第20和第21集团军）多多少少已经就位，此时第4和第13集团军已经严重受损，而第16和第19集团军从车站卸载后赶赴集结区时，则不得不强行穿越敌人的猛烈轰炸。面对这种混乱的局面，斯大林解除了科罗布科夫第4集团军司令员的职务，以叛国罪将他处决，7月初派列奥尼德·米哈伊洛维奇·桑达洛夫上校接任司令员一职。最后，德军恢复进攻时，并未将苏军新锐机械化第5军和整个机械化第7军纳入计算，这两个军最初拥有1774辆坦克，包括41辆KV和39辆T-34。

其他机械化军隶属诸预备队集团军，铁木辛哥有135辆坦克、3800门火炮和迫击炮、不到40架战机支援他的防御。

除了严重缺乏反坦克炮和高射炮外，铁木辛哥方面军面临的麻烦还包括新锐预备队沿300多千米长的防线仓促投入、各级指挥部门缺乏经验、通信和后勤补给羸弱且混乱不堪，等等。另外斯大林还不断施加压力和干扰，这只会给该方面军增添困难。[41] 尽管如此，与战后官方说法相反，铁木辛哥地面部队的实力和数量实际上超过克鲁格遂行突击的第4装甲集团军。不过，虽说古德里安和霍特装甲集群以16.5个师对付37个苏军师，但德国人在坦克力量方面具有明显优势，空中支援力量也是铁木辛哥可召集数量的两倍。[42] 同时，苏联拥有正退往其补给基地的优势，而德军交通线不断延长，远远超出惯例和可容忍的程度。

中央集团军群攻向西德维纳河和第聂伯河，7月2日—6日
计划和现实

博克最初的目标是位于第聂伯河上游的斯摩棱斯克，这座古老的城市被城墙重重包围，对所有俄罗斯人来说，她是个历史性象征。中世纪时期，波兰人和立陶宛人曾为这个重要的十字路口展开争夺，俄罗斯人最终于17世纪夺得该城，彼得大帝曾将斯摩棱斯克作为作战基地，抗击瑞典的查理十二世。拿破仑大军1812年8月夺取该城后，欧洲军队沿穿过该城通往莫斯科的血腥道路反复进退。由于跨过西德维纳河—第聂伯河一线，斯摩棱斯克成了中央集团军群在"巴巴罗萨行动"中的主要初期目标；又因为位于经维捷布斯克—奥尔沙—斯摩棱斯克陆桥伸向莫斯科的箭头的顶点，它还是通往莫斯科的真正门户。斯大林知道，斯摩棱斯克失陷会给首都造成致命威胁，因而决心不惜一切代价保卫该城。结果，历时两个月的斯摩棱斯克争夺战变得比这座城市的命运更为重要。实际上，斯摩棱斯克交战将在很大程度上决定整个"巴巴罗萨行动"的命运。

在博克看来，历史悠久、遍布白桦林的别列津纳河，是他赶往西德维纳河和第聂伯河途中的主要障碍。别列津纳河的源头是列佩利（Lepel'）与鲍里索夫之间一片400平方千米的干涸的沼泽地，位于霍特第3装甲集群的前进路

线上，但该河中段和南段加宽到165米，向南蜿蜒流淌137千米，从鲍里索夫延伸到博布鲁伊斯克，河东岸存在大片沼泽地带，给古德里安第2装甲集群造成严重阻碍。在鲍里索夫南面渡过该河需要长达546米的桥梁，因此，鲍里索夫、斯维斯洛奇、博布鲁伊斯克的钢制铁路桥和其他木制桥梁对古德里安的推进至关重要。[43]

就在克鲁格扩大的第4装甲集团军对第3和第2装甲集群实施指挥控制的几天前，霍特装甲集群辖下的施韦彭堡第24摩托化军[①]，沿明斯克至博布鲁伊斯克的唯一一条像样的道路奔向别列津纳河。6月29日，莫德尔第3装甲师在博布鲁伊斯克从苏军步兵第47军和博布鲁伊斯克拖拉机学校一个支队手中夺得一座登陆场。次日，朗格曼第4装甲师在斯维斯洛奇从扎多夫空降兵第4军第8旅手中夺取了铁路桥。在此过程中，前进中的德军装甲部队切断该军空降兵第212旅和A.G.尼基京机械化第20军大部，后者只有不到93辆老式坦克，一直试图阻挡古德里安的推进。

就这样，古德里安不顾希特勒的反对，在博克和哈尔德的鼓励下，打着"战斗侦察"的幌子悄然展开行动，开始从中央集团军群南翼奔向第聂伯河。可是，肃清比亚韦斯托克和明斯克包围圈的混乱战斗打乱了德军部队，导致第二梯队师和补给队列发生延误，博克和克鲁格，霍特和古德里安都无法清楚掌握辖内部队的部署情况。因此，霍特和古德里安决定6月30日在莫洛杰奇诺以西40千米，霍特设于克列沃（Krevo）的司令部会晤，商讨情况并协调即将展开的行动，这场面对面的会晤非常重要，因为在缺乏上级部门明确指示的情况下，两位装甲集群司令或多或少要靠他们自己做出决定。[44]

飞赴克列沃途中，古德里安从空中查看林木茂密的比亚韦斯托克和明斯克包围圈并得出结论：这些地域已没有苏军大股力量存在。因此，他的看法与博克和克鲁格的观点相反，认为这里没有苏军向东南方突围的危险。随后进行的讨论表明，古德里安计划仅以少量部队遏制明斯克包围圈并以麾下主力向东攻击前进，尽管古德里安掌握三个摩托化军而霍特只有两个，但后者同意将自己的战线延长，进入明斯克以南、古德里安负责的作战地域。另

---

① 译注：第24摩托化军隶属第2装甲集群，不在霍特麾下。

外，由于此举迫使霍特将装甲集群辖内所有装甲师（丰克第7装甲师除外）用于封闭包围圈，加之施特劳斯第9集团军辖内步兵军进展缓慢，无法及时接替霍特的装甲部队，霍特没办法像古德里安那般行事，尽管博克紧急督促他至少要夺取鲍里索夫。

面对这种情况，古德里安提出以莱梅尔森第47摩托化军辖下的内林第18装甲师从明斯克向东突击，夺取鲍里索夫，从而替霍特麾下的第7装甲师完成这项任务。古德里安7月1日展开这一行动时，霍特将丰克第7装甲师变更部署至鲍里索夫以北16千米的泽姆宾（Zembin）。由于古德里安辖内部队向东推进时占有48小时领先优势，霍特的主力至少需要这么长时间变更部署并着手赶往维捷布斯克和波洛茨克的德维纳河渡口。待霍特展开行动时，北方集团军群第4装甲集群同时攻往韦利卡亚（Velikaia）河畔的奥波奇卡（Opochka）和奥斯特罗夫（Ostrov），以此支援霍特。

在此期间，施特劳斯第9和魏克斯第2集团军的步兵，正同被困于明斯克以西的苏军部队进行耗费时间的战斗，与古德里安的装甲先锋相距242千米，他们正在竭力完成双重任务：既要接替封锁包围圈的装甲部队，又要设法封闭他们与前进中的装甲师之间越来越大的缺口。由于装甲集群的坦克对寥寥无几的几条好公路拥有专有权，步兵部队不得不寻找并使用次要道路和小径，这让步兵部队的处境更加艰难。直到两个集团军6月30日终于肃清较小的比亚韦斯托克包围圈后，第一批步兵军才开始向东推进以赶上霍特和古德里安的装甲部队。

这场"追赶努力"要求两个集团军的步兵队列穿过沉闷、近乎热带地区一般炎热、充满令人窒息的尘埃的地域，以强行军向东前进。为赶上装甲部队，步兵们展开无情推进，疲惫、负担过重的人员和马匹沿凄凉、布满车辙印、充当道路的小径向前跋涉。正如德军官兵们所说的那样，这场行军令人痛苦不堪，但很有必要。[45] 时任师长，战争后期升任集团军群司令的洛塔尔·伦杜利克少将亲身经历了东面绵延不绝的土地的单调性，他记录下德军士兵们竭力穿越令人厌恶的白俄罗斯广漠土地时的景象。这片贫瘠地区的沙质土壤只出产燕麦和土豆这些次要农作物，这里散布着一片片茂密的树林，其间缀有一些村庄，由茅草覆顶的木制或土坯屋、砖制学校和政府建筑组成。每条河流、湖泊和小溪附近的沼泽中都繁殖出成群的蚊子，无从躲避的士兵们深受其扰，特别是黄昏和夜晚。每个村庄的一座座屋子里，成群结队的害虫也给他们造成了麻烦。沿小路前进的步兵师队列长达32千米，即便没有敌人干扰，渡过主要河流也要耗费24小时：

> 部队不断穿过厚厚的尘云，这些尘云从尘土遍地的路面腾起，有屋顶那么高，悬浮在空中，被道路两侧的树墙所阻，这些树木妨碍到空气的流通。很快，树木覆盖上一层灰白色的尘埃，不留一丝绿色。一张张面孔上布满厚厚的灰尘，扭曲到无从辨认的程度。[46]

对步兵们来说，最严重的问题是缺水，虽说各个村庄的浅井能确保当地居民用水，但完全无法解决150万名士兵和大量马匹的干渴问题。这些井水若不先煮沸，再用氯加以净化，就无法安全饮用。酷暑迫使士兵们光着膀子行军和战斗，但大自然也在雷雨期间为他们提供一些安慰，他们可以在雨水中洗澡，在湖里游泳。霍特对部队缺乏轻薄的狩猎衫提出批评，这种制服当时只提供给非洲军团，但他也担心散漫的着装会给部队的纪律造成不利影响。[47]

博克两个装甲集群终于在7月2日发起全面进攻，这场进军既未得到良好的组织，也没有接受指挥控制，因为克鲁格一天后才承担起装甲集群的全面指挥工作，接手指挥时，他也无法确定这些装甲力量的准确位置。虽然博克7月1日命令两个装甲集群恢复进攻，但他随后耗费更多时间与勃劳希契，进而通过哈尔德间接与希特勒争论，以免元首阻止他的装甲力量的推进。博克坦率地指出，命令已下达，倘若再下达相反的指令，他无法对此承担责任，这才赢得了争论的胜利。[48]

霍特的推进

北面，霍特第3装甲集群应以孔岑第57摩托化军在波洛茨克、施密特第39摩托化军在维捷布斯克渡过西德维纳河，然后以孔岑军攻向鲁德尼亚（Rudnia），以施密特军从北面绕过斯摩棱斯克，直奔亚尔采沃。霍特留下第12装甲师、第14和第20摩托化师完成消灭明斯克包围圈的任务，第3装甲集群将以四个师攻向西德维纳河，第57摩托化军第19装甲师和第18摩托化师冲向波洛茨克，第39摩托化军第7和第20装甲师直扑维捷布斯克。两个军的进攻目标相距160千米，因而无法相互支援，但霍特接受这个风险，据他估计，苏军即便在该地域实施抵抗也不会太激烈。这是因为北方集团军群第4装甲集群已在北面沿西德维纳河突破苏军防御并于7月2日向奥波奇卡恢复进攻。另外，霍特还采用宽正面推进，而非向心突击，因为这能够更灵活地利用道路网并避开别列津纳河上游的沼泽和湿地。这条进军路线还具有绕开纳罗奇湖（Naroch'）和莫洛杰奇诺以北一组毗邻湖泊的优势。[49]最重要的是，霍特认为计划中使用的道路会畅通无阻，敌人的抵抗不会太激烈，而干燥的天气还将持续下去。

霍特计划以丰克第7装甲师率领第39摩托化军冲向维捷布斯克，就在一周前，该师曾在斯摩棱斯克北面[①]率领装甲集群发起蔚为壮观的推进。内林第18装甲师6月26日夺得横跨于明斯克至鲍里索夫主公路上的斯莫列维奇（Smolevichi），击退了苏军猛烈的反冲击。暂时停顿数日后，按照霍特6月30日同古德里安的商讨结果，该师于7月1日接替丰克师，迅速推进，次日晚些时候攻克鲍里索夫。与此同时，仍担任施密特第39摩托化军先锋的第7装甲师向北转进，夺取了鲍里索夫以北24千米，泽姆宾东面的别列津纳河渡口。

不走运的是，事实证明霍特的三个假设都不成立，推翻霍克假设的情况首先发生在施密特的推进地域。从7月2日起，一连六天，霍特辖内部队受到暴雨影响，相关地域内满是尘土的道路和小径沦为泥沼。这场持续不断的降雨，加之看似永无穷尽的河流、湖泊和沼泽构成的地形，出人意料地给德军制造了难以逾越的阻碍，第7装甲师和北面友邻部队——施通普夫的第20装甲师的前进步伐陡然减缓。更糟糕的是，霍特装甲集群发起进攻后没多久，施密特第39摩托化军出乎意料地遭遇到苏军新锐机械化第5和第7军，对方还获得了第20集团军部分力量支援，孔岑第59摩托化军到达西德维纳河时则遭遇了苏军第22集团军预有准备的防御。

因此，至少在第39摩托化军作战地域，法国战役中的美好时光已一去不复返，当时，第7装甲师在隆美尔指挥下穿越法国北部，前进速度高达每昼夜320千米。丰克第7装甲师没能以一场闪电般的突袭夺取维捷布斯克，相反，该

---

①译注：明斯克？

师耗费两天多时间在鲍里索夫北面渡过别列津纳河并到达列佩利，仅取得73千米进展。更糟糕的是，到达列佩利附近时，第7装甲师无法组织起一场快速推进，因为该师陷入了一条路况糟糕的道路，车辆在泥泞中苦苦挣扎。与第7装甲师协同推进的施通普夫第20装甲师也没能取得进展，因为该师使用的是同一条道路，而且必须在列佩利跨过埃萨河（Essa）上的同一座桥梁，该地区只有这一座桥。霍特不满地指出，草率的参谋工作和对前进道路侦察不力现已危及装甲集群的进一步发展。[50]

在此期间，施密特左侧，率领孔岑第57摩托化军前进的克诺贝尔斯多夫第19装甲师，从波斯塔维（Postavy）地域向东取得更快的进展，这是因为该师沿一条路况更好的道路向前推进。赫尔莱恩第18摩托化师位于克诺贝尔斯多夫右侧，穿过格卢博科耶镇（Glubokoe）向前推进，但7月2日晚些时候，该师遭遇苏军为掩护波洛茨克接近地而构设的强大防御，孔岑将第19装甲师向北变更部署，赶往波洛茨克以西45千米，位于西德维纳河南岸的季斯纳（Disna）。24小时内前进190多千米后，在第8航空军"斯图卡"战机的有效支援下，克诺贝尔斯多夫的装甲兵7月4日在季斯纳从苏军第22集团军步兵第51军手中夺得西德维纳河对岸的一座登陆场。

与此同时，赫尔莱恩第18摩托化师在波洛茨克渡过西德维纳河的企图因苏军激烈抵抗而受挫后，该师将主力派往季斯纳支援克诺贝尔斯多夫的装甲兵，同时等待孔岑装甲军辖内海因里希·沃施中将[①]第14摩托化师提供加强，该师正从明斯克赶来。因此，7月6日夜幕降临时和接下来三天，孔岑辖内部队陷入与叶尔沙科夫第22集团军的激烈战斗，苏军步兵第51军力图消灭克诺贝尔斯多夫设在季斯纳的登陆场，而步兵第62军则将赫尔莱恩的摩托化步兵阻挡在波洛茨克对面。孔岑所能做的只是派工程兵在波洛茨克成功修复一座桥梁。

孔岑第57摩托化军完全被牵制在波洛茨克及其西北面，无法协助南面友邻部队（施密特第39摩托化军）的推进。从7月6日起，施密特军突然发现自己遭到苏军强大坦克力量的围攻，急需援助。第9集团军司令施特劳斯意识到霍特的装甲兵需要步兵为其提供支援，三天前已命令正在明斯克以西地域完成任

---

① 译注：少将。

务的第5、第6、第23军，做好跟随第3装甲集群攻往西德维纳河并立即派出先遣力量的准备。虽说施特劳斯7月3日展开行动的三个军几乎未遭遇抵抗，但第23和第6军先遣部队直到7月7日才加入西德维纳河沿岸的交战。[51] 此时，施密特第39摩托化军已在整条战线陷入激战。

古德里安的推进

　　古德里安的装甲力量向第聂伯河的推进远比霍特的行动更混乱、更缺乏计划，这在很大程度上归咎于第2装甲集群先前取得的成功。7月1日日终时，施韦彭堡第24摩托化军辖内第4、第3装甲师已在斯维斯洛奇和博布鲁伊斯克渡过别列津纳河，在斯莫列维奇接替第7装甲师后，莱梅尔森第47摩托化军辖内第18装甲师正逼近鲍里索夫的别列津纳河桥梁。莱梅尔森军余部（第17装甲师和第29摩托化师）仍在肃清明斯克西南方的包围圈，而维廷霍夫第46摩托化军辖内各师落后24千米，位于西面的巴拉诺维奇。此时，古德里安的目的地——叶利尼亚的高地——的确是个遥远的目标。

　　明斯克—斯摩棱斯克公路是古德里安最重要的前进轴线，虽然第18装甲师沿这条"阳关大道"推进，但内林认为自己的师正在遂行一项自杀任务。该师6月30日晚些时候到达鲍里索夫时，遭遇苏军强大的筑垒防御，据守在此的是苏军第13集团军的零星残部和鲍里索夫坦克学校的几辆坦克，由军政委级指挥员I.Z.苏赛科夫指挥。叶廖缅科已亲自指示苏赛科夫，炸毁重要的公路和铁路桥梁，决不能任其落入德国人手中。集结全师发起正式冲击时，内林组建了一个由特格少校率领的战斗群，编有一个装甲营、师属摩托车营和侦察营部分力量，并获得炮兵营和高射炮营加强，用以夺取桥梁。虽然该战斗群的第一次尝试没能将苏军驱离别列津纳河西岸的浅近登陆场，但次日晨第52步兵团和另一些装甲部队赶至，一个步兵排奋力穿过苏军防御，冲上公路桥，猝不及防的苏军爆破组没来得及引燃导火索。特格战斗群隆隆驶过桥梁，当日下午夺得鲍里索夫。

　　毫无疑问，第18装甲师的成功得益于苏军下达的混乱而又相互矛盾的命令。例如，24小时内，叶廖缅科先是命令第13集团军攻往明斯克以西32千米的拉科夫（Rakov）——德国人两天前已夺取该镇，随后又命令该集团军撤至明斯克以东73千米的鲍里索夫。虽然处在混乱状态下，但事实证明苏军是个强劲的对手，因为鲍里索夫之战才刚刚开始。

铁木辛哥7月2日接替叶廖缅科时，统帅部大本营指示他以克列伊泽尔的莫斯科摩托化第1师恢复鲍里索夫的态势，该师是维诺格拉多夫机械化第7军的先遣兵团。[52] 德国发动入侵两天前，机械化第7军已开始一场长途跋涉，先调至卡卢加（Kaluga）和图拉（Tula）地域，然后返回莫斯科，在那里加入统帅部预备队，最终前往格扎茨克（Gzhatsk）。此后，该军又调往维亚济马、亚尔采沃，最后是斯摩棱斯克。虽然在机械化军编制表上正式定为摩托化师，但克列伊泽尔师实际上是个摩托化步兵师。

6月26日晚些时候，刚刚接替负伤的菲拉托夫出任第13集团军司令员的列梅佐夫命令维诺格拉多夫，将克列伊泽尔师从奥尔沙调往西面的鲍里索夫，该军余部负责据守从维捷布斯克南延至奥尔沙的防御阵地。由于第22、第20和第21集团军刚刚冒着德军持续不断的空袭进入阵地，列梅佐夫在波洛茨克附近只有一个师，在奥尔沙南面没有军队，而在鲍里索夫只有第13集团军残部和一些当地驻军。仓促向前部署的第22、第20、第21集团军除造成铁路和公路拥堵外，还导致列梅佐夫无法掌握战术情报和另一些基本信息，例如弹药库的位置。[53]

德国人却并非如此，他们的大部分情报来自德国空军白天实施的空中侦察巡逻，另外还有无线电拦截，这使他们非常清楚苏军的动向。德军空中侦察巡逻报告显示，斯摩棱斯克—鲍里索夫公路和通往莫吉廖夫、罗加乔夫的公路非常繁忙，而维捷布斯克、奥尔沙、斯摩棱斯克和罗斯拉夫利的铁路也很忙碌，因此，摩托化第1师的出现并未出乎德国人的意料。另外，7月3日午后不久，德国人截获苏军一封无线电电报，电报中命令15点30分对别列津诺（Berezino）发起一场坦克突击。古德里安刚刚视察完鲍里索夫登陆场，内林第18装甲师已将该登陆场扩大到24千米深。获悉这一情报后，古德里安亲自向鲍里索夫守军发出警报，并命令此时仍在明斯克的韦伯第17装甲师，派一个战斗群加强鲍里索夫登陆场。7月3日黄昏，该战斗群赶至。[54] 与此同时，德国空军提醒内林，看似无穷无尽的苏军摩托化步兵队列横跨主公路，另外还有一支100多辆坦克组成的强大摩托化队伍正赶往鲍里索夫，其中有许多此前从未见过的重型坦克。苏军投入许多KV–1、KV–2和T–34坦克,KV–2配有152毫米主炮,重量几乎是德军配备75毫米短身管火炮的四号坦克的两倍。[55]

7月3日,克列伊泽尔师开始对第18装甲师设在鲍里索夫东面的防御发起冲击,他以坦克第12团和一个KV坦克连率领突击,摩托化团担任侧翼掩护。该师以这种威力强大的坦克遂行的突袭起初令德军惊慌失措。但是,凭借通畅的无线电通信和出色的战术,再加上大量使用88毫米高射炮发射穿甲弹和密集的轰炸空袭,内林师设法挫败了克列伊泽尔的冲击,给苏军坦克造成严重损失,自身未遭受太大伤亡。据苏军夸大其词的报告称,内林的180辆坦克损失过半,还阵亡大批摩托化步兵。[56]

叶廖缅科后来将苏军的失利归咎于克列伊泽尔错误的战术,而非红军装备不佳或缺乏战斗意志,事实上该师失败的主要原因是孤身奋战,而且得不到空中支援。德国人注意到克列伊泽尔把他的坦克力量分成一个个小群体,轻型坦克、T–34中型坦克和KV重型坦克掺杂在一起,而且缺乏无线电通信,这场进攻的协同水平可想而知。内林的装甲兵首先干掉了苏军轻型坦克,然后轰击对方重型坦克的履带(通常在近距离),使其动弹不得。虽然德军穿甲弹无法穿透T–34和KV坦克车体,但与前线其他地方的情况一样,许多苏军坦克耗尽燃料或陷入沟渠,结果被德国人完好无损地缴获。古德里安亲自检查T–34后对其印象深刻,遂将一些坦克运回德国,对其加以研究和仿制。可直到两年多后,德国人才造出五号"豹"式坦克,这是更重、威力更大的T–34仿制版。

在鲍里索夫受挫后,7月3日—4日夜间,克列伊泽尔将他的师撤至奥尔沙以西73千米的纳恰河(Nacha)后方,在克雷普基(Krypki)北面和南面沿一条24千米宽的防线构筑新防御,以此掩护第20集团军沿第聂伯河靠前部署。由于此时苏军正沿整条战线全面后撤,新锐预备队集团军的密集队列进入西德维纳河—第聂伯河阵地看上去似乎为时过晚。红军士气下降可能已成为一个问题,逃兵数量不断增加证明了这一点。例如,德军一个火箭炮连6月29日实施一轮齐射后,600名惊慌失措的苏军士兵举手投降,德军很早就开始使用这种新式武器,而苏军直到7月15日才将第一支"喀秋莎"火箭炮部队用于第20集团军作战地域,斯摩棱斯克与维捷布斯克之间的鲁德尼亚附近。[57]与所有新武器问世后的情况一样,双方最终学会了应对拖曳着白色(德军)和红色(苏军）彗星状焰尾、呼啸着划破天际的火箭弹造成的恐惧和担忧。

在另一场大规模开小差事件中，第19集团军步兵第25军（该军很快将在维捷布斯克地域投入战斗）副军长亚历山大·瓦西里耶维奇·戈尔巴托夫少将失去了一整个团，尽管戈尔巴托夫亲自动员该团两次。具有讽刺意味的是，戈尔巴托夫本人刚刚从监狱获释，大清洗开始后没过几个月，他便身陷囹圄并饱受折磨。获得平反后，这位原沙皇军队的骑兵士官、杰出的军人、坚定的共产主义者，被噩梦般的经历所震撼。[58] 尽管存在士气低落的迹象，可是整个红军并未彻底失败。德方记述中充满苏军士兵战斗到最后一刻的例子，往往是在他们被丢下等死，或被前进中的德军装甲队列绕过很久后。在可能的情况下，整个部队会设法返回己方战线，实施重组并投入接下来的战斗。

在鲍里索夫赢得胜利后，内林的第18装甲师（韦伯第17装甲师在其左侧）开始缓慢而又稳定地攻往第聂伯河畔的奥尔沙，这一过程最终花费9天才完成。战线对面，虽然在鲍里索夫受挫，但摩托化第1师实施了一场战斗后撤，向东退往奥尔沙城，这是通往斯摩棱斯克途中一个重要的中继站，铁木辛哥已下令对其加以据守。获得帕维尔·阿列克谢耶维奇·库罗奇金中将（他于7月初接替列梅佐夫）第20集团军新开到的几个师的支援后，克列伊泽尔和他的摩托化师决心不再重复他们在鲍里索夫犯下的错误。但库罗奇金计划以整个机械化第5、第7军发起反突击，他们只得勉强做出让步。

莱梅尔森第47摩托化军的几个师在奥尔沙以西面对苏军激烈抵抗时，维廷霍夫第46摩托化军辖内诸师也在波戈斯季（Pogost'）及其南面的别列津纳河段，沿第聂伯河东岸的莫吉廖夫城接近地暂时陷入停顿。虽然豪塞尔武装党卫队"帝国"摩托化师先遣部队7月2日晚些时候设法在波戈斯季夺得一座小型登陆场，但维廷霍夫必须将沙尔第10装甲师和武装党卫队"帝国"师余部前调。他于7月2日和3日采取这番行动时，前者接管了波戈斯季登陆场，后者则在南面约16千米处夺得了另一座登陆场。经过近两天的激战，打垮苏军第13集团军步兵第64、第100、108、第161师和第4集团军空降兵第4军、机械化第20军残部的顽强抵抗后，维廷霍夫的两个师设法于7月7日日终前到达别列津纳河与第聂伯河中途。

不过，在南面展开行动的施韦彭堡第24摩托化军的进展更快，最终打破了莫吉廖夫以西的僵局。虽说桑达洛夫第4集团军残部的抵抗较轻微，但糟糕的道路和别列津纳河及第聂伯河以西的沼泽地制造了不小的麻烦，施韦彭堡辖内部队7月2日从别列津纳河向东突击，迅速攻往第聂伯河西岸的贝霍夫（Bykhov）和罗加乔夫。朗格曼第4装甲师在博布鲁伊斯克北面扩大别列津纳河对岸的登陆场时，遭遇苏军第4集团军步兵第6、第42、第55、第155师残部发起的一场猛烈反冲击，而莫德尔第3装甲师不得不等待两天，以便工程兵们在河上架设起桥梁。据德方报告，仅6月30日一天，他们便击落50多架敌机，对方试图炸毁搭设中的桥梁。

虽然罗加乔夫就在56千米外，而且有一条通行无虞的道路，但7月1日向前推进的莫德尔装甲师到达奥拉河（Ola）时发现，河上的桥梁已被炸毁，该河位于博布鲁伊斯克以东19千米处，是他奔向罗加乔夫途中必须渡过的三条河流之一。莫德尔的侦察营冒着倾盆大雨（这场大雨再次将道路变为一片泥潭）绕开守军并夺得一座新登陆场，黄昏时到达博布鲁伊斯克以东35千米的多博斯纳河（Dobosna），却发现河上的桥梁也已被炸毁。莫德尔的先遣部队同样如此，次日他们到达多博斯纳河以东19千米的德鲁季河（Drut'），发现苏军已将河上的桥梁炸毁。7月3日，莫德尔以一个潜水坦克营打头阵，这种坦克是为泅渡海峡登陆英国而设计的，他的装甲兵最终渡过德鲁季河，又前进了8千米，黄昏前到达罗加乔夫东北面的第聂伯河河段。大自然再度插手干预，与德鲁季河的情况相同，暴雨导致第聂伯河的宽度达到762米。

虽然莫德尔第3装甲师已到达苏联人大肆吹嘘的第聂伯河，使朗格曼第4装甲师攻往北面45千米处贝霍夫的该河河段变得容易些，但由于暴雨引发洪水，两个师都没能在河对岸夺得登陆场。暴雨还迫使施韦彭堡将两个装甲师分为三部分，这使每一部分都容易遭到苏军的反冲击，有可能被逐一击败。[59] 在此期间，西方面军报告，截至7月3日傍晚，虽然第4和第13集团军残部已撤过第聂伯河，但第3和第10集团军几乎没有任何部队退过该河。[60] 返回的部队包括第13集团军司令部，以及步兵第2、第44军和步兵第50师指挥部；第4集团军司令部，步兵第28、第47军，步兵第6、第42、第55、第155师及机械化第14军指挥部；另外还有担任方面军预备队的步兵第20军，步兵第121和第143师指挥部。此时，步兵第2、第44军和机械化第17军辖内大多数师仍在第聂伯河西面战斗。

　　为协助仍在第聂伯河以西的部队后撤，铁木辛哥命令格拉西缅科第21集团军加强沿河防御并派辖内部队减缓古德里安的推进。虽然并未接到发起一场全面进攻的命令，但格拉西缅科的局部冲击使古德里安相信，他的部队正面临苏军一场大规模反突击。例如，列奥尼德·格里戈里耶维奇·彼得罗夫斯基少将的步兵第63军辖内步兵第117师，渡过第聂伯河展开一场战斗侦察。这场夜袭令第24摩托化军第10摩托化师猝不及防，右翼被打垮，被迫撤至博布鲁伊斯克—罗加乔夫公路。莫德尔第3装甲师的两个装甲营设法恢复态势，为此损失22辆坦克，几乎是一个满编装甲营的半数力量。[61] 除了令古德里安深感不安外，这场短暂的挫败也强调了德军装甲师的实力急剧下降这一实际情况。例如，虽说麾下各装甲师的平均实力为最初的58%，但第2装甲集群从明斯克攻往第聂伯河、在左翼和右翼展开行动的第3和第18装甲师，坦克力量仅为原先的35%。由于沿第聂伯河的试探行动表明罗加乔夫并非夺取登陆场的最佳选择，古德里安7月7日决定，将主要突击调整到北面。[62]

　　古德里安决心找出苏军第聂伯河防御的弱点，他打算以他的装甲力量做到这一点，而不是等待步兵师赶上，此举必然招致集团军司令克鲁格的强烈反对，后者认为装甲部队不够强大，需要大量步兵提供支援。不过，古德里安还是说服克鲁格，批准他继续按计划行事，尽管这些计划"非常危险"。[63] 当年的文件记录在任务和目标方面普遍存在混乱之处。处在希特勒监视下的勃劳希契建议装甲力量暂缓行动，以便步兵集团军赶上，鉴于时间的限制，这个行动方案显然不可行，因为博克、古德里安和霍特的目光已瞄准莫斯科这个后续目标，急于继续前进。第4装甲集团军刚刚接管两个装甲集群，克鲁格却难以控制古德里安和霍特，部分原因是他经常不知道两个装甲集群的确切位置，也不知道他们要赶往何处。克鲁格绕过博克向勃劳希契抱怨此事时，后者敦促克鲁格赋予古德里安和霍特不受干涉的行动自由，最多对他们的行动加以协调，另外建议当一个装甲集群获得机动自由时，应充分利用其进展。[64]

　　虽然博克基本赞同勃劳希契的建议，但他担心克鲁格会把装甲力量分散在过宽的正面，就像伸开的五指那样。7月6日晚些时候，他告诉克鲁格："在某处握紧拳头。"[65] 可是，尽管克鲁格本来是想这样做，但由于两个装甲集群展开的行动无法取消，此时已来不及"握紧拳头"。另外，雷雨、恶劣的道路和沼泽地带造成了许多问题，就算理论上讲装甲集群和各军能够横向调动，执行起来也会非常困难。比如，霍特装甲集群在鲍里索夫与列佩利之间发现了一条地图上没有标注的硬面道路，由于交通繁忙，这条80多千米的道路上的100多座木桥悉数坍塌，这就导致他的两个军无法横向调动。[66] 同样，苏军的激烈抵抗将古德里安左翼的莱梅尔森第47摩托化军阻挡在鲍里索夫与奥尔沙中途，施韦彭堡的第24摩托化军则在罗加乔夫动弹不得。

　　顽固的古德里安拒不接受现实，继续寻找苏军防御的薄弱处，并声称在莫吉廖夫北面和南面找到了突破口。生性大胆的他着手重组装甲力量，同时紧急呼请魏克斯第2集团军提供步兵支援。魏克斯随即命令库尔特·费尔特的第1骑兵师、第52和第255步兵师火速向前，赶去掩护古德里安之南翼，古德里安派两个战斗群赶往明斯克—斯摩棱斯克公路，确保他这个装甲集群位于先诺（Senno）的前沿地域。获得步兵支援后，古德里安果断将第47和第46摩托化军变更部署到奥尔沙与莫吉廖夫之间地域，第24摩托化军集中在莫吉廖夫以南地域。古德里安脆弱的两翼很容易招致苏军反冲击，但在他看来，这是个公平的代价，要想达成突破，必须将辖内力量集中在中央地段。[67] 可是，古德里安麾下兵团变更部署的两天里，铁木辛哥以两个新锐机械化军展开反击，试图打断博克装甲突击力量的脊梁。

　　中央集团军群作战地区北半部，到7月5日晚些时候，霍特第3装甲集群的好运似乎已经耗尽。孔岑第57摩托化军仍在季斯纳和波洛茨克面对叶尔沙科夫第22集团军沿西德维纳河展开的激烈抵抗，施密特第39摩托化军同样遭到顽强抗击，在维捷布斯克以西56千米的乌拉（Ulla）面对叶尔沙科夫第22集团军步兵第62军步兵第174、第186师沿西德维纳河构设的防御，而在列佩利以东65千米的先诺地域，该军面对库罗奇金第20集团军步兵第69军辖下步兵第153、第233师的抵抗。因此，发现苏军加强维捷布斯克以西防御并巧妙利用西德维纳河南面的复杂地形后，本应率领施密特军从列佩利闪电般袭向维捷布斯克的丰克第7装甲师，距离其目标仍有48千米。另外，面对克列伊泽尔摩托化第1师和步兵第44军残部的抵抗，内林第18装甲师沿鲍里索夫—奥尔沙公路的推进只取得了缓慢进展，该师仍在奥尔沙以西65千米处。就这样，在铁木辛哥的积极领导下，库罗奇金第20集团军将第7装甲师打得停滞不前。

为打破维捷布斯克和奥尔沙地域的僵局，古德里安7月5日指示莱梅尔森第47摩托化军，投入刚刚从明斯克地域赶来的韦伯第17装甲师，赶往奥尔沙公路北面，第18装甲师之左翼，从而迂回库罗奇金麾下部队，从南面突入维捷布斯克地域。但此时，越来越灰心丧气的克鲁格正敦促博克向总司令部提出请求，将霍普纳第4装甲集群调离正向列宁格勒进军的北方集团军群，协助中央集团军群发起向莫斯科的进攻。[68] 更为不幸的是，德国人在列佩利接入苏军电话线窃听时，获悉铁木辛哥正继续加强该地域的兵力，可能不仅仅出于防御意图。[69] 这一次，德军的电话窃听准确识别出铁木辛哥的目标：发起一场大规模反攻，阻止德军进攻大潮。正如博克很快会获悉的那样，苏军率领这场进攻的两个新锐机械化军都来自莫斯科军区，是斯大林的"皇宫卫队"，拥有近1000辆坦克。

西方面军的列佩利反突击，7月6日—9日
进攻计划

德国人读到铁木辛哥"邮件"的几天前，苏联统帅部大本营给西方向总指挥部司令员[①]下达一道新指令，命令他"阻挡敌第3、第2装甲集群猛烈突击的同时，沿西德维纳河和第聂伯河组织可靠防御，待调自内陆的预备力量开到并集中后，沿列佩利、鲍里索夫和博布鲁伊斯克方向发起一连串反突击"。[70] 根据大本营的指示，铁木辛哥7月4日23点15分命令库罗奇金第20集团军、维诺格拉多夫机械化第7军和亚历克先科机械化第5军向先诺、列佩利展开一场反突击，克列伊泽尔摩托化第1师率领沿奥尔沙—鲍里索夫公路发起的另一场突击，设法在鲍里索夫重新夺回别列津纳河上的渡口。铁木辛哥宣布："西方面军将坚定守卫波洛茨克筑垒地域防线，西德维纳河、先诺、奥尔沙一线，以及第聂伯河防线，并阻止敌人向北面和东面突破。"他随即下达以下任务：

- **总体情况**——敌人正将2个坦克师和1—2个摩托化师沿列佩利方向集

[①] 译著：铁木辛哥时任西方向总司令兼西方面军司令员。

中，以便朝维捷布斯克或奥尔沙发起后续突击。

·**西方面军的任务**——坚定守卫波洛茨克筑垒地域和西德维纳河、先诺、奥尔沙一线，阻止敌人向北面和东面突破。

·**第22集团军**（欠步兵第128、第153师）——坚定守卫波洛茨克筑垒地域和西德维纳河至别申科维奇（含）一线，阻止敌人前出到西德维纳河右岸。

·**第20集团军**（步兵第61军步兵第110、第172师，步兵第69军步兵第73、第229、第233师，步兵第18、第53、第137、第128、第153师，机械化第7和第5军）——沿别申科维奇、先诺、蒙科沃、奥尔沙、什克洛夫一线设立一道强有力的防坦克防御，做好以机械化第7、第5军向先诺和列佩利发起反突击的准备，并以摩托化步兵第1师攻向鲍里索夫，夺取别列津纳河上的渡口。

·**第21集团军**——坚定守卫第聂伯河防线，并以部分支队消灭博布鲁伊斯克东面的敌坦克和摩托化步兵集团。

·**方面军航空兵**——混成航空兵第23师转隶第20集团军，与战场上的部队协同。其他部队的任务如下：

★阻止敌人渡至西德维纳河右岸并向奥尔沙突破。

★7月5日夜间，纵火焚烧列佩利、格卢博科耶、多克希齐的森林。[71]

铁木辛哥的命令要求机械化第7和第5军，在库罗奇金集团军步兵力量支援下，将施密特第39摩托化军阻挡、歼灭于霍特第3装甲集群南翼的先诺地域，而摩托化步兵第1师攻向鲍里索夫，将第47摩托化军牵制在古德里安第2装甲集群之左翼。库罗奇金发给铁木辛哥的报告谈及他7月5日给该集团军和两个机械化军下达的命令。当然，他的命令与铁木辛哥的指示紧密相关：

·**第20集团军的任务**——准备并实施一场进攻，打击沿波洛茨克方向展开行动的敌集团之侧翼和后方。

·**辖内各兵团的任务**

★机械化第7军——7月5日6点攻向别申科维奇和列佩利，前出到库布利奇、列佩利和卡缅地域，尔后进攻敌波洛茨克机械化集团之侧翼和后方。

★机械化第5军——7月5日6点攻向先诺和列佩利，前出到柳德奇齐（列佩利东南方10千米）、克拉斯诺卢奇纳和卢科姆利地域，尔后经列佩利攻往格卢博科耶，经泽姆宾攻往多克希齐。

★摩托化步兵第1师（与坦克第115团）——沿博布尔河坚守阵地，接到一道特别命令后，朝鲍里索夫发起反冲击。

★步兵第69军（步兵第153、第233、第229师）——沿维捷布斯克和斯泰基一线坚守阵地，并做好跟随机械化第7军展开行动的准备。

★步兵第61军（步兵第73、第137、第18师）——沿斯泰基车站和什克洛夫一线坚守阵地，做好跟随机械化第5军和摩托化步兵第1师展开行动的准备。

· **友邻力量**——第13集团军：不惜一切代价沿别列津纳河坚守阵地。[72]

虽说两个机械化军分别拥有974辆、571辆坦克，截至7月6日共有1545辆坦克，但大多是陈旧过时的BT、T-26、T-37/38，机械化第5军只有7辆KV和10辆T-34，机械化第7军有34辆KV和29辆T-34（参见表2.6）。

另一些资料称，两个机械化军实际可用的坦克数量非常少。一份相关资料指出，7月6日投入交战时，亚历克先科机械化第7军[①]只有428辆坦克，包括187辆BT-7、178辆T-26、63辆KhT-26喷火坦克，比纸面上的数字少100多辆；坦克第14师有192辆（176辆 BT-7和16辆 KhT-26），坦克第18师有236辆（1辆BT-7、178辆T-26和47辆KhT-26）[②]。[73]因此，虽然两个机械化军理论上拥有1500多辆坦克，但其中三分之二很可能还没投入战斗便因机械故障而抛锚。另外，这两个军投入交战时缺乏空中支援，高射炮、燃料和弹药也少得可怜。[74]

7月5日，即铁木辛哥发起冲击前一天，5点49分，红军总参谋长朱可夫代表统帅部大本营下达了另一道指令，反映出大本营持续存在的乐观情绪，但也表明他们对西方面军在南面沿第聂伯河展开的摇摇欲坠的防御感到担心：

现有情报表明，步兵第2、第4军，机械化第20军，空降兵第4军前方没有敌人，只发现对方实施了侦察行动。

---

① 译注：指挥员应为维诺格拉多夫。
② 译注：数字相加后与总数不符。

斯大林同志认为步兵第2、第44军必须攻向鲍里索夫，粉碎敌人，前出到列佩利和多克希齐地域，以包围敌第57机械化（摩托化）军。不发起这些进攻，机械化第5、第7军就无法取得成功。

以空降兵军掩护别列津纳河上的渡口。必须消灭罗加乔夫的敌渡口，否则会扰乱我们的计划。

朱可夫[75]

可是，铁木辛哥、库罗奇金、朱可夫下达他们的命令和指示时，并未想到第47摩托化军第17装甲师会于次日到达先诺地域。因此，第20集团军7月6日拂晓发起突击时，亚历克先科的机械化第5军在先诺一头撞上德军第17装甲师，而非插入施密特敌开的右翼。

表2.6：机械化第5、第7军1941年7月6日的战车数量及分布[①]

部队		战车类型						总计	装甲车
		KV	T–34	BT	T–26	KhT	T–37/38		
机械化第5军	军部			7				**7**	12
	坦克第13师	7	10	238	112	26	48	**441**	97
	坦克第17师	—	—	237	130	35	31	**413***	74
	摩托化第109师	—	—	113	—	—	—	**113**	11
	摩托车第8团			—				**—**	19
	总计	7	10	595	242	61	59*	**974**	213
机械化第7军	坦克第14师	24	29	179	20	17	24	**293**	55
	坦克第19师[?]	10	—	11	193	54	3	**272***	46
	摩托车第9团	—	—	—	—	—	—	**—**	17
	独立步兵第251营	—	—	6	—	—	—	**6**	—
	总计	34	29	196	269*	71	27	**571**	118
合计		41	39	791	511	132	86	**1545**	331

※资料来源：叶甫盖尼·德里格，《战斗中的红军机械化军：1940年—1941年红军汽车装甲坦克兵史》，莫斯科：AST出版社，2005年，第189、第247页。

---

　①译注：表中的★为数字相加有误处，? 为坦克第18师。

甚至在投入进攻前，库罗奇金已在协调麾下部队方面遭遇到的困难。例如，德国人7月5日恢复行动，将韦伯第17装甲师派至先诺地域，铁木辛哥当晚报告，克列伊泽尔摩托化第1师、步兵第2和第44军对鲍里索夫遂行冲击，"与敌第17和第18摩托化（装甲）师激烈战斗后"被击退，克列伊泽尔麾下部队"正撤往克鲁普基、切尔尼亚夫卡、布罗杰茨一线"，也就是他们位于奥尔沙以西的出发阵地。[76] 因此，机械化第7、第5军次日晨发起突击时，除了和丰克第7装甲师交战外，还将在德军敞开的右翼遭遇韦伯第17装甲师。

铁木辛哥给机械化第7、第5军下达的命令，要求前者从利奥兹诺（Liozno）地域前出126千米到列佩利东北地域，后者从奥尔沙以北地域经先诺前出135千米到列佩利。在当前情况下，前出这么远完全不切实际。首先因为前进路程太长，其次因为两个军都受到空袭影响，第三是因为许多坦克的引擎和传动系统发生故障，导致这些坦克抛锚在路边。待机械化第7军到达指定出发地域，维诺格拉多夫将该军可用的坦克（约为原先571辆的三分之二）排为单梯队进攻队形。坦克第14和第18师向前推进，但没有留下值得一提的预备队，因为该军第三个师，克列伊泽尔的摩托化步兵第1师，已在南面沿鲍里索夫公路展开行动。另一方面，亚历克先科也投入他的机械化第5军，该军辖三个师，974辆坦克中约有三分之二可用，坦克第13和第17师位于第一梯队，摩托化第109师担任第二梯队。[77]

反突击

7月6日10点发起冲击后，两个机械化军首日前进48—58千米，到达先诺以北和以南地域。当日晚些时候，维诺格拉多夫两个坦克师在先诺东北接近地一头撞上丰克第7装甲师构设的防御，历时两天的激战就此爆发，维诺格拉多夫在战斗中阵亡。正如霍特后来报告的那样："敌人以三个师的兵力发起一场强有力的反突击，其中两个（坦克）师调自莫斯科，第7装甲师成功将其击退，并给对方造成严重损失。"[78] 在这场突击中，伊万·德米特里耶维奇·瓦西里耶夫上校的坦克第14师，从维捷布斯克以南地域畅通无阻地前进116千米，在没有空中掩护、地图不足的情况下穿过复杂的密林地形，在敌情不明的情况下攻向列佩利。该师政治部主任后来报告："不幸的是，我们不得不在几乎是碰运气的情况下展开行动。我们不知道当面之敌是一个营，一个团还是一个军。没有实施前进侦察。"[79]

10点发起的冲击几乎未遭遇抵抗，瓦西里耶夫师中午到达先诺东北方16—19千米的捷普利亚基（Tepliaki）和帕尔涅沃（Parnevo）村，此时，该师尚有276辆坦克，包括24辆KV-2和49辆T-34，他们在那里驱散了第7装甲师的侦察队。之后，瓦西里耶夫接到维诺格拉多夫连续下达的三道命令，每一道命令都改变前一道命令，"就像一个参加野外演习的连队"。这些命令导致该师"像伸开的五指那样"散开，而没有握成"一只拳头"。[80] 该师试图以这种方式继续前进，渡过帕尔涅沃村以西5千米的切尔诺戈斯季察河（Chernogostitsa），奔向西北偏西方30千米外，西德维纳河畔的别申科维奇。可是，就在瓦西里耶夫的坦克耗费近12个小时穿越沼泽地带时，丰克辖内部队正在河西岸构设强大的防坦克防御，几乎就在瓦西里耶夫眼皮下。尽管瓦西里耶夫提出反对意见，但维诺格拉多夫坚持要求他7月7日晨展开进攻。坦克第14师奉命行事时，遭德军猛烈的反坦克火力重创，坦克折损过半，许多坦克陷入河床，坦克第27团团长和三名营长阵亡。雪上加霜的是，维诺格拉多夫黄昏时命令瓦西里耶夫停止进攻，全师转身向南，攻往15千米外的先诺。（参见地图2.1）

遵照他的命令，瓦西里耶夫师耗费两天多时间，沿通往南面的小径穿越森林，坦克第27团在先诺北面陷入被洪水淹没的隘路，在此过程中又损失2辆KV和7辆BT坦克。该师最终于7月9日晨对德军第17装甲师设在先诺以北的阵地发起冲击，德军第20装甲师和第20摩托化师此时已击败坦克兵少将费奥多尔·季莫费耶维奇·列米佐夫的坦克第18师并到达维捷布斯克。在此过程中，德军切断了瓦西里耶夫的交通线，将他的师包围。因此，"坦克第14师没能实现任何一个目标并遭受严重损失，面对敌坦克和飞机的追击，该师只得从森林区向东撤往利奥兹诺地域"，在那里沿维捷布斯克—斯摩棱斯克公路占据防御阵地。[81] 利用来之不易的经验，瓦西里耶夫随后将KV-2坦克半埋入地下并设法击退了哈佩第12装甲师的猛烈冲击，该师刚刚达到维捷布斯克以南地域。不巧的是，库罗奇金7月11日命令瓦西里耶夫支离破碎的坦克师向维捷布斯克发起一场新的反冲击，这进一步加剧了混乱。

亚历克先科机械化第5军的经历也毫无令人鼓舞之处。该军坦克第13和第

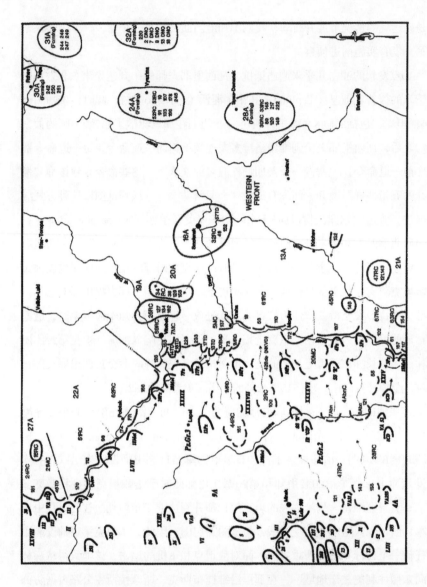

▲ 地图 2.1：1941 年 7 月 7 日 23：00 的战场态势态势（资料图）

17师7月6日中午前后到达先诺接近地，伊万·彼得罗维奇·科尔恰金上校部署在军右翼的坦克第17师（拥有约430辆坦克，包括6辆KV-1和10辆T-34），在先诺以南一头撞上韦伯第17装甲师。与此同时，费奥多尔·乌斯季诺维奇·格拉切夫上校的坦克第13师（拥有411辆坦克，包括7辆KV-1和10辆T-34），虽然设法找到一片相对未设防的地段并继续向西推进，但随即遭遇内林第18装甲师一部，这股德军对该师左翼发起打击。经过两天激战，亚历克先科的机械化军已乱成一片，在此期间，德军第12装甲师从西面攻来。因此，正如一份苏联文件后来报告的那样，"一个德国（装甲）师，编有两个营，几乎不超过100辆坦克"，但经过激烈战斗，到7月10日，该师已成功包围并歼灭亚历克先科兵团。据报，苏军两个机械化军在这场战斗中损失832辆坦克和大批士兵，混乱不堪地向东撤过第聂伯河。逃至奥尔沙地域后，他们受领防御地带，并奉命"作为步兵"参加战斗，但两个军很快获得一些补充坦克并接到了7月11日恢复进攻的命令。[82]

虽然苏联历史称赞这两个机械化军"遏止了第3装甲集群攻向维捷布斯克"，但德军情报部门报告，一周后在斯摩棱斯克以西被俘的一名红军军官告诉德军审讯人员：

> 苏军坦克部队没能赢得胜利不是因为装备或武器欠佳，而是指挥员能力不够所致，他们缺乏机动战的经验。旅、师和军级指挥员根本无法解决作战任务。在很大程度上，这涉及各兵种的协同。[83]

这名被俘的红军军官名叫雅科夫·朱加什维利，在坦克第14师榴弹炮兵第14团任连长，是斯大林的儿子。

就这样，在先诺以北和以南地域经过三天激烈的拉锯战后（该镇数次易手），德军第7、第17、第18装甲师，以及7月9日加入的第12装甲师，将维诺格拉多夫机械化第7军和亚历克先科机械化第5军彻底歼灭。这场徒劳的进攻，唯一值得一提的收获是迟滞德国第47摩托化军夺取奥尔沙、第7装甲师攻占维捷布斯克。德军具备出色的战术素养，并且得到里希特霍芬第8航空军这一优势空中力量的支援，而苏军指挥员缺乏有效指挥辖内部队的能力，大批苏军坦克甚至没能到达战场，这些因素最终决定了战斗的胜负。机械化第5、第7军遭歼灭，不再是有效作战力量。但是，铁木辛哥以极其高昂的代价迟滞了古德里安计划在奥尔沙以南发起的攻势以及霍特对维捷布斯克的进攻。（参见地图2.2）

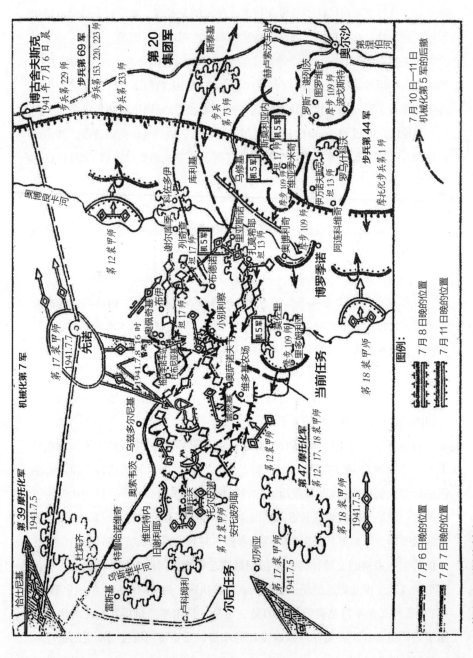

▲ 地图 2.2：列佩利反突击

夺取维捷布斯克，准备攻向斯摩棱斯克，7月7日—9日

几乎就在铁木辛哥和库罗奇金于列佩利和先诺地域果断发起反突击的同时，北面的霍特第3装甲集群突破了叶尔沙科夫第22集团军设在波洛茨克以南的防御，展开了一场娴熟的侧翼机动，7月9日日终时夺得了维捷布斯克。丰克第7装甲师卷入先诺以北之战时，霍特并未加强该师，而是命令施密特第39摩托化军，以施通普夫第20装甲师向东攻击前进，设法在乌拉渡过西德维纳河，该镇位于列佩利东北方55千米，波洛茨克与维捷布斯克中途。他随后以措恩第20摩托化师加强施通普夫装甲师，前者一直在列佩利支援第7装甲师。7月7日和8日，将两个师沿西德维纳河集中在乌拉和别申科维奇后，施密特命令工程兵在夜间搭设一座桥梁，从而避免了孔岑第57摩托化军在季斯纳犯下的错误：登陆场内的步兵缺乏装甲部队和炮兵支援，搭设桥梁的工作耗时太久。（参见地图2.3）

次日晨，施通普夫的坦克在大规模空袭支援下，隆隆驶过西德维纳河，一举粉碎叶尔沙科夫第22集团军的防御，并向东北方前进55千米，奔向维捷布斯克以北32千米、涅韦尔这个重要路口以南62千米的戈罗多克镇（Gorodok）。与此同时，在装甲团率领下，施通普夫装甲师主力转向东南方的维捷布斯克。利用施通普夫强有力的突击，措恩第20摩托化师原路折返，在乌拉东南方25千米的别申科维奇渡过西德维纳河，沿河流北岸向东攻往维捷布斯克。7月9日晚些时候，措恩的摩托化步兵夺得维捷布斯克城西部燃烧的废墟，而施通普夫的装甲兵则占领了市中心。

机械化第5、第7军已在先诺附近投入交战，乌拉与别申科维奇之间的西德维纳河防御遭突破，科涅夫第19集团军尚未集结于维捷布斯克以东，铁木辛哥别无选择，只得将守卫维捷布斯克变为一场后卫行动。库罗奇金的部队撤离前纵火焚烧了这座拥有20万居民的城市，德军攻入时，苏军爆破队仍在引爆公共建筑物内的炸药。混乱中，几座公路桥只被部分炸毁。在一场大胆的行动中，一名德军中尉带着一名中士游过西德维纳河，拆除了苏军安放在铁路桥上的炸药，从而使这座桥梁幸免于难。36小时后，击败维诺格拉多夫机械化第7军的丰克第7装甲师，在维捷布斯克南面渡过西德维纳河并设立起另一座登陆场。就这样，施密特第39摩托化军沿宽大正面粉碎了苏军的西德维纳河防御，

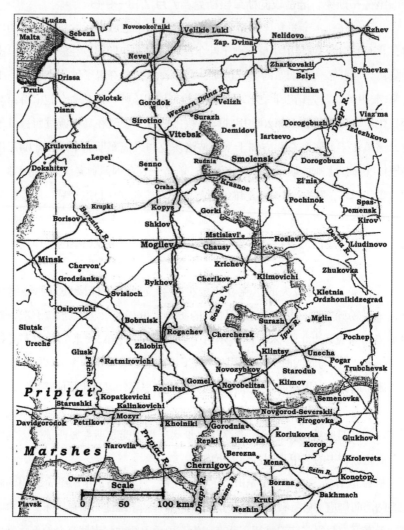

▲ 地图 2.3：从波洛茨克南翼到切尔尼戈夫的第聂伯河区域（资料图）

赢得了一场战略性胜利，施密特也为他的骑士铁十字勋章赢得了橡叶饰。[84]

维捷布斯克的失陷，除表明西方面军右翼崩溃外，还危及铁木辛哥摇摇欲坠的防线之中央地带。苏联统帅部大本营意识到了霍特所赢得胜利的重要性：德军突破苏军第27、第22和第20集团军的防御并构成合围这三个集团军的威胁。7月9日，大本营下令在涅韦尔和维捷布斯克地域组建一个新的后备方面军,以此支援第22和第20集团军。维捷布斯克陷落后,特别是7月12日至14日期间,大本营还下令在维捷布斯克东北地域组建新的第29、第30、第31和第32集团军。[85] 在此期间,斯大林继续敦促铁木辛哥立即采取措施,阻止西方面军即将发生的灾难。

结果,7月9日晚些时候,铁木辛哥命令第22、第20和科涅夫第19集团军发起进攻,设法恢复维捷布斯克及其周边的防御。尽管铁木辛哥决心不再重复他在先诺犯下的错误(他把宝贵的装甲力量浪费在零零碎碎的进攻中,结果被逐一击败),但科涅夫第19集团军尚未集结完毕,更不用说该集团军辖内各个师和团了。尽管如此,他还是命令科涅夫以手头现有力量投入行动。这些力量包括第19集团军步兵第25军(该军刚刚下火车)辖内步兵第127、第134、第162师;第20集团军步兵第186师和坦克第57师,后者刚刚从远东开到;另外还有摩托化第220师,该师所属的机械化第23军尚未到达该地域。[86] 德国人截获的苏军电报证实,铁木辛哥和科涅夫的军队混乱不堪,而被俘的苏军指挥员也指出,铁木辛哥决心以反冲击坚守斯摩棱斯克以西阵地。苏军拒不后撤意味着另一场决定性合围即将形成。[87]

科涅夫7月10日展开反冲击,经过两天激战,这场突击发生动摇,因为行动缺乏协同,而且这位倒霉的集团军司令员没有任何预备力量。虽说遭受重创的第20集团军机械化第5、第7军残部从南面攻向维捷布斯克,以此支援第19集团军,但这一努力为时过晚。在此过程中,他们同施密特第12、第7装甲师展开激战,又损失100辆坦克。[88] 截至7月12日黄昏,霍特两个摩托化军辖内所有师都已渡过西德维纳河,孔岑第57摩托化军辖内各师在季斯纳,施密特第39摩托化军各师在维捷布斯克周围散开。施特劳斯第9集团军的三个步兵军(第42、第6、第20军)悉数到达西德维纳河,顺利接替霍特的装甲力量,这令铁木辛哥的困境雪上加霜。霍特7月13日晨开始发展胜利,孔岑的装甲兵向北攻往涅韦尔,施密特的装甲力量向东冲往斯摩棱斯克周边并穿过科涅夫集团军的残部,该集团军辖内第二个步兵军(步兵第34军)尚未到达该地域。待该军开到时,施密特的装甲兵已到达斯摩棱斯克北部接近地。在此期间,南面的古德里安第2装甲集群三个摩托化军到达莫吉廖夫北面和南面的第聂伯河河段,准备在贝霍夫、什克洛夫、科佩西(Kopys)附近强渡该河。(参见地图2.4)

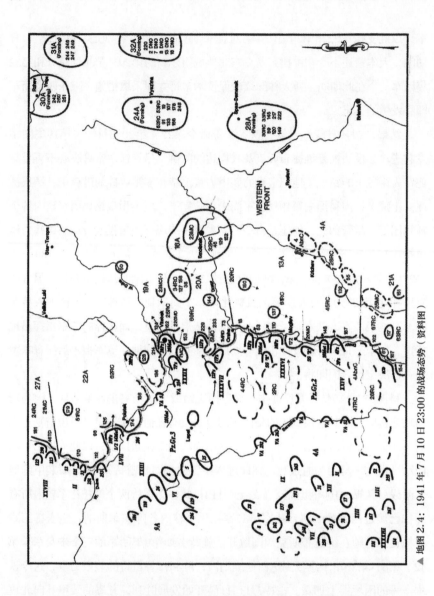

　　作为列佩利和先诺地域激烈战斗的一篇后记，为应对维捷布斯克落入霍特装甲集群手中，以及古德里安装甲集群目前给第聂伯河防御构成的威胁，根据统帅部大本营的要求，国防委员会（GKO）7月10日采取非常手段以改善前线军队的指挥控制。[89] 国防委员会试图解决多个方面军和集团军沿单一战略方向展开行动的协同问题，因而下达指令，建立三个方向总指挥部。这些新指挥

部实际上就是战区总司令部，包括负责列宁格勒方向的西北方向总指挥部，负责斯摩棱斯克—莫斯科方向的西方向总指挥部，负责基辅—哈尔科夫方向的西南方向总指挥部。另外，这道指令还将统帅部大本营（GK）改为总统帅部大本营（VGK）。

西方向总指挥部由铁木辛哥元帅领导，军事委员会委员是尼古拉·亚历山德罗维奇·布尔加宁，格尔曼·卡皮托诺维奇·马兰金中将任参谋长，该指挥部辖铁木辛哥直接指挥的西方面军，以及平斯克区舰队。虽然从理论上来说，这一举措本应为军队提供更好的战略协同，但实际上未能做到这一点，因为国防委员会没能为各方向总司令提供足够的参谋人员、必要的通信手段或战略预备力量。待博克中央集团军群辖内力量向斯摩棱斯克发起协同一致的突击时，这个问题变得非常明显。

注释

1. 查尔斯·伯迪克、汉斯-阿道夫·雅各布森译，《哈尔德战时日记，1939年—1942年》，加利福尼亚州诺瓦托：要塞出版社，1988年，第446页。

2.《1941年7月4日的其他行为，附件11》（Sonderakte, Anlage 11, 4 Jul 41）。译自：佩尔西·E.施拉姆主编，汉斯-阿道夫·雅各布森撰并评述，《国防军最高统帅部战时日志（作战处），1940—1945》（八卷本）第一卷，慕尼黑：伯纳德&格雷费出版社，1982年特许出版，第1020页，第67条。该书以下简称为《最高统帅部战时日志》。

3.《最高统帅部战时日志》第一卷，第102—129页[①]，第72—75条。

4. 同上，第1020—1021页。

5. 以下叙述主要基于：《最高统帅部战时日志》第一卷；《哈尔德战时日记，1939年—1942年》对这段时期的描述；克劳斯·格贝特主编、戴维·约翰逊译，《陆军元帅费多尔·冯·博克：1939年—1945年战时日记》；《第4集团军第8号作战日志，1941年6月26日—7月19日》，收录于*AOK 4, 17561/1, 2*；《第2装甲集群第1号作战日志，1941年6月22日—1942年3月13日》，收录于*Pz AOK 2 25034/1*；《第3装甲集群第1号作战日志，1941年5月25日—8月31日》，收录于*Pz AOK 3 14837/2*；《第9集团军作战日志，东线作战第二册，1941年6月22日—9月29日》，收录于*AOK 9 14855/2*；《第2集团军作战日志，俄国篇，第一部分，1941年6月21日—9月18日》，收录于*AOK 2 16690/1*。

6. 克劳斯·格贝特主编、戴维·约翰逊译，《陆军元帅费多尔·冯·博克：战时日记，1939年—1945年》，宾夕法尼亚州阿特格伦：希弗出版社，1996年，第235—236页。

7. 同上，第228—229页。

8.《第4集团军作战日志，1941年7月4日》，收录于*AOK 4 17561/2*。

9. 同上，1941年7月1日—2日。中央集团军群这道指令的副本可参阅《第4集团军第8号作战日志附件，1941年7月1日—5日》，收录于*AOK 4 17561/12*。

10. 参见《中央集团军群作战序列，截至1941年7月4日》（Schematische Kriegsgliederung der Heeresgruppe Mitte, Stand 4. 7. 1941）。收录于《德国与第二次世界大战，第四卷：入侵苏联》（Das Deutsche Reich und der Zweite Weltkrieg: 4. Der Angriff auf die Sowjetunion），斯图加特：德意志出版社，1983年，第455页。伊利亚·莫先斯基和伊万·霍赫洛夫对德军实力的估计较高（62个师），参见他们撰写的《对抗：斯摩棱斯克交战，1941年7月10日—9月10日》第一部分，刊登于《军事编年史杂志》（Voennaia letopis'），2003年第3期，第2页。

11. 统帅部大本营任命布琼尼元帅和安德烈·伊万诺维奇·叶廖缅科中将担任铁木辛哥的副手。预备队集团军集群组建于6月29日，由布琼尼指挥。参见《统帅部大本营0097号训令：关于成立预备集团军集群军事委员会》（Prikaz Stavki GK No. 0097 o sozdanii voennogo soveta gruppy rezervnykh armii），收录于V.A.佐洛塔廖夫主编，《俄罗斯档案：伟大卫国战争：最高统帅部大本营，1941年的文献资料》第16册（5-1），莫斯科：特拉出版社，1996年，第31页。

12. 参见A.I.叶夫谢耶夫，《伟大卫国战争第一阶段战略预备力量的调动》，刊登于《军事历史杂志》（1986年3月）第3期，第9—20页。这些集团军虚弱的状况在格兰茨《泥足巨人：战争前夕的苏联红军》一书第214—226页有所描述。

13. V.A.佐洛塔廖夫主编，《伟大卫国战争，1941年—1945年》第一册，莫斯科：科学出版社，1998年，第171页。

14.《第4集团军作战日志附件，1941年7月1日》，收录于*AOK 4, 17561/2*；以及《第9集团军作

---

① 译注：应为1022—1029页。

战日志，1941年7月9日》。

15.《德国外交文件，D系列，第13卷，第50号文件》（DGFP, Series D, vol. XIII, doc. 50）。

16.《哈尔德战时日记，1939年—1942年》，第446—447页。

17.《第4集团军作战日志，1941年7月3日、4日》，收录于AOK 4, 17561/2。

18.《第3装甲集团军第1号作战日志，1941年5月25日—8月31日，1941年7月2日》，收录于Pz AOK 3 14837/2。这段时间里，仅第3装甲集群就缴获3万吨燃料。

19.《哈尔德战时日记》（未删减版），1941年7月1、5日。

20.《第4集团军作战日志，1941年7月9日》。

21. 参见克劳斯·莱因哈特，《莫斯科——转折点：1941年—1942年冬季，希特勒在战略上的失败》，斯图加特：德意志出版社，1972年，第55页。引自MS P-040号文件。

22.《最高统帅部战时日志》第一册，第1216页。"其他类型"指的是侦察机、联络机和运输机。

23.《哈尔德战时日记，1939年—1942年》，第453—454页。

24.《陆军元帅费多尔·冯·博克：战时日记，1939年—1945年》，第239页。

25. 希尔德加德·冯·科策编撰，《在希特勒身边任陆军副官，1938年—1943年：恩格尔少校的记录》，斯图加特：德意志出版社，1974年，1940年7月22日、1941年5月23日、1942年4月9日。

26.《哈尔德战时日记，1939年—1942年》，第436—438页。

27. 同上，第432页。

28.《陆军元帅费多尔·冯·博克：战时日记，1939年—1945年》，以及这一时期的第4集团军作战日志。

29.《第4集团军作战日志，1941年7月15日》，收录于AOK 4 17561/2；《第2装甲集群作战日志，1941年7月14日》，收录于Pz AOK 2 25034/1。另可参阅《哈尔德战时日记》（未删减版），1941年7月18日的条目。施陶芬贝格上校1944年7月20日领导了刺杀希特勒的行动。

30. G.K.朱可夫，《回忆与思考》第一卷，莫斯科：进步出版社，1985年，第231页。

31. 约翰·埃里克森，《通往斯大林格勒之路》，纽约：哈珀＆罗出版社，1975年，第140—141页、第153页；A.I.叶廖缅科，《在战争初期》，莫斯科：科学出版社，1965年，第80—81页。

32. 弗拉基米尔·别沙诺夫，《坦克大屠杀，1941年》，莫斯科：AST出版社，2001年，第277页。

33.《统帅部大本营下达给第28集团军军事委员会的第0081号训令：关于占据一道防线》（Direktiva Stavki GK No. 0081 voennomu sovetu 28-i Armii o zaniatii oboronitel'nogo rubezhe），《统帅部大本营下达给第24集团军军事委员会的第0082号训令：关于占据一道防线》（Direktiva Stavki GK No. 0082 voennomu sovetu 24-i Armii o zaniatii oboronitel'nogo rubezhe），收录于V.A.佐洛塔廖夫主编，《最高统帅部大本营：1941年的文献资料》，第28—30页。第28集团军负责守卫叶利尼亚（El'nia）、杰斯纳河、茹科夫卡（Zhukovka）、斯塔尔舍维奇（Starshevichi）、洛普希（Lopush'）、锡涅焦尔基（Sinezerki）一线，第24集团军据守涅利多沃车站（Nelidovo Station）、别雷（Belyi）、多罗戈布日一线。

34.《统帅部大本营关于组建预备队集团军集群军事委员会的第0097号训令》（Prikaz Stavki GK No. 0097 o sozdanii voennogo soveta Gruppy Rezervnykh Armii），同上，第31页。同一天，大本营还下令组建15个新的NKVD师以加强红军的防御并为新组建的预备队集团军提供核心力量。7月1日，大本营命令科涅夫第19集团军从基辅前往北面的维捷布斯克地域。

35.《统帅部大本营下达给第21和第4集团军司令员的第00125号训令：关于将第4集团军余部隶属第21集团军司令员》（Direktiva Stavka GK No. 00125 komanduiushchim 21-i i 4-i Armii o podchinenii ostatkov chastei 4-i Armii komanduiushchemu 21-i Armiei），同上，第40页。

36. 弗拉基米尔·别沙诺夫，《坦克大屠杀，1941年》，第282页。

37.《统帅部大本营下达给第22集团军司令员的第00143号训令：关于在维捷布斯克地域占据防御》

（Direktiva Stavki GK No. 00143 komanduiushchemu 22-i Armiei o zaniatii oborony v raione Vitebska），收录于V.A.佐洛塔廖夫主编，《最高统帅部大本营：1941年的文献资料》第41页。

38.《第3装甲集群情报处，第16号敌情报告，1941年7月22日，附件》，收录于*Pz AOK 3 21818/8 file*。

39. 关于苏军坦克力量的更多详情，可参阅：甫盖尼·德里格，《战斗中的红军机械化军：1940年—1941年红军汽车装甲坦克兵史》，第189、第247页；亚历山大·斯米尔诺夫、亚历山大·苏尔诺夫，《1941年：白俄罗斯交战》，收录于《前线画刊》第62期，莫斯科：KM战略出版社，2003年，第12—17页。后者称机械化第5军共有956辆坦克，包括13辆KV和20辆T-34，机械化第7军拥有929辆坦克，包括44辆KV和29辆T-34。这可能是因为他们把摩托化第1师也计入亚历克先科军，但实际上，克列伊泽尔的摩托化师在不同地带作战。

40.《苏联集团军作战编成，第一部分，1941年6月—12月》[Boevoi sostav Sovetskoi armii, chast' 1 (iiun'-dekabr' 1941 goda)]，莫斯科：总参谋部军事科学院军事历史处，1963年，第16、第18页，保密级。另可参阅别沙诺夫的《坦克大屠杀，1941年》，第279页。

41. 参阅P.N.波斯佩洛夫主编，《1941年—1945年，伟大卫国战争史》（六卷本）第二卷：《苏联人民抵抗邪恶的法西斯德国对苏联的入侵并为战争根本转折点创造条件，1941年6月—1942年11月》，莫斯科：军事出版局，1961年，第二章。

42. 同上，以及《苏联集团军作战编成，第一部分（1941年6月—12月）》，第24页。截至7月10日，铁木辛哥西方面军共编有61个师，包括35个步兵师、2个骑兵师、16个坦克师和8个摩托化师。7月2日，博克中央集团军群仍有25个师卷入到消灭明斯克以西包围圈中的战斗中。

43. 战役这一阶段，克鲁格的司令部被称为第4装甲集团军。

44. 这一时期的《第2装甲集群作战日志》，收录于*Pz AOK 2 25034/1*；《第3装甲集群作战日志》，收录于*Pz AOK 314837/2*。

45.《第9集团军作战日志》，收录于*AOK 9 14855/2*。

46. 洛塔尔·伦杜利克，《战斗、胜利、失败》，海德堡：韦尔泽米赫尔出版社，1952年，第26页。

47.《第3装甲集群》（Pz AOK 3），收录于*Pz AOK 3 21507, 12*。

48. 欲了解斯摩棱斯克交战的每日态势图，可参阅戴维·M.格兰茨，《斯摩棱斯克交战地图册，1941年7月7日—9月10日》，宾夕法尼亚州卡莱尔：个人出版，2003年。关于这场交战的简短叙述，可参阅戴维·M.格兰茨，《斯摩棱斯克交战：1941年7月7日—9月10日》，宾夕法尼亚州卡莱尔：个人出版，2001年。

49. 赫尔曼·霍特，《装甲作战》，海德堡：库尔特·沃温克尔出版社，1956年，第72—73页；*Pz AOK 3, 21057, 9ff.*；《第3装甲集群作战日志》，收录于 *Pz AOK 3 14837/2*。

50. 赫尔曼·霍特，《装甲作战》，第74页。

51.《第9集团军作战日志，东线作战第2册，1941年6月22日—9月29日，1941年7月3日、7日》，收录于AOK 9 14855/2。6月29日，总司令部将担任预备队的第50军（辖2个师）交给第9集团军，以掩护北方集团军群与中央集团军群之内翼。

52. 参见克列伊泽尔摩托化步兵师6月30日接到的进攻令《西方面军司令员下达给摩托化步兵第1和步兵第50师的战斗令：关于沿别津纳河占据防御》（Boevoe rasporiazhenie komanduiushchego voiskami Zapadnogo fronta ot 30 iiunia 1941 g. komandiram 1-i motostrelkovoi i 50-i strelkovoi divizii na zaniatiu oborony po r. Berezina），收录于《伟大卫国战争作战文件集》第35期，第72页。

53. 约翰·埃里克森，《通往斯大林格勒之路》，第156—157页。

54. 海因茨·古德里安，《一个军人的回忆》（Erinnerungen eines Soldaten），第147—148页。这些命令违反了上级的指示，克鲁格将之视为抗命举动。《第2装甲集群作战日志，1941年7月3

日》，收录于*Pz AOK 2 25034/1*。

55. 保罗·卡雷尔，《东进》，美因河畔法兰克福：乌尔斯泰因出版社，1966年，第75页。

56. 弗拉基米尔·别沙诺夫，《坦克大屠杀，1941年》，第281页。

57.《第3装甲集群作战日志，1941年6月29日—8月31日》；另可参阅《1941年—1945年，伟大卫国战争史》（六卷本）第二卷：《苏联人民抵抗邪恶的法西斯德国对苏联的入侵并为战争根本转折点创造条件，1941年6月—1942年11月》，第77页。

58. A.V.戈尔巴托夫，《我生命中的几年》，伦敦：康斯特布尔出版社，1964年，第163—165页。俄文原版为：《岁月与战争》（Gody i Voiny），莫斯科：新世界出版社，1964年。

59. 查尔斯·V.P.冯·吕蒂肖，《通往莫斯科之路：对苏战役》，华盛顿特区：陆军军史部军事历史中心未出版的26–P项目，1985年。引自康拉德·莱帕，《陆军元帅瓦尔特·莫德尔，从根廷到莫斯科门前》，纽伦堡：欧根亲王出版社，1962年，第136页。

60.《西方面军司令部1941年7月4日呈交统帅部大本营的报告：关于方面军已逃离包围圈的部队》（Donesenie shtaba Zapadnogo fronta ot 4 iiulia 1941 g. v Stavku Glavnogo Komandovaniia o voiskakh fronta, vyshedshikh iz okruzheniia），收录于《伟大卫国战争作战文件集》第35期，莫斯科：军事出版局，1958年，第98页。

61. 拉德·莱帕，《陆军元帅瓦尔特·莫德尔，从根廷到莫斯科门前》，第137页。苏联方面的记述可参阅G.库列绍夫，《在第聂伯河战线》，刊登于《军事历史杂志》（1966年6月）第6期，第18—19页。铁木辛哥7月4日下达给第21集团军的命令，参见《西方面军军事委员会1941年7月4日下达的第16号指令：关于方面军辖内军队沿波洛茨克、西德维纳河和第聂伯河防线设防，以及机械化第5、第7军向奥斯特罗夫诺和先诺实施一场反突击的准备》（Direktiva Voennogo Soveta Zapadnogo fronta No. 16 ot 4 iiulia 1941 g. na oboronu voisk fronta na rubezhe Polotsk, rr. Zap. Dvina i Dnepr i podgotovku kontrudara 7-m i 5-m. mekhanizirovannymi korpusami v napravlenii Ostrovno, Senno），收录于《伟大卫国战争作战文件集》第35期，第107—108页。

62.《第2装甲集群作战日志，1941年7月7日》。第3甲师遭受的人员损失最为严重，伤亡1863人（15%），其中包括55名军官，这个数字高得惊人。但是，通过付出高昂的伤亡代价，莫德尔在这些交战中赢得了"干劲十足的指挥官"这一称号。

63. 海因茨·古德里安，《一个军人的回忆》，第152—153页。

64.《第4集团军作战日志，1941年7月3日、5日》，另可参阅这一时期的博克日记。

65.《陆军元帅费多尔·冯·博克：战时日记，1939年—1945年》，第239页；《第4集团军作战日志，1941年7月6日》。

66.《第4集团军作战日志，1941年7月9日》。

67. 两个战斗群分别是施特赖希战斗群和乌辛格战斗群。前者编有4个突击炮营、1个工兵连、2个炮兵营和1个反坦克连；后者编有1个炮兵团团部，2个反坦克营、1个工兵连和1个88炮连。参见《第2装甲集群作战日志》。

68.《第4集团军作战日志，1941年7月6日》。

69.《第3装甲集群作战日志，1941年7月5日》。

70. 列佩利之战的更多详情，可参阅：B.贝特科夫，《机械化第5军沿列佩利方向的反突击，1941年7月6日—11日》[Kontraudar 5-go mekhanizirivannogo korpusa na Lepel'skom napravlenii (6-11 iiulia 1941 goda)]，刊登于《军事历史杂志》（1971年9月）第9期，第60页；亚历山大·斯米尔诺夫、亚历山大·苏尔诺夫，《1941年：白俄罗斯交战》，第54—79页。

71.《西方面军军事委员会1941年7月4日下达的第16号指令：关于方面军辖内军队沿波洛茨克、西德维纳河和第聂伯河防线设防，以及机械化第5、第7军向奥斯特罗夫诺和先诺实施一场反突击的准备》（Direktiva Voennogo Soveta Zapadnogo fronta No. 16 ot 4 iiulia 1941 g. na oboronu voisk fronta na rubezhe Polotsk, rr. Zap. Dvina i Dnepr i podgotovku kontrudara 7-m i 5-m. mekhanizirovannymi korpusami v napravlenii Ostrovno, Senno），收录于《伟大卫国战争作战文件集》第35期，第107页。注意，这道命令将克列伊泽尔师称为摩托化步兵第1师。实际上，克列伊泽尔师是个摩托化师，但该师向前部署后就被称作摩托化步兵师。

72.《第20集团军司令员1941年7月5日发给苏联国防人民委员的报告：关于机械化第7、第5军向列佩利发起反突击的任务》（Donesenie komanduiushchego 20-i armii Narodnomu Komissaru Oborony Soiuza SSR ot 5 iiulia 1941 g. o zadachakh na kontrudara 5-go i 7-go Mekhanizirovannykh Korpusakh v napravlenii Lepel'），收录于《伟大卫国战争作战文件集》第33期，莫斯科：军事出版局，1957年，第80页。

73. 莫先斯基，伊万·霍赫洛夫，《对抗：斯摩棱斯克交战，1941年7月10日—9月10日》第一部分，第16页。

74. 另可参阅伏龙芝军事学院，K.S.科尔加诺夫中将主编，《苏联军队在伟大卫国战争中的战术发展》，柏林：德意志军事出版社，1961年，第85—86页。这本德国翻译的苏联军事著作中称两个军的有效实力约为700辆坦克，这远远少于实际到达战场的数量。

75.《统帅部大本营下达给西方面军司令员的训令：关于向鲍里索夫发起进攻》（Direktiva Stavki GK komanduiushchemu voiskami zapadnogo fronta o nanesenii udara na Borisov），收录于V.A.佐洛塔廖夫主编，《最高统帅部大本营：1941年的文献资料》，第51—52页。

76. 完整报告可参阅《西方面军司令员7月5日呈交大本营统帅部的第17号作战报告：关于方面军辖内部队的作战行动》（Boevoe donesenie komanduiushchego voiskami Zapadnogo fronta No. 17 ot 5 iiulia 1941 v Stavku Glavnogo Komandovaniia o boevykh deistviiakh voisk fronta），收录于《伟大卫国战争作战文件集》第35期，第110—111页。后续详细作战报告收录于第33和第35期。

77. B.贝特科夫，《机械化第5军沿列佩利方向的反突击，1941年7月6日—11日》，刊登于《军事历史杂志》（1971年9月）第9期，第59—65页。

78. 弗拉基米尔·别沙诺夫，《坦克大屠杀，1941年》，第288页。机械化第5、第7军的每日报告，可参阅《伟大卫国战争作战文件集》第35期，第85—108页。

79. 弗拉基米尔·别沙诺夫，《坦克大屠杀，1941年》，第290页。

80. 同上。

81. 同上，第290—291页。

82. 同上，第292页；V.A.佐洛塔廖夫主编，《伟大卫国战争，1941年—1945年》第一册，第147页。

83. 弗拉基米尔·别沙诺夫，《坦克大屠杀，1941年》，第293页。

84.《第3装甲集群作战日志，1941年7月6日—11日》，以及战后报告，收录于Pz AOK 3 21057；赫尔曼·霍特，《装甲作战》，第79—89页；哈索·冯·曼陀菲尔主编，《第二次世界大战中的第7装甲师："幽灵"从事的战役和战斗，1939年—1945年》，莱茵河畔乌尔丁根：约瑟夫·布罗伊希出版社，1965年，第151—157页。

85. 参见统帅部大本营7月12日下达的第00293号训令，7月13日下达的第00305号训令，7月14日下达的第0034号训令，收录于《伟大卫国战争作战文件集》第37期，莫斯科：军事出版局，1959年，第11—14页。

86.《西方面军司令员1941年7月9日下达给第19、第20、第22集团军司令员的第18号指令：关于消灭突入锡罗季诺、别申科维奇、维捷布斯克地域之敌》（Direktiva komanduiushchego voiskami Zapadnogo fronta No. 18 ot 9 iiulia 1941 g. komanduiushchim voiskami 19, 20 i 22-i Armii na unichtozhenie protivnika, prorvavshegosia v raione Sirotino, Beshenkovichi, Vitebs），收录于《伟大卫国战争作战文件集》第37期，第80页。

87. 《第3装甲集群作战日志，1941年7月9日—13日》；约翰·埃里克森，《通往斯大林格勒之路》，第162页。

88. 详细的每日报告和第19、第20集团军在维捷布斯克的作战态势图，可参阅《伟大卫国战争作战文件集》第37期，第80—90页。在维捷布斯克受挫后，瓦西里耶夫坦克第14师7月14日被包围、歼灭在利奥兹诺地域。两天后，斯大林的儿子雅科夫·朱加什维利换上便衣试图逃脱，但当地一名农民把他交给了德国人。参见别沙诺夫的《坦克大屠杀，1941年》，第383—384页。

89. 详情参阅《国防委员会第83号令：关于将统帅部大本营改为总统帅部大本营以及各方向总司令的任命》（Postanovlenie Gosudarstvennogo Komiteta Oborony No. 83 o preobrazovanii Stavki Glavnogo Komandovaniia v Stavku Verkhovnogo Komandovaniia i o naznachenii Glavnokomanduiushchikh voiskami napravlenii），收录于V.A.佐洛塔廖夫主编，《最高统帅部大本营：1941年的文献资料》，第62—63页。

第三章
中央集团军群冲向斯摩棱斯克和铁木辛哥的"反攻",1941年7月10日—15日

渡过第聂伯河,7月10日—13日

按照苏联方面的定义,斯摩棱斯克交战开始于7月10日,当日,霍特第3装甲集群和古德里安第2装甲集群,在第2航空队的支援下,发起两路推进,渡过第聂伯河。鉴于霍特装甲集群已夺取维捷布斯克,古德里安装甲集群7月10日强渡第聂伯河的行动将促使中央集团军群两个装甲集群攻向斯摩棱斯克。由于铁木辛哥的防御7月10日时充其量只能说支离破碎,德国人得以将其装甲矛头集中于关键地点。他们获得了机动自由,空中力量还为其提供了近乎不受限制的支援,由于几乎完全没有高射炮和歼击航空兵,守军无法抵消对方的优势。(参见地图3.1、3.2)

7月6日至10日,激烈的战斗在列佩利和先诺地域爆发时,古德里安正调动他的装甲力量实施突袭,他希望在莫吉廖夫北面和南面果断渡过第聂伯河。由于将麾下摩托化军变更部署到莫吉廖夫西北和西南面的新集结区耗费了古德里安两天时间,直到7月10日,博克仍对古德里安能突破铁木辛哥沿第聂伯河构设的防御持怀疑态度。另外,鉴于霍特在先诺和维捷布斯克大获成功,博克不断地强烈敦促克鲁格利用这个机会,将古德里安装甲集群辖内力量交由霍特指挥,在第3装甲集群作战地域实施一场战役发展。可是,克鲁格对此保持沉默,部分原因是他不愿干涉古德里安的计划,另外也因为道路不足,路况糟

84

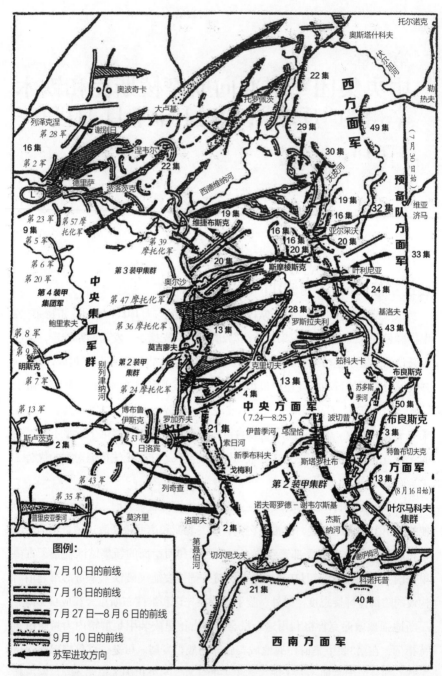

托尔诺克

奥斯塔什科夫

沃尔加河

勒热夫

22集

西方面军

29集

49集

（7月30日始）

30集

预备队方面军

维亚济马

19集

32集

16集

33集

24集

叶利尼亚

43集

基洛夫

托罗佩茨

大卢基

列泽克涅

谢别日

第28军

16集

第2军

涅韦尔

22集

西德维纳河

德里萨

波洛茨克

16集

第23军 第57摩托化军

9集

19集

116集

20集

20集

斯摩棱斯克

第5军

维捷布斯克

第6军

第39摩托化军

第20军

第3装甲集群

奥尔沙

第4装甲集团军

第47摩托化军

28集

罗斯拉夫利

中央集团军群

鲍里索夫

13集

莫吉廖夫

第36摩托化军

克里切夫

茹科夫卡

布良斯克

第8军

别列津纳河

第2装甲集群

50集

第9军

明斯克

13集

苏多斯季河

布良斯克

第7军

第24摩托化军

4集

波切普

3集

第13军

博布鲁伊斯克

罗加乔夫

21集

中央方面军

（7.24—8.25）

伊普季河

方面军

（8月16日始）

斯卢茨克

第53军

日洛宾

马涅恰

特鲁布切夫斯克

2集

索日河

新季布科夫

13集

第43军

戈梅利

斯塔罗杜布

叶尔马科夫集群

第35军

列奇查

第2装甲集群

普里皮亚季河

莫济里

洛耶夫

诺夫哥罗德－谢韦尔斯基

杰斯纳河

谢伊姆河

2集

第聂伯河

切尔尼戈夫

21集

科诺托普

40集

图例：

━━━ 7月10日的前线

━━━ 7月16日的前线

━━━ 7月27日—8月6日的前线

━━━ 9月10日的前线

← 苏军进攻方向

西南方面军

▲ 地图 3.1：斯摩棱斯克交战，1941 年 7 月 10 日—9 月 10 日

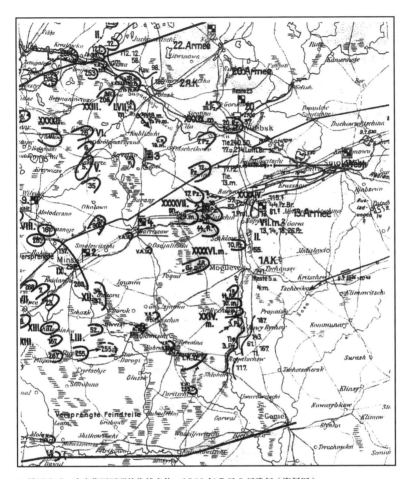

▲ 地图 3.2:中央集团军群的作战态势,1941 年 7 月 9 日晚间(资料图)

糟,横向调动军队太费时间。[1]最终,事实证明克鲁格支持古德里安原定计划的决定正确无误,7月10日和11日,古德里安麾下摩托化军强渡第聂伯河,莱梅尔森第47摩托化军在科佩西、维廷霍夫第46摩托化军在什克洛夫、施韦彭堡第24摩托化军在贝霍夫渡过该河。

古德里安第2装甲集群(魏克斯第2集团军尾随其后)主要在从明斯克向东延伸,经奥尔沙、斯摩棱斯克、亚尔采沃通往莫斯科的主公路南面展开行动。在这条公路南面,第聂伯河由西向南急转90度,之后从奥尔沙向南奔流约

242千米，穿过诸如科佩西、什克洛夫、莫吉廖夫、贝霍夫（新、旧贝霍夫）、罗加乔夫、日洛宾等重要城镇。第聂伯河前方，索日河从斯摩棱斯克以南地域向南延伸，流经克里切夫（Krichev）、切里科夫（Cherikov）和普罗波伊斯克（Propoisk），最终到达戈梅利。更东面，杰斯纳河（Desna）从叶利尼亚向南流淌过罗斯拉夫利东部，流经布良斯克、特鲁布切夫斯克（Trubchevsk）和诺夫哥罗德–谢韦尔斯基（Novgorod–Severskii），向西穿过切尔尼戈夫（Chernigov），在基辅以北汇入第聂伯河。古德里安的最终目标是杰斯纳河畔叶利尼亚与第聂伯河畔多罗戈布日（Dorogobuzh）之间的陆桥，该陆桥提供了经维亚济马和莫扎伊斯克前往莫斯科的最直接路线，路程仅为322千米。不过，实现这一目标前，古德里安装甲集群必须渡过第聂伯河、索日河和杰斯纳河，同时打垮途中遭遇的一切苏军部队。

7月份第二周到来时，在古德里安装甲集群对面守卫第聂伯河的苏军部队相当混乱无序。起初，库罗奇金第20集团军南翼力量在莱梅尔森第47摩托化军对面扼守奥尔沙、科佩西、什克洛夫西接近地，获得重建的第13集团军现在由费奥多尔·尼基季奇·列梅佐夫中将指挥，他接替了7月8日负伤的菲拉托夫，集团军司令部设在莫吉廖夫，负责据守的第聂伯河河段从什克洛夫向南延伸，经莫吉廖夫至新贝霍夫（Novyi Bykhov），就在维廷霍夫第46摩托化军对面。更南面，格拉西缅科第21集团军守卫从新贝霍夫起，向南穿过罗加乔夫、日洛宾、列奇察，到达戈梅利以南的第聂伯河河段，位于施韦彭堡第24摩托化军对面。最后是桑达洛夫指挥的第4集团军余部，目前正在克里切夫地域集结并接受整编，位于铁木辛哥后方的索日河地域。这些军队在试图勇敢地贯彻铁木辛哥不惜一切代价坚守第聂伯河防线的命令，还要做好必要时发起反冲击和反突击的准备。[2]

此时，对铁木辛哥来说，唯一可用的援兵是伊万·斯捷潘诺维奇·科涅夫中将第19集团军的先遣部队和米哈伊尔·阿基莫维奇·米亚斯尼科夫少将的机械化第23军。前者需要从基辅地区搭乘火车变更部署至斯摩棱斯克，再从斯摩棱斯克经铁路和公路赶往维捷布斯克。后者的基地在奥廖尔军区，最初受领的任务是支援西方面军第24集团军，但7月1日又接到新命令，调至维捷布斯克地域支援科涅夫第19集团军。本应支援科涅夫集团军的谢苗·莫伊谢耶维奇·克里沃申少将机械化第25军，从驻地哈尔科夫向前部署的速度太过缓慢，因此，机械化第25军接到新命令，改道去支援第21集团军。此时，机械化第23军辖坦克第48、第51师，摩托化第220师，拥有413辆坦克，包括21辆KV和T–34。机械化第25军辖内坦克第50和第55师共有163辆坦克，但都是些老旧型号。

就科涅夫第19集团军而言，7月13日日终时，步兵第25军辖内步兵第134和第162师正进入斯摩棱斯克以东地域。可是，集团军余部，特别是步兵第34军辖内各师，正沿斯摩棱斯克与维捷布斯克以东地域之间各条尘土飞扬的道路跋涉。最终，科涅夫集团军辖内其他兵团，例如步兵第129和第38师，到达并据守斯摩棱斯克地域（参见表2.4）。

在战斗的混乱中，西方面军7月1日更改下达给机械化第23军的命令，随后又改变该军辖内各师的最终目的地。方面军先把坦克第48师调至北面的涅韦尔地域，在那里接受第22集团军辖制，参加大卢基（Velikie Luki）争夺战。同样，方面军把坦克第51师派至位于西方面军深远后方的勒热夫城，在那里支援新组建的诸预备队集团军。铁木辛哥打算以瓦西里·亚历山德罗维奇·米舒林上校的坦克第57师（调自机械化第29军）接替机械化第23军辖内坦克第51师，但这个计划未能实现。相反，米舒林师7月10日调至奥尔沙，在库罗奇金第20集团军辖内参加战斗。因此，机械化第23军只剩摩托化第220师可以支援第19集团军摇摇欲坠的防御。[3]

这些变化，再加上德国空军彻底掌握制空权、红军预备队调动缓慢，导致大批混乱不堪的兵团和部队在奥尔沙以东突出部苦战，该突出部是第39和第46摩托化军辖内装甲师和摩托化师攻往斯摩棱斯克形成的。除科涅夫第19集团军步兵第25军和库罗奇金整个第20集团军，突出部内还有机械化第5、第7军残部，坦克第57师和摩托化第1师，机械化第23军摩托化第220师，以及逃出明斯克包围圈、向东渡过第聂伯河的各师各团零零碎碎的残部。后者或单独，或三五成群地向东跋涉，大多手无寸铁。

在第2装甲集群实施重组并沿第聂伯河西岸集结后，古德里安命令施韦彭堡第24摩托化军于7月7日和8日将朗格曼第4装甲师、勒佩尔第10摩托化师集中在旧贝霍夫（Staryi Bykhov）对面，7月10日拂晓强渡第聂伯河。古德里安后来称，由于柏林坚持要求将大批部队用于比亚韦斯托克和明斯克包围圈，他不得不把第24摩托化军的突击行动推迟至少三天，在此期间，苏联人得以强化其防御。不过，他依然相信，无论侧翼存在怎样的危险，只要避免使用主要桥梁这种明显的渡口，他就能调集足够的力量粉碎铁木辛哥沿第聂伯河构设的防御。辖内装甲师已持续不停地从事了16天战斗，古德里安对他们的状况感到担心，因而故意牺牲集中原则，以装甲集群或辖内摩托化军进行历时两天、没有主要突击的进攻。

古德里安右（南）翼，施韦彭堡第24摩托化军被苏军第21集团军在日洛宾发起的进攻严重削弱，这场进攻将莫德尔第3装甲师吸引至该城。因此，施韦彭堡军缺一个师，直到7月10日，费尔特第1骑兵师接替莫德尔第3装甲师，这才使后者得以向北赶往贝霍夫。古德里安左（北）翼的情况与之类似，莱梅尔森第47摩托化军不得不在韦伯第17装甲师缺阵的情况下展开行动，为支援霍特集群，该师卷入列佩利和先诺附近的激烈战斗。博克对古德里安缺乏集中的做法不太满意，克鲁格为古德里安辩护，称苏军似乎正在撤离，博克不太相信这种说法。[4]

至于进攻行动本身，勃劳希契早在7月5日便予以批准，博克和克鲁格均未提出异议，只是博克建议以古德里安麾下力量加强霍特装甲集群。之后，古德里安两次加快第24摩托化军的进攻准备，共节约15个小时，以确保无人破坏他的计划。古德里安最终选定贝霍夫为目标，而不是奥尔沙、莫吉廖夫或罗加乔夫这些更引人注目的选择，因为他没能粉碎罗加乔夫这个"硬核桃"，他打算绕过这些目标，或在必要时从侧翼迂回，将其包围后在晚些时候加以消灭。最后，由于贝霍夫的第聂伯河河段宽度只有76—106米且没有障碍物阻挡，唯一需要他解决的问题就是克服河流东岸的沼泽和森林。

古德里安期待已久的进攻于7月10日拂晓发起，施韦彭堡第24摩托化军辖内第4装甲师和第10摩托化师，在莫吉廖夫以南29—32千米的旧贝霍夫及其北面渡过第聂伯河。古德里安的进攻时机选取并未令铁木辛哥感到意外，当日8点，他的每日情报摘要注意到了对方的集结并准确估计到其意图：

· **敌人的情况**——7月9日和9日—10日夜间，敌人以大批摩托—机械化和步兵部队（多达两个军）沿列佩利—维捷布斯克方向强渡西德维纳河并夺取维捷布斯克城。沿博布鲁伊斯克方向,敌人集结大批力量,准备强渡第聂伯河。沿鲍里索夫方向,与大股敌摩托化部队进行局部性战斗。

· **谢别日方向**——7月9日下午和9日—10日夜间,敌人的三个师(第3、第28、第121步兵师)在航空兵支援下攻克谢别日并到达谢别日、奥斯韦斯科耶湖、乌斯季耶一线(德里萨西南方7千米)。

· **波洛茨克方向**——7月9日,敌人的两个师(第14摩托化师、第51步兵师)和一个坦克团,在航空兵支援下,沿博尔科维奇和波洛茨克一线作战。

· **列佩利—维捷布斯克方向**——敌人以第8军和第39摩托化军辖内力量在乌拉和别申科维奇地段强渡西德维纳河,向锡罗季诺和维捷布斯克发展进攻,7月10日拂晓前出到扎博里耶、奥博利、锡罗季诺、维捷布斯克一线。7月9日,大股敌摩托—机械化部队在先诺以西作战,以强大的防坦克地域(支撑点)沿切尔诺戈斯季耶、奥泽拉、诺沃谢尔基一线掩护其左翼,并以轰炸机、俯冲轰炸机和重型火炮提供支援。

· **鲍里索夫方向**——敌人(第4、第10摩托化师,第18装甲师,第7装甲师一部)沿科哈诺沃(奥尔沙以西33千米)和德鲁季河一线中间从事战斗。结果,敌人损失大批坦克和人员。敌人以个别支队攻向什克洛夫,这些支队编有1个摩托化步兵营、1个坦克连、1—2个炮兵营,每个支队还配备1个工兵分队。同时,敌人将其部队从鲍里索夫地域向莫吉廖夫变更部署。

· **罗加乔夫—日洛宾方向**——7月9日和9日—10日夜间,敌人继续将第24摩托化军主力,包括第3、第4装甲师,1个摩托化师和第265步兵师,集结于维什钦(罗加乔夫东北方15千米)、罗加乔夫、日洛宾和普罗斯库林地域的第聂伯河西岸。7月9日日终前和9日—10日夜间,对我方部队实施炮击的同时,他们在兹博罗沃(罗加乔夫以北8千米)、扎德鲁季耶(罗加乔夫以南5千米)、日洛宾和普罗斯库林地段构设渡河点。

· **结论:**

★敌人沿列佩利—维捷布斯克方向展开主要进攻,大股敌军沿博布鲁伊斯克方向集结,我们认为对方不久后便会从那里强渡第聂伯河。

★鲍里索夫方向——敌人在沿我方中间线战斗的同时逼近第聂伯河。

★谢别日方向——敌人正努力夺取谢别日地域。[5]

可是，正如报告指出的那样，铁木辛哥认为德军会在罗加乔夫发起突击，而不是在贝霍夫地带。因此，他把第21集团军主力集中于罗加乔夫地带，仅以第13集团军步兵第187师据守贝霍夫以北地带。

经过4小时战斗，朗格曼第4装甲师和勒佩尔第10摩托化师，成为中央集团军群渡过宽大第聂伯河的首批部队，他们在河东岸夺得一座相当大的登陆场，这是一起真正具有历史意义的事件。[6]装甲掷弹兵们粉碎苏军抵抗、推进到附近的森林后，古德里安的工程兵开始在河上搭设两座桥梁，而这位装甲集群司令忙于策划他的后续推进。铁木辛哥西方面军7月10日20点提交的作战摘要描述了列梅佐夫第13集团军的困境：

· **总体情况**——方面军辖内部队在谢别日、奥斯韦亚、博尔科维奇、戈罗多克、巴尔苏基车站和博尔科洛博沃地域同进攻之敌展开激烈战斗。实力不明之敌军（据情报部门称，是第8军和第39摩托化军辖内部队）在乌拉和别申科维奇地带突破第22集团军防线并朝东北方发展攻势，占领维捷布斯克。方面军正展开行动，设法阻止敌维捷布斯克集团的进攻。

· **第13集团军**——7月9日—10日夜间和10日白天，集团军辖内部队继续加强第聂伯河东岸和莫吉廖夫登陆场，同时部分重组其部队。实施炮火和航空兵火力准备后，敌人7月10日10点30分发起冲击，在巴尔苏基车站和博尔科洛博沃地域强渡第聂伯河，同时在布伊尼奇和旧贝霍夫地域轰炸第聂伯河东岸。

★步兵第61军（步兵第53、第110、第172师）——击退敌人2个步兵营朝什克洛夫发起的进攻，迫使对方退回出发阵地。

★步兵第45军（步兵第148、第187师）——与敌人在巴尔苏基和博尔科洛博沃渡过第聂伯河的部队展开战斗。13点30分发现敌坦克沿莫吉廖夫—新贝霍夫公路行进，小股敌步兵位于雷科沃地域。

· **机械化第20军**——夜间，军防线对面之敌加强侦察活动，以小股力量强渡德鲁季河并在库特、乌戈利亚、哈诺沃地域达成渗透，扰乱机械化军补给路线。该军坚守既有阵地，但尚未收悉当日作战情况。敌机导致莫吉廖夫至乔瑟的铁路交通线中断。[7]

铁木辛哥在同一份报告中承认:"空中侦察和地面观察表明,自7月9日起,敌人已将摩托—机械化力量向莫吉廖夫变更部署。"但对铁木辛哥来说,此时采取任何措施都已为时过晚,因为古德里安已渡过第聂伯河。

次日,莱梅尔森第47摩托化军、维廷霍夫第46摩托化军重演施韦彭堡的表现,在科佩西和什克洛夫强渡第聂伯河。由于第24摩托化军在新贝霍夫发起的进攻达成了突然性,防御中的苏军根本没有时间和力量扼守第聂伯河每一处河段。叶廖缅科后来承认,除猝不及防外,"总统帅部无视既成事实,只要纳粹达成突破,他们就下令恢复态势,这不啻为浪费预备力量。"[8]

按照古德里安的计划,前一天实施战斗侦察后,莱梅尔森第47摩托化军以博尔滕施泰因第29摩托化师在科佩西强渡第聂伯河,与从西面攻往奥尔沙的韦伯第17、内林第18装甲师协同,从南面迂回苏军设在奥尔沙的防御,然后向东直扑斯摩棱斯克。与此同时,维廷霍夫第46摩托化军辖下的沙尔第10装甲师,在"大德意志"摩托化步兵团支援下,从什克洛夫南面强渡第聂伯河,而豪塞尔的武装党卫队"帝国"摩托化师集结于第聂伯河西岸,就在苏军设于什克洛夫的防御之对面。渡河后,维廷霍夫军将向东发展胜利,奔向戈尔基(Gorki),最终目标是叶利尼亚地域。魏克斯第2集团军乌辛格和施特赖希战斗群的先遣力量也已就位,为古德里安位于鲍里索夫—奥尔沙公路以北的左翼提供掩护。

著名的莫尔德斯第51战斗机联队已在贝霍夫为施韦彭堡摩托化军提供支援,里希特霍芬和菲比希的第8、第2航空军分别支援第47和第46摩托化军。实际上,这是博克首次以统一和集中的方式投入他的空中力量,表明他对强渡第聂伯河的行动非常重视。[9] 德国空军7月10日和11日(已拟制计划,但又取消)实施的徐进空中打击至关重要,因为古德里安装甲集群严重缺乏炮弹。[10]

莱梅尔森第47摩托化军位于科佩西附近的作战地域内,博尔滕施泰因第29摩托化师克服苏军第20集团军步兵第100师的防御,该师的两个团7月11日中午前夺得了一座登陆场。博尔滕施泰因右侧,维廷霍夫第46摩托化军辖下的沙尔第10装甲师,在苏军第20与第13集团军结合部附近强渡第聂伯河,击溃第13集团军步兵第61军辖内步兵第53师并夺得一座登陆场。铁木辛哥20点发给总统帅部大本营的每日作战概要,详细而又稍带些乐观地阐述了第20和第13集团军的

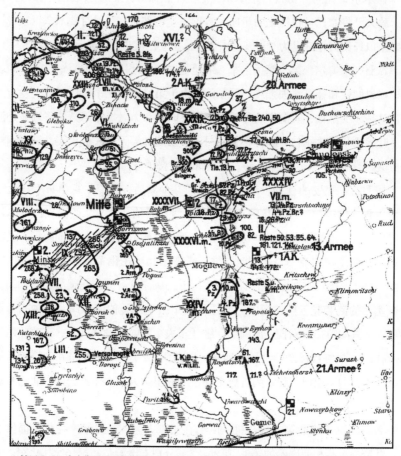

▲ 地图 3.3：中央集团军群的作战态势，1941 年 7 月 11 日晚间（资料图）

防御行动（参见地图3.3）：

　　·**总体态势**——方面军辖内部队与进攻之敌在谢别日、奥斯韦亚、博尔科维奇、戈罗多克、维捷布斯克、巴尔苏基车站、博尔科洛博沃地域战斗，主要努力是设法阻止敌维捷布斯克集团的推进。

　　·**第22集团军**（叶尔沙科夫）——沿集团军整条防线持续战斗，抗击敌第8军和第39摩托化军辖内部队。

　　★步兵第51军：

☆步兵第170师——7月11日10点以右翼力量发起冲击，左翼力量在原有阵地从事战斗。

☆步兵第112师——7月11日10点以左翼力量在沃伦齐阻挡兵力占据优势之敌，并同从尤霍维奇攻向卡利亚斯季齐的敌坦克展开激烈战斗。

☆步兵第98师——在既有阵地上击退敌人强渡德里萨河的企图。

☆步兵第126师——沿伊格纳托沃和库利科沃一线遂行防御作战。

★步兵第62军：

☆步兵第174师——7月11日10点，面对一股消极之敌，继续坚守原有阵地。

☆步兵第186师——第238团攻向洛夫沙车站，其先遣部队在洛夫沙车站附近战斗，余部集结于普鲁多克和博布罗夫希纳地域（特鲁德以东14千米）。

· **第19集团军**（科涅夫）——为保卫维捷布斯克展开激烈战斗，尚不清楚结果。7月11日到达的350列火车，130列已卸载。机械化第7军、步兵第153、第186和第50师已隶属该集团军。

· **第20集团军**（库罗奇金）——将（第20）机械化军撤至防线后方，在原有阵地从事防御作战，击退在科佩西渡过第聂伯河的一股敌军和在什克洛夫以北强渡该河的2个敌步兵营及坦克，敌人在战场上遗弃15辆坦克。机械化第7军和步兵第153师从第20集团军转隶第19集团军。

· **第13集团军**（列梅佐夫）——在什克洛夫和新贝霍夫地带坚守阵地，目前正同在巴尔苏基车站和巴尔卡拉博沃地域达成突破之敌部队展开战斗并集中其开到的部队。

★步兵第61军——坚守什克洛夫、莫吉廖夫、布伊尼奇一线，同时对什克洛夫以北实施加强侦察，7月11日晨，2个敌步兵营在那里发起冲击，并以小股步兵群和个别坦克强渡第聂伯河。

☆步兵第53师——坚守什克洛夫和普列希齐一线，同时向什克洛夫以北实施侦察。12点，敌人以2个营和坦克在普列希齐以北2千米强渡第聂伯河，但该师以反冲击击退对方，给敌人造成严重损失，击毁15辆敌坦克。

☆步兵第110师——据守普列希齐和沙波奇齐一线。

☆步兵第172师——扼守莫吉廖夫登陆场，沿第聂伯河东岸加强沙波奇齐和布伊尼奇地段的防御并炸毁什克洛夫的桥梁。

★步兵第45军——在巴尔苏基和博尔科洛博沃地域同渡过第聂伯河之敌战斗，该军目前坚守锡多罗维奇、斯拉久基地域及南面的森林，并将预备队集结在博尔科洛博沃地域。

☆步兵第148师——集结兵力并与渡河之敌展开战斗。

☆步兵第187师——与渡过第聂伯河之敌展开战斗。

☆步兵第137师——7月10日集结于苏哈里和普里丹齐地域。

★机械化第20军——脱离战斗，撤至防线后方休整补充。

· **第21集团军**（格拉西缅科）——正完成集结，面对一股消极之敌，7月11日13点30分坚守原有阵地。

★步兵第102师和步兵第63、第67军——位置未发生变化。

★步兵第66军——步兵第53师第232和第110团，实施重组后占据斯特列申和白别列格一线，步兵第110团位于斯特列申和别列津纳河河口地段。

★步兵第75师——未发来新报告。

★山地步兵第28师——集结在布拉金地域。

★机械化第25军——坦克第55和摩托化第219师集结在原先地域。

★坦克第50师——位置未发生变化。

★机械化第16军——集结在莫济里地域（1个摩托化步兵团和坦克第50师后方勤务机构7月11日开到）。

★第51、第52号装甲列车——与库尔马舍夫上校的支队相配合，在斯塔鲁什基车站、拉布科尔车站、拉特米罗维奇地域战斗，7月7日—9日在那里击毁敌人30辆坦克和装甲车。

· **第4集团军**（桑达洛夫）——完成重组和整补并加强其防御阵地。敌机7月10日轰炸乔瑟、普罗波伊斯克和克里切夫地域，导致步兵第42师25人阵亡、4人负伤。

· **方面军空军力量**——7月10日下午，在空战中击落3架敌机，并击毁地面上的8架敌机。我方损失：1架战机被击落，另外4架没能返回机场。[11]

可西方面军7月13日提交的后续作战报告却证明铁木辛哥的乐观毫无道理：

· **第20集团军**——7月12日晚些时候和7月12日—13日夜间在博古舍夫斯克耶和科佩西击退敌步兵从而恢复态势，目前正与突入防御纵深的敌坦克和摩托化步兵战斗。

★步兵第69军——击退敌军，目前正实施防御：

☆步兵第153师——在沃罗内、扎博洛京卡车站、格里亚达地带沿卢切萨河东岸布防。

☆步兵第229师——在格里亚达、卢奇、博古舍夫斯克耶地段布防。

☆步兵第233师——在科连基和斯泰基车站地段布防。

★步兵第20军——将敌人逐过第聂伯河，目前正实施防御：

☆步兵第73师——在谢列克塔、奥尔沙一线布防。

☆步兵第18师——从奥尔沙东南郊区到科佩西，沿第聂伯河东岸布防。

★步兵第2军——与渡过第聂伯河并到达军侧翼和后方（戈尔基以西森林）之敌战斗，其位置有待确定。

★机械化第5军（与步兵第69军）——与渡过第聂伯河并到达索菲耶夫卡地域（戈尔基南面和东南面）之敌战斗，并以1个营在维索科耶地域掩护主公路，结果尚不明朗。

★坦克第57师——集结在古西诺地域（斯摩棱斯克以西45千米）。

★步兵第144师和摩托化步兵第1师——坚守第聂伯河上的渡口，并在第聂伯河南面的科布伦、列尼诺地段（奥尔沙以东45—50千米）与敌人战斗。

· **第13集团军**——与在什克洛夫和贝霍夫车站地域（莫吉廖夫以北20—30千米）渡过第聂伯河并向东突破20千米的敌军进行战斗。

★步兵第61军（与机械化第20军一部）——遭受到敌人的沉重压力，对方大股摩托—机械化力量在什克洛夫地域渡过第聂伯河，朝萨西科夫卡和新普鲁德基一线突破15千米，并沿第聂伯河东岸冲向布伊尼奇。

☆步兵第53师——据守什克洛夫和普列希齐一线，面对敌人的主要突击被迫后撤，目前尚不清楚其确切位置。

☆该军余部的确切位置不详。

★机械化第20军——7月13日5点从索西科夫卡和尼奇博罗维奇一线攻向别利，但前进2千米后，被敌炮兵和航空兵所阻。[12]

实际上，古德里安的装甲力量已导致铁木辛哥沿第聂伯河构设的防御彻底失效，这条防线从科佩西南延至莫吉廖夫，再从莫吉廖夫南延至旧贝霍夫。结果，铁木辛哥失去了对局势的掌握，古德里安迅速利用这一弱点。

就这样，到7月11日中午，古德里安的三个摩托化军已在科佩西、什克洛夫、新贝霍夫夺得登陆场，装甲集群后方，魏克斯第2集团军到达别列津纳河，正以强行军向东赶往第聂伯河。当日白天，古德里安将司令部前移80千米，从新鲍里索夫（Novyi Borisov）迁至托洛钦（Tolochino），1812年间，拿破仑也曾将他的指挥部设在此地。他在这里遇到了意大利派驻德国的武官埃菲西奥·马尔拉斯将军和希特勒的空军副官尼古劳斯·冯·贝洛上校，他对麾下部队的进展深感满意，并邀请两位客人次日与他一同视察战场。[13]

夺得三座登陆场后，古德里安希望莱梅尔森第47摩托化军径直攻向斯摩棱斯克，维廷霍夫第46摩托化军向东推进，经戈尔基攻往斯摩棱斯克以南48千米的波奇诺克（Pochinok），施韦彭堡第24摩托化军则向东穿过乔瑟（Chausy）和克里切夫，奔向斯摩棱斯克东南方100千米，旧莫斯科公路上的罗斯拉夫利。由于施韦彭堡麾下力量还承担掩护第2装甲集群右翼的任务，博克便把费尔特将军的第1骑兵师（该师7月9日和10日接替莫德尔第3装甲师）交给古德里安装甲集群，从而构成施韦彭堡突击群的第二冲击波次。起初，古德里安希望施韦彭堡至少以第3装甲师从南面包围莫吉廖夫，从而将其攻克。可是，莫德尔装甲师在恶劣的道路上进展缓慢，加之莫吉廖夫以南24千米处的一座桥梁被炸毁，以及苏军进行顽强抵抗，该师7月11日停滞不前。经克鲁格批准，古德里安决定绕过莫吉廖夫，派莫德尔装甲师跟随朗格曼第4装甲师，穿过贝霍夫向前推进。[14]

7月11日中午，古德里安赶至科佩西视察博尔滕施泰因第29摩托化师师部，德军工兵正在那里搭设桥梁，以便莱梅尔森军余部渡过第聂伯河，之后，古德里安乘坐突击舟渡河，想去看看维廷霍夫第46摩托化军设在什克洛夫的登陆场。但由于两座登陆场尚未连接起来，此行未果，古德里安只得返回西岸并命令莱梅尔森将韦伯第17装甲师从奥尔沙向南变更部署，以便使用科佩西渡口。返回指挥所途中，古德里安遇到克鲁格，他向这位集团军司令简要汇报辖内部队的进展，并获准变更第17和第3装甲师的部署。

古德里安在托洛钦待了不到三小时，向希特勒的副官施蒙特简要汇报情况，施蒙特此行是为元首收集一手情报。之后，古德里安在作战参谋弗里茨·拜尔莱因上校的陪同下，耗费三小时穿越恶劣的道路，前往维廷霍夫第46摩托化军设在什克洛夫的登陆场。虽然沙尔第10装甲师和"大德意志"摩托化步兵团在什克洛夫遭遇的抵抗远比莱梅尔森麾下部队在科佩西遇到的更激烈，但德军工兵最终设法修复了那里的桥梁。这番视察使古德里安相信，强渡第聂伯河的行动已取得成功。他敦促这位军长继续前进并扩大战果，夜间也不要停顿。古德里安次日晨回到指挥部时，他的装甲集群已在科佩西、什克洛夫和贝霍夫控制了约10千米深的登陆场。他们掌握四座新桥，在古德里安看来，这些登陆场形成了一个宝贵的前进基地，他可以从这里发展已获得的胜利。[15] 可是，由于过度使用，第47和第24摩托化军损失了一座宝贵的桥梁，行动有所减缓，这稍稍减弱了古德里安的乐观情绪。

　　古德里安的突然袭击令铁木辛哥猝不及防，他显然处于不利状态，因为德军打击的是第20与第13集团军的脆弱结合部并将缺口不断扩大。另外，激烈的指挥变动也给他的行动造成妨碍。总统帅部大本营7月10日任命铁木辛哥为西方向总指挥部司令员，这个新任命导致他的指挥控制问题更趋复杂。另外，列梅佐夫于7月8日接替身负重伤的菲拉托夫担任第13集团军司令员，7月12日亲自率领部队对施韦彭堡第24摩托化军发起反冲击，结果也负了伤。之后，第21集团军司令格拉西缅科接掌第13集团军，而第21集团军则交给费奥多尔·伊西多罗维奇·库兹涅佐夫上将指挥，一连串动荡的指挥变更这才告一段落，而持续存在的通信问题进一步加剧了这些变动造成的影响。[16]

　　总之，7月13日日终时，莱梅尔森第47摩托化军辖内第17装甲师已攻克奥尔沙，铁木辛哥沿第聂伯河构设的防御彻底崩溃。此时，博尔滕施泰因第29摩托化师已冲出科佩西登陆场，离斯摩棱斯克仅剩半数路程。南面，维廷霍夫第46摩托化军辖下的沙尔第10装甲师穿过戈尔基，赶往通向索日河途中的姆斯季斯拉夫利（Mstislavl'），而施韦彭堡第24摩托化军辖内朗格曼第4装甲师和勒佩尔第10摩托化师正从贝霍夫向西①推进，导致苏军第13集团军大部面临在莫吉廖夫地域陷入合围的威胁。（参见地图3.4）

――――――――――――――――

　①译注：向东。

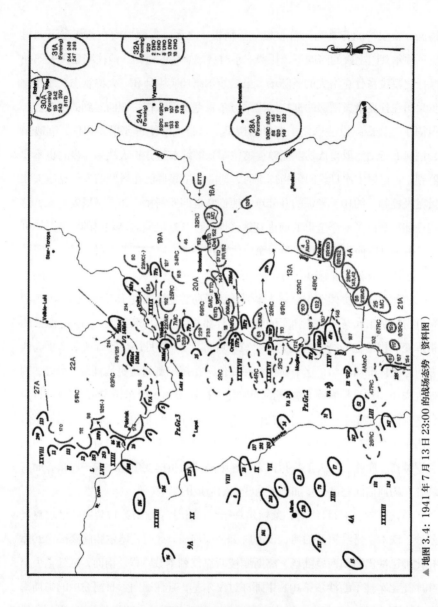

▲ 地图 3.4：1941 年 7 月 13 日 23:00 的战场态势（资料图）

　　古德里安装甲集群夺得第聂伯河上的渡口并以其装甲力量从南面打开一条通往斯摩棱斯克的通道时，北面的霍特第3装甲集群，在波洛茨克西北方沿西德维纳河击溃了叶尔沙科夫第22集团军，在维捷布斯克附近打败科涅夫第19和库罗奇金第20集团军，随后再度出击，左翼奔向涅韦尔，右翼攻往韦利日和斯摩棱斯克。7月13日黄昏前，霍特和古德里安的先遣力量，丰克第7装甲师和博尔滕施泰因第29摩托化师，相距约55千米，正从南北两面迅速逼近斯摩棱斯克。前进中的装甲力量身后，魏克斯第2集团军的三个步兵军完成了明斯克以西的烦人任务，正在渡过别列津纳河，紧随其后的另外三个步兵军落后两日行程。面对德军装甲铁钳的合围威胁，铁木辛哥第19、第16、第20集团军主力竭力为生存而战。[17]

铁木辛哥的攻势，7月13日—16日

早在7月11日，苏联总统帅部大本营就意识到铁木辛哥西方向总指挥部的作战地域面临一场危机。维捷布斯克陷落，奥尔沙南面的第聂伯河渡口也落入德国人手中，若能做到的话，必须采取非常措施恢复态势。因此，7月12日15点45分，大本营命令铁木辛哥，"立即以您手头现有力量从斯摩棱斯克、鲁德尼亚、奥尔沙、波洛茨克、涅韦尔地域组织一场强有力、协同一致的反突击，消灭在维捷布斯克达成突破之敌"，但是"不能削弱奥尔沙—莫吉廖夫防线"，另外，"沿戈梅利和博布鲁伊斯克方向展开积极行动，威胁敌莫吉廖夫集团之后方"。[18]

不过，铁木辛哥和他的参谋长马兰金预料到了大本营的意图，已下达一系列初步命令。首先，7月11日晚20点20分，铁木辛哥命令F.I.库兹涅佐夫第21集团军发动有限进攻，牵制古德里安第2装甲集群前进中的部队：

第21集团军当面之敌并不活跃，因为他们并未遭遇我方任何积极行动，对方正将其机动力量调至别处并进攻莫吉廖夫。为此，我命令：

1.牵制敌人的行动并迫使对方担心我方发起进攻的可能性。

2.派配有工程兵、反坦克炮、坦克歼击车的快速支队向兹博罗沃、奇吉林卡、戈罗季谢、日洛宾、博布鲁伊斯克（罗加乔夫以西）展开行动。

3.赋予各支队的任务是消灭敌坦克，破坏其后方地域，摧毁敌运输工具、通信设施、无线电发报机、仓库等，从而破坏敌人的补给路线并布设地雷障碍。

朝兹博罗沃和戈罗季谢方向展开行动的支队，受领的任务是沿博布鲁伊斯克和莫吉廖夫公路实施破坏行动并破坏敌人位于贝霍夫车站附近的渡口。

朝博布鲁伊斯克方向展开行动的支队，应扰乱敌人的后方，破坏对方为其日洛宾集团提供补给的行动，可能的话，设法炸毁博布鲁伊斯克的桥梁和机场上的敌机。

4.组织无线电台接收各快速支队的报告。

5.策划一场行动，辖内部队做好以突袭夺取博布鲁伊斯克和帕里奇的准备。[19]

几小时后的7月12日3点，参谋长马兰金给第19、第22集团军司令员科涅夫和叶尔沙科夫下达特别指示，强调向维捷布斯克发起反突击的重要性，但也表达了他和铁木辛哥对进攻前景的不安：

司令员命令：

1.与叶尔沙科夫一道，7月12日对维捷布斯克地域之敌发起进攻，将对方逐过波洛茨克—维捷布斯克公路一线。

2.叶尔沙科夫应于7月12日8点攻向谢洛车站；科涅夫攻向维捷布斯克和克尼亚日察车站。科涅夫的进攻以1—2个坦克营为支援力量。

3.航空兵已受领8点在作战地域掩护进攻部队的任务。

4.科涅夫应将司令部设于亚库博希纳（西方面军司令部驻地）；赋予您指挥控制权。

5.整顿您的部队。

6.科涅夫同志必须记住，步兵第134师已在斯摩棱斯克地域卸载，步兵第127师在斯摩棱斯克地域卸下14列火车。

以已卸载部队沿莫什纳河构设防坦克阵地，特别留意通往斯摩棱斯克公路的方向。每三小时报告一次行动进程。[20]

铁木辛哥完整的全面进攻令，7月12日晚些时候下达给麾下各集团军，显示出这场反攻的庞大规模和不切实际性：

· **总体态势**——敌人将第8军（原文如此）和第39（摩托化）军集中于维捷布斯克，一个坦克军沿莫吉廖夫方向部署后强渡西德维纳河和第聂伯河，正朝韦利日和戈尔基发展攻势。

• **西方面军的任务**——以第22、第19、第20集团军发起联合行动,与航空兵相配合,歼灭突入之敌,夺回维捷布斯克后,沿伊德里察、波洛茨克筑垒地域、锡罗季诺、克尼亚日察车站、希尔基、奥尔沙和第聂伯河防线掘壕据守。1941年7月13日8点开始进攻。

• **第22集团军**(叶尔沙科夫)——在右翼和波洛茨克筑垒地域实施防御,以步兵第214、第186师,榴弹炮兵第56、第390团,反坦克炮兵第102营,骑兵第46师从沃伊哈内车站和戈罗多克攻向维捷布斯克,前出到锡罗季诺和克尼亚日察车站(维捷布斯克西北方30—40千米)并掘壕据守。

• **第19集团军**(科涅夫)——阻止敌集团突向韦利日的同时,以机械化第7军、步兵第162师、机械化第220师、榴弹炮兵第399团、骑兵第11师从舒莫夫希纳和沃罗内攻向维捷布斯克并夺取该城,日终前到达沃罗希雷和普什卡里(维捷布斯克西南方35千米)并掘壕据守。

• **第20集团军**(库罗奇金)——以机械化第5军,步兵第153、第229师,坦克第57师(欠坦克第115团)、骑兵第23师攻向奥斯特罗夫诺,消灭第聂伯河东岸之敌,以此协助第19集团军,前出并沿博古舍夫斯克(维捷布斯克以南35千米)、巴甫洛维奇、希尔基(第聂伯河以西)一线掘壕据守。

• **第13集团军**(列梅佐夫)——消灭突破到第聂伯河东面之敌并坚守第聂伯河防线。

• **第21集团军**(F.I.库兹涅佐夫)——以步兵第63军第61、第167、第154师从罗加乔夫和日洛宾攻向博布鲁伊斯克,以步兵第232师攻向沙齐尔基和帕里奇,夺取博布鲁伊斯克和帕里奇,同时以步兵第102、第187师从泰莫诺沃和沙普奇齐地域发起进攻,歼灭科马里奇、贝霍夫地域之敌,步兵第117师前调至第聂伯河东岸的罗加乔夫和日洛宾,从而掩护罗加乔夫、日洛宾方向。

• **方面军航空兵的任务:**

★7月13日7点30分对戈罗多克、奥斯特罗夫诺、维捷布斯克地域之敌发起空袭,主要打击敌炮兵和坦克。

★沿我方部队前进路线及时实施空中侦察,发现并立即打击敌抵抗枢纽部。

★打击敌空中力量,掩护我方地面力量。

★投入远程轰炸航空兵军，打击戈罗多克、维捷布斯克、别申科维奇、什克洛夫地域之敌。

★投入所有战机实施空中打击，支援我方地面力量。[21]

这些事无巨细的指令，以及铁木辛哥和马兰金对"务必谨慎"的要求，表明苏军指挥体系过度集中，不允许前线指挥员自行从事战斗。西方向总指挥部明显感到不安，不过，鉴于许多红军指挥员缺乏经验，这种焦虑不安完全合理。

铁木辛哥的意图是切断并歼灭霍特和古德里安装甲集群并恢复西方面军沿第聂伯河的防御。为此，第22和第19集团军将夺取维捷布斯克和西德维纳河一线，第20和第16集团军（后者仍集结于斯摩棱斯克地域）负责恢复方面军在奥尔沙与什克洛夫地域之间的防御，而第13和第21集团军，以及第4集团军余部，应肃清莫吉廖夫和罗加乔夫以东的第聂伯河之敌并向博布鲁伊斯克推进。从实际情况看，铁木辛哥的计划，部分甚至完全不可行。

说明铁木辛哥这道命令无效性的是，就在他下达指令时，霍特装甲集群左翼的孔岑第57摩托化军，与第9集团军第50和第23军相配合，已把叶尔沙科夫沿西德维纳河布防的第22集团军逼退至波洛茨克西北方，将该集团军切为两段，包围其侧翼，并构成合围该集团军两部的威胁。叶尔沙科夫集团军在274千米的防线上只有6个师，不得不全面后撤。虽然步兵第174师坚守波洛茨克筑垒地域至7月16日，但霍特的装甲先锋绕过波洛茨克，迅速向北攻往涅韦尔。结果，没过几天，铁木辛哥就命令叶尔沙科夫将该集团军撤至新防御地带，但"同时应给前进中的德军造成最大程度的破坏"。

与此同时，7月13日前，霍特装甲集群右翼的施密特第39摩托化军，在里夏德·劳夫中将①第5军的支援下，粉碎了科涅夫第19集团军第一梯队，夺得了韦利日，并迫使科涅夫支离破碎的余部混乱不堪地逃向斯摩棱斯克。南面，古德里安装甲集群左翼，莱梅尔森第47摩托化军从库罗奇金第20集团军手中夺得奥尔沙，深深困住库罗奇金之左翼和右翼。虽然科涅夫和库罗奇金麾下部队两次

---

①译注：步兵上将。

发起反击(特别是在7月11日和12日),但由于缺乏火炮、弹药和燃料,他们的突击几乎没能减缓德军的推进。例如,科涅夫辖内部队7月11日—13日刚下火车便投入反冲击,徒劳地试图夺回维捷布斯克地域。铁木辛哥的进攻令传达到两个集团军时,他们的兵力已然耗尽,除向东退却外别无选择。[22](参见地图3.5)

至于列梅佐夫第13集团军,其辖内部队已被古德里安麾下第46和第24摩托化军粉碎,7月13日,两个摩托化军已深入该集团军后方地域。列梅佐夫负伤后,新司令员格拉西缅科指挥集团军向东撤往索日河,苏联人所说的莫吉廖夫集团,与第13集团军主力相隔绝,由费奥多尔·阿列克谢耶维奇·巴库宁少将指挥。可是,巴库宁的莫吉廖夫守军只支撑了几天,古德里安麾下装甲师就向

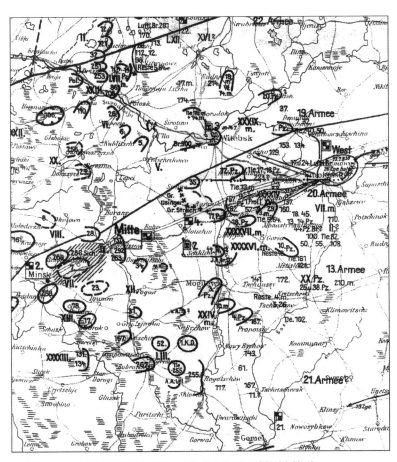

▲ 地图 3.5:中央集团军群的作战态势,1941 年 7 月 13 日晚间(资料图)

东攻往杰斯纳河，从西南方逼近了斯摩棱斯克。只有第21集团军（先由格拉西缅科指挥，7月12日后由F.I.库兹涅佐夫统辖）设法执行铁木辛哥的命令并取得了一些战果，该集团军以相当大的一股力量渡过第聂伯河，短暂威胁到德军在博布鲁伊斯克的交通。

铁木辛哥不断受到来自大本营的压力，不得不坚持实施他的"反攻"，但到目前为止，这场"反攻"在很大程度上纯属幻想。结果，铁木辛哥的报告和命令传达出司令部里梦幻般的气氛。

7月13日晚些时候，他的每日敌情摘要尚能正确地指出，"敌人的主要突击是以其主力集团攻往涅韦尔和斯摩棱斯克这个总方向，辅助突击攻往克里切夫和罗斯拉夫利。"报告得出的结论也较为准确：

1.敌人将大股步兵和摩托化部队集中于谢别日、奥博利、戈罗多克地域，掩护他们沿波洛茨克方向的行动的同时，正竭力切断通往涅韦尔的交通线并朝涅韦尔这一总方向发起攻击，从而包围第22集团军辖内部队。

2.维捷布斯克—奥尔沙和莫吉廖夫方向之敌正企图以大股摩托—机械化部队的集中突击前出到斯摩棱斯克。同时，他们企图以先遣支队（的行动）夺取姆斯季斯拉夫利和克里切夫的铁路中心。

3.敌人在博布鲁伊斯克地域的后撤可能是一场机动，意图攻击新贝霍夫和罗特米罗维奇地域我方部队之侧翼。[23]

7月13日晚些时候，铁木辛哥还以西方向总指挥部司令员的身份给斯大林和总参谋长朱可夫发去一份个人报告，为情报评估增添了重要的作战细节。最重要的是，报告中还包括铁木辛哥近日的行动计划：

致斯大林和朱可夫同志：

·**总体情况**——1941年7月12日和13日，除第21集团军防区外，敌人沿西方面军整条防线发起不间断的冲击。经过激烈战斗并付出巨大损失后，敌人7月12日攻陷维捷布斯克并沿什克洛夫和贝霍夫方向强渡第聂伯河；但敌人沿防线其他地段的进攻遭击退。

- **第22集团军**——坚守伊德里察地域和波洛茨克筑垒地域,但沿普里贝特基方向(托尔马切夫斯卡亚以西10千米),敌人投入两个步兵团,迫使步兵第98师退却。

- **第19集团军**——在维捷布斯克的战斗中遭受严重损失后,撤至西德维纳河南岸,并以步兵第162师和摩托化第220师攻向维捷布斯克。这场进攻在极其困难的情况下遂行,因为第19集团军只设法集结起两个步兵师。敌人以小股力量在韦利日和利奥兹诺地域突入第19集团军后方。

- **第20集团军**——与第13集团军辖内部队相配合,以夜袭肃清敌人在科佩西达成的突破,正继续肃清敌人在什克洛夫地域的突破。位于右翼的步兵第153和第29师将攻往奥斯特罗夫诺,包围维捷布斯克,从而支援第19集团军辖内部队将其夺回。

- **第13集团军**——在什克洛夫、贝霍夫和扎列奇耶地域击退敌人的进攻,粉碎沿该方向展开行动之敌(武装党卫队第11和第30师)。7月12日日终前,武装党卫队第11步兵师的先遣坦克部队付出重大代价,设法从什克洛夫地域突入戈尔基地域;战斗正在其他渡口附近继续进行。第13集团军司令员列梅佐夫负伤。

- **第21集团军**——7月13日晨沿罗加乔夫、奇吉林卡、日洛宾、博布鲁伊斯克、列奇察和帕里奇方向发起突击。目前正在发展胜利。

- **方面军预备队**(第4集团军、步兵第6、第42、第143、第55师)——正在乔瑟和普罗波伊斯克地域沿普罗尼亚河填补并重新组织后方阵地。

- **方面军航空兵**——7月13日晨在维捷布斯克地域对敌人发起一场强有力的打击并继续对在该地域活动之敌队列采取系统性行动。同时,空中打击摧毁了敌人设在什克洛夫的渡口,戈尔基地域的敌坦克队列亦遭到持续不断的攻击。

- **决定:**

★第22、第19和第20集团军,应在航空兵加强下采取积极行动,7月13日日终前夺回维捷布斯克并沿锡罗季诺、克尼亚日察车站和卢切萨河一线恢复防御。

★第20和第13集团军应遂行侧翼突击,肃清敌人沿博古舍夫斯克、什克洛夫、贝霍夫方向达成的突破并切断突入纵深的敌坦克。

★连续实施空中打击,坦克第57师的摩托化支队也应展开行动,以消灭沿戈尔基方向达成突破之敌集团。

★为避免将第19集团军集结起来的力量以零零碎碎的方式投入战斗，我建议将亚尔采沃、斯摩棱斯克地域，以及第聂伯河和索季河后方一线作为步兵第127、第129、第38、第158师的集结区。[24]

又经历一天前景惨淡的战斗后，铁木辛哥于7月14日给大本营发去一份更长的报告，详细阐述方面军不断恶化的态势和诸多问题，并对糟糕的情况做出解释。他承认西方面军7月14日的态势"看上去非常复杂"，他还承认"敌人从在维捷布斯克、博古舍夫斯克、什克洛夫、旧贝霍夫地域取得的突破中获益，在展现出巨大干劲的航空兵的支援下，正将大股机械化兵团投入突破"。他随后介绍各作战方向的情况，强调德国人的目标显然是斯摩棱斯克，但也指出，他麾下力量会尽可能随时随地发起反冲击。铁木辛哥非常清楚德军的推进意味着什么，敌人正力图合围苏军整个维捷布斯克—奥尔沙集团。更为不幸的是，强调麾下力量会采取强有力的应对的同时，铁木辛哥补充道，"我方部队由于持续不断的后撤、近期的连续战斗、没能及时补充力量人员和武器装备的大量损失而变得极不稳定"，特别是遭遇敌坦克和战机攻击时，"已出现一些这方面的例子，敌机发起空袭和敌坦克先遣支队出现时，我方部队惊慌奔逃"。

铁木辛哥随后哀叹重要预备力量的动员和向前部署太过缓慢，这种状况"因为这样一个事实而更趋复杂：铁路运输给新部队的开到造成延迟和混乱。"结果，"后方勤务部队搭乘前面的火车先行到达，而作战部队却长时间滞留在途中"。因此，"方面军没有任何预备力量，不得不把缺乏准备的部队匆匆投入前线。许多师由不同部队拼凑而成。就坦克兵团来说，他们没有获得装备，实际上沦为装备不佳的步兵。"

虽然存在这些问题，但铁木辛哥保证当晚和次日晨发起更加积极的反冲击。指出敌人的具体损失，特别是坦克和飞机的损失后，他在报告结尾处请求提供增援，特别是在飞机、坦克、卡车和弹药方面。[25]

虽说做出坦率的评估，但铁木辛哥当日晚些时候再次下达新作战令，将过于雄心勃勃的任务赋予已处于困境中且筋疲力尽的第22、第19、第20、第21集团军：

· **总体情况**——将大股力量沿维捷布斯克和莫吉廖夫方向集中后,敌人在什克洛夫和贝霍夫地域达成突破,并以快速集群前出到韦利日和戈尔基地域,企图到达斯摩棱斯克,从而合围我维捷布斯克—奥尔沙集团。实施合围的敌军兵力已达4—5个摩托化军。除维捷布斯克和什克洛夫方向遭敌突破外,西方向总指挥部辖内诸集团军正坚决守卫防线其他地段。

· **西方面军的任务**——在戈罗多克、维捷布斯克、奥尔沙、什克洛夫地带,从后方切断突破之敌,从而加强方面军的稳定性;击退敌韦利日集团,粉碎已到达戈尔基、姆斯季斯拉夫利和什克洛夫地域的敌机械化集群。

· **第22集团军**(叶尔沙科夫)——将步兵第98、第112师撤至尤霍维奇和巴拉武哈一线(西德维纳河以北),从而拉直中央地带的防线,坚守波洛茨克筑垒地域,攻向戈罗多克和维捷布斯克,占领并守卫锡罗季诺和祖伊科沃一线(维捷布斯克西北方),至少将一个步兵师留在左翼后方担任预备队。

· **第19集团军**(科涅夫,辖步兵第162、第134、第129、第153师和机械化第7军)——7月16日日终前以一场决定性突击夺取维捷布斯克并沿戈罗多克、扎列奇耶一线掘壕坚守。

· **第20集团军**(库罗奇金,辖步兵第229、第233、第73、第18、第100、第161、第110师和机械化第5军)——7月16日日终前肃清沿奥尔沙和什克洛夫方向达成突破之敌,加强既占阵地,并于7月14日—15日夜间以坦克第57师从克拉斯内(斯摩棱斯克西南方45千米)攻向戈尔基,歼灭达成突破之敌机械化队列。

· **第13集团军**(格拉西缅科,辖步兵第172、第148、第137、第132、第160、第151、第187、第53师,机械化第20军和一个迫击炮营)——7月16日肃清在旧贝霍夫达成突破之敌,以步兵第160、第137师,机械化第20军,反坦克炮兵第696团遂行主要突击,从博夏河一线攻往戈尔基,歼灭敌戈尔基集团并沿第聂伯河坚守既占阵地。我把这场决定性进攻作为最重要的任务和一项荣誉交给第13集团军辖内部队。

· **第21集团军**(F.I.库兹涅佐夫)——更加果断地完成先前赋予你们的任务。

· **第4集团军**(桑达洛夫,辖步兵第42、第143、第55师)——从里亚斯纳、希尔基、奥西诺夫卡地域(戈尔基东南偏南方32千米至东南方45千米)向戈尔基发起进攻,与第13集团军相配合,歼灭敌人突向戈尔基的机械化集群,同时以一个独立支队从巴赫列夫卡、克里切夫地域（姆斯季斯拉夫利以南35千米至东南方35千米）攻向姆斯季斯拉夫利和戈尔基，该支队由空降兵第4军、机械化第25军、步兵第6师组成，空降兵第4军军长（扎多夫）负责指挥。

· 第16集团军（卢金，辖步兵第152、第46师）——依托防坦克地域，阻止敌韦利日集团从杰米多夫、杜霍夫希纳地域向南攻击前进并进到达斯摩棱斯克和亚尔采沃公路，同时，以集中起来的师和机械化第17军向南攻往戈尔基，与第13和第4集团军协同歼灭敌快速集群。

· 方面军空中力量的任务：

★方面军航空兵——与地面部队协同，对戈尔基、姆斯季斯拉夫利、什克洛夫地域的敌地面力量发起空袭和系统性打击，肃清突入维捷布斯克和什克洛夫地域之敌。

★集团军航空兵——支援地面部队。[26]

铁木辛哥以坦率的呼吁结束他的命令："我们要求所有指战员和政工人员展现出勇气、决心和主动性。"但在当前情况下，这种呼吁纯属徒劳，因为他的命令既未认清现实情况，也没有以任何方式改变7月12日赋予诸集团军的目标。

同样在7月14日，根据大本营的指示，铁木辛哥试图将在斯摩棱斯克地域从事战斗的所有部队的指挥控制权交给卢金第16集团军，该集团军辖内部队刚刚开始到达斯摩棱斯克。

为统一指挥控制并沿斯摩棱斯克城接近地有序部署防御，我命令：

1.斯摩棱斯克所有卫戍部队，其他集团军搭乘火车开到，并在斯摩棱斯克城附近卸载的部队，以及在斯摩棱斯克近接近地占据防御地段的部队，统归第16集团军司令员卢金中将指挥。

2.第16集团军司令员应统一指挥控制上述部队并坚守斯摩棱斯克接近地。

3.以快速机动集群实施反冲击，包围、阻截并歼灭遂行突破之敌部队，广泛利用夜间实现这些目标。[27]

尽管铁木辛哥前几天装作很有信心的样子, 但7月15日和16日下达不那么雄心勃勃的命令时, 他的乐观情绪和进攻热情似乎有所消退。第一道命令签发于7月15日, 指示他的副手叶廖缅科接管科涅夫第19集团军支离破碎的残部, 设立一道从涅韦尔南延至斯摩棱斯克北面的新防线, 并做好再度从亚尔采沃向斯摩棱斯克和杰米多夫(Demidov)发起反冲击的准备:

我命令:

1.坚定不移地完成我赋予您的任务。

2.为实现这些目标, 投入第19集团军辖内所有力量, 总体目标是创造一条绵亘防线并将突入之敌坦克与其基地和主力隔绝, 沿阿卢什科沃、涅韦尔、杜布罗沃、苏拉日—维捷布斯克、扎博洛京卡一线设立新的绵亘正面, 做好从亚尔采沃地域向杰米多夫和斯摩棱斯克发起强有力的反冲击的准备。

3.激励所有指战员, 让他们知道, 在当前情况下和行动中, 达成突破的敌坦克会陷入包围并被击毁。

4.要求所有卫戍部队和每个村庄抵抗敌坦克, 分散对方, 沿斯摩棱斯克接近地将其逐一消灭。

5.使斯摩棱斯克成为敌人无法攻克的目标。

6.鉴于第20集团军的成功行动, 以及来自东面和北面的协助, 敌人必然会被我军指战员展现出的主动性、勇气和力量消灭。

7.投入所有人员同敌坦克展开斗争, 后方仅留少数力量。

8.我会通过作战飞机、有线和无线通信、装甲车, 派联络代表与您保持联系。务必组织无线电通信站。

9.报告您采取的措施和行动计划。[28]

可是, 铁木辛哥7月16日又以西方向总司令的身份下达第二道命令, 指示第22集团军司令员叶尔沙科夫, 将该集团军残破不全、几乎彻底陷入合围的部队撤至北面的新防御阵地, 可能是因为丰克第7装甲师刚刚攻克亚尔采沃:

第22集团军防线的态势不但许可而且要求撤至阿卢什科沃、奥泽里谢湖、杜布罗沃期间，沿绵亘防线从事顽强战斗，击败并消灭敌人。

您不能将步兵第174师留在波洛茨克筑垒地域，相反，必须立即将该师变更部署至左翼并展开积极行动。

要特别注意加强并准备您的侧翼，使之与维捷布斯克地域的第19集团军协同，向维捷布斯克展开积极行动。

为此我命令：

1.通过战斗消耗敌人的同时，悄悄撤出集团军，依次行动，退往扎普鲁德、奥泽里谢和杜布罗沃一线。

2.以集团军手头所有力量封闭步兵第98与第112师之间的突破口。

3.组织消灭突入之敌坦克的行动，激励所有指战员，让他们相信，同突入之敌坦克展开斗争不应麻烦其他人，这些坦克与其步兵和基地隔绝，无法给我们造成合围的威胁。

为消灭突入之敌坦克，每个师都应组建反坦克支队；在集团军范围内展开统一行动，包围并消灭敌人。

4.以所有被围人员同敌坦克展开斗争，以工程兵的工作限制敌坦克的机动，以各支队对敌坦克发起攻击。

一切都取决于您能否成功集结起分散在各师和集团军后方地域的所有力量。

报告您为完成这道命令所做的决定和采取的措施。[29]

从本质上讲，除第21集团军在南面遂行了进攻外，古德里安后来所说的"铁木辛哥反攻"从未真正实现过。霍特、古德里安装甲集群没有沿西德维纳河和第聂伯河停顿，而是不顾其侧翼，果断向东继续前进，彻底打乱了苏军的所有进攻计划。

霍特攻往斯摩棱斯克和涅韦尔，7月13日—16日

在维捷布斯克击败科涅夫实力不足的第19集团军，并将两个摩托化军分别集结于南面的维捷布斯克周围和北面季斯纳城（波洛茨克西北偏西方35千米）对面的西德维纳河北岸后，霍特第3装甲集群发起两路推进，以夺取受领的目标。到7月15日，霍特的两路推进已使他拥有500多辆坦克的力量到达斯摩棱斯

克东北郊和涅韦尔城。虽说两股力量都取得了壮观的胜利，但沿不同方向发起的进攻也在日后给霍特造成了殊难逆料的问题。

霍特进攻地域南半部，施密特第39摩托化军7月13日开始从维捷布斯克地域发展胜利，辖内各师同时朝东面、东北面和北面散开。该军绕过叶尔沙科夫第22集团军沿西德维纳河布防的左翼，以及库罗奇金第20集团军位于维捷布斯克南面的右翼，将科涅夫第19集团军余部逐向东南方，在那里，卢金第16集团军正在为保卫斯摩棱斯克缓慢集结。

丰克第7装甲师从维捷布斯克向东进击，7月13日黄昏夺得杰米多夫，7月14日日终前到达斯摩棱斯克以北34千米处。该师从维捷布斯克冲向杰米多夫期间，遭遇科涅夫第19集团军辖下谢尔盖·米哈伊洛维奇·切斯托赫瓦洛夫少将步兵第25军的3个满编步兵师，他们刚刚在斯摩棱斯克与维捷布斯克中途的鲁德尼亚镇卸载，随后在维捷布斯克东南方9千米处占据防御阵地。据苏联方面的一份资料称，丰克的装甲兵逼近时，"步兵第25军迅速逃窜，甚至没有从事战斗，因为他们非常害怕敌人的炮火"，结果，"切斯托赫瓦洛夫和他的参谋人员一同被俘"。[30]

丰克放弃从北面冲击斯摩棱斯克的机会，相反，他命令全师继续向东前进，7月15日中午夺得斯摩棱斯克东北方44千米的杜霍夫希纳（Dukhovshchina），德军装甲兵在那里找到一条硬面公路。利用新发现的道路，丰克组建了一个战斗群，编有1个装甲营、1个摩托化步兵营和1个摩托化营，并以工兵、炮兵和高射炮部队加强，他派遣该战斗群迅速向南，走完赶往亚尔采沃的最后24千米路程。亚尔采沃附近，通往莫斯科的公路和铁路线跨过沃皮河（Vop'），这是第聂伯河的一条支流。该战斗群7月15日20点30分将这个重要的镇子拿下，立即以火力封锁斯摩棱斯克与莫斯科之间这条主动脉。这条公路立即发生堵塞，四条车道挤满赶往西面和东面的苏军部队和车队，该战斗群旋即击退对方多次反冲击中的第一次并牢牢守住阵地。这是第7装甲师最辉煌的时刻。[31] 丰克的装甲兵攻入亚尔采沃，没过几个小时，莱梅尔森第47摩托化军辖下的博尔滕施泰因第29摩托化师从南面冲入古老的斯摩棱斯克城，这表明古德里安的推进同样迅速。就这样，截至7月15日日终，又一场庞大的合围正在形成。据估计（后来得到证实），铁木辛哥第16、第19、第20集团军的30万名

将士陷入致命陷阱，其中大多数人仍在遥远的西面从事战斗。[32]（参见地图3.6）

　　丰克第7装甲师大胆冲向亚尔采沃时，施通普夫第20装甲师和赫尔莱恩第18摩托化师从维捷布斯克攻往东北面和北面，掩护摩托化军左翼，而措恩第20摩托化师留在维捷布斯克，7月14日围绕斯摩棱斯克以西合围圈的西北边缘设立封锁线。7月13日夜间夺得维捷布斯克东北方70千米的韦利日后，施通普夫装甲师又于7月15日晨占领东北方75千米的博尔村（Bor）。然后，该师转身向北，赶去占领斯摩棱斯克以北115千米，别雷镇（Belyi）南面的拦截阵地，据报，苏军部队正在那里集结。夺得别雷后，施通普夫命令师主力转身向南，切断亚尔采沃东面的斯摩棱斯克—莫斯科公路。

　　与此同时，在施密特第39摩托化军最左侧展开行动的赫尔莱恩第18摩托化师，从维捷布斯克朝正北方前进58千米，在乌斯维亚特镇（Usviaty）附近占据拦截阵地以掩护施密特左翼。因此，到7月15日黄昏，施密特的三个快速师和赫尔莱恩第18摩托化师已沿一条194千米长的弧形战线部署，这条战线从维捷布斯克以北延伸，穿过乌斯维亚特，然后向东南方延伸至斯摩棱斯克东面的亚尔采沃。虽说这些力量形成将苏军困在斯摩棱斯克地域的合围铁环，但没有步兵支援，这个脆弱的铁环很容易被对方下定决心的力量突破。出于这个原因，丰克第7装甲师转身向西、面对斯摩棱斯克包围圈内的苏军时，还必须留意自身脆弱的侧翼和后方。

　　在此期间，遥远的西北面，孔岑第57摩托化军主力也迅猛冲向已发生动摇的叶尔沙科夫第22集团军，施密特第39摩托化军7月9日攻占维捷布斯克后，第22集团军就处于岌岌可危的境地，与左侧库罗奇金第20集团军相隔断。此时，位于叶尔沙科夫右侧的西北方面军第27集团军，正退往维捷布斯克西北偏北方198千米的奥波奇卡，北方集团军群（第16集团军辖内第56摩托化军和第10、第28、第2军）对其发起追击。这迫使叶尔沙科夫将右翼阿基姆·马尔科维奇·马尔科夫少将的步兵第51军后撤至从谢别日至西德维纳河畔德里萨（Drissa）的阵地，也就是波洛茨克以北95千米至波洛茨克以北约40千米一线。但第56摩托化军辖下的武装党卫队"髑髅"摩托化师7月9日晚些时候攻克奥波奇卡，第16集团军第28、第2军夺得谢别日和德里萨后，叶尔沙科夫的右翼发生变化，已无法从西面掩护涅韦尔接近地。

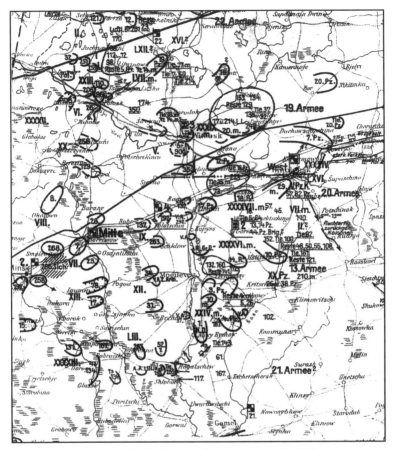

▲ 地图 3.6:中央集团军群的作战态势,1941 年 7 月 15 日晚间(资料图)

　　雪上加霜的是,随着北方集团军群从西面对叶尔沙科夫第22集团军右翼的马尔科夫步兵第51军施加压力,7月13日,孔岑第57摩托化军从波洛茨克西北偏西方35千米,西德维纳河畔的季斯纳登陆场向东北方发起突击。除构成合围叶尔沙科夫集团军的威胁外,孔岑的推进还危及涅韦尔城,这是个重要的公路和铁路枢纽部,苏联总统帅部大本营一直将其作为散兵游勇的收容点,这些被打散的士兵主要来自奥波奇卡以西,尼古拉·埃拉斯托维奇·别尔扎林中将的第27集团军,以及叶尔沙科夫第22集团军辖内步兵第51军,该军正撤离德里萨地域。另外，涅韦尔掩护着东北方50千米外大卢基的接近地，而且是个援兵卸载点。为第22集团军和第29集团军调拨的援兵先后在此卸载，后者组建于7月12日，目的是协助封堵抗击德国北方和中央集团军群的苏军部队之间日益扩大的缺口，孔岑即将对该缺口加以利用。第29集团军由伊万·伊万诺维奇·马斯连尼科夫中将指挥，编有4个步兵师、1个摩托化师和各种支援炮兵部队，该集团军将集结于博洛戈耶地域（Bologoe），沿杰米扬斯克以东100千米、斯摩棱斯克以北370千米的列宁格勒—莫斯科铁路线布防，7月13日向前部署到旧鲁萨（Staraia Russa）与奥斯塔什科夫（Ostashkov）之间的防御阵地。[33]

7月14日晨，孔岑投入克诺贝尔斯多夫第19装甲师，在沃施第14摩托化师一个团的支援下，沿波洛茨克—涅韦尔公路向东北方推进。克诺贝尔斯多夫的装甲兵一举粉碎伊万·彼得罗维奇·卡尔马诺夫少将步兵第62军的防御，两天内前进68千米，7月15日晚到达涅韦尔郊外，次日晨从德米特里·雅科夫列维奇·雅科夫列夫上校的坦克第48师手中夺得了该城。[34] 此时，担任德国第16集团军第28军先锋的第12步兵师，从伊德里察攻往东南方，离涅韦尔已不到48千米，准备同克诺贝尔斯多夫的装甲兵会合，将叶尔沙科夫集团军困在涅韦尔西南方的包围圈内。

与此同时，施特劳斯第9集团军辖内步兵军正竭力跟上霍特两个摩托化军的前进步伐。施特劳斯集团军辖下的劳夫第5军和步兵上将弗里德里希·马特纳第20军迅速赶往维捷布斯克，从北面加强施密特对斯摩棱斯克包围圈的封锁；步兵上将阿尔布雷希特·舒伯特的第23军和工兵上将奥托−威廉·弗尔斯特的第6军，在德里萨与波洛茨克之间逼近西德维纳河，7月15日晚些时候从叶尔沙科夫步兵第174师手中夺得波洛茨克。施特劳斯把工兵上将瓦尔特·孔策的第42军留在德里萨以南担任预备队。波洛茨克筑垒地域是叶尔沙科夫沿西德维纳河的最后一个防御堡垒。[35] 虽然博克希望绕开波洛茨克，以节约时间并减少人员损失，但第23和第6军没有听从他的指示，经过激烈战斗后攻克了该筑垒地域。波洛茨克的陷落导致叶尔沙科夫南面的防御陷入混乱，第22集团军被切为两段，4个师处在被围于涅韦尔以西的危险中，另外4个师（步兵第50、第174、第214、第186师）遭切断，孤立在涅韦尔与维捷布斯克之间。陷入涅韦尔包围圈的部队包括步兵第51军步兵第98、第112、第170师，步兵第62军步兵第

179师，第27集团军步兵第5、第126、第188师。[36]

　　除了施特劳斯自己的五个军，总司令部还将格奥尔格·林德曼大将[①]担任预备队的第50军调给该集团军，并指示施特劳斯将该军部署在第9集团军与北方集团军群右翼布施第16集团军之间的结合部。据第16集团军俘虏的一名苏军信使交代，共13个苏军师部署在涅韦尔北面和西面，半数属于第22集团军，另一半则隶属第27集团军，这些师大多实力不济，北方集团军群司令莱布遂决定，投入第16集团军第28和第2军，与第50军相配合，形成涅韦尔西翼包围圈之北钳。[37] 总司令部认为，以布施、霍特、施特劳斯麾下力量发起向心突击，可以歼灭苏军全部力量，莱布不像总司令部那般乐观，他认为这股力量也许能包围并歼灭对方至少5个师。[38] 这场合围非常重要，若行动取得成功，就将消除莱布向北进击、与芬兰军队携手夺取列宁格勒时的右翼威胁。可是，彻底实现合围需要耗费几天时间，这样一来，孔岑第57摩托化军显然无法在霍特宽大作战地域内的任何一处为该装甲集群提供支援。

　　从司令部的有利位置，铁木辛哥以惊人的冷静留意着霍特的进展，但坚持要求叶尔沙科夫第22集团军和科涅夫第19集团军按照大本营的命令遂行反突击。例如，虽然承认科涅夫第19集团军"在维捷布斯克包围战中损失惨重，正撤至西德维纳河东岸"，但铁木辛哥7月13日向大本营保证，第19集团军"步兵第162师和摩托化第220师将于7月13日晨攻向维捷布斯克"，尽管科涅夫当时只集结起两个师，而且"敌小股力量已在韦利日和利奥兹诺地域突入第19集团军后方"。[39] 铁木辛哥当晚的敌情摘要记录下了德军已到达伊德里察，"正夺取谢别日筑垒地域"，构成包围第22集团军的威胁这一事实，称对方正"竭力攻往维捷布斯克和斯摩棱斯克这一总方向"。[40] 当日晚些时候，这位依然乐观的方面军司令员给麾下诸集团军下达一道命令，解决了他们的许多问题，并补充道：

　　经过20天同优势之敌持续而又激烈的战斗，红军各部队已粉碎大部分法西斯最精锐的坦克和摩托化师。

---

①译注：骑兵上将。

战俘的交代和缴获的文件准确证明，在我方部队当面展开行动的敌坦克和摩托化师已遭到严重消耗，损失惨重，每个师的平均兵力仅为编制的40%—50%。[41]

尽管装作很有信心的样子，可是7月14日晚些时候，无计可施的铁木辛哥不得不承认，"西方面军的态势已变得非常复杂"，因为杰米多夫已陷落。[42]尽管如此，他仍顽固地命令叶尔沙科夫第22集团军"攻向戈罗多克和维捷布斯克"，命令科涅夫实际上已不复存在的第19集团军"7月16日终前以一场决定性进攻夺取维捷布斯克"。[43]铁木辛哥此时认为科涅夫集团军编有步兵第229、第233、第73、第18、第10、第161、第110师和机械化第5军。但这些兵团不是分散在维捷布斯克东北方，就是陷入该城南面的包围圈内，或者尚未到达战场。铁木辛哥次日下达命令，在斯摩棱斯克北面及周边构设新防御阵地。事态迅速脱离他的控制，但是直到7月16日晚些时候，铁木辛哥才意识到右翼面临的危险。此时采取一切补救措施都已为时过晚。

古德里安攻向斯摩棱斯克和围困莫吉廖夫，7月13日—16日

霍特装甲集群猛攻铁木辛哥右翼第22和第19集团军时，古德里安麾下力量（7月10日约有450辆坦克）在铁木辛哥左翼展开行动。与霍特麾下装甲力量一样，古德里安第2装甲集群也同时沿两个独立但相互关联的方向给苏军造成破坏，第一个方向是通往斯摩棱斯克的公路，第二个方向则从斯摩棱斯克以南向东延伸到索日河。

7月12日黄昏时，古德里安已将麾下三个摩托化军由北至南（从左到右）部署在第聂伯河东岸两座主要登陆场内。北面，莱梅尔森第47摩托化军和维廷霍夫第46摩托化军牢牢据守科佩西和什克洛夫东面一座深邃的登陆场，将第29摩托化师和第10装甲师集结在戈尔基地域，准备向东进击，前者攻向斯摩棱斯克，后者直扑索日河畔的姆斯季斯拉夫利。南面，施韦彭堡第24摩托化军辖内第4装甲师和第10摩托化师坚守莫吉廖夫南面的贝霍夫登陆场，准备向东攻往克里切夫和普罗波伊斯克的索日河河段。可是，最令古德里安头痛的问题是莫吉廖夫这座堡垒的命运，该城位于他这两座登陆场之间，实施顽强防御的是列梅佐夫（格拉西缅科）第13集团军主力。

莫吉廖夫约有10万名居民，因其地理位置而具有重要战略意义，也因为俄罗斯帝国所有天主教徒在此参见总主教、第一次世界大战时俄国最高统帅大本营驻扎于此、沙皇尼古拉二世1917年3月15日在此退位而著名。具有讽刺意味的是，莫吉廖夫以卫生保健和温泉闻名于世，但事实证明这里非常危险，因为她先后成为巴甫洛夫西方面军司令部、列梅佐夫第13集团军司令部、费奥多尔·阿列克谢耶维奇·巴库宁少将步兵第61军军部、米哈伊尔·季莫费耶维奇·罗马诺夫步兵第172师师部的驻地。[44] 巴甫洛夫被斯大林处决，列梅佐夫7月12日在莫吉廖夫周边的战斗中身负重伤，巴库宁和罗马诺夫最终不得不杀开一条血路突出包围圈。经历英勇但徒劳无益的三周反围困后，该城获得了"英勇的莫吉廖夫"和"白俄罗斯的马德里"称号。（参见地图3.7）

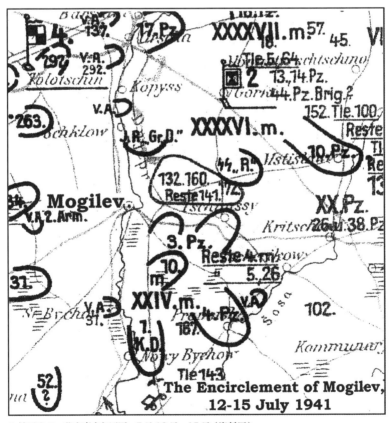

▲ 地图 3.7：莫吉廖夫包围圈，7月12日—15日（资料图）

古德里安意识到，对莫吉廖夫发起正面突击非常危险。城内数万名居民已转入地下并在城市周边修筑起强大的防御，在他们的支持下，第13集团军和西方面军几天内便将莫吉廖夫打造成一座名副其实的堡垒，这一点只有苏联人能做到。例如，古德里安沿第聂伯河达成突破后，克鲁格司令部派出的一架侦察机报告："第聂伯河后方是一片被准确勾勒出的苏军阵地。其特点是拥有连续的交通壕、掩体、接近壕、防坦克壕和完整的支撑点，特别是在各村庄周围，有无数配备原木掩体的炮兵连，令人印象深刻的、深达数千米的防御体系，使人想起第一次世界大战的情形。"[45]

6月下旬开始在莫吉廖夫周围修筑防御工事后，苏联人沿该城以西19千米的德鲁季河构筑前沿防御，这项工作一直持续到古德里安辖内部队7月10日和11日渡过第聂伯河。特种工程兵部队广泛设置雷区，士兵和平民则挖掘战壕，强化每一座石制或砖制建筑，并学习制造和使用"莫洛托夫鸡尾酒"，这是一种简易燃烧弹，在瓶内灌上燃料，以此对付敌坦克。战斗爆发后，猝不及防的德国人突然暴露在刺刀冲锋和白刃战下。莫吉廖夫守军就这样坚守，击退德军的所有直接进攻，特别是第24摩托化军的冲击，后来还包括第46摩托化军的冲击。

根据他对莫吉廖夫防御的评估，古德里安决定避免对这座城市展开正面进攻。相反，他命令维廷霍夫第46和施韦彭堡第24摩托化军绕过该城，赶往东面97千米外的索日河。因此，古德里安装甲集群7月13日开始向东进击，此举意味着古德里安装甲大军沿三个不同方向朝东而去，莱梅尔森第47摩托化军奔向斯摩棱斯克，而维廷霍夫第46和施韦彭堡第24摩托化军分别在莫吉廖夫北面和南面前进。同北面的霍特装甲集群一样，古德里安装甲集群也将同时进行两场战斗。

北面，莱梅尔森第47摩托化军7月13日晨从戈尔基发起推进，博尔滕施泰因第29摩托化师任先锋，内林第18装甲师紧随其后。韦伯第17装甲师将库罗奇金第20集团军主力牵制在奥尔沙，在该师掩护下，莱梅尔森的两个师从库罗奇金左翼遂行防御的苏军步兵师身旁冲过，黄昏前夺得斯摩棱斯克西南方56千米[①]的克拉斯内（Krasnyi）。卢金第16集团军应以全部力量守卫斯摩棱斯克

---

① 译注：上文（107页）称45千米。

南部接近地，虽然该集团军编有6个步兵师和调自外贝加尔军区的1300辆坦克，但到7月13日，他只掌握2个步兵师（第46、第152师）和米舒林上校的坦克第57师。后者原本隶属第19集团军机械化第23军，7月10日调去支援库罗奇金第20集团军。尽管如此，卢金还是对第29摩托化师和第18装甲师发起攻击，他投入一股的混成力量，包括2个BT-7坦克排、步兵第152师、1个快速摩托化支队和斯摩棱斯克民兵旅的4个营。[46] 这股力量将内林师阻挡了三天，最终加入了斯摩棱斯克北面和西面的包围圈之战。

韦伯装甲师留在克拉斯内，形成古德里安意图实现的包围圈之南翼，博尔滕施泰因麾下力量继续前进，7月15日晚些时候到达斯摩棱斯克南郊。次日晨，与第16集团军步兵第152和第129师激战后，博尔滕施泰因的部队夺得斯摩棱斯克金色圆顶的圣母升天大教堂和至关重要的铁路桥，就此为争夺这座历史名城的市中心展开历时三天的战斗。此时，莱梅尔森军余部排列在112千米长的路线上，一直延伸至奥尔沙。（参见地图3.6）

面对苏军的殊死抵抗，韦伯第17装甲师竭力肃清库罗奇金位于奥尔沙的力量，将对方逼入斯摩棱斯克以西，一个沿第聂伯河及其北面延伸的包围圈内。截至7月15日日终时，这个从斯摩棱斯克西延至奥尔沙的口袋困住库罗奇金第20集团军主力、机械化第5和第7军残部，甚至包括科涅夫支离破碎的第19集团军一部。具体而言，陷入合围的至少包括科涅夫第19集团军辖下拉法伊尔·帕夫洛维奇·赫梅利尼茨基中将步兵第34军第129、第158师，步兵第25军第127、第134、第162师（军长切斯托赫瓦洛夫已于7月13日被俘）；库罗奇金第20集团军辖下叶夫多基姆·安德烈耶维奇·莫吉列夫奇克少将步兵第69军第153、第229、第23师，阿尔卡季·尼古拉耶维奇·叶尔马科夫少将步兵第2军第100、第161师，以及步兵第18、第73、第144师，另外还有机械化第5、第7军的6个坦克和摩托化师，共计20个各种类型的师。

可是，莱梅尔森的迅速推进也给自身造成耗损，此时在克拉斯内占据拦截阵地的内林第18装甲师，可用的坦克只剩12辆。因此，古德里安和霍特麾下力量要想歼灭包围圈内之敌，就必须进行更艰巨的战斗。

与此同时，维廷霍夫第46摩托化军辖下的沙尔第10装甲师，7月13日从戈尔基迅速攻往东南方，穿过苏军第13集团军已遭削弱的防御，接下来两天内前进56千米，7月15日黄昏前占领索日河畔的姆斯季斯拉夫利镇。豪塞尔的武装党卫队"帝国"摩托化师负责掩护沙尔之右翼，7月16日跟随第10装甲师在乔瑟以北占据拦截阵地，以防苏军从莫吉廖夫撤往东北方。（参见地图3.7）

莫吉廖夫南面，莫德尔第3装甲师用一天时间进行重组后，于7月14日晨从莫吉廖夫向南进入贝霍夫登陆场，施韦彭堡第24摩托化军冲出登陆场，以莫德尔第3和朗格曼第4装甲师并肩向东，勒佩尔第10摩托化师则转身向北，从南面包围莫吉廖夫要塞。夜幕降临前，莫德尔装甲师也转向北面，从而将莫吉廖夫南面的包围圈延伸至东面。该师于7月15日夺得乔瑟，而朗格曼装甲师则转向东南方，当日攻占普罗波伊斯克。同时，施韦彭堡命令费尔特第1骑兵师7月15日日终前渡过第聂伯河，在新贝霍夫东面的河东岸占据阵地，填补第4装甲师与第聂伯河之间的缺口并掩护摩托化军右翼。

因此，到7月15日黄昏，就像一只手掌伸出的手指，施韦彭堡摩托化军第3、第4装甲师和第1骑兵师已在第聂伯河东面形成一个宽大的突出部，从莫吉廖夫南面向东延伸至索日河，然后再折回第聂伯河。同时，施韦彭堡辖内力量竭力遏制第13集团军被困于莫吉廖夫的部队并掩护古德里安的南翼。

此时，古德里安正同时进行三场战斗。莱梅尔森第47摩托化军努力控制包围圈（该包围圈将苏军困在奥尔沙与斯摩棱斯克之间）南翼之际，维廷霍夫第46摩托化军正向东攻往叶利尼亚和亚尔采沃，以封闭斯摩棱斯克包围圈，并构成莫吉廖夫包围圈之北翼。而施韦彭堡第24摩托化军在莫吉廖夫包围圈南翼战斗，同时以辖内部队向东进击，夺取索日河畔的克里切夫，以便沿索日河为古德里安装甲集群提供坚实的侧翼掩护。

古德里安此时面临的最棘手的问题是如何解决发生在莫吉廖夫要塞周围的战斗。除非魏克斯第2集团军提供支援的步兵军开到并接替古德里安围困莫吉廖夫要塞的装甲力量，否则，施韦彭堡摩托化军辖内第3装甲师和第10摩托化师就不得不遂行艰巨的任务，没有这两个师的协助，施韦彭堡无法全力向东发展进攻。[47] 另外，该城周边的激烈战斗意味着她不会屈从于一场装甲力量突袭。因此，在从北面奔向莫吉廖夫的"大德意志"摩托化步兵团和武装党卫队"帝国"摩托化师协助下，第3装甲师和第10摩托化师继续将第13集团军困于莫吉廖夫，直至7月17日。

表明城市周边战斗激烈度的是,稚嫩的"大德意志"团7月13日夜间遭到攻击并耗尽弹药,不得不向古德里安位于附近的司令部要求紧急提供再补给。可是,由于古德里安感到这些士兵的表现滑稽可笑,该团没有获得任何补给,而他们神经质的射击也停顿下来。[48] 但古德里安分散的各个军面临着一个恼人的问题,他们的许多部队,特别是后勤机构,不断遭遇后撤中的苏军部队并蒙受伤亡,这是因为德军和格拉西缅科第13集团军辖内部队都向东而行,经常使用相同或平行的路线。

7月15日日终时,莫吉廖夫陷入重围,虽不甚紧密,但基本与第13集团军余部相隔绝,而格拉西缅科和他的参谋人员设法向东逃往索日河。此时,坚守该城的是巴库宁步兵第61军和A.G.尼基京机械化第20军8—10个师的残部,包括克列伊泽尔的莫斯科摩托化步兵第1师,共10万人左右。具体说来,莫吉廖夫守军至少包括巴库宁步兵第61军第53、第110、第172师,斯捷潘·伊拉里奥诺维奇·叶列明少将步兵第20军第132、第137、第160师大部,罗季翁·雅科夫列维奇·马利诺夫斯基少将残破的步兵第48军第148、第187师一部,克列伊泽尔摩托化步兵第1师,以及A.G.尼基京机械化第20军坦克第26、第38师和摩托化第210师。

在此期间,格拉西缅科将第13集团军司令部撤至索日河畔的克里切夫,德国第4装甲师攻占普罗波伊斯克后,桑达洛夫也把第4集团军寥寥无几的残部,包括扎多夫的空降兵第4军撤过索日河,他后来承认,尽管他"决定后撤麾下部队,但无法将相关命令传达给辖内各指挥部"。一名联络官把桑达洛夫面临的困境告知铁木辛哥,后者命令桑达洛夫"坚守",这就意味着守卫莫吉廖夫,若无法做到这一点,就把部队撤至索日河以西的普罗尼亚河(Pronia)后方。[49] 此时,第13集团军的防御彻底崩溃,格拉西缅科和桑达洛夫已丧失同辖内部队的一切联系,无法实施指挥控制。

怀着决心和怀疑这种奇特的复杂情绪,铁木辛哥对侧翼发生的灾难做出应对。例如,7月13日晚些时候,他告诉总统帅部大本营,"1941年7月12日和13日,敌人对整个西方面军(第21集团军除外)实施持续不断的冲击"。他补充道,结果"经过激烈战斗并付出巨大损失后,敌人7月12日攻陷维捷布斯克,并沿什克洛夫和贝霍夫方向强渡第聂伯河;但敌人在防线其他地段的进攻遭击退"。铁木辛哥还介绍了辖内诸集团军的状况:

• **第22集团军**——坚守伊德里察地域和波洛茨克筑垒地域，但敌人迫使步兵第98师退往普里贝特基方向。

• **第19集团军**——在维捷布斯克的战斗中遭受严重损失后，撤至西德维纳河南岸，但以步兵第162师和摩托化第220师在极其困难的情况下攻向维捷布斯克。可是，敌人以小股力量在韦利日和利奥兹诺地域突入集团军后方。

• **第20集团军**——肃清敌人在科佩西达成的突破后，继续肃清敌人在什克洛夫地域的突破，并以步兵第153和第29师攻往奥斯特罗夫诺，以包围维捷布斯克。

• **第13集团军**——在什克洛夫、贝霍夫和扎列奇耶地域击退敌"精锐武装党卫队部队"的进攻，并为争夺第聂伯河渡口展开战斗，但敌人已突入戈尔基地域。

• **第21集团军**——沿罗加乔夫、奇吉林卡、日洛宾、博布鲁伊斯克、列奇察和帕里奇方向成功实施进攻。

• **方面军预备队**（第4集团军、步兵第6、第42、第143、第55师）——在乔瑟和普罗波伊斯克附近的后方地域沿普罗尼亚河组织、填补并构筑防御。[50]

铁木辛哥在报告结尾处宣布，他正在准备发起一连串反冲击并采取其他措施，包括：

• **第22、第19和第20集团军**——夺回维捷布斯克并沿锡罗季诺、克尼亚日察车站和卢切萨河一线恢复防御。

• **第20和第13集团军**——肃清敌人沿博古舍夫斯克、什克洛夫、贝霍夫方向达成的突破并切断突入纵深的敌坦克。

• **坦克第57师**——消灭沿戈尔基方向达成突破之敌。

• **第19集团军**——将步兵第127、第129、第38、第158师集结在第聂伯河和索季河一线后方的亚尔采沃、斯摩棱斯克地域，以免零碎投入战斗。[51]

当晚20点，铁木辛哥的敌情摘要准确指出，"敌人的主要突击是以主力集团攻往涅韦尔和斯摩棱斯克这个总方向，辅助突击攻向克里切夫和罗斯拉夫利。五个师……正攻往戈尔基，四个师……（从贝霍夫）向东散开，并于16点到达克拉斯尼察和锡多罗维奇一线。"[52] 在7月14日发给斯大林和朱可夫的一份更为沮丧的报告中，铁木辛哥承认，"已在什克洛夫达成突破并攻向戈尔基的敌集团，自当日晨起一直企图突破到斯摩棱斯克……敌人日终前占领克拉斯内和姆斯季斯拉夫利，其主力集团已到达戈尔基地域。"[53]

　　尽管出现这个坏消息，但铁木辛哥还是于7月14日下达新进攻令，这是斯摩棱斯克陷落前他签发的最后一道命令，完全忽视现实状况。此时，博克麾下部队已将第22集团军驱离西德维纳河，即将包围叶尔沙科夫集团军，苏军第19、第20、第13、第4集团军沿第聂伯河及其东面的防御已告崩溃，正从北面和南面退往斯摩棱斯克，位于莫吉廖夫的苏军部队也将遭到围歼。铁木辛哥诸集团军遭优势德军合围，无法成功实施防御，更不用说进攻了。尽管带有一丝痛苦，但铁木辛哥只是做了大本营要求他做的事，他大概很清楚，他那些部队根本无法执行他的命令。随着防线崩溃并彻底陷入混乱，只有总统帅部大本营才能对其加以恢复，铁木辛哥所能做的充其量只是尽可能多地挽救他的部队，这项任务非常重要。

　　7月15日日终时，霍特和古德里安装甲集群已粉碎铁木辛哥沿第聂伯河一线恢复防御的希望。霍特夺得维捷布斯克、韦利日、杰米多夫和亚尔采沃，将叶尔沙科夫第22集团军与西方面军主力隔开，科涅夫、库罗奇金和卢金第19、第20、第16集团军几乎被彻底包围在斯摩棱斯克北面和西面。古德里安从南面突向斯摩棱斯克，从侧翼迂回第20集团军，将格拉西缅科第13集团军大部包围在莫吉廖夫，迫使第13和第4集团军余部混乱不堪地退往索日河。除非第13集团军被困于莫吉廖夫的大批部队设法向东突围，否则，格拉西缅科第13集团军残余力量成功守住索日河一线的希望不大。若守不住这道防线，F.I.库兹涅佐夫第21集团军也将同铁木辛哥主力相隔绝。

南翼：第21集团军在罗加乔夫地域的反突击

　　苏军这场惨淡失败中的唯一亮点是F.I.库兹涅佐夫集团军的表现，该集团军牢牢守卫西方面军南翼。实际上，7月5日实施获得部分成功的战斗侦察后，在格拉西缅科（后为F.I.库兹涅佐夫）指挥下，第21集团军对古德里安右翼展开一连串意志坚决、部分奏效的反冲击。这些反冲击中的最后一次是7月13日冲向罗加乔夫和日洛宾，这是铁木辛哥的"反攻"中唯一取得战果的行动。[54]

实际上，从博克装甲力量7月初开始向东攻往斯摩棱斯克那一刻起，F.I.库兹涅佐夫第21集团军就是一根插入中央集团军群侧面，坚硬而又棘手的利刺。第21集团军于7月份第一周结束时实施战斗侦察后，总统帅部大本营迫切要求采取更强有力的行动，破坏古德里安的向东推进，为此，铁木辛哥7月11日命令库兹涅佐夫集团军发起更强大的行动。为证明这道命令的正确性，铁木辛哥指出，"第21集团军当面之敌并不活跃，因为他们并未遭遇我方任何积极行动，对方正将其机动力量调至别处并进攻莫吉廖夫"。这位方面军司令员指示库兹涅佐夫集团军，"派配有工程兵、反坦克炮、坦克歼击车的快速支队向兹博罗沃、奇吉林卡、戈罗季谢、日洛宾、帕里奇、博布鲁伊斯克展开行动，牵制敌人，迫使对方担心我方发起进攻的可能性"。

这道命令要求第21集团军各支队消灭敌坦克，并以"摧毁敌运输工具、通信设施、无线电发报机、仓库等，破坏敌人的补给路线，布设地雷障碍"来破坏其后方地域。朝兹博罗沃和戈罗季谢方向展开行动的支队，应"沿博布鲁伊斯克和莫吉廖夫公路实施破坏行动并摧毁敌人位于贝霍夫车站附近的渡口"。而朝博布鲁伊斯克方向展开行动的支队，则应"扰乱敌后方，破坏对方为其日洛宾集团提供补给的行动，可能的话，设法炸毁博布鲁伊斯克的桥梁和机场上的敌机"。另外，铁木辛哥还希望库兹涅佐夫"策划一场行动，辖内部队做好以突袭夺取博布鲁伊斯克和帕里奇的准备"。[55]

铁木辛哥下达的第060号令要求发起一场更具雄心的反突击，遏制古德里安的持续突破，据此，库兹涅佐夫7月13日2点41分命令他的集团军扩大攻势，与桑达洛夫第4集团军相配合，对古德里安位于贝霍夫地域的右翼展开一场突击。根据铁木辛哥指令中介绍的情况，库兹涅佐夫命令第21集团军进攻并夺取博布鲁伊斯克和帕里奇，从泰莫诺沃（Taimonovo）和沙普奇齐（Shapchitsy）同时攻向科马里奇（Komarichi），消灭古德里安沿贝霍夫防线展开行动的部队：

· **总体情况**——敌人将第8军和第39坦克军集中在维捷布斯克并沿莫吉廖夫方向投入一个坦克军后，强渡西德维纳河和第聂伯河，正朝韦利日和戈尔基发展进攻。

·**第21集团军的任务**——进攻并夺取博布鲁伊斯克和帕里奇，从泰莫诺沃和沙普奇齐地域同时攻向科马里奇，歼灭沿贝霍夫方向展开行动之敌集团。

·**辖内各兵团的任务：**

★步兵第67军（步兵第102、第151、第187师，反坦克炮兵第696团，迫击炮兵第15营）——沿兹姆尼察和新贝霍夫方向掩护集团军左翼，抗击敌人从北面发起的进攻，军主力7月13日8点攻向沙普奇、科马里奇和贝霍夫，歼灭沿贝霍夫方向行动之敌集团并迅速封闭防线，将敌坦克与其步兵力量隔开。

★步兵第63军（步兵第61、第167、第154师，榴弹炮兵第387团，大威力榴弹炮兵第318团，迫击炮兵第5、第6营）——与步兵第66军相配合，7月13日17点从罗加乔夫和日洛宾防线发起冲击，歼灭敌罗加乔夫和日洛宾集团，夺回博布鲁伊斯克，尔后做好向北攻击前进的准备。

★步兵第66军（步兵第232、第75师，第51、第52号装甲列车）——以步兵第75师据守拉尼河东岸，以军主力沿别列津纳河西岸遂行突击，重新夺回博布鲁伊斯克，阻止敌预备队攻向博布鲁伊斯克并逐一歼灭该部队。步兵第232师的出发阵地设于亚基莫夫斯科耶和斯特拉科维奇；将步兵第117师步兵第110团、远程炮兵第36团、军属炮兵第537团调至兹博罗沃、罗加乔夫、日洛宾、斯特列申、第聂伯河东岸的别列津纳河河口地段，掩护集团军的进攻。

★机械化第25军（坦克第50师，摩托化第219师）——将摩托化第219师集结于戈梅利以西15—25千米处的鲁德尼亚、博尔霍夫、普里博尔地域，坦克第50师应做好从现有阵地沿贝霍夫和博布鲁伊斯克方向遂行突击的准备。

★各军级指挥员——7月12日—13日夜间夺取第聂伯河西岸的新贝霍夫、沙普奇齐、兹博罗沃、罗加乔夫和日洛宾地域，为集团军主力的进攻准备渡河点。

★集团军航空兵的任务：7月13日晨发起行动。

☆轰炸敌人设在贝霍夫的第聂伯河渡口。

☆消灭博布鲁伊斯克机场上的敌机。

☆掩护第聂伯河上的集团军渡口。

☆与步兵第67和第63军地面力量相配合，消灭战场上的敌人。

★各兵团和部队指挥员——组织炮火消灭敌方的坦克，就地阻止怯懦和恐慌行为。[56]

苏军7月13日发起冲击，列奥尼德·格里戈里耶维奇·彼得罗夫斯基少将的步兵第63军强渡第聂伯河，攻入德国第53军第52和第255师先遣力量构设的防御达8—10千米，一举夺取罗加乔夫和日洛宾，迫使遂行防御的德军向西退却。与此同时，菲利普·费奥多西耶维奇·日马琴科上校的步兵第67军，在谢苗·莫伊谢耶维奇·克里沃申少将新开到的机械化第25军300辆坦克加强下，对古德里安位于贝霍夫南面的右翼力量发起猛烈但却徒劳的冲击。[57]（参见地图3.8）

更南面，与步兵第63和第67军的进攻相配合，费奥多尔·德米特里耶维奇·鲁布措夫少将的步兵第66军在列奇察与洛耶夫（Loev）之间渡过第聂伯河，对德国第2集团军第12军先遣力量的防御阵地展开突击并朝西北方的博布鲁伊斯克发展突破，深入德军后方地域。这场进攻中，谢尔盖·伊万诺维奇·涅德维金少将的步兵第232师向西推进80千米，成功夺得别列津纳河和普季奇河（Ptich）上的桥梁，之后被德军第112步兵师所阻，中央集团军群从总司令部预备队抽调该师投入战斗。攻克罗加乔夫和日洛宾后，彼得罗夫斯基步兵第63军向前推进的部队终于被德国第53军第52和第255步兵师主力阻挡住，两个德军师设法在这片受威胁地带设立起一道可靠的防线。虽然步兵第63军取得的成功在战争这一时期可谓独一无二，但胜利转瞬即逝，德国第2集团军第53军不到一周便重新夺回罗加乔夫和日洛宾。

库兹涅佐夫第21集团军的一连串反冲击给古德里安右翼造成了严重威胁，中央集团军群司令博克被迫投入担任预备队的第43军（辖第131、第134步兵师）以应对这种威胁。虽说这些预备队设法恢复了态势，最终将库兹涅佐夫的部队驱离罗加乔夫和日洛宾，但这股力量投入过早，暂时削弱了克鲁格第4"装甲"集团军的步兵力量，导致随后在斯摩棱斯克附近的战斗中，德军步兵兵力捉襟见肘。步兵力量短缺，反过来迫使古德里安和霍特将装甲和摩托化师投入代价高昂的正面战斗，这就导致他们丧失了机动优势，战斗力也严重受损。虽然这些装甲部队7月和8月最终赢得了斯摩棱斯克战事的胜利，但步兵短缺的破坏性影响，在当年10月和11月沿莫斯科方向展开的行动中变得越来越明显，也越来越严重。

罗加乔夫和日洛宾周围这场疯狂的进攻中，库兹涅佐夫第21集团军辖内一个骑兵集群（辖3个师），在奥卡·伊万诺维奇·戈罗多维科夫上将指挥下，从

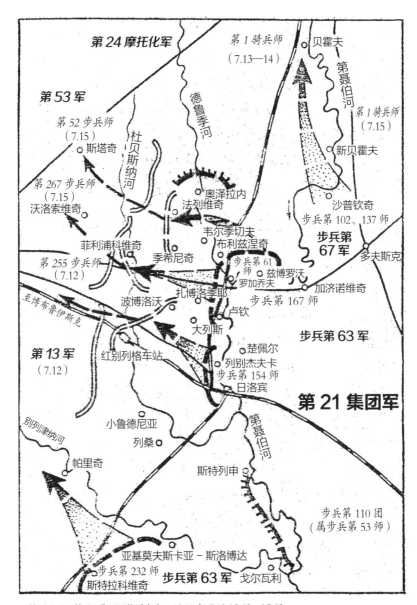

▲ 地图 3.8：第21集团军的反突击，1941 年 7 月 13 日—15 日

列奇察展开行动，迅速深入博布鲁伊斯克西南面的德军后方，配合其行动的步兵第66军第232师，从帕里奇沿别列津纳河攻向西北方。[58] 戈罗多维科夫的骑兵集群编有骑兵第32、第43、第47师。虽然该集群由俄国内战期间最负盛名的

红军骑兵指挥员率领（目前担任红军骑兵总监和骑兵司令），但事实证明，沿古德里安交通线破坏德军指挥、控制、交通和后勤的这番尝试只取得了部分成功。德国人随后攻向斯摩棱斯克门户，导致这番努力和第21集团军在罗加乔夫及日洛宾取得的暂时性胜利变得劳而无功。

★

中央集团军群渡过第聂伯河并深入斯摩棱斯克地域，是该集团军群在边境地区赢得惊人的胜利并迅速前出到西德维纳河和第聂伯河的一个合理延续。在博克看来，第7、第18装甲师在列佩利和先诺地域轻而易举地击败苏军机械化第5、第7军同样令人鼓舞，因为这场战斗几乎没有延误霍特和古德里安装甲集群的推进。不过，这些胜利无论如何都无法弥补苏军五个新锐集团军出现在西德维纳河和第聂伯河东岸给德军各指挥部（如果不能说柏林的话）造成的震惊。根据"巴巴罗萨计划"的预测，这种情况不应该发生。另外，苏军这些新锐力量的出现，也表明实现"巴巴罗萨计划"的目标需要从事更多战斗。更糟糕的是，德军到达这些河流防线时，铁木辛哥诸集团军的积极应对也令德军指挥官们深感意外。铁木辛哥的"反攻"虽然拙劣且无效，但还是给德军官兵留下了深刻印象。不过，霍特和古德里安辖内力量随后轻松奔向斯摩棱斯克地域的事实，致使大多数德军官兵仍将第聂伯河西面和东面的战斗视为不过是通往莫斯科和最终胜利途中的"诸多障碍"之一而已。

从苏联人的角度看，铁木辛哥沿第聂伯河构设的防御已无可挽回地被敌人撕碎，西方面军彻底陷入混乱，他现在面临着挽救辖内集团军、在斯摩棱斯克某处恢复一道稳定防线的艰巨任务，只有获得大本营的积极协助，他才能做到这一点。铁木辛哥凭直觉意识到，斯摩棱斯克的战事决定的可能不仅仅是西方向总指挥部的命运，也许还包括苏联的气数。

注释

1. 克劳斯·格贝特主编、戴维·约翰逊译，《陆军元帅费多尔·冯·博克：战时日记，1939年—1945年》，宾夕法尼亚州阿特格伦：希弗出版社，1996年；《第4集团军作战日志》《第3装甲集群作战日志》，以及这一时期的战后报告。

2. 给这些集团军下达的许多命令，可参阅《伟大卫国战争作战文件集》第37期，莫斯科：军事出版局，1959年。德方资料可参阅《第2装甲集群作战日志》《第4集团军作战日志》及其附件。

3. 加强机械化军的混乱调动，详情可参阅叶甫盖尼·德里格，《战斗中的红军机械化军：1940年—1941年红军汽车装甲坦克兵史》，莫斯科：AST出版社，2005年。

4. 《陆军元帅费多尔·冯·博克：战时日记，1939年—1945年》，第245页；《第4集团军作战日志，1941年7月9日、10日》；《第2装甲集群作战日志，1941年7月8日—10日》，古德里安对态势的估计。在《一个军人的回忆》一书第152—153页，古德里安称自己同克鲁格发生激烈争执，之后才获准进攻。另一些作者接受了这一说法，例如卡雷尔的《东进》第84页，把古德里安过早地置于托洛钦（他在新鲍里索夫）。实际上，克鲁格7月9日卧病在床，博克不可能与他交谈。布鲁门特里特上校当日拜访古德里安司令部，与冯·利本施泰因上校会谈，而古德里安在前线视察。

5. 《西方面军司令部7月10日8点提交的第28号情报摘要：关于敌人的作战行动》（Razvedyvatel'naia svodka shtaba Zapadnogo fronta No. 28 k 8 chasam 10 iiulia 1941 g. o boevykh deistviiakh protivnika），收录于《伟大卫国战争作战文件集》第37期，第80—81页。

6. 《第2装甲集群作战日志，1941年7月10日》。

7. 《西方面军司令部1941年7月10日20点提交的作战摘要：关于方面军辖内部队的作战行动》（Operativnaia svodka shtaba Zapadnogo fronta No. 31 k 20 chasam 10 iiulia 1941 g. o boevykh deistviiakh voisk fronta），收录于《伟大卫国战争作战文件集》第37期，第83页。

8. 可参阅叶廖缅科《在战争初期》一书的英文版《艰难的战争初期》，莫斯科：进步出版社，1966年，第54页。该书英文版比较完整，未经删减。

9. 赫尔曼·普洛歇尔，《德国空军对苏作战，1941年》，美国空军历史部，空军大学航空航天研究学院，1965年7月，第97页；《第2装甲集群作战日志，1941年7月10日》，其中包含关于空中支援的一份会议报告。

10. 赫尔曼·普洛歇尔，《德国空军对苏作战，1941年》，第97页。

11. 《西方面军司令部1941年7月11日20点提交的第33号作战摘要：关于方面军辖内部队的作战行动》（Operativnaia svodka shtaba Zapadnogo fronta No. 33 k 2000 chasam 11 iiulia 1941 g. o boevykh deistviiakh voisk fronta），收录于《伟大卫国战争作战文件集》第37期，第85页。

12. 《西方面军司令部1941年7月13日20点提交的第37号作战摘要：关于方面军辖内部队的作战行动》（Operativnaia svodka shtaba Zapadnogo fronta No. 37 k 2000 chasam 13 iiulia 1941 g. o boevykh deistviiakh voisk fronta），收录于《伟大卫国战争作战文件集》第37期，第90—91页。

13. 墨索里尼刚刚接受去东普鲁士会晤希特勒的邀请；参见《德国外交文件，D系列，第13卷，第62号文件》（DGFP, Series D, vol. XIII, doc. 62），1941年7月2日签署，以及第88、第89、第105号文件，和第141号文件的编者注；《陆军元帅费多尔·冯·博克：战时日记，1939年—1945年》，第262—263页。正如凯特尔元帅1941年7月25日告诉博克的那样，意大利人盯着德国的经济和军事援助时，日本却违背了进攻苏联的承诺。看来，两个轴心国盟友正审视战场情况，以评估德国人的前景。

14. 同上。另可参阅查尔斯·V.P.冯·吕蒂肖，《通往莫斯科之路：对苏战役》，华盛顿特区：陆军军史部军事历史中心未出版的26-P项目，1985年；引自康拉德·莱帕，《陆军元帅瓦尔特·莫德尔，从根廷到莫斯科门前》，纽伦堡：欧根亲王出版社，1962年，第137—138页。还可参阅《第1骑兵师1941年7月1日—31日的战后报告》，见"莫吉廖夫休整期"文件夹中的《第4装甲集团军作战处第8号作战日志附件，1941年7月29日—8月11日》，收录于AOK 4 17561/18。

15.《第2装甲集群作战日志》；海因茨·古德里安，《一个军人的回忆》，第153—157页；保罗·卡雷尔，《东进》，美因河畔法兰克福：乌尔斯泰因出版社，1966年，第85页。

16. A.I.叶廖缅科，《在战争初期》，莫斯科：科学出版社，1965年，第100—104页。《伟大卫国战争作战文件集》第37期遗漏了铁木辛哥7月14日—17日的第38—40号每日报告，原因不明。

17. 佩尔西·E.施拉姆主编，汉斯-阿道夫·雅各布森编撰并评述，《国防军最高统帅部战时日志（作战处），1940—1945》（八卷本）第一卷，慕尼黑：伯纳德＆格雷费出版社，1982年特许出版，1941年7月14日。该书以下简称为《最高统帅部战时日志》。

18.《总统帅部大本营下达给西方向总司令的第00290号训令：关于肃清在维捷布斯克达成突破之敌的计划》（Direktiva Stavki VK No. 00290 Glavnokomanduiushchemu voiskami Zapadnogo napravleniia o plane likvidatsii proryva protivnika u Vitebska），收录于V.A.佐洛塔廖夫主编，《最高统帅部大本营：1941年的文献资料》，第65页。

19.《西方面军司令员1941年7月11日下达给第21集团军司令员的命令：关于以快速支队牵制敌人的作战行动》（Prikaz komanduiushchego voiskami Zapadnogo fronta ot 11 iiulia 1941 g. komanduiushchemu voiskami 21-i Armii na skovyvanie boevykh deistvii protivnika podvizhnymi otriadami），收录于《伟大卫国战争作战文件集》第37期，第86—87页。

20.《西方向总指挥部7月12日下达的战斗令：关于向维捷布斯克地域之敌发起联合进攻》（Boevoe rasporiazhenie shtaba Glavnogo Komandovaniia Zapadnogo Napravleniia ot 12 iiulia 1941 g. komanduiushchim voiskami 19-i i 22-i Armii o sovmestnom nanesenii udara po protivnika v raione Vitebsk），收录于《伟大卫国战争作战文件集》第37期，第24—25页。这道指令编号为1012，于7月12日3点和7点05分下达。

21.《西方向总指挥部司令员1941年7月12日下达的第060号战斗令：关于发起进攻》（Boevoi prikaz Glavnokomanduiushchego voiskami Zapadnogo napravleniia No. 060 ot 12 iiulia 1941 g na nastuplenie），收录于《伟大卫国战争作战文件集》第37期，第23—24页。发给第19和第20集团军的相关命令，参阅第24—25页。

22. 另可参阅海因茨·古德里安，《装甲指挥官》，纽约：E.P.达顿出版社，1952年，第167—174页；K.切列姆欣，《1941年夏季，沿斯摩棱斯克—莫斯科战略方向》，刊登于《军事历史杂志》（1966年10月）第10期，第3—18页。

23.《西方向总指挥部1941年7月13日20点提交的第35号敌情摘要：关于敌人的作战行动》（Razvedyvatel' naia svodka shtaba Glavnogo Komandovaniia Zapadnogo Napravleniia No. 35 k 20 chasam 13 iiulia 1941 g. o boevykh deistviiakh protivnika），收录于《伟大卫国战争作战文件集》第37期，第28页。

24.《西方向总指挥部司令员1941年7月13日呈交总统帅部大本营的报告：关于西方面军辖内部队1941年7月12日和13日的作战行动》（Doklad Glavnokomanduiushchego voiskami Zapadnogo Napravleniia ot 13 iiulia 1941 g. Stavke Verkhovnogo Komandovaniia o boevykh deistviiakh voisk Zapadnogo fronta 12 i 13 iiulia 1941 g.），收录于《伟大卫国战争作战文件集》第37期，第25—26页。

25.《西方向总指挥部军事委员会1941年7月14日呈交总统帅部大本营的报告：关于西方面军1941年7月14日的情况》（Doklad voennogo soveta Zapadnogo Napravleniia ot 14 iiulia 1941 g. Stavke Verkhovnogo Komandovaniia ob obstanovke na Zapadnom fronte na 14 iiulia 1941 g.），收录于《伟大卫国战争作战文件集》第37期，第30—31页。

26.《西方向总指挥部司令员1941年7月14日下达的第065号战斗令：关于歼灭突入之敌》（Boevoi prikaz Glavnokomanduiushchego voiskami Zapadnogo Napravleniia No. 065 ot 14 iiulia 1941 g. na unichtozhenie prorvavshegosia protivnika），收录于《伟大卫国战争作战文件集》第37期，第32—33页。

27.《西方向总指挥部司令员1941年7月14日下达的命令：关于统一斯摩棱斯克地域部队的指挥控制》（Prikaz Glavnokomanduiushchego voiskami Zapadnogo Napravleniia ot 14 iiulia 1941 g. ob ob'edinenii upravleniia voiskami v raione gor. Smolensk），收录于《伟大卫国战争作战文件集》第37期，第33页。

28.《西方向总指挥部司令员7月15日下达的命令，关于沿阿卢什科沃、涅韦尔、杜布罗沃、苏拉日—维捷布斯克、扎博洛京卡一线设立绵亘正面》（Prikaz Glavnokomanduiushchego voiskami Zapadnogo Napravleniia ot 15 iiulia 1941 g. o sozdanii sploshnogo fronta na rubezhe Alushkovo, Nevel', Dubrovo, Surazh-Vitebskii, ct. Zabolotinka），收录于《伟大卫国战争作战文件集》第37期，第34页。

29.《西方向总指挥部司令员1941年7月16日下达的命令：关于将第22集团军撤至扎普鲁德、奥泽里谢和杜布罗沃一线》（Prikaz Glavnokomanduiushchego voiskami Zapadnogo Napravleniia ot 16 iiulia 1941 g. komanduiushchemu voiskami 22-i Armii na otvod armii na rubezh Zaprudy, Ozerishche, Dubrovo），收录于《伟大卫国战争作战文件集》第37期，第34—35页。

30. 参阅弗拉基米尔·别沙诺夫，《坦克大屠杀，1941年》，莫斯科：AST出版社，2001年，第385—386页，引自戈尔巴托夫的回忆录。步兵第25军编有步兵第127、第134和第162师。

31.《第3装甲集群作战日志，1941年7月13日—16日》；赫尔曼·霍特，《装甲作战》，海德堡：库尔特·沃温克尔出版社，1956年，第94—96页；哈索·冯·曼陀菲尔主编，《第二次世界大战中的第7装甲师："幽灵"师从事的战役和战斗，1939年—1945年》，莱茵河畔乌尔丁根：约瑟夫·布罗伊希出版社，1965年，第156—164页。

32.《陆军元帅费多尔·冯·博克：战时日记，1939年—1945年》，第249—251页。

33.《总统帅部大本营第00293号训令：关于第29集团军的编成和占据的防线》（Prikaz Stavki VK No. 00293 o formirovanii 29-i Armii i zaniatii eiu oboronitel'nogo rubezha），收录于V.A.佐洛塔廖夫主编，《最高统帅部大本营：1941年的文献资料》，第64—65页。马斯连尼科夫集团军编有步兵第256、第252、第254、第245师，摩托化第69师（调自外贝加尔军区，由彼得·尼古拉耶维奇·多姆拉切耶夫上校指挥），军属炮兵第264、第644团，反坦克炮兵第171、第753、第759团，1个歼击航空兵团、1个轰炸航空兵团和1个伊尔-2中队。

34.《陆军元帅费多尔·冯·博克：战时日记，1939年—1945年》，第242—243页。铁木辛哥7月12日前后派雅科夫列夫坦克第48师（隶属第19集团军机械化第23军）赶往涅韦尔，担任第22集团军反突击行动的先遣力量。

35. 苏联于1931年开始构筑波洛茨克筑垒地域以掩护西德维纳河上游与第聂伯河之间的陆桥，阻挡里加—莫斯科铁路线并保护维捷布斯克、奥尔沙、斯摩棱斯克铁路中心。根据图哈切夫斯基原先的防御计划，他在波洛茨克与普斯科夫之间留下一个缺口，或称之为"进攻窗口"，以供遂行反冲击的红军部队使用。斯大林将此视为蓄意忽视和破坏，故下令构筑谢别日筑垒地域封闭该缺口。但这项工作没有完成，谢别日筑垒地域1939年停工，谢别日地带划入波洛茨克筑垒地域。波洛茨克筑垒地域1939年获得强化，约12千米宽，4千米深，与宽达122—182米的西德维纳河相平行，由约200个掩体构成。德军突入了防御尤为强大的巴拉武哈掩体群。《国防军陆军总司令部，关于苏军筑垒地域的备忘录》，第56页，收录于H21/303。

36.《最高统帅部战时日志》，1941年7月14日—16日；《陆军元帅费多尔·冯·博克：战时日记，1939年—1945年》；《第9集团军作战日志》；《第4集团军作战日志》；《第3装甲集群作战报告》，收录于Pz AOK 3 21057e；《北方集团军群作战日志（副本），1941年6月22日—8月31日》。

37.《莱布日记》，1941年7月14日的条目；《最高统帅部战时日志》，1941年7月14日的条目。

38.《哈尔德战时日记，1939年—1942年》，第471—477页；《北方集团军群作战日志》，1941年7月14日，收录于AGp Nord 75128/1。

39.《西方向总指挥部司令员1941年7月13日呈交总统帅部大本营的报告：关于西方面军辖内部队1941年7月12日和13日的作战行动》（Doklad Glavnokomanduiushchego voiskami Zapadnogo Napravleniia ot 13 iiulia 1941 g. Stavke Verkhovnogo Komandovaniia o boevykh deistviiakh voisk Zapadnogo fronta 12 i 13 iiulia 1941 g.），收录于《伟大卫国战争作战文件集》第37期，第25—26页。

40.《西方向总指挥部1941年7月13日20点提交的第35号敌情摘要：关于敌人的作战行动》（Razvedyvatel'naia svodka shtaba Glavnogo Komandovaniia Zapadnogo Napravleniia No. 35 k 20 chasam 13 iiulia 1941 g. o boevykh deistviiakh protivnika），收录于《伟大卫国战争作战文件集》第37期，第27页。

41.《西方向总指挥部司令员1941年7月13日下达的0012号令：关于消除西方面军辖内部队作战行动中的缺点》（Prikaz Glavnokomanduiushchego voiskami Zapadnogo Napravleniia no. 0012 ot 13 iiulia 1941 g. ob ustranenii nedostatkov v boevykh deistviiakh voisk Zapadnogo Fronta），收录于《伟大卫国战争作战文件集》第37期，第29页。这道命令继续列出许多缺点和问题。

42.《西方向总指挥部司令员1941年7月14日呈交总统帅部大本营的报告：关于西方面军辖内部队1941年7月14日的作战行动》（Doklad Glavnokomanduiushchego voiskami Zapadnogo Napravleniia ot 14 iiulia 1941 g. Stavke Verkhovnogo Komandovaniia o boevykh deistviiakh voisk Zapadnogo fronta na 14 iiulia 1941 g.），收录于《伟大卫国战争作战文件集》第37期，第27—28页。

43.《西方向总指挥部司令员1941年7月14日下达的065号作战令：关于歼灭突入之敌》（Boevoi prikaz Glavnokomanduiushchego voiskami Zapadnogo Napravleniia No. 065 ot 14 iiulia 1941 g. na unichtozhenie prorvavshegosia protivnika），收录于《伟大卫国战争作战文件集》第37期，第32页。

44. A.I.叶廖缅科，《在战争初期》，第87—138页。

45.《第4集团军作战日志，1941年7月15日》。

46. 弗拉基米尔·别沙诺夫，《坦克大屠杀，1941年》，第392页。

47. 莫吉廖夫之战的详情可参阅叶廖缅科的《在战争初期》，第4章。

48. 海因茨·古德里安，《一个军人的回忆》，第158页。

49. A.I.叶廖缅科，《在战争初期》，第104页。

50.《西方向总指挥部司令员1941年7月13日呈交总统帅部大本营的报告：关于西方面军辖内部队1941年7月12日和13日的作战行动》（Doklad Glavnokomanduiushchego voiskami Zapadnogo Napravleniia ot 13 iiulia 1941 g. Stavke Verkhovnogo Komandovaniia o boevykh deistviiakh voisk Zapadnogo fronta 12 i 13 iiulia 1941 g.），收录于《伟大卫国战争作战文件集》第37期，第25—26页。

51. 同上。

52.《西方向总指挥部1941年7月13日20点提交的第35号敌情摘要：关于敌人的作战行动》（Razvedyvatel'naia svodka shtaba Glavnogo Komandovaniia Zapadnogo Napravleniia No. 35 k 20 chasam 13 iiulia 1941 g. o boevykh deistviiakh protivnika），收录于《伟大卫国战争作战文件集》第37期，第27页。

53.《西方向总指挥部军事委员会1941年7月14日呈交总统帅部大本营的报告：关于西方面军1941年7月14日的情况》（Doklad voennogo soveta Zapadnogo Napravleniia ot 14 iiulia 1941 g. Stavke Verkhovnogo Komandovaniia ob obstanovke na Zapadnom fronte na 14 iiulia 1941 g.），收录于《伟大卫国战争作战文件集》第37期，第30页。

54. A.I.叶廖缅科，《在战争初期》，第160页。

55.《西方面军司令员1941年7月11日下达给第21集团军司令员的命令：关于以快速支队牵制敌人的作战行动》（Prikaz komanduiushchego voiskami Zapadnogo fronta ot 11 iiulia 1941 g. komanduiushchemu voiskami 21-i Armii na skovyvanie boevykh deistvii protivnika podvizhnymi otriadami），收录于《伟大卫国战争作战文件集》第37期，第86—87页。

56.《第21集团军司令员1941年7月13日下达的第03/OP号作战令：关于夺取博布鲁伊斯克和帕里奇》（Boevoi prikaz komanduiushchego voiskami 21-i Armii No. 03/op ot 13 iiulia 1941 g. na ovladenie Bobruisk, Parichi），收录于《伟大卫国战争作战文件集》第37期，第284—285页。

57. 第21集团军的进攻详情，可参阅V.A.佐洛塔廖夫主编，《伟大卫国战争，1941年—1945年》第一册，第175—176页；G.库列舍夫，《第聂伯河战线上》，刊登于《军事历史杂志》（1966年6月）第6期，第16—28页。

58. 关于该骑兵集群编成的详情，可参阅《总统帅部大本营下达给西方向总指挥部司令员的第00420号训令：关于组建一支骑兵快速集群深入敌后方》（Direktiva Stavki VK No. 00420 Glavnokomanduiushchemu voiskami Zapadnogo Napravleniia ob organizatsii reida kavaleriiskoi gruppy po tylam protivnika），收录于V.A.佐洛塔廖夫，《最高统帅部大本营：1941年的文献资料》，第80—81页。该骑兵集群作战行动的更多详情，可参阅《伟大卫国战争作战文件集》第34期。

第四章
中央集团军群的斯摩棱斯克合围战，
1941 年 7 月 16 日—23 日

背景

　　"巴巴罗萨行动"头七周，希特勒的军队以令人难以置信的毁灭性浪潮席卷苏联广阔的边境地区。7月中旬，虽然德国军队似乎仍能保持其前进势头，但在如此遥远的路程上几乎持续不断的战斗给其部队造成的耗损不断侵蚀其实力，导致这股洪流的势头明显减弱。总之，苏联辽阔的领土，红军和民众频频实施的殊死抵抗，逐渐给德国侵略者造成严重损失。斯摩棱斯克地域激烈的拉锯战期间，这些因素的作用变得越来越明显，希特勒、他的高级指挥官们和德军官兵对此心知肚明，越来越焦虑的德国人竭力证明他们的闪电战并未结束。

　　希特勒和他的将领们有充分的理由为德军迄今为止取得的成就而自豪并乐观地认为仍能实现既定目标。截至7月15日，莱布的北方集团军群已渡过卢加河下游，离列宁格勒仅98千米，五天前，芬兰人加入希特勒的"圣战"，在卡累利阿地峡和拉多加湖北端发动进攻。因此，德芬军队现在从南北两面对以列宁的名字命名的这座城市构成致命威胁。沿至关重要的莫斯科方向，博克的中央集团军群几乎将苏军三个集团军大部和铁木辛哥西方向总指挥部的核心力量包围在斯摩棱斯克地域，他的装甲矛头位于斯摩棱斯克以东50千米的亚尔采沃处，距离莫斯科322千米。南面，伦德施泰特的南方集团军群位于基辅西部门户，准备在乌曼地域围歼另外两个苏军集团军并攻向第聂伯河弯曲部。

可是，几个严峻的现实破坏了德军史无前例的胜利所形成的壮观画面，也导致希特勒和陆军总司令部的乐观情绪有所下降。首先，德国军队沿列宁格勒、莫斯科和基辅方向挺进，位于最东端的先遣力量都是相对脆弱的装甲或摩托化师，经常独自展开行动，得不到重要的步兵支援，面对的是实力不明的苏军。其次，落在后面的步兵师竭力肃清被绕过、在德军装甲师身后陷入重围的苏军部队时，德军装甲师还不得不对付新近动员、意图解救其被围同志的苏军集团军。因此，获得支援步兵接替前，兵力相对较少的快速师经常被迫击退敌人从四面八方发起的猛烈攻击，但快速师的结构并不适合遂行这种任务。第三点，随着各集团军群不断向东推进，战线越来越长，他们之间必然出现巨大的缺口，很容易招致对方的反冲击或反突击，这危及到他们的进一步发展。第四点危害更大，尽管尚不明显，可是各集团军群现在都远离他们的后勤基地，给一切再补给造成了妨碍，特别是在燃料和弹药方面，而所有后续行动都有赖于二者。

因此，到7月15日，这场战役已进入关键阶段，对德国人来说是这样，对苏联人来说同样如此，因为双方不得不重新组织力量并决定他们在战役下一阶段所要采用的策略。这样一来，德国国防军和苏联红军将沿一条约645千米长的战线展开一系列复杂的战斗，这些战斗统称为斯摩棱斯克交战。置身其中的两支军队非常清楚，他们正在进行一场有可能决定战争最终结局的斗争。

德军不断演变的策略

霍特第3装甲集群完成从维捷布斯克至亚尔采沃的壮观冲刺、古德里安第2装甲集群粉碎铁木辛哥沿第聂伯河构设的防御并前出到斯摩棱斯克和索日河后，博克意识到，他的集团军群已满足将红军西方面军主力围歼于斯摩棱斯克地域的先决条件。另外，中央集团军群辖内力量并未因此付出重大损失（参见表4.1）。

因此，在陆军总司令部全力支持下，博克7月14日给麾下部队下达指令，要求他们发起在他看来深具决定性的斯摩棱斯克争夺战。

博克的指令要求克鲁格第4装甲集团军（霍特和古德里安装甲集群仍在编），向东攻往别雷、亚尔采沃、叶利尼亚一线并构成一道不可逾越的封锁线，困住斯摩棱斯克北面和西面的3个苏军集团军和12—20个红军师。与此同

表4.1：中央集团军群1941年7月17日晚的编成和指挥官

中央集团军群——陆军元帅费多尔·冯·博克			
第4 装甲集团军 （整合两个 装甲集群的 第4集团军） 陆军元帅京 特·冯·克 鲁格	第2装甲集群海 因茨·古德里安 大将	第24摩托化军 装甲兵上将莱奥·盖 尔·冯·施韦彭堡男爵	**第4装甲师** 装甲兵少将维利巴尔德·冯·朗格曼·翁德·埃伦坎普男爵
			第3装甲师 瓦尔特·莫德尔中将
			第10摩托化师 弗里德里希–威廉·勒佩尔少将[1]
			第1骑兵师 骑兵上将库尔特·费尔特[2]
		第47摩托化军 装甲兵上将约希姆·莱 梅尔森	**第18装甲师** 瓦尔特·内林少将
			第17装甲师 卡尔·冯·韦伯骑士少将；7月17日由威 廉·冯·托马骑士少将接替；9月14日由 汉斯–于尔根·冯·阿尼姆少将接任
			第29摩托化师 瓦尔特·冯·博尔滕施泰因少将；9月7日 由马克斯·弗雷梅赖少将接替
		第46摩托化军 装甲兵上将海因里 希·冯·维廷霍夫–谢尔	**武装党卫队"帝国"摩托化师** 武装党卫队地区总队长保罗·豪塞尔
			第10装甲师 费迪南德·沙尔少将；8月2日由沃尔夫 冈·菲舍尔少将接替
			"大德意志"步兵团
	第3装甲集群 赫尔曼·霍特大将	第57摩托化军 装甲兵上将阿道夫·孔岑	**第19装甲师** 奥托·冯·克诺贝尔斯多夫少将[3]
			第14摩托化师半数力量 海因里希·沃施少将
		第39摩托化军 装甲兵上将鲁道夫·施密特	**第7装甲师** 装甲兵少将汉斯·冯·丰克男爵
			第12装甲师 约瑟夫·哈佩少将
			第20装甲师 霍斯特·施通普夫中将；9月10日由格奥 尔格·冯·俾斯麦上校接替

---

① 译注：中将。
② 译注：少将。
③ 译注：中将。

续表

第4装甲集团军（整合两个装甲集群的第4集团军）陆军元帅京特·冯·克鲁格	**第3装甲集群**赫尔曼·霍特大将	**第39摩托化军**装甲兵上将鲁道夫·施密特	**第18摩托化师**步兵上将弗里德里希·赫尔莱恩①
			第20摩托化师步兵上将汉斯·措恩②
			第14摩托化师半数力量海因里希·沃施少将
			第900摩托化教导旅
		第23军步兵上将阿尔布雷希特·舒伯特	**第206步兵师**
			第86步兵师
			第110步兵师
第2集团军陆军元帅·冯·魏克斯帝国男爵③		**第12军**步兵上将瓦尔特·施罗特	**第34步兵师**
			第31步兵师
		第9军步兵上将赫尔曼·盖尔	**第292步兵师**
			第137步兵师
			第263步兵师
		第7军炮兵上将威廉·法尔姆巴歇尔	**第268步兵师**
			第7步兵师
			第23步兵师
			第258步兵师
		第13军步兵上将汉斯·费尔伯	**第78步兵师**
			第17步兵师
		第35军军部炮兵上将鲁道夫·肯普费	**第293步兵师**
			第45步兵师
		第53军步兵上将卡尔·魏森贝格尔	**第167步兵师**
			第52步兵师
			第255步兵师
			第267步兵师
第9集团军阿道夫·施特劳斯大将		**第20军**步兵上将弗里德里希·马特纳	**第129步兵师**
			第256步兵师
		第8军瓦尔特·海茨大将④	**第8步兵师**
			第28步兵师
			第161步兵师
		第5军里夏德·劳夫大将⑤	**第5步兵师**
			第35步兵师

① 译注：少将。
② 译注：少将。
③ 译注：大将。
④ 译注：炮兵上将。
⑤ 译注：步兵上将。

续表

第9集团军 阿道夫·施特劳斯大将	第6军 工兵上将奥托-威廉·弗尔斯特	第6步兵师
		第26步兵师
后方地域 指挥部	第162步兵师	
	第87步兵师	
	第252步兵师	
	第403保安师	
	第221保安师	
	第286保安师	
集团军群 预备队	第102步兵师（开赴第9集团军途中）	
	第43军 （开赴第2集团军途中） 戈特哈德·海因里希大将[1]	第131步兵师
		第134步兵师
总司令部 预备队	第197步兵师（开赴第43军途中）	
	第15步兵师	
	第260步兵师	
	第112步兵师	
	第43军[2] （开赴第9集团军途中） 工兵上将瓦尔特·孔策	第106步兵师
		第96步兵师
	第50军 格奥尔格·林德曼大将[3]	

时，施特劳斯第9和魏克斯第2集团军负责遂行两项任务。首先，他们应跟随克鲁格集团军和两个装甲集群之主力，为其消灭巨大的斯摩棱斯克包围圈提供支援；其次，他们应同两个装甲集群各自抽调的一个摩托化军相配合，发起进攻，掩护集团军群的北翼和南翼。具体而言，第9集团军与孔岑第57摩托化军，将从涅韦尔奔向大卢基，掩护博克之北翼，并同北方集团军群保持联系；第2集团军与施韦彭堡第24摩托化军相配合，负责肃清索日河一线之敌并攻向戈梅利地域（Gomel'），以此掩护博克之南翼。最后，第9、第4和第2集团

---

① 译注：步兵上将。
② 译注：第42军。
③ 译注：骑兵上将。

军应前出到巴耶沃镇（Baevo，托罗佩茨以南48千米）、斯摩棱斯克、罗斯拉夫利一线。[1]

博克麾下步兵军到达斯摩棱斯克地域前，第4装甲集团军辖内霍特和古德里安的诸摩托化军应展开行动，在斯摩棱斯克东面设立并据守一道合围对外正面，以防苏军救援被围于斯摩棱斯克周围的几个集团军，同时应在斯摩棱斯克包围圈周围设立一道合围对内正面。具体而言，施密特第39摩托化军以部分力量掩护斯摩棱斯克东北部和东部接近地时，该军余部应压缩斯摩棱斯克包围圈北部和东部边缘。莱梅尔森第47摩托化军应从南面封闭斯摩棱斯克包围圈，而维廷霍夫第46摩托化军应向东进击，在叶利尼亚地域设立一道合围对外正面。

博克麾下诸步兵军到达斯摩棱斯克地域后，就将接替摩托化军辖内各师，接手构设合围对内正面并肃清斯摩棱斯克包围圈的任务。位于斯摩棱斯克的快速师被替换后，施密特第39摩托化军将构设一道严密的合围对外正面，从西德维纳河延伸到亚尔采沃，以此掩护斯摩棱斯克北部、东北部和东部接近地，而维廷霍夫第46摩托化军也在从叶利尼亚南延至索日河一线展开同样的行动。获得步兵接替后，莱梅尔森第47摩托化军将重新担任预备队并支援维廷霍夫军。这个计划看似稳妥，实际上将巨大的责任赋予在斯摩棱斯克包围圈东端、沿一条宽大弧线展开行动的两个摩托化军，各步兵军到达前，过度拉伸的两个摩托化军很容易招致攻击，有可能被斯摩棱斯克包围圈外的苏军击败。

尽管博克的意图很明确，他的战役理念也很合理，但在希特勒和总司令部看来，一系列棘手的问题隐约可见，它们会给博克的计划造成影响。虽然中央集团军群接连赢得胜利，但希特勒可能第一次意识到整场战役处于危险境地，因为北方和南方集团军群实力不够强大，无法完成受领的任务，急需得到帮助。希特勒尚未决定帮助哪个集团军群，他意识到，无论援助一个还是两个集团军群，援兵都只能从博克的装甲力量中抽调。这要求他暂时放弃进攻莫斯科，不过他似乎并不因此而感到不安。[2]

另外，希特勒认为各集团军群实施战略封锁、战役合围并消灭被围之敌的能力不佳，他对此越来越恼火。虽说这不是个大问题，但正如明斯克合围圈的情况证明的那样，装甲和摩托化师缺乏摩托化步兵，在实施合围机动并扼守部分合围对内正面时，容易过度"泄露"，也就是说，红军可能会逃出包围圈。因此，他敦促博克尽快投入步兵师，接替最初围绕包围圈形成合围对内正面的装甲和摩托化师。

博克的友邻集团军群全神贯注地应对自身的困难，对中央集团军群的情况一无所知。[3] 例如，莱布的北方集团军群正在实施大规模机动，从东面转向北面的列宁格勒，采取这番行动时，该集团军群位于涅韦尔与大卢基之间的左翼，防御非常虚弱，受到苏军第22集团军威胁。为帮助消除这个问题，陆军总司令部已要求不甚情愿的博克从霍特第3装甲集群抽调孔岑第57摩托化军，从施特劳斯第9集团军抽调第50和第23军，攻向涅韦尔和大卢基，此举导致三个军调离中央集团军群攻往斯摩棱斯克和莫斯科的主要进攻方向。但是，由于大卢基离列宁格勒或莫斯科的距离都是400千米，希特勒在元首大本营查看大比例尺地图时，大概认为这两个目标都能拿下。

南线北部的情况也令人沮丧，总司令部的计划是绕开普里皮亚季沼泽，直到两个集团军群渡过第聂伯河，但此举导致博克右翼与南方集团军群左翼间出现了一个约322千米宽的缺口。更糟糕的是，格拉西缅科第21集团军和波塔波夫第5集团军仍牢牢据守着戈梅利和基辅这两个重要的交通枢纽部，利用两座城市为其强大的集团军提供补给。这两个集团军分别位于沼泽地北端和南端，因而阻断了博克与伦德施泰特集团军群之间的直接联系。希特勒对插入两个集团军群之间的这根楔子越来越担心，越来越恼火，自然倾向于将其拔除，他命令古德里安装甲集群转身向南，为停滞不前的伦德施泰特提供帮助。具有讽刺意味的是，希特勒7月10日阻止伦德施泰特南方集团军群攻向基辅的命令只会让情况变得更糟糕。希特勒之所以下达这道止步令，是因为他希望第1装甲集群急转南下，在毗邻伦德施泰特右翼的乌曼地域包围大股苏军部队，然后再进军基辅。从这个意义上讲，这道命令与"巴巴罗萨计划"最初的构想是一致的，也就是说，攻入苏联纵深腹地或政治目标前，先行消灭威胁集团军群侧翼的大批红军部队。

7月13日，博克在日记中流露出了强烈的受挫感：

东线真正击败敌人的地方只有一处，也就是中央集团军群对面。若将各装甲集群分散到南面、东面和北面，就意味着丧失这一胜利。敌人已将新锐力量投向第聂伯河。这些敌军忙于集结，结果因我们的正面突击而蒙受严重损失。我军的目标是消灭这股敌军并彻底阻止对方在莫斯科前方设立一道新防线。因此，必须集中所有装甲力量，果断并迅速向东进击，直到敌人再也无法在莫斯科前方实施任何抵抗为止。我认为将霍特一部调往北面，让其余部继续向东前进，此举毫无意义。因为他们的物资和装备消耗严重，（两个）装甲集群只有整体投入才有效。我认为单独投入装甲军毫无用处，因为他们的战斗力已大为减弱。[4]

博克希望在斯摩棱斯克与维亚济马之间某处实现这个目标。[5]

除了希特勒、陆军总司令及友邻集团军群制造了麻烦之外，博克在控制麾下指挥官并把自己的战役理念强加给他们时还一再遭遇诸多困难。首先，他想纠正克鲁格、霍特、古德里安倾向于分散，而不是集中力量的想法，他们发现他们对苏军意图的估计并不正确时，这项工作就变得更加困难了。例如，7月13日前，由于地面和空中侦察都表明红军正在撤退，博克和克鲁格估计苏军正在实施一场大规模后撤，以便退守更利于防御处。但7月13日，铁木辛哥下达的一道命令落入德国人手中，命令中不仅要求各部队击退德军的冲击，还命令部队夺回沿第聂伯河丢失的阵地。苏军在莫吉廖夫的顽强防御，被绕过和被包围的部队实施的激烈抵抗，以及格拉西缅科第21集团军在戈梅利北面重新发起的反冲击，都证实了这道缴获的命令的真实性。[6]如果这份情报准确无误，博克分散的力量会比他预想的更加脆弱。

带着对态势的现实看法，霍特大体赞同"巴巴罗萨行动"的原定意图。虽然他敏锐地意识到，诸如耗损这类问题正在削弱他的力量，而且无疑会给他们的后续作战能力造成限制，但他相信，扩大在维捷布斯克赢得的战略性胜利至关重要。不过，霍特认为扩大胜利的方法并非直接向东挺进，他建议穿过乌斯维亚特、韦利日和杰米多夫，奔向斯摩棱斯克东北地域，从而在斯摩棱斯克地域实施一场更大的合围。唯一悬而未决的主要问题是："装甲力量应等待步兵赶上，还是凭自身力量向莫斯科发起一场追击？"[7]

霍特毫不怀疑他的装甲集群具备前出到斯摩棱斯克以东地域的能力。不过，鉴于该集群相对较重的损失和东线战斗的性质，霍特认为让该集群在缺乏休整、步兵力量不足的情况下越过那一线不太现实。具体说来，虽说目标并不比过去那些战役（例如法国战役）更遥远，但身心压力大得多。无处不在的酷热和尘土，令人厌恶的道路，荒凉、单调、看似无穷无尽的俄国领土，数量越来越多的顽强又狡猾的敌人，这些因素往往会削弱德军士兵的意志和士气。霍特指出："俄国士兵从事战斗并非出于恐惧，而是为了一种信念。他们不愿回到沙皇时代。他们抵抗法西斯主义，是因为后者意图消灭俄国革命的成就。"因此，德军装甲掷弹兵们自问："我们干吗要独自承担战斗的重负呢？"[8]

另外，7月中旬的补给和运输情况足以支持德军远至斯摩棱斯克以东的作战行动，但再往前就无能为力了。[9]由于克鲁格扩大的第4"装甲"集团军只有一个弹药基数、可供使用四天的油料和六日份口粮，纵深战役需要沿第聂伯河建立一个补给仓库基地。但即便在此时，驶向东线的火车仍旧数量不足，例如，每天驶往莫洛杰奇诺和明斯克的火车只有5—6列，而不是必要的11列。另外，由于补给物资随后不得不用卡车转运至奥尔沙，每支卡车车队的载运能力为9000吨，而沿苏联原始道路来回奔波的这些车辆，寿命能有多长很值得怀疑。

集团军群无法削减其补给要求。无论是胜利或失败，一个弹药基数仍重达1.6万吨，需要32列火车运送；一日份油料（5000立方米）重6000吨，需要12列油罐车承运；一日份口粮补给重900吨，需要2列火车。第4集团军两个装甲集群实际每日补给需求为2000吨弹药（4列火车）、4000吨油料（8列火车）、450吨口粮（1列火车），也就是说，每天需要13列火车。虽然后勤人员建议削减弹药和口粮补给以增加油料，并且争辩说"没有油料就无法实施战术行动，"但是由于没有足够的铁路线，这种权宜之策也无法实施。[10]

因此，中央集团军群无法将其攻势发展至斯摩棱斯克以东更远处。他们需要在攻往维亚济马前获得喘息之机，最终冲向莫斯科前还需要再停顿一次。总之，鉴于弹药和燃料的需求，以及铁路和公路网的现实情况，到7月中旬，情况已经很明显，中央集团军群在不久的将来向莫斯科发起的推进，从后勤角度看无法做到。就算苏军不实施任何抵抗，集团军群的三个集团军展开这样一场攻势，每天也需要33列火车运送补给，而实际支援整个集团军群的火车不到24列。因此，博克、克鲁格、霍特和古德里安对不久后夺取莫斯科的讨论纯属学术行为。后勤限制迫使博克的步兵集团军不得不停留在斯摩棱斯克以东，只有部分装甲力量尚能继续前进，但所冒的风险极大。[11] 毫无疑问，这些现实反映出"巴巴罗萨计划"中最危险的弱点，具体而言，是关于维持战役所需要的后勤保障的计算，德国人先前几乎以不屑一顾的态度予以忽视——现在他们却觉察到了这种忽视造成的破坏性影响。[12]

博克慨叹苏军在维捷布斯克以东，在奥尔沙和莫吉廖夫，在他北翼和南翼的涅韦尔、罗加乔夫、日洛宾实施抵抗的顽强程度，他于7月15日向勃劳希契透露，斯摩棱斯克交战已打响，但尚未取得决定性战果，敌人也没有被轻而易举地打垮。勃劳希契对此表示赞同，他叮嘱博克"将斯摩棱斯克交战进行到底"，但也提醒博克注意掩护位于戈梅利的南翼。传达希特勒"夺取斯摩棱斯克后装甲力量不再向前推进"的命令后，勃劳希契补充道，苏军士兵是一种新型作战人员，对侧翼遭受攻击无动于衷，因此博克必须将其歼灭，而不必在意攻城略地。出于补给原因，步兵力量无法越过斯摩棱斯克继续前进，博克可以投入快速"远征军"，以此追求更深远的目标。[13] 虽然勃劳希契没有指出这些目标的名称，但博克很清楚，它们不在中央集团军群作战地域内。因此对博克来说，斯摩棱斯克交战就是最后一场大规模战斗。

红军重组

红军在边境交战中惨败后，德国中央集团军群又摧毁了苏军沿第聂伯河构设的防御，迫使苏联总统帅部大本营、国防人民委员部、红军总参谋部采取果断措施，在严重动摇的红军中恢复秩序和纪律。因此，整个7月份，斯摩棱斯克交战肆虐之际，斯大林在红军内部进行大量改革，以改善其作战能力，寻求更有效的后勤保障，确保更严密的指挥控制，同时重振红军摇摇欲坠的纪律和士气。与此同时，大本营动员并投入新集团军以恢复其战略防御，特别是沿斯摩棱斯克和莫斯科方向，意图集结起必要的力量挽救铁木辛哥的西方向总指挥部和苏联首都。可能的话，还要沿莫斯科方向击败德军。

实际上，大本营对红军的彻底重组，只是通过撤销那些基本已被德军歼灭或在德军猛攻期间证明全然无效的部队，证实德国军队对苏军结构造成的破坏而已。大本营意图组建规模更小、更具效力的作战力量，以便那些仍缺乏经验的指挥员们可以在战斗中更有效地对其加以指挥。因此，大本营7月15日撤销笨重的机械化军，以番号为100系列的独立坦克师取而代之，以便为各野战集团军提供直接坦克支援。另外，机械化军辖内摩托化师改为标准步兵师。原先的机械化军，辖内每个坦克师配备375辆坦克，新组建的坦克师则编有2个坦克团、1个摩托化步兵团、1个榴弹炮兵团、1个反坦克炮兵营和各种支援部队，共1.1万人和215辆坦克，包括20辆KV、42辆T-34、143辆轻型坦克、10辆超轻型坦克和几辆指挥坦克。[14] 大本营还取消步兵军军部，把各野战集团军所辖的步兵师数量减少为5—6个。大本营还重组、精简严重受损的航空兵力量，撤销航空兵军军部，将航空兵师的规模缩减为每个师辖2个团，每个团的战机数量也从60架降为30架。最后，大本营还增设了红空军司令员并任命帕维尔·费多罗维奇·日加列夫中将出任该职。

正如哈尔德和博克日记中表明的那样，德军情报部门通过缴获的文件和截获的电报密切留意苏军部队的结构变化。例如，第3装甲集群的情报通告提及一份截获的苏军电报，大意为："以往的战争经历表明，我们的机械化军过于笨重，机动性和灵活性都受到限制，不适合快速变化的作战环境。另外，他们很容易成为敌机的目标。"[15]

受到接连失败、人员和物资蒙受重大损失这种严酷现实的影响，这些结构性变化显然不如组建并装备新战略预备力量、训练新近动员的士兵的更重要。组建新的预备力量的任务由新成立的预备力量管理部门执行，该部门需要与国防委员会（GKO）、国防人民委员部（NKO）和红军总参谋部密切配合。9月份，除了有700多万人接受军事训练外，国防委员会还依据当月17日颁行的所有苏联公民都参加普遍军训规定，征召250万年龄在16—50岁的人员入伍。另外，根据9月6日法令的规定，军训范围扩大到中学8年级至10年级。组建这些新兵团的同时，国防人委员部迅速将他们纳入前线各野战方面军（集团军）或统帅部预备队（RGK），用以充实防线或发起反突击（反攻）。[16]

令苏军战地指挥员头疼的是，这些新近动员的士兵大多缺乏训练（下级军官和士兵都是如此），许多新的兵团（师）和部队（团）也毫无凝聚力。这些士兵大多是受过部分训练的预备役人员或从未接受过训练的应征兵，往往不知道如何使用最基本的武器，更不必说部队（团、旅）和分队（营、连、排、班）配备的重型武器和班组武器了。[17] 另外，对这些新兵实施的军事编组在战斗中缺乏效力和持久力，这种情况是他们只接受过几周作战演练和战斗演习所致。因此，这些兵团、部队和分队无法遂行最基本的作战任务。更糟糕的是，新组建的师并未获得编制规定的大多数重武器，例如重机枪、82毫米迫击炮、反坦克炮、高射炮，以及工程兵装备和无线电台。

这种情况不仅出现在沿西德维纳河和第聂伯河部署的第一波次集团军（第16、第19、第20、第21、第22集团军），甚至波及番号为200系列的步兵师，这些师组建于6月下旬、7月和8月初，分配给番号为25以上和30系列集团军，例如第28、第29、第30、第31、第32、第33和第34集团军。从这段时期的报告中稍稍找出几个例子就足以说明这一点。例如，第20集团军司令员库罗奇金将军7月27日的报告就谈到了辖内诸兵团7月1日—25日令人沮丧的准备情况：

4.战役前没能实现彻底集中，集团军的人员和装备严重短缺……

（a）集团军诸兵团：步兵第73师、机械化第5军、坦克第57师、步兵第229师、步兵第144师和一个坦克师到达集团军时兵力严重不足……师级兵力从4000至6500人不等，其中许多人隶属后勤和支援部队。从事连续作战的兵团和部队，兵力更少。在此期间我们只获得了1600名补充兵，而我们需要7万人和9000匹马。我们设法以与原部队走散的士兵和军士弥补集团军的力量，但是这些人中的大多数没有武器，甚至没有军装，而我集团军也没有武器和军装储备，因而此举未能奏效。

（b）集团军通信部队和兵团，其通信设备和运输工具仅为编制规定的25%—30%。

（c）集团军掌握的工程兵和舟桥部队寥寥无几。工程兵分队的实力仅为编制规定的30%—35%。完全没有道路修建和架桥设备。[18]

实际上，这些和随后组建的预备队集团军，辖内大多数师和其他兵团并未做好战斗准备。其中80%的师采用的是缩减的和平时期编制，也就是6000人。直到宣布全面动员后，他们才获得新的人员和更多装备。但即便如此，他们的实际兵力也很少能超过编制力量的60%。6月22日至7月10日期间动员的第二波次师，情况要好得多。这38个师中的13个匆匆动员，主要以NKVD边防人员组成，这些可靠的、受过部分训练的军事人员是最容易获得的资源。NKVD（内务人民委员部）6月29日下达命令，要求在7月17日前组建25个这种步兵师，优先成立15个步兵师（番号为240—260系列）和5个山地步兵师：

根据苏联政府的决定，苏联内务人民委员部负责组建15个步兵师。为履行这项决定，我命令：

1. I.I.马斯连尼科夫中将负责组建内务部作战部队15个步兵师的任务。

2. 成立一个由马斯连尼科夫中将负责的领导小组，成员包括米罗布琴科上校、旅级指挥员I.S.舍列杰格、旅级指挥员M.N.希什卡列夫、S.I.弗罗洛夫中校。

3. 立即开始组建并投入以下师：步兵第243师，步兵第244师，步兵第246师，步兵第247师，步兵第249师，步兵第250师，步兵第251，步兵第252师，步兵第254师，步兵第256师，山地步兵第15师，山地步兵第16师，山地步兵第17师，山地步兵第26师，山地步兵第12师。

4. 为组建以上各师，给每个师调拨1000名士兵和军士，以及500名NKVD指挥干部。其余各类士兵要求红军总参谋部提供，从预备力量中征召。

5. 1941年7月17日前将NKVD指挥干部集中于各组建地域。

6. 马斯连尼科夫中将负责批准组建计划，提供物资技术支援并分配人员。[19]

这些师分配给第29至第33集团军后，第30集团军司令员霍缅科将军在7月27日呈交西方向总指挥部的报告中，生动评估了他这个集团军的准备情况。他在报告中列举了许多不足之处，包括缺乏参谋人员和指挥员，因而无法妥善传达命令，行军纪律糟糕，火力协同和支援混乱，后勤工作低能低效，指挥和参谋工作违反最基本的作战参谋程序，最后是为作战指挥员提供支持的党组织效率低下。[20] 之后，霍缅科又于8月5日向西方面军报告他这个集团军自动员以来遇到的许多问题，重点集中于新组建的师入编以及诸多调动和集结令相互冲突造成的混乱。例如，步兵第119、第242、第243、第251师和坦克第51师刚刚分配给他这个集团军后命令就发生改变，让这些师转隶其他正在组建的集团军。第30集团军最终获得步兵第242、第250、第251师，这些师必须步行赶赴集结区，用霍缅科的话来说，"这些兵团尚未完成集结便调离集结地，而且很不完整，简直就是一群乌合之众，投入战斗时毫无准备。"[21]

霍缅科以步兵第251师为例证明他的观点。该师组建于位于莫斯科东南方100千米的科洛姆纳市（Kolomna），被派至第30集团军位于别雷附近的集结区，这段路程超过350千米，实力不足的这个师步行赶来，"完全缺乏凝聚力"。调至前线前，动员机构（MVO）的代表向该师师长保证，一切短缺将在该师到达集结地后补上。正如霍缅科指出的那样，这种保证纯属信口开河：

1.该师不得不靠步行开赴集结区，还短缺一些分队（炮兵、化学连等）。他们没有后勤保障部队，因为这些分队人员搭乘三列火车，直到8月初才到达该师作战地域。而到目前为止，部分人员仍未到达。

2.该师没能成功组建并集结任何后方勤务机构。

3.该师部分部队和分队未建立党和共青团组织。

4.该师大部分人员从预备力量动员而来。全师只有约400名NKVD官兵。

5.由于组建仓促，马匹分配不当。炮兵的马匹落在后面，因此，直到装上火车后炮兵团才获得作为补充的炮兵马匹。

6.仓促组建导致分队指挥员不认识他的属下，战士们也不认识他们的指挥员，结果，该师各部队纪律涣散。

步兵第251师的这些和另一些实例造成这样一个事实，该师毫无准备地投入战斗，完成所受领任务的情况很糟糕，并且遭受了严重损失。[22]

霍缅科补充道，步兵第250师的情况与之类似，步兵第242师的战备状况稍好些。这份报告还详细列举了整个集团军的不足之处，其中包括：

· 集团军司令部需要的人员只获得了40%，截至8月5日到岗人数也只有50%。

· 防空和航空兵部队（团）完全不知去向。

· 炮兵团实力严重不足，道路标识机构和关键性后勤保障部门同样如此。

· 后勤部门需要37人，仅3人到岗。

至于具体的武器短缺，霍缅科第30集团军只有24门37毫米、12门76毫米高射炮，所需要的反坦克炮只获得了46%，步兵第250和第251师根本没有榴弹炮。野炮和迫击炮也严重短缺，各种类型的弹药都存在不足。最后，为支援集团军的作战行动，坦克第110师获得三个坦克营（65辆坦克），可截至8月5日，该师只有24辆可用的坦克，另外10辆坦克由集团军直接掌握。[23] 7月15日至8月5日期间，第30集团军最初投入的兵力为4.5万人，伤亡超过1.8万，如此高昂的损失，很大程度上是该集团军存在诸多不足导致的。[24]

霍缅科在8月5日报告的结尾处评估了他这个集团军的诸多问题并就战备状况得出明确结论：

1.第30集团军在组建和集结期间受领作战任务。由于集团军以缺乏训练的预备役人员组建而成，受领作战任务时的战斗力并未达到适当的水准，战斗结果证实了这一点。

2.为集团军提供的武器和作战装备无法令人满意，集团军未得到空中掩护。

3.上级补给部门为集团军提供一切适当且必要的物资的工作进行得非常缓慢，仅供应了其中的一部分，而且质量欠佳。

4.集团军在人员和装备方面遭受严重损失。我们请求尽快调拨援兵并加快集团军获得再补给的速度……[25]

对第30集团军战斗状态的坦率报告，在很大程度上诠释了第30集团军在1941年7月下旬、8月和9月初三次西方面军反攻中的作战表现。鉴于这些事实，该集团军的表现令人惊叹。

类似报告也对1941年7月调拨给西方面军其他部队的情况做出了生动描述。例如，第19集团军参谋长鲁布措夫少将7月24日呈交了一份长长的报告，阐述该集团军7月9日至24日的作战行动，特别提及其缺陷。这里必须指出，第19集团军最初作为预备队调拨给西南方面军。可刚刚到达基辅地域，科涅夫集团军不得不立即转身向北，变更部署到斯摩棱斯克。

指出集团军辖内摩托化第220师"没有坦克和车辆，炮兵力量也不足，几乎无法构成一个摩托化步兵师"后，鲁布措夫随即阐述集团军的战备状况：

1.步兵第25军各部队刚刚动员便投身战场。步兵第34军各部队仅处于加强战备状态。辖内各师总兵力仅为1.2万人,而且没有彻底动员。各个师在战场上遭遇到巨大的困难,因为他们没有运输工具,无法实施机动。他们没能获得所需数量的弹药,也无法携带迫击炮等装备。

2.炮兵力量姗姗来迟。因为炮兵已搭乘火车赶至基辅地域并在原部署地域先行占据发射阵地,距离车站很远,所以他们留在装载队列末端。为赶往火车站,炮兵们耗费了许多时间。[26]

这些和数百份类似报告表明,这些预备队和加强集团军的实力严重不足。到7月中旬,这些集团军发现,他们作为作战力量沿西方面军战线向前部署。更重要的是,许多下级指挥员和战士严重缺乏经验,甚至无法履行最基本的作战职能,指挥员不得不在这些问题上为他们提供指导。本书列举的许多命令和批评表明,除了编成和具体任务,各道命令中还包括关于该做些什么和如何去做的具体指示。没有这些指示,战斗就将沦为自杀式行动。这就解释了目前,甚至战争结束时,红军的命令为何会极其详细,他们的做法与德国军队的任务导向型指挥完全不同。

国防委员会和国防人民委员部在作战条件下重组红军的部队结构时,国防委员会也开始集中红军后勤部门以改善口粮、弹药、武器和其他物资的补给。所有的军需补给、铁路和公路交通运输、医疗勤务都交给了新组建的苏军总后勤部,由军需勤务中将安德烈·瓦西里耶维奇·赫鲁廖夫负责。这番重组解除了总参谋部的后勤职责,对总参谋部来说,不管怎么努力都难以完成这项任务。[27] 总后勤部包括后勤部司令部、军事交通部、道路管理部、总军需部、油料供应部、卫生部和兽医局。只有作战和技术装备的补给留在红军各军兵种负责人及其部/局长手中。这番改组中,斯大林还任命赫鲁廖夫为16名国防副人民委员之一以使其更具知名度。国防委员会7月31日和8月1日下达的命令还把这番改组扩大到作战部队,在方面军和集团军设立负责后勤的副司令员和相关后勤组织指挥机构,这些措施在48小时内生效。[28]

实施这些变革时,斯大林除了使用惯用的分权手法外,还为部队补给制定了严格的程序并以个人权力在红军各方面军和后方加以执行。事实证明,面对德国的入侵，红军后勤机构复杂、烦琐、毫无效率可言，需要付出巨大而又彻底无情的努力才能更有效地支援作战部队。虽说斯大林和他的主要指挥及行政机关1941年7月和8月做出了积极的尝试，但这些革新要到很久之后才能取得成果。

红军在战场上的灾难性失利导致了巨大的领土损失和惊人的人员、装备损失，部队出现严重的士气问题不足为奇。为结束"混乱无序的表现和警惕性的丧失"，必须采取严厉措施加强苏联武装力量士兵们的献身精神、士气和纪律。[29] 斯大林利用武装力量内部的军事指挥系统和与之平行的党组织恢复控制、士气和纪律，必要时采用武力和威胁。例如，大本营7月14日下达一道指令，宣布在战斗中丢失武器等同于叛国罪，可判处死刑，甚至要求伤员从战场上疏散时也要携带武器。[30]

为进一步加强政治控制，按照党中央委员会的指示，新近担任红军总政治部主任的列夫·梅赫利斯颁发了两道指令。第一道命令指示政治委员们加紧政治工作，通过树立榜样改善纪律，并责成与主力相隔绝，或在敌后陷入包围圈部队作为红军辅助人员继续从事战斗，积极破坏敌后方地域的组织。第二道命令要求党员和共青团员成为军队中的鼓舞者、骨干分子、危机状况下的组织力量。[31]

实际上，由于不再相信武装力量能完成他们的任务，斯大林遂于7月17日取消一长制（edinonachal'stvo），重新设立政治委员。此后，这些政治委员将以"党和政府的代表"的身份，与军事指挥员一道，为部队在战斗中的表现和能否"坚定不移地准备同国土上的敌人战斗到最后一滴血"承担全部责任。政治委员有权毫不留情地处理"懦夫、散布恐慌者和逃兵"。[32] 斯大林于三天后正式担任国防人民委员，8月7日出任苏联武装力量最高统帅。就这样，在这个最危险的时刻，斯大林成了苏联伟大卫国战争中的最高领导人。

即便在这个危机重重的时刻，斯大林也不赞成将远东的大股力量（实际上那是他最后的战略预备力量）调至西部，因为他尚无法确定日本人会继续保持平静。不过，他和大本营都竭力募集新锐力量以巩固战略防御，特别是在铁木辛哥的作战地域。

7月中旬，斯大林最担心的是斯摩棱斯克和莫斯科方向的态势，据铁木辛哥报告，德国人已准备沿该方向达成突破。因此，方面军司令员越来越激动地要求调拨援兵。为缓和他的情绪，大本营7月14日责成国防人民委员部组建两个新集团军（第31、第32集团军），这两个集团军和已加入预备队的第24、第28、第29、第30集团军被编为一个后备方面军，由NKVD将军I.A.波格丹诺夫指挥（参见表4.2）。

7月14日日终前，波格丹诺夫的新方面军将辖内4个集团军用于据守从旧鲁萨向南延伸，经斯摩棱斯克东面至布良斯克地域的新战略防线，另外2个集团军留在后方以掩护莫斯科近接近地。另外，波格丹诺夫靠前部署的集团军还将做好必要时发起反冲击、反突击乃至反攻的准备，以遏制并击退前进中的德军。[33]

最终，部署在第一道防线上的是马斯连尼科夫第29集团军，司令部设在博洛戈耶，辖内5个步兵师部署在从旧鲁萨向南延伸，穿过杰米扬斯克至奥斯塔什科夫一线；霍缅科第30集团军，司令部设在勒热夫，5个步兵师部

表4.2：后备方面军1941年7月14日的编成和作战任务

后备方面军		
司令员	伊万·亚历山德罗维奇·波格丹诺夫中将	
政委	国家安全内卫部队三级政委S.N.克鲁格洛夫	
参谋长	P.I.利亚平少将	
司令部驻地	莫扎伊斯克	
任务	1941年7月14日日终前占据旧鲁萨、奥斯塔什科夫、别雷、伊斯托米诺、叶利尼亚、布良斯克一线。应特别谨慎地准备一道防坦克和防空防御	
第一梯队	第29集团军	
	指挥员	内务部副人民委员，伊万·伊万诺维奇·马斯连尼科夫中将
	司令部驻地	博洛戈耶
	左侧分界线	托罗佩茨、谢利扎罗沃和上沃洛乔克
	兵力	5个师，2个军属炮兵团，3个反坦克炮兵团，1个歼击航空兵团，1个轰炸航空兵团，1个伊尔-2中队
	任务	扼守旧鲁萨、杰米扬斯克、奥斯塔什科夫一线，特别留意防御旧鲁萨—博洛戈耶、霍尔姆—博洛戈耶、奥斯塔什科夫—上沃洛乔克方向
	第30集团军	
	指挥员	瓦西里·阿法纳西耶维奇·霍缅科少将，原乌克兰边防军司令员
	司令部驻地	勒热夫

续表

第一梯队	左侧分界线	伊利因诺、尼基希诺、沃洛科拉姆斯克
	兵力	5个师，1个军属炮兵团，2个反坦克炮兵团
	任务	扼守奥斯塔什科夫、谢利扎罗沃、奥列尼诺、瓦西列沃一线，特别留意防御托罗佩茨—谢利扎罗沃—加里宁和大卢基—勒热夫—沃洛科拉姆斯克方向
	第24集团军	
	指挥员	斯捷潘·安德里亚诺维奇·加里宁少将①，原西伯利亚军区司令员（7月下旬由原波罗的海边防军司令员康斯坦丁·伊万诺维奇·拉库京少将接替）
	司令部驻地	维亚济马
	左侧分界线	波奇诺克、巴尔苏基、锯木厂、布特尔利诺和梅登
	兵力	10个师，3个加农炮兵团，1个榴弹炮兵团，3个军属炮兵团，4个反坦克炮兵团
	任务	扼守别雷、伊兹杰什科沃车站、多罗戈布日、叶利尼亚一线，应特别留意防御亚尔采沃—维亚济马方向
	第28集团军	
	指挥员	V.Ia.卡恰洛夫少将，原阿尔汉格尔斯克军区司令员
	司令部驻地	基洛夫
	兵力	9个师，1个加农炮兵团，1个榴弹炮兵团，4个军属炮兵团，4个反坦克炮兵团
	任务	扼守从罗加切沃到茹科夫卡、维索科耶、索斯诺夫卡、锡涅焦尔基的杰斯纳河一线，应特别留意防御罗斯拉夫利—梅登方向和布良斯克地域，并将4个师（其中3个为坦克师）留在扎诺兹纳亚车站和基洛夫地域担任集团军预备队
方面军预备队	**第31集团军**	
	指挥员	瓦西里·尼基季奇·多尔马托夫少将，原卡累利阿NKVD边防军区司令员
	司令部驻地	斯塔里察
	兵力	6个师，1个军属炮兵团，2个反坦克炮兵团
	任务	将5个步兵师、1个坦克师、1个军属炮兵团和2个反坦克炮兵团留在托尔若克、勒热夫、沃洛科拉姆斯克和加里宁地域
	第32集团军	
	指挥员	尼古拉·库兹米奇·克雷科夫中将，原莫斯科军区负责训练的副司令员
	司令部驻地	纳罗-福明斯克
	兵力	7个师，1个反坦克炮兵团
	任务	将6个步兵师、1个坦克师、1个反坦克炮兵团留在鲁扎、莫扎伊斯克、小雅罗斯拉韦茨、维索基尼奇和纳罗福明斯克地域

※资料来源：V.A.佐洛塔廖夫主编，《最高统帅部大本营：1941年的文献资料》，第70—72页。

---

① 译注：中将。

署在从奥斯塔什科夫向南延伸，穿过谢利扎罗沃（Selizharovo）和奥列尼诺（Olenino）至瓦西列沃（Vasilevo）一线；加里宁第24集团军，司令部设在维亚济马，9个步兵师部署在从别雷向南延伸，经伊兹杰什科沃（Izdeshkovo）和多罗戈布日至叶利尼亚一线；卡恰洛夫第28集团军，司令部设在基洛夫，9个步兵师设在从罗加切沃向南延伸，经茹科夫卡、维索科耶（Vysokoe）、索斯诺夫卡（Sosnovka）至锡涅焦尔基一线。后方，多尔马托夫第31集团军，司令部设在斯塔里察，将担任预备队的6个步兵师沿莫斯科西北部接近地集中在托尔若克、勒热夫、沃洛科拉姆斯克（Volokolamsk）、加里宁地域的集结区；克雷科夫第32集团军，司令部设在纳罗–福明斯克（Naro–Fominsk），将7个师集中在鲁扎（Ruza）、莫扎伊斯克（Mozhaisk）、小雅罗斯拉韦茨（Maloiaroslavets）、维索基尼奇（Vysokinichi）和纳罗–福明斯克地域，掩护莫斯科西南部接近地。

7月15日，德国第2装甲集群第29摩托化师先遣力量到达斯摩棱斯克南部，苏联总统帅部大本营开始准备以其预备力量介入该城保卫战。当日晚些时候，大本营命令卡恰洛夫第28集团军（该集团军已在斯摩棱斯克东南方沿杰斯纳河集结），7月17日拂晓前将3个步兵师前调至新防御阵地，掩护斯摩棱斯克和维亚济马方向。具体而言，步兵第145师应在罗斯拉夫利地域设立新防御并准备"向斯摩棱斯克展开积极行动"，步兵第120和第89师应在集团军右翼向前部署至维亚济马与叶利尼亚之间的阵地。[34]

随后，为完成沿莫斯科方向的防御，斯大林7月18日组建了一个新方面军，命名为莫扎伊斯克防线方面军，从而形成了一股战略性第三梯队力量。该方面军由NKVD将军P.A.阿尔捷米耶夫指挥，以第32集团军核心力量、调自后备方面军的5个步兵师和坦克第109师、调自波格丹诺夫方面军的第32集团军，以及新成立的第33和第34集团军组建而成。（参见表4.3）

斯大林对这些军队的可靠性非常重视，所以该方面军和辖内大多数集团军都由NKVD高级将领指挥。斯大林命令阿尔捷米耶夫的新方面军，沿库舍列沃（Kushelevo）、亚罗波列茨（Iaropolets）、科洛奇（Koloch'）车站、伊利因斯科耶（Il'inskoe）和杰奇诺（Detchino）一线设立并据守防御，这是维亚济马与莫斯科之间的第三道防线。

表4.3：莫扎伊斯克防线方面军1941年7月18日的编成和作战任务

莫扎伊斯克防线方面军	
司令员	NKVD中将帕维尔·阿尔捷米耶维奇·阿尔捷米耶夫，NKVD作战部队指挥部部长，莫斯科军区司令员
政委	I.M.索科洛夫
参谋长	A.I.库德里亚绍夫少将
任务	占据并守卫库舍列沃、亚罗波列茨、科洛奇车站、伊利因斯科耶和杰奇诺一线
第32集团军	
司令员	尼古拉·库兹米奇·克雷科夫中将，原莫斯科军区负责训练的副司令员
军事委员会成员	G.N.日连科夫
参谋长	I.A.库佐科夫上校
司令部驻地	沃洛科拉姆斯克
左侧分界线	萨温基、塔尔哈诺沃、帕夫洛夫斯卡亚斯洛博达
编成	5个步兵师，包括1个NKVD师和4个民兵师，1个统帅部预备队炮兵团，3个反坦克炮兵团
任务	扼守库舍列沃、亚罗波列茨、丘巴罗沃、卡拉恰罗沃一线，应特别留意防御勒热夫—沃洛科拉姆斯克和瑟乔夫卡—沃洛科拉姆斯克方向
第33集团军	
司令员	旅级指挥员德米特里·普拉托诺维奇·奥努普里延科，原NKVD作战部队指挥部副部长，莫斯科军区参谋长
军事委员会成员	M.D.什利亚赫京
参谋长	I.K.普罗斯托夫中校
编成	5个步兵师，包括3个NKVD师和2个民兵师，1个坦克师（第109师），1个统帅部预备队炮兵团，3个反坦克炮兵团
任务	扼守格拉佐沃、科洛奇车站、索斯诺夫齐一线，应特别留意防御格扎茨克—莫扎伊斯克—库宾卡方向
第34集团军	
司令员	旅级指挥员尼古拉·尼洛维奇·普罗宁，原伏龙芝军事学院指挥系主任，莫斯科步兵第1师师长
军事委员会成员	I.P.沃伊诺夫
参谋长	旅级指挥员A.G.加尔金
司令部驻地	小雅罗斯拉韦茨
编成	5个步兵师，包括1个NKVD师和4个民兵师，1个统帅部预备队炮兵团，3个反坦克炮兵团
任务	扼守尼基茨科耶、列季基诺、诺兹德里诺一线，应特别留意防御尤赫诺夫—梅登—小雅罗斯拉韦茨方向

注：不久后，大本营还在后备方面军辖内组建了第35集团军，但之后不久，大本营将第35集团军番号改为第49集团军，并在远东组建了一个新的第35集团军。

另外，为加强这些战略第二、第三梯队，大本营还下令修建三道防线，纵深约300千米，位于斯摩棱斯克到莫斯科中途的维亚济马地域。不过，修筑这些防线并不表示斯大林已放弃在斯摩棱斯克地域发起后续进攻行动的想法。相反，正如他7月20日同铁木辛哥的电话交谈表明的那样，斯大林仍坚持要求西方面军以更强大的特别战役集群发起大规模进攻。

与此同时，德军继续增加施加给铁木辛哥辖内力量的压力。7月19日，苏联总统帅部大本营提醒波格丹诺夫，做好以第29、第30、第28集团军发起进攻的准备，以解救铁木辛哥第19、第20、第16集团军，这几个集团军此时几乎被彻底包围在斯摩棱斯克地域。具体而言，马斯连尼科夫第29集团军将以步兵第243、第256、第252师从托罗佩茨地域攻向大卢基，霍缅科第30集团军以步兵第242、第251、第250师从西德维纳河北面攻往杰米多夫，而卡恰洛夫第28集团军则以步兵第149、第145师和坦克第105师从罗斯拉夫利地域攻向斯摩棱斯克。[35] 没过几天，斯大林、总参谋长朱可夫和铁木辛哥就开始策划以这些预备力量实施一场大规模进攻，解救遭受威胁的红军集团军并阻止敌人沿莫斯科方向继续推进。为促进这番努力，大本营7月19日委派叶廖缅科暂时指挥西方面军，任命瓦西里·丹尼洛维奇·索科洛夫斯基中将担任他的参谋长，同时任命沙波什尼科夫出任铁木辛哥西方向总指挥部参谋长（参见下文）。

戏剧性事件在西方面军中央地带的斯摩棱斯克及其周边上演时，一场方向完全不同但与之密切相关的斗争正沿铁木辛哥方面军左翼的索日河及其西部展开。7月23日，总统帅部大本营意识到这场斗争的独特性，遂将西方面军一分为二，西方面军仍由铁木辛哥指挥，辖第22、第16、第10、第19集团军，新成立的中央方面军辖第13和第21集团军。做出这种分割后，两个方面军将负责应对沿其北翼和南翼发展的两场战斗并填补铁木辛哥左翼力量与基尔波诺斯西南方面军右翼力量之间的缺口，后者正在基辅南北两面沿第聂伯河从事战斗。[36]

新成立的中央方面军由费奥多尔·伊西多罗维奇·库兹涅佐夫上将指挥，此前他曾担任过西北方面军司令员和第21集团军司令员。中央方面军辖格拉西缅科将军的第13集团军和米哈伊尔·格里戈里耶维奇·叶夫列莫夫中将的第21集团军，叶夫列莫夫曾担任过奥廖尔军区、北高加索军区和外高加索军区司令员，自1941年1月起出任红军步兵第一副总监。大本营赋予库兹涅佐夫新方面军的任务是扼守戈梅利地域并沿索日河构设一道防线。最后，大本营下令撤销桑达洛夫支离破碎的第4集团军，将其余部纳入格拉西缅科第13集团军。[37]此后不久，大本营将新组建的第3集团军（原第3集团军在边境交战中遭歼灭，大本营7月中旬以预备力量加以重建）调给F.I.库兹涅佐夫的中央方面军。边境交战期间指挥第3集团军的V.I.库兹涅佐夫中将继续担任新组建的第3集团军的司令员。（参见表4.4、表4.5）

　　两周后，斯大林以叶夫列莫夫替换库兹涅佐夫并任命戈尔多夫将军为第21集团军司令员。中央方面军的任务是掩护西方面军与西南方面军之间的结合部并沿戈梅利和博布鲁伊斯克方向朝西北方展开积极行动，以此协助西方面军。这番重组使西方面军与波格丹诺夫后备方面军共同守卫莫斯科方向，西方面军目前由叶廖缅科指挥，辖内第22、第16、第20、第19集团军主力几乎被包围在涅韦尔和斯摩棱斯克地域。虽然这番重组看似临时性举措，但苏军集结的力量还是给博克中央集团军群造成了一些严重问题。

斯摩棱斯克合围战，7月16日—23日

　　虽然铁木辛哥断裂的西方面军面临许多问题，但是中央集团军群竭力夺取斯摩棱斯克地域时，同样遭遇了一些令人生畏的麻烦。月中时，这些问题中最难以解决的显然是博尔滕施泰因第29摩托化师和内林第18装甲师无法从南面和东面包围整个斯摩棱斯克地域，然后同从北面赶来的施密特第39摩托化军丰克第7装甲师会合。古德里安麾下的这两个师实力实在是太弱了，甚至在攻向斯摩棱斯克之前，第18装甲师师长内林就指出，"要是我们不打算为赢得胜利拼个两败俱伤"，就必须停止重大伤亡。[38]（参见地图4.1）

　　苏军在斯摩棱斯克地域的激烈抵抗也是个棘手的问题，虽说发展缓慢，但给进攻中的德军装甲和摩托化师增添了困难。例如，米舒林上校的坦克第57师在斯摩棱斯克西南方克拉斯内附近的激烈战斗中表现出色，该师以数量不断减少的战车成功遏制了第47摩托化军的突击近八天。之所以如此，是因为该军辖内装甲师的装甲掷弹兵伤亡惨重。苏联国防委员会授予身负重伤的米舒林师长"苏联英雄"称号，以表彰他在斯摩棱斯克包围圈战斗中展现出的英勇气概。

　　虽然寡不敌众，火力也有所不敌，但卢金第16集团军在战斗中的表现同

表4.4：西方面军的编成和高级指挥员（截至1941年8月1日）

西方面军 苏联元帅谢苗·康斯坦丁诺维奇·铁木辛哥		
第16集团军 米哈伊尔·费多罗维奇·卢金中将；8月8日由康斯坦丁·康斯坦丁诺维奇·罗科索夫斯基中将[1]接替	**步兵第32军**	**步兵第46师**
		步兵第129师
		步兵第152师
	步兵第34军	
	步兵第158师	
第19集团军 伊万·斯捷潘诺维奇·科涅夫中将	**步兵第2军**	**步兵第50师**
		步兵第161师
	步兵第25军	**步兵第89师**
		步兵第91师
		步兵第162师
	步兵第166师	
第20集团军 帕维尔·阿列克谢耶维奇·库罗奇金中将，8月6日由米哈伊尔·费多罗维奇·卢金中将接替	**步兵第69军**	**步兵第73师**
		步兵第144师
		步兵第233师
	步兵第153师	
	步兵第229师	
	机械化第5军 坦克兵少将伊利亚·普罗科菲耶维奇·亚历克先科，逃离包围圈后伤重不治，8月2日身亡	**坦克第13师**（8月8日撤编） 费奥多尔·乌斯季诺维奇·格拉切夫上校
		坦克第17师（8月28日改编为坦克第126旅） 伊万·彼得罗维奇·科尔恰金上校
		摩托化第1师（8月18日改编为坦克第1师） 雅科夫·格里戈里耶维奇·克列伊泽尔上校 （8月7日晋升为少将）
	坦克第57师（9月1日改编为坦克第128旅） 瓦西里·亚历山德罗维奇·米舒林上校（7月24日晋升为坦克兵少将）	
第22集团军 菲利普·阿法纳西耶维奇·叶尔沙科夫中将，8月28日由瓦西里·亚历山德罗维奇·尤什克维奇中将[2]接替	**步兵第29军**	**步兵第126师**
		步兵第179师
		步兵第214师
	步兵第51军	**步兵第98师**
		步兵第112师
		步兵第170师
	步兵第62军	**步兵第174师**
		步兵第186师
	步兵第256师	
	坦克第48师 德米特里·雅科夫列维奇·雅科夫列夫上校	

① 译注：少将。
② 译注：少将。

续表

第28集团军 弗拉基米尔·雅科夫列维奇·卡恰洛夫中将，8月4日在战斗中阵亡，该集团军覆灭后暂时撤编	步兵第145师	
	步兵第149师	
	步兵第176团	
	坦克第104师 瓦西里·格拉西莫维奇·布尔科夫上校	
第29集团军 伊万·伊万诺维奇·马斯连尼科夫中将	步兵第243师	
	步兵第252师	
	NKVD摩托化步兵第1团	
	骑兵第50师 伊萨·亚历山德罗维奇·普利耶夫上校（9月11日晋升为少将）	
	骑兵第53师 旅级指挥员孔德拉特·谢苗诺维奇·梅利尼克	
第30集团军 瓦西里·阿法纳西耶维奇·霍缅科少将	步兵第242师	
	步兵第250师	
	步兵第251师	
亚尔采沃方向军队集群 康斯坦丁·康斯坦丁诺维奇·罗科索夫斯基中将，至8月8日	步兵第44军	步兵第38师
		步兵第64师
		步兵第108师
	坦克第14师（8月29日改编为独立坦克第205团） 伊万·德米特里耶维奇·瓦西里耶夫上校	
	坦克第18师（9月1日改编为坦克第127旅） 坦克兵少将费奥多尔·季莫费耶维奇·列米佐夫	
	坦克第101师（原坦克第52师） 格里戈里·米哈伊洛维奇·米哈伊洛夫上校	
	坦克第107师（原摩托化第69师） 彼得·尼古拉耶维奇·多姆拉切夫上校	
方面军预备队	步兵第24师	
	步兵第134师	
	第61筑垒地域	
	第62筑垒地域	
	第66筑垒地域	
	第68筑垒地域	
	机械化第17军 （8月1日改编为坦克第147旅） 米哈伊尔·彼得罗维奇·彼得罗夫少将	坦克第27师（8月1日撤编） 阿列克谢·奥西波维奇·阿赫马诺夫上校
		坦克第36师（8月1日撤编） 谢尔盖·扎哈罗维奇·米罗什尼科夫上校
		摩托化第209师（9月19日撤编） 阿列克谢·伊里奇·穆拉维耶夫上校
	独立坦克第114团	

表4.5：中央方面军的编成和高级指挥员（截至1941年7月23日）

中央方面军（7月23日组建，8月28日撤编）			
费奥多尔·伊西多罗维奇·库兹涅佐夫上将，8月7日由M.G.叶夫列莫夫中将接替			
第3集团军 （7月14日组建于统帅部预备队，8月1日编入中央方面军） 西里·伊万诺维奇·库兹涅佐夫中将，8月31日由雅科夫·格里戈里耶维奇·克列伊泽尔少将接替	**步兵第66军**		**步兵第75师**
			步兵第232师
	空降兵第214旅		
	第65筑垒地域		
	坦克第18团		
第13集团军 康斯坦丁·德米特里耶维奇·戈卢别夫少将，8月31日由阿夫克先季·米哈伊洛维奇·戈罗德尼扬斯基少将接替	**步兵第28军**		**步兵第55师**
			步兵第132师
	步兵第45军		**步兵第6师**
			步兵第121师
			步兵第137师
			步兵第148师
	空降兵第4军 阿列克谢·谢梅诺维奇·扎多夫少将		**空降兵第7旅**
			空降兵第8旅
	山地骑兵第21师 亚库布·库列维奇·库列夫上校		
	骑兵第52师 尼古拉·彼得罗维奇·亚库宁上校		
第21集团军 米哈伊尔·格里戈里那维奇·叶夫列莫夫中将，8月7日由瓦西里·米哈伊洛维奇·戈尔多夫中将接替，8月25日由瓦西里·伊万诺维奇·库兹涅佐夫中将接替	**步兵第21军**		**步兵第42师**
			步兵第117师
			步兵第187师
	步兵第63军		**步兵第61师**
			步兵第154师
			步兵第167师
	步兵第67军		**步兵第102师**
			步兵第151师
			步兵第155师
	机械化第25军 谢苗·莫伊谢耶维奇·克里沃申少将		**坦克第50师** （8月10日改编为独立坦克第8、第14营） 鲍里斯·谢尔盖耶维奇·巴哈罗夫上校
			坦克第55师 （8月10日改编为独立坦克第8、第14营） 瓦西里·米哈伊洛维奇·巴达诺夫上校
			摩托化第219师 （9月9日改编为步兵第219师） 帕维尔·彼得罗维奇·科尔尊少将

续表

方面军预备队	步兵第143军		
	步兵第160师		
	骑兵集群 奥卡·伊万诺维奇·戈罗多维科夫上将	骑兵第32师 亚历山大·伊万诺维奇·巴茨卡列维奇上校，阿列克谢·普罗科菲耶维奇·莫斯卡连科上校	
		骑兵第43师 旅级伊万·库济米奇·库济明	
		骑兵第47师 安德烈·尼科诺罗维奇·西杰利尼科夫少将	
	坦克第109师 谢苗·潘卡拉季耶维奇·切尔诺拜上校		

样出色。例如，阿夫克先季·米哈伊洛维奇·戈罗德尼扬斯基少将的步兵第129师（该师获得另一些遭歼灭师的零散战斗群加强），彼得·尼古拉耶维奇·切尔内舍夫上校的步兵第152师，都在这场不对等的战斗中表现英勇。面对从西北面和西南面逼近斯摩棱斯克的德国第9集团军第5军和第2集团军第9军，这些苏军师一连苦战十天。

　　德国人进攻斯摩棱斯克包围圈的力量配置也在不经意间帮助了陷入困境的苏联守军。从维捷布斯克地域向前推进期间，霍特第3装甲集群向北转动得太远，虽然同古德里安前进中的装甲集群大致平行，但却攻向波洛茨克和大卢基，以及斯摩棱斯克北面、东北面和东面的韦利日、杰米多夫、杜霍夫希纳。由于孔岑第57摩托化军加入第9集团军攻向波洛茨克、涅韦尔和大卢基，施密特第39摩托化军的多路突击矛头7月16日到达斯摩棱斯克以东地域时已为时过晚，无法协助古德里安装甲集群第29摩托化师对该城的突击。由于施密特军不得不以第7和第20装甲师在斯摩棱斯克北面和东面形成合围对内、对外正面，第18摩托化师必须掩护该军直至韦利日的漫长左翼，施密特军可用于进攻被围苏军之北翼的兵力寥寥无几，封闭斯摩棱斯克东面的合围铁环就更加困难了。（参见地图4.2）

　　因此，这项任务落在了古德里安装甲集群博尔滕施泰因第29摩托化师肩头，该师将在内林第18装甲师一部的加强下，消灭苏军在该城的抵抗。博尔滕施泰因的装甲掷弹兵和内林的坦克最终将耗费三天时间，以残酷的逐屋争夺战

162

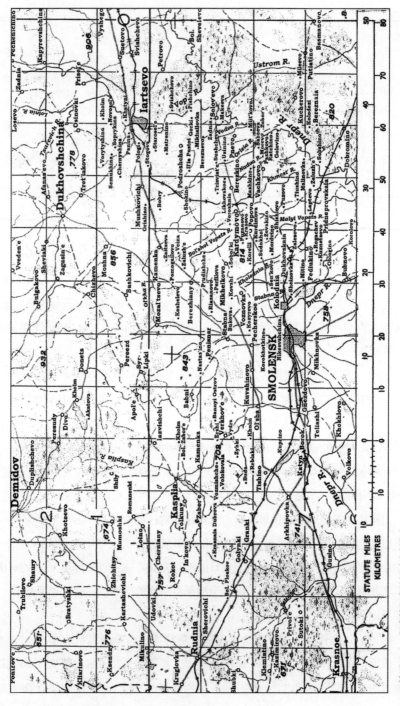

▲ 地图 4.1：斯摩棱斯克地域（资料图）

将卢金第16集团军遂行防御的步兵第129和第152师驱离该城北半部，然后，这两个德军师必须付出巨大努力，确保既得战果。经过激烈战斗，第18装甲师只剩12辆可用坦克，这充分反映了战斗的激烈程度，也说明了未获得步兵师支援的德军装甲力量在战斗中会遭受破坏性打击。韦伯将军的第17装甲师离开奥尔沙赶来增援内林师，在城市西面也将遭遇类似的困难。

可是，月中后，希特勒、博克、克鲁格和霍特最为关注的是封锁并消灭几乎已陷入重围的苏军第16、第19和第20集团军，这些苏军部队仍在顽强坚守斯摩棱斯克"口袋"周围的防御阵地。中央集团军群的博克、第4装甲集团军的克鲁格和希特勒身边的参谋人员都希望尽可能多地歼灭新近确认的苏军部队。霍特装甲集群的力量分散在北面的杜霍夫希纳、亚尔采沃与包围圈北翼及东翼之间，他希望实现会合并歼灭敌人，从而腾出兵力加入受到的威胁越来越大的东部战线。相反，古德里安仍希望毫不拖延地继续攻向莫斯科，已派维廷霍夫第46摩托化军辖下的沙尔第10装甲师向东前进，以便在叶利尼亚夺得杰斯纳河对岸的登陆场。他认为，这座登陆场将成为随后攻往维亚济马和最终目标莫斯科的理想出发阵地。沙尔的装甲兵和装甲掷弹兵们7月19日展开行动。但事实证明，苏军不断对两个装甲集群之侧翼发起猛烈攻击，最终使古德里安相信，他掌握的力量足以继续攻往叶利尼亚，或困住斯摩棱斯克东面的苏军第16集团军，但无法二者兼顾。

虽然存在这些问题，但是德国人还是于7月16日发起了消灭包围圈的战斗并奋战到月底。虽说施密特第39摩托化军辖下的丰克第7装甲师7月15日晚些时候夺得了斯摩棱斯克东北面50千米，通往亚尔采沃的至关重要的交通路口，但困住铁木辛哥第16、第19和第20集团军的包围圈并不严密。此时，施密特军已派施通普夫第20装甲师一部掩护丰克位于亚尔采沃以东的左翼，措恩第20摩托化师则沿从利奥兹诺地域（维捷布斯克东南方40千米）朝东北方延伸至杰米多夫（斯摩棱斯克以北56千米）的这条战线，从西北面逼近斯摩棱斯克。7月15日—16日夜间，第20摩托化师转身向东，形成包围圈北翼，而哈佩第12装甲师接管该师位于利奥兹诺以东的阵地，从而围绕斯摩棱斯克包围圈北半部构成一道近乎连贯的封锁线。（参见地图4.3）

可是，虽然霍特装甲集群的施密特军设法围绕包围圈北部边缘形成一

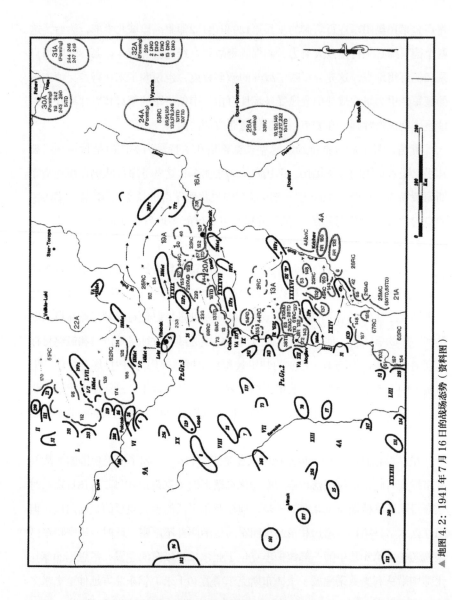

▲ 地图4. 2：1941年7月16日的战场态势（资料图）

　　道相当坚实的封锁线，但古德里安装甲集群的莱梅尔森第47摩托化军辖内第
29摩托化师，以及第18和第17装甲师仍陷入斯摩棱斯克、克拉斯内和西面奥
尔沙的激烈战斗中，无法同第7装甲师会合，因而在亚尔采沃南面，沿第聂
伯河满是沼泽的河岸处留下一个缺口。这就给几乎陷入重围的红军部队留下

了一条唯一的逃生通道，这条通道穿过亚尔采沃以南15千米处的索洛维耶沃（Solov'evo）向东延伸。

夺得亚尔采沃后，丰克第7装甲师转身向西，以阻止苏军从斯摩棱斯克包围圈向东撤退。由于丰克不得不以他的装甲力量和2个摩托化步兵营据守从杜霍夫希纳东面至亚尔采沃这段19千米宽的地带，他的力量分散得非常薄弱。尽管如此，对铁木辛哥的西方向总指挥部来说，即将发生的灾难是巨大的，德国人截获的一份电报便是明证，铁木辛哥在这份电报中申斥斯摩棱斯克卫戍司令："您的沉默是可耻的，您什么时候才能明白？这会危及您的性命。立即呈交您对整体态势的评估……不惜一切代价坚守斯摩棱斯克。"[39] 苏军士兵会坚守，部分原因是他们服从命令，但也因为他们别无选择。

简单调查当日的灾难性事态发展，特别是德军第29摩托化师突入斯摩棱斯克南半部的情况后，铁木辛哥7月15日夜间向大本营报告："我们缺乏训练有素的部队以掩护亚尔采沃、维亚济马和莫斯科方向。主要问题是那里没有坦克。"[40] 但大本营已采取措施加以弥补，7月13日便命令西南方面军机械化第9军军长康斯坦丁·康斯坦丁诺维奇·罗科索夫斯基中将[①]向莫斯科报到，准备派他到西方面军履新[41]，展现出了惊人的远见。作为一名资深骑兵，罗科索夫斯基6月下旬率领机械化第9军参加朱可夫在杜布诺地域发起的大规模坦克反突击期间，展现出了非凡的技艺和决心。赶至莫斯科后，大本营命令罗科索夫斯基组建一个特别战役集群，该集群唯一的任务是阻止德军装甲力量在斯摩棱斯克以东会合。这个战役集群被称为亚尔采沃方向军队集群，或简称为亚尔采沃集群，受领的任务是复夺亚尔采沃，为铁木辛哥在斯摩棱斯克地域苦战的三个集团军打开一个"逃生口"并与波格丹诺夫辖内其他预备队集团军共同发起进攻，稳定斯摩棱斯克的态势。叶廖缅科后来描述了这种临时性举措的必要性："斯摩棱斯克东面，斯摩棱斯克—莫斯科铁路线上没有部队，铁路线南面和东北面的莫斯科—明斯克公路上也没有我方部队，无法阻止敌人渡过第聂伯河并朝他们希望的任何方向攻击前进，这会使我们三个（被围）集团军面临危险的局面。"[42] 大本营下令组建罗科索夫斯基亚尔采沃集群时，明确表示其意图不

---

① 译注：少将。

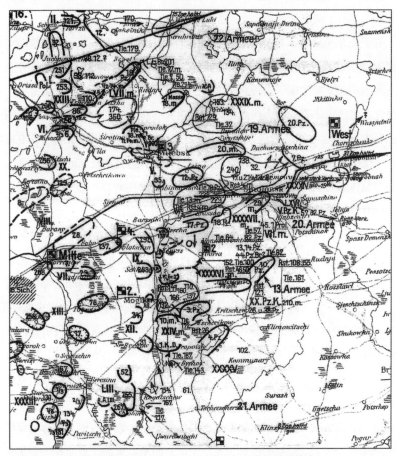

▲ 地图 4.3：中央集团军群的作战态势，1941 年 7 月 16 日晚间（资料图）

仅仅是要坚守斯摩棱斯克，而且包括在不久之后对德军发起一场决定性反攻。

铁木辛哥和斯大林深感不安，雪上加霜的是，博尔滕施泰因7月16日前调第29摩托化师余部，从苏军第16集团军遂行防御的步兵第129师手中一举夺得了整个斯摩棱斯克城（最北郊除外）。德军几乎攻占整座城市的事实令斯大林愤怒不已，特别令他尴尬的是，他的儿子，在机械化第7军坦克第14师担任炮兵连连长的雅科夫·朱加什维利中尉，被德国人在斯摩棱斯克东面俘虏。[43] 除了他的个人损失，斯大林还对亚尔采沃地域的态势深感焦虑，特别是岌岌可危的索洛维耶沃走廊，因为他意识到，德国人夺取任何一处或这两处，都将决定西方面军第16、第19和第20集团军的命运。

斯摩棱斯克失陷，铁木辛哥辖内大部分力量陷入合围，促使斯大林做出他特有的反应。7月16日，他代表国防委员会斥责西方面军所有指挥员抱有一种"动辄撤退的态度"，也就是说，太过轻而易举地放弃城市。斯大林宣布，若果真如此，国防委员会将把这种指挥员视为犯下叛国罪的罪犯。斯大林要求道："（a）这种态度玷污了红军的荣誉，必须采取铁腕手段将其扼杀在萌芽状态；（b）不惜一切代价坚守斯摩棱斯克"。[44]

近期的俄罗斯评论者描述了促使斯大林做出负面反应的险峻态势：

> 实际上，敌装甲集群突破防御后，一些（红军）指挥员失魂落魄，不知该如何是好。发现自己处在这种情况下，他们要么未经批准便放弃阵地，要么向东转移，试图躲入森林中。NKVD向国防委员会报告，从军事行动开始起到7月20日，各方面军和集团军的NKVD特别支队已阻止103876名士兵，他们与自己的部队失散，正沿各条道路混乱后撤。被扣留的士兵，大多被派至新的军事部队并重返前线。[45]

为强调摆脱红军中一切"撤退者"的决心，大本营于7月19日下达第0436号令，派叶廖缅科将军暂时接替铁木辛哥担任西方面军司令员，大本营认为叶廖缅科更像一名"斗士"。为增加沿莫斯科方向高级别指挥部的经验，这道命令还派总参谋部的缔造者、30年代红军的"大脑"、苏联元帅鲍里斯·米哈伊洛维奇·沙波什尼科夫出任西方向总指挥部参谋长，任命经验丰富的瓦西里·丹尼洛维奇·索科洛夫斯基中将任西方面军参谋长，格尔曼·卡皮托诺维奇·马兰金中将改任西方面军重要的作战部部长。

另外，为确保对高级将领实施严格的政治控制，这道命令还派斯大林的党内盟友尼古拉·A.布尔加宁、潘捷列伊蒙·康德拉季耶维奇·波诺马连科、德米特里·米哈伊洛维奇·波波夫担任西方向总指挥部和西方面军军事委员会委员。[46] 虽说存在这些纪律和士气问题，而且给铁木辛哥发出了直接警告，但斯大林任命叶廖缅科为西方面军司令员仅仅是暂时的，而且这位独裁者保留了铁木辛哥西方向总指挥部司令员的职务，尽管给他派去了新政委和参谋长。

铁木辛哥在新政委的支持下，立即展现出不折不扣执行大本营命令并复夺斯摩棱斯克的决心。7月17日，他以西方向总指挥部司令员的身份下达了一道新命令，命令开头处直接引用国防委员会前一天颁布的将"后撤情绪"视为犯罪的法令：

国防委员会下达的一道特别命令指出，西方面军一些指挥员存在后撤情绪，过于轻易地将部队撤离斯摩棱斯克，并将这座城市拱手让给敌人。

若这种情绪与其行为相符，国防委员会认为存在这种情绪不啻为犯罪，近乎对祖国的背叛。

国防委员会已命令我们采取铁腕手段消除这种玷污红军名誉的情绪。任何情况下都不能放弃斯摩棱斯克城。[47]

一吐为快后，铁木辛哥命令辖内部队加强防御，实施果断的进攻行动，歼灭德国中央集团军群前进中的装甲力量，"不惜一切代价"重新夺回斯摩棱斯克。他还在命令中谨慎地加上斯大林的要求："任何情况下都不能放弃斯摩棱斯克城。"这道命令虽然旨在激励西方面军辖内部队，但是也给第16集团军和罗科索夫斯基的亚尔采沃集群主要力量指定了具体任务：

· **第16集团军**（卢金）——以集团军位于斯摩棱斯克地域的所有兵力兵器构设一道环形防御，防止斯摩棱斯克陷落。动用的力量包括第19集团军集结的步兵第129、第127、第38、第158师，斯摩棱斯克驻军所有炮兵力量，第16集团军步兵第46、第152师，坦克第51师和第51号装甲列车。

· **亚尔采沃集群**（罗科索夫斯基）

★步兵第44军（尤什克维奇，辖步兵第25军，机械化第23军，撤至亚尔采沃地域的所有部队，1个炮兵团，几个T-26坦克连）——在祖耶沃、加夫里洛沃、格里希诺地域组织一片防坦克地域并以其据守亚尔采沃登陆场，在亚尔采沃和第聂伯河沿岸沿第聂伯河阻止敌人从杜霍夫希纳地域突向斯摩棱斯克。

★坦克第101师（米哈伊洛夫）——7月17日日终前集结于斯维谢沃车站地

域，7月18日4点前沿杜霍夫希纳和斯摩棱斯克方向发起决定性进攻，消灭杜霍夫希纳地域（亚尔采沃西北方25千米，斯摩棱斯克东北偏北方50千米）之敌摩托—机械化部队。师先遣部队应于7月17日日终前开至亚尔采沃。

　　★摩托化第69师（多姆拉切夫）——集结在杜布罗维察地域，7月18日4点对攻往基里亚基诺和瑟罗利普基（斯摩棱斯克北面和东北面）之敌摩托—机械化部队发起攻击。

　　★两个师——后续行动应着眼于歼灭斯摩棱斯克地域之敌摩托—机械化部队。

　　·**指挥控制**——罗科索夫斯基少将负责指挥机械化部队的行动，我的副手叶廖缅科中将为履行这道命令提供支持。

　　·**方面军空中力量**——以专门指定的歼击机、轰炸机、强击机群支援坦克第101师和摩托化第69师的行动。任务如下：

　　★遵照坦克和摩托化师指挥员的指示，掩护这些师开赴集结区。

　　★7月18日3点30分以方面军所有战机对敌杜霍夫希纳集团发起打击。

　　尽管斯大林担心不已，但亚尔采沃地域的态势7月17日晚些时候实际上稍稍稳定了一些，主要因为罗科索夫斯基集群终于开始运作并投入军队以防止德军铁钳在斯摩棱斯克周围合拢。为协助罗科索夫斯基守卫亚尔采沃并帮助阻止丰克第7装甲师切断索洛维耶沃附近的狭窄走廊，铁木辛哥命令西方面军以机械化第5军残部组建一支小规模混成支队，在亚历山大·伊里奇·利久科夫上校率领下增援罗科索夫斯基。利久科夫在这方面颇具经验，因为7月初他曾指挥一支小股力量守卫别列津纳河畔的鲍里索夫。[48] 他率领该支队在最艰难的情况下不分昼夜地战斗整整两周，一直确保狭窄的索洛维耶沃走廊畅通。为表彰利久科夫的杰出贡献，国防委员会后来授予他"苏联英雄"称号。（参见地图4.4）

　　从斯摩棱斯克包围圈外的有利位置观察，罗科索夫斯基对态势的看法与斯大林同样绝望，至少在最初是这样，因为大本营通知他（事实证明这是个错误的消息），德国人刚刚在叶尔采沃实施了一场大规模空降。[49] 亚尔采沃集群虚弱不堪，这一点也令罗科索夫斯基深感困扰，截至7月17日，该集群只有两座车载四联装高射机枪及其组员、一辆无线电通信车和一小批工作人员。黄昏前，这支小小的车队带着罗科索夫斯基的指挥部赶至铁木辛哥的司令部，该司

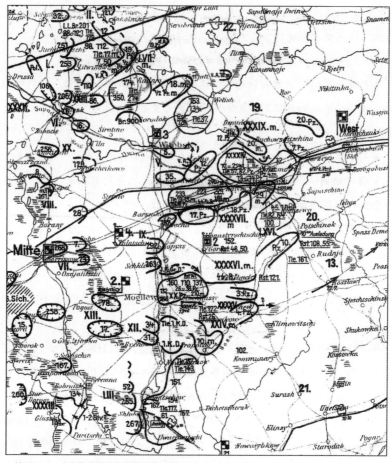

▲ 地图 4.4：中央集团军群的作战态势，1941 年 7 月 17 日

令部刚刚抢在德国人到来前迁离亚尔采沃并转移到东面。此时，利久科夫上校正以机械化第5军残余力量组成的混成支队，在亚尔采沃南面15千米和25千米处的索洛维耶沃和拉奇诺（Ratchino）坚守第聂伯河上的渡口，该支队拥有15辆坦克。因为铁木辛哥及其参谋人员同被围的三个集团军失去联系，而且也不掌握方面军余部的确切情况，所以铁木辛哥命令罗科索夫斯基在前往亚尔采沃途中收容所能找到的一切部队并立即在该地域组织临时防御。于是，罗科索夫斯基着手集中被围集团军的后方勤务部队、与主力脱离的少量作战部队，以及各种被打散部队的散兵游勇。

没过多久，随着援兵不断涌入亚尔采沃地域，罗科索夫斯基集群成为一股更加可靠的力量。该集群最终编有米哈伊尔·加夫里洛维奇·基里洛夫上校的步兵第38师（该师隶属科涅夫第19集团军，但迟迟未能加入该集团军）、格里戈里·米哈伊洛维奇·米哈伊洛夫上校的坦克第101师（该师原先是机械化第26军辖内坦克第52师）、瓦西里·亚历山德罗维奇·尤什克维奇少将步兵第44军的一个反坦克炮兵团和榴弹炮兵第240团，另外还有撤至亚尔采沃地域的各种士兵群。[50] 此时，尤什克维奇设法搜罗到一个步兵营和21门火炮，遂将这股力量部署在亚尔采沃以南3千米处，守卫沃皮河上的一个重要渡口。[51] 令罗科索夫斯基高兴的是，两天前刚刚改编为番号100系列的米哈伊洛夫坦克第101师，7月17日时拥有约220辆各种坦克，尽管多为陈旧过时的型号[①]。[52]

掌握这股更强大的力量后，罗科索夫斯基派基里洛夫步兵第38师扼守第聂伯河上的渡口，遏制德军第7装甲师位于亚尔采沃南面和东面的沃皮河对岸登陆场。米哈伊洛夫坦克第101师则负责据守2.5千米宽的地段，从亚尔采沃北郊的拉吉村（Lagi）向北延伸至杜布罗沃村（Dubrovo），该防线涵盖通往东面的主要铁路线和公路。

罗科索夫斯基称，随后实施的防御虽说"遭受到很大损失"，但其部队：

> 得以在短时间内组织抗击敌人，不让其向东推进。之后我们开始转入进攻，在这个或那个地段上打击德国人，经常取得可观的战术性胜利，这有助于加强部队的纪律并增强指战员们的信心，使他们确信自己能战胜敌人，这在当时是很有意义的。

> 我们的主动出击显然也出乎敌指挥部的意料，他们没有想到会遭遇抵抗。他们发现，我方部队不仅能还击，而且还能进攻（尽管不是都能取得胜利）。这使敌人过高估计我们在该地域的兵力，因而未能利用其巨大的优势。法西斯统帅部似乎"承认"了我们的存在。他们将越来越多的部队投入亚尔采沃地域，对我们据守的渡口和战斗队形实施密集空袭，还加强了火炮和迫击炮火力……

[①] 译注：罗科索夫斯基回忆录中称该师有80多辆坦克。

　　在亚尔采沃持续进行的激烈战斗阻碍了德军向南展开。这是我们为西方面军总体斗争做出的贡献，这场斗争的目的是阻止敌人，尽可能使其遭受损失，同时阻止对方包围我方在斯摩棱斯克附近作战的各集团军。

　　A.I.利久科夫上校的混成支队在第16和第20集团军后方扼守第聂伯河上的各个渡口，起初是独立作战，然后，随事态发展，他们划归我们的军队集群。[53]

　　实际上，西方面军组建并投入罗科索夫斯基集群，给丰克第7装甲师造成了一场真正的危机，因为该师除了要封锁从斯摩棱斯克包围圈沿斯摩棱斯克—莫斯科公路向东退却的苏军部队外，现在还不得不应对苏军从南面和东面对他们设在亚尔采沃的阵地发起的进攻。令情况更趋复杂的是，施通普夫第20装甲师正忙着在斯摩棱斯克东北面设立防御屏障，因而无法支援丰克装甲师。结果，接下来五天，第7装甲师辖内部队卷入同罗科索夫斯基麾下部队近乎持续不断的激战，在此期间，罗科索夫斯基的部队频频突破到亚尔采沃东郊和南郊。

　　科涅夫第19集团军已被打散，辖内部队在前几天发生在维捷布斯克地域与斯摩棱斯克北部和西北部的战斗中经常被打垮，但这段时间里，集团军辖内的完整兵团（师）和诸多部队（团级）、分队（营级）不断向东逃窜，加强第16集团军和罗科索夫斯基集群。罗科索夫斯基集群获得的重要援兵包括多姆拉切夫上校的摩托化第69师（来自外贝加尔军区，7月15日改编为坦克第107师），尤什克维奇步兵第44军第64、第108师（两个师的兵力严重不足），以及维诺格拉多夫机械化第7军军部和两个坦克营。另外，许多连、营级力量也在斯摩棱斯克及其东北方加强卢金第16集团军辖内步兵第129和第152师。

　　丰克第7装甲师为控制亚尔采沃同罗科索夫斯基不断壮大的力量展开斗争并竭力到达南面第聂伯河上的重要渡口时，施密特第39摩托化军第12装甲师和第20摩托化师继续压缩包围圈北半部，将苏军第16、第19、第20集团军逼入一个越来越窄的口袋，这个包围圈从鲁德尼亚地域向东延伸，穿过杰米多夫南面，直至杜霍夫希纳西南方28千米、36千米，斯摩棱斯克以北28千米的瑟罗-利普基（Syro-Lipki）和斯帕斯克-利普基（Spassk-Lipki）镇。可是，由于装甲师和摩托化师没有足够的摩托化步兵从西面和北面封闭包围圈，博克命令第9集团军派劳夫将军的第5军支援霍特。劳夫军最初以第5和第35步兵师从维捷布斯克赶往东南方, 接替第12装甲师并投入消灭包围圈的战斗。

7月18日晚些时候, 第5军第5步兵师到达维捷布斯克东南方40千米, 斯摩棱斯克西北方75千米的利奥兹诺镇, 第35步兵师7月18日—19日夜间在第5步兵师右侧逼近利奥兹诺西南方25千米的多布罗梅斯利村 (Dobromysl') 。劳夫的步兵力量随即朝东南方攻击前进, 7月20日傍晚前在位于斯摩棱斯克西北方65千米的鲁德尼亚地域取得20千米进展, 击退库罗奇金第20集团军辖内部队, 并将包围圈西半部消灭大半。劳夫的任务较为轻松, 这是因为卢金第16集团军抽调了包围圈西部和西南部力量, 集结这些部队的意图是复夺斯摩棱斯克。这反过来使施密特第39摩托化军得以抽调哈佩第12装甲师部分力量增援丰克位于亚尔采沃的第7装甲师并变更措恩第20摩托化师的部署, 加强从斯摩棱斯克以北50千米的杰米多夫地域向包围圈发起的推进。

斯摩棱斯克包围圈不断萎缩, 在这场旷日持久、通常都很激烈的战斗中, 库罗奇金第20、卢金第16集团军频频调动包围圈内的部队以抗击德军的冲击。具体而言, 第20集团军步兵第69军辖内第144、第229、第233师, 会同该集团军已遭粉碎的步兵第153师残部, 扼守包围圈西翼和西北翼, 防线从鲍里索夫—斯摩棱斯克公路北延至鲁德尼亚地域。第16集团军步兵第32军辖内第46师坚守杰米多夫地段, 步兵第127和第158师守卫斯摩棱斯克东北部; 第19集团军步兵第34军辖内第38和第158师坚守包围圈东部和东南部。第20集团军步兵第73师和机械化第5军, 会同步兵第18师残部, 沿克拉斯内东面和西面的第聂伯河河段掩护包围圈西南部; 步兵第152师和坦克第17、第57师部分力量守卫斯摩棱斯克西面的第聂伯河防线; 戈罗德尼扬斯基步兵第129师组建的一个特别集群竭力坚守斯摩棱斯克北郊一片立足地。大本营和铁木辛哥一直在努力策划一场协同一致的反突击, 意图救援陷入重围的诸集团军, 可能的话, 重新夺回斯摩棱斯克。

与霍特第3装甲集群在斯摩棱斯克北面的情况相同, 该城南面, 古德里安第2装甲集群也不得不在博尔滕施泰因第29摩托化师夺取斯摩棱斯克之后的一周内同时进行两场战斗, 导致他的注意力严重分散。在博克看来, 两场战斗中更重要的是开始于7月15日的斯摩棱斯克之战, 莱梅尔森第47摩托化军辖内第29摩托化师、第17和第18装甲师沿斯摩棱斯克包围圈南翼竭力阻挡苏军部队。

但与此同时，施韦彭堡第24摩托化军在莫吉廖夫和索日河接近地从事的战斗，不可避免地拖缓了维廷霍夫第46摩托化军向东面叶利尼亚的进军，最终导致维廷霍夫辖内力量无法在亚尔采沃南面同丰克第7装甲师会合，从而封闭斯摩棱斯克包围圈。

斯摩棱斯克城周围的激烈战斗，发生在其西南方48千米的克拉斯内地域，以及斯摩棱斯克包围圈周边，从7月16日到23日，其激烈度丝毫未减。德军第29摩托化师7月15日以一场突袭夺得斯摩棱斯克市中心后，第16集团军司令员卢金（铁木辛哥将守卫该城之责交给他）把重新夺回该城的任务交给一个特别集群，该集群以阿夫克先季·米哈伊洛维奇·戈罗德尼扬斯基少将相对新锐的步兵第129师为核心组建而成。获得从西面赶来的散兵游勇组成的诸多分队加强后，戈罗德尼扬斯基集群的兵力几乎达到1万人。7月16日5点，戈罗德尼扬斯基的部队逼近斯摩棱斯克，试图将其重新夺回，但数小时的反复冲击导致苏军伤亡惨重，再加上德国人几乎持续不断的反冲击，戈罗德尼扬斯基被迫放弃在第聂伯河北面半座城市取得的战果。当日下午，卢金给戈罗德尼扬斯基下达新进攻令，步兵第129师在7月16日—17日的一场夜袭中夺得城市北部的一片立足地，但德军第29摩托化师次日下午发起一场强有力的反冲击，再次逼退苏军。西方面军7月17日8点提交的作战概要非常简洁，但反映出这场战斗的拉锯战性质：

第16集团军：集团军1941年7月16日准备对斯摩棱斯克北郊发起进攻。步兵第46师7月16日13点从霍尔姆和莫特基地域攻向杰米多夫。正设法弄清战斗结果。步兵第152师位于莫特基地域，该师前线较为平静。[54]

7月17日23点，卢金第16集团军的作战概要为其作战行动添加了更多详情：

·**总体情况**——第16集团军继续坚守扎戈里耶、小沃兹米谢、布达、库普里诺、卡特尼车站一线（从斯摩棱斯克东北方30千米南延至斯摩棱斯克以西25千米），步兵第46师各独立支队和步兵第129师后撤的部队正发起进攻以夺回杰米多夫和斯摩棱斯克。

　　·**步兵第32军**——步兵第46师以2个步兵营和2个炮兵营进攻杰米多夫北郊, 现在正在确认战果, 该师其他营负责支援戈罗德尼扬斯基将军的支队(步兵第129师)进攻斯摩棱斯克。

　　·**步兵第152师**(5个步兵营)——沿扎戈里耶、小沃兹米谢、布达、库普里诺、卡特尼车站一线(从斯摩棱斯克西北偏北方28千米延伸至斯摩棱斯克以西25千米)实施侦察, 步兵第626团第1营在杰米多夫支援步兵第46师, 步兵第480团第1营沿斯维纳亚河和利季夫利亚一线(斯摩棱斯克西南偏西方50千米)支援坦克第17师, 步兵第544团第3营与坦克第57师坚守在克拉斯内以北树林中(斯摩棱斯克西南方50千米), 步兵第480团第3营撤往斯摩棱斯克(具体地点不明)。步兵第646团侦察排在布隆纳亚遭遇4辆敌坦克。

　　·**戈罗德尼扬斯基少将的支队**(步兵第46、第129师)——进攻斯摩棱斯克北部, 步兵第334团1个营在卡尔马奇(卡尔马尼奇)和锡特尼基(斯摩棱斯克西北郊), 步兵第314团第1营在科罗列夫卡和251里程碑(斯摩棱斯克东北郊), 步兵第457团第3营在其左翼进攻。该支队7月17日拂晓攻向斯摩棱斯克, 步兵第34军辖内部队攻向斯摩棱斯克东南郊。步兵第34军军部设在别列扎内(斯摩棱斯克东北偏北方22千米)以西2千米的树林内。[55]

　　在此期间, 沿奥尔沙东北和东南方的斯摩棱斯克包围圈最西端, 库罗奇金第20集团军残部7月17日阻挡了斯摩棱斯克西面占据兵力优势的德国军队, 这场行动最终发展为历时十天的激战。奥尔沙东北面, 亚历山大·伊万诺维奇·阿基莫夫上校的步兵第73师, 会同亚历克先科机械化第5军残部, 在包围圈附近展开顽强战斗, 抗击哈佩第12装甲师的坦克和第35步兵师的步兵, 直至弹药不济才被迫实施分阶段后撤, 穿过斯摩棱斯克以西70千米的柳博维奇(Liubovichi), 随后到达斯摩棱斯克西北和西面25—30千米处, 第16集团军设在布达(Buda)、库普里诺(Kuprino)、卡特尼(Katyn')车站附近的防线。与此同时, 雅科夫·格里戈里耶维奇·克列伊泽尔上校的摩托化步兵第1师(机械化第7军摩托化第1师改编而成), 同韦伯第17装甲师的坦克和第137步兵师的步兵在奥尔沙东南方展开战斗, 该师残部随后朝东北方撤往克拉斯内(斯摩棱斯克西南方50千米)。据报, 库罗奇金辖内部队在这场战斗中首次使用"喀秋莎"多管火箭炮并取得了出色战果。

卢金第16集团军命令戈罗德尼扬斯基支队（步兵第129师级集群）7月18日恢复对斯摩棱斯克的进攻，卢金这一次行事谨慎，以步兵第127和第158师残部加强该支队。戈罗德尼扬斯基获得加强的支队向南重新发起冲击，攻入斯摩棱斯克北郊，与之配合的实力不足的步兵第34军步兵第127和第158师（刚刚从科涅夫撤编的第19集团军转隶卢金集团军），则对斯摩棱斯克东南郊发起冲击。但这些冲击几乎没能破坏德军第29摩托化师在该城构设的支撑点防御。

7月18日1点30分，铁木辛哥以西方向总指挥部司令员的身份采取另一项措施，以此回应斯大林7月16日的申斥，给麾下六个集团军下达新的进攻和防御令。专门针对"第22、第20、第13、第4、第16、第21集团军司令员"，铁木辛哥指出，"第16集团军正击退敌人的进攻并坚守斯摩棱斯克，同时以其右翼攻向杰米多夫。"以卢金第16集团军为榜样，铁木辛哥随后给各集团军司令员下达具体的进攻和防御任务，要求他们亲自监督执行情况：

· **第22集团军**——遂行先前受领任务的同时，以各支队不分昼夜地展开果断行动，消耗敌有生力量，以卫戍部队、援兵、当地居民、步兵第126师搭乘汽车赶去的步兵团阻止敌人突入大卢基并向左翼的维捷布斯克发起侧翼突击，破坏敌人沿该方向展开的行动。任何情况下都不得放弃大卢基城。我派集团军司令员和军事委员会委员亲自监督任务的执行情况。

· **第20集团军**——根据第16集团军沿霍尔姆和锡波奇车站一线的防御情况坚守你部防御的同时，从南面和西面攻向戈尔基和莫纳斯特尔斯克，对敌斯摩棱斯克集团构成合围威胁，以机械化第5军的进攻牵制克拉斯内地域之敌。

· **第13集团军**——坚守你部防御的同时，以步兵第151师攻向贝霍夫，消灭在集团军莫吉廖夫集团与贝霍夫集团之间达成突破之敌，沿贝霍夫—博布鲁伊斯克方向发起果断进攻，完成先前受领的任务，该任务已被"毫无必要地延误"。第13集团军司令员格拉西缅科负责指挥第4、第13集团军辖内部队。

· **第16集团军**——遵照第065号令（阻止敌韦利日集团前出到斯摩棱斯克—亚尔采沃公路，并以集结起来的师和机械化第17军攻向戈尔基，歼灭敌主要快速集群），继续遂行你部受领的任务，阻止敌人夺取斯摩棱斯克。[56]

在西方面军7月20日18点提交的作战摘要中，铁木辛哥含糊其词地指出他对这场行动知之甚少，甚至没有提及罗科索夫斯基亚尔采沃集群作战地带的行动。这份作战摘要承认科涅夫第19集团军在维捷布斯克地域战败后基本上已瓦解并分散，但也指出斯摩棱斯克地域的其他集团军正竭力阻止德军的猛攻：

· **总体情况**——西方面军辖内部队7月18日继续同突向涅韦尔、杰米多夫、斯摩棱斯克、普罗波伊斯克之敌展开激烈战斗并朝博布鲁伊斯克发起一场进攻。

· **第19集团军**——集团军辖内部队混乱后撤，目前集结在维亚济马和多罗戈布日地域，步兵第25军军部位于维亚济马，步兵第162师撤往涅利多沃地域（勒热夫以西100千米），在苏拉日和维捷布斯克地域从事战斗后，该师目前转隶第30集团军。由于通信中断，加之派出的联络员还没有回来，目前尚不掌握该集团军司令部和辖内其他部队所在位置的确切消息。

· **第20集团军**——与敌装甲和机械化部队展开激烈战斗，但弹药、燃料和食物不足。

★步兵第144师——在鲁德尼亚（斯摩棱斯克以西65千米）对敌12装甲师一部发起攻击，但完全没有燃料。

★步兵第69军（步兵第229和第233师）——在多布罗梅斯利南面和东南面（鲁德尼亚以南25—30千米）遂行防御，抗击拥有2000部车辆的敌摩托化步兵，这些车辆显然已耗尽燃料，另在博古舍夫斯克耶地域抗击敌第17装甲师和第35步兵师部分力量。

★步兵第73师——击退敌人一个装甲师（可能是第18装甲师）的进攻，对方企图在杜布罗夫诺和罗萨斯纳（奥尔沙以东20—35千米）渡过第聂伯河。

★机械化第5军——在利亚德和瑟罗科连耶地域（斯摩棱斯克以西60千米）面对敌人2个师并实施一场战斗后撤，退往古锡诺（斯摩棱斯克以西45千米）的渡口。

· **第16集团军**——以（步兵第34军）步兵第158和第127师据守格里涅沃地段（斯摩棱斯克以南10千米），机械化第7军集结在索斯诺夫卡地域（维亚济马东北22千米），但没有（戈罗德尼扬斯基支队进攻斯摩棱斯克的）其他消息。[57]

　　这份西方面军作战摘要明显缺乏一切准确情况，而对于至关重要的斯摩棱斯克地带，报告中谈及的情况纯属误传，这显然证明铁木辛哥方面军的通信状况极为混乱。实际上，直到24小时后，铁木辛哥才从卢金处收到切实可信的报告，这段沉默期就算没有让大本营大发雷霆，也足以令他们产生更大的焦虑。卢金第16集团军7月19日20点签发的作战摘要终于传至铁木辛哥手中，但报告中的内容无法令这位方面军司令员或总统帅部大本营感到鼓舞（参见地图4.5）：

　　· **第16集团军**——7月18日和19日为争夺霍尔姆和杰米多夫展开战斗，沿扎戈里耶、阿加福诺沃、博罗坚卡、库普里诺和卡特尼车站一线重组，与从东南面攻向斯摩棱斯克的步兵第34军相配合，进攻并占领斯摩棱斯克北郊，同时以歼击支队在亚尔采沃和捷列希地域同敌空降兵展开战斗。

　　· **步兵第32军**——步兵第46师以3个步兵营和3个炮兵营扼守顿涅茨和阿卡托沃一线（斯摩棱斯克以北40—45千米）并攻向杰米多夫。步兵第527团一个营阻挡住敌人从霍尔姆沿顿涅茨和阿卡托沃一线发起的进攻，但其右翼被敌小股快速集群包围，对方从比奇诺和尤希诺达成突破。步兵第314团第3营和步兵第647团一个营在谢尼诺突袭敌人一个炮兵团团部。

　　· **步兵第152师**——重组辖内部队。步兵第544团（欠5个步兵连）沿亚维谢、卡斯普利亚、大沃兹米谢一线部署；步兵第646团（欠6个步兵连）沿博罗坚卡、济基、叶尔马基一线部署；步兵第480团（欠5个步兵连）沿库普里诺、卡特尼车站和第聂伯河一线部署（斯摩棱斯克西北方30千米至以西25千米），其侦察组同敌人发生接触，发现敌人正在左翼的红博尔和下亚森纳亚地域为渡过第聂伯河准备渡口。

　　· **戈罗德尼扬斯基少将的支队**（步兵第129师）——在斯摩棱斯克展开拉锯战。步兵第340团第1营和步兵第720团的一个营位于斯摩棱斯克西部边缘和机场；步兵第457团第3营位于斯摩棱斯克北郊；步兵第343团（欠1个营）位于251号里程碑。步兵第32军军部设在先诺以东2千米的一片树林内。[58]

　　经过这两日的激战后，铁木辛哥的政委N.A.布尔加宁7月20日正确地告知斯

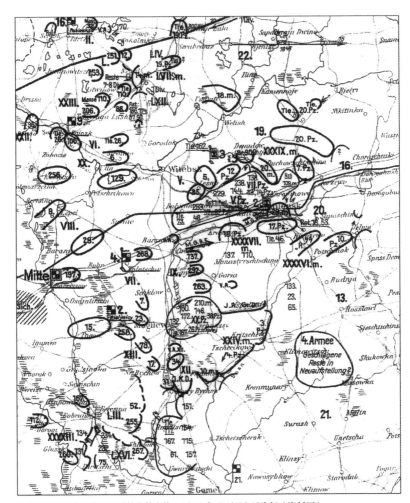

▲ 地图 4.5：中央集团军群的作战态势，1941 年 7 月 19 日晚间（资料图）

大林："7月17日和18日，由于激烈的战斗，城内数个地区反复易手。敌人7月19日晨占领该城大部。我方部队7月19日发起冲击，再次夺回该城西北部。"[59]

同一天，情绪有所缓和的斯大林通过保密电话同铁木辛哥商讨态势，建议后者组织一场比先前的行动更加果断的进攻。毫无疑问，铁木辛哥对此表示赞同：

斯大林：您好。到目前为止，您通常每次投入2—3个师为方面军提供协助，但没能取得重大战果。现在是不是应该改变这种战术，投入7—8个师，在侧翼辅以骑兵力量，从而形成拳头？选择进攻方向并迫使敌人按照我方指挥员的意愿变更其力量部署。例如，是否可能组建一个集群，配以霍缅科的3个师、调自奥廖尔的3个师、已在亚尔采沃从事战斗的1个坦克师，以及从预备队集团军抽调的1个摩托化师，可能还有另外2—3个师，并以1个骑兵师提供加强，以整个集群攻向斯摩棱斯克地域，从而粉碎该地域之敌，并把他们赶过奥尔沙？我认为我们现在不应拘泥于形式，应当以大股集群展开行动。就这些。

铁木辛哥：我认为贯彻您表述的概念是正确的；另外，最新消息称敌人正朝西北方展开行动，也就是说，以其坦克部队和摩托化师的所有力量沿斯摩棱斯克方向攻往亚尔采沃并以主力坦克集群进攻叶利尼亚，同时以坦克和摩托化步兵直接封锁斯摩棱斯克。当然，（他们）已对斯摩棱斯克和亚尔采沃的狭窄前线构成威胁。您建议发起的进攻，也就是对尚未遭到大规模包围的斯摩棱斯克实施一场强有力的打击，可能会对我们的利益产生决定性作用。完毕。[60]

这番交谈清楚地表明，虽然希望重新夺回斯摩棱斯克，但斯大林现在将注意力从市区和毗邻包围圈的战斗，转移到了将库罗奇金和卢金集团军与铁木辛哥西方面军主力隔开的更广阔的战线上。

尽管斯大林对进攻行动持有新看法，可是斯摩棱斯克和毗邻包围圈的战斗不断加剧，直至月底。双方涉及其中的力量参见表4.6。

斯摩棱斯克市区爆发激烈争夺战几天后，铁木辛哥委派第20集团军司令员库罗奇金全权指挥包围圈内所有部队，后者重组麾下力量，主要是为重新夺回斯摩棱斯克并同东面的罗科索夫斯基集群保持联系。为此，库罗奇金命令负责进攻斯摩棱斯克城的第16集团军司令员卢金，将斯摩棱斯克西面和北面的防御地段移交第20集团军，获得接替后，以步兵第152和第46师加强进攻斯摩棱斯克城的突击群。

这番重组需要时间，因为这些部队中的大多数正同前进中的德军发生接触，但卢金还是在7月20日将步兵第152师投入斯摩棱斯克争夺战。第16集团军

7月20日和21日的作战命令和报告，以及该集团军7月21日晚些时候的作战摘要描述了这场战斗的过程和效果。（参见地图4.6）

7月20日20点——第16集团军作战报告

· **敌人**——沿斯摩棱斯克、顿涅茨、霍尔姆和杰米多夫一线（沿第聂伯河南岸至斯摩棱斯克以西25千米、斯摩棱斯克西北方30千米、斯摩棱斯克以北35千米，并沿斯摩棱斯克北部郊区）部署，不包括斯摩棱斯克东南方步兵第34军第127、第158师对面之敌。

· **第16集团军**——在北面遂行防御，在南面进攻斯摩棱斯克。

· **步兵第32军**——在战机支援下，步兵第46师3个摩托—机械化营以坦克和搭乘卡车的步兵击退敌人的反冲击，将其右翼撤至奥波利耶地域（斯摩棱斯克西北偏北方30千米），左翼撤至佩列苏德车站（杰米多夫东南方15千米，斯摩棱斯克东北偏北方50千米），目前面对敌人2.5个摩托化步兵营和4个坦克连。

· **步兵第152师**——12点据守阿尔菲莫沃、布达、卡特尼车站一线，但奉命将防御地段移交第20集团军，变更部署至穆克和亚齐尼诺（斯摩棱斯克西北方和西北偏北方5—7千米），加入步兵第129师对该城的进攻，在右翼同敌小股侦察队交火。敌人将2个摩托化步兵营和1个炮兵营前调至（第聂伯河南岸的）博罗瓦亚地域。

表4.6：交战双方投入斯摩棱斯克包围圈之战的兵力，1941年7月19日—23日

地段	德军	苏军
西部	截至7月23日，第5军第5、第35步兵师，第8军第268步兵师	第16集团军步兵第152师，第20集团军步兵第73、第144、第229、第233师和机械化第5军
北部	第39摩托化军第12装甲师、第20摩托化师，第20军第129步兵师（7月26日后）	第16集团军步兵第46师
东部	截至7月23日，第39摩托化军第7装甲师和武装党卫队"帝国"摩托化师	第19集团军残部
南部	截至7月23日，第47摩托化军第17、第18装甲师、第29摩托化师，第9军第137步兵师，第4集团军第5机枪营	第16集团军坦克第17、第57师，步兵第129师、步兵第46师一部，步兵第34军步兵第127、第158师

· **步兵第129师**（4个营）——从北面进攻斯摩棱斯克，以其左翼夺得机场，前出到切尔尼奇卡河，但对面敌人配有坦克的2个摩托化步兵营，对方还获得密集的迫击炮、自动武器和"肆无忌惮的"战机的支援。

· **说明**——食物、弹药和电台短缺，导致指挥控制更趋复杂，医疗保障"存在问题"。司令员禁止使用散兵游勇，因为他们"会给各分队的战斗坚定性造成负面影响"。[61]

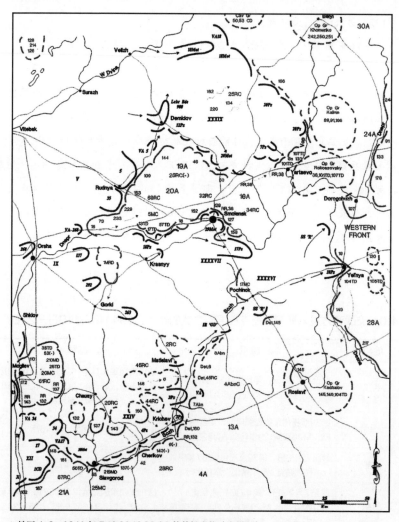

▲ 地图 4.6：1941 年 7 月 20 日 23:00 的战场态势（资料图）

7月21日1点45分——第16集团军战斗令

· **第16集团军**——7月21日1点从北面攻向斯摩棱斯克，第19集团军5点从德列斯纳、杜布列夫卡、沙巴诺瓦一线（斯摩棱斯克东南方5—10千米）攻往东南和南面。[62]

1941年7月21日20点——第16集团军作战摘要

· **第16集团军**——7月21日1点攻向斯摩棱斯克后，一整天都在城市北部实施持续巷战，各独立支队在瑟罗利普基（斯摩棱斯克东南方35千米，以北30千米）同敌坦克展开战斗并击退了敌人从杰米多夫向东南方发起的进攻。由于组织得太晚，第19集团军步兵第34军步兵第127和第158师对斯摩棱斯克南郊、东南郊的突击未获成功。

· **步兵第46师**（3个混成支队）——据守瑟罗利普基地域，日终前以2个支队包围瑟罗利普基地域之敌，进攻敌杰米多夫集团的第三个支队到达佩列苏德车站（杰米多夫东南方15千米，斯摩棱斯克东北偏北方50千米）附近的树林。

· **步兵第152师**——在斯摩棱斯克西北郊展开持续不停的巷战，步兵第480团（欠1个营）夺得斯摩棱斯克车站并向市中心推进1千米，步兵第544团到达第聂伯河。

· **步兵第129师**（4个实力不足的营）——凌晨1点进攻斯摩棱斯克北部，步兵第343团（330人）位于斯摩棱斯克北面1千米的路口，步兵第457团（470人）位于251.9高地北坡。

· **说明**——人员损失已达40%。[63]

斯摩棱斯克城内和北郊激烈的拉锯战给双方造成严重损失，迫使博尔滕施泰因第29摩托化师将大部分力量向南撤入该城位于第聂伯河北面的部分。[64]

城内展开激烈争夺战期间，铁木辛哥西方面军在7月21日8点提交的作战摘要中总结了作战行动。报告中称方面军辖内部队"继续抗击突向涅韦尔、大卢基、杰米多夫、斯摩棱斯克和克里切夫地域之敌，并同已突破到亚尔采沃地域的敌坦克部队展开战斗"：

· **第19集团军**——7月20日和7月20日—21日夜间在斯摩棱斯克地域作战：

★步兵第127师——7月20日4点在罗斯拉夫利公路遭到配有20辆坦克和重型火炮的敌摩托化步兵之攻击，对方突破该师战斗队形并消灭炮兵第391团一个连，但该师击退敌人的进攻，击毁敌人9辆坦克和许多车辆。7月20日8点，敌人的摩托化步兵和9辆坦克再度发起进攻，该师将其击退，击毁15辆敌坦克。目前扼守德列斯纳和布里列夫卡一线（斯摩棱斯克以南5—7千米）。

★步兵第158师——据守什塔洛夫（斯摩棱斯克东南方10千米）及其南面。

★步兵第38师——步兵第29团和步兵第129师一部据守索尔季罗沃奇纳亚车站、第聂伯河上的铁路桥、波克罗夫斯卡亚戈拉（斯摩棱斯克以东30—40千米），余部在斯摩棱斯克北郊战斗。

★步兵第50师——7月21日6点在第聂伯河东岸的布里亚内和普里德涅普罗夫斯卡亚车站（斯摩棱斯克东南偏东方30千米）构设防御，师部设在卡尔德莫沃（斯摩棱斯克东北偏东方30千米）以东3千米的树林中。

· **第20集团军**——沿新防线集结并向鲁德尼亚（斯摩棱斯克西北方65千米）发起反冲击。

★步兵第144师——面对配备坦克和火炮的1个敌步兵师，7月20日20点被迫放弃鲁德尼亚，师右翼撤至德沃里谢和巴季科沃一线（斯摩棱斯克西北方20—25千米）。

★步兵第153师（800人）——撤至步兵第69军防区。

★正在确定集团军辖内其他部队的位置。

· **第16集团军**——阻挡敌人从霍尔姆和顿涅茨地域（斯摩棱斯克以北20—35千米）发起的进攻，右翼撤至奥波利耶地域（斯摩棱斯克西北偏北方30—35千米），重组辖内力量，以便从北面进攻斯摩棱斯克，截至7月20日24点的位置如下：

★步兵第46师——位于奥波利耶及其西南面，对霍尔姆地域配备30—40辆坦克的一个敌摩托化营发起反冲击。

★步兵第152师——集结在卢克地域。

★步兵第129师——在斯摩棱斯克西北郊战斗。

· **罗科索夫斯基少将的集群**——实施战斗和重组。

★坦克第101师——面对亚尔采沃西南方敌人强大的防坦克防御，战斗未获成功。

★摩托化第69师（7月17日改编为坦克第107师）——7月20日日终时集结在别雷地域，接受第30集团军指挥，准备于7月21日攻向休奇耶湖和杜霍夫希纳。[65]

虽然这份摘要中并未立即体现出来，关于斯摩棱斯克包围圈内库罗奇金麾下部队的生存的最重要的内容，是对第19集团军步兵第38和第50师的评论。尽管该集团军实际上已灰飞烟灭，但步兵第50师设法向东逃脱，目前在罗科索夫斯基亚尔采沃集群右翼，沿第聂伯河东岸组织防御。另外，迟迟才加入第19集团军的步兵第38师，目前在更南面沿第聂伯河构设防御，以支援罗科索夫斯基同库罗奇金麾下力量保持联系的努力。

这份作战摘要也没有提及某些更真实的情况，维廷霍夫第46摩托化军辖内第10装甲师和武装党卫队"帝国"摩托化师已攻占分别位于斯摩棱斯克以南48千米、东南方73千米的波奇诺克和叶利尼亚。这就意味着该军和古德里安第2装甲集群的行动重点是奔向叶利尼亚和维亚济马，而不是同第39摩托化军第7装甲师在亚尔采沃会合。古德里安认为，第47摩托化军第17装甲师脱离斯摩棱斯克以南地域后，能对这场会合发挥作用。可是，苏军在叶利尼亚的激烈抵抗将牵制第17装甲师的注意力，使其无法实现北面的目标。

几天前，在中央集团军群司令部，心烦意乱的博克曾如是要求克鲁格的参谋长布鲁门特里特："请替我问问古德里安，他是否有能力执行我三天前下达给他的命令，在亚尔采沃附近同第3装甲集群会合。做不到的话，我必须派其他部队完成这项任务。"[66] 由于德军这一失误，加之罗科索夫斯基集群的不懈努力，从斯摩棱斯克向东逃生的窗口一直敞开着。

7月22日，战斗在斯摩棱斯克及其周边肆虐，库罗奇金第20集团军竭力据守日趋缩小的包围圈之际，卢金第16集团军集结起的力量终于粉碎了德军第29摩托化师设在斯摩棱斯克城内的防御，步兵第34军步兵第127和第158师最终占领了市区东南部。实际上，苏军对斯摩棱斯克南面和东南面的猛烈进攻徒劳无益，他们打击的是德军第29摩托化师右翼虚弱的力量，此举迫使莱梅尔森第47

摩托化军将第17装甲师派至该地域。该师师长韦伯将军7月17日在克拉斯内的战斗中负伤，目前指挥该师的是冯·托马少将。经过两日激战，托马的装甲兵设法稳定住了斯摩棱斯克东南部的态势，但在此过程中，该师偏离了他们最重要的目标——亚尔采沃南面的第聂伯河河段。（参见地图4.7）

西方面军7月23日20点提交的作战摘要，就算没能掌握战斗的实际意义，也再次阐述了战斗的激烈度和混乱性（参见地图4.8）：

· **第20集团军**——实施重组，准备进攻突向斯摩棱斯克之敌后，扼守大普洛斯卡亚、别列津纳河、第聂伯河北岸一线，同时击退敌人在鲁德尼亚和沿奥尔沙—斯摩棱斯克公路的持续进攻。

★步兵第69军

☆步兵第144师——遭到敌人持续进攻和空袭后，7月22日11点前撤至莫列沃博洛托和大普洛斯卡亚车站一线（斯摩棱斯克西北方45千米）。

☆步兵第233师——沿大普洛斯卡亚车站和谢德里齐一线（斯摩棱斯克西北方45千米）战斗。

★步兵第229师——击退敌人的进攻，坚守奥尔洛夫卡和杜布罗夫诺一线（斯摩棱斯克西北偏西方30千米）。

★步兵第73师——沿第聂伯河据守杜布罗夫卡和米哈伊洛夫卡一线（斯摩棱斯克西南偏南方45—30千米），同时击退敌步兵沿奥尔沙—斯摩棱斯克公路向东实施的持续冲击。

★坦克第57师——占领维德拉（斯摩棱斯克西南25千米），切断那里的敌人。

★步兵第153师和机械化第5军——报告中未提及阵地发生变化。

· **第16集团军**——继续在斯摩棱斯克城内从事巷战，夺得市区北部和西北部，敌人实施战斗后撤，退往第聂伯河北岸，步兵第34军最终从东南面对斯摩棱斯克展开进攻。

★步兵第32军

☆步兵第152师——夺得斯摩棱斯克西北部。

☆步兵第129师——夺得斯摩棱斯克北部和东北部，到达水塔和墓地，敌人撤至第聂伯河北岸。

★步兵第46师——遭到敌机猛烈空袭，敌快速集群从两翼实施包围，该师蒙受严重损失，撤至波莫盖洛沃、杜沙季诺、霍尔姆一线（斯摩棱斯克以北25千米），在那里重整辖内力量，准备攻向瑟罗利普基和多马诺夫（斯摩棱斯克以北35千米），以掩护第16和第20集团军后方地域。

★步兵第34军——步兵第127师（600人）和步兵第158师（100人）虽配有武器，但没有机枪，7月20日12点在里亚布采沃车站（斯摩棱斯克东南方25千

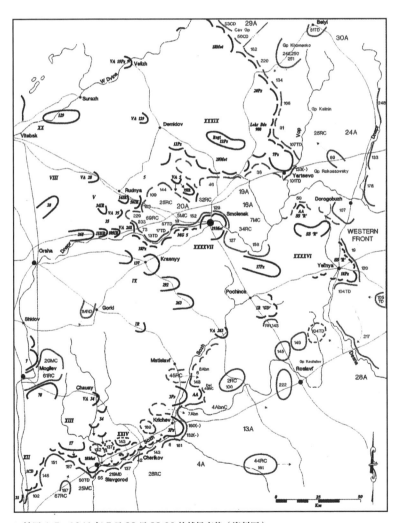

▲ 地图4.7：1941年7月22日23:00的战场态势（资料图）

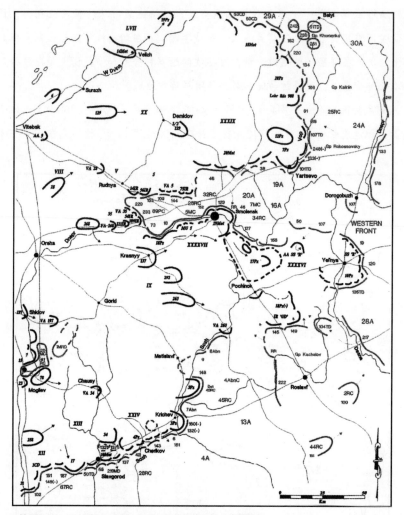

▲ 地图4.8：1941年7月23日23:00的战场态势（资料图）

米）对配有少量坦克和装甲车的一个敌步兵团发起冲击，经过五小时激战，被迫放弃车站，17点撤往洛曾。

★第16集团军司令部——设在茹科沃国营农场北面的小树林内。

·**罗科索夫斯基集群**——沿沃皮河战斗后，该集群辖内部队沿沃皮河东岸集结在出发阵地内，准备发起冲击。

★坦克第107师——前出到科雷特尼亚、波奇诺克、波基希诺地域（亚尔采沃以北50千米）。

★步兵第101师——尚未收到相关消息。

★步兵第38师——遭遇敌战机、火炮和迫击炮火力反复袭击后，撤至沃皮河东岸掘壕据守并破坏河上的渡口。

★罗科索夫斯基集群司令部——克拉斯诺巴耶夫卡。[67]

西方面军情报摘要也于7月23日20点呈交，这份摘要为作战报告补充了敌人方面的情况，称德军"将全部注意力集中于沿维捷布斯克和斯摩棱斯克方向实施的主要努力"上，并于7月22日和23日前调大批力量，"企图肃清我斯摩棱斯克集团"。报告随后总结了最重要方向上的情况并据此得出相关结论：

· **总体情况**——敌人在沿维捷布斯克和斯摩棱斯克方向付出主要努力的同时，于7月22日和23日前调大批力量，企图肃清我斯摩棱斯克集团。沿涅韦尔方向，敌人正试图完成向涅韦尔和大卢基的进攻行动并将部分力量从涅韦尔和戈罗多克地域调往伊利因诺和托罗佩茨。沿莫吉廖夫方向，敌人正沿索日河转入积极防御，同时继续包围莫吉廖夫集团。沿罗加乔夫和平斯克方向，敌人继续集结力量，准备转入一场总攻。

· **斯摩棱斯克方向**——敌人将3个师（第5步兵师，1个武装党卫队师，另一个师番号不明）前调至卡斯普利亚、鲁德尼亚、科米萨罗沃地域（斯摩棱斯克西北面和北面）并将1个摩托化师和1个装甲师调至列尼涅和克拉斯诺耶地域（斯摩棱斯克以西），7月23日从西北面和西面攻向斯摩棱斯克，迫使我方部队退往东南面和东面。敌人以第17、第18装甲师据守叶利尼亚和波奇诺克地域，以掩护武装党卫队"帝国"师集结，从而攻向斯摩棱斯克和多罗戈布日。

· **结论**——7月21日—23日，敌人沿整条战线投入3—4个新锐师，在中央方向重组部队后，以3个师从西面攻向斯摩棱斯克，力图肃清我斯摩棱斯克集团（第16、第19、第20集团军）。同时，他们企图在亚尔采沃地域完成对我方力量之合围，并在克列斯特、伊利因诺、索洛维耶沃地域掩护其主要突击力量，抗击我方部队（罗科索夫斯基集群）从北面发起的进攻。[68]

铁木辛哥呈交了相当乐观的作战摘要并准确阐述了中央集团军群的战略和战役意图,随后卢金和他的政委洛巴切夫7月24日晨提交了一份报告,汇报第16集团军前一日的行动,显然给铁木辛哥先前的乐观情绪泼了盆冷水:

· **敌人**——顽强守卫斯摩棱斯克,将新锐力量集中在卡斯普利亚、维德拉地域并以2个营占领维德拉。

· **第16集团军**——未能完成彻底肃清城市北部的任务,步兵第34军辖内部队和步兵第46师继续集结兵力并对他们加以整顿。

· **步兵第152师**——在城内战斗,与步兵第129师发起协同进攻,设法夺取斯摩棱斯克东北郊,但仍缺暂借给第20集团军的2个营。

· **步兵第129师**——在城市北部接近地战斗,右翼到达机场,左翼位于坦措夫卡。

· **步兵第46师**——集结并重组辖内部队,同时变更部署到谢特基诺和尼克耶夫希纳(斯摩棱斯克以东4—5千米)以接替步兵第129师辖内部队并进攻斯摩棱斯克。

· **步兵第34军**(步兵第127、第158师,约500人)——在315高地和洛曾集结并重组辖内部队,但罗科索夫斯基承诺提供的摩托化团仍未开到。

· **决定:**
★7月24日以步兵第152、第129、第46师夺取城市北部。
★7月24日继续集结步兵第9、第3军。
★之后,准备强渡第聂伯河并夺取斯摩棱斯克城南部。
· **要求:**
★罗科索夫斯基提供的摩托化团应加快速度开至。
★为步兵第46师在罗斯拉夫利卸载并集结的20个连、3个营提供指挥员和政工干部。
★将调给第20集团军的2个营交还步兵第152师。[69]

斯摩棱斯克城内、周围和库罗奇金包围圈周边的殊死战斗进行得如火如荼时,中央集团军群力图将两个装甲集群辖内各师撤出战斗。出于两个原因,博克觉得自己必须采取这一措施。首先，已有明确迹象表明，苏联即将对中央集团军群位于斯摩棱斯克东面的主战线发起反击，他必须彻底消灭包围圈，然后才能以大批步兵支援沿东面战线过度拉伸的装甲师和摩托化师。第二个原因甚至更重要，博克可能希望恢复某种程度的势头，从而向莫斯科进军。

因此，随着包围圈之战的继续，古德里安装甲集群的注意力继续分散在北面的包围圈、东面穿过叶利尼亚通往莫斯科的道路、南面沿索日河进行的牵制性战斗之间。古德里安左翼，莱梅尔森第47摩托化军第17、第18装甲师，竭力在克拉斯内（斯摩棱斯克以西45千米）东面和西面沿第聂伯河南岸设立防御阵地，从而封锁斯摩棱斯克包围圈南部边界。两个装甲师未获得步兵支援并遭受严重损失，就连韦伯也负了伤，他们面对的是机械化第5军坦克第13、第17师残部，米舒林上校坦克第57师，库罗奇金第20集团军步兵第73和第18师。

不过，盖尔将军第9军辖内步兵师7月18日开始到达该地域时，托马将第17装甲师撤出防线，率领该师向东前进，7月19日和20日先从东南面发起一场突击，协助击退苏军夺回斯摩棱斯克的企图，随后为第10装甲师和武装党卫队"帝国"摩托化师提供加强——维廷霍夫第46摩托化军辖内这两个师经过艰难跋涉终于达到叶利尼亚地域，却在7月21日和22日遭到苏军猛烈攻击。

因此，约一周时间内，莱梅尔森第47摩托化军辖内各师，面临着与北面施密特第39摩托化军同样的困境；他们不得不同苏军步兵和坦克展开近距离战斗以保持斯摩棱斯克南面的封锁线，其间一直遭受到严重消耗。只有等步兵力量赶至，他们才能撤出战斗并获得急需的休整和补充。7月23日晨，施密特和莱梅尔森终于得以将他们的装甲师和摩托化师撤离斯摩棱斯克包围铁环，前者赶去加强东面战线（合围对外正面），后者则为维廷霍夫在叶利尼亚及其南面的防御提供增援。这不是个令人期待的时刻，因为他们没有获得预期的休整，现在不得不面对苏军新锐预备队集团军的进攻。

施密特第39、莱梅尔森第47摩托化军从北面和南面投入斯摩棱斯克包围圈之战时，古德里安麾下的维廷霍夫第46摩托化军正竭力赶至叶利尼亚北面和南面的目标线，从而形成合围对外正面，掩护斯摩棱斯克东部和东南部接近地（古德里安最终没能完成这项任务）。担任维廷霍夫先遣力量的沙尔第10装甲师，7月16日晨从姆斯季斯拉夫利转向东北方，穿过波奇诺克赶往叶利尼亚，武装党卫队"帝国"摩托化师紧随其后。日终前,沙尔的装甲兵到达波奇诺克中途,苏军机械化第17军和从莫吉廖夫东撤的第13集团军各师残部实施的抵抗越来越激烈。第10装甲师7月18日晚些时候终于到达叶利尼亚郊外,经过一整天激战,7月20日夺得该镇和杰斯纳河、斯特里亚纳河(Striana)上至关重要的桥梁。沙尔辖内部队掘壕据守时,武装党卫队师试图从叶利尼亚向北推进,前出到第聂伯河,夺取多罗戈布日,同亚尔采沃的第17装甲师①会合。可是,经过三天激战(主要是同苏军步兵第50和第107师),"帝国"师没能完成受领的任务,被迫退回叶利尼亚西北面的防御阵地。

德国人的注意力分散在亚尔采沃北面的东部战线、斯摩棱斯克城和北面令人烦恼的包围圈、东面叶利尼亚的前进登陆场、南面沿索日河的战斗之间,正是在这种复杂的情况下,铁木辛哥发起了打击。

★

事实证明,中央集团军群攻向斯摩棱斯克,将西方面军第16、第19、第20集团军包围在该城西北部、北部和东北部地域,堪称一场教科书范例式的合围行动。首先,博克集团军群以第3装甲集群第57和第39摩托化军辖内装甲师及摩托化师在该城东北面和东面,以第2装甲集群第47摩托化军辖内快速师在该城东南面设立合围对外正面。其次,中央集团军群同时围绕苏军第19、第20集团军(正撤往斯摩棱斯克地域)和第16集团军(已在斯摩棱斯克地域从事战斗)形成合围对内正面,先投入前进中的装甲力量和摩托化步兵,随后投入第9集团军第5军和第4"装甲"集团军第9军的步兵力量。

可是,这场机动虽然有如"钟表般"精准,但还是造成了一些潜在的严重问题。首先,由于缺乏步兵(他们仍在从第聂伯河一线向前推进),各装甲师不得不在坚守合围对外正面的同时,竭力遏制包围圈内的苏军部队。即便在平静的情况下,这也是一种令人尴尬的局面,若红军部队发起反冲击,德军装甲部队和寥寥无几的摩托化步兵会陷入困境。其次,由于过度拉伸,同时据守合围对外、对内正面的各装甲师被持续不断的战斗所牵制,德军无法彻底封闭

---

① 译注:第7装甲师。

包围圈，特别是包围圈东端，那里沿第聂伯河和沃皮河形成的沼泽地带导致"封闭"过程尤为困难。第三，包围圈内的红军部队并未彻底陷入混乱，而是设法保持相对连贯的防线，迫使遂行包围的德国人为每一平方米土地展开战斗。在这里，铁木辛哥将科涅夫第19集团军残部并入卢金第16集团军并委派库罗奇金全权指挥被围部队的决定，对维持被围部队的凝聚力起到帮助。包围圈内，库罗奇金对自己和卢金集团军实施的快速重组激发起苏军的抵抗意志，将一场短暂的合围战变为旷日持久的斗争。第四，苏军在包围圈内的长期抵抗导致遂行包围的德军步兵无法接替沿合围对外正面部署的装甲师。正如本书下一章阐述的那样，这导致代表闪电战尖锐钢铁矛头的装甲师卷入了一场破坏其进攻能力的战斗中。

中央集团军群为他们在短短一周内取得的战果深感自豪。但问题是，集团军群是否能消灭被围之敌，而且不丧失自6月22日以来获得并保持的高速进攻势头？这在很大程度上取决于苏联总统帅部大本营和铁木辛哥被击败、遭粉碎但尚未被彻底消灭的西方面军所采取的行动。

注释

1. 克劳斯·格贝特主编、戴维·约翰逊译，《陆军元帅费多尔·冯·博克：战时日记，1939年—1945年》，宾夕法尼亚州阿特格伦：希弗出版社，1996年，第248页。《第4集团军作战处第8号作战日志附件，1941年7月11日—7月15日》，收录于AOK 4 17561/13。

2. 佩尔西·E.施拉姆主编，汉斯-阿道夫·雅各布森编撰并评述，《国防军最高统帅部战时日志（作战处），1940—1945》（八卷本）第一卷，慕尼黑：伯纳德&格雷费出版社，1982年特许出版，第1029页。

3. 莱布派出一名特别联络官向博克简要汇报情况，而博克直截了当地要求总司令部，让伦德施泰特跟上情况的最新发展，参见《陆军元帅费多尔·冯·博克：战时日记，1939年—1945年》，第249—251页。

4. 《陆军元帅费多尔·冯·博克：战时日记，1939年—1945年》，第247—248页。

5. 博克向希特勒的副官施蒙特上校简要汇报这一情况，参见同上，以及《第4装甲集团军作战日志，1941年7月13日》。

6. 各种计划和意图可参阅《陆军元帅费多尔·冯·博克：战时日记，1939年—1945年》，第246—251页。另可参阅这段时间的第4集团军作战日志、第2装甲集团群作战日志和第3装甲集团群作战日志。

7. 《第3装甲集团群态势评估，1941年7月13日晨，第4集团军作战日志附件》，收录于AOK 4 17561/13。

8. 同上。

9. 《第4集团军军需长在中央集团军群召开的会议上呈交的备忘录，1941年7月13日》，收录于AOK 4 17561/13。

10. 同上。另可参阅这段时间的哈尔德日记未删减版，日记中提供了许多数字，以及与后勤保障、交通路线有关的数据，另外还包括二者存在的问题。

11. 这段时间的哈尔德日记未删减版。哈尔德认为德军装甲部队的能力和补给状况使之能够到达斯摩棱斯克，步兵部队则能到达西德维纳河和第聂伯河东岸。但是，第2和第9集团军已只能"勉强糊口"，而且无法指望他们的补给状况能获得改善，因为截至7月18日，他们需要的补给列车，只有三分之二（14列，而非22列）到达前线。另可参阅查瑞斯·伯迪克、汉斯-阿道夫·雅各布森译，《哈尔德战时日记，1939年—1942年》，加利福尼亚州诺瓦托：要塞出版社，1988年，第473—477页。

12. 上校教授冯·尼德迈尔博士主编，《苏联地图册》，柏林：帝国印刷公司，1941年。这本地图册清楚地揭示出苏联严重缺乏交通路线的事实，但尼德迈尔的这份成果被德军忽略了。

13. 《哈尔德战时日记，1939年—1942年》，第473—475页。

14. 叶甫盖尼·德里格，《战斗中的红军机械化军：1940年—1941年红军汽车装甲坦克兵史》，莫斯科：AST出版社，2005年，第632页。

15. 《第3装甲集团群情报处，第16号敌情通报，1941年7月22日》（Panzer Gruppe 3, Ic, Feindnachrichtenblatt Nr. 16, 22.7.41），收录于Pz AOK 3 21818/8。

16. 戴维·M.格兰茨，《巨人重生》，劳伦斯：堪萨斯大学出版社，2005年，第403—445页；约翰·埃里克森，《通往斯大林格勒之路》，伦敦：韦登菲尔德&尼克尔森出版社，1975年，第174—175页。

17. 苏联人（包括今天的俄罗斯人）以总称描述各层级的力量，通常是出于保密目的。因此，他们不说方面军、集团军、军、师、旅、团、营、连、排、班，而是冠以军团（ob'edinenie）、兵团（soedeninie）、部队（chast'）和分队（podrazdelenie）的称谓。

18. 《第20集团军军事委员会7月27日发给西方向总指挥部司令员的报告：关于集团军的状况和准备，以及做出的决定》（Doklad voennogo soveta 20-i armii ot 27 iiulia 1941 g. Glavnokomanduiushchemu voiskami Zapadnogo Napravleniia o sostoianii, obespechennosti armii i priniatom reshenii），收录于《伟大卫国战争作战文件集》第37期，莫斯科：军事出版局，1959年，第266页。

19.《苏联内务人民委员部命令：关于组建内务部作战部队15个步兵师，并将其派给野战集团军》（Prikaz NKVD SSSR o formirovanii Narkomatom piatnadtsati strelkovykh divizii dlia peredachi v deistvuiushchuiu armii），收录于《社会主义和平建设时期的内卫部队，1922年—1941年》，莫斯科：军事出版局，尤里季斯卡亚文学出版社，1977年，第544页。

20.《第30集团军司令员1941年7月27日下达的第15号令：关于消除集团军辖内部队在作战行动中的缺陷》（Prikaz komanduiushchego voiskami 30-i armii No. 15 ot 27 iiulia 1941 g. ob uzzhitii nedostatkov v boevykh deistviiakh voisk armii），收录于《伟大卫国战争作战文件集》第37期，第386—387页。

21.《第30集团军军事委员会8月5日呈交西方面军军事委员会的报告：关于集团军辖内力量的完备性、补给状况和战斗准备》（Doklad voennogo soveta 30-i armii ot 5 avgusta 1941 g. voennomu sovetu zapadnogo fronta ob ukomplektovannosti, snabzhenii i boesposobnosti voisk armii），收录于《伟大卫国战争作战文件集》第37期，第395—406页。

22. 同上，第395页。

23. 同上，第398页。

24. 这段时期各个师的伤亡人数为：步兵第242师3504人，步兵第250师5775人，步兵第251师4018人，坦克第107师4133人，共计18431人，约占最初兵力的40%。8月1日，集团军辖内各师步兵团的兵力为379人至1195人不等。同一时期，集团军只获得2830名补充兵，该集团军的兵力降至3万来人。

25.《伟大卫国战争作战文件集》第37期，第405页。

26.《第19集团军司令部1941年7月24日呈交的报告：关于集团军辖内部队1941年7月9日—24日的作战行动》（Spravka shtaba 19-i armii ot 24 iiulia 1941 g. o deistviiakh voisk armii s 9 po 24 iiulia 1941 g），收录于《伟大卫国战争作战文件集》第37期，第226页。

27. 戴维·M.格兰茨，《巨人重生》，第403—405页。

28. 同上。

29.《1941年—1945年，伟大卫国战争史》（六卷本）第二卷：《苏联人民抵抗邪恶的法西斯德国对苏联的入侵并为战争根本转折点创造条件，1941年6月—1942年11月》，第63页。

30.《总统帅部大本营下达给各方面军司令员的训令：关于在战场上保存并收集武器》（Direktiva Stavki VK komanduiushchim voiskami frontov o sokhranenii i sbore oruzhiia na pole boia），收录于V.A.佐洛塔廖夫主编，《最高统帅部大本营：1941年的文献资料》，第69页。

31.《1941年—1945年，伟大卫国战争史》（六卷本）第二卷：《苏联人民抵抗邪恶的法西斯德国对苏联的入侵并为战争根本转折点创造条件，1941年6月—1942年11月》，第63页。

32.《总统帅部大本营第00401号训令：关于重建政治宣传机构和引入政治委员制》（Prikaz Stavki VK No. 00401 o reorganizatsii organov politicheskoi propagandy i vvedenii Institute Voennykh Komissarov），收录于V.A.佐洛塔廖夫主编，《最高统帅部大本营：1941年的文献资料》，第77页。

33. 按照苏联方面的定义，反冲击、反突击和反攻的区别在于规模和重要性。反冲击具有战术重要性，反突击具有战役重要性，而反攻则具有战略重要性。

34.《大本营下达给西北方向、西方向、西南方向总指挥部司令员和各方面军司令员的第00356号训令：关于构设防线》（Direktiva Stavki VK No. 00356 glavnokomanduiushchim voiskami Severo-Zapadnogo, Zapadnogo i Iugo-Zapadnogo Napravlenii, komanduiushchim voiskami frontov o stroitel'stve oboronitel'hykh rubezhei），收录于V.A.佐洛塔廖夫主编，《最高统帅部大本营：1941年的文献资料》，第74页。

35.《总统帅部大本营发给后备方面军司令员的00421号训令：关于准备发起一场进攻，包围斯摩棱斯克地域之敌》（Direktiva Stavki VK No. 00421 komanduiushchemu voiskami Fronta Rezervnykh Armii o podgotovku operatsii na okruzhenie protivnika v raione Smolenska），收录于V.A.佐洛塔廖夫主编，《最高统帅部大本营：1941年的文献资料》，第81—82页。

36. 《总统帅部大本营00493号训令：关于分割西方面军》（Prikaz Stavki VK No. 00493 o razdelenii Zapadnogo fronta），收录于V.A.佐洛塔廖夫主编，《最高统帅部大本营：1941年的文献资料》，第88—89页。

37. 同上，第88—89页。

38. 奥默·巴托夫，《东线，1941年—1945年：德国军队和战争的野蛮化》，纽约：圣马丁出版社，1986年，第20页。斯摩棱斯克交战的每日态势图可参阅戴维·M.格兰茨，《斯摩棱斯克交战地图集》，宾夕法尼亚州卡莱尔：个人出版，2001年。关于交战的更多详情可参阅V.A.佐洛塔廖夫主编，《伟大卫国战争，1941年—1945年》第一册，莫斯科：科学出版社，1998年，第178—182页。

39. 《第3装甲集群情报处，第16号敌情通报，1941年7月17日》，收录于Pz AOK 3 21818/8；《陆军元帅费多尔·冯·博克：战时日记，1939年—1945年》，第252页。

40. 佐洛塔廖夫主编，《伟大卫国战争，1941年—1945年》第一册，第172页。

41. K.K.罗科索夫斯基，《军人的天职》，莫斯科：呼声出版社，2000年，第60—70页。

42. A.I.叶廖缅科，《在战争初期》，莫斯科：科学出版社，1965年，第167页。

43. 斯大林的儿子后来死在德国战俘营里。

44. 《西方向总指挥部司令员1941年7月17日下达的第066号战斗令：关于守卫斯摩棱斯克城》（Boevoi prikaz Glavnokomanduiushchego voiskami Zapadnogo Napravleniia No. 066 ot 17 iiulia 1941 g. na oboronu gor. Smolensk），收录于《伟大卫国战争作战文件集》第37期，第37—38页；V.A.佐洛塔廖夫主编，《伟大卫国战争，1941年—1945年》第一册，第174页。

45. V.A.佐洛塔廖夫主编，《伟大卫国战争，1941年—1945年》第一册，第174页。

46. 《总统帅部大本营第00436号训令，关于高级指挥干部的任命》（Prikaz Stavki VK No. 00436 o naznachenii vysshego komandnogo sostava），收录于V.A.佐洛塔廖夫主编，《最高统帅部大本营：1941年的文献资料》，第82页。

47. 《西方向总指挥部司令员1941年7月17日下达的第066号战斗令，关于守卫斯摩棱斯克城》（Boevoi prikaz Glavnokomanduiushchego voiskami Zapadnogo Napravleniia No. 066 ot 17 iiulia 1941 g. na oboronu gor. Smolensk），收录于《伟大卫国战争作战文件集》第37期，第37—38页。

48. 利久科夫在亚尔采沃表现出色，后成为第20集团军副司令员，在莫斯科战役中同样表现优异，因此，1942年6月下旬，他被任命为红军第一个坦克集团军——坦克第5集团军的司令员。

49. 德军在此处没有伞兵力量，也未实施空降。不过，截获苏军电报、获知对方的错误印象后，德国人对此感到高兴。参见《第3装甲集群作战报告》（Pz AOK 3, Gefechtsbericht）和《第3装甲集群作战日志，1941年7月15日》，收录于Pz AOK 3 14837/2。

50. 机械化第26军1941年3月—6月组建于北高加索军区，7月初与第24集团军向前部署至维亚济马西南方的多罗戈布日地域。该军7月8日在那里撤编后，坦克第52和第56师改编为坦克第101、第102师，摩托化第103师改编为坦克师，这些师都分配给第24集团军预备队。更多详情可参阅叶甫盖尼·德里格，《战斗中的红军机械化军：1940年—1941年红军汽车装甲坦克兵史》。

51. K.K.罗科索夫斯基，《军人的天职》，第60—62页。

52. 叶甫盖尼·德里格，《战斗中的红军机械化军：1940年—1941年红军汽车装甲坦克兵史》，第635页。

53. K.K.罗科索夫斯基，《军人的天职》，第60—62页。

54. 《伟大卫国战争作战文件集》第37期，第93页注释2，引自f. 208, op. 10169, d. 7, l. 179号档案文件。

55. 《第16集团军司令部第1号作战概要，1941年7月17日》（Operativnaia svodka shtaba 16-i Armii No. 1 ot17 iiulia 1941 g. o polozhenii voisk armii），收录于《伟大卫国战争作战文件集》第37期，第205页。

56. 《西方向总指挥部司令员1941年7月18日下达的第19号作战令：关于进攻和防御行动》（Operativnaia direktiva Glavnokomanduiushchego voiskami Zapadnogo Napravleniia No. 19 ot

18 iiulia 1941 g. na nastupatel'nye i oboronitel'nye deistviia），收录于《伟大卫国战争作战文件集》第37期，第38—39页。

57.《西方面军1941年7月18日20点呈交的第45号作战摘要：关于方面军辖内部队的作战行动》（Operativnaia svodka shtaba Zapadnogo fronta No. 45 k 2000 chasam 18 iiulia 1941 g. o boevykh deistviiakh voisk fronta），收录于《伟大卫国战争作战文件集》第37期，第94—96页。

58.《第16集团军司令部第2号作战概要：1941年7月19日签发，关于集团军辖内部队在杰米多夫、霍尔姆、斯摩棱斯克地域的作战行动》（Operativnaia svodka shtaba 16-i Armii No. 2 ot 19 iiulia 1941 g. o boevykh deistviiakh voisk armii v raionakh Demidov, Kholm, Smolensk），收录于《伟大卫国战争作战文件集》第37期，第206页。

59. A.苏尔琴科，《斯摩棱斯克交战中的步兵第129师》（129-ia strelkovaia diviziia v boiakh za Smolensk），刊登在《军事历史杂志》（1968年8月）第8期，第61—66页；V.A.佐洛塔廖夫主编，《伟大卫国战争，1941年—1945年》第一册，第174页。

60.《斯大林通过专线电话与西方向总指挥部司令员交谈的记录》（Zapis' peregovorov po priamomu provodu Stalina s Glavnokomanduiushchim voiskami Zapadnogo napravleniia），收录于V.A.佐洛塔廖夫主编，《最高统帅部大本营：1941年的文献资料》，第83—84页。

61.《第16集团军司令部1941年7月20日发给西方面军司令部的第18号作战报告：关于集团军辖内部队的位置》（Boevoe donesenie shtaba 16-i Armii No. 18/op ot 20 iiulia 1941 g. shtaba Zapadnogo fronta o polozhenii voisk armii），收录于《伟大卫国战争作战文件集》第37期，第207页。

62.《第16集团军司令部1941年7月21日发给第20和第19集团军司令部的消息：关于从北面转入对斯摩棱斯克的进攻》（Informatsiia shtaba 16-i Armii ot 21 iiulia 1941 g. stabam 20-i i 19-i Armii o perekhode v nastuplenie na Smolensk s severa），收录于《伟大卫国战争作战文件集》第37期，第208页。

63.《第16集团军司令部1941年7月21日呈交的第5号作战摘要：关于集团军辖内部队夺取斯摩棱斯克城的作战行动》（Operativnaia svodka shtaba 16-i Armii No. 5 ot 21 iiulia 1941 g. o boevykh deistviiakh voisk armii po ovladeniiu gor. Smolensk），收录于《伟大卫国战争作战文件集》第37期，第208页。

64. 苏联方面对这场战斗的看法，更多详情可参：A.苏尔琴科，《斯摩棱斯克交战中的步兵第129师》，刊登于《军事历史杂志》（1968年8月）第8期，第61—66页；M.卢金，《在斯摩棱斯克的战斗中》，刊登于《军事历史杂志》（1979年7月）第7期，第42—55页。

65.《西方面军1941年7月21日的第50号作战摘要，关于方面军辖内部队的作战行动》（Operativnaia svodka shtaba Zapadnogo fronta No. 50 ot 21 iiulia 1941 g. o boevykh deistviiakh voisk fronta），收录于《伟大卫国战争作战文件集》第37期，第98—100页。

66.《陆军元帅费多尔·冯·博克：战时日记，1939年—1945年》，第254页。

67.《西方面军1941年7月23日20点提交的第55号作战摘要：关于方面军辖内部队的作战行动》（Operativnaia svodka shtaba Zapadnogo fronta No. 55 k 2000 chasam 23 iiulia 1941 g. o boevykh deistviiakh voisk fronta），收录于《伟大卫国战争作战文件集》第37期，第101—103页。

68.《西方面军司令部第53号情报摘要，1941年7月23日20点》（Razvedsvodka No. 53 shtab Zapadnogo fronta k 20:00 23.7.1941），收录于《伟大卫国战争作战文件集》第37期，第104—105页。会签人员包括：西方面军参谋长V.索科洛夫斯基中将，西方面军军事委员、团级政委安沙科夫，西方面军司令部情报处主任科尔涅耶夫上校，西方面军司令部情报处军事委员、营级政委斯捷布洛夫采夫。

69.《第16集团军司令员1941年7月24日呈交西方向总指挥部司令员的报告：关于集团军辖内部队为夺回斯摩棱斯克城进行的作战行动》（Doklad komanduiushchego voiskami 16-i Armii ot 24 iiulia 1941 g. Glavnokomanduiushchemu voiskami Zapadnogo Napravleniia o boevykh deistviiakh voisk armii po ovladeniiu gor. Smolensk），收录于《伟大卫国战争作战文件集》第37期，第29页。

第五章
苏军的第一次反攻和斯摩棱斯克包围圈之战，1941年7月23日—31日

西方面军战役集群的反突击

虽说肃清斯摩棱斯克包围圈的斗争1941年7月中旬后吸引了中央集团军群大部分高级指挥官的注意力，但一场更为重要的战斗即将在当月最后一周沿德国第9、第4集团军所谓的东线展开。具体而言，这场战斗将在两个地域发展。首先，它将在斯摩棱斯克城东北和东面沿合围对外正面发生，作战地域从别雷西面的西德维纳河上游附近起，穿过亚尔采沃镇，沿沃皮河和第聂伯河向南延伸到索洛维耶沃渡口附近。据守该地域的是第9集团军第3装甲集群第39摩托化军辖内装甲师和摩托化师，包括第7、第19、第20装甲师，第18摩托化师和第900摩托化教导旅。发生战斗的第二片地域是斯摩棱斯克城东南面的合围对外正面，这片作战地域从斯摩棱斯克东面的第聂伯河向东南方延伸到叶利尼亚地域（德国人在这里占据一座向东伸出的登陆场），然后沿杰斯纳河南延至罗斯拉夫利东面。据守该地域的是第2装甲集群第46摩托化军，该部获得集群内第47摩托化军部分力量的加强。具体而言，第46摩托化军武装党卫队"帝国"摩托化师据守的地带，从斯摩棱斯克东面的第聂伯河南岸起，向东南方延伸到叶利尼亚登陆场北底端，该军第10装甲师扼守登陆场，"大德意志"步兵团（摩托化）和武装党卫队"帝国"师一个战斗群组成的混成力量据守鲁德尼亚地域，这股德军向东面对叶利尼亚南面的杰斯纳河，

向东南方面对罗斯拉夫利城。（参见地图5.1）

实际上，西方面军辖下罗科索夫斯基将军指挥的亚尔采沃集群，7月中旬竭力确保从东面进入斯摩棱斯克地域的交通路线畅通时，已然打响了这场战斗。罗科索夫斯基在亚尔采沃实施的坚决防御，以及他在北翼和南翼发起

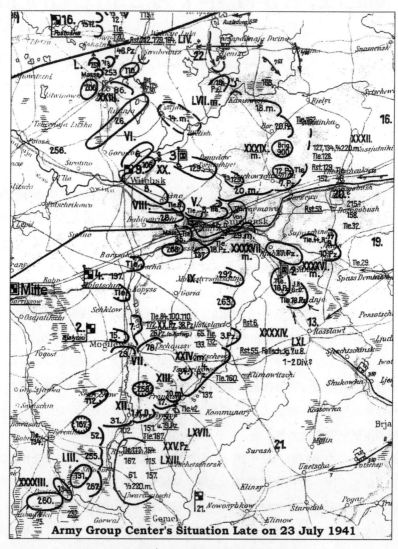

▲ 地图 5.1：中央集团军群的作战态势，1941 年 7 月 23 日晚间（资料图）

的有限反冲击，使德国人相信自己面对的是苏军一股相对强大的力量。做出这种判断可以理解，因为德军先遣力量不掌握确切情报，自身的实力也很虚弱。另外，复杂的地形和遥远的距离导致前进中的德军装甲先遣力量无法相互配合，这方面的一个例子是，丰克位于亚尔采沃的第7装甲师，与7月17日到达波奇诺克的沙尔第10装甲师相距73千米。但同时，罗科索夫斯基的这些有限反冲击也反映出总统帅部大本营的决心：发起一场更具雄心的总体反攻。斯大林和大本营认为，第聂伯河防线和斯摩棱斯克战略交通中心的丢失，加大了德军即将攻往莫斯科的威胁。因此，大本营在命令铁木辛哥在斯摩棱斯克包围圈内设立"牢不可破的防御阵地"的同时，还要求他以卢金第16集团军夺回斯摩棱斯克并保持包围圈内部队与罗科索夫斯基集群之间的联系。另外，大本营还计划投入波格丹诺夫的后备方面军，由阿尔捷米耶夫的莫扎伊斯克防线方面军提供支援，以此构成在斯摩棱斯克地域展开一场大规模反攻所需要的力量。

由于斯摩棱斯克的周边态势已达到危机的程度，大本营没有足够的时间为这样一场大规模行动组织并彻底集结力量。因此，大本营在7月21日之前竭力据守莫扎伊斯克防线的同时，还决定将波格丹诺夫的方面军主力作为特别战役集群投入，要么阻挡住德军的推进，要么同包围圈内诸集团军相配合，展开一场全面反攻。总之，大本营坚持要求铁木辛哥麾下力量包围正对斯摩棱斯克实施合围的德国军队。

7月20日同铁木辛哥的电话交谈中，斯大林指出：

您通常每次投入2—3个师为方面军提供协助，但没能取得重大战果。现在是不是应该改变这种战术，投入7—8个师，在侧翼辅以骑兵力量，从而形成拳头？选择进攻方向并迫使敌人按照我方指挥员的意愿变更其力量部署。例如，是否可能组建一个集群，配以霍缅科的3个师、调自奥廖尔的3个师、已在亚尔采沃从事战斗的1个坦克师，以及从预备队集团军抽调的1个摩托化师，可能还有另外2—3个师，并以1个骑兵师提供加强，以整个集群攻向斯摩棱斯克地域，从而粉碎该地域之敌，并把他们赶过奥尔沙？我认为我们现在不应拘泥于形式，应当以大股集群展开行动。[1]

铁木辛哥对此表示赞同，斯大林又与朱可夫商讨此事，后者将以红军总参谋长的身份监督斯摩棱斯克地域的作战行动。这番商讨的结果是，斯大林和朱可夫给铁木辛哥下达任务，防止第16、第19、第20集团军覆灭于斯摩棱斯克包围圈，阻止德军继续向东发展，可能的话，包围并歼灭斯摩棱斯克地域之敌。7月20日，朱可夫代表总统帅部大本营拟制一道指令，将大本营后备方面军的4个集团军（共20个师）转隶铁木辛哥西方面军并要求该方面军精心策划一场大规模反攻，包围并歼灭敌斯摩棱斯克集团。

朱可夫7月20日匆匆拟制指令并将其下达给铁木辛哥，他命令以四个预备队集团军为核心，组建起四个战役集群，每个集群都以其指挥官的名字命名，第五个集群则是编有两个师的骑兵集群。四个集团军级战役集群将沿汇聚方向攻往杜霍夫希纳和斯摩棱斯克，骑兵集群由旅级指挥员孔德拉特·谢苗诺维奇·梅利尼克指挥，任务是打击中央集团军群后方地域的目标，破坏敌人的指挥控制和通信：

· **任务**——展开行动，包围并歼灭敌斯摩棱斯克集团。

· **马斯连尼科夫集群**（第29集团军，辖步兵第252、第256、第243师和第53、82号装甲列车）——从旧托罗帕地域（托罗佩茨以南25千米，斯摩棱斯克以北165千米）向南攻往杰米多夫，7月23日日终前到达奇哈奇（托罗佩茨西北方40千米）和阿尔捷莫沃车站的日日茨科耶湖一线，掩护托罗佩茨方向，并派一个营级支队保护位于克尼亚若沃地域（奇哈奇以北25千米）的集群侧翼。将集群指挥部设在谢利谢（托罗佩茨以西22千米）。

· **霍缅科集群**（第30集团军，辖步兵第242、第251、第250师）——从别雷西南地域向南攻往杜霍夫希纳，7月22日日终前到达马克西莫夫卡（别雷西南方22千米）和彼得罗波利耶一线，做好7月23日晨朝杜霍夫希纳这一总方向发起进攻的准备的同时，与骑兵第50、第53师建立联系，这两个师已奉命于7月21日日终前作为一个骑兵集群（梅利尼克骑兵集群）集结在扎博耶多沃、休奇耶、扎尔科夫斯基车站地域（别雷以西40—50千米），以便对杜霍夫希纳展开一场联合进攻。将集群指挥部设在别雷地域。

· **加里宁集群**（第24集团军，辖步兵第53军步兵第89、第91、第166

师）——7月22日日终前向西攻往韦特利齐（亚尔采沃东北方30千米）和沃皮河河口一线并做好发展霍缅科集群所取得胜利的准备，7月22日日终前将步兵第166师集结在米亚基舍沃（别雷东南方20千米）、彼得罗波利耶、尼基京卡车站地域，在霍缅科集群身后作为第二梯队展开行动。

　　·**卡恰洛夫集群**（第28集团军，辖步兵第149、第145师，坦克第104师）——7月21日日终前集结在克拉皮文斯基、韦日尼基、罗斯拉夫利地域（斯摩棱斯克东南偏南方110千米），并于7月22日晨向北攻往斯摩棱斯克。

　　·**红空军力量**——7月21日日终前将以下航空兵力量编入诸集群：

　　★马斯连尼科夫集群——航空兵第31师

　　★霍缅科集群——集团军航空兵第190团、歼击航空兵第122团

　　★卡恰洛夫集群——集团军航空兵第209团、歼击航空兵第239团

　　·**指挥控制**——所有集群都由西方向总指挥部司令员铁木辛哥同志指挥，各集群到达出发阵地时，从他那里受领各自的作战任务。

　　·**报告**——汇报收悉和执行本指令的情况。[2]

　　大本营的计划雄心勃勃，最严重的缺陷在于过高估计了进攻部队的状况。这些新步兵师、坦克师几乎是在一夜之间匆匆组建而成，主要由受过部分训练的预备役人员和基本未受过训练的应征兵组成，并辅以一批NKVD军官和边防军战士。除罗科索夫斯基和卡恰洛夫外，这些集团军（集群）大多由NKVD高级军官指挥。不仅整个集团军的人员缺乏训练，而且各个师也缺乏必要的时间进行排级、连级、营级演练，更不必说团级和师级演习了。因此，西方面军辖内各师各团无法投入诸如炮兵、工程兵等专业兵种同他们的步兵相配合。更糟糕的是，各个师的各级指挥层完全没有凝聚力。

　　虽然存在这些严重缺陷，但是7月21日晨朱可夫又下达了两道指令，旨在加强铁木辛哥的反攻。第一道指令要求红军骑兵司令员戈罗多维科夫将军，为库兹涅佐夫第21集团军辖下已向中央集团军群南翼的博布鲁伊斯克展开行动的一个骑兵集群提供加强。具体而言，朱可夫命令以骑兵第32师加强已编有骑兵第43和第47师的这个集群。[3]第二道指令要求霍缅科集群（第30集团军）、加里宁集群（第24集团军）、卡恰洛夫集群（第28集团军）各组建一

个坦克群，每个坦克群编有21辆坦克（10辆T-34，11辆BT或T-26），支援向前推进的步兵。[4]此时，罗科索夫斯基集群共投入约40辆坦克，与红军方面军司令员在以往战役中投入强大但笨重的机械化军的做法相差甚远。

作为西方面军临时司令员，叶廖缅科将军负责执行铁木辛哥的反攻计划，他后来指出，这两个计划"完全不切实际"。另一方面，铁木辛哥也对成功的机会持一种矛盾心态，尽管如此，他还是遵照朱可夫7月21日的指示，以西方向总指挥部司令员的身份下达了一道正式命令。[5]除了给大本营较为笼统的指示添加更多细节外，铁木辛哥还设法加强这场反攻的力量，他命令第六个集群，也就是罗科索夫斯基已在亚尔采沃地域和更南面抗击德国第7装甲师战斗群的亚尔采沃军队集群，一旦阻挡住德军向前推进的铁钳，立即加入反攻行动。

·总体情况——敌人企图包围斯摩棱斯克地域的我方力量，大股摩托—机械化部队正朝亚尔采沃和叶利尼亚开进。7月21日，敌人将第7装甲师集结在杜霍夫希纳地域，第20摩托化师位于休奇耶和奥泽拉地域，不止一个配有步兵的装甲师位于叶利尼亚地域（斯摩棱斯克东南方75千米），敌人正企图以其主力将方面军辖内部队包围在莫吉廖夫、斯摩棱斯克、涅韦尔地域。

·西方面军的任务——以霍缅科集群从别雷地域、罗科索夫斯基集群从亚尔采沃地域、卡恰洛夫集群从罗斯拉夫利地域，朝斯摩棱斯克这一总方向展开一场集中进攻，包围并歼灭斯摩棱斯克以东之敌。

·辖内各兵团的任务

★马斯连尼科夫集群——前出到奇哈奇和日日茨科耶湖一线（托罗佩茨以南30—45千米）并掩护托罗佩茨方向。

★霍缅科集群（步兵第242、第250、第251、第166师，编有骑兵第50、第53师的一个骑兵集群，集团军航空兵第190团，歼击航空兵第122团）。

☆占领指定出发阵地，掩护集群左翼，抗击敌人从森林沼泽地域向南发起的进攻后，立即派强有力的先遣支队前出到杜博维察、扎莫希耶、巴图里诺一线（杜霍夫希纳以北45—60千米）。

☆7月23日晨攻向霍尔姆和杜霍夫希纳一线（斯摩棱斯克以北45千米至东北偏北方50千米），将步兵第166师梯次部署在左翼后方，同罗科索夫斯基集群相配合，7月25日前包围并消灭杜霍夫希纳地域之敌。

☆尔后做好向斯摩棱斯克展开行动的准备，同时防范敌人从维捷布斯克发起进攻。

★骑兵集群（梅利尼克）——7月23日从休奇耶和奥泽罗地域（杰米多夫东北偏北方65千米）发起进攻，7月25日前到达杰米多夫和霍尔姆一线（斯摩棱斯克西北方65千米至北面45千米）并派一支强有力的侧翼支队赶往韦利日（杰米多夫西北偏北方45千米），破坏敌后方地域指挥、通信，歼灭其小股力量，防止敌人从韦利日地域对集群主力发起进攻。

★罗科索夫斯基集群（坦克第101、第107师，步兵第91、第89、第38师，反坦克炮兵第509团）——从韦特利齐至沃皮河河口，以杜霍夫希纳和亚尔采沃地域的快速部队沿沃皮河占据出发阵地，7月23日晨沿杜霍夫希纳方向发起进攻，同霍缅科集群相配合，歼灭休奇耶、奥泽罗、杰米多夫、杜霍夫希纳、亚尔采沃地域之敌，尔后做好向斯摩棱斯克展开行动的准备。

★卡恰洛夫集群（步兵第145、第149师，坦克第104师，集团军航空兵第209团，歼击航空兵第239团）——防范敌人从叶利尼亚发起进攻的同时，7月22日沿通往斯摩棱斯克的公路向北冲击，歼灭当面之敌，7月23日前到达恩格利加尔托夫斯卡亚车站、波奇诺克、希斯拉维奇一线（斯摩棱斯克东南方50—55千米），尔后攻向斯摩棱斯克并防范敌人从西面发起进攻。

★第20集团军——顽强坚守既有阵地并以战斗群向戈尔基（奥尔沙东南方40千米）展开积极行动，扰乱敌人的后方地域。

★第22集团军——7月22日晨起，以局部进攻牵制敌军。

★第13集团军——夺取普罗波伊斯克和克里切夫（分别位于莫吉廖夫东南面和东面65、90千米的索日河畔）。

★第21集团军——积极完成先前受领的任务。

★集团军航空兵——支援战场上的地面力量。

★方面军航空兵的任务：

☆战役期间掩护罗科索夫斯基快速集群和霍缅科集群。

☆打击杜霍夫希纳地域之敌，为我方快速集群压制敌人的抵抗。

☆防止敌人从西面进攻卡恰洛夫集群。

★西方向总指挥部作战指挥所——7月22日起设在瓦季诺车站。

★报告——汇报你们收悉并下达的所有命令。[6]

西方面军每个战役集群都编有3—6个步兵师、坦克师或骑兵师并获得了适度的战斗支援,这些集群必须突破中央集团军群的防御正面,沿汇聚方向攻往斯摩棱斯克。与此同时,由库罗奇金统一指挥,在斯摩棱斯克以北包围圈附近展开行动的第20和第16集团军,应夺回该城并沿包围圈周边发起局部进攻,同西方面军遂行进攻的六个战役集群会合。最后,铁木辛哥计划以三个航空兵集团支援这场反攻,每个集团都由一个满编混成航空兵师组成。朱可夫下达指令后,大本营7月25日撤销后备方面军,剩下的集团军调拨给西方面军或新组建的预备队方面军(参见下文)。[7]

7月21日下达反攻令后不久,铁木辛哥又签发另外两道命令,旨在改善西方面军和沿莫斯科方向遂行防御的所有预备力量的指挥和控制。第一道命令要求在亚尔采沃以东40千米、斯摩棱斯克包围圈外的瓦季诺车站(Vadino)设立一个新指挥部,铁木辛哥称之为"西方向总指挥部作战指挥所",任务是"指挥从别雷和亚尔采沃地域攻向斯摩棱斯克的部队"。[8]他随后任命科涅夫领导该指挥所并指示后者协调霍缅科和罗科索夫斯基的作战行动。第二道命令题为"关于建立预备队的报告",这份报告提供了关于方面军实际状况和兵力情况的有趣细节,要求组建起两个新预备队集团军,第19集团军驻扎在梅登(Medyn'),第4集团军部署在苏希尼奇(Sukhinichi),部分遭歼灭、撤至后方整补的部队也调拨给这两个集团军:

目前,西方面军没有必要的预备力量,无法应对敌人的突破、突袭或发展胜利。根据集结计划,我们本应该有两个预备队集团军——第19和第4集团军。可是,战线沿列佩利和托洛钦延伸时,第19集团军集结在维捷布斯克东南方,也就是说,在100—150千米外,第4集团军建在普罗波伊斯克地域,两个师位于新济布科夫,即前线后方40千米处。预备队集团军离前线的这一距离无法掩护他们的编组和集结,另外,鉴于每昼夜40千米的进攻速度,这些力量很容易遭到敌人的持续空袭。

敌人（向斯摩棱斯克）发起第二次连续进攻期间的战役过程证实了上述内容。除了缺乏准备，预备力量以零零碎碎的方式投入战斗，缺乏指挥控制机构和后方勤务部队（第19集团军），组织和装备不佳（第4集团军），结果，方面军在战役头几日失去所有预备力量。

为避免类似情况再度发生，我要求你们：

1.将人员和装备遭受严重损失的所有部队，例如步兵第64、第108、第10、第161师，步兵第2、第44军军部及军直部队，撤至格扎茨克和梅登地域，在接下来5—7天内为他们补充兵力和装备。

2.将第13集团军步兵第35军，连同步兵第44军军部，以及步兵第158、第127、第50师交给第16集团军，步兵第35军的任务是集结并重建步兵第158、第127、第50师，还包括已到达罗斯拉夫利地域的其他部队。在前线重建步兵第50师。

3.第19和第4集团军司令部撤至后方地域，第19集团军驻扎在梅登，第4集团军位于苏希尼奇，将步兵第34军及步兵第129、第158、第127、第38、第134师转隶第16集团军。

4.将第7、第17机械化军残部和步兵第24、第137、第132、第148、第160师撤至苏希尼奇地域，以机械化军组建两个（100系列）坦克师。第4集团军司令部的任务是以上述力量组建兵团（师）。

5.将正在重建的步兵第121、第155师调拨给第21集团军并为他们提供装备，后者负责组建工作。方面军炮兵部门为这些师提供火炮。

6.第4和第19集团军应利用从沿公路撤离前线的部队处征收来的车辆，各自组建两个汽车团，这些汽车团作为方面军资产，专用于调动预备力量。

7.完成这些后撤、重组和再装备工作，第19集团军各部队不得迟于7月27日，第4集团军不得迟于8月3日—5日。[9]

第28集团军的卡恰洛夫将军给他这个战役集群下达的进攻令，阐述了各集群遂行铁木辛哥反攻的形式和性质，也为这场最具雄心但令人沮丧且深具灾难性的反突击搭设起舞台。7月22日23点签发的这道命令为进攻行动提供了相关背景，命令开头处指出："敌人以独立支队沿克里切夫、姆斯季斯拉夫利、希斯洛维奇、波奇诺克一线掩护自身的同时，正试图包围斯摩棱斯克地域的我方部队。"[10] 这道命令随后以标准格式列出了相关任务和战役、战术目标：

　　·**友邻力量**

　　★右侧——第24和第28集团军，正据守沃皮河、乌日河、叶利尼亚河、杰斯纳河至茹科夫卡、扎吉、克拉斯诺耶、索斯诺夫卡一线。

　　★左侧——第13集团军，正在普罗波伊斯克和克里切夫地带以积极的短促突击牵制敌人。

　　★方面军航空兵力量——防范敌人从西面对我军队集群发起进攻。

　　·**军队集群的任务**（步兵第149、第145师，坦克第104师，摩托化步兵第31团，军属炮兵第643、第364团，集团军航空兵第209团，歼击航空兵第239团）——向叶利尼亚掩护右翼的同时，7月23日4点（此处用铅笔写着，7月22日22点）发起进攻，消灭当面之敌，朝斯摩棱斯克推进，进入敌叶利尼亚集团之后方，7月23日日终前到达斯特里吉诺、波奇诺克、特鲁特涅沃一线（斯摩棱斯克东南方55千米至南面52千米），尔后攻往斯摩棱斯克。

　　·**辖内各兵团的任务**

　　★步兵第149师（统帅部预备队加农炮兵第320团，军属炮兵第488团第1营）——7月23日拂晓夺取切尔纳夫卡、伏罗希洛沃、利赫诺沃一线（波奇诺克东南方25千米），尔后以强有力的前卫力量在赫马拉和马丘雷国营农场地带（波奇诺克东南方10—15千米）夺取（赫马拉河上的）渡口并攻占波奇诺克。

　　★步兵第145师（军属炮兵第643、第364团，军属炮兵第649团第3营，榴弹炮兵第489团第3营，反坦克炮兵第753团第4营）——7月23日拂晓前到达帕纳索夫卡、戈卢比、新杰列布日（波奇诺克以南25千米），以强有力的前卫部队将敌人驱离斯托梅季梅河一线并夺取瓦西科沃车站和米哈伊洛夫卡一线（波奇诺克以南17千米），尔后准备在罗斯拉夫利—斯摩棱斯克公路、大伊诺奇卡、小利普基地段（波奇诺克以南10千米）夺取赫马拉河上的渡口。派混成团步兵第3营守卫通往克里切夫的华沙公路。

　　★坦克第104师——7月23日15点前集结于赫马拉和格沃兹多夫卡地域（波奇诺克东南方15千米）并做好同步兵第149、第145师发起联合行动、夺取波奇诺克地域的准备。

★摩托化步兵第31团——7月23日14点前作为我的预备队集结在杜布罗夫卡附近的树林中，做好沿罗斯拉夫利—斯摩棱斯克公路向北发展胜利的准备。

★集团军航空兵——7月23日6点—8点，掩护突击部队，压制敌人在斯托梅季河渡口的防御，尔后在赫马拉河上方提供掩护。

★指挥和控制：

☆战役集群指挥所——7月23日12点起，设在雷索夫卡以西树林中。

☆军队集群指挥部——罗斯拉夫利。[11]

7月22日16点，麾下各集群发起反攻前的最后时刻，铁木辛哥从霍缅科集群抽调步兵第166师加强加里宁集群。方面军司令员随后命令加里宁将军，以步兵第166和第91师向杜霍夫希纳发起该集团军的主要突击，将步兵第89师留作预备队，掩护维亚济马—亚尔采沃公路并谨慎协调他与罗科索夫斯基的进攻。[12]

从7月23日开始，铁木辛哥诸战役集群以交错的方式，从北面的别雷起，向南穿过亚尔采沃至罗斯拉夫利，沿一条226千米宽的战线攻往中央集团军群的前沿阵地，试图解救一部分被包围在斯摩棱斯克北面的苏军部队。但是，由于各战役集群投入进攻时并未彻底集结，大多只投入2—3个师而非整个集团军，突击部队总兵力直到7月25日才扩大到20个师。7月23日，铁木辛哥遂行反攻期间，大本营重组沿斯摩棱斯克—莫斯科方向行动的所有部队的指挥控制，将西方面军拆分为西方面军和中央方面军（参见下文）。

尽管大本营在时机和目标方面竭力协调诸战役集群的进攻，但这场反攻的发展并不均衡，因而只取得部分成功。例如，卡恰洛夫集群7月23日对德军第18装甲师设在罗斯拉夫利以北的防御发起冲击，7月24日，霍缅科集群进攻德军第18摩托化师和第20装甲师位于别雷以西的防御，而加里宁集群则对亚尔采沃北面德军第7和第12装甲师的防御展开突击。[13] 但此时，施密特已投入第900摩托化教导旅的三个步兵营加强亚尔采沃北面第39摩托化军的防御。（参见地图4.8、5.2）

西方面军7月23日20点呈交的作战摘要清楚地表明这些进攻的零碎性，以及各集群辖内各师极大的混乱：

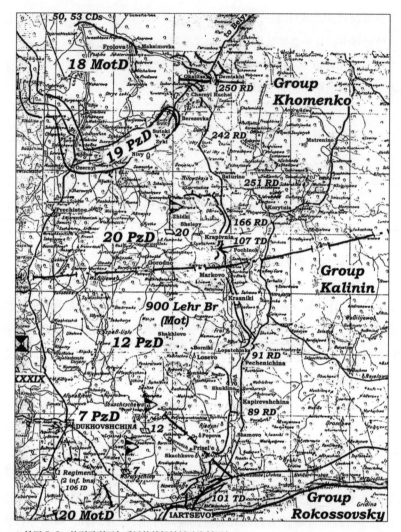

▲ 地图 5.2：从别雷到亚尔采沃的战场地域（资料图）

· **马斯连尼科夫集群**——7月23日6点赶往奇哈奇和日日茨科耶湖一线。

★步兵第250、第251师——7月23日6点到达别雷一线（亚尔采沃以北90千米）。

★步兵第242师——7月23日6点仍在行进中。（以上三个师实际上隶属霍缅科集群）

★步兵第243师——7月23日10点在斯科沃尔措夫车站（托罗佩茨以西18千

米）卸载以占据杜布罗夫卡和扎谢诺沃一线（托罗佩茨西南方30—40千米）。

★集群指挥部——马尔秋霍瓦。

·**加里宁集群**——为7月23日的进攻集结在其出发阵地。

★步兵第91师——位于韦特利察（韦特利齐）、佩切宁基（佩切尼奇纳）、瑟罗科连耶（瑟罗卡连伊）地域（亚尔采沃以北20—30千米）。

★步兵第89师——位于列塔泽和伊瓦尼诺地域（亚尔采沃东北方20—25千米）。

★步兵第166师——尚未收悉相关报告。

★集群指挥部——瓦季诺车站。

·**霍缅科集群**——尚未收悉相关报告（参见马斯连尼科夫集群）。

·**罗科索夫斯基集群**——沿沃皮河战斗后，为遂行进攻将其部队沿沃皮河东岸集结在出发阵地内。

★坦克第107师（转隶加里宁集群）——位于科雷特尼亚、波奇诺克、波基希诺地域（亚尔采沃以北50—55千米）。

★坦克第101师——尚未收悉相关报告。

★步兵第38师——在敌人的猛烈空袭与火炮、迫击炮打击下被迫后撤，摧毁沃皮河上的渡口并沿河东岸占据阵地。

★集群指挥部——克拉斯诺巴耶夫卡。

·**卡恰洛夫集群**——7月23日17点前驱散敌先遣部队，目前在波奇诺克东南方18千米处为斯托梅季河上的渡口展开战斗，但遭到敌机持续不停地攻击。集群指挥部设在斯托多利谢。[14]

卡恰洛夫集群的战斗表现表明了这些仓促组建的特别战役集群投入只受过部分训练的部队时面临的巨大问题，他们甚至没有进行过小股部队演练，也缺乏基本凝聚力，却要同久经沙场、经验丰富的德国军队展开厮杀。7月23日晚些时候，沮丧失望的卡恰洛夫和他的参谋长叶戈罗夫少将，对麾下部队提出严厉批评，因为他们在战斗首日几乎没能完成任何任务。（参见地图4.8、5.3）尽管他的部队"迫使敌人退至斯托梅季河后方"，但他们让对方"得以在最初的猛攻中后撤"，没能完成7月23日的任务。[15]部队的具体问题如下：

· 步兵第145、第149师完全缺乏进攻速度。

· 坦克第104师未能跟上前进中的步兵。

· 从班长起，部分指挥员缺乏勇气。

· 过度依赖无效的正面突击，没能利用地形（灌木丛和树林）迂回敌人的侧翼。

· 追击后撤之敌慢似蜗牛。

· 未能利用步兵火力克服敌支撑点。

· 没能提供及时、准确的炮兵支援。

· 对敌人的侦察很糟糕。

卡恰洛夫随即命令：

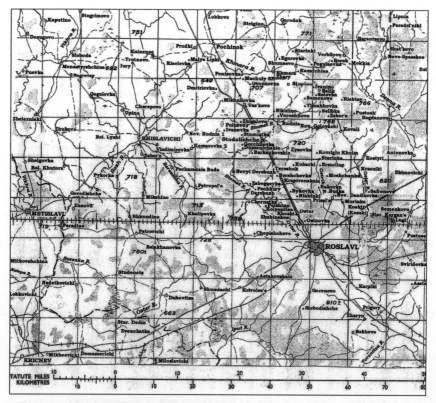

▲ 地图 5.3：波奇诺克和罗斯拉夫利战场地域（资料图）

·步兵第145、第149师——7月24日4点发起进攻，完成前一天受领的任务。

·所有部队必须"消除上述缺点"。

·确保步兵与炮兵之间的协同，及时前调炮兵力量，以免落在步兵身后；梯次部署炮兵力量，以提供持续火力支援，将炮兵前调到步兵战斗队形内。

·实施侦察，各团级地域7月23日—24夜间展开抓捕行动，设法俘虏敌士兵。

·所有指挥所前移，以便指挥员直接控制战斗。

·每隔四小时通过信使、有线电报、无线电报和信号汇报战斗、态势、敌人的行动。[16]

实际上，由于麾下部队的表现极其糟糕，卡恰洛夫和他的参谋长别无选择，只得在战斗进行的同时，将诸兵种合成的基本战术传授给他们的下属。但此举显然为时过晚，至少对这场行动来说是这样，因为存在这样一个事实，再多监督和指导也无法克服这些新组建兵团的根本性缺陷。结果，卡恰洛夫集群7月24日的突击只取得局部战果，还是没能赢得重大胜利。这促使愈发愤怒的卡恰洛夫当晚23点给麾下部队发出一道更加严厉的警告。[17] 他承认"7月24日的作战行动获得成功，但向前推进的部队仅在步兵第145师地段（沿一个方向）取得进展"，他批评步兵第149师师长费奥多尔·德米特里耶维奇·扎哈洛夫少将"没能组织战斗"，而且让统帅部预备队、军属和其他炮兵力量"在最远距离展开行动，没有与步兵协同"。他指出，结果"这些部队遭遇到实力并不强大的敌人有组织的抵抗，不仅没能向前推进，反而向后退却，丢失了昨日夺取的一些地方"。卡恰洛夫威胁道："军事委员会密切留意并要求指挥员、政委和政工人员直接指挥各连、各营的战斗，必要时以身作则，强迫部队完成他们受领的任务。"随后他给下属指挥员分配7月25日的新任务：

·**所有指挥员**——完成你们受领的任务，特别是允许部队撤离既占阵地的步兵第149师长，这些任务包括：

★夜间展开果断的侦察袭击和战斗侦察，抓获俘虏并夺取敌防御体系上的独立支撑点。

★将"猎手（侦察兵）"和装备精良的独立战斗群派入敌防御后方。

★警告所有指战员和政工人员，我们将对在战场上丢失或遗弃武器的行为采取包括死刑在内的严厉措施，并执行补给、食物方面和其他部门的命令，前往战场从阵亡者身上收集武器和战利品。

·**坦克第104师**——5点前派一名果敢的指挥员率领5辆T-34坦克前往位于雷索夫卡地域的步兵第149师，余下的力量夜间为有可能向北面和西北面展开的行动加以准备并加强侦察和战斗警戒。

·**步兵第145、第149师**——以扣留的散兵游勇和后勤人员补充各连队的损失并把所有可用武器交给各步枪和机枪连。

·**炮兵主任**——亲自和您的工作人员前往师属炮兵部队的战斗编队，禁止射击各步兵营前进观察所未观察到的目标。[18]

7月24日，麾下各集群指挥员力图弥补缺陷并给进攻行动注入新的活力时，铁木辛哥在发给斯大林和朱可夫的报告中进一步阐明了他的意图和反攻路线。除了以颇具个人特点的乐观情绪描述态势外，这位西方向总指挥部司令员还对"喀秋莎"多管火箭炮的破坏性效果大加称赞：

·**第16集团军**（卢金）——继续坚守斯摩棱斯克北部、东北部和东部，不仅展开持续战斗，还对该城南部和西南部发起进攻，在南面遂行冲击的步兵第34军第127和第158师，遭受严重损失后，在科列沃和洛热科沃（斯摩棱斯克东南方15—20千米）撤过第聂伯河。机械化第17军（1600名战斗兵）从亚尔采沃变更部署以支援第16集团军。

·**第20集团军**（库罗奇金）——击退敌人7个师进攻的同时，以三轮"喀秋莎"齐射挫败2个德军师（包括第5步兵师）对鲁德尼亚发起的冲击，不仅给对方造成严重损失，还阻挡住敌人的推进整整一天。机械化第5军开始准备同霍缅科集群相配合，打击敌亚尔采沃集团之后方。

·**亚尔采沃集群**（罗科索夫斯基）——经过三天血腥、代价高昂的激战，将沃皮河以西部队撤至河东岸并掘壕据守。

·**加里宁和霍缅科集群**——以坦克第107师率领冲击，但遭遇德军猛烈空袭。他们发现敌人正在韦利日和斯摩棱斯克以西集结力量，准备发起反冲击。

- **叶利尼亚地带**——发现敌人正撤离叶利尼亚，但由于通信不畅，波格丹诺夫的（后备）方面军未提交报告。建议步兵第19师和坦克力量追击敌人，然后在叶利尼亚西面加入卡恰洛夫集群。

- **卡恰洛夫集群**——在波奇诺克以南地域战斗。

- **第13集团军**（F.I.库兹涅佐夫）——计划与第21、第4集团军协同发起进攻，解救被敌人5个步兵师包围的莫吉廖夫军。

- **第21集团军**（叶夫列莫夫）——面对敌人3个军，已命令戈罗多维科夫骑兵军加快集结速度，以便"尽早"在敌后方地域展开行动。

- **第22集团军**（叶尔沙科夫）——重新夺回大卢基并沿洛瓦季河（大卢基北面和南面）占据防御阵地，但敌人正企图将步兵第51军包围在涅韦尔地域。[19]

铁木辛哥请求大本营再给他调派2—3个"喀秋莎"连，这位西方向总指挥部司令员随后向斯大林保证，他正采取一切措施"消灭斯摩棱斯克以北之敌，拉直南面的战线，并创造路线，为迅速攻向维捷布斯克、奥尔沙和莫吉廖夫一线的部队提供再补给"。[20]

斯摩棱斯克城周围的激烈战斗丝毫没有停歇，在北面和东面，困住第20和第16集团军的包围圈日趋缩小，西方面军7月26日8点呈交大本营的作战摘要再次阐述了作战行动（参见地图5.4）：

- **马斯连尼科夫集群**——完成集结并沿奇哈奇和日日茨科耶湖一线（托罗佩茨以南12千米至托罗佩茨西南方35千米）构设防御。

　★步兵第256师——位于奇哈奇、纳兹莫沃车站、谢利谢地域（托罗佩茨以南12千米至托罗佩茨以西23千米）。

　★步兵第252师——位于杜布罗夫纳、博罗德基纳、苏斯洛沃地域（托罗佩茨西南方20—30千米）。

　★步兵第243师——担任第二梯队，据守谢缅采沃、叶尔舍沃、拉德戈沃地域。

　★加强步兵团——7月25日—26日夜间进攻西德维纳河畔的伊利因诺（杰

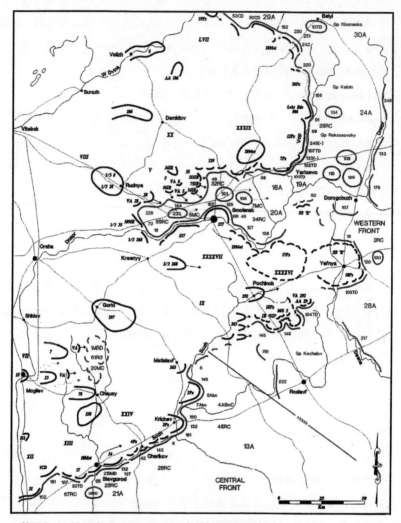

▲ 地图 5.4：1941 年 7 月 25 日 23:00 的战场态势（资料图）

米多夫东北方65千米）。

　　★集群指挥部——谢利谢（托罗佩茨西南方10千米）。

　　·**卡恰洛夫集群**——面对敌人在右翼的强有力抵抗，继续攻往波奇诺克。

　　★坦克第104师——位于科瓦利和扎博里耶（波奇诺克东南方35—40千米），先遣部队位于里亚布齐、索洛夫卡、谢米诺沃（波奇诺克东南方

30千米）。

★步兵第149师——位于尼库利诺和奥西诺夫卡（波奇诺克东南偏南方20千米）。

★步兵第145师——夺得马斯洛夫卡车站和德米特里耶夫卡（波奇诺克以南10千米）。

★集群指挥部——科夫里金霍尔姆西面。

·霍缅科集群——7月25日在切尔内鲁切以北2千米继续同敌摩托化步兵战斗。

★步兵第250师——夺得奥科利察（别雷西南方20千米），目前攻往切尔内鲁切，当面之敌是第20摩托化师一个营，对方还获得一个炮兵营和25—30门迫击炮加强。

★步兵第242师——到达谢尔格耶夫卡一线（别雷西南偏南方20千米），当面之敌为一个步兵营，对方还获得一个炮兵连和25—30门迫击炮加强。

★步兵第251师（欠1个团）——7月25日20点从彼得罗波利耶一线（别雷以南25千米）发起进攻，以协助（位于其左翼的）坦克第107师。

★骑兵第50、第53军——未收悉报告。

★集群指挥部——帕诺沃西面。

·加里宁集群——步兵第166师和坦克第107师为争夺列利莫沃和科雷特尼亚而展开战斗，两个师被迫撤至帕基基诺、波奇诺克、科雷特尼亚以东地域之间（别雷以南40千米，亚尔采沃以北50千米）；步兵第89和第91师进攻亚尔采沃北部，目前从谢季巴至沙莫沃（亚尔采沃以北17—30千米）沿沃皮河东岸掘壕据守。

★步兵第166师——7月24日11点，以1个步兵团穿过列利莫沃赶往南面。

★坦克第107师——到达波奇诺克西南方4—8千米一线后，同敌人配有坦克的摩托化步兵展开战斗。此时，步兵第166师接到命令后开始后撤，但敌人利用该师后撤之机，从叶罗霍夫攻往科雷特尼亚，意图包围坦克第107师右翼，导致该师不得不退却。截至7月25日9点，坦克第107师2个团占据帕基基诺西北方4—6千米一线，另一个团在帕基基诺东北方6千米地域整顿部队。

★步兵第166师——辖内一个团撤离列利莫沃后，到达科雷特尼亚地域，以其右翼掩护坦克第107师，以另一个团在帕基基诺地域掩护坦克第107师左翼，步兵第166师第三个团集结在科雷特尼亚以东6千米地域。

★坦克第107师——截至7月25日14点20分，与敌人一个摩托化师在波奇诺克西北方4—8千米地域战斗，18点30分前击退敌人以两个坦克营、一个摩托化步兵团、两个炮兵营反复发起的冲击，双方都遭受到严重伤亡。

★步兵第91和第89师——沿沃皮河东岸加强谢季巴和沙莫沃地段。

·**罗科索夫斯基集群**——面对敌人的进攻，以步兵第38和坦克第101师沿沃皮河东岸坚守杜布罗沃和亚尔采沃地段，准备于7月25日17点发起进攻，消灭敌亚尔采沃集团。[21]

就在几小时前的7月26日1点，被激怒的卡恰洛夫再次要求麾下部队日终前按照命令夺取赫马拉河上的渡口，这道命令虽然不能说多余，但还是有些重复：

·**卡恰洛夫集群的任务**——7月26日夺取赫马拉河上的渡口。

·**辖内各兵团的任务**

★步兵第145师——日终前以先遣部队在齐加诺夫卡公社和基谢列夫卡地段（波奇诺克以南和西南偏南方10千米）夺取（赫马拉河上的）渡口。

★步兵第149师（4辆T-34坦克）——消灭当面之敌，日终前以先遣部队在波尼佐夫卡和铁路线地段（波奇诺克以南和东南偏南方10千米）到达赫马拉河。

★坦克第104师——以5辆T-34、5辆BT-7、一个摩托化步兵营组成的支队，在摩托化步兵团团长率领下，引领集群快速推进，夺取叶戈罗夫卡、卡扎奇纳、库库耶瓦地域（波奇诺克东南方14—17千米）。该师余部应留在阵地内，在不暴露自身的情况下，向东实施侦察，同步兵第53师建立联系。向东北方的韦尔比洛沃（波奇诺克以东31千米）实施侦察以确定该镇是否被敌人占领，向北查明敌人是否占据波古利亚耶夫卡、斯维里多夫卡、舒马耶沃村（波奇诺克东南偏东方22—27千米）。[22]

在此期间，罗科索夫斯基的亚尔采沃集群一直同试图向南攻往叶利尼亚的丰克第7装甲师进行激烈战斗并遭到德国空军持续不断的空袭。因此，阻挡住第7装甲师的突击前，该集群无法加入铁木辛哥的全面反攻。经过一周异常激烈的战斗，罗科索夫斯基麾下力量终于挡住了第7装甲师的冲击并于7月28日发起自己的进攻，同时与库罗奇金坚守斯摩棱斯克包围圈的三个集团军保持着联系。[23]

与此同时，在西方面军司令部，面对大本营要求重振进攻势头的持续压力，铁木辛哥下达了一连串新进攻令，7月25日要求中央方面军发起进攻，解救被包围在莫吉廖夫的守军；7月26日发给霍缅科、马斯连尼科夫、加里宁集群；7月28日发给麾下所有集群，特别是罗科索夫斯基的亚尔采沃集群：

· 7月25日18点10分——发给中央方面军

★总体情况——西方面军辖内力量正对斯摩棱斯克北面和南面之敌发起反冲击。攻占克里切夫后，中央方面军当面之敌继续包围莫吉廖夫军，我方骑兵正对敌后方展开突袭。

★中央方面军的任务——立即清理分散在整个后方地域的红军指战员，以这些人员补充各个师。

★第13集团军和第21集团军右翼力量的任务——立即攻向莫吉廖夫，发展骑兵力量的突袭，同莫吉廖夫军会合；第13集团军掩护卡恰洛夫集群左翼并做好前出到第聂伯河的准备。[24]

· 7月26日2点40分——发给霍缅科集群

★总体情况——德军第20装甲师一个团位于霍缅科集群对面，第7装甲师据守杜霍夫希纳地域。

★西方面军的任务——以霍缅科和加里宁集群消灭敌杜霍夫希纳集团。

★友邻力量——第22集团军和马斯连尼科夫集群居右，加里宁集群居左。

★辖内各兵团的任务：

☆步兵第250师——歼灭奥科利察地域（别雷西南方20千米）之敌并夺取苏托基地域（奥科利察西南方12千米）。

☆步兵第242师——攻向恰利谢夫、别列佐夫卡和博尔季诺并夺取博尔季诺、杰维亚托耶、特钦基地域（别雷西南偏南方35千米）。

☆步兵第251师——攻向捷里布基和巴图里诺，夺取波任基、苏哈列沃、列利莫沃地域（别雷以南40千米）。

☆步兵第166师——以坦克第107师向西攻击前进，歼灭敌人并前出到新维索科耶、克拉皮夫尼亚和波奇诺克一线（别雷以南45千米）。

☆坦克第107师——攻向巴图里诺、波任基和列利莫沃，同步兵第251和第166师配合，歼灭巴图里诺地域之敌并集结在列利莫沃和尼夫基地域（别雷以南35千米）。

☆骑兵集群（梅利尼克）——沿科马罗沃或杜霍夫希纳方向前进，避免正面进攻，迂回敌之侧翼，扰乱其后方地域，前出到奥夫相尼科沃和穆日茨科夫一线（别雷西南方60千米）。[25]

·7月26日4点30分——发给马斯连尼科夫集群

★目标——迅速消灭敌亚尔采沃—杜霍夫希纳集团。

★具体任务：

☆将两个师沿西德维纳河部署至奥列尼察和谢瓦斯季亚诺沃（托罗佩茨以南50千米，杰米多夫以北90千米），渡过该河并向南攻往伊利因诺（杰米多夫以北65千米）和杰米多夫，同时以强有力的侧翼支队攻向韦利日，以此掩护侧翼。

☆将一个步兵师留在斯洛博达、纳兹莫沃车站、佐洛图希诺一线（托罗佩茨以西35千米），转隶第22集团军，从西面掩护托罗佩茨。[26]

·7月26日23点30分——发给加里宁集群

★总体情况——敌人正以一个摩托化师和坦克逼制霍缅科集群步兵第166和坦克第107师并对罗科索夫斯基集群发起进攻，同时企图渡过第聂伯河。

★友邻力量——右侧，霍缅科集群前出到奥科利察、谢尔格耶夫卡、彼得罗波利耶一线（别雷西南方20千米至南面25千米，杜霍夫希纳以北55—60千米），步兵第166师和坦克第107师位于其前方和左翼，正攻向杜霍夫希纳；左侧，罗科索夫斯基集群正沿沃皮河东岸据守。

★任务——以从左至右梯次配置的步兵第91和第89师向东攻往谢尔金并前出到克里夫齐、叶利科沃、苏谢沃一线（杜霍夫希纳以北10—15千米）。[27]

　　铁木辛哥敦促麾下部队竭力重振陷入颓势的进攻时，卡恰洛夫就像将巨石推上山顶的西绪福斯那样，力图通过每日命令克服麾下部队的缺陷，从而夺取赫马拉河上的渡口。他在7月26日21点签发的一道命令中指出，坦克第104师已到达普斯托希（Pustosh'）、法杰耶瓦布达（Fadeeva Buda）、季马霍夫卡（Timakhovka）、卡利诺夫卡（Kalinovka）一线，位于波奇诺克东南方27—29千米；步兵第149师位于波奇诺克东南偏南方24—26千米的切尔纳夫卡（Chernavka）、伏罗希洛沃（Voroshilovo）、伦多夫卡（Lyndovka）一线；步兵第145师位于波奇诺克以南24—28千米的奥西诺夫卡（Osinovka）、波鲁耶沃（Poluevo）、马尔特诺夫卡（Martynovka）、巴尔苏科夫斯克农场（Barsukovskie）一线。承认他的进攻仍停滞不前后，卡恰洛夫给麾下不太服从命令的部队分配7月27日必须完成的新任务（参见地图5.5）：

　　· **总体情况**——集群辖内部队，7月26日以右翼力量攻向波奇诺克的同时，前出到（以下位置）：

　　★坦克第104师——普斯托希、法杰耶瓦布达、季马霍夫卡、卡利诺夫卡（波奇诺克东南方27—29千米）。

　　★步兵第149师——切尔纳夫卡、伏罗希洛沃、伦多夫卡（波奇诺克东南偏南方24—26千米）。

　　★步兵第145师——奥西诺夫卡、波鲁耶沃、马尔特诺夫卡、巴尔苏科夫斯克农场（波奇诺克以南24—28千米），未经批准擅自在其左翼实施后撤。

　　· **战役集群的任务**——将敌人牵制在奥西诺夫卡、巴尔苏科夫斯克农场地域和赫马拉河至新杰列布日一线（波奇诺克以南24—38千米），7月27日5点以主力发起进攻，歼灭敌人，前出到舒马耶沃、马丘雷国营农场一线（波奇诺克东南偏东方24千米至东南方10千米）并夺取赫马拉河上的渡口。

　　· **辖内各兵团的任务**

　　★坦克第104师——歼灭敌舒马耶沃集团，在波古利亚耶夫卡和叶戈罗夫卡地段（波奇诺克以东24千米至东南偏东方28千米）夺取赫马拉河上的渡口。对该集团实施侦察，并以短促突击将其粉碎，发起进攻时提交报告。

　　★步兵第149师——歼灭伏罗希洛沃地域之敌并在波尼佐夫卡至铁路线地

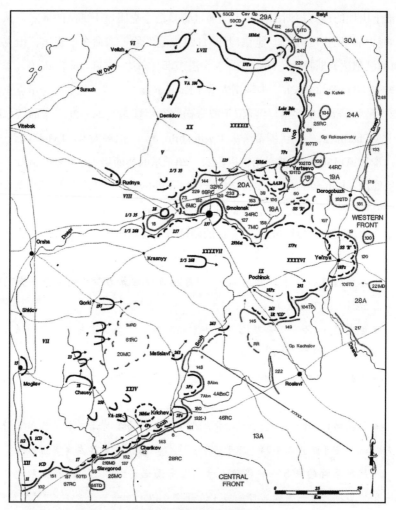

▲ 地图5.5：1941年7月26日23:00的战场态势（资料图）

段（波奇诺克东南方24千米至南面7千米）夺取赫马拉河上的渡口。至少在第二梯队保留一个团。

★步兵第145师——在奥西诺夫卡、斯托米亚特卡地段并沿赫马拉河遂行防御（波奇诺克东南偏南方24千米至南面30千米），在新杰列布日地域至少保留两个连，准备同步兵第149师第340、第729团一道发起后续推进，夜间挖掘战壕掩护辖内部队。

　　★摩托化步兵第31团——作为我的预备队留在库巴尔基地域（斯托多利谢东南方10千米），将一个连派至步兵第145师遂行侦察。

　　·各个师——夜间派出侦察部队和独立侦察组，弄清敌人的实力和编成并抓捕俘虏。

　　·报告——步兵第149师和坦克第104师，以无线电、电话或信使提交报告。[28]

　　最后，为恢复这场显然已呈颓势的反攻之活力，铁木辛哥7月28日向全体指战员发出个人呼吁，尽管他把他的要求隐藏在更具威胁的语境中。铁木辛哥在开头处指出，"我方面军在各地带以小规模突击展开积极行动，敌人对此毫无准备，并企图掩饰这一点"，他要求全体指战员展开"最具决定性的积极行动"，在进攻中不浪费"哪怕是一个小时"。具体而言，各集群指挥员应"实施最果断的进攻，并使敌人在遭受我方冲击后无法整顿并集结其力量"，另外，行动过程中"不要过高估计敌人的力量，也不要认为敌人实力强大，不会遭受损失，因而是坚定不移、无法战胜的"，因为"恰恰相反，敌人正蒙受严重损失，面对我方的进攻，他们的坚守非常困难"。[29]

　　发出这些鼓励性话语后，方面军司令员"明确"要求所有指挥员"更靠近战场上的部队"，观察战斗人员，部队表现出"缺乏活力"时立即介入。铁木辛哥要求各集群司令员每四小时汇报态势，还发出明确警告："犯罪者将受到惩处，直至移交军事法庭。"[30]

　　甚至在铁木辛哥的反攻渐渐放缓前，大本营已迅速采取措施加强防御，同时沿莫斯科方向重新组织力量，以便日后发起更强大、更有效的反攻行动。例如，大本营7月23日将西方面军拆分为西方面军和中央方面军后，两天后又将波格丹诺夫的后备方面军分为两个预备队集群，旨在支援铁木辛哥西方面军并设立纵深防御，从而更有效地保护莫斯科。[31]第一个集群编有普罗宁新组建的第34集团军和拉库京第31集团军，负责掩护维亚济马北面的勒热夫方向，司令部设在博洛戈耶，由波格丹诺夫指挥。第二个预备队集群由NKVD将军阿尔捷米耶夫指挥，司令部设在维亚济马东南方53千米的乌格留莫沃（Ugriumovo），辖加里宁第24集团军，卡恰洛夫第28集团军，来自莫斯科的民兵第4、第6师、坦克第108师和据守莫扎伊斯克防线的部队。该预备队集群负责守卫维亚济马和莫斯科集结地。[32]

随后，如前所述，大本营7月30日把后备方面军改编为预备队方面军，将两个预备队集团军集群（欠第28集团军，该集团军调拨给西方面军）统一到该方面军辖下，由朱可夫直接掌握。朱可夫将司令部设在格扎茨克，方面军编有第34、第31、第24、第43集团军，部署地域从上沃洛乔克（Vyshnii Volochuk）西北部南延至基洛夫地域，位于维亚济马和斯帕斯杰缅斯克地域的第32、第33集团军为其提供支援。新成立的第43集团军是以步兵第33军为核心组建而成的。[33] 除了利用朱可夫作为一名组织者的才能外，这项措施还将统帅部预备队集团军编为一股更有效的战斗力量。

极其激烈的战斗继续沿整条战线展开，尽管采取了这些措施，可是面对德军的坚决抵抗，西方面军的反攻不断发生动摇。铁木辛哥和他的参谋长沙波什尼科夫在7月27日晨发给斯大林的电报中对发生这种情况的原因做出解释。虽说他强调反攻的复杂性并指责麾下某些指挥员"玩忽职守"，但他再次向斯大林保证自己不屈不挠的决心。

承认"消灭敌亚尔采沃—杜霍夫希纳集团的行动，在过去两天的发展低于预期速度"后，这位方面军司令员声称这主要是 "敌人不断投入援兵"和对方卓有成效的空中支援所致，但也因为霍缅科集群辖内部队"准备不足"，而且以零零碎碎的方式加入交战。铁木辛哥告诉斯大林，他为此已派副手叶廖缅科前往霍缅科集群，确保其与加里宁集群展开更有效的协同。这位西方向总司令随后描述了前线其他地段的情况：

·**霍缅科集群**——前出到奥科利察、谢尔格耶夫卡、彼得罗波利耶一线（别雷西南方20千米至南面25千米），骑兵集群在切尔内鲁切、布拉托沃、沃尔吉诺、宰科沃、叶夫列莫沃和杜波沃耶地域（别雷西南方25—35千米）战斗，坦克第107师和步兵第166师位于叶森纳亚和科雷特尼察地域（别雷以南40—45千米），奉命于7月27日继续进攻。

·**加里宁集群**——以步兵第91和第89师据守沃皮河东岸的谢季巴和沙莫

沃地段（亚尔采沃以北18—32千米），奉命于7月27日继续进攻。

· **亚尔采沃集群**（罗科索夫斯基）——坚守亚尔采沃和该镇南北两面的沃皮河东岸，粉碎敌人切断沃皮河以西部队、将其逐至东岸的企图，奉命于7月27日继续进攻。步兵第44军被派往第聂伯河畔的索洛维耶沃，阻止敌亚尔采沃集团同叶利尼亚集团会合。

· **第16集团军**（卢金）——继续在斯摩棱斯克及其周边进行成功的战斗，粉碎敌人新开到的第131步兵师（实际上是第137步兵师）。

· **第20集团军**（库罗奇金）——击退敌人从北面包围第16和第20集团军的企图，粉碎敌人五个步兵师，目前正同对方逼近中的两个装甲师战斗。第16和第20集团军辖内部队打得很好，但力量逐渐削弱，我们必须加快对敌亚尔采沃—杜霍夫希纳集团的进攻。

· **卡恰洛夫集群**——在波奇诺克南面遭遇古德里安集群的顽强抵抗，由于古德里安的部队从第24集团军手中夺得叶利尼亚并向波奇诺克派出援兵，我方部队被迫停止向斯摩棱斯克的推进。古德里安集群派一个新锐步兵师在罗斯拉夫利西面抗击卡恰洛夫集群左翼。因此，必须将敌人驱离叶利尼亚。

· **第13集团军**——由于步兵第61军在莫吉廖夫的有力防御牵制住敌人五个步兵师，第13集团军奉命不惜一切代价坚守莫吉廖夫，该集团军和中央方面军已接到命令攻向莫吉廖夫，尔后掩护卡恰洛夫集群左翼并前出到第聂伯河。可是，第13集团军司令员没有敦促步兵第61军军长巴库宁顽强坚守，后者"粗暴地违背了他的命令"，擅自放弃莫吉廖夫，导致敌人腾出几个步兵师打击第13和第21集团军。西方面军立即撤销巴库宁的命令并把巴库宁移交军事法庭。沃耶沃金上校取代了巴库宁，他正顽强坚守莫吉廖夫。

· **戈罗多维科夫骑兵集群**——虽然没有收悉他们的新消息，但我们知道德国人已被迫使用坦克护送补给和人员车队。

· **第22集团军**——坚守大卢基，抗击敌新锐力量，但敌人将主力投入该地带加强亚尔采沃—杜霍夫希纳集团。德国人意图让亚尔采沃—杜霍夫希纳集团同叶利尼亚集团会合，包围我第16和第20集团军后，再对维亚济马构成威胁。

· **马斯连尼科夫集群**——以两个步兵师进攻敌亚尔采沃—杜霍夫希纳集团并攻向伊利因诺（杰米多夫以北65千米）和南面。

描述态势并对相关情况做出相当准确的估测后，铁木辛哥敦促大本营再提供两个骑兵师，用于在列佩利和维捷布斯克地域袭击中央集团军群后方，他还需要补充兵和武器，用于弥补西方面军步兵第158、第127、第38师，以及中央方面军许多残破不全的师，特别是第13集团军辖内各师的损失。[34]

正如上面的诸多命令和报告所示，面对德军的坚决抵抗，西方面军诸突击集群，包括卡恰洛夫集群在内，所获得的战果极其有限。虽说霍缅科集群面对别雷西南面和南面第18摩托化师掘壕据守的连级战斗群取得5—15千米进展，但面对德军第20装甲师的刺猬防御，加里宁集群只取得2—5千米进展。南面的亚尔采沃地域，罗科索夫斯基集群遭遇德军第12和第7装甲师，取得的进展甚至更小。最后是梅利尼克骑兵集群，他们成功发起突袭，但在第18摩托化师后方地域的渗透只有规定深度的三分之一。该部随即发生动摇，在德军第19装甲师调至该地域加强第39摩托化军防御后被迫撤离。（参见地图5.6）

与此同时，遥远的南面，卡恰洛夫集群终于到达斯托多利谢地域，位于波奇诺克以南28千米的铁路线上，随后被古德里安第2装甲集群辖内部队所阻，这就是这场雄心勃勃的反攻获得的些许战果。7月27日20点30分，卡恰洛夫鹦鹉学舌般地第三次重复自己的命令，要求麾下部队7月28日恢复进攻并为他们分配新的但有些重复的任务：

・**卡恰洛夫集群的任务**——7月28日继续进攻，完成一切指定任务。

・**辖内各兵团的任务**

★坦克第104师——前出到叶戈罗夫卡、斯塔林基地域（波奇诺克东南偏东方15—18千米）并夺取赫马拉河上的渡口，同时注意掩护自身力量，以免遭到敌人从东面和东北面发起的打击并以装甲车和坦克加强后方地域的安全。

★步兵第149师——以强有力的进攻继续完成你部受领的任务，同时防止敌人沿长长的中间线构筑阵地，在波尼佐夫卡和铁路线地段夺取赫马拉河上的渡口并以你部独立侦察营同坦克第104师保持密切联系。

★步兵第145师——以一个营掩护杜马尼奇斯克和新杰列布日一线（斯托多利谢以西7千米至西南偏南方13千米）的同时，余部果断发起进攻，在齐加诺夫卡公社和基谢列夫卡地段（波奇诺克以南10千米）夺取赫马拉河上的渡

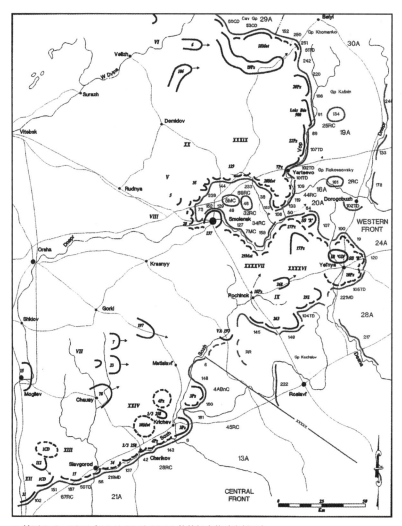

▲ 地图5.6：1941年7月27日23:00的战场态势（资料图）

口，以侦察营和配备的另一个营侦察、掩护希斯拉维奇地域后，将一个摩托化步兵连调回斯托多利谢地域。

　　★混成团——获得步兵第222师接替后，以夜行军集结在第一克拉皮文斯基附近的森林中。[35]

虽然卡恰洛夫集群7月28日的进攻迫使德军后撤约5千米,退守更利于防御的阵地,但卡恰洛夫对麾下部队没能利用敌人的后撤深感不满,他再次提出含有威胁意味的批评:

令人无法容忍的是,第28集团军军队集群力图克服德军第263步兵师个别抵抗基点和火力点时拖延得太久。

各部队止步不前已达四天,有时候甚至被敌人一群摩托车手或几门反坦克炮所阻。我要求所有指战员和政工人员7月29日不惜一切代价夺取赫马拉河上的渡口。军队集群当面之敌已开始后撤,但仍需要再发起一次打击才能歼灭赫马拉河渡口前方之敌。[36]

卡恰洛夫随即下达一组新命令,这些命令几乎同前一天晚上下达的指令如出一辙:

· **坦克第104师**——利用德军的后撤,在叶戈罗夫卡和斯塔林基(波奇诺克东南偏东方15—17千米)夺取渡口,协助步兵第149师的推进,至少以一个坦克连和一个摩托化步兵连进攻斯图皮诺和扎雷(波奇诺克东南方15—18千米),切断并歼灭敌人。

· **步兵第149师**(与坦克第104师)——果断推进,消灭敌人并在波尼佐夫卡和马丘雷地段夺取渡口,将一个团留作第二梯队。

· **步兵第145师**——以至少一个营掩护集群左翼的同时,沿通往波奇诺克的公路和铁路果断向北进攻,将步兵第403团(欠一个营)梯次部署在左翼后方,步兵第599团(欠一个营)担任师预备队。

· **摩托化步兵第31团**——以一个连向希斯拉维奇展开侦察并以一个连据守斯托多利谢,支援向西展开的行动。

· **混成团**——7月29日8点前集结在第一克拉皮文斯基。

· **步兵第222师**——继续坚守罗斯拉夫利城。

· **装甲列车**——6点前到达斯托多利谢,做好支援步兵第145师进攻行动的准备。

· **所有兵团／部队**——1941年7月29日拂晓发起进攻，与炮兵力量协同，发起进攻时提交报告。

· **报告**——进攻发起时提交。[37]

卡恰洛夫集群7月28日的突击再次一无所获，集团军司令员、参谋长和作战处长遂展开另一场运动，在战场上教育、训练他们的部队。当晚下达的一道命令含有对无可争议的事实令人遗憾但准确无误的陈述并伴以同样坦率的要求。（参见地图5.7）

战斗经历表明，相关进展和对虚弱之敌的歼灭极其缓慢，是因为各层级部分指挥员对战斗的领导不力。

集团军军事委员会要求所有指挥员立即下到各自的部队，监督战场上的战斗，进攻受阻和部队表现得缺乏活力时，应亲自介入并要求部队继续前进……

已派出的侦察部队，既未提供敌人的情况，也没有在每日报告中汇报敌人和他们自己所处的位置，各指挥部也没有采取措施，及时收悉关于敌人的情报。此时，各兵团和部队指挥员不知道自己作战地域内敌人的编组情况，因此，这些兵团和部队盲目行动，结果导致停滞不前。[38]

为此，命令中要求：

· 连长及政工人员下到排，营长下到连，团长和政委下到营，师长下到各个团，这样一来他们就能更好地观察作战地段并更加恰如其分地指挥战斗。

· 所有师部和团部应尽可能靠近自己的部队并将观察所直接设在战场上。

· 我明确要求你们将炮兵贴近步兵，使其同步兵保持紧密联系。

· 为消灭敌人沿个别方向和防御基点实施的抵抗并使其无法获得空中支援，应以训练有素的力量展开夜间行动，渗透敌人的防御并消灭独立防御基点、指挥部、通讯中心和后勤设施。

· 各部队和兵团指挥员必须亲自给侦察群和支队分配任务并严格掌握他们对这些任务的执行情况。

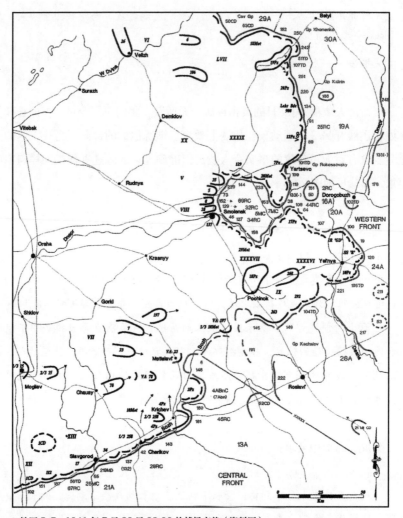

▲ 地图 5.7：1941 年 7 月 28 日 23:00 的战场态势（资料图）

· 军事委员会要求所有指战员果断向前，采取一切手段消灭法西斯分子，不让他们获得喘息之机。包围并消灭他们！[39]

给斯大林发去电报后的三天里，铁木辛哥发出一道道指令，叮嘱麾下部队不惜代价完成任务。但可悲的事实是，铁木辛哥现在意识到，他这场反攻已然崩溃。更糟糕的是，由于西方面军各战役集群没能粉碎中央集团军群沿东部防线构设的防御，库罗奇金几乎彻底陷入重围的部队显然处在全军覆没的危险下。若想救出第16和第20集团军，大本营必须采取更果断的行动，也许包括批准卢金和库罗奇金集团军向东突围。

虽然苏联总统帅部大本营在斯摩棱斯克地域发起的第一场大规模反攻7月31日前以失败告终，但这场反攻的猛烈度迫使博克中央集团军群、霍特第3装甲集群和古德里安第2装甲集群投入他们最后的预备力量阻止苏军多路、大多徒劳无获的猛烈冲击。例如，施密特第39摩托化军在斯摩棱斯克东北面和东面遭受到沉重压力，博克不得不投入担任预备队的第900摩托化教导旅，在施通普夫第20装甲师与哈佩第12装甲师之间加入战斗。施密特摩托化军辖内各师丧失了机动性，不得不据守一条拉伸的防线，在某些地段甚至不得不放弃部分阵地。苏军这场反攻给中央集团军群造成的最严重影响是，施密特各装甲和摩托化师的摩托化步兵力量遭到严重消耗。虽说这些师的总体实力仍超过编制力量的70%，但摩托化步兵的实力降至30%—40%。因此，这些师9月下旬和10月初恢复向莫斯科的进军时，尽管其装甲力量一开始取得了蔚为壮观的进展，可是经历几周战斗后，步兵力量的短缺严重影响到他们的表现和持久力。（参见地图5.8）

另外，斯摩棱斯克南面，古德里安第2装甲集群辖下的莱梅尔森第47摩托化军和维廷霍夫第46摩托化军，除了要维持围绕斯摩棱斯克包围圈的南半部铁环外，还不得不应对苏军在斯摩棱斯克南面和东南面发起的进攻。这些进攻部队中最具威胁的是卡恰洛夫集群，该集群以坦克第104师和摩托化第69师的250辆坦克为先锋，沿罗斯拉夫利公路及其东面向北攻往斯摩棱斯克。更南面，戈罗多维科夫将军的骑兵集群在第21集团军辖下展开行动，7月24日深入博布鲁伊斯克西南地域，暂时切断古德里安同第2集团军的联系。由于缺乏兵力遏止并击败这股烦人的骑兵力量，博克提出请求并从总司令部预备队获得三个师来应对苏军骑兵突袭的威胁。

因此，铁木辛哥的这场反攻，虽然虚弱且缺乏协同，但还是导致博克的进攻在大部分地段戛然而止并给德军造成比预期更加严重的伤亡，特别是配备给宝贵的装甲和摩托化师的装甲掷弹兵。但是，这场反攻没能实现粉碎德军亚尔采沃—杜霍夫希纳集团这一主要目标。这场进攻的策划非常仓促，协

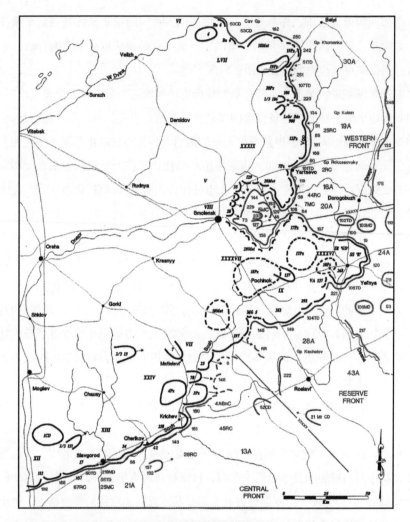

▲ 地图 5.8：1941 年 7 月 31 日 23:00 的战场态势（资料图）

调欠佳，时机不利，发展得过于缓慢。进攻发起时，遂行突击的各战役集群没有获得足够的空中支援，坦克和火炮严重不足，这种情况因燃料和弹药短缺而加剧。铁木辛哥在后来发给斯大林的报告中指出："我把自己所能集结起的一切增援调拨给霍缅科和加里宁，但您知道，我没有火炮，没有飞机，兵力也很少。" 40

大本营于 7 月 23 日组建中央方面军，7 月 25 日将波格丹诺夫的后备方面军分为两个预备队集群，7月30日又把波格丹诺夫方面军改编为预备队方面军。7月份最后几天和8月份头几日，斯大林一直忙于调整西方向总指挥部的高级指挥干部。首先，按照朱可夫的建议，大本营8月3日派科涅夫接替加里宁担任第24集团军司令员[①]，同一天，将第34集团军从预备队方面军转隶西北方面军。[41] 8月4日，大本营将卡恰洛夫第28集团军调拨给朱可夫的预备队方面军，显然希望朱可夫能让该集团军重整旗鼓，从罗斯拉夫利地域攻向斯摩棱斯克。[42] 与此同时，就在大本营重组麾下力量、准备发起另一场进攻行动时，德国人着手消灭斯摩棱斯克包围圈，斯摩棱斯克包围圈内的两个苏军集团军竭力向东杀出重围，历时五天、通常都很绝望的激烈战斗就此爆发。

　　因此，虽说西方面军的反攻的确是一连串仓促实施、协同不佳的反突击，但他们付诸的努力给德军过度拉伸的装甲和摩托化师造成了巨大压力，交战双方也为此蒙受了严重损失。红军的进攻由于协同欠佳、缺乏火力和后勤支援而失败，但这些行动的累积效应使中央集团军群丧失战役机动性，进攻力量也遭到严重侵蚀。结果，这场斗争使希特勒和许多德军高级将领相信，停止沿斯摩棱斯克—莫斯科方向的直接进攻行动，转而发起一场大规模攻势，进入看似更脆弱的乌克兰可能是明智之举。但首先，中央集团军群必须彻底消灭令人烦恼的斯摩棱斯克包围圈。

斯摩棱斯克包围圈之战，7月24日—31日

　　铁木辛哥各战役集群猛攻中央集团军群位于斯摩棱斯克地域东北部、东部、东南部的部队时，几乎已彻底陷入合围的第16、第19和第20集团军残余部队，在库罗奇金将军的统一指挥下展开殊死战斗，竭力控制斯摩棱斯克城北部，以及该城北面和东面的防御阵地，同时保持向东逃生路线的畅通。与此同时，7月24日—26日，第3装甲集群第39摩托化军辖下的措恩第20摩托化师，以及第2装甲集群第47摩托化军辖下的托马第17装甲师，继续付出不懈努力，力图封闭狭窄的索洛维耶沃走廊，这条通道将苏军三个被围集团军辖内部队同铁木辛哥位于斯摩棱斯克以东的主防线连接起来。但事实证明，主要

---

① 译注：接替加里宁出任第24集团军司令员的是拉库京。

由于第24集团军在叶利尼亚、罗科索夫斯基集群在亚尔采沃及其南部发起的牵制性突击，德军两个快速师未能封闭这条逃生路线。但这种失败也是德军几乎所有装甲师都严重缺乏装甲掷弹兵所致。（参见地图5.5、5.9）

此时，德国第9集团军第5军和第2集团军第8军辖内步兵师正将库罗奇金的部队逼入斯摩棱斯克东北面和东面一个不断缩小的包围圈。随着口袋日趋萎缩，博克得以调集部队从事包围圈之战并将麾下力量派至前线其他受威胁地带。例如，7月22日—24日间，他将第2集团军第9军此前赶往斯摩棱斯克包围圈南翼的第263和第292步兵师派往东南方，协助阻截卡恰洛夫战役集群的推进，这股苏军已到达波奇诺克地域，就在斯摩棱斯克以南50千米处。最重要的是，德国第20军第129步兵师向南开进，接替哈佩位于合围对内正面北翼的第12装甲师，使挤压包围圈北半部的步兵师数量从三个增加到四个。这也使哈佩得以将他的师向东展开，沿第39摩托化军东部防线加强第7与第20装甲师之间备受压力的防御。第12装甲师还把第900摩托化教导旅纳入辖内，该旅已在防御战中遭到消耗，非常欢迎第12装甲师的到来。

在此期间，合围对内正面内，库罗奇金首先把残余的坦克力量（机械化第5军和坦克第57师）转移到包围圈东北翼，命令他们攻向杜霍夫希纳并协助确保向东逃生通道的畅通。他随后将被围集团军辖内部队编成一个个特别战斗群和支队，不断将他们派往东面，穿过索洛维耶沃走廊，逃向罗科索夫斯基防线的安全处。一旦逃出包围圈，这些部队要么撤至后方重建，要么立即占据斯摩棱斯克东面的新防御阵地。

包围圈内部队提交的每日作战、情报摘要和相关命令及报告，再次展现出斯摩棱斯克城内及其周边战斗的激烈性和复杂性，生动地强调了库罗奇金麾下部队面临的越来越令人绝望的态势：

·7月25日21点——第20集团军下达的命令

★敌人的情况——以一个步兵师据守杜霍夫希纳方向（托波罗沃、尤希诺、瑟罗利普基地段），以第5步兵师据守涅戈佳耶沃、阿努夫里诺、巴尔季霍沃、莫克鲁希诺地域，以配备坦克和炮兵的四个营进攻米尔斯科耶和季希诺，派小股战斗群沿公路展开行动。

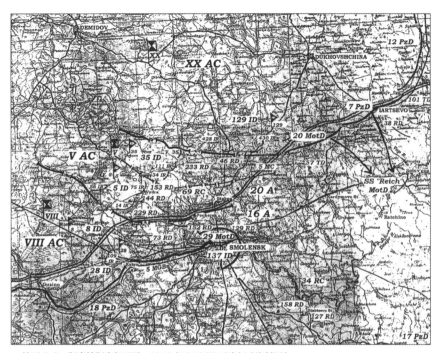

▲ 地图 5.9：斯摩棱斯克包围圈，1941 年 7 月 26 日晚间（资料图）

★友邻力量——罗科索夫斯基集群，从亚尔采沃地域沿公路攻往杜霍夫希纳；第16集团军，肃清斯摩棱斯克之敌。

★第20集团军——遂行防御并阻止一股敌人渗透至斯摩棱斯克。

☆步兵第153师——7月25日24点前弃守维德拉和213.7高地地段（斯摩棱斯克西北方22千米），7月26日4点前占据并防御博洛托、基谢利以北和韦尔霍维耶一线（维德拉以东1—8千米），以一个团在博恰雷地域担任预备队。

☆步兵第69军（步兵第144、第229师）——7月25日24点从步兵第153和坦克第157师手中接管维德拉、杰布里齐、济布基地段（从维德拉到西面10千米），7月26日4点前占据并防御维德拉、213.7高地、济布基、列比亚基、库里诺一线（从维德拉到西面、西南面10千米），以一个团在霍尔姆地域（斯摩棱斯克西北方20千米）担任预备队。

☆坦克第57师——7月25日24点将防御地段移交步兵第69军，7月26日5点前集结于莫尔若夫卡、科夫希、科列雷地域（斯摩棱斯克东北方12—15千米）。

☆步兵第152师附属营——7月26日晨集结于红博尔地域（斯摩棱斯克以西6千米），隶属步兵第152师。

☆步兵第73、第233师和机械化第5军——仍在现有阵地上。[43]

·7月26日8点——西方面军司令部

★总体情况——战斗沿整条战线进行，但大卢基、斯摩棱斯克、莫吉廖夫方向尤为激烈，同时缓慢前调新锐力量，肃清（敌人在）斯摩棱斯克地域的突破。

★第20集团军（库罗奇金）

☆步兵第153、坦克第57、步兵第144师——不分昼夜持续战斗，抗击敌人占领维德拉、沃尔科瓦亚、213.7高地、叶尔希、加里奇、萨文基和大、小沃兹米谢（维德拉以西8—10千米）筑垒地域的企图，敌人攻占了后两个支撑点。

☆机械化第5军摩托化支队——向西攻往卡斯普利亚，在霍尔姆西南方4千米、德军第5步兵师后方地域击败敌人一个摩托化连，但被敌防御工事所阻。

☆敌人的情况——获得一个步兵师（可能是第15巴伐利亚人师）和坦克加强，但损失15—20辆坦克、25门反坦克炮、大批机枪和冲锋枪、多达100辆配有机枪和自动武器的摩托车、200辆自行车。"喀秋莎"和喷火武器给敌人造成严重破坏并使其部队产生恐慌情绪。

★第16集团军（卢金）——发起进攻以夺取斯摩棱斯克东南部并肃清敌人的抵抗基点，同时加强既占阵地。

☆步兵第152师——在第聂伯河北岸掘壕据守，肃清斯摩棱斯克北部之敌。

☆步兵第129师——为夺取斯摩棱斯克东北部进行战斗。[44]

负责指挥包围圈内第20和第16集团军的库罗奇金，7月27日给铁木辛哥发去一份详细报告。除了向方面军司令员全面介绍辖内部队的情况外，库罗奇金还在报告中针对麾下部队的许多问题提出了解决方案并就集团军的后续行动发出强烈建议：

·7月27日12点——第20集团军

★态势、部署和任务——展开积极防御和多次反冲击的同时，第20集团军辖内部队占据以下阵地：

☆坦克第57师——位于绍基诺国营农场（卡尔德莫沃车站以北20千米）、泽泽里诺、普鲁季谢、伊萨耶夫希纳、科尔尼洛夫卡地域（斯摩棱斯克东北方30—35千米），阻止敌人攻向南面，准备向杜霍夫希纳发起冲击，进入敌第7装甲师侧翼和后方，该师沿亚尔采沃和斯托戈瓦一线占据防御。

☆机械化第5军——位于扎卢日耶、波莫盖洛瓦、斯穆古利诺、科谢列沃一线（斯摩棱斯克东北方20—25千米）的出发阵地，防止敌人前出到斯摩棱斯克并消灭敌杜霍夫希纳坦克集团。

☆步兵第233师——从预备队向北调动（斯摩棱斯克以北15—20千米），防止敌人向南前出到斯摩棱斯克，准备向北攻往克拉斯诺谢利耶以便从北面掩护集团军之防御，向杜霍夫希纳发起反冲击，第二梯队的一个团留在杜布罗沃和佩尼斯纳尔地域。

☆步兵第153师——7月26日—27日夜间掩护步兵第144师撤入集团军预备队，7月27日12点前沿纳斯塔西伊诺和下杜布罗夫卡一线（斯摩棱斯克西北方15—18千米）占据防御，防止敌人由西向东突破。

☆步兵第73师——7月26日—27日夜间掩护步兵第229师撤入集团军预备队，7月27日12点前沿下杜布罗夫卡、格涅兹多沃、第聂伯河一线至新谢利耶（斯摩棱斯克西北方15千米至西面15千米）占据防御，防止敌人沿斯摩棱斯克公路向东突破并强渡第聂伯河。

☆步兵第144师——7月27日12点前，作为集团军预备队集结在马秋希诺、扎莫希耶、科扎列沃地域（斯摩棱斯克东北偏北方8—10千米）。

☆步兵第229师——7月27日12点前集结在里亚西诺、佩切尔斯克、科罗霍特基诺地域（斯摩棱斯克以北7—10千米）。

★敌人的情况——遂行包围之敌至少编有四个步兵师和一个装甲师，包括：

☆第15巴伐利亚人步兵师——位于尤什基诺和奥波利耶车站；

☆第5步兵师——位于韦尔霍维耶和沃洛科瓦亚；

☆第28步兵师——位于布达和库普里诺；

☆第35步兵师——位于库普里诺和博罗克；

☆第18装甲师——沿第聂伯河南岸部署。

★第20集团军的状况

☆据守一条70千米长的椭圆形防线，侧翼敞开，通信中断，没有弹药和燃料的常规补给。

☆战役开始前的集结并不完整，严重缺乏人员和装备，加入集团军的步兵第73、第144、第229、第144师[1]，机械化第5军和坦克第57师的兵力明显不足。

☆7月1日—25日，已发起7—8次反突击和多次师级反冲击。

☆7月1日—20日的损失——2.4万人；7月20日—26日——至少1万人。

☆当前力量——所有师的兵力仅为所需力量的30%—35%，每个师4000—6500人，其中包括许多战斗力低下的后勤人员，战斗步兵和坦克兵非常少。

☆补充兵——需要7万人和9000匹马，但7月1日—26日只获得1000名补充兵，收容散兵游勇也没能弥补这一短缺，因为大多数人手无寸铁，甚至没有军装，而集团军也没有武器和军装储备。

☆其他短缺：

■通信部队和装备的25%—30%；

■工程兵和舟桥部队非常少；

■工兵分队的30%—35%；

■没有道路修建和架桥设备；

■飞机（7月28日）——伊尔-2强击机和SB-7轰炸机，SB轰炸机只能在夜间使用，或在白天用于高空行动。空中力量无法掩护集团军并/或对敌人展开有效打击。

■坦克（7月26日）——65—66辆，机械化第5军坦克第17师29辆，机械化第5军坦克第13师29辆，坦克第57师7—8辆。

■火炮——177门，步兵第229师28门，步兵第233师18门，步兵第144师30门，步兵第153师20门，步兵第73师47门，机械化第5军34门，统帅部预备队军属炮兵团98门，外加120门反坦克炮。

■75辆火炮牵引车，约50千米线缆和100辆汽车。

■食物——足够。

---

①译注：原文如此。

■弹药——各部队的弹药平均为0.5—1个基数，前进仓库有0.3个基数，但仓库里没有120毫米迫击炮弹、76毫米高射炮弹、152毫米炮弹储备。

■油料——1.5个基数。

★对敌情的估计——由于上级和友邻力量关于方面军所处位置和敌人实力的信息太少，无法对情况做出全面分析。我的估计如下：

☆敌人——主力快速集群位于杜霍夫希纳和叶利尼亚地域，两个师据守在斯摩棱斯克。

☆霍缅科集群——从东北方的别雷地域攻往西南方，以一个坦克师攻向杜霍夫希纳。

☆罗科索夫斯基集群——沿沃皮河掘壕据守，面对敌第7装甲师和摩托化步兵在波波瓦、亚尔采沃车站、斯托戈瓦一线的防御，该集群攻向杜霍夫希纳的行动未能取得显著战果。

☆卢金（第16集团军）——仍在肃清斯摩棱斯克城北部之敌，目前遭遇敌人配有坦克的新锐第137步兵师。敌人无法以现有力量占领整个斯摩棱斯克城。

☆第20集团军——面对敌人四个步兵师和摩托化步兵成功实施防御，力图击败对方并将其与主战线切断，同时以不断重组的预备队给敌人造成局部挫败。

★选择、建议和决策——鉴于上述条件和我对情况的估计，集团军可以执行以下任务：

☆给敌人造成局部挫败并顽强坚守阵地的同时，为避免敌人集中进攻造成破坏，集团军可以撤至第聂伯河，暂时占据坚固防御，直到左侧的罗科索夫斯基集群提供加强。

☆在西面和北面据守既有阵地的同时，集团军可以投入两个较弱的师，渡过第聂伯河发起进攻，协助第16集团军夺取斯摩棱斯克南部。尽管守住斯摩棱斯克具有很大的政治价值，但这一方案的成功机会不大，一旦失败，第20和第16集团军也许会全军覆没。弹药、战机、架桥设备短缺，各个师兵力不足，作战情况也不太有利，因为敌人也许会从西面和北面突入斯摩棱斯克，迫使我们放弃这项任务。

☆在西面遂行防御的同时，集团军可以投入步兵第153、第73、第144师，阻止敌人从北面开进，同时以机械化第5军、坦克第57师、步兵第229师从西南面和南面对杜霍夫希纳地域的敌第7装甲师之侧翼和后方发起攻击，同罗科索夫斯基、霍缅科集群相配合，歼灭这股敌军。我们可以投入步兵第233师，沿热列斯佩亚河设防，掩护这场进攻的北翼。若取得成功，这场突击将切断敌人意图从北面包围第20、第16集团军和罗科索夫斯基集群的一只铁钳。歼灭敌杜霍夫希纳集团，将使方面军右翼彻底获得机动自由，第20和第16集团军摆脱不利的作战状况后可以展开更积极的作战行动。即便这场进攻失败，也能由南至北扩大集团军的机动空间，这一机动空间目前彻底暴露在敌野战炮兵火力打击下。同时，集团军可以后撤以便获得更有利的作战态势。我已决定采取后一个方案。[45]

库罗奇金的报告表明，他的部队仍处在敌人从西面和北面施加的沉重压力下，实力正迅速下降。尽管如此，遵照大本营的命令，他仍在竭力守卫包围圈，同时为第16集团军进攻斯摩棱斯克城提供支援。最重要的是，他还展开积极尝试，协助消灭敌杜霍夫希纳集团并保持向东逃生通道的畅通。具体而言，步兵第73和第153师据守一道弧形防线阻挡前进中的德军时（该防线从斯摩棱斯克以西15千米处的第聂伯河向北延伸，然后从该城东延15—18千米），他正以步兵第233师在该城以北10—15千米处设立更强大的防御并集中剩下的坦克力量（机械化第5军和坦克第57师，不到70辆坦克），准备从西南方对杜霍夫希纳展开进攻，同时以步兵第229和第144师在斯摩棱斯克北面和东北面建立一支新预备力量。尽管采取了这些看似有力的措施，但情况并无好转，他的集团军自7月1日以来的损失已超过3.4万人，正在渐渐消亡。目前，除了些许坦克力量，库罗奇金陷入重围的第20集团军，辖内各师的总兵力不超过4万人，真正的步兵战斗人员仅占三分之一。这些部队面对的德军六个步兵师（第129、第35、第5、第8、第28师）[1]，实力是库罗奇金的两倍多。

库罗奇金为防御、进攻和有可能发起的突围疯狂重组麾下部队时，卢金第16集团军为夺取斯摩棱斯克城继续进行徒劳无获的战斗，遂行突击的步兵

① 译注：原文如此。

第152和第129师只有不到6000名战斗步兵。卢金7月27日21点呈交铁木辛哥的战斗报告清楚地表明了这场斗争是多么徒劳无益（参见地图5.10）：

・**敌人的情况**——敌人正坚决守卫斯摩棱斯克，投入的部队可能是一个武装党卫队摩托化师，虽然遭受到严重伤亡，但获得2个坦克营和1—2个炮兵营加强，另外还有第137步兵师，该师于7月25日—26日夜间提供增援。

・**第16集团军：**

★自7月16日起不分昼夜反复冲击斯摩棱斯克城，给德军第137步兵师造成严重损失，"自7月26日凌晨2点以来特别激烈的战斗"重挫该师士气。但武装党卫队师的"士兵们并不投降"，而且顽强坚守各座建筑和各个街区，并"将伤亡者撤离"，余部依然是"防御的基石"。

★7月27日晨占领整个斯摩棱斯克城北部并切断敌人跨过第聂伯河的主要退却路线后，正展开"持续不停的巷战"以肃清敌支撑点和防御枢纽。

★步兵第152和第129师——在战斗中展现出"组织性、活力和勇气"，特别是步兵第129师，该师由以"脱离前线的散兵游勇"组成的支队和来自其他先前被击败师的分队构成，现在已成为"最坚定的师之一"。

・**损失**——集团军在战斗中的损失为500人阵亡，超过230人负伤，但敌人的损失"相当高"。

・**结论：**

★虽然集团军在历时十天的战斗中粉碎不止一个敌步兵师，但敌残余力量继续坚守该城，并获得"自动武器和迫击炮的大规模支援，敌机实施持续不断、几乎不受惩罚的轰炸，还使用喷火坦克构设障碍"。

★7月27日晨完成夺取城市北部的任务后，集团军正准备强渡第聂伯河并夺取该城剩余部分。[46]

战斗在斯摩棱斯克城内及周边肆虐时，库罗奇金和卢金顽强地保持并展现他们的乐观情绪。罗科索夫斯基的亚尔采沃集群7月28日晨终于加入交战，攻向杜霍夫希纳。罗科索夫斯基7月28日24点发给铁木辛哥的报告表明，他的集群更关注向亚尔采沃发起的进攻，而不是朝斯摩棱斯克展开救援行动：

242

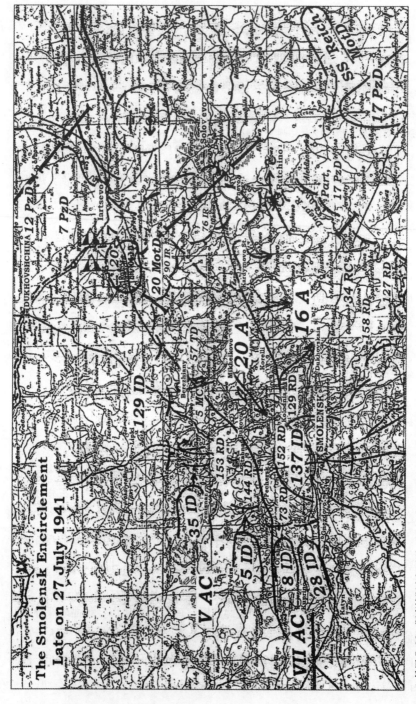

▲ 地图 5.10：斯摩棱斯克包围圈，1941 年 7 月 27 日晚间（资料图）

· **敌人的情况**——遭遇我方部队顽强抵抗，丧失发展进攻的信心后，正沿沃皮河西岸的斯卡奇希诺、亚尔采沃、斯维谢沃、索洛维耶沃地段转入防御。

· **友邻力量**——右侧，步兵第89师从卡佩列夫希纳和沙莫沃一线（亚尔采沃以北18—25千米）攻往里亚德尼和科尔科维奇；左侧，卡恰洛夫集群从罗斯拉夫利地域攻往波奇诺克和斯摩棱斯克。

· **亚尔采沃集群的任务**——7月29日11点从新谢利耶和索洛维耶沃地段（亚尔采沃以北4千米至亚尔采沃以南15千米）沿沃皮河发起冲击，歼灭敌亚尔采沃—索洛维耶沃集团，尔后攻往杜霍夫希纳，从西南方包围该城。

· **辖内各兵团的任务：**

★ **坦克第101师**（欠坦克第203、第202团，但配有反坦克炮兵第700团）——从新谢利耶和哈特尼地段（亚尔采沃以北）向西发起进攻，夺取新谢利耶一线（库季诺沃以西），7月29日日终前到达201.6里程碑、萨穆伊洛瓦、221.3里程碑一线（亚尔采沃西北方8千米）。

★ **步兵第38师**（与反坦克炮兵第509团第3营、军属炮兵第49和第471团、工程兵第169营1个连）——在亚尔采沃和174.7里程碑地段（亚尔采沃以南1—7千米）发起进攻，夺取234.9高地、波洛吉、佩尔沃迈斯基（亚尔采沃以西5—7千米），尔后沿通往亚尔采沃的公路展开冲击，7月29日日终前到达马利措瓦和切雷希纳一线（亚尔采沃以西10—12千米）。将两个步兵连和6门反坦克炮组成的支队留在恰日基和奥泽里谢地带，以此掩护右翼，防止敌人渡过沃皮河。

★ **步兵第44军**（步兵第64、第108师，工程兵第169营1个连）——在斯维谢沃和索洛维耶沃地段（亚尔采沃以南7—15千米）遂行冲击，掩护集群左翼，抗击敌人从西南方发起的反冲击，前出到旧谢利耶、马特列尼纳、波波瓦（亚尔采沃西南方7—12千米），尔后攻往洛帕特基纳和格里希诺，7月29日日终前到达杰杰希纳、穆什科维奇和博布雷（亚尔采沃以西12—17千米）。

★ **机械化第7军**（混成摩托化团，辖机械化第7军2个营，坦克第202、第203团，榴弹炮兵第18团2个营）——作为我的预备队集结在克拉斯诺巴耶夫卡、波卢利亚耶夫卡、沃伦措沃、波罗夫列沃（亚尔采沃以东10—12千米），由坦克第101师掌握，步兵到达帕尼纳和库济米纳时，在步兵第108师身后攻向亚尔采沃并沿公路赶往杜霍夫希纳。

★炮兵——7月29日9点前实施30分钟炮火准备。任务为：

☆压制198.6高地、新谢利耶东南郊、新谢利耶西南方树林的东南边缘、哈特尼东部边缘、亚尔采沃以北树林、174.7里程碑以南树林东部边缘的迫击炮、机枪和反坦克炮，以及敌防御前沿的火力点。

☆阻止敌人从霍尔姆和新谢利耶、谢穆希纳和索普雷基纳、谢梅诺瓦和斯托戈瓦、马特列尼纳以南树林和波罗瓦耶瓦发起的反冲击。

★工程兵集群——步兵到达新谢利耶、帕尼纳和波洛吉时，以地雷工兵第42营和工程兵第169营在新谢利耶和斯维谢沃构设沃皮河上的永备渡口并按照我的指示设置障碍。

★后勤——补给站，多罗戈布日车站。运输，按各师师长和各独立部队指挥员的指示行事。

★指挥控制——指挥所设在费多索沃东南方1千米的树林内。观察所设在奥利霍沃西南方1千米的树林内。后续前进方向是冲往亚尔采沃，尔后沿通往杜霍夫希纳的公路前进。[47]

与此同时，第16集团军司令员卢金7月29日14点给铁木辛哥司令部发去一份作战摘要，向他汇报当日的作战行动，但卢金没有想到，这份在他看来是例行公事的作战摘要无意间引发了一场争论，最终给他这个集团军带来灭顶之灾：

· **第16集团军的状况**——沿斯塔布纳河、伊佐文卡、第聂伯河、科洛德尼亚一线（斯摩棱斯克东北面和东面）据守，部分力量攻向斯摩棱斯克。

★步兵第129师——步兵第457团沿斯塔布纳河部署在穆日洛沃、伊萨科沃国营农场地段（斯摩棱斯克东北方6—7千米），步兵第393团转移到穆日洛沃树林西部边缘（斯摩棱斯克东北方7—8千米）。

★步兵第152师——步兵第580团位于斯摩棱斯克公路上的科罗霍特基诺（斯摩棱斯克以北6千米），步兵第544团位于科罗霍特基诺南面（斯摩棱斯克东北方5千米），两个团都面对斯摩棱斯克。

★步兵第46师——步兵第646团位于尼克耶夫希纳南部（斯摩棱斯克东北方5千米），步兵第518团位于伊佐文卡并横跨公路（斯摩棱斯克东北方6千米），步兵第29团位于公路至第聂伯河一线（斯摩棱斯克以东6千米）。

★步兵第34军——沿莫赫拉亚波格丹诺夫卡和奥布洛吉诺一线部署（斯摩棱斯克以东6千米至东南方15千米）。

· **敌人7月29日的行动**——自7月29日8点起向东发起冲击。

★步兵第152师——14点遭到敌人"大规模炮兵和航空兵支援下的"一个团攻击，遭受严重损失后，被迫向东退至步兵第129师右翼的采尔科维希（斯摩棱斯克东北偏北方10千米）。在两次负伤的师长切尔内舍夫上校率领下，该师23点集结并据守在谢尼科沃地域（斯摩棱斯克东北偏东方10千米）。

★步兵第129师——以步兵第343、第457团顽强据守斯塔布纳河一线（斯摩棱斯克东面和东北面7—8千米）。

★步兵第46师——16点遭到敌人一个营沿旧斯摩棱斯克公路发起的冲击，防御遭突破后被迫后撤，22点集结并据守在索斯诺夫卡（斯摩棱斯克以东13千米）。但该师再次遭到敌人的攻击，对方在迫击炮和10—18架战机实施的多次空袭支援下强渡第聂伯河。

· **当前态势**

★我正沿第聂伯河东岸逐行防御，防御地带从莫赫拉亚波格丹诺夫卡至奥布洛吉诺，快速预备队沿科罗列沃和洛增一线（斯摩棱斯克东南方20—28千米）在渡口附近提供掩护，与第20集团军的分界线为扎戈里耶、阿斯特拉加奇国营农场、伊格纳托夫希纳和机场机库，第16集团军位于该线以北的部队将在7月29日—30日夜间获得接替。

★我们各种口径的弹药都即将耗尽。[48]

这份报告清楚地表明，第16集团军辖内部队已不在斯摩棱斯克城内，看完卢金的作战摘要，心烦意乱、已趋绝望的铁木辛哥将这份报告解读为库罗奇金第20集团军和卢金第16集团军不仅仅是考虑后撤的问题，而是已开始退却。他认为，这两个集团军故意弃守斯摩棱斯克城，甚至可能作为一个整体逃离斯摩棱斯克包围圈。但实际上，正如德国第5军7月29日晨和30日的每日态势图表明的那样，该军第8和第28步兵师正向东跨过斯塔布纳河下游，导致卢金陷入困境的各个师别无选择，要么撤退，要么覆灭。（参见地图5.11）

尽管如此，铁木辛哥还是将第16和第20集团军显然违抗命令的情况告知总统帅部大本营，7月29日中午前后，他给两位抗命的集团军司令员发出严厉警告。这道警告令在开头处指出："从你们7月29日晨的作战摘要看，我确定，首先，尽管相关命令要求你们坚守阵地，但你们正实施一场深具风险的后撤，鉴于霍缅科、加里宁和罗科索夫斯基集群正在展开的行动，你们也很清楚他们受领的任务，因此，你们这种后撤更加令人无法容忍。"[49] 铁木辛哥称，他们先前的报告和消息并未表明有必要后撤，相反，两个集团军实施了成功的战斗，他指出，这场后撤有利于敌人"组建强大的集群，破坏我方正在进行的行动"。因此，他命令两位集团军司令员："立即停止第16和第20集团军的后撤。肃清斯摩棱斯克之敌，将该城掌握在你们手中，未接到我的命令，不得以任何理由弃守任何阵地。否则，您和卢金将为此负责。"[50]

铁木辛哥发出的这一严厉警告，卢金于7月30日14点30分给麾下部队下达了一道新命令，对西方向总司令的批评做出回应：

· **敌人的情况**——7月29日，敌人以两个步兵师从佩切尔斯克、皮斯卡里哈、奥布洛吉诺一线发起进攻，将集团军右翼逐向东面，并于7月30日前出到斯塔布纳河一线和第聂伯河西岸。

· **友邻力量**——右侧，第20集团军将于7月31日晨发起冲击，以其左翼夺取斯摩棱斯克北郊。

· **第16集团军的任务：**

★据守科洛德尼亚河、科洛德尼亚、第聂伯河东北岸一线（斯摩棱斯克以东10千米），若敌人发起进攻，"不得后撤一步——宁可战死也不后退"。

★7月31日4点以步兵第46、第152、第129师发起果断进攻，会同第20集团军左翼力量，夺取斯摩棱斯克城东北部，集团军余部据守科洛德尼亚和第聂伯河一线。

· **辖内各兵团的任务：**

★步兵第46师——坚守谢尼科沃一线，若敌人发起进攻，"不得后撤一步——宁可战死也不后退"；7月31日4点从沿科洛德尼亚河的出发阵地展开冲击，夺取伊佐文卡河西岸，尔后攻往斯摩棱斯克车站。

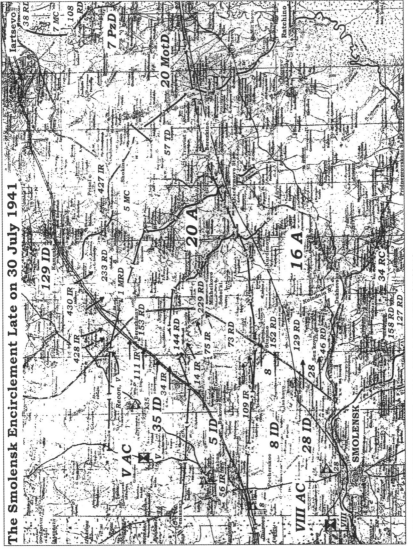

▲ 地图5.11：斯摩棱斯克包围圈，1941年7月30日晚间（资料图）

★步兵第152师——立即派一个先遣支队赶往上、下科洛德尼亚一线，防止敌人向东突破，沿先遣支队占据出发阵地后；7月31日3点发起冲击，夺取斯摩棱斯克东北郊，尔后沿铁路线赶往斯摩棱斯克车站；另外，7月30日将主力集中在格列奇希诺、托卡里、科纽斯基地域。

★步兵第129师——坚守科洛德尼亚河、罗加切沃、涅梅季卡合作社一线，若敌人发起进攻，"不得后撤一步——宁可战死也不后退"；7月30日—31日夜间被步兵第73师接替后集结于阿斯特拉甘国营农场、库沙耶沃地域，在步兵第46师身后作为第二梯队发起进攻，准备发展突破并夺取斯摩棱斯克城东北部。

★各个师——至少应组建两个歼击支队，由"5—15名最忠于祖国的人员"组成，以便在敌后方实施牵制活动。

· 说明：

★我们的祖国正同法西斯这个死敌进行一场不屈不挠的斗争，这场斗争将给对方造成致命打击。祖国和总统帅部大本营要求我们不惜一切代价夺回斯摩棱斯克，为防止敌人破坏并保护我方已开始的大规模行动，从而歼灭过度拉伸之敌，我们的行动非常必要。

★后撤意味着死亡，而且我们无处可撤——敌人正炸毁我们后方的渡口和桥梁。

★各级指战员、政工人员同志们！要知道我们身上承担着祖国赋予的重任。不要顾及我们的生命，我们有义务履行自己的使命，我们将完成这些任务。

★我们将依据战时法律，对恐慌散布者、懦夫和叛徒就地采取最严厉的措施。[51]

尽管卢金下达了斗志昂扬、饱含情感甚至带有威胁意味的命令，试图以此取悦他那位愤怒的总司令，但铁木辛哥显然没有收到这道命令的副本。因此，铁木辛哥坚信库罗奇金和卢金依然无视他的命令，遂给卢金下达另一道命令，要求该集团军坚守阵地。7月31日午夜过后不久，铁木辛哥收到卢金发来的新报告，他在报告中解释了第16集团军的牺牲、痛苦和失败，辅以自我称赞，并对其他人没能为他提供适当的支援提出严厉批评，特别是对库罗奇金将军：

★ **第16集团军的状况**——集团军7月29日的进攻正经历"极为紧张的情况,这一情况因为缺乏真正的坦克支援而更趋复杂"。(第20集团军也没能提供支援)。右翼,步兵第129师自7月29日14点起一直饱受敌人的重压,该师右侧的友邻部队,第20集团军步兵第73师,不是彻底脱离接触,就是在未事先加以提醒的情况下向东后撤。

★ **与第20集团军的协同问题:**

☆凌晨1点在第20集团军司令部遇到斯柳萨列夫(步兵第73师师长或参谋长)时,他向我保证,他的师将据守苏霍多尔、科列利、斯图皮诺地域(斯摩棱斯克东北偏东方15—17千米),可10点05分与他通电话时才知道,他的师位于索博利基、帕什基诺、克拉索沃(斯摩棱斯克东北偏东方20千米)。

☆因此,凌晨4点,第16集团军辖内部队在同第20集团军商定的结合部进行战斗时,步兵第73师的缺席迫使步兵第129师将其侧翼向北延伸,暴露在敌人的攻击下。结果,敌人以至少一个满编师的兵力从科列利和科洛德尼亚沿铁路线达成突破,前出到锡尼亚温斯基国营农场,将第16集团军切为两段。

☆由于没有兵力可用于应对敌人的进攻,我担心同位于中央的第20集团军相隔绝,集结在北面的步兵第46和第169师,以及库罗奇金同志的部队,都陷入困境……北部方向……(以下文字就连文件集编辑也无法识别),但我要求协同行动,以及他的部队发起进攻,消灭沿一条宽大战线达成突破的敌人……可能会导致他和第16集团军的部队被逐一消灭……敌人正将我们逐渐逼向东面。

☆第20集团军司令员(库罗奇金)拒绝了我请他以坦克第17师(该师位于我后方4千米的泽瓦基诺和波梅尔尼基)发起进攻的要求,因为他说态势仍不明朗,已逃离的步兵第73师无法提供真正的帮助,目前位于泽瓦基诺。因此,您要求第20集团军司令员为我提供协助的命令并未得到执行。

☆所有这一切都因为步兵第46和第129师的重机枪在战斗悉数损毁、火炮没有炮弹而加剧。例如,实施两次炮火准备后,步兵第129师再也未发一炮。

★ **要求:**

☆我明确请求您严令第20集团军占据北部和南部防线并指定一条分界线,以便我与铁路线南面的步兵第34军协同行动。

☆依我看，在目前情况下，第20集团军必须将斯摩棱斯克方向视作最重要的方向。

卢金、洛巴切夫[52]

尽管卢金卑躬屈膝地屈从于他的批评，尽管库罗奇金让他心生不满，可是7月31日晚些时候，铁木辛哥还是再次设法平息大本营的怒火，向身处莫斯科的上级坦率而又准确地解释了斯摩棱斯克的实际情况。虽然准确指出这些行动"并未获得我的批准"，但他这次两边下注，中肯地争辩道，由于态势不断恶化，这些行动就算不是必然的，也具有必要性：

致斯大林同志

抄送沙波什尼科夫同志

1.第20集团军和第16集团军没有遵从命令，他们从斯摩棱斯克向东退却并在遭遇下述情况时弃守斯摩棱斯克城。

自陷入半包围起，第20集团军一直遭到敌人六个步兵师和一个坦克师持续不断的攻击，对方还获得大批战机支援。7月27日起，敌人又获得两个新锐师加强。战斗期间，第20和第16集团军遭受到巨大损失。

因此，面对敌人的巨大压力，第20集团军在从事激烈战斗的同时，在斯摩棱斯克北部向东后撤。

第20集团军7月28日将其左翼的步兵第73师后撤时，未能掩护第16集团军步兵第152师右翼和后方，该师正在斯摩棱斯克北部战斗。据卢金说，发现步兵第73师撤退后，步兵第152师的侧翼和后方遭受到敌人的沉重压力，因而该师师长命令从斯摩棱斯克向东后撤。位于步兵第152师身后的步兵第129师，也从斯摩棱斯克东北部后撤。

2.西方向总指挥部和方面军司令部通过库罗奇金7月28日—29日夜间和29日的报告了解了斯摩棱斯克的情况。我们立即命令库罗奇金停止步兵第129和第152师的后撤并恢复态势。弄清情况后，我们于7月29日命令库罗奇金统一指挥第20和第16集团军并以第20集团军预备力量恢复斯摩棱斯克的态势。

3.步兵第152、第73、第46师7月29日遂行的反冲击未获成功，部队蒙受严重损失，从斯摩棱斯克向东退往苏霍多尔和托卡里一线。

4.库罗奇金已下达命令——步兵第152、第129和第46师余部从苏霍多尔和托卡里一线转入进攻，7月31日3点再度攻向斯摩棱斯克。

5.第16和第20集团军目前战线的情况如下：

包括第129步兵师、第15巴伐利亚人步兵师、第5和第35步兵师余部、配有坦克的第137步兵师在内的敌人，自7月31日拂晓起攻向韦伊纳、佩尔菲洛瓦、科列雷、谢尼科沃（斯摩棱斯克以东17—12千米）。

第20和第16集团军辖内各师，已在旷日持久的激烈战斗中遭到严重消耗，每个师的作战兵力只有1000—2000人，他们正击退敌人沿绍基诺国营农场、别列日尼亚内、佩尔菲洛瓦、普萨尔德、托卡里、莫赫拉亚波格丹诺夫卡、奥布洛吉诺一线（斯摩棱斯克东北方25千米至东南方15千米）展开的进攻。弹药和燃料即将耗尽，唯一的补给由10架TB—3飞机每天夜间提供。

6.西方向总指挥部和西方面军已决定，在西面和西北面坚守我方防御阵地，以坦克第57师、步兵第229师和机械化第5军攻向亚尔采沃，同罗科索夫斯基集群相配合，击败敌亚尔采沃集团并为第16和第20集团军打通补给路线。[53]

正如德军7月31日作战行动态势图表明的那样，铁木辛哥的解释"很中肯"，鉴于库罗奇金和卢金集团军面临的情况，他的结论和决定无疑是合理的。（参见地图5.12）

中央集团军群收紧包围第16和第20集团军的封锁线，将这两个集团军逐向东面，使其远离斯摩棱斯克城之际，卢金和库罗奇金继续重组麾下力量以便向东突围，同时采取措施确保逃生通道的畅通。率领部队向东退却时，他们要求对施密特第39、莱梅尔森第47摩托化军辖内各师据守的拦截阵地施加令其无法承受的压力，因为德军各个师正从事两线作战，既要抗击包围圈内集结起来的苏军部队，又要应对罗科索夫斯基力图从包围圈外打破封锁的力量。尽管付出了巨大努力，措恩第20摩托化师也于7月27日在索洛维耶沃和拉奇诺夺得第聂伯河上的渡口，但德国人根本无法彻底封闭亚尔采沃南面的缺口，主要因为托马第17装甲师无法到达河畔，只能在该河以南3千米处设立一道防御不甚严密的屏障。[54]（参见地图5.10、5.13）

第聂伯河上两个重要渡口的丢失令铁木辛哥如坐针毡，不得不寄希望于让罗科索夫斯基挽救局面：

7月27日敌人投入20辆超轻型坦克、一队摩托车和坦克，从亚尔采沃西北方展开行动，将我军掩护营逐至沃皮河东岸并夺得索洛维耶沃渡口。日终前，我们注意到对方在亚尔采沃以南地段和扎德尼亚，沿沃皮河西岸匆匆修筑工事。

7月28日，他命令该集群重新打通备受威胁的斯摩棱斯克生命线：

从7月28日晨起，编有坦克第101师，步兵第44军第38、第64、第108师的一个军队集群应歼灭亚尔采沃地域和索洛维耶沃渡口之敌，尔后向杜霍夫希纳发展进攻，并从西南面包围该镇。[55]

虽然罗科索夫斯基麾下部队没能到达他们最重要的目标——杜霍夫希纳，但在历时三天的激战中，坦克第101师投入少量KV坦克，于7月29日重新夺回亚尔采沃。不过，两天后该镇再度失守，而罗科索夫斯基麾下余部渡过沃皮河，沿该河西岸掘壕据守。南面，他的部队竭力奋战以期夺回索洛维耶沃渡口。西方面军7月29日20点提交的作战摘要阐述了相关行动。[56]

· **罗科索夫斯基集群**——沿沃皮河东岸坚守阵地，集结在亚尔采沃以南的沃皮河渡口，以部分力量向西发起冲击，打击德军第7装甲师和第20摩托化师部分部队。

★坦克第101师——据守先前的阵地。

★步兵第38师——在哈特尼、亚尔采沃地段（亚尔采沃北部边缘）和西南面森林中从事战斗。

★机械化第7军（调自第16集团军的两个摩托化步兵营）——7月28日12点渡过沃皮河发起进攻，夺得斯维谢沃（亚尔采沃以南6千米），但未发现敌人。

★反坦克炮兵第152营（步兵第108师）——以半个连在皮希诺（亚尔采沃以南10千米）守卫沃皮河上的渡口。

★步兵第44军（步兵第64、第108师）——7月29日13点，沿沃皮河一线集结，从斯维谢沃南延至索洛维耶沃（亚尔采沃以南7—15千米），具体如下：

☆步兵第64师——在169.9里程碑和斯克鲁舍夫斯科耶地段（亚尔采沃以南7千米）集结于出发阵地，准备渡过沃皮河发起进攻。

☆步兵第108师——7月29日9点强渡沃皮河，夺得大、小戈尔基、扎德尼亚（亚尔采沃以南12千米）以东树林的西部边缘，步兵第539团在斯克鲁舍夫斯科耶和奥西诺夫斯科耶地段（亚尔采沃以南8—9千米）渡过沃皮河……

★摩托化步兵第17团（机械化第5军坦克第17师）——夺得普涅沃（索洛维耶沃西南方5千米）。

· **第20集团军**——7月27日为击退"敌人从西面发起的猛烈冲击"奋战一整天，以快速部队向北、向东北方攻往杜霍夫希纳。

★坦克第57师——夺得绍基诺国营农场和189.3高地，将敌第129步兵师的两个营逐向东北方，据守马尔佳诺耶和231.6高地一线（斯摩棱斯克东北方25—30千米）。[57]

但此时，卢金第16集团军从斯摩棱斯克向东展开行动的快速支队，设法在亚尔采沃西南方，沿第聂伯河同罗科索夫斯基亚尔采沃集群辖内步兵第38师建立起松散的联系，确保斯摩棱斯克包围圈与后方之间的通道继续畅通。7月30日，德国第3装甲集群第20摩托化师和第17装甲师发起最终尝试，力图突破亚尔采沃集群设在索洛维耶沃东面的阵地，但罗科索夫斯基的步兵，在炮兵和少量KV—1坦克的支援下，较为轻松地阻挡住了对方的这场冲击。[58]

库罗奇金第20集团军在7月30日20点呈交铁木辛哥的报告阐述了罗科索夫斯基从事的战斗的背景。除描述为巩固防御并掩护侧翼而采取的措施外，这份报告还设法缓解了铁木辛哥的怒火，向他保证集团军打算重新夺回斯摩棱斯克。

致西方向总指挥部军事委员会

★**总体情况**——收悉您7月29日19点下达的关于恢复斯摩棱斯克态势的命令前，我们已组织一场反冲击，为此投入步兵第152师、步兵第73师一部、步兵第46师，但这场进攻遭遇败绩，我方部队蒙受严重损失，被迫后撤。

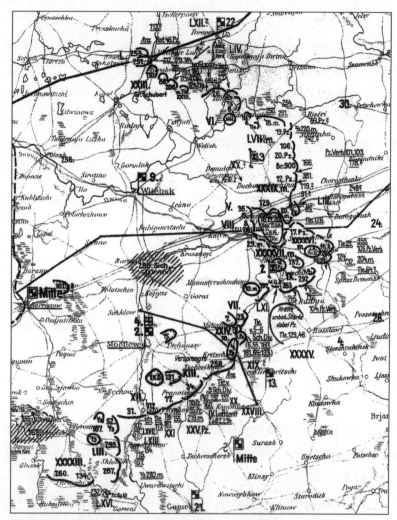

▲ 地图 5.12：中央集团军群的作战态势，1941 年 7 月 31 日晚间（资料图）

★辖内各兵团的情况：

☆坦克第57师和机械化第5军——面对敌第129步兵师，在激烈的战斗中缓缓向北推进，夺得绍基诺国营农场、韦伊纳、宰采瓦、捷列希亚一线。

☆摩托化步兵第1师和步兵第233师——两师位于拉夫罗沃和里亚扎诺沃

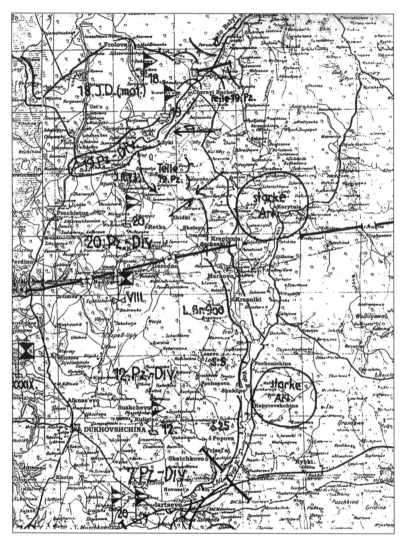

▲ 地图5.13：斯摩棱斯克包围圈的对外正面，1941年7月28日2:00（资料图）

　　附近（斯摩棱斯克以北15—20千米）的结合部被敌人一个师（第15巴伐利亚人师）突破，对方朝东面的科里亚维诺发展突破，摩托化步兵第1师、步兵第233和第144师沿斯穆古利诺和佩尔菲洛瓦一线（斯摩棱斯克东北偏北方15—20千米）发起反冲击，这才阻挡住敌人。

☆步兵第153师——被敌人5—6个独立支队击退，对方朝佩尔菲洛瓦和布科瓦（斯摩棱斯克以北10—15千米）迂回该师侧翼。

☆步兵第73师——攻向斯摩棱斯克，但被迫实施一场战斗后撤，退往斯塔布纳河（斯摩棱斯克东北偏北方5—10千米）。

☆步兵第229师（实力缩减为一个加强营规模）——沿莫列沃、马什基诺、波克雷什基诺、库济米什基诺一线战斗，以肃清方面军位于斯摩棱斯克东面和北面的交通线。

★预备队和补给：

☆截至7月29日19点，我手头没有任何预备力量，因而决定于7月30日晨将坦克第17师撤至沃洛什尼亚附近（斯摩棱斯克东北方25千米）、将步兵第73师撤至科季基和普扎诺沃（斯摩棱斯克东北方17千米），以此担任预备队。

☆坦克第17师尚存15辆坦克和四分之一油料基数，只能就地开火射击。

☆集团军炮兵，每门火炮只剩10—15发炮弹，油料基数从十分之一到一个不等。若7月30日和31日得不到油料和弹药补给，所有车辆和火炮都将瘫痪。

☆卢金（第16集团军）——23点40分报告，敌人在舍伊诺夫卡（斯摩棱斯克以东6千米）突破步兵第46师防御，正沿斯摩棱斯克和莫斯科公路向东推进。该师没有重机枪弹药，已将其炮兵派至步兵第152师后方。该师遭受到严重损失，正分成小股力量撤往苏霍多尔和谢尼科沃（斯摩棱斯克以东10千米），以期在那里重新集结。

★决定——我已决定采取以下措施执行您的命令：

☆为指定用于攻向斯摩棱斯克的部队全力寻找弹药和油料。

☆以摩托化步兵第1师、步兵第233和第144师余部据守绍基诺国营农场、韦伊纳、彼得罗夫斯科耶、布科瓦一线，"不惜一切代价"坚守这道防线。

☆7月31日3点，以步兵第153、第73师从布科瓦和苏霍多尔地段（斯摩棱斯克东北方12千米）向西南方发起冲击，穿过科罗霍特基诺和科罗列夫卡，重新夺回斯摩棱斯克城西北部。

☆7月31日3点，以第16集团军步兵第152、第129、第46师从苏霍多尔和托卡里地段（斯摩棱斯克以东10千米）沿铁路线向西发起冲击，重新夺回斯摩棱斯克城东北部。

☆以步兵第229师摧毁敌人的交通并夺取渡口。

★说明——尽管蒙受严重损失，燃料和弹药不济，但两个集团军仍将展开战斗并对敌人实施打击，这一点毋庸置疑。虽然各部队将坚定不移地投入行动，但所谓的师，实际兵力仅为2—3个营，没有团属、师属炮兵或重型火炮支援，也没有可用的坦克。在缺乏弹药和燃料补给的情况下，集团军已同敌人激战十余日，必须提供再补给，否则会导致一场灾难。

★请求——请指示（亚尔采沃集群的）步兵第108师与（我们的）步兵第229师共同夺取（第聂伯河上的）渡口。[59]

狭窄的索洛维耶沃走廊另一端，罗科索夫斯基正竭力完成铁木辛哥赋予他的任务，命令尤什克维奇将军的步兵第44军完成其行动，肃清通道东段之敌，这条逃生通道位于库罗奇金陷入重围的两个集团军与西方面军主防线之间。罗科索夫斯基连续给尤什克维奇下达的两道命令表明了亚尔采沃集群进攻行动的即时性，第一道命令于7月31日19点签发，第二道命令于当晚22点45分发出。随后，为掩护步兵第44军辖内部队，他又于当晚某个时候下达第三道命令，发给坦克第101师和步兵第38师。（参见地图5.8、5.14）

1941年7月31日19点，发给步兵第44军军长

★敌人的情况——投入一个配有火炮和迫击炮的步兵团，意图切断库罗奇金集团军从卡缅卡地域（斯摩棱斯克东北方25—30千米）至索洛维耶沃渡口的后撤路线。

★亚尔采沃集群的任务——为保障我们的补给运输和打通库罗奇金部队随后使用的通道肃清索洛维耶沃和卡缅卡地域。

★步兵第44军的任务：

☆步兵第64师停止进攻并掘壕据守，以步兵第30团掩护步兵第38师左翼，步兵第159团在斯维谢沃掩护沃皮河上的渡口，步兵第288团转隶步兵第108师。

☆以步兵第108师步兵第288团、坦克第101师一个T—26坦克连、摩托化第17团（在索洛维耶沃守卫渡口，但接受步兵第108师指挥）攻向扎德尼亚（索洛维耶沃以北0.5千米）和乌西尼诺（索洛维耶沃以西6千米），沿公路消

灭敌人，确保为第20集团军提供弹药的车辆通行无虞。

☆亲自指挥步兵第108师的作战行动并汇报执行情况。[60]

7月31日22点45分，发给步兵第44军军长

·**敌人的情况**——从西北面和西面对第20集团军实力虚弱的部队发起攻击并企图在亚尔采沃、斯维谢沃、索洛维耶沃地段夺取沃皮河上的渡口。

·**第20集团军的任务**——从西北面和西面掩护自身并以一个步兵师和坦克组成的突击群，沿马特列尼亚、穆什科维奇一线（亚尔采沃西南方10千米和西面10千米）发起进攻。

·**步兵第44军的任务**——步兵第108师（及配属部队）应完成1941年7月31日第12号战斗令赋予的任务，夺取别列祖耶沃和乌西尼诺一线（索洛维耶沃以西6千米）后，应与库罗奇金同志建立通信联络，尔后准备同库罗奇金的突击群相配合，沿亚历山德罗夫卡、波德沃希耶、科罗列沃一线向北发起进攻。[61]

7月31日晚些时候，发给坦克第101师、步兵第38师师长
抄送步兵第44军军长

★**任务**：

☆停止一切后续进攻，掘壕据守，做好坚决守卫阵地的准备，沿防线遂行战斗侦察。

☆坦克第101师——为你部之右翼提供可靠掩护。

☆步兵第38师——与步兵第64师步兵第30团建立紧密的通信联系，该团占据174.7里程碑南面的林地并受领掩护步兵第38师左翼的任务。[62]

库罗奇金第20、卢金第16集团军这场殊死逃亡的最后一幕，以及罗科索夫斯基的亚尔采沃集群为解救被围部队付出的艰苦努力，将在8月份第一周告终。在此期间，仿佛是为提醒博克和铁木辛哥斯摩棱斯克固然重要但并非激烈战斗的唯一焦点，同样复杂、同样重要的战斗沿中央集团军群漫长、越来越脆弱的左翼和右翼展开了。

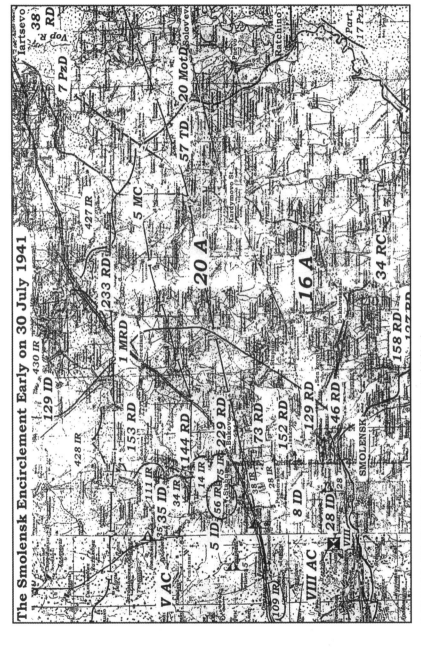

▲ 地图 5.14：斯摩棱斯克包围圈图，1941 年 7 月 30 日早间（资料图）

总结

截至1941年7月中旬，希特勒和博克都有理由对中央集团军群向东取得的进展，以及该集团军群按照"巴巴罗萨行动"的粗略时间表到达并夺取莫斯科的后续前景持乐观态度。渡过第聂伯河和西德维纳河不到一周，中央集团军群的两个装甲集群已粉碎红军沿两条河流构设的防御，向东推进到斯摩棱斯克北面和南面180千米处。在这段短暂的时期内，霍特和古德里安的部队彻底击溃红军第19、第4集团军，重创第13集团军，将近半个集团军包围在莫吉廖夫，还把红军被击败的第20集团军和新开到的第16集团军困在斯摩棱斯克北面一个近乎完整的口袋里。德军还攻占了大半个斯摩棱斯克城。虽然苏军沿第聂伯河实施的抵抗出乎德国人意料，但闪电战术再度获胜，轻而易举地克服了苏联诸集团军这道第二"战壕"。

可是，7月份下半月的战斗也清楚地证明，这种乐观情绪是错误的。虽说德军7月11日—16日取得了蔚为壮观的进展，但当月剩下的时间里，中央集团军群面临几个无法克服的新问题，这些问题"窃取"了该集团军群的突击势头，严重削弱了对其至关重要的装甲先锋。首先，尽管德军7月份第二周沿第聂伯河和西德维纳河一举粉碎红军第二梯队集团军，但当月第三周，他们出乎意料地遭遇到红军另一个集团军梯队。虽说这支第三梯队集团军远远弱于第二梯队，但他们同前进中的德军交战时，适逢后者处于最脆弱的状态，具体说来，也就是德军步兵力量尚未来得及追上前进中的装甲和摩托化部队。这一点反过来又暴露出妨碍中央集团军群赢得胜利的另外两个问题；首先，集团军群无法在率领纵深推进的部队中保持一个恰当的诸兵种合成组合；其次，装甲和摩托化部队同提供支援的步兵和炮兵脱离后极度脆弱。

步兵力量短缺，是苏联总统帅部大本营决定命令其部队"不惜一切代价死守"斯摩棱斯克和莫吉廖夫的直接结果。约22万名红军士兵在斯摩棱斯克及其周边陷入重围，还在杰米多夫和韦利日地域沿西德维纳河及其北部分散在整个地区，牵制8—10个德军师约两周，被困在莫吉廖夫的约3万名红军士兵牵制另外4—5个德军师达10天，这就导致向前推进的德军装甲集群，先是无法使用其装甲和摩托化力量，尔后又将宝贵而又重要的步兵支援力量投入消灭包围圈的战斗。

　　具体说来，霍特和古德里安的第3、第2装甲集群到达斯摩棱斯克以东的遥远目标时，都需要用步兵力量来同时抗击前方的苏军部队（合围对外正面抵挡苏军第三梯队集团军）和被包围在斯摩棱斯克以北的苏军（合围对内正面困住第16、第19、第20集团军），但后续步兵部队未能及时赶上。过于雄心勃勃的希特勒命令两个装甲集群各自抽调一个摩托化军，以便展开行动，肃清并掩护中央集团军群不断延长的北翼和南翼，这让事情变得更加糟糕。霍特不得不把麾下两个摩托化军中的一个（孔岑第57摩托化军）投入中央集团军群最左翼，朝涅韦尔、大卢基和韦利日地域展开行动，而古德里安则将麾下三个摩托化军中的一个（施韦彭堡第24摩托化军）投入集团军群南翼，朝/沿索日河遂行任务。

　　结果，霍特装甲集群的矛头，也就是仅剩的施密特第39摩托化军别无选择，只得坚守斯摩棱斯克东面和东北面的东部战线，同时扼守合围对内正面北半部，遏制并压缩斯摩棱斯克包围圈内的苏军部队。实事求是地说，7月14日至24日，扣除必要的预备力量，第39摩托化军第12装甲师和第20摩托化师的8个摩托化营必须占据并守卫包围圈北面近80千米宽的防线，也就是说，平均每个营的防御正面宽达10千米。第18摩托化师、第20和第7装甲师的10个摩托化步兵营同样如此，每个营的防御正面也达到10千米，他们必须在斯摩棱斯克东面和东北面守卫100千米宽的防线，抗击苏军四个新锐集团军集结起来的力量。虽然这些快速师试图节约兵力，将侦察（摩托车）营、工兵营和其他战斗支援营投入防御地段，但这些营防御正面太宽，无法在防御或进攻行动中有效发挥作用。这反过来导致摩托化步兵过度伤亡，从而加剧了正面过宽的问题。

　　同样的不利情况也给古德里安第2装甲集群造成了影响。由于施韦彭堡第24摩托化军被牵制在索日河一线，7月10日至21日，莱梅尔森第47摩托化军第17、第18装甲师和第29摩托化师不得不封锁斯摩棱斯克包围圈南翼，防御正面约为100千米宽，但他们只有10个营，而维廷霍夫第46摩托化军辖内第10装甲师和武装党卫队"帝国"摩托化师向东猛攻，进入叶利尼亚登陆场。由于维廷霍夫两个快速师的8个摩托化步兵营无法在叶利尼亚登陆场周边及毗邻地带约80千米宽的防线上提供足够的防御，无计可施的古德里安不得不在7月17日至24日间将第17装甲师调至斯摩棱斯克与叶利尼亚之间的缺口，既为加强第46摩托化军，也为执行希特勒和博克封闭斯摩棱斯克包围圈东端的命令。但正如后续战事表明的那样，这些任务远远超出第17装甲师的执行能力。

德国第5、第9和第13军后续步兵部队7月24日后赶至，使博克、霍特和古德里安得以将他们的装甲和摩托化力量投入到集团军群先锋的适当位置，但此时，铁木辛哥集结起的力量已发起他们的七月反攻。这场反攻缺乏协同，但还是给霍特、古德里安的装甲和摩托化力量造成进一步破坏，直到月底之后，姗姗来迟的德国步兵军和师才为他们提供了一些喘息之机。可即便如此，仍有5个德军步兵师在斯摩棱斯克包围圈滞留到8月5日，只有2个步兵师（第106和第268师）8月3日前到达装甲集群的前沿阵地。8月6日前，共开到5个步兵师（第106、第5、第161、第8、第268师）。希特勒8月初将注意力从莫斯科转移到南面"更柔软"的目标上，这一点不足为奇。几天之后，古德里安装甲集群渡过索日河，向东攻往罗斯拉夫利时，希特勒的新战略将正式生效。

仿佛是为强调希特勒更改的战略似的，德国陆军总司令瓦尔特·勃劳希契元帅8月1日视察博克的司令部，两天后，最高统帅部参谋长威廉·凯特尔元帅接踵而至。勃劳希契告诉博克，希特勒想让古德里安向南攻往戈梅利，此举意味着博克立即进军莫斯科的梦想就此破灭。当然，由于斯摩棱斯克交战尚未获胜，执行这个行动意向还为时过早。实际上，博克7月27日已下达一道新指令，命令施特劳斯第9集团军以辖内各军完成斯摩棱斯克交战，为此，博克将霍特装甲集群转隶施特劳斯。

撤销克鲁格"超级"第4装甲集团军司令部的同时，博克将行动重点调整到南面。这位集团军群司令命令古德里安第2装甲集群守住斯摩棱斯克以南突出部的东侧和南侧，还为此把魏克斯第2集团军辖内第9、第7军交给了古德里安。采取这一措施将古德里安装甲集群升格为一个满编集团军级集群的同时，他还赋予古德里安一项任务：向南疾进，夺取罗斯拉夫利。这场突击将于8月初发起，旨在消除卡恰洛夫集群对斯摩棱斯克构成的威胁。最后，仍编有七个步兵军的魏克斯第2集团军，将击败并消灭F.I.库兹涅佐夫的中央方面军，这场行动以攻向罗加切夫为开始，在攻占戈梅利后结束，后者将成为古德里安夺取罗斯拉夫利的续篇。[63] 就这样，斯摩棱斯克交战第二阶段的舞台搭设完毕，古德里安将借此展开他那场著名的南进。

注释

1. 《斯大林通过专线电话与西方向总指挥部司令员交谈的记录》（Zapis' peregovorov po priamomu provodu Stalina s Glavnokomanduiushchim voiskami Zapadnogo napravleniia），收录于V.A.佐洛塔廖夫主编，《最高统帅部大本营：1941年的文献资料》，第83—84页。

2. 《总统帅部大本营下达给后备方面军司令员的训令：关于组建战役集群，并将其投入行动，歼灭敌斯摩棱斯克集团》（Direktiva Stavki VK komanduiushchemu voiskami Fronta Rezervnykh Armii o sozdanii operativnykh grupp voisk, ikh razvertyvanii dlia operatsii po razgromu Smolenskoi gruppirovki protivnika），收录于V.A.佐洛塔廖夫主编，《最高统帅部大本营：1941年的文献资料》，第85页。

3. 《总参谋长同红军骑兵总监的谈话记录》（Zapis' peregovorov po priamomu provodu nachal'nika General'nogo Shtaba s General-Inspektorom Kavalerii Krasnoi Armii），收录于V.A.佐洛塔廖夫主编，《最高统帅部大本营：1941年的文献资料》，第86页。

4. 《总统帅部大本营发给预备队集团军方面军司令员和第30、第24、第28集团军司令员的第00455号训令：关于以坦克加强战役集群》（Direktiva Stavki VK No. 00455 komanduiushchim voiskami Fronta Rezervnykh Armii, 30-i, 24-i, 28-i Armiiami ob usilenii operativnykh grupp tankami），收录于V.A.佐洛塔廖夫主编，《最高统帅部大本营：1941年的文献资料》，第87页。这些坦克分别调自坦克第110、第102、第104师。

5. A.I.叶廖缅科，《在战争初期》，莫斯科：科学出版社，1965年，第175页。

6. 《西方向总指挥部司令员1941年7月21日下达的第0076号战斗令：关于歼灭斯摩棱斯克城附近之敌》（Boevoi prikaz Glavnokomanduiushchego voiskami Zapadnogo Napravleniia No. 0076 ot 21 iiulia 1941 g. na unichtozhenie protivnika v raione gor. Smolensk），收录于《伟大卫国战争作战文件集》第37期，莫斯科：军事出版局，1959年，第42—43页。

7. 关于斯摩棱斯克交战这一阶段的更多详情，可参阅：戴维·M.格兰茨主编，《东线的战争初期：1941年6月22日—8月》，伦敦：弗兰克·卡斯出版社，1993年。另可参阅：戴维·M.格兰茨，《斯摩棱斯克交战：1941年7月7日—9月10日》，宾夕法尼亚州卡莱尔：个人出版，2001年。

8. 《西方向总指挥部司令员1941年7月21日发给第19集团军司令员的战斗令：关于建立西方向总指挥部的作战指挥所》（Boevoe rasporiazhenie Glavnokomanduiushchego voiskami Zapadnogo Napravleniia ot 21 iiulia 1941 g. komanduiushchemu voiskami 19-i Armii ob organizatsii operativnogo punkta Zapadnogo Napravleniia），收录于《伟大卫国战争作战文件集》第37期，第43—44页。同时，铁木辛哥将仍在斯摩棱斯克包围圈内的第19集团军部队转隶第16和第20集团军。

9. 《西方向总指挥部作战部部长1941年7月21日呈交参谋长的报告：关于组建预备力量》（Doklad nachal'nika operativnogo otdela shtaba Glavnogo Komandovaniia Zapadnogo Napravleniia ot 21 iiulia 1941 g. nachal'niku shtaba o sozdanii rezervov），收录于《伟大卫国战争作战文件集》第37期，第44—45页。

10. 《第28集团军司令员1941年7月22日下达的第035号战斗令：关于集团军军队集群攻向斯摩棱斯克》（Boevoi prikaz komanduiushchego voiskami 28-i Armii no. 035 ot 22 iiulia 1941 g. na nastuplenie gruppoi voisk armii v napravlenii Smolensk），收录于《伟大卫国战争作战文件集》第37期，第348页。

11. 同上。

12. 《西方向总指挥部司令员1941年7月22日下达的第0080号令：关于加里宁集群的编成》（Prikaz Glavnokomanduiushchego voiskami Zapadnogo Napravleniia No. 0080 ot 22 iiulia 1941 g. na organizatsiiu gruppy Kalinina），收录于《伟大卫国战争作战文件集》第37期，第47页。

13．西方面军发给加里宁集群的命令可参阅《西方向总指挥部司令员1941年7月26日发给集群司令员加里宁同志的部分命令：关于朝谢尔金这一总方向发起进攻》（Chastnyi boevoi prikaz Glavnokomanduiushchego voiskami Zapadnogo Napravleniia ot 26 iiulia 1941 g. komanduiushchemu gruppoi tov. Kalininu na nastuplenie v obshchem napravlenii na Shchelkina），收录于《伟大卫国战争作战文件集》第37期，第53页。

14．《西方面军司令部1941年7月23日20点呈交的第55号作战摘要：关于方面军的作战行动》（Operativnaia svodka shtaba Zapadnogo fronta No. 55 k 20 chasam 23 iiulia 1941 g. o boevykh deistviiakh voisk fronta），收录于《伟大卫国战争作战文件集》第37期，第101—102页。

15．《第28集团军司令部1941年7月23日下达的第037号战斗令：关于消除辖内部队作战行动中的缺点》（Boevoe rasporiazhenie shtaba 28-i Armii no. 037 ot 23 iiulia 1941 g. ob ustranenii nedostatkov v boevykh deistviiakh voisk），收录于《伟大卫国战争作战文件集》第37期，第349页。

16．同上。

17．《第28集团军司令部1941年7月24日下达的第042号战斗令：关于继续进攻》（Boevoe rasporiazhenie shtaba 28-i Armii no. 042 ot 24 iiulia 1941 g. o prodolzhenii nastupleniia），收录于《伟大卫国战争作战文件集》第37期，第350页。

18．同上。

19．《西方向总指挥部军事委员会1941年7月24日呈交总统帅部大本营的报告：关于西方面军的态势》（Doklad Voennogo Soveta Zapadnogo Napravleniia ot 24 iiulia 1941 g. Stavke Verkhovnogo Komandovaniia ob obstanovke na Zapadnom fronte），收录于《伟大卫国战争作战文件集》第37期，第50—51页。

20．同上。

21．《西方面军司令部1941年7月26日8点呈交的第59号作战摘要：关于方面军的作战行动》（Operativnaia svodka shtaba Zapadnogo fronta No. 59 k 8 chasam 26 iiulia 1941 g. o boevykh deistviiakh voisk fronta），收录于《伟大卫国战争作战文件集》第37期，第106—107页。

22．《第28集团军司令部1941年7月26日给集团军战役集群下达的第046号战斗令：关于夺取赫马拉河上的渡口》（Boevoe rasporiazhenie shtaba 28-i Armii no. 046 ot 26 iiulia 1941 g. operativnoi gruppe voisk armii na zakhvat pereprav cherez r. Khmara），收录于《伟大卫国战争作战文件集》第37期，第350页。

23．参阅V.舍夫丘克，《斯摩棱斯克交战中各战役集群的行动，1941年7月10日—9月10日》，刊登于《军事历史杂志》（1979年12月）第12期，第10—13页；每日作战和情报摘要参阅《伟大卫国战争作战文件集》第37期。

24．《西方向总指挥部司令员1941年7月25日下达给中央方面军司令员的战斗令：关于朝莫吉廖夫总方向发起一场进攻》（Boevoi prikaz Glavnokomanduiushchego voiskami Zapadnogo Napravleniia ot 25 iiulia 1941 g. komanduiushchemu voiskami Tsentral' nogo fronta na nastuplenie v obshchem napravlenii na Mogilev），收录于《伟大卫国战争作战文件集》第37期，第51—52页。

25．《西方面军司令员1941年7月26日下达给霍缅科集群的第077号战斗令：关于歼灭杜霍夫希纳地域之敌》（Boevoi prikaz komanduiushchego voiskami Zapadnogo fronta No. 077 ot 26 iiulia 1941 g. Gruppe Khomenko na unichtozhenie protivnika v raione Dukhovshchina），收录于《伟大卫国战争作战文件集》第37期，第108—109页。

26．铁木辛哥发给马斯连尼科夫的命令可参阅《西方向总指挥部司令员1941年7月26日下达给马斯连尼科夫中将集群司令员的单独战斗令：关于朝杰米多夫方向发起进攻》（Chastnyi boevoi prikaz Glavnokomanduiushchego voiskami Zapadnogo Napravleniia ot 26 iiulia 1941 g. komanduiushchemu Gruppoi General-Leitenantu Maslennikovu na nastuplenie v napravlenii

Demidov），收录于《伟大卫国战争作战文件集》第37期，第52页。

27.《西方向总指挥部司令员1941年7月26日下达给加里宁集群司令员的单独战斗令：关于朝谢尔金这一总方向发起进攻》（Chastnyi boevoi prikaz Glavnokomanduiushchego voiskami Zapadnogo Napravleniia ot 26 iiulia 1941 g. komanduiushchemu gruppoi tov. Kalinina na nastuplenie v obshchem napravlenii na Shchelkina），收录于《伟大卫国战争作战文件集》第37期，第53页。

28.《第28集团军司令部1941年7月26日给集团军战役集群下达的第047号战斗令：关于继续进攻，夺取赫马拉河上的渡口》（Boevoe rasporiazhenie shtaba 28-i Armii no. 047/op ot 26 iiulia 1941 g. operativnoi gruppe voisk armii o prodolzhenii nastupleniia s tsel'iu zakhvat pereprav cherez r. Khmara），收录于《伟大卫国战争作战文件集》第37期，第351页。

29.《西方向总指挥部1941年7月28日下达给各集群司令员的命令：关于加强部队作战行动的活力》（Prikazanie shtaba Glavnogo Komandovaniia Zapadnogo Napravleniia ot 28 iiulia1941 g. komanduiushchim gruppami o povyshenii aktivnosti v boevykh deistviiakh voisk），收录于《伟大卫国战争作战文件集》第37期，第57页。

30. 同上。

31.《总统帅部大本营发给预备队方面军司令员的第00517号训令：关于方面军的重组》（Direktiva Stavki VK No. 00517 komanduiushchemu voiskami Rezervnogo fronta o reorganizatsii fronta），收录于V.A.佐洛塔廖夫主编，《最高统帅部大本营：1941年的文献资料》，第90页。斯摩棱斯克交战这一阶段的更多详情，可参阅戴维·M.格兰茨主编，《东线的战争初期：1941年6月22日—8月》，第345—454页。

32. V.A.佐洛塔廖夫主编，《最高统帅部大本营：1941年的文献资料》，第90—91页。

33. 同上，第98页。

34.《西方向总指挥部军事委员会1941年7月27日呈交总统帅部大本营的报告：关于西方面军和中央方面军的情况》（Doklad Voennogo Soveta Zapadnogo Napravleniia ot 27 iiulia 1941 g. Stavke Verkhovnogo Komandovaniia ob obstanovke na Zapadnom i Tsentral'nom frontakh），收录于《伟大卫国战争作战文件集》第37期，第53—54页。

35.《第28集团军司令部1941年7月27日下达的第052号战斗令：关于继续进攻，夺取赫马拉河上的渡口》（Boevoe rasporiazhenie shtaba 28-i Armii no. 052/op ot 27 iiulia 1941 g. voiskam operativnoi gruppy armii o prodolzhenii nastupleniia s tsel'iu zakhvata pereprav na p. Khmara），收录于《伟大卫国战争作战文件集》第37期，第352页。

36. 同上。

37.《第28集团军司令部1941年7月28日下达的第058号战斗令：关于继续进攻，夺取赫马拉河上的渡口》（Boevoe prikaz komanduiushchego voiskami 28-i Armii no. 058/op ot 28 iiulia 1941 g. na nastuplenie s tsel'iu zakhvata pereprav cherez p. Khmara），收录于《伟大卫国战争作战文件集》第37期，第353页。

38.《集团军战役集群军事委员会1941年7月30日下达的第059号令：关于消除作战行动中的缺点》（Prikaz Voennogo Soveta 28-i Armii no. 059/op ot 30 iiulia 1941 g. voiskam operativnoi gruppy armii ob obstranenii nedostatkov v boevykh deistviiakh），收录于《伟大卫国战争作战文件集》第37期，第354页。

39. 同上。

40. V.A.佐洛塔廖夫主编，《伟大卫国战争，1941年—1945年》第一册，第177页。

41. 同上，第99页。加里宁出任西方面军负责兵力组织的副司令员，但后来因"破坏"罪名遭逮捕和整肃。

42. 同上，第101页。大本营还以新锐坦克第109师加强卡恰洛夫集团军。

43.《第20集团军司令员1941年7月25日下达的第36号战斗令：关于击退敌人突破到斯摩棱斯克城的企图》（Boevoi prikaz komanduiushchego voiskami 20-i Armii No. 36 ot 25 iiulia 1941 g. na Otrazhenie popytok proryva protivnika k gor. Smolensk），收录于《伟大卫国战争作战文件集》第37期，第264—265页。

44.《西方面军司令部1941年7月26日8点提交的第59号作战摘要：关于方面军辖内部队的作战行动》（Operativnaia svodka shtaba Zapadnogo fronta No. 59 k 8 chasam 26 iiulia 1941 g. o boevykh deistviiakh voisk fronta），收录于《伟大卫国战争作战文件集》第37期，第106—107页，签名为"西方面军参谋长，苏联元帅沙波什尼科夫"。

45.《第20集团军军事委员会1941年7月27日呈交西方向总指挥部司令员的报告：关于情况、可能性和可接受的决定》（Doklad voennogo soveta 20-i Armii ot 27 iiulia 1941 g. Glavnokomanduiushchemu voiskami Zapadnogo Napravleniia o sostoianii, obespechennosti armii i priniatom reshenii），收录于《伟大卫国战争作战文件集》第37期，第265—268页。

46.《第16集团军司令员1941年7月27日呈交西方向总指挥部司令员的第23号作战报告：关于集团军辖内部队为夺取斯摩棱斯克展开的战斗行动》（Boevoe donesenie komanduiushchego voiskami 16-i Armii no. 23/op ot 27 iiulia 1941 g. komanduiushchemu voiskami Zapadnogo Napravlenii o boevykh deistviiakh voisk armii po ovladeniiu gor. Smolensk），收录于《伟大卫国战争作战文件集》第37期，第210—211页。

47.《亚尔采沃战役集群司令员1941年7月28日下达的第03号战斗令：关于朝杜霍夫希纳这一总方向发起进攻》（Boevoi prikaz komanduiushchego Operativnoi Gruppoi Voisk Iartsevo Napravleniia No. 03 ot 28 iiulia 1941 g. na nastuplenie v obshchem napravlenii na Dukhovshchina），收录于《伟大卫国战争作战文件集》第37期，第411—412页。

48.《第16集团军司令部1941年7月29日呈交的作战摘要：关于第16集团军的态势和补给》（Operativnaia svodka shtaba 16-i Armii ot 29 iiulia 1941 g. shtaba Zapadnogo fronta o polozhenii i obespechennosti voisk armii），收录于《伟大卫国战争作战文件集》第37期，第211—212页。

49.《西方向总指挥部司令员1941年7月29日下达给第20和第16集团军司令员的战斗令：关于夺取斯摩棱斯克》（Boevoe rasporiazhenie Glavnokomanduiushchego voiskami Zapadnogo Napravleniia ot 29 iiulia 1941 g. komanduiushchemu voiskami 20-i i 16-i Armii na ovladenie gor. Smolensk），收录于《伟大卫国战争作战文件集》第37期，第60页。

50. 同上。

51.《第16集团军司令员7月30日下达的第020号战斗令：关于夺取斯摩棱斯克城东北部》（Boevoi prikaz komanduiushchego voiskami 16-i Armii No. 020/op ot 30 iiulia 1941 g. na ovladenie severo-vostochnoi chast' iu gor. Smolensk），收录于《伟大卫国战争作战文件集》第37期，第212—213页。

52.《第16集团军司令员1941年7月31日发给西方向总指挥部司令员的报告：关于集团军辖内部队的作战行动》（Doklad komanduiushchego voiskami 16-i Armii ot 31 iiulia 1941 g. Glavnokomanduiushchemu voiskami Zapadnogo Napravleniia o boevykh deistviiakh voisk armii），收录于《伟大卫国战争作战文件集》第37期，第214—215页。

53.《西方向总指挥部军事委员会1941年7月31日呈交总统帅部大本营的报告：关于我军撤离斯摩棱斯克城的原因》（Doklad Voennogo Soveta Zapadnogo Napravleniia ot 31 iiulia 1941 g. Stavke Verkhovnogo Komandovaniia o prichinakh otkhoda nashikh voisk iz gor. Smolensk），收录于《伟大卫国战争作战文件集第37期》，第60—61页。

54. A.I.叶廖缅科，《在战争初期》，第195页。

55. 《西方向总指挥部1941年7月28日给罗科索夫斯基军队集群司令员下达的战斗令：关于歼灭亚尔采沃附近和索洛维耶沃渡口之敌》（Boevoe rasporiazhenie shtaba Glavnogo Komandovaniia Zapadnogo Napravleniia ot 28 iiulia 1941 g. komanduiushchim gruppoi voisk General-Maior Rokossovskomu na unichtozhenie protivnika v raione Iartsevo, Solov'evskaia pereprava），收录于《伟大卫国战争作战文件集》第37期，第57—58页。

56. 这场战斗中，罗科索夫斯基的每日命令可参阅《伟大卫国战争作战文件集》第37期，第411—414页。

57. 《西方面军司令部1941年7月29日20点提交的第66号作战摘要：关于方面军辖内部队的作战行动》（Operativnaia svodka shtaba Zapadnogo fronta No. 66 k 20 chasam 29 iiulia 1941 g. o boevykh deistviiakh voisk fronta），收录于《伟大卫国战争作战文件集》第37期，第113—115页。

58. K.K.罗科索夫斯基，《军人的天职》，莫斯科：呼声出版社，2000年，第58—68页。

59. 《第20集团军军事委员会7月30日发给西方向总指挥部司令员的报告：关于集团军辖内部队的情况，以及夺取斯摩棱斯克城的决定》（Doklad voennogo soveta 20-i Armii ot 30 iiulia 1941 g. Glavnokomanduiushchemu voiskami Zapadnogo Napravleniia o polozhenii voisk armii I reshenii na ovladenie gor. Smolensk），收录于《伟大卫国战争作战文件集》第37期，第268—269页。

60. 《亚尔采沃方向战役集群司令员1941年7月31日下达的第12号战斗令：关于消灭索洛维耶沃和卡缅卡地域之敌》（Boevoi rasporiazhenie komanduiushchego Operativnoi Gruppoi Voisk Iartsevo Napravleniia No. 12 ot 31 iiulia 1941 g. komandiru 44-go Strelkovogo Korpusa na unichtozhenie protivnika v raione Solov'evo, Kamenka），收录于《伟大卫国战争作战文件集》第37期，第412—413页。

61. 《亚尔采沃方向战役集群司令员1941年7月31日下达的战斗令：关于同库罗奇金集群协同发起进攻》（Boevoi rasporiazhenie komanduiushchego Operativnoi Gruppoi Voisk Iartsevo Napravleniia ot 31 iiulia 1941 g. komandiru 44-go Strelkovogo Korpusa na nastuplenie vo vzaimodeistvii s gruppoi Kurochkina），收录于《伟大卫国战争作战文件集》第37期，第413—414页。

62. 《亚尔采沃方向战役集群司令员1941年7月31日给坦克第101师、步兵第38师师长下达的第13号战斗令：关于沿你们已到达一线掘壕据守》（Boevoi rasporiazhenie komanduiushchego Operativnoi Gruppoi Voisk Iartsevo Napravleniia No. 13 ot 31 iiulia 1941 g. komandiram 101-i Tankovoi i 38-i Strelkovoi Divizii o zakreplenii na dostignutykh rubezhakh），收录于《伟大卫国战争作战文件集》第37期，第414页。

63. 克劳斯·格贝特主编、戴维·约翰逊译，《陆军元帅费多尔·冯·博克：战时日记，1939年—1945年》，宾夕法尼亚州阿特格伦：希弗出版社，1996年，第264—270页。虽然勃劳希契7月30日批准了这道指令，但他也希望霍特能发起一场进攻，重新夺回大卢基。

第六章
侧翼之战和围困莫吉廖夫，1941 年 7 月 16 日—31 日

背景

克鲁格扩大的第4装甲集团军辖内两个装甲集群合拢围绕斯摩棱斯克地域的铁钳时，中央集团军群步兵力量竭力肃清被困在包围圈内的苏军第16、第19和第20集团军，而铁木辛哥新获得的集团军力图攻破德军两个装甲集群在斯摩棱斯克东北面、东面和东南面的合围对外正面，博克集团军群作战地域7月份下半月最重要的战斗就此爆发。但除了这些令人厌烦的战斗外，激烈而又复杂的战斗也沿中央集团军群最北翼和最南翼发展。这些战斗之所以发生，是因为在博克看来，这对他确保侧翼安全，从而使先投向斯摩棱斯克，尔后攻往莫斯科的主要努力获得成功至关重要。而在遥远的后方，希特勒同样急于让博克消灭侧翼的红军部队，主要因为策划"巴巴罗萨行动"时，他就是这样指导那些高级将领的。

莫斯科方面，斯大林和大本营都确信，除沿莫斯科方向集中强大力量外，在中央集团军群侧翼深具威胁处保持强大、积极的力量同样重要，因为这会削弱该集团军群沿斯摩棱斯克和莫斯科方向遂行进攻的力量。鉴于双方对中央集团军群侧翼重要性的共识，这些地域爆发激烈战斗不足为奇。

第3装甲集群施密特第39摩托化军7月中旬向斯摩棱斯克实施纵深发展

时，博克中央集团军群北翼，施特劳斯第9集团军辖内第50、第33、第4军①和霍特第3装甲集群编成内的孔岑第57摩托化军，仍在涅韦尔地域同叶尔沙科夫第22集团军厮杀。这一行动的发生地位于沿斯摩棱斯克方向推进的博克先遣力量后方约195千米处。更北面，莱布元帅的北方集团军群主力顺利向北攻往列宁格勒以南地域时，集团军群右翼的第16集团军同样落在后面，正同西北方面军别尔扎林将军的第27集团军在涅韦尔西北和北部地域激战。所以，涅韦尔地域的叶尔沙科夫第22集团军和涅韦尔北部、西北部地域的别尔扎林第27集团军，目前占据一个突出部，将北方集团军群右翼同中央集团军群左翼隔开。因此，博克北翼力量和北方集团军群第16集团军似乎处在包围并歼灭叶尔沙科夫集团军主力的有利位置，叶尔沙科夫集团军和别尔扎林集团军仍在博克、莱布集团军群之间据守一个向西伸出的突出部。

博克的南翼也出现了类似的情况，古德里安第2装甲集群辖下的维廷霍夫第46、莱梅尔森第47摩托化军已向东深入并突破铁木辛哥西方面军在斯摩棱斯克和叶利尼亚地域构设的防御。留给施韦彭堡第24摩托化军的任务是将西方面军第13和第4集团军残部逐至索日河，魏克斯第2集团军的步兵军负责消灭被困于莫吉廖夫的苏军第13集团军。尽管古德里安取得了成功，可是7月中旬魏克斯和施韦彭堡麾下力量不得不对付F.I.库兹涅佐夫实力越来越强的第21集团军在罗加乔夫地域，戈罗多维科夫骑兵集群在博布鲁伊斯克以南地域近乎持续不断的反冲击和反突击。博克认为必须消除这一威胁，确保进军斯摩棱斯克时的安全。

另外，霍特和古德里安装甲集群切断铁木辛哥诸集团军时，在身后留下六个大包围圈，德军后续集团军将其消灭前，每个包围圈都构成威胁。[1] 尽管单个或所有的包围圈并未严重干扰博克的推进，它们与大本营在斯摩棱斯克的反攻相配合也并没有给博克造成实质性阻碍，但他们显然拖缓了中央集团军群的进展并妨碍到他对铁木辛哥反攻的防御，还给陆军总司令部和最高统帅部造成了相当大的混乱，甚至不安。中央集团军群侧翼和后方的态势扰乱了德军"巴巴罗萨行动"的时间表，这再度引发希特勒与陆军总司令部之间关于德军在整个战役中的后续目标的激烈争执。

①译注：此时还没有第33军建制，而第4军在南方集团军群辖内。

北翼：涅韦尔和大卢基

所谓的"涅韦尔分兵"是一起值得注意的事件。希特勒1940年12月发展他的"巴巴罗萨"指令时，改变了陆军总司令部的原定计划，该计划要求对莫斯科发起主要突击，而希特勒又为该计划增添了在南面进入乌克兰和顿巴斯地域、在北面攻往列宁格勒的目标。具体而言，希特勒认为中央集团军群歼灭白俄罗斯地区的苏联红军是一个先决条件，完成这一目标后德国武装力量才能将强有力的一部转向北面，歼灭盘踞在波罗的海诸国的北方集团军群当面之敌并占领列宁格勒、喀琅施塔得地域。只有"完成这项最重要的任务后"，中央集团军群才可恢复进攻莫斯科的行动，但希特勒也承认，倘若苏联的抵抗突然间崩溃，则可以同时追求两个目标。[2]

1941年2月3日召开会议同勃劳希契、哈尔德等人商议时，希特勒认为苏联人可能会采用他们在1812年使用过的同一种策略，将波罗的海地区和乌克兰的部队后撤，在更东面实施抵抗。希特勒建议国防军，若果真如此，就应避免在中央地区实施正面突击，首先把重点集中到北部方向，攻占"波罗的海诸国和列宁格勒"，从而为德国提供一个坚实的立足地和有利的补给基地，继而从北面和南面攻入苏联后方，迂回、包围并歼灭中央地区的苏联红军。[3]

到7月中旬，实际战斗情况与希特勒的原定战略计划不再吻合，这是因为自入侵开始以来，德国军队在北部和中央地带的推进远比南部更加成功。具有讽刺意味的是，博克在斯摩棱斯克取得的胜利也破坏了希特勒原先的意图：将中央集团军群停在西德维纳河和第聂伯河一线，抽调博克的装甲力量协助北面的莱布和南面的伦德施泰特。这种不一致的情况迫使希特勒调整他的军事战略，但这一过程极其缓慢，严重落后于前线迅速变化的态势，直到8月初苏军更强劲的抵抗才使博克集团军群的推进在斯摩棱斯克地域戛然而止。[4]

在博克所取得的胜利的推动下，希特勒早在7月4日就在德军进攻重点应置于何处这个问题上犹豫不决。是攻向莫斯科还是进攻到两翼？直到博克的部队8月5日终于粉碎斯摩棱斯克包围圈，这个问题仍悬而未决。此时，博克集团军群远远领先于友邻部队，后者没能像博克那样进展神速，也未能包围并歼灭当面之敌的主力。因此，中央集团军群位于北面涅韦尔地域、南面沿索日河一线的侧翼暴露在外，变得更加脆弱。希特勒本人对中央集团军群南翼遭受的威胁负有责任，因为他7月10日命令南方集团军群停止向基辅的进军，但博克位于涅韦尔地域的北翼，情况完全不同，希特勒已对何时、如何解决这个问题做出决定。他消灭突出部的决定最终会给中央、北方集团军群实施后续行动造成重大影响。

希特勒看重涅韦尔是出于两个原因。首先，该城位于列宁格勒以南26千米①，斯摩棱斯克以北116千米，是个重要的交通枢纽，位于德国北方集团军群与中央集团军群结合部，也在苏联西北方面军与西方面军的分界线上。其次，据守涅韦尔地域的是苏军两个集团军（西北方面军第27集团军、西方面军第22集团军）的残余力量，聚集在该地域的这股苏军很容易遭到围歼。消灭这两个集团军能够消除莱布右翼和博克左翼遭受的威胁，能让莱布更快地攻往列宁格勒。但是，为歼灭苏军这两个集团军，希特勒必须以霍特第3装甲集群一部加强施特劳斯第9集团军，反过来说，此举会严重削弱霍特沿斯摩棱斯克方向的进攻。

莱布支持希特勒以霍特装甲集群一部沿涅韦尔方向遂行突击的决定，因为这场行动一旦取得成功，莱布便可以集中麾下力量朝列宁格勒展开更具成效的推进。就这样，涅韦尔成了一个重要性被严重夸大的目标，像磁铁一般吸引了希特勒和陆军总司令部的注意力，这需要霍特第3装甲集群的部分力量协助解决问题。但在博克看来，消灭涅韦尔地域的苏军部队不太重要，因为至关重要的围歼战已在斯摩棱斯克地域打响，向北分散霍特装甲力量只会妨碍他在斯摩棱斯克地域付出的努力。[5] 因此，虽然涅韦尔是个诱人的目标，但把孔岑第57摩托化军派往涅韦尔，分割霍特强大的装甲集群，只会削弱、迟滞博克为封闭亚尔采沃以南缺口付出的努力，最后严重缩小他在斯摩棱斯克取得的战果。[6]

虽然希特勒对涅韦尔周围的战斗所能实现的成果寄予厚望，但这场战斗的发展相对孤立于北面和南面更重要的战事，而且与上级指挥部门的设想大不相同。另外，涅韦尔地域地形复杂、气候条件恶劣、缺乏有线通信，上级指挥部门和总司令部无法有效监督并控制相关行动，交战时间被迫延长。[7] 德军情报部门称，据守涅韦尔北部和南部地域的苏军第27和第22集团军，7月15日编

---

① 译注：原文如此。

有17个师，包括13个步兵师、3个摩托化师和1个坦克师。自7月21日起，苏联总统帅部大本营以西方面军第29集团军的4个步兵师为其提供加强，该集团军从涅韦尔以东112千米的托罗佩茨向前部署。位于该地域的德军部队包括隶属北方集团军群第16集团军第10、第27①、第2军的8个步兵师，他们在涅韦尔北面和西面展开行动；中央集团军群第9集团军第50和第23军的4个步兵师，以及调自第3装甲集群第57摩托化军的第19装甲师和第14摩托化师半数力量，在涅韦尔南面行动。

截至7月15日日终时，克诺贝尔斯多夫第19装甲师已粉碎叶尔沙科夫第22集团军设在波洛茨克以北的防御，向北打开一条113千米长的狭窄走廊，穿过这些防御延伸到涅韦尔南郊。克诺贝尔斯多夫的装甲兵次日夺取该城时，第23军第112步兵师从西北面逼近涅韦尔，构成从北面合围第22集团军的威胁。东面，施密特第39摩托化军辖内各师已粉碎苏军在维捷布斯克地域设立的防线，迅速向北、向东展开。例如，施通普夫第20装甲师7月14日击溃据守韦利日的苏军部队，但攻向别雷的企图未获成功，因为后撤中的苏军部队纵火焚烧该镇，迟滞了施通普夫的推进。丰克第7装甲师7月15日在亚尔采沃遭遇激烈抵抗，施密特被迫将施通普夫装甲师派往东南方协助丰克并掩护第7装甲师左翼。[8] 第20装甲师调往亚尔采沃后，霍特将孔岑第57摩托化军辖下的赫尔莱恩第18摩托化师和沃施第14摩托化师半数力量北调，赶往维捷布斯克以北58千米的乌斯维亚特，沃施摩托化师另一半力量和第900摩托化教导旅奔向维捷布斯克西北方32千米的戈罗多克。（参见地图6.1）

结果，孔岑的装甲力量沿相隔73千米的三个不同方向展开行动，同左侧施特劳斯第9、布施第16集团军相配合，将苏军第27和第22集团军分割成四个主要集团，第一个位于韦利日与维捷布斯克之间，第二个在戈罗多克与涅韦尔之间，第三个位于涅韦尔以西，第四个位于涅韦尔西北方，奥波奇卡与新勒热夫（Novorzhev）之间。让人感到头疼的是，孔岑所处的作战地域满是湖泊、沼泽和密林，缺乏可供通行的道路。寥寥无几的道路就像穿过沼泽地带的狭窄堤道，给他的行动造成严重妨碍。虽说一举粉碎叶尔沙科夫第22集团军的防

---

① 译注：第28军。

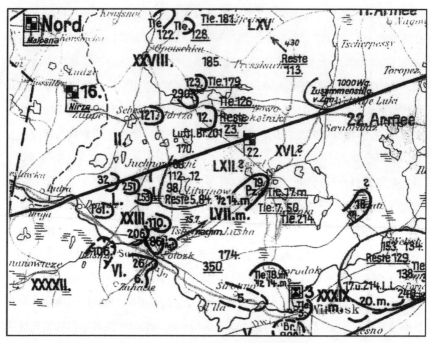

▲ 地图 6.1：涅韦尔地区的战场态势，1941 年 7 月 15 日晚间（资料图）

御，但孔岑的装甲队列在这片复杂地带相对孤立，侧翼和后方很容易招致攻击。孔岑唯一可用于率领全军攻向涅韦尔的先遣部队是克诺贝尔斯多夫第19装甲师和沃施第14摩托化师约半数力量。

克诺贝尔斯多夫向涅韦尔的进军缓慢而又冗长，因为该师坦克不得不沿一条狭窄的单向伐木路穿越沼泽和密林，这种小径根本无法承受繁重的交通。为迟滞他的推进，苏联人还纵火焚烧德列通镇（Dretun'）（波洛茨克东北方35千米，涅韦尔西南方60千米），火势很快蔓延到邻近的森林，封锁了通往涅韦尔的道路约24小时。尽管如此，克服无数沼泽、遭破坏的桥梁和苏军零零碎碎的抵抗后，克诺贝尔斯多夫麾下部队还是在7月15日晚些时候攻占涅韦尔，次日晨同第22集团军坦克第48、步兵第170师激战，巩固了对该镇的控制。正如铁木辛哥当晚汇报的那样："步兵第170师一部攻向涅韦尔，尚不清楚结果。据守涅韦尔的支队（由涅韦尔驻军和坦克第48师摩托化步兵团组成）正撤往大卢基（涅韦尔东北方52千米），敌摩托—机械化部队紧追不放。"[9] 克诺贝尔斯多夫向涅韦尔的缓慢推进，使叶尔沙科夫第22集团军陷入东面数个包围圈内的部队得以向东北方逃窜。

涅韦尔陷落后，第22集团军步兵第51和第62军的5个步兵师被孤立在该镇西面和西南面，集团军辖内步兵第170、第179师，坦克第48师撤往大卢基，叶尔沙科夫命令他们在那里构设新防御。[10] 德军空中侦察报告，苏军的后撤相当混乱，但对方强大的援兵正开抵大卢基。由于一条路况相对较好的道路连接着涅韦尔和大卢基，加之孔岑认为没有必要以他的装甲部队保卫涅韦尔，他立即命令克诺贝尔斯多夫全师直接进军大卢基。这道命令将沃施第14摩托化师半数力量留下守卫德列通—涅韦尔公路，同第2军第12步兵师取得联系（该师正从西面的普斯托什卡向涅韦尔缓缓推进），肃清向东通往戈罗多克的道路。因此，虽然涅韦尔西面和西南面的苏军部队遭到包围，但北方集团军群第10、第28、第2军与第9集团军第50军遂行合围的各个师之间存在巨大的缺口。这个新形成的包围圈，最薄弱的环节位于其东部边缘，由过度拉伸的第14摩托化师加以封闭。

施特劳斯对这个问题负有部分责任，因为他7月15日冲击波洛茨克筑垒地域时投入的力量远远超出需要，此举牵制了第6和第23军的5个师。此后，为迟滞施特劳斯向北推进，叶尔沙科夫麾下部队炸毁西德维纳河上的桥梁，导致德军工程兵耗费18天加以重建。因此，德军装甲部队又一次将提供支援的步兵力量远远甩在后面，铁木辛哥迅速对这个弱点加以利用。[11]

苏军集结起他们剩余的进攻力量，也就是被从北面而来的德国第10军困在奥波奇卡—新勒热夫公路以西的别尔扎林第27集团军7个师，被围于涅韦尔西面和西南面的叶尔沙科夫第22集团军6个师，这些师都已溜出包围圈。[12] 第10军没能封闭涅韦尔北面的包围圈，因为复杂的地形和对方的激烈抵抗导致向北推进的第23军无法同第10军会合。结果，据第16集团军报告，截至7月17日只俘获1500名俘虏，击毁24辆坦克，消灭几个炮兵连，尽管该集团军后来在肃清涅韦尔与伊尔门湖之间242千米宽地带的行动中将这些数字翻了一倍。[13]

莱布集团军群没能在"巴巴罗萨行动"头几周包围并歼灭任何大股苏军部队，鉴于在奥波奇卡和新勒热夫的失败，他不想日后再度重复这种作战表现。为此，莱布通过总司令部敦促博克为北方集团军群提供更多援助，特别是派孔岑第57摩托化军实施纵深推进，攻往涅韦尔东北方52千米的大卢基。博克不太愿意将孔岑军派往次要方向遂行这样一场"徒劳无益的冒险",因为他希望将霍特的整个装甲集群集中在别雷与亚尔采沃之间。[14] 他下达给霍特和克鲁格的命令明确指出,克诺贝尔斯多夫第19装甲师应在涅韦尔坚守封锁阵地,只向大卢基派出侦察部队。

可是,大概是通讯不畅所致,第19装甲师离开涅韦尔地域后才收到博克的命令。这道命令终于传达给克诺贝尔斯多夫时,他的部队已沿前进路线击溃苏军,巧妙地切断大卢基以东铁路线,缴获一火车新坦克。7月18日黄昏夺得大卢基时,他还缴获了大批储备物资。霍特已批准第19装甲师攻往大卢基,因为据克诺贝尔斯多夫报告,涅韦尔的一切抵抗都已停止,霍特还告诉第14摩托化师,自行处理涅韦尔的封锁任务。另外,霍特认为孔岑的部队取道大卢基赶往别雷,会比穿过乌斯维亚特和韦利日更容易些,因为大卢基路线虽然较长,但道路路况更好,反而能节省时间。

由于通信情况恶劣,施特劳斯不知道克诺贝尔斯多夫的装甲兵会冲向大卢基,因而没有让第23军全力向前,封堵涅韦尔以南包围圈上的缺口。[15] 关于第57装甲军的进展,就连北方集团军群和第16集团军也只掌握些零星消息。结果,希特勒的副官恩格尔少校7月16日一直待在第16集团军司令部,但也无法向"狼穴"汇报太多情况。虽然博克后来得出结论,称这是一起不幸的混乱,但事实上,各个部门都在关键时刻丧失了对作战行动的掌控,结果叶尔沙科夫第22集团军主力成功逃脱。[16]

7月18日和19日,第9集团军第23和第50军渐渐加大对涅韦尔以西包围圈西翼和南翼的压力。但他们这样做时,苏军第22集团军步兵第51和第62军的6个步兵师贴近了德军第14摩托化师在涅韦尔南面设立的薄弱封锁线和第12步兵师设在涅韦尔及其北面的拦截阵地。德军情报部门发现苏军企图突围,施特劳斯立即指示霍特,同第2军位于北面的第12步兵师和第23军位于西南面的各个师取得联系,以工兵构筑野战防御,加强薄弱的封锁线。霍特知道第14摩托化师实力虚弱,但由于克诺贝尔斯多夫第19装甲师仍在大卢基从事巷战,别无选择的他只能向友邻各师寻求帮助。导致事态更加混乱的是,施特劳斯拒绝协助第16集团军,因为他认为麾下各师,特别是第110步兵师,正受到来自南面的威胁。第16集团军司令布施指出,若事实证明形成这个深具希望的包围圈之前

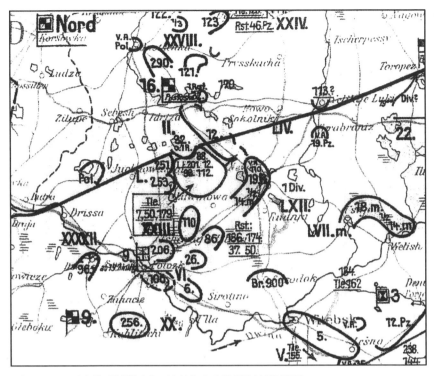

▲ 地图 6.2：涅韦尔地区的战场态势，1941 年 7 月 18 日晚间（资料图）

付出的一切努力均属徒劳，那将是"令人遗憾的"。[17]（参见地图6.2）

"涅韦尔分兵"7月19日—20日夜间达到高潮时，"情况变得一团糟"。[18]
叶尔沙科夫集团军集结起一个至少编有3个师的突击群，以2个混成团为先锋，
在剩余坦克支援下发起冲击，一举打垮第14摩托化师的薄弱力量设在涅韦尔附
近的防御。在茂密的森林中彻夜激战后，叶尔沙科夫的部队次日晨逃入大卢基
南面的不毛之地。霍特姗姗来迟地命令克诺贝尔斯多夫第19装甲师向南派出一
个战斗群，拦截突围的苏军部队，该战斗群奉命行事，却遭到苏军出人意料的
激烈抵抗，没能切断后撤之敌。雪上加霜的是，几小时后，苏军对克诺贝尔斯
多夫设在大卢基的阵地发起猛烈冲击，迫使他的师彻底退出该镇。

克诺贝尔斯多夫放弃大卢基的决定是个严重的错误，此举造成了更大的
混乱。第19装甲师回到涅韦尔时，第14摩托化师已不再需要他们，因为叶尔沙
科夫集团军已逃离。霍特随即命令里希特霍芬第8航空军的"斯图卡"战机全

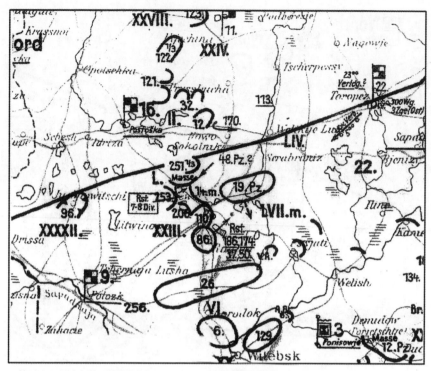

▲ 地图 6.3: 涅韦尔地区的战场态势, 1941 年 7 月 21 日晚间 (资料图)

力消灭后撤中的苏军队列。此时,一度庞大的涅韦尔包围圈分解成几个残余的口袋,苏军小股散兵游勇四处游荡,很难发现、打击、消灭他们。接下来几天,第57摩托化军和第23、第50、第2军扫荡叶尔沙科夫集团军残余力量并展开追击时,苏联总统帅部大本营派马斯连尼科夫第29集团军赶去填补大卢基的真空,这使叶尔沙科夫遭受重创的第22集团军得以撤至沿洛瓦季河南延至德维尼耶湖(Dvin'e)的新防御阵地。[19]

　　7月21日晨,叶尔沙科夫欢欣鼓舞地告诉他仍在设法逃离包围圈的步兵第62军 "我们已夺回大卢基,步兵第29军(步兵第179和第214师)正攻向涅韦尔,设法歼灭敌人并支援你们的后撤"[20],另外 "一支携带着弹药、燃料和食物的汽车队(50辆汽车)正为您派往祖伊地域(大卢基以南35千米)……步兵第29军(在您的西北方)将留在那里……汽车队从托罗佩茨开抵并到达您的阵地后,将您的军集结起来"。[21]

上午晚些时候，叶尔沙科夫对整个集团军发表讲话，为他们提供指导，并在重新夺回大卢基的背景下分配具体任务（参见地图6.3）：

· **总体情况**——我们正在占领大卢基，而敌人正向南后撤并同我步兵第214师战斗，该师正在波列奇耶和旧列卡地域向北进攻。

· **各兵团的任务：**

★ 步兵第179师——接掌步兵第366团；会同坦克第48师，于7月21日10点前肃清大卢基以南残余之敌；转向南面（不含步兵第234团和坦克第48师），消灭同步兵第214师战斗之敌；7月21日终前补充步兵第234团。

★ 坦克第48师——肃清大卢基以南之敌后，会同步兵第179师，沿大卢基西郊、西南郊和南郊占据防御。

☆ 任命西尔金少将为大卢基卫戍司令。[22]

叶尔沙科夫随后报告，虽然步兵第62军第174、第179、第186师设法逃出涅韦尔地域的包围圈，但步兵第51军失去了军部和第98、第112师，另外还有第19集团军步兵第134师，该师在维捷布斯克陷落后加入第22集团军。7月21日8点，铁木辛哥向大本营汇报第22集团军在涅韦尔和大卢基地域取得的成功：

· **第22集团军**——集团军辖内部队在右翼遂行坚定防御，从中央地带撤离包围圈。清晨5点，我方部队肃清大卢基之敌。

★ 步兵第126师（2个步兵团）——同敌人一个步兵师持续战斗后实施后撤，沿乌沙季谢和戈雷一线掘壕据守。

★ 步兵第170师——7月21日6点以一个集群沿斯坦科沃和乌德赖湖一线战斗，第二个集群被包围在乌斯季多雷瑟以西树林内，正设法突出包围圈，但没有足够的弹药。

★ 步兵第51军（步兵第112、第98师）——7月20日24点逃离包围圈并向东北方突围，以便同步兵第170师辖内部队会合，其先遣部队7月20日15点在别古诺沃和巴尔科内地段穿过普斯托什卡和涅韦尔公路。

★ 步兵第62军（步兵第174、第186师）——7月20日24点前被包围在新霍尔姆斯克地域，仍在战斗，但无法脱困，正设法突向步兵第51军防区。

★步兵第214师——7月21日6点同从涅韦尔攻向列卡车站地域的敌摩托化部队战斗。

★我方部队7月21日5点彻底占领大卢基，敌人撤往涅韦尔。

★大卢基守军（步兵第179师一部，步兵第134师2个步兵营、2个行进营和坦克第48师摩托化步兵团余部）——从东面和东南面对敌人发起攻击。[23]

两天后的7月23日20点，别无选择的叶尔沙科夫不得不承认，第22集团军只有步兵第51军残部逃离了覆灭的厄运（参见地图6.4）：

· 第22集团军——沿洛瓦季河和谢鲁茨科耶湖组织防御的同时，正协助步兵第51军辖内部队突出包围圈。

★步兵第29军——沿洛瓦季河据守佩斯托沃、大卢基、休基诺地段，以

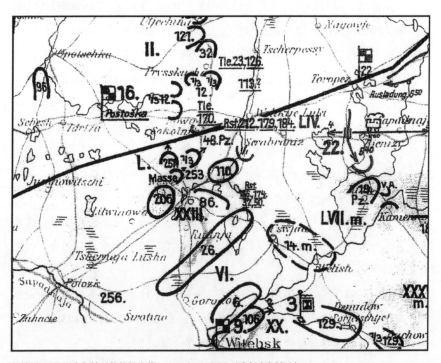

▲ 地图 6.4：涅韦尔地区的战场态势，1941 年 7 月 23 日晚间（资料图）

部分力量协助步兵第51军突出包围圈。

☆步兵第126师——扼守既有阵地。

☆步兵第179师——守卫大卢基，以部分力量攻向涅韦尔。

☆步兵第214师——位于罗加特基诺和休基诺地域，7月23日未发来新消息。

★步兵第62军（步兵第174、第186师）——守卫休基诺、波列奇耶、谢鲁茨科耶湖一线，协助第19集团军步兵第134师突出包围圈，发现该师位于普里哈贝、巴拉诺沃、卡尔波沃地域（都在韦利日以北20—25千米处）。步兵第62军军部设在捷捷尔基诺（穆利纳西南方7千米）。

★步兵第51军（步兵第112、第98师）——在包围圈内战斗，该军医疗机构的2000多人仍未疏散。

★步兵第170师——7月23日晨从科热米亚奇诺地域攻向西南方，协助步兵第51军辖内部队突出包围圈，但截至7月23日18点仍未收到相关战斗报告。

★第22集团军司令部——纳济莫沃车站。[24]

涅韦尔围歼战7月23日结束时，北方集团军群第16集团军报告，俘获12500名俘虏，歼灭或击溃1个坦克师、3个摩托化师、13个步兵师之主力。这个包围圈共困住苏军17个师。另外，第16集团军辖内第2军声称，他们在涅韦尔与别扎尼齐（Bezhanitsy，大卢基西北偏北方90千米）之间又俘虏1万名红军士兵。到目前为止，苏军的战斗伤亡可能与被俘人数相当，也就是说共损失5万人，这是别尔扎林第27集团军计算的伤亡数。莱布准确地得出结论，他已消除第16集团军右翼的威胁，遂着手将布施第16集团军北调，攻向列宁格勒。[25] 尽管遭遇败绩，可是苏联人并未放弃战斗。仿佛是向敌人展示自己的决心似的，7月25日中午前不久，苏军战机轰炸了第16集团军司令部，适逢布施将指挥部从普斯托什卡（Pustoshka）向北迁往杰多维奇（Dedovichi），3名工作人员被炸死，另外5人负伤。[26]

截至7月27日，叶尔沙科夫第22集团军已重组其防御，防线从洛瓦季河延伸，穿过大卢基至东南方45千米的德维尼耶湖，受领的任务是"不惜一切代价坚守大卢基"：

致步兵第29和第62军军长，（经步兵第29军军长）抄送西尔金少将

铁木辛哥和沙波什尼科夫会签后，总司令再度确认，"不惜一切代价坚守大卢基，肃清敌人在侧翼的突破"。

我要求各位军长和师长以更大的坚定性扼守自己的阵地。

未接到命令决不允许后撤。

我委派萨莫欣将军（步兵第29军军长亚历山大·格奥尔吉耶维奇·萨莫欣少将）和政委丹尼洛夫亲自负责保卫大卢基。

卡尔马诺夫（步兵第62军军长伊万·彼得罗维奇·卡尔马诺夫少将）应坚定掩护同萨莫欣的分界线，在争夺大卢基的成功斗争中尽可能为他提供支援，另外还要防止敌人突破或迂回比留科夫（步兵第186师师长尼古拉·伊万诺维奇·比留科夫少将）的左翼。再次组建快速集群。[27]

此时，铁木辛哥已将马斯连尼科夫第29集团军（马斯连尼科夫集群）部署到第22集团军左翼（南翼），命令该集团军次日攻往斯摩棱斯克。[28] 马斯连尼科夫集团军的规模较小，只编有步兵第252、第256、第243师，后者是从霍缅科第30集团军转隶而来的。提供支援的炮兵力量有限，好在还配有第53号装甲列车。放弃大卢基后，霍特第3装甲集群终于在7月23日至26日将孔岑第57摩托化军向东派往别雷地域，该部为击退马斯连尼科夫集群对第4装甲集团军左翼（在斯摩棱斯克北面沿西德维纳河部署）的进攻发挥了重要作用。孔岑军调离后，施特劳斯第9集团军填补防线，这条战线从大卢基以南向东延伸到斯摩棱斯克以北116千米，西德维纳河畔的卡缅诺耶（Kammenoe），但该集团军并未试图夺回大卢基。

苏联总统帅部为了在中央集团军群左翼对面重新建立可靠的防御而付出的努力相当成功，但这主要归功于德国人的不作为，而不是苏军施加的力量。白白浪费一个多月后，中央集团军群才恢复在该地域的行动。发起进攻后，德军于7月21日决定弃守大卢基。事实证明这一决定下得过早且极不明智，最终导致他们不得不重新展开进攻，力图夺回该镇。结果，大批苏军部队继续在博克集团军群左翼滞留了一个月。

根本就不该发生的"涅韦尔分兵"，是陆军总司令部糟糕的策划的结果，分散了莱布和博克的力量，当时，他们没有任何预备力量可用于填补如此广阔的战线上必然出现的缺口。北方集团军群第16集团军攻向涅韦尔，第18集团军向北进入爱沙尼亚，而率领莱布集团军群攻往列宁格勒的第4装甲集群却没有得到任何加强。为纠正错误，陆军总司令部抽调霍特麾下的一个摩托化军，协助第16集团军解决涅韦尔构成的威胁，这又导致霍特没有足够的兵力执行包围斯摩棱斯克的任务。结果，博克集团军群丧失了将铁木辛哥第16、第19和第20集团军歼灭在斯摩棱斯克的绝佳机会，在当时歼灭这股苏军会比在铁木辛哥发起斯摩棱斯克地域的七月攻势时更加容易。施特劳斯的表现也乏善可陈，因为他没能迅速集中第9集团军、一举歼灭叶尔沙科夫被困于涅韦尔的部队。稍具讽刺意味的是，恰恰是斯大林本人替博克"火中取栗"，他给斯摩棱斯克地域的各集团军下达了坚守令。鉴于霍特装甲集群的虚弱状况，如果斯大林不下达这道命令，中央集团军群不太可能在斯摩棱斯克及其周边困住任何一支苏军部队。

因此，涅韦尔交战是德军高级指挥部门犯下的一个严重错误，这个错误表明德国人对他们敞开的侧翼越来越紧张，越来越敏感。虽说这种综合征在希特勒身上表现得最为强烈，但陆军总司令部也无法幸免。中央集团军群北翼的问题，为南翼一场甚至更加严重的危机设立起舞台，在那里，这种综合征再次得到突出体现。按照他在涅韦尔建立起的模式，希特勒着手将另一个宝贵的装甲集群调往遭受威胁的侧翼，这次是派古德里安第2装甲集群赶往南方集团军群却追寻诱人但难以捕捉的目标——基辅。

南翼：莫吉廖夫的陷落和第21集团军的问题

7 月 16 日的态势

博克集团军群南翼面临的问题，与北翼的问题同样复杂，同样艰巨。最严重的问题是由莫吉廖夫包围圈制造的，它分散了古德里安第2装甲集群的注意力，使其无法在斯摩棱斯克发挥重要作用。其次来自苏军第21集团军在罗加乔夫、日洛宾和博布鲁伊斯克地域持续实施的进攻行动，这些进攻不仅拖缓了魏克斯接替被牵制在莫吉廖夫的古德里安部队的进程，还对集团军群南面的交通线构成威胁。因此，古德里安装甲集群辖内摩托化军遭到分散，除非魏克斯前调他的步兵力量，接管消灭莫吉廖夫包围圈的任务，否则这种情况仍将继续。

截至7月15日日终时，古德里安第2装甲集群辖内三个摩托化军散布在一条194千米宽的战线上。莱梅尔森第47摩托化军形成斯摩棱斯克包围圈之南翼，维廷霍夫第46摩托化军以武装党卫队"帝国"摩托化师控制莫吉廖夫包围圈北翼，准备以沙尔第10装甲师穿过波奇诺克向东发起打击。再往南，施韦彭堡第24摩托化军形成莫吉廖夫包围圈之南翼，莫德尔第3装甲师和勒佩尔第10摩托化师正面朝北并以费尔特第1骑兵师和朗格曼第4装甲师掩护装甲集群南翼，其防线从第聂伯河东延至莫吉廖夫东南方70千米，索日河畔的普罗波伊斯克镇，再沿该河向东北方延伸到莫吉廖夫东南偏东方80千米的切里科夫镇。与此同时，在集团军群最右翼，魏克斯第2集团军的步兵击退了苏军在罗加乔夫、日洛宾、博布鲁伊斯克地域的进攻，同时设法集结兵力，接替封锁莫吉廖夫包围圈的古德里安装甲力量。

按照优先次序，博克不得不在集团军群南翼完成三项任务。首先，他必须以魏克斯的步兵在莫吉廖夫接替古德里安的装甲兵，以腾出维廷霍夫第46和施韦彭堡第24摩托化军遂行他们在东面的主要任务。其次，他必须在不扰乱古德里安两个摩托化军前进的前提下消灭莫吉廖夫包围圈。第三，他必须击退苏军第21集团军在罗加乔夫、日洛宾、博布鲁伊斯克地域的进攻，同样不能妨碍古德里安的后续推进。博克南翼的这些行动，归根结底是为完成一项更重要的任务：古德里安的两个摩托化军必须向东进击，构成一道绵亘、无法突破的合围对外正面，掩护博克在斯摩棱斯克地域规模更大的包围圈。（参见地图6.5）

如果说此时博克心生不安，那么，铁木辛哥面临的棘手问题更多，西方面军1941年7月16日20点提交的作战摘要对此做出了详细描述：

· **总体情况**——7月16日，西方面军辖内部队进行激烈战斗，肃清敌人沿涅韦尔、维捷布斯克、斯摩棱斯克、戈尔基、普罗波伊斯克方向的突破并朝博布鲁伊斯克发起进攻。

· **第22集团军**——同敌军部队进行持续战斗，特别是沿伊德里察和涅韦尔、德列通和涅韦尔方向。

★步兵第51军：

☆步兵第179师——在扎别利耶地域战斗，师部在战斗中遭包围，大部分

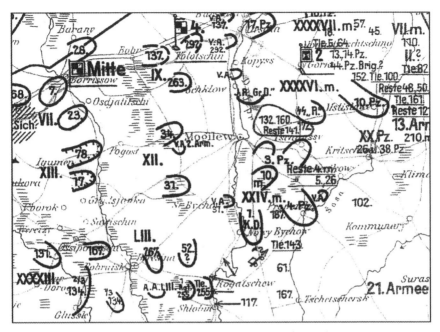

▲ 地图 6.5: 中央集团军群右翼的战场态势，1941 年 7 月 15 日晚间（资料图）

参谋和指挥人员牺牲。

　　☆步兵第170师——以部分力量攻向涅韦尔，尚未收悉关于战斗结果的报告。

　　☆步兵第112和第98师——沿利瓦戈尔巴切沃湖和德沃里谢一线战斗。

　　★涅韦尔防御支队（涅韦尔驻军一部和坦克第48师1个摩托化步兵团）——撤往大卢基，敌摩托化部队紧追不舍。

　　★第22集团军司令部——21点迁至纳济莫沃车站地域。

　　·**第19集团军**——当日白天实施重组，以便发起进攻，夺回维捷布斯克地域并沿沙拉托尼和列列克温斯卡亚车站一线准备防坦克防御。

　　★机械化第7军（坦克第14、第18师）——沿沙拉托尼和博洛京卡一线构筑防坦克阵地，准备会同步兵第34军攻向维捷布斯克。

　　☆步兵第158师（步兵第720团和1个步兵营）——日终前集结在新谢尔基地域，但没有该师余部的消息。

☆步兵第162师（步兵第25军）——集结在巴克舍耶沃地域，以便在莫特基构筑防坦克阵地。

★步兵第34军：

☆步兵第129师——22点前赶往出发阵地，准备发起进攻，其先遣队列位于莫斯科与列宁格勒公路的交叉口。

☆步兵第38师——完成在亚尔采沃地域的集结。

☆步兵第158师（原文如此）——从里亚布采沃车站、格里涅沃、莫克舍耶沃、斯洛博达、潘斯科耶地域赶往尼库利诺、科罗维诺、图罗沃地域。

★截至7月16日，未收悉集团军余部和各军部的消息。

★第19集团军司令部——7月16日24点起设在大普洛斯卡亚和卡普斯基诺的树林内（鲁德尼亚东南方10千米）。

· **第20集团军**——沿奥尔希察河和第聂伯河一线进行持续战斗。

★步兵第69军：

☆步兵第73师——在谢列特卡和奥尔沙地段沿奥尔希察河同敌军战斗，但未收悉该军其他部队的消息。

☆步兵第18师——沿第聂伯河一线占据奥尔沙、十月国营农场、普龙采夫卡地段，7月14日晨以左翼团进攻科佩西之敌，但在敌军炮火打击下，被迫弃守十月国营农场。

☆步兵第144师——以1个营从敌人配有5—7辆坦克的两个步兵连手中夺得利亚德。

☆摩托化步兵第1师——7月15日18点进攻奇里诺，在敌第18装甲师后方地域消灭对方一个摩托化步兵营，俘获包括6名军官在内的150名俘虏，缴获40辆汽车、一个钱箱、部分档案文件和一些冲锋枪。

☆敌人加强他们在奥尔沙地域的进攻，已发现50辆坦克和180辆搭载步兵的汽车从奥尔沙赶往杜布罗夫诺。

★机械化第5军——位于克拉斯诺耶以北地域，反复遭到敌人的猛烈轰炸。

· **第13集团军**——7月16日下午，抗击敌坦克和摩托化步兵的突破，对方渗透至集团军后方，破坏指挥控制、交通和后勤，迫使集团军将部队撤至沿普罗尼亚河设立的中间防线。7月16日16点—18点，集团军辖内部队退守以下位置：

★机械化第20军——奥尔沙和多马内（莫吉廖夫东北方27千米）一线，小股敌军位于其正面。

★步兵第110师——尼奇波罗维奇和下普鲁德基一线（莫吉廖夫以北15千米至东北偏北方24千米）。

★步兵第172师——特列布希（莫吉廖夫以北14千米）和维利奇齐（莫吉廖夫以南5千米）一线，同时缓缓撤向库列尼。

★步兵第507团（步兵第148师）——达什科夫卡和马霍沃一线（莫吉廖夫东南偏南方24千米至东南方58千米）。

★步兵第137师——斯莫尔卡和科帕尼一线（莫吉廖夫东南方25—32千米）。

★步兵第132师——科帕尼和乌苏舍克一线（莫吉廖夫东南方32—40千米）。

★尚不清楚集团军辖内其他部队的位置。

★第13集团军司令部——克里切夫以东5—7千米的树林内（莫吉廖夫东南方105千米）。

· **第21集团军**——继续攻向博布鲁伊斯克，小股敌坦克部队沿集团军防线向西后撤。

★步兵第67军（步兵第102、第151师）——强渡第聂伯河，前出到罗加乔夫—贝霍夫车站铁路线，但未收悉该军辖内部队所处位置的报告。

☆步兵第67军军部——古塔以东5千米的树林内。抗击敌小股坦克和摩托化步兵分队，一股敌步兵力量集结在法列维奇地域，7月15日6点45分发现敌步兵队列从博布鲁伊斯克沿公路赶往罗加乔夫。

★步兵第63军（步兵第167、第154师）——向西进攻，尚未收悉其他消息。

★步兵第66军：

☆步兵第232师——尚未收悉相关报告。

☆库尔马舍夫上校的支队——7月15日15点前出到德拉日尼亚和扎波利耶一线（博布鲁伊斯克东南偏南方30千米至西南方35千米），面朝西北方。

☆步兵第24师（余部）——编为支队并集结在科沙里奇地域（博布鲁伊斯克以南55千米）及其南面。

☆步兵第75师——撤至沿斯卢奇河的古列维奇和维尔恰一线（博布鲁伊斯克西南方130—150千米），同敌第40步兵师战斗。

★机械化第25军——7月16日0点15分到达克里切夫地域，准备遵照方面军第065号令遂行任务。

★第21集团军司令部——戈梅利。

· **第4集团军**——在扎列奇耶和小普罗波伊斯克地带沿普罗尼亚河一线（莫吉廖夫东南偏南方45千米至东南方70千米）遂行防御，7月16日晨着手肃清突入普罗波伊斯克地域的敌坦克和摩托化部队。

★步兵第28军：

☆步兵第143师——占据扎列奇耶和别列佐夫卡一线（莫吉廖夫东南偏东方45千米至东南方62千米）。

☆步兵第42师——沿扎克鲁佩茨（莫吉廖夫东南方63千米）和普罗尼亚河口（普罗波伊斯克东面）一线据守既有阵地，但敌人100辆坦克和摩托化步兵7月15日3点突破步兵第42与第55师的结合部，攻占小普罗波伊斯克，沿公路冲向克里切夫。

☆步兵第55师——沿索日河据守普罗波伊斯克和卡缅卡车站（普罗波伊斯克以东5千米）地带的同时，同步兵第6师和空降兵第4军一部相配合，着手肃清敌坦克和摩托化步兵的突破。

☆步兵第6师——沿奥泽雷和亚历山德罗夫卡一线（莫吉廖夫东南方70千米，普罗波伊斯克东北方1—23千米）遏止敌坦克和摩托化步兵的突破，7月16日晨着手肃清敌人的突破。

★未收悉集团军辖内其他部队的消息。

★第4集团军司令部——克里切夫以东6—7千米的树林内。

· **第16集团军**——未收悉相关报告。

· **方面军和集团军航空兵**——消灭机场上的敌机，轰炸第聂伯河上的渡口，摧毁敌坦克和摩托化步兵，掩护我后方重要目标，于7月14日—15日夜间、7月15日白天、7月15日—16日夜间对敌人实施侦察。

★击落敌人一架Me-109战机。我方损失：一架米格没能返回机场。[29]

正如这份作战摘要所示，博克集团军群此时已沿西德维纳河和第聂伯河撕开铁木辛哥的防御，攻占维捷布斯克、波洛茨克、奥尔沙、斯摩棱斯克城大部和戈尔基，并朝涅韦尔、韦利日、亚尔采沃、姆斯季斯拉夫利（莫吉廖夫以东95千米）和普罗波伊斯克地域发展。在此过程中，德国人粉碎了第19、第20、第4、第13集团军，重创北面的第22集团军，并在斯摩棱斯克同没能彻底完成集结的第16集团军交战。其间，博克两个装甲集群几乎将卢金第16、科涅夫第19、库罗奇金第20集团军主力彻底包围在斯摩棱斯克西北面和北面。实际上，尽管铁木辛哥展开积极努力，发起一场反攻，但只有F.I.库兹涅佐夫第21集团军成功执行了他的进攻令并取得部分战果。虽说颇具前景，但就连第21集团军最初在罗加乔夫、日洛宾发起的反冲击，以及尔后攻往博布鲁伊斯克的行动也没能达到铁木辛哥的期望。实际上，此时的混乱形势，以及铁木辛哥对实际情况一无所知，加剧了西方向总指挥部面临的灾难。更让人担忧的是，德国空军7月22日对莫斯科实施了首次夜间轰炸。[30]

围困莫吉廖夫

从积极的一面看，几乎是奇迹般地，前进中的德国人未能封闭斯摩棱斯克周围的陷阱，格拉西缅科第13集团军的一个军坚守莫吉廖夫，第13和第4集团军余部沿索日河构设起新的防御，在罗加乔夫与戈梅利之间展开的F.I.库兹涅佐夫第21集团军仍对南方集团军群[①]南翼构成相当大的威胁。不过，第13和第4集团军执行铁木辛哥进攻令的尝试却纯属徒劳。

博克和铁木辛哥都把注意力放在陷入包围的莫吉廖夫城，但原因完全不同。在博克看来，这座城市是他的眼中钉，因为它破坏了他雄心勃勃的计划，具体而言，就是让古德里安向东疾进，形成斯摩棱斯克包围圈的合围对外正面。而在铁木辛哥看来，莫吉廖夫不仅是他麾下部队沿第聂伯河防御的最后一片地段，还是阻挡德军后续推进的一个重要障碍，若能守住该城，它将成为他和大本营正加以准备的反攻计划中的一个重要基地。简言之，若莫吉廖夫守军能够坚守，或者说第13和第21集团军能救援该城，其防御就能阻止德国人集结起足够的力量来消灭斯摩棱斯克包围圈内的几个苏军集团军，并且让德军无法有效抗击红军的反攻。即便莫吉廖夫陷落，只要守军坚持的时间足够长，他们

---

① 译注：中央集团军群。

的防御仍旧能为第13和第4集团军争取时间，以便沿索日河构设坚固的防御，计划中的防御从克里切夫向南延伸到索日河与第聂伯河的交汇处。

古德里安的装甲兵向东渡过第聂伯河，于7月16日在莫吉廖夫东南方70千米的普罗波伊斯克到达索日河。格拉西缅科第13集团军主力发现自己被困在一个椭圆形包围圈内，这个口袋从莫吉廖夫向东延伸40千米，直至乔瑟北面。虽然最初陷入包围圈的部队包括第13集团军步兵第61军（第110、第172师），步兵第20军第132、第137师，机械化第20军坦克第26、第38师和摩托化第210师大部，但集团军步兵第45军设法向南逃脱并加入了第21集团军，而集团军辖内其他师则向北、向东撤退。当晚，汇报第13集团军散乱的部署后，格拉西缅科命令麾下部队（除巴库宁步兵第61军和A.G.尼基京机械化第20军）向东撤往索日河。7月21日拂晓，格拉西缅科再次汇报第13集团军目前的部署（参见地图6.6）：

· **机械化第20军**（坦克第26、第38师，摩托化步兵第210师）：

★坦克第26师——位于格拉德科沃、苏哈里、大布什科沃、日达诺维奇，防线正面朝东。

★摩托化步兵第210师——据守乌格雷、格罗马基、拉德日诺一线。

★坦克第38师——据守拉德日诺、切列佩、尼奇波罗维奇一线。

★机械化第20军军部——鲁先卡以东2千米的森林内。

· **步兵第53师**（含军属炮兵第438团第3营、榴弹炮兵第310团）——在第聂伯河东岸据守什克洛夫和普列希齐地段时，被突入什克洛夫地域之敌粉碎，余部撤往波奇诺克地域。步兵第223团（连级支队）与步兵第110师一同行动。

· **步兵第61军**——据守莫吉廖夫地域和莫吉廖夫登陆场内的防御工事。

★步兵第110师（含军属炮兵第438团第1营，欠1个营的步兵第514团，不含步兵第411团）——据守尼古拉耶夫卡、下普鲁德基、巴甫洛夫卡。

☆步兵第425团——据守尼古拉耶夫卡、下普鲁德基、奥泽里耶耶地段。

☆步兵第411团——在新柳布日以北2千米的树林中担任军预备队。

☆步兵第223团（混成连）、高射炮兵第457营（没有火炮）和化学连——在捷列吉西北方树林中担任师预备队。

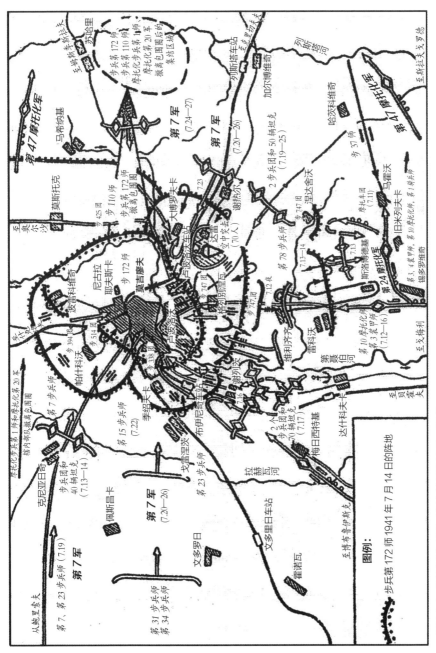

▲ 地图 6.6：莫吉廖夫包围圈，1941 年 7 月 16 日—27 日

☆行进营的850人7月18日加入步兵第110师，集结在叶夫多基莫维奇西南面树林内。

☆步兵第110师师部——捷列吉西南面树林内。

★步兵第172师（步兵第394、第388团，步兵第148师步兵第747团、欠1个营的第507团，步兵第161师步兵第543团和步兵第110师第514团各1个营，榴弹炮兵第601团，反坦克炮兵第200、第209营）——据守波雷科维奇、帕什科沃、季绍夫卡、布伊尼奇车站、格列别诺沃、波列特尼基、大博罗夫卡、柳布日一线。

☆步兵第394团——据守波雷科维奇、扎季希耶地段。

☆步兵第388团——据守扎季希耶、布伊尼奇车站地段。

☆步兵第747团（欠1个营的步兵第507团、步兵第543团1个营）——据守布罗德、格列别诺沃、波列特尼基、大博罗夫卡、柳布日地段，正面朝南。

☆步兵第514团第2营——在霍尔梅地域和东南面森林担任步兵第172师预备队。

☆步兵第172师师部——莫吉廖夫西南郊。

- **步兵第20军**

★步兵第137师——集结在奥斯特罗维以北树林内，尚未收悉其部署和实力报告。

★步兵第132师——7月20日晨跟随步兵第137师，但其位置和实力不明。

★步兵第160师——余部在波尼亚托夫卡地域组成一个混成支队，但其位置和实力不明。

★步兵第143师——尚未收悉相关报告。

★步兵第187师——步兵第236团位于罗吉地域，加入第21集团军，尚未收悉该师其他团的情况。

- **空降兵第4军**——沿克里切夫方向激战数日后，正对辖内部队加以整顿。

★空降兵第8旅——7月20日攻向斯图杰涅茨，但坦克第39团的分队被敌人击退，7月20日日终前沿萨任卡河东岸占据波古缅斯基和布拉扎内地段并准备攻往克里切夫。

★空降兵第7旅——撤至韦利坎、格里亚济韦茨、科罗涅茨、科洛涅茨以北树林、扎莫斯基耶一线后整顿部队并准备攻往克里切夫。

★混成营——7月20日20点前集结在克利莫维奇地域。

★空降兵第4军军部——克利莫维奇。

·**格里申上校的支队**——7月20日晨沿第一亚历山德罗夫卡和第二亚历山德罗夫卡之间的公路前进，未收悉关于其战斗编成的信息。[31]

　　显然，格拉西缅科第13集团军此时仍处于四分五裂的状态。该集团军部分力量试图对古德里安位于乔瑟和克里切夫地域的先遣部队发起一场突击，而在莫吉廖夫东面被绕过的余部向东逃窜，穿过施韦彭堡第24摩托化军前进中的队列时遭到交叉火力打击。莫吉廖夫周边日趋萎缩的地面防御，先是交给尼基京将军，7月16日后他撤至后方，这项任务移交给步兵第61军军长费奥多尔·阿列克谢耶维奇·巴库宁少将，由他兼任莫吉廖夫卫戍司令。守军核心力量是步兵第172师师长米哈伊尔·季莫费耶维奇·罗曼诺夫少将率领的一个特别集群，该集群最终编有他的师，步兵第110师，步兵第132、第137、第160、第143师的一个团或残部，以及尼基京机械化第20军的残余力量（参见表6.1）。[32]

表6.1：1941年7月21日8点，步兵第61军围绕莫吉廖夫的防御部署

步兵第61军		
步兵110、172师，机械化20军，步兵148师57团（欠1个营），步兵132师453团		
机械化20军	坦克第26师	格拉德科沃、苏哈里、大布什科沃、基尔普地段（切尔涅夫卡以西）
	摩托化步兵第210师（欠1个营）	切尔涅夫卡至多马内地段
	坦克第38师	尼奇波罗维奇和尼古拉耶夫卡地段
步兵第110师（欠第394、第441团）		尼古拉耶夫卡和帕尔（波雷科维奇以东）地段
摩托化步兵第514团（欠1个营）		
步兵第172师	步兵第110师第514团1个营和第394团 步兵第148师第307团 步兵第161师第543团1个营	波雷科维奇、帕什科沃、季绍夫卡、布伊尼奇、佩切雷、大博罗夫卡地段
步兵第411团		在新柳布日地域担任预备队

※资料来源：《第13集团军司令部的报告：关于辖内部队1943年7月21日的位置和状况》（Svedeniia shtaba 13-i Armii o polozhenii i sostoianii voisk na 21 iiulia 1941 g），收录于《伟大卫国战争作战文件集》第37期，莫斯科：军事出版局，1959年，第196—197页。

该城被包围后的几天里，陷入困境的守军及其上级指挥部门注意到德军向东开进，一种不祥的寂静降临在莫吉廖夫。但这种虚假的寂静只是掩盖了德军下一波次力量的稳步推进，德军战斗群率领魏克斯第2集团军的4个军向前推进，7月16日和17日开始到达第聂伯河。[33] 开至指定位置后，他们立即接替武装党卫队"帝国"摩托化师，第3、第4装甲师和第10摩托化师，这些被取代的快速兵团匆匆向东归建。接替古德里安麾下部队后，魏克斯7月16日命令第7军军长，炮兵上将威廉·法尔姆巴歇尔指挥夺取莫吉廖夫的行动。

集结麾下部队后，法尔姆巴歇尔于7月20日投入第7军第7和第23步兵师，从西面对莫吉廖夫的防御发起第一次突击。遂行防御的苏军挖掘的阵地非常好，加之获得炮兵支援，他们击退了德军的冲击，但德军步兵设法在他们的南北两翼渡过第聂伯河。在这场突击中，第23步兵师还在第聂伯河上夺得了一座具有战术重要性的桥梁并在该城更为暴露的南部地域，即布伊尼奇（Buinichi）附近突破苏军防御，距市中心仅有8千米。

为完成包围，魏克斯又把第15和第78步兵师派给法尔姆巴歇尔，前者调自陆军总司令部预备队。法尔姆巴歇尔将第15步兵师部署在西面，插在第7与第23步兵师之间，并以第78步兵师从东南面封闭包围圈。[34] 7月21日，黑尔米希少将第23步兵师投入担任预备队的第9团迂回守军，经过激烈、代价高昂的战斗，夺得从东南面通入莫吉廖夫的一座桥梁。完好无损地夺取桥梁后，黑尔米希师一举粉碎守军防御内围廓（沿河流弯曲部延伸）并击退对方几次激烈的反冲击。[35] 面对德军突击的沉重压力，巴库宁7月21日晚些时候向第21集团军司令部报告："两天来，我们一直同优势之敌进行激烈战斗。我正在坚守我的阵地。炮弹已耗尽。我想问问你们何时能为我们提供弹药。"[36]

虽然苏军TB-3轰炸机设法为莫吉廖夫空投补给，但许多降落伞落入德军防线，而空投下来的许多炮弹口径不对。另外，克列伊泽尔摩托化步兵第1师的一些援兵也已开到，从北面冲入包围圈内，这使魏克斯得出结论，苏联大本营非常重视莫吉廖夫的防御。但是，这些再补给措施并未缓解巴库宁和罗曼诺夫的困境。次日，第78步兵师击退苏军从东北面冲入包围圈的尝试并阻挡了巴库宁一部向东突围的企图。夜间，守军竭力找回空投下来的补给物资，双方的战斗愈演愈烈。但德军第78步兵师夜间突破巴库宁的南部防线，俘获5000多名俘虏，还缴获了足够装备一个师的物资。正如第13集团军7月23日晚报告的那样，自7月22日早晨起，步兵第61军在普列希齐、克尼亚日齐、谢列茨、维利奇齐、达雷地域一直遭到敌人5个步兵师的攻击，对方夺得卢波洛沃并设置空中障碍遮掩莫吉廖夫（参见下文第21集团军的每日作战摘要）。

7月24日，魏克斯第23、第15、第7和第78步兵师封闭紧紧围住市中心的包围圈并展开逐屋逐房的巷战。尽管实力虚弱，可是巴库宁麾下部队坚持到7月26日，令人钦佩地执行了铁木辛哥"无论如何必须坚守莫吉廖夫"的命令。[37] 罗曼诺夫步兵第172师在这场激烈而又复杂的战斗中表现得尤为出色，该师同从南面不断攻向莫吉廖夫的第21集团军相配合，竭力牵制4个德军师（第7军第7、第15、第23、第78步兵师）。可是，到7月25日晚些时候，巴库宁被围部队剩下的弹药、食物和燃料补给已然耗尽。雪上加霜的是，配属古德里安第2装甲集群的第13军此时已迫使友邻第21集团军将其前沿防御向南后撤55—65千米，退守索日河一线，这已远远离开莫吉廖夫的支援范围。

尽管上级部门严令坚守，但随着辖内部队的弹药趋于耗尽，巴库宁终于命令各部队7月26日—27日夜间向东突围。将数千名伤兵留给医护人员照料后，莫吉廖夫守军试图逃离，但最终回到苏军防线的人寥寥无几。这场突围的代价相当高昂，罗曼诺夫左肩负伤。黑暗中，冒着大雨，他率领小股部队悄悄加入一支德军车队，但被对方发现后即遭消灭。这位将军躲在一辆装满稻草的大车里，设法逃至莫吉廖夫以西32千米的巴尔苏基村（Barsuki），但后来被俘，在一所德国医院接受治疗后被囚禁于哈默尔堡的一座战俘营，1943年7月死于囚禁中。[38] 机械化第20军军长A.G.尼基京少将也在率领部队从莫吉廖夫向东突围期间阵亡。

虽然对集团军司令员格拉西缅科的行为感到不满，但是获知巴库宁的突围尝试后，铁木辛哥把怒火发泄到巴库宁头上，严词申饬后者的"背叛"。铁木辛哥7月27日向斯大林解释道：

由于步兵第61军在莫吉廖夫的有力防御牵制住敌人五个步兵师，第13集团军奉命不惜一切代价坚守莫吉廖夫，第13集团军和中央方面军已接到命令攻向莫吉廖夫，尔后掩护卡恰洛夫集群左翼并前出到第聂伯河。可是，第13集团军司令员没有敦促步兵第61军军长巴库宁顽强坚守，后者"粗暴地违背了他的命令"，擅自放弃莫吉廖夫，导致敌人腾出几个步兵师打击第13和第21集团军。西方面军立即撤销巴库宁的命令，以沃耶沃金上校撤换巴库宁，他正顽强守卫莫吉廖夫并把巴库宁移交军事法庭。[39]

尽管守军一再试图拼死突出莫吉廖夫包围圈并逃至索日河的安全地带，但巴库宁和罗曼诺夫麾下部队主力还是被歼灭，苏军士兵不是被俘，就是单独或三五成群地逃入附近森林中加入游击队。德军部队7月27日进入莫吉廖夫，据其报告，截至7月27日晚，他们俘获2.3万名俘虏，缴获大批武器装备，若把莫吉廖夫城内及周边的战斗纳入统计，战果就将增加到3.5万名俘虏和245门火炮。实际上，这场持续不停的战斗给交战双方造成的伤亡都很大。7月27日日终时，德国第7军将莫吉廖夫彻底控制在手中，第聂伯河上重要的桥梁也得到修复并投入使用。

虽然巴库宁和罗曼诺夫在莫吉廖夫的坚守使德国人一个多星期内无法控制至关重要的第聂伯河渡口，但德军在另外六个河段搭设起临时性桥梁，这使莫吉廖夫的战略重要性大为降低。另外，莫吉廖夫围城战结束前，古德里安的装甲兵已设法脱离在该城的战斗并果断向东进击，全然不顾其内翼面临的潜在危险。可是，由于魏克斯的步兵不得不在解决莫吉廖夫战斗的同时应对苏军第21集团军对其侧翼的进攻，激烈的战斗将第2集团军计划中攻往戈梅利的行动推迟了一个多星期，还严重消耗了其弹药储备。

到7月份最后一周，莫吉廖夫英勇的守军已成为支离破碎的西方面军中另一股被人遗忘的残部。他们奉命坚守并顽强战斗，在第21集团军几乎未提供任何支援的情况下独自支撑。但是，他们的牺牲为铁木辛哥前调新锐预备力量并将其投入更重要的斯摩棱斯克交战争取到了时间。另外，虽说红军部队在莫吉廖夫、克拉斯诺耶、斯摩棱斯克、索洛维耶沃和另外几十个地点进行了英勇战斗，但他们没能满足铁木辛哥和斯大林的期望。正如罗科索夫斯基后来在他的回忆录中指出的那样：

令我非常遗憾的是，我对此没有保持沉默的权利，我多次遇到士兵中的懦夫、恐慌者、逃兵和逃避战斗的自残者。起初出现的是左手负伤者，这些人朝自己的左手开枪，或是切断一根或几根手指。我们指出这一点后，又出现了右手负伤者，他们在自己的右手上如法炮制。士兵们通过协商实施自残，两名士兵相互朝对方的手掌射击。很快便下达了相关法令，对逃兵、逃避战斗者、自残者和在战斗中不服从上级命令的人处以最严厉的惩罚（死刑）。[40]

第21集团军的问题

虽说巴库宁和罗曼诺夫的部队坚守莫吉廖夫是干扰中央集团军群行动的一个麻烦，但博克麾下部队在南面面临着更加严重的问题。实际上，从博克的装甲力量开始向东攻往斯摩棱斯克那一刻起，F.I.库兹涅佐夫第21集团军就成了集团军群侧面一根令人不胜其烦的尖刺。铁木辛哥已于7月11日和12日给库兹涅佐夫集团军下达初步命令，首先对中央集团军群右后方发起突袭，然后加入第13和第4集团军对古德里安第2装甲集群的反冲击。实施这些行动后，铁木辛哥于7月16日20点向大本营汇报第21集团军取得的些许战果（参见地图6.7、6.8）：

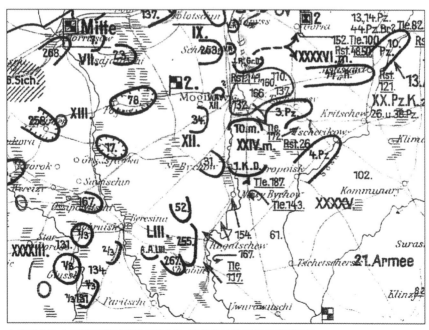

▲ 地图 6.7: 中央集团军群右翼的战场态势，1941 年 7 月 16 晚间（资料图）

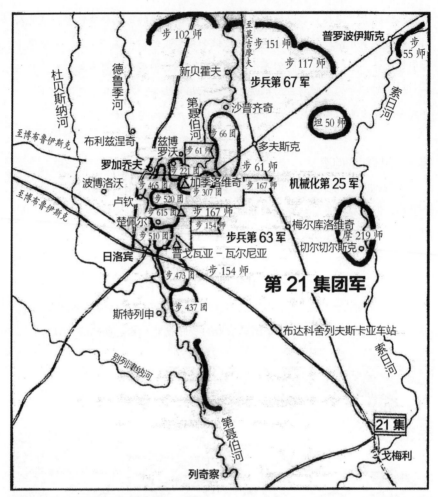

▲ 地图6.8：第21集团军的部署情况

· **第21集团军**——朝博布鲁伊斯克这个总方向发起进攻，位于其战线前方的敌小股坦克群向西后撤。

★步兵第67军（步兵第102、第151师）——强渡第聂伯河后，前出到罗加乔夫、贝霍夫车站铁路线一线（罗加乔夫以北20—30千米），面对敌小股坦克和摩托化步兵分队。

★步兵第63军（步兵第167、第154师）——继续向西推进（日洛宾与罗加乔夫之间的第聂伯河河段以西）。

★步兵第66军（步兵第232师）——位置不明（位于亚基莫夫斯卡亚斯洛博达与斯特拉科维奇之间，日洛宾以南约35—45千米）。

★库尔马舍夫上校的支队——7月15日15点前出到德拉日尼亚和扎波利耶一线（博布鲁伊斯克东南偏南方30千米至西南方35千米），面朝西北方。

★步兵第24师（余部）——在科沙里奇地域（博布鲁伊斯克以南55千米）及其南面编为支队。

★步兵第75师——撤至斯卢奇河沿岸的古列维奇和维尔恰一线（博布鲁伊斯克西南方130—150千米），同敌第40步兵师展开战斗。

★机械化第25军——7月16日0点15分到达克里切夫地域，准备执行先前受领的任务。[41]

如西方面军作战摘要所示，虽说第21集团军辖内部队依然完整，但司令员库兹涅佐夫也遭遇到严重的通信问题，无法掌握集团军部署的完整情况。这份报告最有趣的方面涉及库尔马舍夫上校的支队和步兵第24师，他们在博布鲁伊斯克南面和西南面行动，对从南面赶来的魏克斯部队的交通线构成威胁。戈罗多维科夫的骑兵军将为这股力量提供加强。

铁木辛哥在7月18日晚些时候和7月21日晨提交的作战摘要中继续汇报第21集团军的行动。这些作战摘要在证明库兹涅佐夫决心执行进攻令的同时，还表明魏克斯第2集团军意图重新夺回罗加乔夫：

1941年7月18日20点，西方面军作战摘要

· **第13集团军**——未收到相关信息，因为搭乘飞机的联络官尚未返回。

· **第21集团军**——当日白天攻向博布鲁伊斯克，打击敌人的四个师，对方在火炮和迫击炮支援下发起多次反冲击。

★步兵第67军——掩护集团军右翼。在右侧步兵第187师掩护下，步兵第15师7月18日3点攻向贝霍夫车站，步兵第102师7月18日7点从新贝霍夫（罗加乔夫东北偏东方35千米）向西北方攻击前进，尚未收悉两个师的战果。

★步兵第63军（步兵第61、第167、第154师）——据守既有阵地，击退敌人的局部反冲击（罗加乔夫与日洛宾之间的第聂伯河河段以西），击毙15人，击伤300人，击毁6辆超轻型坦克。

★步兵第66军（步兵第232师）——沿博罗瓦亚、科罗列夫车站、斯洛博达一线（帕里奇西北方15—22千米，博布鲁伊斯克以南20—25千米）战斗。

★步兵第117师和步兵第53师第110团——沿第聂伯河东岸坚守既有阵地。

★库尔马舍夫支队——未收悉相关报告。

★平斯克区舰队——辖内一个支队沿新别利察（帕里奇以北5千米）附近的别列津纳河战斗。

★步兵第24师（余部）——集结在奥扎里奇地域（帕里奇以南40千米）。

★步兵第75师——沿斯卢奇河据守列尼诺和姆雷诺克一线（博布鲁伊斯克西南方120—140千米），抗击敌人至少一个步兵师（可能是第40步兵师）和骑兵。

★机械化第25军：

☆坦克第50师——位于沃先卡和阿列什尼亚地域（罗加乔夫东北偏东方40—50千米，多夫斯克以东15—20千米），自7月17日13点以来，在马舍夫斯卡亚斯洛博达地域的战斗中，以10辆坦克和1个摩托化连组成的支队消灭了敌人70—80辆轮式车辆、10辆坦克和500名官兵。

☆摩托化步兵第219师——集结在切切尔斯克和沃罗诺夫卡地域（罗加乔夫东南偏东方60千米）。

☆坦克第55师——位于新泽布科夫（罗加乔夫东南方140千米）。

·**第4集团军**——同沿切里科夫方向突破之敌战斗。

★步兵第28军——撤至新防御。

☆步兵第42师——撤至扎克鲁佩茨、吉任卡、诺温卡一线（切里科夫以西20—25千米），面朝西面和南面。

☆步兵第6师——以2个团据守多尔戈耶、索科洛夫卡、波列片斯基一线（切里科夫以西15千米至西南方15千米）。

☆步兵第55师——步兵第107团重组，沿索日河东岸据守克列米扬卡和卡缅卡车站地域（克里切夫以南2千米至西南方10千米），以1个步兵营在切里科夫沿乌多恰河布防，该师余部位于切里科夫南面的森林中（克里切夫西南方25千米）。

★空降兵第4军——以2个旅和4个营在希斯拉维奇、姆斯季斯拉夫利、克里切夫（克里切夫以北40米）掩护索日河上的渡口。

★发现敌人将28辆坦克（包括4辆重型坦克）、42辆装甲运兵车、115辆摩托车、17门火炮（包括5门重型火炮）和150辆汽车集中在克里切夫地域，10架战斗机和10架轰炸机为其提供掩护。

★从克里切夫至罗斯拉夫利的防线未设防。[42]

1941年7月21日8点，西方面军作战摘要

· **第13集团军**——据守莫吉廖夫地域并沿索日河东岸战斗，同时设法恢复克里切夫地域的防御。

★步兵第61军 [步兵第110、第172师，机械化第20军，步兵第148师第57团（欠1个营），步兵第132师第453团]——据守的环形阵地如下：

☆机械化第20军——防御东部方向。坦克第26师沿格拉德科沃、苏哈里、大布什科沃、基尔普（切尔涅夫卡以西）一线布防；摩托化步兵第210师（欠1个营）沿切尔涅夫卡和多马内以北一线布防；坦克第38师沿尼奇波罗维奇和尼古拉耶夫卡一线布防。

☆步兵第110师[欠第394、第441团，但获得摩托化步兵第514团（欠1个营）]——据守尼古拉耶夫卡和帕尔（波雷科维奇以东）一线。

☆步兵第172师（与步兵第110师第514团1个营和第394团，步兵第148师第307团，步兵第161师第543团1个营）——沿波雷科维奇、帕什科沃、季绍夫卡、布伊尼奇、佩切雷、大博罗夫卡一线坚守登陆场。

☆步兵第411团——在新柳布日地域担任步兵第61军预备队。

★步兵第20军——尚不清楚该军所处的位置。

★空降兵第4军——攻向克里切夫。第7旅位于克列涅茨和以西森林（克里切夫以东10千米至东南方10千米），第8旅位于波洛霍沃以东树林（克里切夫东北方20—25千米）。

· **第4集团军**——所处位置不明。

· **第21集团军**——沿勒扎夫卡（普罗波伊斯克以西15千米）、库利科夫卡（普罗波伊斯克西南偏西方25千米）、普里博尔（罗加乔夫东北偏北方45千米

的第聂伯河河畔）、维伊温（罗加乔夫以北43千米）、鲁德尼亚（日洛宾以西10千米）一线，以及斯塔谢夫卡、博罗瓦亚、格列布、鲁德尼亚、切尔涅布罗德一线（从博布鲁伊斯克东南偏南方20千米西延至博布鲁伊斯克以南15千米，再南延至博布鲁伊斯克以南38千米）在博布鲁伊斯克南部接近地从事战斗，抗击敌第53军第255、第267、第2步兵师沿罗加乔夫和日洛宾方向展开的行动，以及敌第43军第131、第134步兵师沿斯塔谢夫卡、格列布、鲁德尼亚、切尔涅布罗德一线展开的行动，另外还有敌第45和第293步兵师沿平斯克方向展开的行动。

★步兵第67军（第187、第151、第102师）——据守既有阵地。敌人一个步兵团在步兵第187与第151师结合部发起进攻，7月20日14点夺得奥比多维奇（多夫斯克以北20千米，罗加乔夫东北方37千米）东北郊，这股敌人随后企图沿通往多夫斯克（罗加乔夫东北偏东方28千米）的公路向东突破，但被坦克第50师击退。

★步兵第63军（第61、第167、第154师）——在既有阵地上战斗，击退敌第53军反复发起的反冲击。

★步兵第66军——以步兵第232师遂行防御，抗击敌第131、第134步兵师，以步兵第797团在军左翼掩护切尔涅布罗德、普罗塔瑟、乌格雷地段（从帕里奇以西25千米至帕里奇西南方15千米），抗击敌第445、第432步兵团向帕里奇发起的反冲击。

★第52号装甲列车——在拉布科尔车站（博布鲁伊斯克西南偏南方68千米）附近同敌人战斗，阻止对方集结在卡尔皮洛夫卡地域。

★步兵第75师——据守日特科维奇（博布鲁伊斯克西南偏南方165千米），抗击敌第45和第293步兵师，对方企图从北面和南面包围该镇，战斗结果尚不明朗。

★步兵第117师第110团和库尔马舍夫支队——所处位置不明。

★机械化第25军——以坦克第50师在奥比多维奇南郊战斗；摩托化步兵第219师试图以其摩托化步兵团夺回小普罗波伊斯克（普罗波伊斯克以南10千米）未果，坦克第55师集结在先前地域。

★戈罗多维科夫骑兵集群——仍在集结，骑兵第47师从纳萨维奇开赴奥扎里奇（从帕里奇东南偏南方70千米至帕里奇以南40千米），骑兵第43师集结在卡林科维奇地域（帕里奇以南80千米至日洛宾西南方115千米），搭载骑兵第32师的第一列火车到达瓦西列维奇车站（帕里奇东南偏南方68千米）。[43]

　　正如这些作战概要表明的那样，铁木辛哥凭借这些进攻破坏中央集团军群南翼并扰乱古德里安向东推进的计划没能如愿。虽说第21集团军辖内各军取得些局部战果，但德军正涌向相关地域，苏军大本营7月14日组建的骑兵集群编有骑兵第43和第47师，7月18日又得到骑兵第32师的加强。该集群已向前部署，但尚未做好沿博布鲁伊斯克方向展开纵深行动的准备，而斯大林则希望这一行动能取得重大战果。[44]与此同时，步兵第66军第232、第24师，以及库尔马舍夫支队（集群）的若干集群和支队，也被要求在第52号装甲列车的支援下，像"德国人皮肤上的红色虱子"那样坚持，直到戈罗多维科夫的骑兵部队为他们提供加强。

　　让铁木辛哥更加担心的是，库兹涅佐夫第21集团军7月16日—18日恢复进攻时，古德里安右翼遭受的威胁促使博克投入全部预备力量，海因里希第43军和另外两个步兵师为魏克斯陷入困境的部队提供支援。虽说这些预备力量最终恢复了中央集团军群南翼（右翼）的态势，但将库兹涅佐夫麾下部队驱离罗加乔夫和日洛宾地域并把他们逐过第聂伯河的任务削弱了克鲁格第4集团军的步兵力量，他本来可以将这些步兵更好地用于斯摩棱斯克地域。结果，霍特和古德里安不得不把他们的装甲和摩托化师投入代价高昂的前线战斗，这使其力量严重受损。

　　与此同时，铁木辛哥7月21日给库兹涅佐夫第21集团军下达新命令，为打击中央集团军群左翼[①]的后续行动定下了基调。次日17点30分，库兹涅佐夫指示他疲惫不堪的部队展开另一场连续进攻行动（参见地图6.9）：

1941年7月22日17点30分，第21集团军的命令
· **第21集团军的任务：** 一如既往，歼灭敌博布鲁伊斯克—贝霍夫集团。

---

① 译注：右翼。

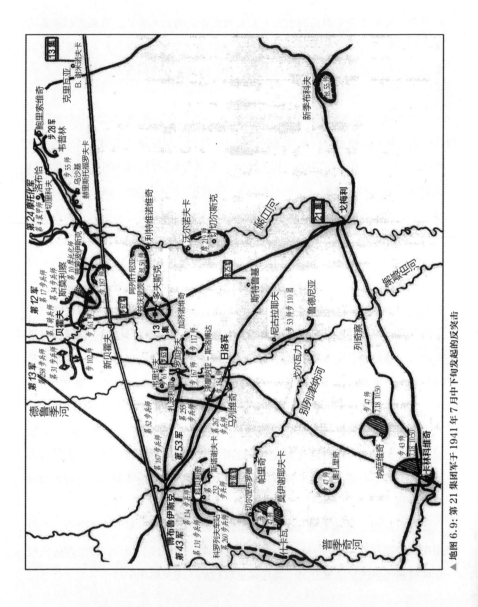

▲ 地图 6.9：第 21 集团军于 1941 年 7 月中下旬发起的反突击

　　★机械化第25军（坦克第50师，摩托化步兵第219师，反坦克炮兵第696团）——夺取普罗波伊斯克（莫吉廖夫东南方65千米），歼灭敌普罗波伊斯克集团，切断敌人的克里切夫—普罗波伊斯克补给路线，准备同步兵第67军相配合，消灭敌贝霍夫集团，还应做好攻往谢洛梅（普罗波伊斯克以西7千米）、克拉斯尼察(普罗波伊斯克西北方35千米,莫吉廖夫东南方34千米)、斯洛博德卡(普罗波伊斯克西北方50千米,莫吉廖夫以南19千米)的准备。

★步兵第67军(步兵第102、第151、第187师,榴弹炮兵第387团,迫击炮兵第16连)——坚守普鲁多克(普罗波伊斯克西南方18千米)、多布雷杜布(普罗波伊斯克西南偏西方25千米)、斯大林国营农场、杜布罗夫斯基(普罗波伊斯克西南偏西方30千米)一线,7月22日—23日夜间重组,做好7月23日晨(向北)发起进攻的准备,以歼灭敌贝霍夫集团。

★步兵第63军(步兵第61、第167、第154师,步兵第110团,远程炮兵第36团)——完成你们先前受领的任务(向西发起攻击,同戈罗多维科夫骑兵集群相配合,夺取博布鲁伊斯克)。

★步兵第117师(榴弹炮兵第387团)——7月23日晨前出到多夫斯克(罗加乔夫东北偏东方28千米),为步兵第67军提供加强。

★步兵第155师——7月23日晚些时候集结在多夫斯克地域,担任预备队。

★步兵第66军(步兵第232师,筑垒地域1个步兵团,骑兵第32师的坦克团)——7月23日12点发起一场突袭,消灭莫什纳车站(帕里奇西北偏西方25千米)、拉特米罗维奇(帕里奇以西30千米)方向之敌。

★步兵第75师——据守别列瓦、奈达、利亚斯科维奇一线(博布鲁伊斯克以南150千米),阻止敌人向东突破。

★步兵第24师——沿格卢斯克(博布鲁伊斯克西南45千米)、谢列茨(博布鲁伊斯克以西55千米)、BVO集体农庄、新谢尔基(卡林科维奇以北30千米)一线派出强有力的游击群,与步兵第66军紧密协同并掩护骑兵集群的行动。

★炮兵主任——7月23日统一指挥步兵第67、第63军的炮兵力量,以所有火炮支援进攻并在步兵第67与第63军的结合部准备火力障碍。

★集团军航空兵——7月21日—24日,消灭普罗波伊斯克和贝霍夫地域的敌集团,支援步兵第66军的进攻和防御,掩护步兵第115师的调动,以小股战机群支援步兵第75师、机械化第25军和步兵第67军。

★各军各师指挥员——应把辖内部队的指挥控制牢牢掌握在自己手中,采取一切措施制止恐慌和怯懦的行为。[45]

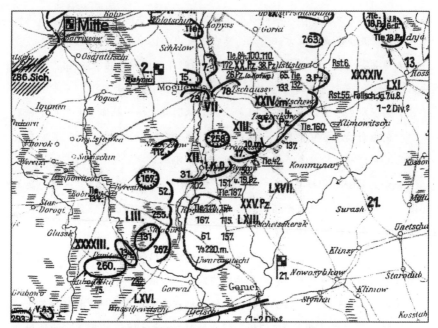

▲ 地图6.10：中央集团军群右翼的战场态势，1941年7月23日晚间（资料图）

　　西方面军7月23日和26日的作战摘要描述了随后的行动，以及第13、第21集团军在战区南半部极其有限的战果。（参见地图6.10）

1943年7月23日20点，西方面军作战摘要

·**总体情况**——我军在涅韦尔、斯摩棱斯克、叶利尼亚地域同优势之敌进行激烈战斗。

·**第13集团军**——在莫吉廖夫、普罗波伊斯克、克里切夫地域战斗：

★步兵第61军——自7月22日晨起，在普列希齐、克尼亚日齐、谢列茨、维利奇齐、达雷地域遭到敌人5个步兵师攻击，敌人夺得卢波洛沃并设置空中障碍遮掩莫吉廖夫。

★空降兵第4军——7月22日—23日从东面进攻克里切夫，但未获成功。

·**第4集团军**——从西面攻向普罗波伊斯克：

★步兵第28、第20军（一部）和摩托化步兵第219师——夺得普罗波伊斯克东北郊，那里的战斗仍在继续。

★步兵第20军（其余部队）——从普罗尼亚河一线前出到第一、第二亚历山德罗夫卡（普罗波伊斯克东北偏东方10—15千米）的索日河渡口，该军军长（斯捷潘·伊拉里奥诺维奇·叶列明少将）负伤。

·卡恰洛夫集群——驱散敌先遣部队，目前正为夺取斯托梅季河（波奇诺克东南方18千米）的渡口进行战斗，但遭遇敌人猛烈空袭。

·第21集团军——在既占阵地进行战斗，抗击敌第53、第43、第35军，第3、第4装甲师，第1骑兵师和第117步兵团。

★步兵第67军——以步兵第187师据守佩列贡至巴汉一线（普罗波伊斯克西南偏西方24千米至西南方23千米），以步兵第151师据守扎季希耶至伊斯卡内一线（普罗波伊斯克西南方29—36千米），以步兵第102师夺得拉扎罗维奇和科罗姆卡（普罗波伊斯克西南方47—55千米，罗加乔夫东北方35千米）西南郊。

★步兵第63军——位于先前位置（第聂伯河以西，从罗加乔夫西北方至日洛宾以西），步兵第117和第155师分别于7月23日晨和夜间集结在多夫斯克。

★步兵第66军——以步兵第232师争夺新别利察（帕里奇西北方4千米）和斯洛博德卡（帕里奇以西15千米），库尔马舍夫支队在拉布科尔车站（博布鲁伊斯克西南偏南方68千米）附近战斗，第52号装甲列车被包围在扎列西耶地域（拉布科尔以北10千米，博布鲁伊斯克西南偏南方55千米），第50号装甲列车位于孔采维奇车站。

★机械化第25军（坦克第50师，摩托化步兵第219师）——为争夺普罗波伊斯克进行战斗，坦克第55师以部分力量穿过济姆尼察（克里切夫东北偏东方40千米）。尚未收悉该军辖内其他部队的消息。

·集团军航空兵——沿叶利尼亚、亚尔采沃方向消灭敌摩托—机械化部队，向莫吉廖夫机场空投补给物资。[46]

1941年7月26日8点，西方面军作战摘要

·总体情况——沿整条战线进行战斗，但在大卢基、斯摩棱斯克、莫吉廖夫方向的战斗尤为激烈；以新锐力量缓慢推进，消除敌人在斯摩棱斯克地域达成的突破。

· **第13集团军**——在莫吉廖夫和普罗波伊斯克地域持续进行战斗。

★步兵第61军——面对敌人获得坦克支援的5个步兵师的沉重压力,被迫弃守莫吉廖夫,撤至大布什科沃(莫吉廖夫东北方26千米)和瓦西科维奇(莫吉廖夫以东22千米)一线。但仍在坚守莫吉廖夫的部队已接到"不惜一切代价"守卫该城的命令。

★步兵第20军——继续在第二亚历山德罗夫卡(普罗波伊斯克东北偏东方12千米)渡过索日河,同时从东面攻向普罗波伊斯克,但未获成功。

★空降兵第4军——在第二克里切夫车站、米赫耶维奇、卡缅卡地域(克里切夫以东7—10千米)重组。

· **第4集团军**——以步兵第28军沿索日河东南岸据守博里索维奇(克里切夫以南10千米)和克利内(普罗波伊斯克以南5千米)地带,但向普罗波伊斯克发起的进攻未获成功。

· **第21集团军**——位置未发生变化,尚未收悉戈罗多维科夫集群的消息。

· **集团军航空兵**——同战场上的地面部队相配合,方面军航空兵打击杰米多夫和杜霍夫希纳地域之敌,在巴图里诺西南地域压制敌人的炮火,以此支援霍缅科集群并掩护地面部队免遭敌人的空袭。[47]

正如这些作战摘要所示,第13、第4、第21集团军试图发起进攻,解救第13集团军被困于莫吉廖夫的步兵第61军,阻止古德里安第2装甲集群向东推进,使其无法到达索日河,并在罗加乔夫与博布鲁伊斯克之间破坏古德里安的补给线和中央集团军群后方地域,但这些行动没能取得成功。虽说7月份上半月的确存在这样的机会,但魏克斯第2集团军月中开抵该地域后,"机会之窗"已然关闭。此时,魏克斯第2集团军第43军辖内第134、第260步兵师,已从苏军第21集团军步兵第66军手中夺得帕里奇(Parichi)。西南方,德军迫使库尔马舍夫支队退回拉布科尔车站(Rabkor),在此过程中他们包围并消灭了第53号装甲列车。因此,此时就算有能为戈罗多维科夫骑兵集群提供加强的部队,其兵力也寥寥无几。

这一切发生时,斯大林和大本营虽然全神贯注于斯摩棱斯克地域的战斗,但还是多次表达了对西方面军左翼集团军的失望之情。例如,红军总参谋长朱可夫7月23日代表大本营,为第13集团军司令员格拉西缅科的不作为对铁木辛哥提出严厉批评,责成他"立即核查第13集团军司令员和参谋人员的行为",因为据斯大林的眼线称,"(第13集团军)军事委员会没有执行西方面军的命令,未经方面军批准便擅离指挥所,没有对辖内部队加以监督,任其自生自灭"。[48]

同样在7月23日,大本营力图解决西方面军左翼的指挥控制问题,遂将铁木辛哥方面军拆分为两个方面军,也就是西方面军和中央方面军。F.I.库兹涅佐夫将军负责指挥新成立的中央方面军,该方面军编有第4、第13和第21集团军。第21集团军由叶夫列莫夫将军接手指挥:

为加强军队的指挥控制,总统帅部大本营命令

1.将西方面军分成西方面军和中央方面军。

2.西方面军指挥第22、第16、第20、第19集团军。

3.新成立的中央方面军指挥第13和第21集团军。第4集团军撤销,辖内部队转隶第13集团军。

4.西方面军与中央方面军的分界线如下:布良斯克、罗斯拉夫利、什克洛夫和明斯克。以上地点均由西方面军负责据守。

5.考虑将戈梅利、博布鲁伊斯克、沃尔科维斯克方向作为中央方面军的主要行动方向。

6.任命第21集团军司令员库兹涅佐夫上将担任中央方面军司令员,在第4集团军领率机关的基础上建立方面军司令部。

7.7月24日24点开始分割方面军。

8.中央方面军司令员应确定第13和第21集团军作战序列并呈交大本营审批。

9.汇报收悉和执行情况。

代表总统帅部大本营

朱可夫[49]

但无论劝诫还是批评都无法改变莫吉廖夫失陷、古德里安装甲力量向东深入、第21集团军反复发起的反冲击即将彻底耗尽实力这些可悲的现实。最重要的是，到7月份最后一周，魏克斯第2集团军的3个军已在博布鲁伊斯克、罗加乔夫、普罗波伊斯克地域展开行动，构成彻底歼灭第21集团军位于第聂伯河以西部队的威胁。面对这一现实，叶夫列莫夫通过他的新任方面军司令员库兹涅佐夫，请求大本营批准他把步兵第63军撤至河东岸更有利的防线上。大本营以惯有的固执拒绝了叶夫列莫夫的请求，理由是：

1. 以小股力量据守第聂伯河西岸会被敌人迅速打垮，对方将攻占日洛宾和罗加乔夫。

2. 敌人占领第聂伯河右岸后，会以小股力量迅速组织防御，将腾出的力量投向东南方，或用于加强其斯摩棱斯克集团。

我们认为中央方面军展开尽可能积极的行动非常必要，这样可以牵制大批敌军。

大本营禁止您把步兵第63军撤至第聂伯河东岸并要求您以积极的行动消灭敌人。我们特别需要扩大夜间实施的大规模歼击行动，以小股支队、榴弹炮、迫击炮和空中打击消灭敌人。[50]

★

就这样，到7月底时，对库兹涅佐夫的中央方面军来说木已成舟。第21和第13集团军显然无力发起任何后续进攻行动，前者在罗加乔夫以西占据位置暴露的防御，古德里安第2装甲集群右翼力量和魏克斯第2集团军彻底向前集结后，两股德军对中央方面军的防御发起打击只是个时间问题，而且其结果完全可以预料。但博克也很清楚，就像集团军群北翼的情况那样，为解决中央方面军而把古德里安宝贵的装甲力量向南分散，同样会给中央集团军群朝莫斯科的后续进军造成不利影响。因此，虽说对中央方面军的最后一击（这场行动将在几周内发起）肯定会以苏军的灾难性失败而告终，但也会令中央集团军群司令部对"巴巴罗萨行动"的命运产生极大的焦虑和担忧。

注释

1. 查尔斯·伯迪克、汉斯-阿道夫·雅各布森译，《哈尔德战时日记，1939年—1942年》，加利福尼亚州诺瓦托：要塞出版社，1988年，第471—475页。

2. 佩尔西·E.施拉姆主编，汉斯-阿道夫·雅各布森编撰并评述，《国防军最高统帅部战时日志（作战处），1940—1945年》（八卷本）第一卷，慕尼黑：伯纳德&格雷费出版社，1982年特许出版，1940年12月17日，第233页。该书以下简称为《最高统帅部战时日志》。

3. 同上，1941年2月3日，第297—298页和第1000页。

4. 同上，1941年6月26日至8月4日，第1019—1042页。

5. 参见博克发给最高统帅部的备忘录，以及他同豪辛格的电话交谈，收录于克劳斯·格贝特主编、戴维·约翰逊译，《陆军元帅费多尔·冯·博克：战时日记，1939年—1945年》，宾夕法尼亚州阿特格伦：希弗出版社，1996年，第255—257页。

6. 赫尔曼·霍特，《装甲作战》，海德堡：库尔特·沃温克尔出版社，1956年，第99页；《第3装甲集群作战报告》，收录于*Pz AOK 3, 21057*。

7. 例如，第3装甲集群不得不一连四天依靠不太可靠的无线电通信，直到7月17日晚才建立起电话连接，参见《第3装甲集群作战日志，1941年7月17日》，收录于*Pz AOK 3, 14837/2*。这一时期的战术行动态势图也具有误导性。收录于*HGr Nord: 75884*的《北方集团军群对苏战役，1941年》于1941年7月19日条目承认这一点："不清楚第16集团军的情况，因为其部队混杂在一起，具体情况尚不明朗。"陆军总司令部同一时期的态势图也是如此。

8.《第3装甲集群作战日志》，收录于*Pz AOK 3, 14837/2*；《第3装甲集群作战报告》，收录于*Pz AOK 3, 21057*。

9.《西方面军司令部1941年7月16日20点提交的第41号作战摘要：关于方面军辖内部队的作战行动》（Operativnaia svodka shtaba Zapadnogo fronta No. 41 k 20 chasam 16 iiulia 1941 g. o boevykh deistviiakh voisk fronta），收录于《伟大卫国战争作战文件集》第37期，莫斯科：军事出版局，1959年，第91页。

10. 叶尔沙科夫命令：……（4）将步兵第179、第170师，坦克第48师撤入预备队，将步兵第179师集结在大卢基，步兵第170师集结在克鲁佩维察、科科列瓦、普鲁多克，坦克第48师集结在纳济莫沃车站附近。（5）将步兵第29军军部和军直部队集结于大卢基，包括步兵第179和第170师，7月20日前完成补充和重组。（6）为同敌坦克展开斗争，建立集团军歼击支队，其编成我委托给佐罗阿斯特罗夫大尉同志。各军各师也应按照我的指示建立消灭敌坦克的战斗群。除此之外，还应组建快速障碍设置队和掩护支队。

参见《第22集团军司令员1941年7月17日下达的第5号战斗令：关于集团军辖内部队的后撤和重组》（Prikaz komanduiushchego voiskami 22-i Armii No. op/5 ot 17 iiulia 1941 g. na peregruppirovka i otvod voisk armii na novye rubezhi），收录于《伟大卫国战争作战文件集》第37期，第299页。

11.《哈尔德战时日记，1939年—1942年》，第478—479页；《陆军元帅费多尔·冯·博克：战时日记，1939年—1945年》，第249—254页。

12. 德国人识别出这些苏军是步兵第5、第30、第33、第128、第181师，摩托化第84师，坦克第48师的部分力量。

13. 参见北方集团军群这段时期的作战日志和每日态势图，以及《第16集团军第5号作战日志，第二部分，1941年7月7日—31日》，收录于*AOK 16, 22745/1*。

14.《陆军元帅费多尔·冯·博克：战时日记，1939年—1945年》，第252、第255—256页；亨宁·冯·特雷斯科上校与赫尔曼上校的电话交谈，收录于《北方集团军群作战日志，1941年7月20日》。

15. 第4集团军参谋长布鲁门特里特也向博克抱怨，没人告诉他究竟发生了什么事情。更添乱的是，由于天气恶劣，克鲁格的飞机在维捷布斯克附近迫降，差一点迷路。

16.《陆军元帅费多尔·冯·博克：战时日记，1939年—1945年》，第250—255页；这段时期的《北方集团军群作战日志》《第4集团军作战日志》《第9集团军作战日志》《第3装甲集群作战日志》及其作战报告，以及《第16集团军第5号作战日志》第二部分。

17.《第16集团军作战日志》，1941年7月19日。

18.《陆军元帅费多尔·冯·博克：战时日记，1939年—1945年》，第255—257页。

19. 第3装甲集群作战日志和作战报告；《第9集团军作战日志》；《第16集团军作战日志》第二部分。

20.《第22集团军司令员1941年7月21日下达的战斗令：关于集结和步兵第62军的战斗保护》（Boevoe rasporiazhenie komanduiushchego voiskami 22-i Armii ot 21 iiulia 1941 g. na sosredotochenie i boevoe obespechenie 62-go Strelkovogo korpusa），收录于《伟大卫国战争作战文件集》第37期，第299页。

21. 同上。

22.《第22集团军司令员1941年7月21日下达的第07号战斗令：关于消灭大卢基以南之敌》（Boevoi prikaz komanduiushchego voiskami 22-i Armii No. 07 ot 21 iiulia 1941 g. na unichtozhenie protivnika iuzhnee Velikie Luki），收录于《伟大卫国战争作战文件集》第37期，第300页。

23.《西方面军1941年7月21日提交的第50号作战摘要：关于方面军辖内部队的作战行动》（Operativnaia svodka shtaba Zapadnogo fronta No. 50 ot 21 iiulia 1941 g. o boevykh deistviiakh voisk fronta），收录于《伟大卫国战争作战文件集》第37期，第98—100页。

24.《西方面军司令部1941年7月23日20点提交的第55号作战摘要：关于方面军辖内部队的作战行动》（Operativnaia svodka shtaba Zapadnogo fronta No. 55 k 20 chasam 23 iiulia 1941 g. o boevykh deistviiakh voisk fronta），收录于《伟大卫国战争作战文件集》第37期，第101页。

25.《北方集团军群作战日志，1941年7月23日—27日》。

26.《第16集团军第5号作战日志》第二部分，收录于AOK 16, 22745/1。

27.《第22集团军司令员1941年7月26日下达给步兵第29和第62军军长的战斗令：关于坚守大卢基》（Boevoe rasporiazhenie komanduiushchego voiskami 22-i Armii ot 26 iiulia 1941 g. komandiram 29-go i 62-go Strelkovykh korpusov na uderzhanie Velikie Luki），收录于《伟大卫国战争作战文件集》第37期，第303页。

28.《第29集团军司令员1941年7月19日下达的第02号战斗令：关于集结在托罗佩茨地域》（Boevoi prikaz komanduiushchego voiskami 29-i Armii No. 02 ot 19 iiulia 1941 g. na sosredotochenie v raione Toropets），收录于《伟大卫国战争作战文件集》第37期，第362—363页；第29集团军的作战和情报摘要参见后几页。

29.《西方面军司令部1941年7月16日20点提交的41号作战摘要：关于方面军辖内部队的作战行动》（Operativnaia svodka shtaba Zapadnogo fronta No. 41 k 20 chasam 16 iiulia 1941 g. o boevykh deistviiakh voisk fronta），收录于《伟大卫国战争作战文件集》第37期，第91页。关于莫吉廖夫防御的详情，可参阅V.库兹涅佐夫，《从莫吉廖夫的防御谈起》（Iz oborony Mogileva），刊登于《军事历史》杂志（1963年12月）第12期，第88—91页。

30. 对这场轰炸及其影响的真实描述，可参阅A.I.叶廖缅科，《在战争初期》，莫斯科：科学出版社，1965年，第37-38页。

31.《第13集团军司令部的报告：关于辖内部队1943年7月21日的位置和状况》（Svedeniia shtaba 13-i Armii o polozhenii i sostoianii voisk na 21 iiulia 1941 g），收录于《伟大卫国战争作战文件集第37期》，第196—197页。

32. 同上，第197页。

33. 《第2集团军作战处作战日志，苏联部分第一册，1941年6月21日—9月18日》（AOK 2, Ia, KTB, Russland I, 21 Jun-18 Sept 41），收录于AOK 2 16690/1。魏克斯麾下的7个军向东开进：第35军由总司令部直接掌握，位于列奇察和第聂伯河以西161千米的普里皮亚季沼泽；第43军位于普季奇河与别列津纳河之间，据守博布鲁伊斯克，抗击苏军第21集团军的突击和苏军骑兵师的几次袭击；第53军在日洛宾与贝霍夫以南地域之间据守，亦遭到第21集团军攻击；第12军跟随第24摩托化军，在贝霍夫北面渡过第聂伯河；第13军仍担任集团军群预备队，但跟随在第12军身后；第7军逼近莫吉廖夫；第9军在第47摩托化军身后推进，正赶往斯摩棱斯克，以便同施特劳斯第9集团军第5军相配合，封锁包围圈西端。参见陆军总司令部东线作战的每日态势图。

34. 第15、第112、第197步兵师是最高统帅部最后的预备力量，参见《最高统帅部战时日志》，1941年7月26日。

35. 第23步兵师进攻莫吉廖夫的详情，可参阅保罗·卡雷尔，《东进》，美因河畔法兰克福：乌尔斯泰因出版社，1966年，第87—88页。

36. V.A.佐洛塔廖夫主编，《伟大卫国战争，1941年—1945年》第一册，莫斯科：科学出版社，1998年，第177页。

37. 同上。

38. A.A.马斯洛夫，《被俘的苏军将领：苏军将领被德国人俘虏后的命运》，伦敦：弗兰克·卡斯出版社，2001年，第11页。

39. 《西方向总指挥部军事委员会1941年7月27日呈交总统帅部大本营的报告：关于西方面军和中央方面军的情况》（Doklad Voennogo Soveta Zapadnogo Napravleniia ot 27 iiulia 1941 g. Stavke Verkhovnogo Komandovaniia ob obstanovke na Zapadnom i Tsentral'nom frontakh），收录于《伟大卫国战争作战文件集》第37期，第53—54页。

40. K.K.罗科索夫斯基，《军人的天职》，《军事历史杂志》（1989年6月）第6期，第52页。

41. 《西方面军司令部1941年7月16日20点提交的第41号作战摘要：关于方面军辖内部队的作战行动》（Operativnaia svodka shtaba Zapadnogo fronta No. 41 k 20 chasam 16 iiulia 1941 g. o boevykh deistviiakh voisk fronta），收录于《伟大卫国战争作战文件集》第37期，第93页。

42. 《西方面军司令部1941年7月18日20点提交的第45号作战摘要：关于方面军辖内部队的作战行动》（Operativnaia svodka shtaba Zapadnogo fronta No. 45 ot 20 chasam 18 iiulia 1941 g. o boevykh deistviiakh voisk fronta），收录于《伟大卫国战争作战文件集》第37期，第95—96页。

43. 《西方面军司令部1941年7月21日提交的第50号作战摘要：关于方面军辖内部队的作战行动》（Operativnaia svodka shtaba Zapadnogo fronta No. 50 ot 21 iiulia 1941 g. o boevykh deistviiakh voisk fronta），收录于《伟大卫国战争作战文件集》第37期，第100页。

44. V.A.佐洛塔廖夫主编，《伟大卫国战争，1941年—1945年》第一册，第80—81页。

45. 《第21集团军司令员1941年7月22日下达的第05号战斗令：关于消灭敌博布鲁伊斯克—贝霍夫集团》（Boevoi prikaz komanduiushchego voiskami 21-i Armii No. 05 ot 22 iiulia 1941 g. na unichtozhenie Bobruisko-Bykhovskoi gruppirovki protivnika），收录于《伟大卫国战争作战文件集》第37期，第287—288页。

46. 《西方面军司令部1941年7月23日20点提交的第55号作战摘要：关于方面军辖内部队的作战行动》（Operativnaia svodka shtaba Zapadnogo fronta No. 55 k 20 chasam 23 iiulia 1941 g. o boevykh deistviiakh voisk fronta），收录于《伟大卫国战争作战文件集》第37期，第101—102页。

47. 《西方面军司令部1941年7月26日8点提交的第59号作战摘要：关于方面军辖内部队的作战行动》（Operativnaia svodka shtaba Zapadnogo fronta No. 59 k 8 chasam 26 iiulia 1941 g. o boevykh deistviiakh voisk fronta），收录于《伟大卫国战争作战文件集》第37期，第106—107页。

48. 《总统帅部大本营发给西方向总指挥部司令员的第00491号训令：关于核查第13集团军司令员及

参谋人员的行为 》（ Prikaz Stavki VK No. 00491 Glavnokomanduiushchemu voiskami Zapadnogo Napravleniia o proverke deiatel'nosti komandovaniia i shtaba 13-i Armii ），收录于V.A.佐洛塔廖夫主编，《 最高统帅部大本营：1941年的文献资料 》，第88页。

49.《 总统帅部大本营第00493号训令：关于拆分西方面军 》（ Prikaz Stavki VK No. 00493 o razdelenii Zapadnogo fronta ），收录于V.A.佐洛塔廖夫主编，《 最高统帅部大本营：1941年的文献资料 》，第88—89页。

50.《 总统帅部大本营发给中央方面军司令员的训令：关于禁止步兵第63军后撤并以积极的作战行动守卫第聂伯河右岸 》（ Direktiva Stavki VK komanduiushchemu voiskami Tsentral'nogo fronta o zapreshchenii otvoda 63-go Strelkovogo korpusa i aktivizatsii boevykh deistvii po oborone pravoberezh'ia Dnepra ），收录于V.A.佐洛塔廖夫主编，《 最高统帅部大本营：1941年的文献资料 》，第97页。

第七章
古德里安集团军级集群歼灭卡恰洛夫集群和斯摩棱斯克包围圈的覆灭，1941年7月31日—8月6日

希特勒更改战略：第33、第34号指令

"巴巴罗萨行动"发起两周后，希特勒和哈尔德即便不能说欣喜若狂，也相当罕见地产生了一致看法——德国军队的表现极其出色，甚至认为东线战事已然获胜。但早在7月3日，希特勒就流露出对他宝贵的装甲部队的脆弱性的焦虑不安，首先是因为他们远远超出步兵支援范围，其次是因为他难以决定战役第一阶段结束后应当将他们投向何处。这个决策很可能决定战争的后续进程，因此它是希特勒不得不做出的最重要、最艰难的选择。[1] 希特勒的决定只会使德军统帅部更急于让博克"消灭俄国武装力量……打开通往莫斯科的道路"[2]。

虽然博克在斯摩棱斯克竭力复制他在比亚韦斯托克和明斯克取得的胜利，而且行动中也未发生明显的停顿，但7月中旬时的情况已经很明显，斯摩棱斯克合围战即便取得成功，也会比比亚维斯克和明斯克的行动耗费更多时间。希特勒焦急地等待着，在每周一次的联合战略会议上将他越来越强烈的受挫感发泄给勃劳希契和哈尔德。同身边的助手们商讨目前的两难境地时，他根本无法下定决心，究竟应该坚决寻求歼灭红军有生力量这种军事目标，还是实现政治或经济目标，例如消灭列宁格勒和莫斯科这种苏联政权的象征，抑或攫夺乌克兰和高加索的粮食及石油。[3] 最后，为达到军事、政治和经济目标间的均衡，希

特勒在7月中旬至8月下旬的五周内下达、更改、重新下达了六道指示和命令。他的做法使哈尔德痛苦地抱怨道，元首正插手干预他根本就不理解的事务。[4]

希特勒和整个指挥体系也对德国军队未能将苏军第27、第22集团军围歼于涅韦尔，没能把第13和第4集团军大部消灭在莫吉廖夫深感失望。再加上博克无法封闭将苏军部队紧紧困在斯摩棱斯克的陷阱以及两翼进军速度缓慢导致大批红军部队逃脱被俘的厄运，陆军总参谋长哈尔德深感焦虑，陆军总司令勃劳希契也沮丧不已。尽管哈尔德劝说道，为获得战场上的巨大胜利，必须允许其不急不忙地发展，但希特勒还是感到紧张和愤怒。[5]只有博克不太在乎涅韦尔的失败，因为中央集团军群的行动重点是斯摩棱斯克，另外也因为他更担心自己的装甲力量有可能调拨给北方和南方集团军群，这会给他攻往莫斯科的行动造成不利影响。

7月份下半月，希特勒和总司令部着手为实施战役下一阶段的行动更改战略，主要因为苏军在斯摩棱斯克周围的抵抗比预期更强。7月19日下达的第33号元首令宣布，"随着沿整条战线突破斯大林防线，以及各装甲集群向东的深远推进，东线第二阶段攻势已告结束"，德国国防军应"阻止大股敌军逃入俄国纵深腹地，并将其歼灭"。[6]这道指令的标题为《继续在东线进行战争》，指令中承认"中央集团军群消灭仍盘踞在我方快速兵团之间的敌强大集团，仍需要较长时间"，特别是"南方集团军群北翼部队的积极行动和机动自由，受到基辅要塞和在我们后方活动的苏军第5集团军的限制"。

这道元首令随后为德国军队确定了下一阶段战役的目标。

· **南方集团军群**的当前任务是以"第聂伯河以西的一场集中攻势"歼灭敌第12和第6集团军，"阻止他们撤过该河"。另外，应以"中央集团军群南翼部队和南方集团军群北翼部队紧密协同的方式，歼灭苏军第5集团军"。同时，中央集团军群完成先前任务、获得后勤补给并沿莫斯科方向部署好侧翼掩护后，除派若干步兵师挥师南下外，还应将新锐力量，主要是快速部队投入战斗，阻止已到达第聂伯河东岸的敌军逃入俄国纵深腹地并将其歼灭。

· **中央集团军群**，消灭被包围的大批敌军并解决补给问题后，应以未派往东南方的快速兵团切断莫斯科与列宁格勒间的交通线，在右翼掩护北方集团军群向列宁格勒推进的同时以步兵兵团继续攻向莫斯科。

·**北方集团军群**，只有在第18集团军同第4装甲集群建立联系、第16集团军可靠掩护其东翼的情况下，才能继续攻向列宁格勒。同时应夺取爱沙尼亚的海军基地，阻止尚在爱沙尼亚作战的苏军撤往列宁格勒，并尽快夺取爱沙尼亚诸岛。[7]

实际上，这道指令虽然批准博克以步兵兵团恢复向莫斯科的进军，实际效果却是阻止博克朝苏联首都推进，直到友邻集团军群消除中央集团军群侧翼遭受的威胁。不言而喻，侧翼这些问题解决后，博克就需要用他的步兵兵团和部分装甲力量攻克苏联首都。但在此之前，他的装甲主力将加入莱布向列宁格勒的进军，以及伦德施泰特对基辅实施的钳形攻势。归根结底，这道指令反映的是哈尔德一贯的理念，也可能是希特勒认为苏军在斯摩棱斯克及其周边的抵抗远较预期为强的证据，另外还是一种公开承认——鉴于苏军抵抗激烈，立即攻向莫斯科尚不可行。

希特勒待在东普鲁士的大本营里，身边挤满了他挑选出来的亲信，实际上是活在一个超现实的孤立世界内。他通过"小圈子"里的这些人对德国国防军的指挥控制施加不同程度的影响，这些亲信包括戈林（德国空军总司令）、凯特尔（最高统帅部参谋长）、约德尔（国防军指挥参谋部参谋长）、鲁道夫·施密特少将（希特勒的国防军副官）、格哈德·恩格尔少校（希特勒的陆军副官）、尼古拉斯·冯·贝洛少校（希特勒的空军副官）、卡尔-耶斯科·冯·普特卡默尔上校（希特勒的海军副官）、维利·戴勒少校（约德尔的副官）、空军将军卡尔·博登沙茨（戈林派驻元首大本营的联络官）和埃克哈德·克里斯蒂安中校（派驻国防军指挥参谋部的联络官）[8]。但7月21日星期一，希特勒设法暂时逃离这个"保护茧"，首次赶去视察东线诸集团军群。7月21日视察完莱布的司令部后，他于8月4日赶至博克的司令部，两天后又去探望伦德施泰特。[9]可是，鉴于希特勒对战术行动不断施加影响，他对北方集团军群的视察具有特殊意义。

7月21日6点15分，元首乘坐一架大型容克飞机，在一架同型号备用机陪同和两架战斗机掩护下到达马尔纳瓦机场。在凯特尔和一小批随从（包括党卫队保镖和新闻片及摄影记者）陪同下，希特勒一行搭乘2辆特制四驱指挥车和3辆豪华轿车（这些车辆是希特勒的工作人员从拉斯滕堡沿公路行驶660千米带来的），驱车半英里赶至莱布设在附近的指挥部。据目击者称，到达充当莱布指挥部的园艺学校时，面色苍白、神情紧张的希特勒穿着他自己设计的原野灰制服，外面套着件浅棕色雨衣[10]。

莱布向希特勒简要汇报情况，但没有告诉他苏军在涅韦尔的突围。据莱布报告，布施第16集团军已转身向北，攻往下一个目标，也就是列宁格勒，待布施的步兵力量赶上装甲部队，他将以霍普纳第4装甲集群继续向列宁格勒遂行主要突击。莱布补充道，他打算以屈希勒尔第18集团军部分力量肃清爱沙尼亚并夺取波罗的海的萨雷马岛和希乌马岛，他随后回顾了先前的作战行动，对克服复杂地形和恶劣气候的各步兵师大加称赞。虽然希特勒静静地聆听着莱布对敌情和补给问题的阐述，但他的思绪似乎专注于下一步该如何行事。他对集团军群的情况不太满意，认为北方集团军群没能在任何一处集中力量，而且"一切都做得不对"[11]。

实际上，希特勒预计红军会在8月底前崩溃并认为夺取列宁格勒是促成这种崩溃的关键。在这方面，元首认为至关重要的是切断莫斯科—列宁格勒铁路线，从而剥夺苏联人从莫斯科向列宁格勒调遣兵力的能力。很显然，希特勒再次考虑将霍特第3装甲集群调往东北方，这样一来，该集群就将穿过瓦尔代丘陵，在上沃洛乔克切断莫斯科—斯摩棱斯克铁路线，此举将为莱布集团军群攻向列宁格勒提供帮助。

但正如希特勒描述的那样，究竟何时攻下莫斯科还取决于博克集团军群的状况，因为"博克麾下部队仍被牵制数日"，正忙于封闭斯摩棱斯克包围圈。希特勒解释道，是否将霍特装甲集群调离莫斯科方向派往东北方，这个关键性决定将在五日内做出。倘若做出这个决定，古德里安第2装甲集群就应转向东南方，中央集团军群只以步兵集团军攻向莫斯科。这种抉择并未令元首感到困扰，"因为莫斯科不过是个地理目标而已"[12]。直到莱布指出尽早做出决定的必要性（因为这将影响到第16集团军在伊尔门湖以南的部署），希特勒才下令出示一幅作战态势图。

虽然希特勒已将第33号元首令的详情告知莱布，但此时还没有谁开始执行这道命令。哈尔德怀疑凯特尔在敦促希特勒将霍特集群调往东北方，和博克一样，哈尔德长期以来一直认为莫斯科应该是主要目标，将霍特派去协助莱布，无异于放弃莫斯科这个重要目标，因为仅凭步兵力量无法完成这项任务。不管怎样，自哈尔德派他的私人代表莱因霍尔德·盖伦上校列席会议后，意见的分歧再度公开显现出来。[13]

直到1940年12月16日[①]，希特勒回想起当初的理念，慨叹自己没有从一开始就为北方集团军群配备足够的力量，虽然他意识到这一事实，但已无法做出改变。如果他早些将霍特装甲集群调给北方集团军群，就能削弱拉多加湖以南之敌，包围列宁格勒的行动会变得更加容易，莱布也能同芬兰人取得会合[14]。

离开莱布司令部当日，希特勒粗暴地拒绝同莱布的工作人员共进早餐，尽管他们已等候在军官食堂。离开简报室下楼时，希特勒语焉不详地提及伏罗希洛夫如何处决了一位集团军司令员和十名参谋人员，就因为他们从波罗的海诸国撤离。整个视察期间，党卫队人员一直警惕地守卫着他的飞机和指挥部大楼。希特勒的飞机11点30分从马尔纳瓦起飞，一名党卫队特别信使留了下来，他接到的指示是，一旦列宁格勒陷落，立即向元首汇报。十天后，列宁格勒仍在苏联人手中，这名信使被召回德国。

可能是受到莱布说辞的启发，希特勒7月23日为第33号元首令下达了一道补充令，重申他打算在进军莫斯科之前攻占列宁格勒的意图并把霍特装甲集群调给莱布，以便北方集团军群顺利完成任务。[15]另外，这道补充令扩大了前一道指令阐述的总体概念：

· **南方集团军群**，必须最终击败并彻底歼灭仍盘踞在第聂伯河以西之敌。待战役态势和后勤支援状况许可，第1、第2装甲集群就将隶属第4装甲集团军司令部（这个新指挥部建立在伦德施泰特指挥下），步兵和山地步兵师紧随其后，夺得哈尔科夫工业区后，便应渡过顿河攻入高加索地区。步兵师主力的任务是夺取乌克兰、克里木和俄罗斯联邦顿河的领土。这项任务完成后，布格河西南方占领地区的行政事务交给罗马尼亚军队管理。

---

① 译注：1941年。

· 斯摩棱斯克地域及南翼的态势获得改善后，**中央集团军群**必须以辖内两个集团军的强大步兵兵团击败盘踞在斯摩棱斯克与莫斯科之间的敌军，以左翼力量尽量向东推进，夺取莫斯科。暂时将第3装甲集群转隶北方集团军群，为其右翼提供支援并包围列宁格勒地域之敌。为遂行攻向伏尔加河的后续任务，我打算将第3装甲集群的快速兵团归还原建制（但不是第2装甲集群）。

· 获得第3装甲集群后，**北方集团军群**就能够调拨大批步兵力量用于进军列宁格勒，从而避免快速兵团因在复杂地形实施正面进攻而受到消耗。必须歼灭仍在爱沙尼亚作战的敌军。采取这一行动时，务必阻止他们乘船逃离并穿过纳尔瓦退往列宁格勒。完成这项任务后，第3装甲集群必须再次转隶中央集团军群。

· 尔后，待条件许可，总司令部将把北方集团军群包括第4装甲集群在内的部分力量，以及南方集团军群部分步兵力量撤回国内。采取这一行动时，必须把第4装甲集群的装备和人员调拨给第3装甲集群，使其彻底恢复战备状况。必要时，第1、第2装甲集群必须合并他们的兵团（仍在南方集团军群辖内），从而完成受领的任务。[16]

第33号元首令及其补充规定与斯摩棱斯克交战一样给博克造成了困扰，但更为不幸的是，除了对基辅发起进攻外，这道指令还提出一个诱人但过于雄心勃勃的目标，即入侵顿河和伏尔加河地域，以及依然遥远的高加索产油区。[17]

7月份下半月，激烈的战斗在中央集团军群整个交战地域肆虐，特别是沿涅韦尔、斯摩棱斯克和索日河方向，但沿集团军群南翼进行的战斗，持续的时间更长，涵盖的范围更广，比北翼的战斗更具决定性。例如，霍特装甲集群和施特劳斯第9集团军攻向东北方，从7月10日渡过西德维纳河，月底时才前出到大卢基和亚尔采沃一线，这一个月的时间里，其战线宽度仅仅从165千米扩大到约180千米。形成鲜明对比的是，古德里安第2装甲集群和魏克斯第2集团军，编有3个摩托化军和7个步兵军（霍特和施特劳斯只有2个摩托化军和4个步兵军），7月10日沿约267千米宽的战线展开行动，到月底时，他们的战线宽度超过417千米。[18] 另外，在这段时期，霍特和施特劳斯的部队没能封闭涅韦尔包围圈，而古德里安和魏克斯的部队却一举消灭莫吉廖夫和罗斯拉夫利包围圈。作为对这一事实的承认，博克7月27日将两个装甲集群调离克鲁格的指挥，从而撤销了一个在他看来毫无价值、纯属累赘的指挥部。[19]

到7月底，希特勒和最高统帅部越来越意识到他们的行动范围过大，另外，他们也很清楚，尽管实力依然强大，但德国军队不再具备按照"巴巴罗萨计划"的要求，沿列宁格勒、莫斯科、基辅战略方向同时发起全面进攻的能力。首先，虽说德国军队的初期进展蔚为壮观，但到7月底，脆弱的后勤保障机构已无法为各集团军群提供必要的补给。例如，第2装甲集群遭到围攻的位于叶利尼亚的杰斯纳河登陆场，距离最近的铁路末端720千米，恶劣的路况给轮式车辆的行进造成困难，为跟上先遣部队数量不断减少的坦克而步行跋涉的步兵就更加艰难了。步兵们军靴不足，而陆军军需官们则指出，可供配发的冬装数量有限。

但希特勒不愿把更多坦克和重要装备运往前线，因为他希望以这些技术装备组建新装甲师并在战局结束后改装现有装甲师。另外，他以牺牲战场上各集团军的补充为代价，于7月14日下令增加潜艇和新型坦克的产量。希特勒的微观管理让人头疼不已，8月4日，在中央集团军群司令部召开的会议上，高级将领们不得不请求元首为他们的三号坦克调拨350台替换引擎。[20] 另外，德军遭受的伤亡不断增加，但兵力没能获得相应补充。例如，截至7月31日，三个集团军群伤亡总数达213301人，但只获得4.7万名补充兵。[21] 结果，总司令部不得不在7月30日宣布暂停行动，以便中央集团军群进行休整和补充。

第三点也许最令德国领导人失望，虽然红军遭受到巨大损失，但并未像预期的那样土崩瓦解，他们的抵抗变得越来越激烈，越来越顽强。结果，德国各集团军群的前进速度放缓，越来越难以在不影响主要任务的前提下封闭他们之间的缺口。

虽说并非所有德国高层人士都如此清楚、如此悲观地看到这种情况，但的确有很多人为如何迅速结束这场战争寻求更明确的指导。就连希特勒也抱怨道，要是他知道古德里安战前所说的苏联坦克数量这么准确，他也许不会发动这场战争。[22] 希特勒和他的许多高级将领选择的解决之道是包围并歼灭被绕过的苏军部队，防止其人员逃脱后重新加入战斗。但古德里安和冯·曼施泰因这些较年轻的指挥官反对这种策略，因为这会拖缓他们发展突破的速度并让敌人在每次遭到突破后都能重建其防御。这一切为希特勒决定给东线德军下达一道新指令提供了背景。

希特勒和他的高级将领们思考如何解决他们的战略困境时，注意力自然而然地集中于古德里安近期在斯摩棱斯克以南取得的胜利上。简言之，在战略现实显而易见和希特勒专注于经济目标的背景下，古德里安在罗斯拉夫利的成功反突击，轻而易举地消除了苏军从南面对斯摩棱斯克构成的威胁，也强调了德军向南进军、打击据守基辅的苏军部队之北翼的可能性，这种可能性目前正在逐渐加大。利用苏联人在斯摩棱斯克以南的战略防御上的薄弱点，古德里安的装甲力量可以歼灭顽强防御的西南方面军，攻占基辅，为随后进入顿涅茨盆地（顿巴斯），甚至高加索山区打开通道。同时，通过消除中央集团军群南翼遭受的威胁，还能为德军从西面和西南面向莫斯科发起更轻松、代价更低的进军扫清障碍。

基于这些考虑，希特勒7月30日下达第34号元首令，暂时推迟"完成第33号元首令及其补充规定中提出的目标和任务"，这是"最近几天的态势发展，大批敌军出现在前方，后勤补给状况，为第2和第3装甲集群提供十天休整时间的必要性"所致。[23]从希特勒前一道指令的逻辑发展来看，这道新指令阻止了博克攻向莫斯科并把德军装甲力量调往列宁格勒和基辅：

· **北方集团军群**应在伊尔门湖与纳尔瓦河之间遂行主要突击，继续攻向列宁格勒，从而包围该城并同芬兰军队建立联系。这场进攻应限制在伊尔门湖以北的沃尔霍夫地带和该湖以南，只有进攻伊尔门湖以北地域的部队之右翼获得掩护后，才能继续向东北方深入。在此之前应恢复大卢基地域的态势。将所有未参与伊尔门湖以南攻势的部队调拨给在北翼遂行进攻的力量。第3装甲集群辖内各装甲兵团彻底恢复战备状况并做好准备前，该集群不得向瓦尔代丘陵发起计划中的进攻。但是，中央集团军群左翼力量必须向东北方推进到足以掩护北方集团军群右翼的深度。第18集团军的首要任务是肃清盘踞在爱沙尼亚的所有敌军，之后，集团军辖内各师可以朝列宁格勒推进。

· **中央集团军群**应在地形最有利的地带转入防御。应当为打击苏军第21集团军的后续进攻行动占据有利出发阵地，为此可以实施目标有限的进攻。一旦情况允许，就将第2、第3装甲集群撤出战斗，让其抓紧时间进行休整和补充。

　　· **南方集团军群**目前应以自身力量继续在战线南端战斗，歼灭第聂伯河以西的大股敌军，在基辅及其南面夺取登陆场，为第1装甲集群尔后渡至第聂伯河东岸创造条件。将正在基辅西北方沼泽地域行动的苏军第5集团军拖入第聂伯河以西的战斗中并将其歼灭，必须防止该集团军渡过普里皮亚季河向北突围。[24]

　　实际上，由于苏联人沿莫斯科方向的抵抗不断加剧，希特勒决定，德国军队必须暂停进攻，然后将重点转向北面的列宁格勒和南面的基辅、乌克兰。为此，他命令博克停止对莫斯科的进攻，将两个装甲集群撤出战斗加以整补，然后把他们暂时转隶北方和南方集团军群。陆军总司令部作战日志中写道：

　　就这样，敌人获得一个月时间，在莫斯科以西挖掘战壕、组织防御，并在8月份击退我军以力量不足的军队发起的一场进攻。归根结底，他们实现了对他们来说最重要的东西。他们不断威胁我军侧翼，从而破坏我方部队的连接。另外，他们还成功消除了莫斯科几周来遭受的直接威胁，从而在政治上获得了巨大的成功。[25]

　　由于苏军在斯摩棱斯克的防御并未成功到足以引起德军高级将领们注意的程度，他们在各自的回忆录中几乎未对此加以提及。但实际上，闪电战的势头正在丧失，不仅仅因为德军统帅部的犹豫不决，也是红军顽强抵抗所致。相比之下，红军在斯摩棱斯克周围赢得的有限胜利提高了部队的士气，为铁木辛哥和大本营组织莫斯科的防御提供了宝贵的时间。但可悲的是，铁木辛哥和大本营都没能对这个机会加以利用。相反，受到7月份有限战果的激励，在更加好战的朱可夫的推动下，斯大林命令红军8月和9月初在斯摩棱斯克地域发起一场更具雄心的反攻。

　　8月4日晨，希特勒飞赴鲍里索夫，亲自对博克在斯摩棱斯克赢得的历史性胜利表示祝贺，8月6日又同伦德施泰特会晤，这两场会面发生在伦德施泰特赢得乌曼战役的背景下。[26] 虽说德军在乌曼战役中俘获的俘虏仅为斯摩棱斯克包围圈的三分之一，但还是远远高于莱布的战果。随着数字的增加，8月6日中午，德国人大张旗鼓地发表四份特别公报，向震惊不已的全世界宣布战俘总数，还首次公开东线各集团军群、集团军、装甲集群和空军指挥官的名字。[27]第四号特别公报声称德军累计俘获895000名俘虏，击毁或缴获13145辆坦克、10388门火炮和9082架飞机，几乎是7月11日发表的公报中所说的40万名俘虏、7615辆坦克、4443门火炮、6233架飞机的两倍。虽然公报中没有提及，但希特勒估计红军已在战斗中阵亡300万人。[28]用希特勒的话来说，最终的胜利已确定无疑，德国军队已做好准备，将在新战役阶段继续对敌人施以致命打击。

但希特勒的内心并未充满这种大张旗鼓公开展示的信心。例如，在希特勒到来前先行展开的视察中，凯特尔称元首非常紧张。希特勒曾向身边的亲信们承认，设法确定"巴巴罗萨行动"的真实状况时，他度过了一个个不眠之夜。一方面，德国军队取得了惊人进展，红军在战争头六周阵亡约300万人、被俘近50万人，这种战果既具有压倒性，也令人难以置信。[29]若再加上苏联巨大的物资损失，红军应该已不再具备实施大规模协同进攻的能力。但另一方面，他们仍在抵抗，而且还跨过整条战线反复发起无情的进攻。因此，希特勒希望亲自掌握装甲部队的状况，特别是听听装甲集群司令们的看法，将要根据他修改后的战役计划将战斗引入苏联纵深腹地的力量，正是这些装甲集群。

在这方面，希特勒听到的大多是他想听到的东西。虽然古德里安承诺8月15日前恢复50%的装甲力量，霍特保证在8月20日前恢复60%的装甲力量，但他们的前提条件都是获得新坦克引擎。希特勒答应从8月10日起将他们的各个师撤出前线并提供350台引擎（一个月的产量），以空运的方式送至东线。具有讽刺意味的是，陆军总司令部已提供这些引擎，数量是几个装甲集群实际需求量的一半，他们没有寻求希特勒的批准，后者对此并不知情。[30]尽管如此，古德里安和霍特的估计还是太过乐观，因为两个装甲集群已下降到一个军的实力，军的实力降为师，各个师的力量仅相当于一个团。其结果是，就连古德里安也担心失去他的装甲师，因而不愿将这些装甲师单独投入战斗。另外，特别公报没有提及德军的伤亡，截至7月31日，这个数字已攀升到213301人，包括8126名军官和205175名士兵。[31]在所有的作战部队中，装甲部队的伤亡比较大，因为他们从事的战斗更多。

希特勒没有对他的将领们提及这些损失，也没有同他们讨论他更关心的问题。[32] 这些问题包括他希望日本认清"决定命运的时刻"，在远东发起一场进攻，以此支援德军的攻势，但这个希望没能及时实现，从而对"巴巴罗萨行动"产生了影响。另外，他对美国占领冰岛构成的威胁深感不安，因而命令U艇撤离相关海域，以免在对苏战争结束前与美国发生冲突，甚至是战争。但在心中自问"结束对苏战争需要多少时间"和"我还有多少时间"这些核心问题时，希特勒找不到明确的答案。因此，尽早打垮苏联至关重要。不幸的是，陆军总司令部已独自着手组织并储备东线所需要的冬装。[33]

因此，7月份下半月和8月初这段时期是这场战争中的罕见时刻，接连不断的反复似乎并未造成停顿，德军仍掌握行动自由，仍可做出影响战局的决定。几乎是这一生中的第一次，希特勒不知道该如何是好。他对前线的视察也没能找到解决之道。结果，他下达、修改、取消、重新下达一连串指令，但这些指令并未按照他的意图获得执行，部分原因是陆军总司令部和各集团军群的反对，部分原因是苏军采取了行动。反映出这种犹豫不决的是，第33号元首令（7月19日）要求中央集团军群以其步兵力量攻向莫斯科，这道指令的补充规定（7月23日）将古德里安第2装甲集群永久性转隶南方集团军群，将霍特第3装甲集群暂时转隶北方集团军群，而第34号元首令（7月30日）又停止中央集团军群的进攻并让两个装甲集群撤出前线进行整补。最后，苏军的进攻继续干扰这些指令的执行，同高级将领们商讨后，希特勒于8月12日下达第34号元首令补充规定，从而结束了一连串相互矛盾的命令，这份补充规定要求三个集团军群在大卢基和戈梅利的内翼发起联合进攻。

这些指令和补充规定不可避免地导致希特勒决定推迟向莫斯科的进军，取而代之的是对基辅地域的苏联军队实施一场大规模合围。这段时期，希特勒一直考虑经济目标，而非军事目标，他内心的指南针指向一系列新优先目标，列宁格勒位居首位，紧随其后的是乌克兰东部的哈尔科夫和顿巴斯，最后才是莫斯科。至少这是希特勒8月4日留给博克司令部和总司令部的印象。但两边下注的希特勒告诉博克，他也在考虑从中央集团军群最东面的叶利尼亚突出部发起一场集中但规模有限的进攻，这是古德里安和霍特所建议的。[34] 兴高采烈的博克向他保证，这样一场突击可能具有决定性，因为它将粉碎苏军最后的防御集结，打开通往莫斯科的道路。

8月4日的会议做出了大部分关于严格的战术和编成问题的决定，这些问题同战场态势密切相关，例如博克左翼的大卢基，中央地带的叶利尼亚，右翼沿索日河从罗斯拉夫利延伸到戈梅利，这些都是让希特勒和博克烦恼不已的压力点。从更广泛的意义上说，虽然希特勒的许多指令明确无误，但没有约束力，因为几乎整个陆军领导层，甚至包括约德尔和最高统帅部的指挥参谋部都反对这些指令。结果，陆军总司令部只执行了他轰炸莫斯科的命令，仅取得些许战术成果。[35] 归根结底，指令的这些变更反映出希特勒、陆军总司令部、战地指挥官之间的分歧，以及红军出人意料的顽强和不屈不挠的抵抗。最重要的是，这些变更表明了希特勒对后续作战行动的困惑。[36]

卡恰洛夫集群的覆灭，7月31日—8月6日

博克消灭斯摩棱斯克包围圈、魏克斯肃清莫吉廖夫口袋的最后阶段，古德里安第2装甲集群第46和第24摩托化军开始敏锐地靠向中央集团军群的主要突击，赶往南面去解决对消灭斯摩棱斯克包围圈的持续作战行动最大的威胁。铁木辛哥投入斯摩棱斯克反攻的最强大战役集群当属卡恰洛夫集群，该集群以卡恰洛夫第28集团军为核心组建而成，7月23日晨，他们从斯摩棱斯克以南110千米、索日河东面的罗斯拉夫利向北攻往鲁德尼亚、波奇诺克和斯摩棱斯克。卡恰洛夫集群目前编有步兵第145、第149师，横跨罗斯拉夫利—斯摩棱斯克公路向北攻击前进，V.G.布尔科夫上校的坦克第104师在他们右侧的道路东面，卡恰洛夫将步兵第222师留在罗斯拉夫利西面掩护集群之左翼。此时，布尔科夫师尚有42辆KV和T-34坦克。（参见地图4.8）

起初，卡恰洛夫遂行突击的坦克和步兵中，有两股力量掩护维廷霍夫第46摩托化军攻向叶利尼亚时敞开的右翼，他们分别是"大德意志"摩托化步兵团和内林第18装甲师一个战斗群，卡恰洛夫集群迫使他们缓缓向北，穿过鲁德尼亚退往波奇诺克。虽然内林实施巧妙的后撤，但卡恰洛夫的部队构成从南面包围他的侧翼和维廷霍夫军位于叶利尼亚前沿阵地的威胁。博克别无选择，只能以第9军第263、第292步兵师加强受威胁地带，两个师在莫纳斯特里谢（Monastyrishche）进入阵地，毗邻第18装甲师右翼。

卡恰洛夫麾下部队能力低下，他们倾向于发起代价高昂的正面冲击，而

且没能集中使用坦克，没能为步兵提供足够的炮火支援，这在很大程度上使第9军虚弱的战斗群和第18装甲师得以阻挡住卡恰洛夫的推进，他们甚至在7月27日日终时夺回了鲁德尼亚。但是，德军的力量太过虚弱，无法迫使苏军退往罗斯拉夫利，内林不得不把他的师变更部署到东北方的叶利尼亚，以协助第10装甲师击退铁木辛哥在那里反复发起的猛烈突击。卡恰诺夫无力夺取波奇诺克，更不必说赫马拉河上的渡口了，深感失望的大本营7月29日命令他前调担任预备队的山地骑兵第21和骑兵第52师，掩护罗斯拉夫利以西的左翼并重新组织进攻行动。之后，斯摩棱斯克南面出现了短暂的平静，博克和总司令部寻找着解决卡恰洛夫集群的办法，最显而易见的解决之道是将任务赋予施韦彭堡第24摩托化军。（参见地图5.8）

同总司令部协商后，博克决定以古德里安位于最南面的摩托化军彻底解决"卡恰洛夫问题"，施韦彭堡第24摩托化军将全力发起一场突击，夺取罗斯拉夫利（这个重要的交叉路口和交通中心紧靠在卡恰洛夫身后），然后包围并歼灭卡恰洛夫这股令人烦恼的力量。7月27日，古德里安在鲍里索夫当着勃劳希契的面向博克汇报他拟制的进攻行动，并从上级那里获得了准备、实施行动的批准。

此时，总司令部已将古德里安装甲集群升格为一个完整的集团军级集群（古德里安集团军级集群）并把克鲁格缩小的第4集团军司令部撤至莫吉廖夫。同时，总司令部还把霍特装甲集群从第4装甲集群[1]调给施特劳斯第9集团军，但在施特劳斯病倒后，霍特于8月5日接掌了这两股力量的指挥权。经过这番调整，博克发现自己可以同辖内集团军直接打交道，而不再受到克鲁格的掣肘。为加强古德里安集团军级集群，使其能够坚守斯摩棱斯克和叶利尼亚，同时攻往罗斯拉夫利并让部分装甲力量得到休整，博克将7个步兵师调拨给古德里安，其中包括第20军部署在叶利尼亚地段的第15、第268步兵师，第7军第7、第23、第78、第197步兵师，这些师可用于索日河战线。[37]

罗斯拉夫利周边这片战场，从克里切夫地域沿索日河向东延伸130千米至杰斯纳河，从波奇诺克向南延伸约56千米至罗斯拉夫利。罗斯拉夫利城在德军

---

① 译注：原文如此。

战线前方65千米处，稍稍超过一天的行程，该城位于莫吉廖夫—布良斯克公路与所谓的莫斯科主公路的交界处，莫斯科主公路从博布鲁伊斯克起，穿过罗加乔夫、克里切夫、罗斯拉夫利直至莫斯科。古德里安赋予施韦彭堡第24摩托化军两项任务：以第10摩托化和第7步兵师掩护集团军级集群右翼，在克里切夫抗击苏军从戈梅利地域发起的进攻，同时以第3、第4装甲师攻往东北方的罗斯拉夫利。两个装甲师将同第9军第292、第263、第197步兵师会合，这些步兵师从波奇诺克地域向南攻往罗斯拉夫利。[38]（参见地图5.3）

同时，第7军第7、第23、第78步兵师将跟随第24摩托化军的推进并在其左翼加入交战，以填补该师与第9军步兵师之间的缺口，从而完成包围圈。虽然战役构想很简单，但这场行动充满危险，因为古德里安展开行动时，适逢铁木辛哥对叶利尼亚的反突击达到高潮，在那里，仅7月30日一天，德军便击退对方30次冲击。古德里安这场行动面临着潜在危险，若铁木辛哥迅速做出应对，完全可以对其侧翼发起打击。

卡恰洛夫对集团军进攻行动头六天的缓慢进展深感不满并对表现欠佳的下属们大加申斥，特别是他那些步兵师师长们。铁木辛哥同样如此。尽管多次下达命令纠正那些显而易见的缺陷，但在大本营的鼓动下，8月1日22点，古德里安装甲力量从西面展开进攻几小时后，这位方面军司令员发出一份电报，严厉斥责卡恰洛夫：

行动初期，尽管您的集群在坦克和火炮方面明显具有优势，但您没能取得决定性胜利，因为您错误地判断了敌人的战术，他们以独立支队在您前方展开行动，熟练操作各种技术装备并以坦克和飞机实施突袭。

您必须投入强有力的步兵群，同坦克和炮兵密切配合，从而消灭敌人的支撑点。您的坦克各自为战，炮兵在后方很远处行动。步兵们在得不到坦克和火炮支援的情况下战斗。

因此我命令您：

1.继续展开果断进攻，当前任务是夺取波奇诺克地域。赋予骑兵们的任务是从您的侧翼后方迂回到敌人身后。

2.投入坦克师，同步兵紧密配合并以强大的炮兵提供支援。

3.以火炮充当反坦克炮并在各个师的战斗编队中担任步兵支援组。

4.步兵歼击支队以巧妙、决定性的夜间行动消灭敌人。[39]

8月1日晨，施韦彭堡两个装甲师发起突击，第9军步兵师次日跟上。在这两个行动中，古德里安亲自率领部队，他认为有必要鼓励步兵，因为他的军缺乏在空中支援下实施装甲—步兵联合行动的经验。屈恩第3[①]和朗格曼第4装甲师的初步突击，立即在第13集团军步兵第8和第148步兵师设在卡恰洛夫左翼的防御上撕开一个大缺口，德军坦克和步兵穿过缺口，犹如潮水般向前涌去。突破卡恰洛夫的防御后，两个装甲师沿罗斯拉夫利公路向东疾进，第3装甲师沿克里切夫—罗斯拉夫利公路占据拦截阵地，第4装甲师直奔罗斯拉夫利，而第7军第197、第23、第78步兵师沿同一条公路向东进击。这场突击一举打垮苏军骑兵第21和第52师的防御，将两个师分隔开，并迫使他们混乱不堪地朝不同方向退却，步兵第222师左翼还遭到了迂回。第7军辖内步兵从西面攻向罗斯拉夫利，驱散前方的苏军步兵时，第9军第137、第292、第263步兵师向南发起突击，迂回卡恰洛夫集群的两翼。（参见地图7.1）

德国人展开进攻，关于他们的实力和目标的信息姗姗来迟，而且相当混乱，卡恰洛夫最终凭借自己的智慧命令麾下部队采取适度的保护措施。他承认"8月1日5点，敌快速摩托—机械化力量沿鲁德尼亚诺瓦亚、扎尔科夫卡、希片科、佩切尔斯克、布良卡、佩切尔斯卡亚布达、维德里察一线发起进攻"，因此，"约100辆坦克和摩托化步兵"8月1日17点10分已突破到罗斯拉夫利公路上的兹文恰特卡（Zvenchatka），他命令：

· **坦克第104师**——重组辖内部队，实施侦察并注意敌人的动向。

· **步兵第149师**——实施侦察并把一个团撤入第二梯队。

· **步兵第145师**——向西实施侦察，坚守阵地，将步兵第599团撤至斯托多利谢以西10千米地域。

· **独立侦察营**——集结于斯托多利谢以东5千米处。

---

① 译注：原文如此。

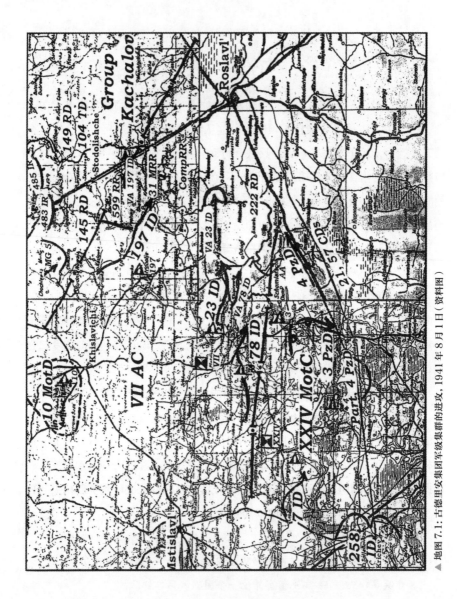

▲ 地图 7.1：古德里安集团军集群级集群的进攻，1941 年 8 月 1 日（资料图）

　　·摩托化步兵第31团——据守斯托多利谢以南10—12千米地域，步行向西北方和西南方实施侦察，同左侧步兵第599团、右侧混成团保持联系，做好接收12门反坦克炮并以其击退敌坦克的准备。

·**混成团**——留在克拉皮温斯卡亚地域，准备向西攻往新杰列布日，在新杰列布日和扎别加耶夫卡同摩托化步兵第31团、沿罗斯拉夫利以北公路同步兵第222师保持联系，做好接收反坦克炮兵第758团第3营和24门反坦克炮的准备，在通往罗斯拉夫利的公路上组织防坦克防御，沿各条道路和华沙（罗斯拉夫利）公路实施侦察。[40]

鉴于该集群先前表现出来的缺点，卡恰洛夫还为直至连级的下属指挥员们提供指导，详细阐述如何设立更有效的防坦克防御，包括对即将发起进攻之敌坦克的观察和警告程序，反坦克炮的部署、梯次配置、与炮兵协同（以确保火力的连续性），以及使用所有火炮直接射击敌坦克。[41]

尽管做出这些悉心指导，但德军这场突击的发展速度非常快。8月2日黄昏，朗格曼第4装甲师的坦克和装甲掷弹兵距离罗斯拉夫利西郊已不到15千米，次日就将从西面攻入城内。北面，第4装甲师左侧，第6军[①]第23和第78步兵师的步兵，与其左侧第9军第197步兵师相配合，挤压卡恰洛夫集群之左翼，向东攻往波奇诺克—罗斯拉夫利公路，第197步兵师实际上在卡恰洛夫设于斯托多利谢（Stodolishche）附近的指挥部与罗斯拉夫利之间切断了罗斯拉夫利—斯摩棱斯克公路。东面，第9军第137和第292步兵师向南突击，到达杰斯纳河与罗斯拉夫利—斯摩棱斯克公路中间，迂回卡恰洛夫之右翼，并构成将其主力隔绝在一个拉长的包围圈内的威胁，这个口袋沿公路（在斯托多利谢向南递延）及其东面由北向南延伸。（参见地图7.2）

卡恰洛夫终于意识到右翼遭受了致命威胁，8月2日晚着手重组部队以迎接新挑战。但他担心上级就算不认为他面对敌人时犯有彻头彻尾的"怯懦"罪，也会觉得他"消极被动"且"畏惧不前"，因而固执地要求部队继续向北：

·**总体情况**——集团军辖内部队正沿伊瓦诺夫卡、兹姆尼齐、奥西诺夫卡、叶夫列莫夫卡、新杰列布日、佩奇库雷、罗斯拉夫利一线阻挡敌人的进攻。敌人正企图楔入杰斯纳河强化防线与集团军右翼之间。尤为紧张的战斗正

---

① 译注：第7军。

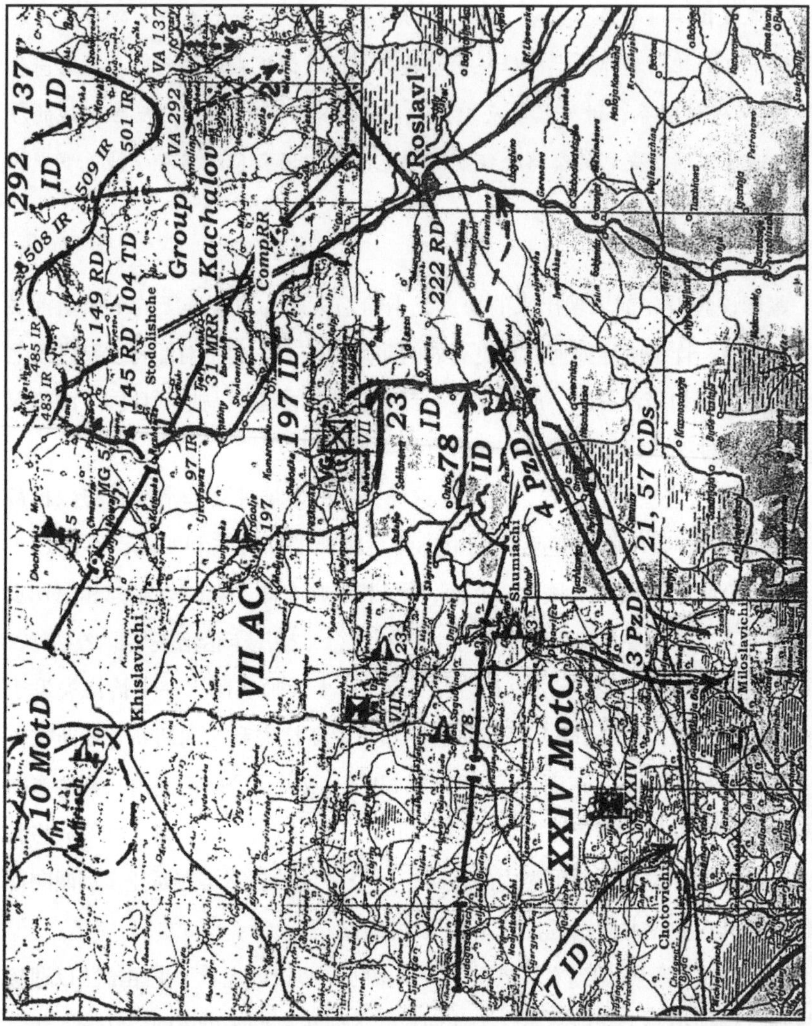

▲ 地图 7.2：古德里安集团军级集群的进攻，1941 年 8 月 2 日（资料图）

从希斯拉维奇、姆斯季斯拉夫利、克里切夫方向（西面和西南面）沿新杰列布日、佩奇库雷、罗斯拉夫利方向展开。

· **卡恰洛夫集群的任务**——坚守斯托多利谢东北方6千米和西北方的斯托梅季河，以及罗斯拉夫利地域，并攻向叶戈罗夫卡、赫马拉、波奇诺克（斯托多利谢东北方20千米至西北偏北方28千米），进入敌叶利尼亚集团后方。

·辖内各兵团的任务：

★坦克第104师——借助摩托化步兵第31团沿新谢利耶、博里索夫卡一线的掩护，8月2日—3日夜间集结在谢利布卡、切尔纳夫卡、涅多布拉亚（斯托多利谢东北方12—15千米），并做好在步兵第149师指挥下向北发起进攻的准备。

★步兵第149师（坦克第104师、军属炮兵第488团第1营、加农炮兵第320团第3营）——获得步兵第145师接替后，集结在波斯塔罗克、尼库利诺、伏罗希洛沃地域（斯托多利谢东北偏北方7—10千米），8月3日5点向北发起冲击，在叶戈罗夫卡夺取赫马拉河上的渡口，尔后攻向波奇诺克并掩护集团军右翼。

★步兵第145师（军属炮兵第649团第3营，加农炮兵第320团第4营）——以2个团据守212.6高地、192.1高地、奥西诺夫卡、莫舍克、尚季洛沃、杜马尼奇斯克一线（斯托多利谢以西6—7千米），将2个团集结在斯托多利谢、巴尔苏科夫斯克、博尔谢夫卡地域（斯托多利谢以南10千米），做好向西、向南发起进攻的准备。

★摩托化步兵第31团（反坦克炮兵第18团第1营，加农炮兵第320团第1营）——据守新杰列布日地域（斯托多利谢西南偏南方13千米）。

★混成团（反坦克炮兵第578团第3营）——据守佩奇库雷、贝坚卡、第一克拉皮温斯基地域（斯托多利谢以南12千米）。

★步兵第222师（反坦克炮兵第18团第2、第3营）——据守切皮谢沃、阿斯塔科夫斯卡亚、斯洛博季谢一线，主要抵抗基点设在罗斯拉夫利。

★骑兵第21、第52师——骑兵第21师集结在斯托多利谢、克鲁格利科夫斯卡亚别墅、捷列绍克地域（斯托多利谢以南7千米），骑兵第52师集结在克拉皮温斯基、库巴尔基和莫尔古诺夫卡，并做好从步兵第145师左翼后方攻往西北方的准备。[42]

就这样，尽管存在被德军包围的风险，但卡恰洛夫仍力图向北发起进攻，以此抵挡古德里安的突击，这种机动无异于自杀。与此同时，该集群辖下的步兵第145师徒劳地试图与步兵第222、骑兵第21和第52师协同掩护集团军左翼和罗斯拉夫利，但后三个师已被德军击退，面对古德里安前进中的装甲力量，他们已向南退却。

　　置身西方面军司令部这一有利位置的铁木辛哥，在8月3日23点[1]提交的晚间作战摘要中向大本营汇报卡恰洛夫集群的状况。但由于通信断断续续，这份报告阐述的是截至8月2日晚，而非到8月3日晚的情况，因而没能传达出该集群正在经历的灾难的严重程度：

　　·**卡恰洛夫集群**——同包围集群侧翼并突向罗斯拉夫利之敌进行持续交战。

　　★坦克第104师——敌人从伊瓦尼诺地域发起猛攻后，13点撤往尼基季纳、博里索沃奇卡、叶戈罗夫卡（斯托多利谢东北方5—10千米）。

　　★步兵第149师——13点30分沿兹姆尼齐、斯托里诺、斯梅奇科沃一线（斯托多利谢以北5千米至东北方5千米）战斗。

　　★步兵第145师——13点30分以2个团据守斯梅奇科沃、日加洛沃一线（斯托多利谢东北8—10千米）并以第三个团从西面掩护敦杜科夫卡、叶夫列莫夫卡、戈尔奇洛夫卡、杜马尼奇斯克一线（斯托多利谢西北6千米至西南7千米）。

　　★摩托化步兵第31团——撤往新杰列布日（斯托多利谢西南方10千米），配有15辆坦克和30辆摩托车的一个敌加强营紧追不舍。

　　★混成团——从175.3、185.9里程碑一线攻往安德列耶夫斯克和佩奇库雷，同敌人配有装甲运兵车和摩托车的一个步兵营战斗。

　　★骑兵第52、第21师——（据中央方面军称）向南撤往克拉斯诺波利耶、波日尔和费多罗夫卡。

　　★步兵第222师——13点以2个团从奥斯捷尔河一线（罗斯拉夫利以西15千米）撤往罗斯拉夫利，并以1个团（步兵第774团）赶往东北方。[43]

　　铁木辛哥和大本营还没来得及为卡恰洛夫调派援兵以应对不断恶化的态势，朗格曼第4装甲师就在8月3日攻克了罗斯拉夫利，封锁了莫斯科公路，并将卡恰洛夫集群位于该城以北的主力包围。古德里安在第9军过夜并命令该军彻夜进攻，然后亲自跟随第292步兵师先遣部队的步兵向前推进，直到莫斯科公路出现在视野中。这位装甲集群司令在那里实施非凡壮举、封闭包围圈时，

---

　　① 译注：报告中写的是20点。

发现第4装甲师的坦克沿罗斯拉夫利公路部署，实际上，这些坦克属于他儿子近期指挥的一个装甲连。没过几分钟，第24摩托化军第4装甲师先遣部队，同第9军第292步兵师侦察单位在奥斯特里克河上一座被炸毁的桥梁处会合，就在科萨基村（Kosaki）东面和罗斯拉夫利东北方17千米处。这场会师使困住卡恰洛夫部队的陷阱砰然关闭。（参见地图7.3）

接下来几小时，卡恰洛夫后方地域的几千名士兵放下武器举手投降。但在包围圈深处，卡恰洛夫和他的手下疯狂地忙碌着，试图找出可能的逃生路线，并把辖内部队组织成能够突出包围圈的突击群。当晚亟待解答的问题是："德国人似乎到处都是，哪条路线最有可能逃生？"

8月3日17点30分，预备队方面军参谋长彼得·伊万诺维奇·利亚平少将向方面军新司令员朱可夫呈交了一份报告，终于让上级部门了解到即将到来的灾难会吞噬卡恰洛夫集群。这份报告承认"因通信不畅"造成延误，但利亚平至少能够汇报相关态势的整体情况，虽然并不充分：

1.我汇报的是罗斯拉夫利的情况。据扎哈尔金中将（第43集团军司令员）报告，敌人对步兵第222师整条防线发起进攻。第43集团军作战处处长判断，敌人投入的兵力至少是一个步兵师，并获得坦克、装甲车和摩托车加强。敌人从切尔纳特卡方向朝波尔希诺、从西面向234.0高地（罗斯拉夫利以西5千米），并沿第三个方向，也就是奥西诺夫卡向234.0高地发起进攻。10—15辆敌坦克沿通往罗斯拉夫利的公路遂行突击。

敌小股集团正沿其他战线进攻。我们注意到敌炮兵没有出现。沿各主要方向，敌人以1—2个步兵营跟随在坦克身后展开冲击并获得大批迫击炮支援。

截至19点，步兵第222师通过投入突击群，已将敌人的进攻击退。到20点，敌人设法沿不同方向达成突破，前出到波尔希诺和234.0高地，但并未构成威胁，我军步兵坚定防御。8月2日23点，师长和政委下到各部队组织防御。

今日4点，扎哈尔金同志同该师师部通话，他们认为情况较为稳定。敌人主要以飞机展开行动。从8月2日11点起到夜幕降临，敌机的轰炸持续不断。莫斯科—罗斯拉夫利公路亦遭到连续轰炸和扫射。昨日，该师以轻武器击落敌人4架轰炸机。

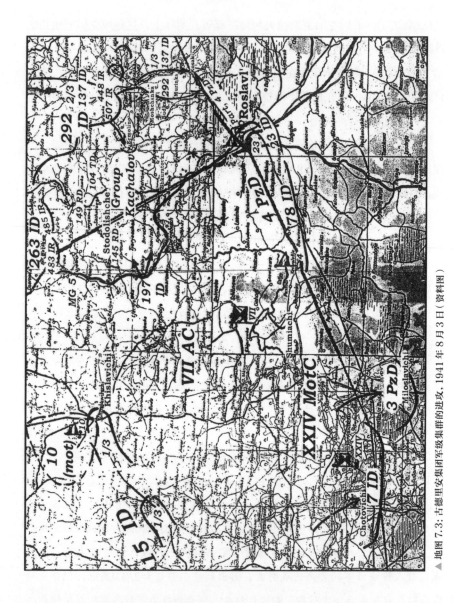

▲ 地图 7.3：古德里安集团军级集群的进攻，1941 年 8 月 3 日（资料图）

　　右翼，步兵第53师朝两个方向实施侦察。已发现敌第197步兵师正对步兵
第222师展开行动。

　　据一份第43集团军司令部8月3日14点收到的报告称，战斗中的步兵第222

师8月3日晨陷入被半包围状态，8点开始实施战斗后撤，退往奥斯捷尔河，目的是封锁莫斯科和布良斯克公路。

该师在8月1日和2日的战斗中遭受严重损失，正设法弄清具体损失程度，但他们也给敌军坦克和人员造成了重大损失。

该师第774团在战斗中遭切断，仍滞留在拉斯科沃和扎宾斯科耶地域。该师师长认为，这个团将出现在卡恰洛夫集群左翼。

步兵第222师从敌坦克部队处缴获的作战文件表明，敌坦克部队奉命在8月1日攻占罗斯拉夫利。据团级指挥员梅谢列科夫称，8月2日—3日夜间消灭了一支由1000多名敌军和众多车辆组成的队列，目前正在统计缴获的战利品总数……

2.第43集团军司令员要求批准他以步兵第258师沿先前加强的茹科夫卡和斯托尔贝一线（布良斯克西北方50千米和西面）占据防御，同时，总参谋部为该师指定的防线是戈罗杰茨、奥帕汉、178高地一线。

波格丹诺夫中将（预备队方面军副司令员）批准扎哈尔金将军关于将步兵第258师调入先前预有准备的防线的决定……搭乘11列火车的步兵第258师在谢利措和布良斯克地域卸载，一个团已占据指定防御阵地。

3.波格丹诺夫中将命令我向总参谋部提出将步兵第222师直属预备队方面军司令部的提议。华西列夫斯基少将答应讨论将整个罗斯拉夫利方向交给我们的提议，为此，坦克第109师今日正开往斯帕斯杰缅斯克地域……

5.总参谋部征询您本人对守卫布良斯克方向和把罗斯拉夫利集团调给预备队方面军的看法。

6.总参谋长已从您那里收到我们定期提交的关于叶利尼亚作战行动的报告，但仍希望获得一份您亲自签署的整体报告，以便向大本营汇报。[44]

这份报告并不充分，但足以提醒大本营和预备队方面军，应在态势恶化、第28集团军在从叶利尼亚突出部南延到布良斯克的地带沿杰斯纳河构设的整条防线被吞噬前，设法修补遭破坏的部分防线。大本营采取的第一个措施是，当晚20点30分，让总参谋长沙波什尼科夫代表斯大林，命令卡恰洛夫集群和第28集团军余部从西方面军转隶朱可夫预备队方面军。

鉴于敌人在罗斯拉夫利地域发展进攻，大本营特此下令，8月4日6点生效：

1.卡恰洛夫集群和辖内步兵第145、第149师，坦克第104师，所有加强部队，步兵第222师和配属部队，正在赶来的坦克第109师，从西方面军转隶预备队集团军。

2.同时，戈罗多维科夫同志的骑兵第21和第52师转隶中央方面军。

3.报告执行情况。[45]

预备队方面军司令员朱可夫带着特有的活力，立即采取行动解救卡恰洛夫集群，试图恢复他这个方面军在该地域的防御。朱可夫给大本营发去一份报告，坦率而又准确地描述了相关情况，称"步兵第222师陷入半包围"，态势"岌岌可危"，之后，他命令扎哈尔金第43集团军以新开到的步兵第258师加强沿杰斯纳河布设的防御，又命令第24集团军司令员拉库京将军，加强防御叶利尼亚方向德军冲击的力度，以缓解卡恰洛夫的压力。[46]

下达这些命令后，朱可夫于8月4日5点10分开始着手解救卡恰洛夫集群残部，精确地指示该集群何时、如何后撤其部队，以避免更大的灾难：

致卡恰洛夫将军：

我命令您将集群左翼和中央力量撤至法杰耶瓦布达和奥斯特里克河一线，您应当在那里同步兵第222师取得联系。

立即将后勤部门和炮兵部队撤至步兵第53师防线后方，也就是沙季科瓦、博罗夫卡、克鲁托戈尔卡一线后方。后勤部门的主要后撤路线是：

（a）杜达列夫卡、博罗克、莫海、沙季科沃①。

（b）伏罗希洛沃、格拉西莫夫卡、里亚布齐、波斯图希耶、韦特罗夫卡。

（c）别列佐夫卡（斯托多利谢西北方4千米）、雷索夫卡、科瓦利、旧谢利耶、波格丹诺沃、新斯洛韦尼。

为确保后方路线畅通，立即将获得炮兵支援的支队投入克拉斯尼基、巴尔苏基、哈捷耶夫卡、莫先卡、拉科夫卡、沃罗夫卡、米哈伊洛夫卡一线并沿公路向南部署。[47]

---

① 译注：就是沙季科瓦。

8月4日12点40分，注意到"卡恰洛夫的指挥部显然已被包围"后，朱可夫命令扎哈尔金"将（卡恰洛夫）集群辖内部队置于您的指挥下，执行第0017号命令（后撤令）"。[48]

与此同时，包围圈内各处都在战斗，卡恰洛夫将军和他的许多部下在罗斯拉夫利以北16千米的斯塔林卡村（Starinka）附近的一场遭遇战中阵亡。[49]卡恰洛夫阵亡后，他的参谋长费奥多尔·安德烈耶维奇·祖耶夫少将①立即接掌指挥权。此后不久，祖耶夫8月4日18点30分命令集群残部后撤。祖耶夫也担心上级会对他提出指控，因而在命令开头处饰以谎言，称"集群将停止攻往罗斯拉夫利，实施重组后朝新方向发起进攻"。但实际上，这道命令要求集群辖内部队编为两个子群，8月4日夜间向东面和东南面突围（参见地图7.4）：

· **卡恰洛夫集群的任务**——以几个加强营掩护霍斯基和格林基一线（从罗斯拉夫利西北方15千米北延至斯托多利谢东南方），以两支纵队（向东）攻往里亚宾基（斯托多利谢东南偏南方16千米，罗斯拉夫利以北14千米）、博罗夫卡、马拉霍夫卡、新达尼洛夫卡、新乌索欣、旧库尔甘耶（罗斯拉夫利东北偏东方15千米）。

· **突围纵队的任务**

★右路纵队（步兵第340团，榴弹炮兵第516团，2辆坦克）——坚守佩希基和克鲁恰一线，以此掩护主力的进攻，并于8月4日20点攻往里亚宾基、克鲁恰、佩希基、新乌索欣、旧库尔甘耶（罗斯拉夫利以北13千米至东北偏东方15千米），歼灭当面之敌。

★左路纵队（配有1辆坦克的混成团，加农炮兵第320团，反坦克炮兵第18团）——沿贝科夫卡北郊和186.5高地掩护集群战斗队形，直至8月5日2点，并于8月4日22点沿罗斯拉夫利公路、贝科夫卡南郊（斯托多利谢东南偏南方15千米，罗斯拉夫利以北15千米）、179.1高地、巴甫洛夫卡、博罗夫卡、马拉霍夫卡、普里谢利耶、新乌索欣、旧库尔甘耶方向发起进攻，同步兵第145师相配合，歼灭当面之敌，并于8月5日晨到达旧库尔甘耶东北方树林。

---

① 译注：副参谋长。

★步兵第774团（军属炮兵第649团第3营，军属炮兵第364团第3营）——坚守霍斯基和格林基一线，直至8月5日2点，以此掩护集群重组，以后卫部队掩护集群后方，并于8月5日2点沿右路纵队行进路线发起进攻，8月5日日终前到达旧库尔甘耶南面和东南面的树林。

★运输和后勤机关——跟随在纵队后方，由后卫部队提供掩护。

★指挥控制——我（祖耶夫）将跟随右路纵队一同行动。步兵第340团团长担任我的副手。[50]

第28集团军突击群准备冲过敌人猛烈的交叉火力逃回预备队方面军主防线时，朱可夫和他的工作人员，则在8月4日—5日午夜过后不久将注意力集中在了恢复预备队方面军在叶利尼亚与布良斯克之间的防御上，他们下达三道指令，旨在阻止德国人发展他们在罗斯拉夫利取得的胜利。首先，朱可夫给第24集团军和集团军辖内各师下达一道指令，详细说明卡恰洛夫集群在行动中暴露出的缺陷，并要求拉库京集团军解决这些问题。朱可夫列举的缺陷如下：

· **侦察不力**——特别是没能弄清敌人的火炮发射点，另外，"部分指战员缺乏技能，这使我们无法每日抓捕俘虏"。

· **炮火无效**——这是前进中的步兵与炮兵观测所距离太远、步兵与炮兵缺乏协同、很少使用火炮实施直接射击、完全缺乏榴弹炮跳弹射击所致。

· **炮兵弹药过度消耗**——步兵指挥员下令开炮射击"是为了制造噪音"并满足下级提出的"牵强要求"，各级指挥员和政委对此"过于放任"，炮弹和迫击炮弹的巨大消耗实际上没带来任何好处。

· **没能对步兵的目标进行必要密度的火炮和迫击打击，步兵们也未能有效使用他们的武器**——步兵因此要冒着敌人未被摧毁的火力点射出的火力遂行后期进攻。

· **指挥控制不佳**——这使"懦夫和叛徒随时有机会逃回后方"。

· **损失统计不力**——体现在人员和马匹、作战装备和弹药消耗方面。[51]

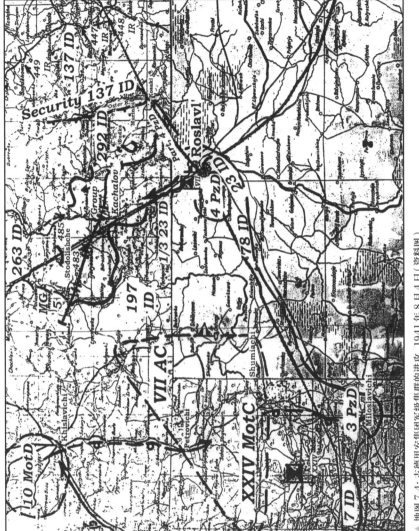

▲ 地图 7.4：古德里安集团军级集群的进攻，1941 年 8 月 4 日（资料图）

第二道指令签发于8月5日3点12分，朱可夫和他的政委利亚平将军[1]给第28集团军残余的指挥部发出指示，这成为对卡恰洛夫集群所遭遇灾难的铺天盖

---

① 译注：利亚平是参谋长。

地的指责的开始。这道指令发给第43集团军司令员扎哈尔金同志（后改任第49集团军司令员），他已接管第28集团军残部。命令中严加申斥步兵第222师，将卡恰洛夫遭遇的灾难归咎于该师，并详细说明为恢复防御连贯性扎哈尔金应当采取的措施：

· 步兵第222师的行为显然是犯罪。迄今为止，该师师长和辖内各部队指挥员及政委一直没能对部队加以整顿，导致该师继续以缺乏组织的方式遂行战斗，未接到任何命令便向东撤退。这种恐慌性后撤将卡恰洛夫集群置于极其危险的境地。

· 警告该师师长和辖内各部队指挥员及政委，如果他们不纠正这种错误，未接到命令便继续后撤，师长和各级指挥员将被逮捕，作为祖国的叛徒送交军事法庭审判。

· 卡恰洛夫集群左翼转向红斯洛博达后，将其左翼和中央力量后撤。

· 消灭已突入波格丹诺沃地域（罗斯拉夫利东北方41千米）的敌连队，阻止敌人前出到杰斯纳河西岸。

· 我把坦克第109师交给您担任预备队，以防敌人突破防线。

· 沿莫斯科公路和危险的方向，将无法使用的坦克半埋起来，并为其配备少量摩托化步兵。

· 以步兵第222师残部加强步兵第53师，恢复卡恰洛夫集群残余力量的秩序并把他们部署在步兵第53师身后担任第二梯队，将坦克第104师残部集结在沙季科沃、斯韦季洛沃、佩列杰利尼基地域（杰斯纳河以东）。

· 立即派步兵第217师向普斯托谢尔、斯维里多夫卡、阿谢利耶、多尔戈耶、新克鲁佩茨一线实施侦察，并沿茹科夫卡、别洛戈洛夫基一线同步兵第258师辖内部队取得联系。[52]

第三道，也是最后一道指令，签发于8月5日晚些时候，朱可夫的参谋长利亚平着手对麾下指挥官们加以教育。这道"纠正"令发给第24集团军司令员拉库京将军。基于从卡恰洛夫集群的遭遇中学到的教训，这道指令在如何部署炮兵力量方面对拉库京麾下部队做出详细指导：

· 在步兵第107师作战地带建立一个炮兵防御体系，准备击退敌摩托-机械化部队有可能从南面和西南面向多罗戈布日发起的进攻。

· 以反坦克炮兵第533团至少20门火炮沿232.5、256.9、240.6、246.9、206.0高地一线部署，封锁敌人有可能采取行动的主要方向。

· 步兵第107师剩下的火炮，必须做好准备，抗击敌人奔向南面和西南面的摩托-机械化部队。在步兵第100和第103师防线行动的炮兵群，必须做好准备，抗击从西面和西南面赶来的敌摩托-机械化部队。反坦克炮兵第880团受领的任务是击退敌摩托-机械化部队可能从东面和东南面既占阵地发起的进攻。配备给步兵第120和第106师的所有炮兵力量必须做好准备，击退敌摩托-机械化部队可能从南面和西南面发起的进攻。以步兵第879和第880团的12门火炮组建一支快速预备队，快速预备队受领任务前，不得从各支撑点抽调火炮。

· 准备期——到1941年8月6日日终前；8月6日24点前派特别信使送交附有火力计划的战斗报告。[53]

在朱可夫指示第24集团军为加强战斗效力应当采取哪些措施后，斯大林和沙波什尼科夫代表大本营，于8月6日2点16分指示朱可夫方面军和拉库京集团军把理论运用到实践中，进攻并消灭叶利尼亚周围的德军突出部。这道指令在开头处指出，"为最终击败敌叶利尼亚集团，这项责任赋予预备队方面军司令员朱可夫大将"。大本营交代的任务如下：

· 预备队方面军的任务（朱可夫）——以西方面军步兵第107师和步兵第100师2个团（连同炮兵）加强第24集团军，并"在叶利尼亚发起一场果断有力的进攻"，包围并歼灭敌叶利尼亚集团。

· 西方面军的任务（铁木辛哥）

★在多罗戈布日、乌斯维亚季耶、卡西科沃、卡利塔地段接替步兵第107师，8月6日20点前将步兵第100师2个团连同其炮兵，以及步兵第107师交给预备队方面军。

★将您的左翼从索洛维耶沃渡口沿普里德涅普罗夫斯卡亚车站南面的第聂伯河延伸，并沿通往多布罗米诺车站的铁路线向东南方递延。

·航空兵的任务

★2个轻型轰炸航空兵团和2个歼击航空兵团8月6日前转场，从统帅部预备队调往预备队方面军。

★2个轻型轰炸航空兵团和1个歼击航空兵团8月6日前转场，从统帅部预备队调往罗斯拉夫利方向。

·确认收悉并立即提交叶利尼亚行动计划。[54]

紧随这些指示和命令而来的是预备队方面军司令部根据逃离包围圈的生还人员的说法，于8月7日0点28分提交的一份关于卡恰洛夫集群命运的最终报告。这份报告成了关于包围圈内所发生的事情的权威一手资料：

致莫斯科和总参谋长沙波什尼科夫同志

一份报告

关于卡恰洛夫集群的报告，是根据1941年8月6日朱可夫大将同逃离包围圈的相关人员进行的专线电话交谈拟制的，他们是卡恰洛夫集群军事委员会委员（旅级政委瓦西里·季莫费耶维奇·科列斯尼科夫），卡恰洛夫集群航空兵主任（空军少将季洪·伊万诺维奇·布托林）。

被包围前，卡恰洛夫集群占据以下阵地：摩托—机械化师——古塔博戈夫卡；步兵第149师——鲁德尼亚、别列若克、帕纳索夫卡（波奇诺克东南方27千米）；步兵第145师——波卢耶沃、库普列耶夫卡、斯托多利谢、小斯托多利谢（波奇诺克东南偏南方25—30千米）；集团军司令部设在斯托多利谢和扎西日耶森林。

敌人以一个摩托—机械化师沿叶利尼亚方向遂行冲击，占领斯塔林卡和杜博夫卡（波奇诺克东南方30千米）。从波奇诺克地域发起进攻的敌人占领斯托梅季河一线（波奇诺克东南偏南方25—30千米）并在数个地段渡过斯托梅季河。一股实力不明的敌军从克里切夫攻向小斯托多利谢，打击步兵第145师左翼。与此同时，大股敌摩托—机械化队列从克里切夫地域赶往罗斯拉夫利。

到8月2日晚，敌人逼退坦克第104师右翼并加强他们在步兵第149师防线上的活动。从克里切夫方向展开进攻的敌人占领罗斯拉夫利，沿罗斯拉夫利—斯摩棱斯克公路推进，夺得克拉皮温斯基夫托罗伊村（波奇诺克东南偏南方40千米），并朝北面的奥西诺夫卡和戈拉耶夫卡发展。从希斯拉维奇方向（波奇诺克西南方32千米）发起进攻的敌集团，对步兵第145师左翼展开积极行动。

我们从一名德军军官的尸体上发现一份文件，德军军长已下达命令，从叶利尼亚展开行动的师，任务是夺取斯塔林卡和叶尔莫利诺，南部集团取得成功后，包围沿罗斯拉夫利方向行动的红军。

8月2日日终时，指挥员（卡恰洛夫）决定后撤。因此，步兵第149师将（向东南方）穿过博戈夫卡、皮亚塔亚、叶利谢耶夫斯克和萨莫季季诺，然后向东撤退；步兵第145师将（向东南方）穿过米索夫卡、杜布罗夫卡、斯塔林卡、多罗托夫卡和拉科夫卡，然后向东退却；祖耶夫上校集群将（向东南方）穿过什库拉托夫卡、巴甫洛夫卡和布德卡，然后向东撤退。步兵第28集团军司令部跟随在步兵第145师身后行动。

8月2日20点，各部队奉命后撤。撤退过程中，8月3日3—4点在斯塔林卡村（波奇诺克东南方40千米，罗斯拉夫利以北23千米）附近首次同敌人遭遇，激烈的战斗在那里一直持续到8月3日17—18点。

前调摩托化部队后，敌人对步兵第149师施加沉重压力，迫使其退往科夫里金霍尔姆，并占领斯塔林卡以西高地至杜博夫卡东南方1千米的森林一线，还在杜博夫卡方向构成威胁。

卡恰洛夫留在斯塔林卡村恢复秩序，而步兵第145和第149师辖内部队赶往东南方，试图冲向叶尔莫利诺（斯塔林卡东南方3千米）。

叶戈罗夫（帕维尔·格里戈里耶维奇·叶戈罗夫少将，第28集团军参谋长）和科列斯尼科夫（卡恰洛夫集群政委）率领的集团8月4日6点左右朝东北方而行，在布德卡以西树林和莫先卡村（罗斯拉夫利东北偏北方15千米）遭遇敌人有组织的火力打击。

在坦克和炮兵火力支援下，这些集团设法占领布德卡村并赶往普里谢利耶和新利波夫卡（布德卡东南方3千米）。叶戈罗夫集团继续前进，到达奥斯捷尔河西岸的穆林卡村（普里谢利耶以东5千米）。18点前，约200辆汽车、大批火炮和物资集结在该村。

此时，敌人开始从乌捷霍沃夫托罗耶和萨夫罗诺沃方向（穆林卡以北2—4千米），从穆林卡村以西高地，从科斯基村（又称科萨基，位于穆林卡以南2千米）发起炮击。

以火炮和机枪火力打击穆林卡村后，敌人的超轻型坦克和摩托车从上述各处出现，同时，敌人从河东岸，从利波夫卡、马克西莫夫卡、纳德沃尔诺耶村（穆林卡北面、西面、东面），以猛烈的迫击炮和机枪火力打击我方部队。

我方部队没有任何渡河设备，开始抛弃一切，采用游泳或泅涉的方式渡过河去。

由于轮式车辆无法渡河，集团军被迫放弃穆林卡村内的装备和车辆。

我方人员惊慌失措地跳入河中，冒着敌人的火炮和机枪火力渡河逃生，在他们后方，炮弹的爆炸引燃了穆林卡村内的弹药车。

20点前，面临极大困难的指挥员们设法将一些士兵集结在穆林卡东面的森林里。

叶戈罗夫少将也逃入这片森林，他决定建立三个支队，继续向东或东北方撤退。就在他下达后续撤退的指示时，敌快速集群从四面八方开火射击。以几辆坦克为先锋，我方队列开始向东突围。整个叶戈罗夫集团是否突围而出尚不清楚。卡恰科夫的航空兵主任布托林少将乘坐一辆坦克成功突出重围。军事委员会委员列斯尼科夫也率领500来人逃离包围圈。其他集团沿公路突围并集结在叶基莫维奇（罗斯拉夫利东北方35千米的杰斯纳河畔）。

8月5日，卡恰洛夫率领的部队打算在斯塔林卡突围，他乘坐一辆坦克亲自参加进攻。发起突击后，他从斯塔林卡向南而去。营级政委克雷洛夫率领的一股力量到达科斯基地域，但在那里遭到敌人拦截。

卡恰洛夫集群分成小股团队突围逃生。

正采取措施寻找卡恰洛夫集群的残余部队。

以坦克和反坦克炮加强的几个支队已派去同卡恰洛夫会合。

我们派出飞机，在歼击机掩护下继续展开搜索工作。

（注）——"结束。以博多（保密电传打字机）经总参作战部安德烈耶沃中校发送。1941年8月7日0点28分。（签名）库兹涅佐夫中校。"[55]

从德方记录中可以清楚地看出，8月4日包围卡恰洛夫集群后，德国人有条不紊地封锁包围圈并在48小时内将其肃清。8月4日，第9军第263、第292步兵师形成包围圈之北翼和东翼，防区从斯托多利谢北面起，向东南方延伸到穆林卡南面的罗斯拉夫利公路。包围圈西翼，第7军第197步兵师向东挤压，其防区从斯托多利谢以西南延至斯摩棱斯克—罗斯拉夫利公路西面，再到罗斯拉夫利北郊。包围圈南端，第7军第23步兵师占领罗斯拉夫利，接替第4装甲师并据守沿罗斯拉夫利公路向东北方延伸到穆林卡南面的拦截阵地。8月5日，协同一致的德军部队从四面八方挤压包围圈，粉碎穆林卡地域意图逃脱的苏军部队，并将幸存者逼入一个更小的包围圈，这个小口袋位于斯摩棱斯克—罗斯拉夫利公路以东，斯托多利谢与罗斯拉夫利之间。次日，卡恰洛夫集群残余力量的抵抗告终，苏军士兵或集体，或分成小股群体举手投降。（参见地图7.5）

对铁木辛哥来说同样可悲的是，卡恰洛夫集群的失败使怒不可遏的斯大林做出了愤怒的反应，他于8月16日签署大本营第270号令，对遭遇败绩并阵亡罹难的卡恰洛夫和未能下定决心实施抵抗的其他人的"懦弱行径"兴师问罪。这道命令中宣称，"与军队集群司令部工作人员一同陷入重围后，第28集团军司令员卡恰洛夫中将表现出怯懦并被德国法西斯俘虏"。[56] 直到战争结束很久后苏联才撤销这些指控并给蒙受耻辱的卡恰洛夫平反。

德军耗费两天才肃清这片巨大的战场，但古德里安8月4日便向希特勒汇报自己取得的出色战果。德国人统计卡恰洛夫的损失时，数出38561名俘虏，还宣称击毁或缴获250辆坦克和履带式车辆、713门各种类型的火炮、2000辆汽车和拖车，这超过了卡恰洛夫集群最初力量的80%。

卡恰洛夫集群的覆灭虽然给铁木辛哥的反攻造成沉重打击，但也确认了他和大本营的判断：斯摩棱斯克—莫斯科方向的确是战线最重要的地段。因此，他们决定不久后发起更庞大的反攻，全力挫败德国人的意图。当然，必须为此从北面的斯摩棱斯克包围圈救出尽可能多的部队。

在德国人看来，卡恰洛夫的失败似乎提供了新的机会，尽管他们在这些机会究竟是什么这个问题上存有严重分歧。例如，古德里安向希特勒汇报罗斯拉夫利的胜利时还告诉元首，由于他在罗斯拉夫利南面几乎未发现敌军，对他的集团军级集群来说，现在继续沿莫斯科公路朝东北方攻往斯帕斯杰缅斯克和

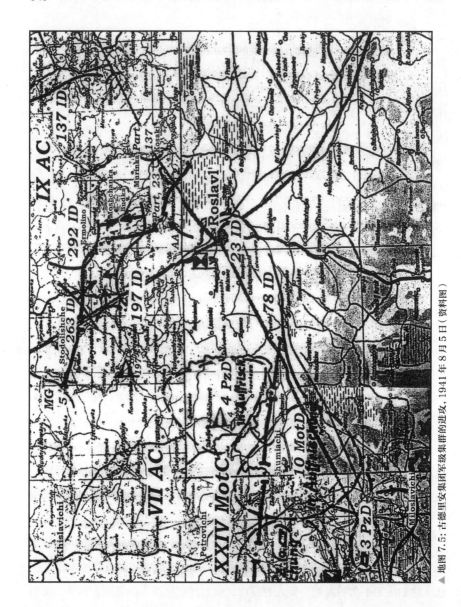

▲ 地图 7.5：古德里安集团军级集群的进攻，1941 年 8 月 5 日（资料图）

维亚济马十分有利。古德里安建议，要是霍特第3装甲集群也能从西面攻往维亚济马，也许能为最终攻向莫斯科奠定基础。但希特勒此时已决定，进攻莫斯科前先行肃清中央集团军群南翼，因而只听取了古德里安报告中的部分建议：

从北面攻向戈梅利，封闭中央与南方集团军群之间日益扩大的缺口。在希特勒看来，古德里安在罗斯拉夫利赢得的胜利，似乎为他的集团军级集群与魏克斯第2集团军协同实施另一场大规模合围创造出了理想条件，这场合围将以戈梅利为中心。在希特勒心目中，这场合围甚至可能成为基辅地域一场更加庞大、更具决定性的合围战的初始阶段。

消灭斯摩棱斯克包围圈，8月1日—6日

古德里安第2装甲集群辖内第24摩托化军，第7、第9军将卡恰洛夫集群从红军作战序列中抹去时，德国人正在北面书写消灭斯摩棱斯克包围圈的最后一章。8月1日时，德军正收紧苏军第16和第20集团军脖子上的绞索，这两个集团军7月中旬几乎被德国人彻底包围在斯摩棱斯克西北面、北面和东北面。该城东面和东北面，第3装甲集群第39摩托化军辖内第12、第7、第20、第19装甲师，在第106步兵师和第900摩托化教导旅的加强下，继续坚守一道合围对外正面，这条防线从斯摩棱斯克以东30千米，第聂伯河上的索洛维耶沃渡口向北延伸约100千米，沿沃皮河穿过亚尔采沃，直至别雷西南方25—30千米的切尔内鲁切（Chernyi Ruchei）地域。（参见地图7.6、7.7）

斯摩棱斯克东南方，第2装甲集群第47摩托化军辖下的第17装甲师力图设立一道合围对外正面，从第7装甲师位于索洛维耶沃南面的右翼起，向南跨过第聂伯河，直至叶利尼亚北部接近地。可是，尽管第17装甲师竭力同第7装甲师会合，从而形成一道绵亘合围对外正面，但苏军亚尔采沃集群的抵抗使该师未能如愿。结果，德军合围对外正面存在一个10千米宽的缺口，从第聂伯河畔的拉奇诺以北向南延伸到河西岸的马利诺夫卡村（Malinovka）。这个缺口成为陷入重围的第16、第20集团军与西方面军位于斯摩棱斯克以东主防线之间的一条生命线，援兵、燃料和弹药穿过这个缺口运送给被围部队，倘若接到命令，被围部队也可以穿过这个缺口撤至安全处。

从7月23日起，西方面军对德军合围对外正面发起反攻，意图消灭所谓的德军杜霍夫希纳集团，重新夺回斯摩棱斯克，若这番努力失败，便把被围部队撤往东面。因此，以西方面军第29、第30、第19集团军组建的四个战役集群，同亚尔采沃特别战役集群相配合，一次次猛烈冲击德军合围对外正面，力图打

垮遂行防御的德军，全部或部分歼灭德军部队，解救被围的第16和第20集团军。但是，这四个战役集群的士兵缺乏训练，几乎没有凝聚力，也未得到足够的火炮和坦克支援，截至8月1日，他们取得的战果极为有限（某些地段的进展达到5—10千米），尽管他们的确导致德国人无法封闭所谓的索洛维耶沃走廊。此时同样显而易见的是，被围部队要么获得增援，要么撤出斯摩棱斯克包围圈，否则将全军覆没。

到8月1日，斯摩棱斯克东北面和东面的包围圈，尺寸已缩小到由东向西20千米，由北至南28千米。德军形成合围对内正面的力量是第39摩托化军第20摩托化师，第5和第7军辖下的第129、第35、第5、第8、第28步兵师围绕包围圈东侧、北侧和西侧部署，第47摩托化军第29摩托化师和第17装甲师则沿包围圈南侧和东南侧排列。困在包围圈内的是苏军第20和第16集团军残部，统归第20集团军司令员库罗奇金将军指挥。库罗奇金麾下力量包括第20集团军步兵第73、第144、第153、第229、第233师，摩托化步兵第1师、坦克第57师和机械化第5军，这些兵团负责据守包围圈北半部，另外还有第16集团军步兵第127、第129、第152师，步兵第34军编成内的步兵第46、第158师，这些兵团部署在包围圈南部。此时，包围圈内的苏军兵力从7月中旬的22万多人降至不到10万人，更要命的是，守军的燃料和弹药即将耗尽。

西方面军8月1日早些时候提交的情报摘要，以及包围圈内外部队呈送的报告和命令清楚地表明，铁木辛哥的反攻8月1日前已告失败，若被围集团军继续留在包围圈内，等待他们的必然是全军覆没。8月1日8点呈交西方面军的情报摘要在开头处乐观地指出，"1941年7月31日白天，敌人未发起积极的进攻行动"，但随后又将这种乐观情绪稍稍降低，承认德国人"正沿大卢基、亚尔采沃、叶利尼亚方向前调预备力量"。这份摘要随即提供相关证据加以说明：

·涅韦尔方向

★敌人在白天遂行的反冲击未获成功，将2—3个新锐师和炮兵力量集中在谢尔吉尼哈和班季纳地域（大卢基东南方30—40千米）。

★侦察活动发现，敌人配有迫击炮和火炮的一个步兵营和50名骑兵位于普洛斯基希以西1.5千米的防御阵地上。

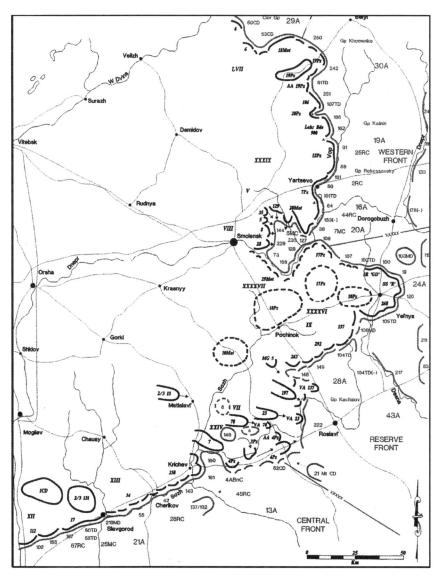

▲ 地图 7.6：1941 年 8 月 1 日 23:00 的战场态势（资料图）

　　★特工人员的活动、缴获的文件和对俘虏的审讯表明，敌第110、第206、第253步兵师、第14摩托化师、第471和第451保安团正企图包围涅韦尔西北方的我军部队。

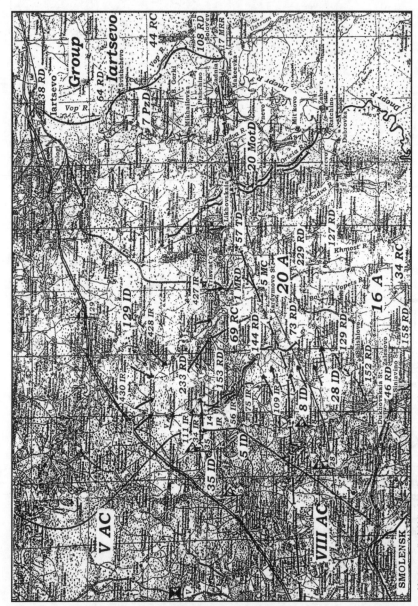

▲ 地图 7.7：斯摩棱斯克口袋，1941 年 8 月 1 日（资料图）

★据7月30日抓获的一名德方间谍供述，对莫斯科实施空袭的约200架飞机驻扎在鲍里索夫机场。

★德国人并未解散占领地区的集体农庄，相反，他们督促集体农庄的农民们收割谷物，然后将其据为己有。

·亚尔采沃方向

★敌第19、第20装甲师，第106步兵师，第20摩托化师和第7、第12装甲师，正沿切尔内鲁切、亚尔采沃、舍列佩、卡尔波沃、韦特利齐、里亚德尼一线从事防御作战。

★我们尚未掌握在亚尔采沃东北方和南面展开行动的敌军部队的情况，但战斗表明，那里至少有第20装甲师的2个营，配有火炮和3个迫击炮连，奥斯特罗夫地域，敌第106步兵师第240步兵团位于马尔科沃以南，至少有2个敌步兵营盘踞在克拉斯尼察地域。

★据一名7月30日在恰明采沃地域被俘的德军下士交代，驻扎在切尔内鲁切地域的第19装甲师消耗严重，实力已然不济，另一名战俘称，从斯摩棱斯克地域调来的3个步兵师将于8月2日—3日接替第19和第20装甲师。

★据一名战俘交代，从斯摩棱斯克搭乘汽车赶往作战地域的第240步兵团，步行到达斯摩棱斯克[1]。

★第20装甲师7月29日和30日伤亡600人，我方部队缴获10辆坦克、3门火炮、一些自动武器和其他战利品。

★第12装甲师正接替第19装甲师，以便后者调入预备队接受整补，但第12装甲师在经历10天战斗后也将调入预备队，因为该师许多连队的人员和坦克损失率高达75%，剩下的坦克也已严重耗损。政治和士气方面，德军士兵对战争的目的一无所知，他们害怕苏联的武器，不愿从事战斗，对战争普遍抱有厌倦感。

·斯摩棱斯克方向——敌人已前出到绍基诺地域（斯摩棱斯克东北方30千米，亚尔采沃西南方20千米），其正面朝南，另外还可能到达普涅沃、普涅夫斯卡亚斯洛博达、扎博里耶（沃皮河以西）（索洛维耶沃西南方6—10千米）。

---

① 译注：原文如此。

· **叶利尼亚**——叶利尼亚方向的情况有待确定。

· **结论**——在普拉克西诺和班季纳地域（大卢基东南偏南方20—30千米）集结2—3个师后，敌人显然打算向北攻往韦利科波利耶车站（大卢基以东15千米），从而切断我大卢基集团的交通线。[57]

第16集团军司令员卢金将军8月1日19点呈交铁木辛哥的每日报告强调指出，斯摩棱斯克东北方日趋萎缩的包围圈内，他的集团军和库罗奇金第20集团军面临的态势越来越让人绝望。

· **总体情况**

★敌人8月1日6点展开进攻，至少投入1个步兵师并获得火炮和迫击炮加强，大型战机编队为其提供支援。

★击败第20集团军左翼并绕过该集团军步兵第229师侧翼和后方后，敌人对第16集团军发起主要突击，沿步兵第152师与步兵第34军结合部发展胜利，目前正向杜霍夫斯卡亚（斯摩棱斯克以东15千米）方向实施侦察。

★第20集团军的后撤，立即导致（步兵第152）师侧翼和纵深2—3千米的后方暴露在外，吸引敌人主要突击的同时，该师遂行激烈战斗，反复发起反冲击，但由于伤亡惨重、缺乏火炮和机枪，该师在优势之敌的压力下，正向东实施战斗后撤。该师一直在坚守莫尔德维诺一线。

· **友邻力量**——右侧没有友军。

· **辖内各兵团的状况**

★步兵第129师——由于敌人对其侧翼发起连续冲击，该师损失惨重并陷入困境。

★步兵第152师——侧翼遭敌人2个团攻击后向东退却，19点占据杜霍夫希纳（应为杜霍夫斯卡亚）和旧希什洛沃一线（斯摩棱斯克以东15千米）。

★步兵第34军

☆步兵第158师——敌人逼退该师右翼并以2个营突向杜霍夫斯卡亚和锡尼亚维诺，该师17点时据守锡尼亚维诺车站、215.2高地、米季诺一线（斯摩棱斯克东南偏东方15—16千米）。

☆步兵第127师——据守米季诺和奥布洛吉诺一线（斯摩棱斯克东南方15千米），敌人正企图在步兵第158与第127师结合部达成突破。有敌人设法沿南面的第聂伯河包围该师左翼。

★步兵第46师——8月1日晨集结在扎列索沃和228.5高地地域（斯摩棱斯克以东20千米），步兵第646团位于杜霍夫斯卡亚地域（斯摩棱斯克以东18千米），防止敌人沿铁路线向东发展胜利并切断步兵第34军与集团军的联系。

·结论和决定

★情况很紧张，集团军遭受的损失相当严重，炮兵没有炮弹，各个师严重缺乏或根本没有重机枪。

★我们的友邻力量（第20集团军）未提供任何帮助，相反，第20集团军左翼部队"随意后撤"给我们造成陷入包围、后方遭受攻击的威胁。

★我尽全力据守莫尔德维诺、杜霍夫斯卡亚、罗加乔夫、库兹涅措沃一线（斯摩棱斯克以东至东南方15—20千米）。

★夜间，我将把步兵第46师调至拉普捷沃、波波沃、秋希诺一线（斯摩棱斯克东南偏东方24—27千米）并派小股战斗群向南赶往第聂伯河。

★敌人以1个步兵连、1个炮兵连和10辆坦克在索布希诺（斯摩棱斯克东南偏东方30千米）占领第聂伯河上的铁路渡口。

（注）8月2日1点45分发送[58]

与此同时，将被围的第16、第20集团军同西方面军主力隔开的走廊之东端，亚尔采沃集群一次次试图将德军第7装甲师辖内部队驱离索洛维耶沃渡口，从而扩大这条走廊。集群司令员罗科索夫斯基将军8月1日19点下达的命令表明：首先，该集群先前力图突破德军合围对外正面的尝试均告失败；其次，罗科索夫斯基决心在后续行动中取得成功。他承认先前遂行突击的力量，也就是步兵第38师，"侧翼未得到掩护，因而被迫后撤"，他也承认"恢复（步兵第38师）丢失的阵地，再度因为侧翼暴露在外而失败，人员伤亡相当大"。[59]因此，罗科索夫斯基以他特有的简短但相当明确的方式，命令麾下部队"8月1日23点发起进攻"，前出到以下位置，并将德军驱离亚尔采沃：

· **坦克第101师**（摩托化步兵第101团）——新谢利耶（西）和217.9高地（亚尔采沃以北3—5千米）。

· **步兵第38师**——209.2高地，佩尔沃迈斯基以北1千米的无名高地；佩尔沃迈斯基以西1千米的山顶。

· **步兵第64师**——以步兵第159团占领斯维谢沃地域（亚尔采沃以南6千米），在可靠掩护沃皮河上的渡口后，以步兵第30团夺取波洛吉和波洛吉以西1千米的无名高地（亚尔采沃西南方5—6千米）。[60]

虽说这些进攻没能实现目标，但尤什克维奇将军的步兵第44军8月1日晚些时候，以小股力量从德军第20摩托化师支队手中夺回了索洛维耶沃以南11千米、位于拉特希诺的渡口。不过事实证明，尤什克维奇辖内部队无法重新夺回北面的索洛维耶沃渡口。

鉴于这种状况，铁木辛哥想到的唯一办法是从日趋萎缩的斯摩棱斯克包围圈内尽可能多地解救被围部队，日后将他们重新投入斯摩棱斯克以东地域的战斗。因此，8月1日晚些时候，大本营和西方面军默许第16和第20集团军，在罗科索夫斯基亚尔采沃集群向西突击的协助下，向东突出包围圈。尽管这场后撤最初冠以向杜霍夫希纳"进攻"的名义，但实际上是一场完全获得批准的撤退。于是，第16和第20集团军1941年8月2日给辖内部队下达以下后撤令：

第16集团军8月2日9点下达的命令

· **总体情况**——敌人正向东攻击，对集团军右翼和步兵第152师与步兵第34军接合部构成威胁，并将我方部队逼向东面。

· **友邻力量**——右翼，第20集团军正据守铁路线一线，分界线一如既往。

· **第16集团军的任务**——顽强据守大沃佩茨河、秋希诺、韦尔涅比索沃、第聂伯河一线（斯摩棱斯克东面和东南面25—30千米），阻止敌人向东面和东南面突破。

· **辖内各兵团的任务**

★步兵第129师——据守大沃佩茨河东岸的佩列斯韦托沃和普佐沃地段（斯摩棱斯克东北偏东方28千米至以东25千米），阻止敌人朝休里科沃和柳布科沃突破。

★步兵第152师——据守大沃佩茨河东岸的普佐沃和秋希诺地段（斯摩棱斯克以东25千米至东南偏东方28千米），阻止敌人朝柳布科沃和扎夫拉日耶突破。

★步兵第34军——据守秋希诺、波波瓦、扎卢日耶和韦尔涅比索沃地段（斯摩棱斯克东南偏东方28千米至东南方32千米），将强有力的掩护支队部署在第聂伯河西岸的索布希诺和马利诺夫卡地段（斯摩棱斯克以东30千米至东南偏东方35千米），阻止敌人突向东面和东北面并可靠掩护第聂伯河上的渡口，防止敌人从索布希诺突入集团军侧翼和后方。

★步兵第46师——集结在戈洛维诺以南2千米的谷仓附近，强渡第聂伯河，赶至别列兹尼亚和谢利措地域（索洛维耶沃以南18千米和斯摩棱斯克以东40—45千米），从东面和东南面掩护第聂伯河上的渡口，尔后赶至苏博罗夫卡和维什尼亚基（分别位于别列兹尼亚西南偏南方6千米和东南偏南方5千米处），同时掩护自身，抗击敌人从东北面发起的进攻，防止敌人从多布罗米诺和瓦西里耶沃（分别位于苏博罗夫卡和维什尼亚基以南4千米）切断集团军后撤路线。

★炮兵主任——以高射炮兵沿第聂伯河可靠掩护戈洛维诺和马利诺夫卡。

★工程兵主任——立即着手在第聂伯河畔构设三个渡口，沿马利诺夫卡和戈洛维诺一线设立五个徒涉点。[61]

第20集团军8月2日19点30分下达的命令

·**总体情况**——敌人正将第16和第20集团军推向第聂伯河并企图切断其交通线，粉碎其防御，再将他们逐一歼灭。第20和第16集团军正以部分力量据守伊利亚普斯托伊、特韦里齐、库尔季莫瓦、赫莫斯季河、大沃佩茨一线并将其他部队撤至第聂伯河后方。

·**第16集团军的任务**[①]——以部分力量坚守大沃佩茨河，8月4日5点将主要努力集中于在戈洛维诺和沃罗尼齐，夺取并坚守渡口，在同一地段占领并守卫第聂伯河。

---

① 译注：原文如此。

· 辖内各兵团的任务

★坦克第57师和摩托化步兵第1师——据守伊利亚普斯托伊、特里斯维亚季耶、库尔季莫瓦一线（斯摩棱斯克东北方30千米至东北偏东方19千米）并沿奥尔列亚、洛西梅纳一线实施机动防御，同时，向米哈伊洛夫卡和皮希诺（亚尔采沃以南12千米）发起进攻，突破到沃皮河上的渡口，8月4日5点前在森林至沃皮河河口一线沿沃皮河占据防御，把后勤部队集中在普罗斯季以西森林附近。

★机械化第5军（步兵第229和第233师）——8月3日4点起，将主要努力集中于乌西尼诺、扎德尼亚、普涅沃、马克耶夫卡方向，在索洛维耶沃和马克耶夫卡渡过第聂伯河。步兵第233师沿赫莫斯季河、奥尔列亚、沃德瓦河一线设防，在该师掩护下，8月4日5点前在第聂伯河后方占据防御，防御地段从沃皮河河口延伸至乌斯特罗姆河河口。将后勤部队集中在波德霍尔米察以南森林和位于捷列尼诺地域的步兵第229师后方。

★步兵第69军（步兵第144和第153师）——8月3日4点起，以部分力量坚守赫莫斯季河，沿纳德瓦河和奥尔列亚河实施机动防御的，同时突破到扎博里耶至乌斯特罗姆河河口这一地段的第聂伯河渡口，8月4日5点前在同一地段沿第聂伯河占据防御。将后勤部队集中在新谢尔基、博罗夫卡、巴拉基列沃、扎普鲁季耶地域。

★步兵第73师——8月2日22点撤离既占阵地，8月3日4点前在扎博里耶和萨赖耶地段（索洛维耶沃以南13—17千米）夺取第聂伯河上的渡口，派出强有力的先遣支队占领科洛杰济和米列耶沃地域，掩护集团军辖内部队沿向东道路的通行。将后勤部队集中在普列谢耶沃、斯莫罗金卡、克拉斯内霍尔姆地域。

· 给所有指挥员和政委的指示

★撤往第聂伯河后方的过程中，各部队必须带上所有武器，你们亲自对祖国和政府负责。

★使用各兵团、工程兵部队和当地居民的一切可用的渡河设备组织渡河，构设渡口时应特别注意隐蔽，以防敌机侦察，这些渡口夜间使用，白天拆除，修建时将其表面置于水下15—20厘米，利用木筏、船只、渡轮和当地的其他渡河手段，为马匹运输、骑兵部队和马拉火炮寻找徒涉点，对渡口接近地要加以掩护。

★将你们的所有防空武器集中在渡口附近。

★不惜一切代价坚守赫莫斯季和大沃佩茨河，直至8月3日日终，坚守奥尔列亚和纳德瓦河一线，直至8月4日日终。

★渡河期间的优先顺序，首先考虑伤员，然后是耗尽弹药和燃料的火炮及坦克、集团军后勤部队，最后是集团军各兵团和部队。[62]

利用罗科索夫斯基在亚尔采沃集群取得的有限战果，库罗奇金第20集团军和卢金第16集团军辖内部队于8月2日—3日夜间开始向东撤退，其间同德军第20摩托化师各部队据守的连级支撑点展开战斗，这些支撑点正面朝西，沿奥尔列亚河一线部署，从斯摩棱斯克东北方35千米的苏谢瓦村（Sushcheva）向东南方延伸到拉奇诺以北2千米、斯摩棱斯克以东35千米的巴别耶瓦村（Babeeva）。由于第20摩托化师没能将其防线南延到拉奇诺，后撤中的苏军可以利用一个约10千米宽的缺口，这个缺口位于第20摩托化师在巴别耶瓦村的最左翼与第17装甲师最右翼（马利诺夫卡对面的第聂伯河以南）之间。这个缺口包括拉奇诺及其南面的几个第聂伯河渡口，库罗奇金和卢金麾下部队自然被吸引至该地段。虽说突围的苏军能获得协助，但设法向东突破或渗透到索洛维耶沃及其北面的渡口，必须穿过第20摩托化师的防御封锁线，这条路线的风险很大。（参见地图7.8、7.9）

西方面军的定期作战摘要，以及第16和第20集团军下达的命令和提交的报告，为发生在8月3日—6日突围期间的战斗提供了生动而又详细的描述。西方面军和预备队方面军准备收容两个集团军的残余力量并将其纳入他们的防御。这一点尤为重要，因为铁木辛哥、朱可夫和他们在莫斯科的上级都很清楚，第16和第20集团军的撤离，会立即使德国人腾出据守合围对内正面的7个师，将其用于进攻西方面军和预备队方面军。

8月3日，也就是将这场撤退称为"向东进攻"两天后，铁木辛哥终于意识到这是一场棘手的后撤行动，当天10点25分下达的一道命令充分体现了这一点。这道命令下达给第20集团军的"库罗奇金同志"并抄送第16集团军司令员卢金和亚尔采沃集群的罗科索夫斯基，铁木辛哥首先指出，最关键的任务是粉碎阻挡第20和第16集团军向东开进的敌军。他随后向两位集团军司令员详细说明应当如何后撤他们的部队：

敌人的一个营正破坏我军向165.9高地、普涅沃、米季科沃地域（索洛维耶沃西南方5—9千米）运送弹药和燃料的行动，当前任务是消灭该营，掩护所有补给部队在索洛维耶沃地段和拉奇诺渡口（索洛维耶沃西南偏南方12千米）到达第聂伯河东岸，随后协助步兵第108师粉碎扎德尼亚（索洛维耶沃以西1千米）西南方之敌。

在赫莫斯季河（由北向南延伸至索洛维耶沃以西18千米处）与第聂伯河之间设立一片障碍区：右起扎德尼亚—斯摩棱斯克公路，左至叶利尼亚—斯摩棱斯克铁路线。

以障碍设置支队掩护自身后，将主力撤至第聂伯河东岸，在那里掘壕据守，防止敌人从叶利尼亚方向（左侧）发起进攻。

铁木辛哥，索科洛夫斯基[63]

当天18点，预备队方面军司令员朱可夫，通过他的副手波格丹诺夫将军，命令正在从索洛维耶沃南延至叶利尼亚的这片地带遂行防御的拉库京第24集团军，确保库罗奇金和卢金麾下部队的通行路线畅通并准备击退敌人必然会发起的追击。波格丹诺夫先简要描述态势——"第20和第16集团军从斯摩棱斯克地域匆匆向东撤退，敌人正采取措施，以突破我后撤部队肩部的防御带"，随后命令：

防止敌人突入第24集团军辖内各师的防御体系，为此有必要：

1.允许我方部队沿各条路线后撤的主力通行后，以炮火阻止敌人的行动。若敌人逼近我后撤部队，只要敌人一出现，立即以各种火力将其消灭。

2.所有雷区用于破坏桥梁和道路，所有爆炸物应处于随时引爆的状态，敌人出现时，立即沿特定方向实施破坏。

3.遵照最后时刻的布雷计划在各地段埋设地雷，对敌人的进攻构成直接威胁。

4.以小股力量（班级到排级）步行对防御前沿前方6—8千米处实施侦察。[64]

当日8点50分，朱可夫亲自赶去加强拉库京第24集团军的纪律，批评拉库

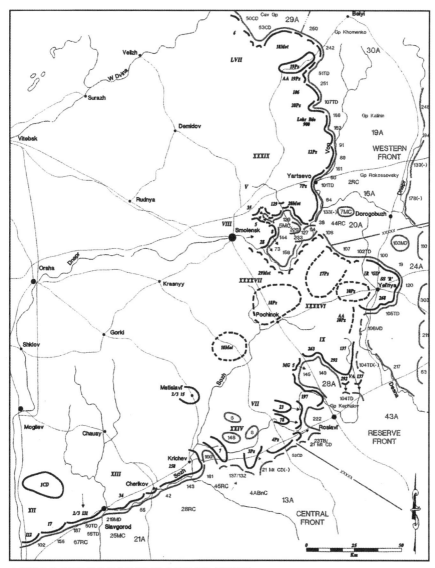

▲ 地图7.8：1941年8月2日23:00的战场态势（资料图）

京和各师长没能消灭德国人的叶利尼亚突出部，他指出该集团军的作战行动中存在诸多缺陷，这些缺陷有可能妨碍他们日后赢得胜利。向"第24集团军司令员拉库京少将同志"和"步兵第19、第103、第105、第106、第120师指挥员"发表讲话时，朱可夫首先宣布，"对占据叶利尼亚地域之敌实施的一天半进攻

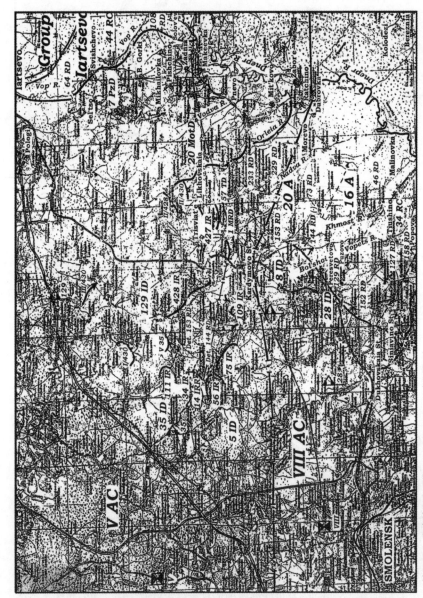

▲ 地图 7.9：斯摩棱斯克口袋，1941 年 8 月 2 日（资料图）

行动,没能完成我在命令中提出的要求","我要求在最初几天向叶利尼亚的推进不得少于每天8—10千米",可是"你们的大多数部队只取得2—3千米进展,有些部队甚至未能前进一步"。[65]他随即归纳各兵团的具体缺陷,并警告这些指挥员,若不解决这些问题,会招致可怕的后果:

步兵第19师,在白天的战斗中占领科列马季纳后,又于夜间放弃既占位置并撤回出发阵地。进攻行动只取得了微不足道的战果,是未能执行我所下达的命令的结果,我曾要求师长、团长们以身作则,惩处那些没有投入进攻并果断向前的人,以及那些表现怯懦的人,师长和团长们没能成为勇敢和勇气方面的榜样。

步兵第103师获得特别加强,不仅得到一个多管火箭炮连,还获得航空兵支援,却耻辱地在原地止步不前。我们将逮捕步兵第19师师长和政委并立即以怯懦和未能执行命令的罪名加以审判,未接到命令便擅自弃守科列马季纳地域的部队指挥员们也将被立即逮捕,所有未准确执行战斗令并在战斗中表现怯懦者都将受到无情的审判。[66]

朱可夫随即叮嘱拉库京的部队利用自身优势,据判断,第24集团军的"炮兵力量是敌人的若干倍",敌人的弹药"甚至不到一个基数",只能施以"有限的火力",而且"敌人实际上已陷入被半包围状态"。接着,朱可夫又保证,如果你们组织一场足够强大的打击,"敌人会立即被粉碎"。朱可夫最后下令:

1.8月4日彻底包围并完整停获敌叶利尼亚集团。8月4日7点发起进攻。展开冲击前实施两小时炮火准备,同时摧毁敌火力点。

2.鉴于连级和营级指挥员存在明显的缺点,各师各团指挥员和政委、上级指挥员和政委特别挑选的人员,应在进攻中亲自指挥各突击群和营。各突击排的指挥员和政工人员,应由那些在战斗中表现得特别英勇并希望为祖国做出杰出贡献的人担任。

3.再次就执行命令中的犯罪行为警告步兵第103师指挥人员,我要特别指出，倘若该师8月4日未粉碎敌人，没能到达指定地域，该师指挥员们将被逮捕并送交军事法庭惩处。再为步兵第103师加强一个多管火箭炮连。

4.1941年8月4日24点汇报执行情况。[67]

8月3日20点，铁木辛哥的西方面军提交了一份每日作战摘要，描述了方面军整个作战地域的情况，为第16和第20集团军的撤退做了必要的背景说明（参见地图7.10、7.11）：

· **总体情况**——当日白天，激烈的战斗继续沿整条战线进行。

· **第22集团军**——白天沿整条防线击退敌人的进攻，日终前坚守既有阵地。

★步兵第29军：

☆坦克第48师——击退敌人1个营向叶列梅耶沃、2个营向马拉霍沃（大卢基西南偏西方18千米）发起的进攻。

☆步兵第214师——在拉扎瓦遭敌人2个步兵团攻击，战果尚不确定。

★步兵第62军：

☆步兵第170师——击退敌人1个步兵团的进攻。

☆步兵第174师——击退敌人1个营的进攻并为夺回127.4高地发起反冲击。

☆步兵第186师——坚守既有阵地。

☆步兵第256师——1个团在普洛斯科希地域同敌人1个师战斗，另1个团向前调动，为其提供援助，第三个团坚守既有阵地。

· **马斯连尼科夫集群**

★步兵第252师——准备强渡西德维纳河，同时在加拉布奇哈、尼库利诺、赫列巴尼哈、波扎里谢、第一奥列尼察、克拉斯内索斯内（托罗佩茨西南偏南方50千米至以南50千米）组织防坦克地域。

★步兵第243师——以2个团向南渡过西德维纳河，前出到巴耶沃、沃斯克列先斯科耶、波亚尔科沃一线（托罗佩茨以南55千米），抗击敌第14摩托化师一部。

· **霍缅科集群**——当日晨以其主力发起进攻并克服敌人强有力的抵抗。

★步兵第250师——沿洛西米诺、德沃里谢、奥克利察一线（别雷西南方18—25千米）遂行防御，抗击敌第19装甲师第73和第74装甲掷弹兵团。

★步兵第242师——攻向日德基（别雷西南偏南方38千米）并以炮火击毁该地域一座敌弹药库。

★步兵第251师——攻向日德基和波奇诺克No.2，打击小股后撤之敌。

★坦克第107师——攻向戈罗德诺（日德基以南8千米，别雷西南偏南方43千米），战果尚不确定。

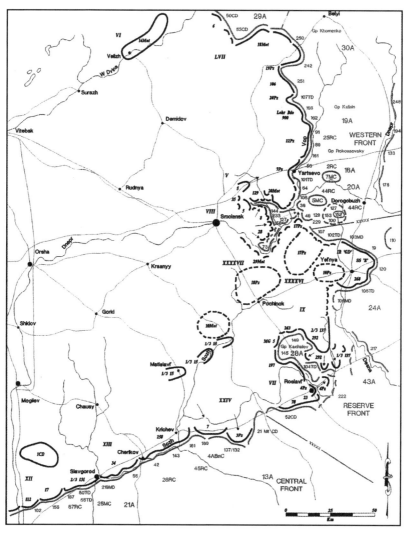

▲ 地图 7.10：1941 年 8 月 3 日 23:00 的战场态势（资料图）

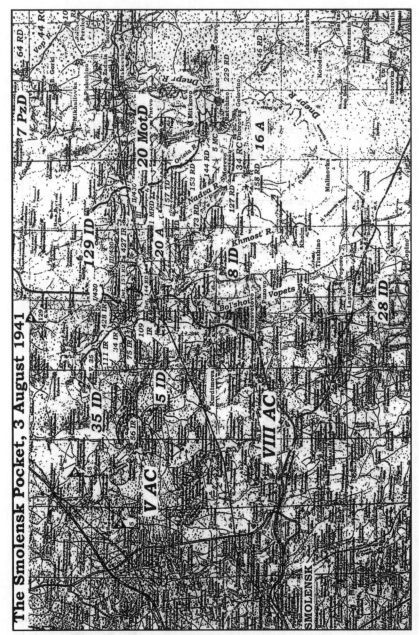

▲ 地图 7.11：斯摩棱斯克口袋，1941 年 8 月 3 日（资料图）

·**第19集团军**（原加里宁集群）——跨过整条战线发起进攻。

★步兵第166师——从左翼的布拉库杰诺和谢琴基一线（戈罗德诺东南方10—12千米，亚尔采沃东北偏东方35千米）发起进攻，夺得古塔罗沃（亚尔采沃东北偏东方32千米），正在夺取马莫诺沃（亚尔采沃东北偏东方30千米）。

★步兵第91和89师——在原有阵地上战斗（亚尔采沃以北18—28千米）。

★步兵第162师——集结在瓦季诺地域。

★步兵第50师——在原有阵地休整补充。

·**罗科索夫斯基集群**——沿沃皮河西岸战斗，打击敌人在新谢利耶、波洛吉、大戈尔基、扎德尼亚、普涅沃一线（亚尔采沃以北、以西5千米至索洛维耶沃西南方5千米）的顽强防御，该集群的位置未发生变化。

·**第16和第20集团军**——沿普涅夫斯卡亚斯洛博达、莫列沃以西国营农场一线（索洛维耶沃西南偏西方9—18千米），赫莫斯季河至马利诺夫卡的第聂伯河河段一线（索洛维耶沃西南方20千米）实施后卫行动。

★步兵第229师（第20集团军）——在拉奇诺（莫列沃以东5千米）渡至第聂伯河东岸。

★步兵第34军——从莫列沃赶往拉奇诺及其南面的第聂伯河渡口。

★为第16和第20集团军位于第聂伯河西岸的部队提供燃料和弹药补给。

★第20集团军司令部——杜布罗瓦（莫列沃以东4千米）。

·**卡恰洛夫集群**（截至8月2日）——继续同包围集群侧翼和攻向罗斯拉夫利的敌军进行持续战斗。

★坦克第104师——面对"从伊瓦尼诺地域赶来的敌军的猛攻"，撤至尼基季纳、博里索沃奇卡、叶戈罗夫卡地域。

★步兵第149师——沿兹姆尼齐、斯托里诺、斯梅奇科沃一线战斗。

★步兵第145师——以2个团据守斯梅奇科沃、日加洛沃一线（波奇诺克东南偏南方20千米），第三个团据守敦杜科夫卡、叶夫列莫夫卡、戈尔奇洛夫卡、杜马尼奇斯克一线（波奇诺克以南20—30千米）。

★摩托化步兵第31团——撤至新杰列布日，敌人配有15辆坦克和30辆摩托车的一个营紧追不舍。

★混成团——从175.3、185.9里程碑一线攻往安德列耶夫斯克和佩奇库雷，同敌人配有装甲运兵车和摩托车的一个步兵营战斗。

★骑兵第52、第21师——（据中央方面军称）在波尼亚托夫卡和新杜博维奇卡战斗，但被迫向南撤退，前者退往克拉斯诺波利耶地域，后者撤向波日尔和费多罗夫卡。

★步兵第222师——面对敌人的沉重压力，从奥斯捷尔河一线（罗斯拉夫利以西15千米）撤往罗斯拉夫利，2个团在罗斯拉夫利东北方13千米处沿河构设防御，1个团（步兵第774团）赶往东北方。

·**方面军航空兵力量**——在亚尔采沃、扎德尼亚、库尔德莫沃、罗斯拉夫利地域实施侦察和轰炸并掩护第20集团军位于第聂伯河上的渡口。[68]

这份作战摘要的内容说明了卡恰洛夫集群不断遭受的破坏与第16、第20集团军后撤行动之间的紧密关系，前者致使预备队方面军防线上出现了一个大缺口，而第16、第20集团军的行动若能成功，突围而出的部队至少能部分填补该缺口。该作战摘要还表明，尽管铁木辛哥的各战役集群仍在前进，可是其取得的战果与铁木辛哥或大本营的高度期望并不相称。

在这种背景下，库罗奇金和卢金麾下部队加快速度向东撤退。避开德军第17装甲师部署的拦截部队后，苏军突围部队冒着交叉火力向东穿越第聂伯河北面约20千米宽、16千米长的走廊，其间不断遭到德军的猛烈空袭和炮击，然后在水深不到2英尺的几个河段涉渡。这场突围持续两天多，8月5日拂晓时结束。[69] 德国人试图封闭走廊，苏军突围部队到达第聂伯河时，这条走廊缩窄到10千米左右，但受领这项任务的德军第17装甲师小股部队根本无法突破罗科索夫斯基集群的防御并封闭缺口。罗科索夫斯基麾下部队在距离亚尔采沃仅16千米处将冯·托马的装甲兵阻挡在第聂伯河南岸。（参见地图7.12、7.13）

指挥第16和第20集团军的库罗奇金将军，8月3日—4日午夜前发出关于后撤行动的第一份进度报告。他在报告中阐述麾下部队的状况，以及他们靠近西方面军位于第聂伯河以东防线的进展：

·**总体情况**——第20和第16集团军，虽然在北面和西面获得强有力的掩护部队的保护，但遭到敌第129、第15、第5、第28、第35、第137步兵师和武装党卫队师施加的沉重压力，两个集团军将于8月3日和4日强行突破到第聂伯河，从而在河东岸占据防御。

· **辖内各兵团的任务**

★坦克第57师（与摩托化步兵第1师）——目前在利霍夫斯科耶地域（索洛维耶沃西北偏西方9—10千米）战斗，将要突破至皮希诺（亚尔采沃以南10千米，索洛维耶沃以北5千米）的渡口处。

★机械化第5军（与步兵第229师）——获得步兵第233师沿赫莫斯季河的掩护，在乌西尼诺地域（索洛维耶沃以西8千米）战斗，将突向索洛维耶沃和马克耶夫卡（马克耶沃，索洛维耶沃以南2千米）的渡口。

★步兵第69军（步兵第144、第153师）——获得步兵第73师沿赫莫斯季河的掩护，正在扎博里耶至乌斯特罗姆河河口地段（索洛维耶沃南面和西南偏南方5—9千米）撤至第聂伯河后方。

★第16集团军——正沿扎博里耶和沃罗尼齐一线（索洛维耶沃西南偏南方9—19千米）后撤。

· **辖内部队的状况**

★经过近35天的战斗，集团军辖内部队几乎已耗尽实力。例如，步兵第229师第783团只剩125人、1挺重机枪和8支冲锋枪，第804团仅剩160人、3挺重机枪、5支冲锋枪、1门45毫米火炮，步兵第73师的三个团，每个团仅剩100来人和4—5挺机枪。

★集团军辖内其他师的实力也强不到哪里去；另外，已从后勤部队抽调人员加强这些师。

★突破至第聂伯河的战斗会进一步削弱集团军的力量。

· **渡河行动**

★集团军辖内部队8月2日晨开始渡过第聂伯河，但敌人对两个渡口实施了4—5次轰炸并将其摧毁。

★由于敌人还摧毁了我们8月2日—3日夜间部署在不同地点的渡口，我们只能以渡船将步兵、坦克和马匹拖曳的火炮运过河去。

★在方面军协助下，我们在8月3日—4日夜间构设新渡口，首先将重型火炮、坦克和其他重物资运过河去，但我们担心某些部队无法携带重装备突围。

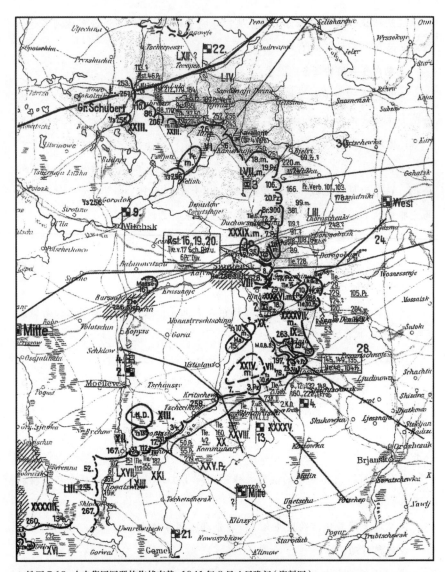

▲ 地图 7.12: 中央集团军群的作战态势, 1941 年 8 月 4 日晚间（资料图）

·**结论**——虽然集团军在过去35天的战斗中给敌人造成了重大损失, 但目前迫切需要补充兵。[70]

8月4日22点25分, 就在库罗奇金和卢金竭尽全力从崩溃的包围圈内解救

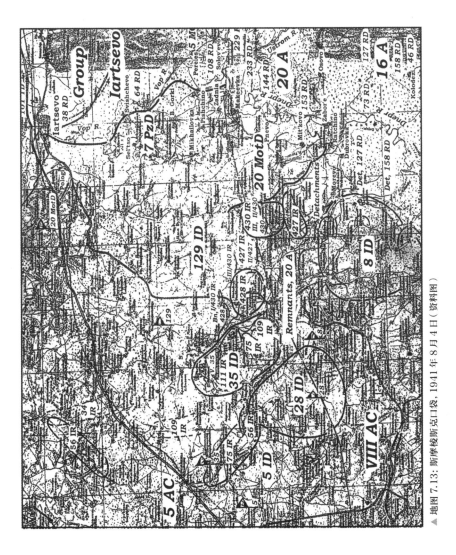

▲ 地图 7.13：斯摩棱斯克口袋，1941 年 8 月 4 日（资料图）

他们的部队时，铁木辛哥以方面军司令员的身份给麾下所有部队下达了新的进攻令。这些命令看似徒劳无益，实际上是为给德国人施加最大的压力，以防他们增援奉命在第16和第20集团军逃脱前将其粉碎的部队。苏军的这些进攻行动，主要打击目标是所谓的德军杜霍夫希纳集团：

· **总体情况**——沿整条战线顽强抵抗的敌军，企图包围第16和第20集团军后撤中的部队，同时在我们与友邻方面军的结合部展开积极行动。敌主力集团编有16个步兵师，正沿斯摩棱斯克—维亚济马方向行动。

· **友邻力量**——右侧，第27集团军左翼部队正撤往佩诺地域；左侧，预备队方面军辖内部队，包括卡恰洛夫集群，正在叶利尼亚和斯托多利谢地域战斗。

· **西方面军的任务**——将第20和第16集团军辖内部队撤至第聂伯河后方并沿第聂伯河坚守方面军左翼，击退敌人对方面军右翼的进攻，粉碎并歼灭方面军中央地带的敌杜霍夫希纳集团。

· **辖内各兵团的任务**

★ **第22集团军**——积极防御你们的阵地，同时与第27集团军协同，歼灭攻往沃洛克的敌集团。

★ **第29集团军**（原马斯连尼科夫集群）——以步兵第243、第252师向伊利因诺（韦利日西北方50千米，杰米多夫以北80千米）发起集中突击，歼灭当面之敌，在克列斯特和科列列夫希纳（杰米多夫东北偏北方60—70千米）夺得西德维纳河上的渡口，派强有力的掩护力量赶往韦利日，8月6日日终前到达奥列尼察和扎莫希察一线（韦利日以北50千米至东北偏北方45千米），尔后攻往杰米多夫。

★ **骑兵集群**（第29集团军指挥下）——包围敌防御，8月6日前出到扎霍德和萨福诺沃一线（杰米多夫东北偏北方30千米至东北方60千米），朝敌后方的杜霍夫希纳展开果断行动。

★ **第30集团军**（原霍缅科集群）——以左翼的主力集群果断攻向克拉西戈沃（杜霍夫希纳以西15千米），8月6日前出到杜博维察、洛莫诺索沃、克里夫齐一线（杜霍夫纳以北40千米至东北偏北方16千米）。

★ **第19集团军**（步兵第166、第91、第89、第50、第152师）——以右翼力量攻向杜霍夫希纳，8月6日前出到普洛谢沃、苏谢沃一线（杜霍夫希纳东北偏北方12千米至以东15千米）。

★ **罗科索夫斯基集群**——以左翼力量攻向扎德尼亚（索洛维耶沃以西3千米）和格里希诺（杜霍夫希纳以南15千米，亚尔采沃以西15千米）并在索洛维耶沃和皮希诺的第聂伯河渡口处（亚尔采沃以南10—15千米）掩护第20集团军渡河，待第20集团军撤至第聂伯河后方，以你部右翼力量展开进攻，8月7日前到达沃罗特希诺、斯托戈沃、扎德尼亚一线（亚尔采沃西北方12千米至西南偏南方15千米）。

　　★第20集团军——继续撤往第聂伯河后方，8月5日日终前占据索洛维耶沃、扎博里耶、谢利措、乌斯特罗姆河、布雷基诺一线（亚尔采沃以南15千米至叶利尼亚西北方18千米），尔后将集团军主力撤入预备队，在多罗戈布日地域休整补充。

　　★第16集团军——到达第聂伯河东岸后，将辖内部队撤至奥斯塔什科沃、普鲁季谢、斯托戈沃车站地域，加入方面军预备队。[71]

　　哪怕是粗略地看看铁木辛哥赋予麾下各战役集群的目标也能发现，鉴于这些部队面临的状况，这些目标完全不切实际。大多数情况下，他要求这些仓促组建、人员和装备不足、缺乏训练的步兵和坦克师，在这片没有任何道路网、地形崎岖复杂、遍布林木的地带每天前进20—30千米。不可否认，德军装甲和摩托化师先在合围对内正面战斗，随后又在合围对外正面作战，例如第19、第20、第12、第7、第17装甲师和第20摩托化师，他们过去两周遭受到前所未有的损失，其步兵部队（装甲掷弹兵）的伤亡尤为严重，装甲力量的损失也不小。例如，第7装甲师7月22日共有250辆坦克，到9月初，该师每日平均可用坦克数量降至132辆。同样，第17装甲师的坦克数量从192辆降至47辆，第12装甲师从135辆降至93辆，第20装甲师从227辆降至86辆，第19装甲师从220辆降至92辆。[72] 不过，尽管遭受到损失，这些师仍有足够的火力击退火力不济、残破不全的红军师发起的任何进攻。另外，肃清斯摩棱斯克附近的包围圈后，中央集团军群立即派出适当的步兵师，沿合围对外正面增援或接替陷入困境的各快速师。这就使博克得以将宝贵的装甲和摩托化师撤下，在恢复进攻行动前让他们得以休整和补充。

　　铁木辛哥采取一切措施支援突围的第20和第16集团军时，库罗奇金则努力确保这位方面军司令员充分掌握两个集团军的情况。第20和第16集团军仍在库罗奇金的统一指挥下，8月5日1点30分，他怀着显而易见的喜悦之情汇报道：“集团军辖内部队8月4日经拉奇诺渡口继续渡河”，另外西方向总指挥部派出的战机“帮了大忙……敌人无法轰炸渡口”。库罗奇金随后汇报麾下各兵团的状况：

- **机械化第5军**——击败敌普涅沃集团并穿过普涅沃后开始渡河。士兵和在战斗中未被摧毁的武器，包括步兵第144、第153、第73、第229师的轻型火炮、部分重型火炮，以及火箭炮连成功渡过第聂伯河，尽管有些车辆由于耗尽燃料而被留在后面。

- **步兵第144师**（约440人）——8月4日日终前，在从乌斯特罗姆河河口至南面3千米处占据防御。

- **步兵第153师**（约750人）——占据的防御向南延伸到帕什科沃（索洛维耶沃西南偏南方4—10千米）。

- **机械化第5军**（坦克第57和摩托化步兵第1师）——集结在波德霍尔米察以南的树林内（亚尔采沃东南方20千米）。

- **步兵第229师**——集结在捷列尼诺（索洛维耶沃以东16千米）。

- **步兵第73师**——集结在谢加基（索洛维耶沃东南方16千米）。

- **步兵第233师**——分成数个集群渡过第聂伯河。

- **利久科夫支队**（亚尔采沃集群）——与第20集团军辖内部队据守拉奇诺渡口并将库切罗沃和米列耶沃地域（索洛维耶沃东南偏南方15—17千米）之敌驱向224.8高地。

- **第16集团军**——集结在库切罗沃、巴拉基列沃、秋希诺地域（索洛维耶沃以南15千米至东南方15千米），把一个100人的支队派往扎博里耶（拉奇诺附近）以南的第聂伯河渡口，协助将集团军的装备运过第聂伯河。[73]

库罗奇金的报告表明，到此时他麾下大部分部队已平安渡过第聂伯河。

就在库罗奇金和卢金的部队到达第聂伯河东岸相对安全处时，罗科索夫斯基命令他的亚尔采沃集群停止进攻，着手在从亚尔采沃南延至第20集团军辖内部队集结地的这片地带组织更加连贯的防御。他于8月5日18点下达的命令，特别注重为他的集群和库罗奇金集团军确定具体防御地段并确保两支军队紧密配合，以应对敌人有可能重新发起的进攻行动：

- **总体情况**——敌第18和第107步兵师在我方防线对面的新谢利耶、亚尔采沃、斯维谢沃、扎德尼亚地段活动，自8月5日12点起，已有一股新锐敌军"涌入"。

· **友邻力量**——右侧，步兵第89师（第19集团军）正沿博罗杜利诺、杜布罗夫卡一线（亚尔采沃以北12—17千米）战斗；左侧，步兵第144师（第20集团军）将占据并守卫科罗夫尼基和奥索瓦地段（亚尔采沃以南17—25千米），防御前沿位于第聂伯河东岸。

· **亚尔采沃集群的任务**——8月5日天黑后撤至沃皮河后方，在沃皮河东岸的杜布罗沃、亚尔采沃、拉波奇伊波谢洛克、斯克鲁舍夫斯科耶、佩列列西耶（索洛维耶沃东北方4千米）地段占据防御，沿新谢利耶，247.9、209.2高地，祖博沃以东2千米的路口，斯维谢沃，布良卡西郊，皮希诺西郊一线确保战斗安全，防止敌人渡过沃皮河向东突破。部队后撤后，在各渡口和徒涉点埋设地雷，在你们的防御带大量设置障碍物。

· **辖内各兵团的任务**

★坦克第101师（与反坦克炮兵第700团，欠1个营）——占据并据守防御地带，把你们的防御前沿部署在沃皮河东岸的列斯诺耶奥泽里谢、戈罗多克地段，将坦克第202、第203团部署在维舍戈尔（亚尔采沃以东22千米）西面的树林里，未接到我的指示不得将其投入战斗。

★步兵第38师（欠2个连）（与军属炮兵第49团第3营、反坦克炮兵第700团第1营）——前沿力量在沃皮河东岸的戈罗多克、亚尔采沃、169.9里程碑地段占据防御地带。

★步兵第44军（与反坦克炮兵第872团）——前沿力量沿沃皮河东岸的169.9里程碑、斯克鲁舍夫斯科耶农场、佩列利西耶地段占据并守卫防御地带，左翼依托第聂伯河设防。

· **特别指令**

★步兵第38师师长——掩护集群之右翼，把由2个步兵连和6门反坦克炮组成的支队前调到帕杰利谢、奇日基一线（亚尔采沃以北5千米），同步兵第89师建立联系。

★摩托化步兵第18团（与1个特种炮兵连）（我的预备队）——部署在奥泽里谢东南方1.5千米的树林内，准备沿维舍戈尔和奇日基、维舍戈尔和戈罗多克方向发起反冲击。

- **补给点**——位于多罗戈布日车站，但运输工作由各个师和独立部队指挥员负责。

- **指挥控制**——集群指挥部设在费多索沃东南方1千米的树林内。[74]

大约在罗科索夫斯基下达防御令的同一时刻，第16集团军司令员卢金将军向铁木辛哥呈交了一份报告，详细说明他这个集团军的状况。与库罗奇金的报告相比，卢金这份报告较为简短，对部队的负面情况描述得较多。第16集团军司令员在报告开头处坦率地指出："各个师只剩几十人，没有指挥员；没有指挥部，（集团军）后勤部队目前集结在戈罗多克、西莫诺沃、博加特基诺、帕波夫卡地域（索洛维耶沃东南方25—45千米）。"[75]卢金随后补充道：

步兵第46、第129、第127、第158、第152师位于科洛杰济、谢利措、斯利佐沃、米列耶沃地域（第聂伯河以东8—15千米，索洛维耶沃以南15—18千米）。因为各部队在不同渡口过河，所以他们正朝各个方向开进。

我认为这些师仍在战斗，所以我无法集结他们，也无法为他们提供补充。无法将他们集结在您指定的地域，因为小股敌人仍盘踞在这些地方。我请求您指出这些地域并提供几天时间，以便集团军辖内部队恢复秩序。

详情附上。[76]

第16和第20集团军残部到达第聂伯河东岸后没过几个小时，库罗奇金便在铁木辛哥和友邻力量指挥员罗科索夫斯基的指导下，将第20和第16集团军辖内部队纳入西方面军主防线。库罗奇金8月5日22点40分开始实施这一行动，他下达命令，为麾下部队分配任务，指示其沿第聂伯河东岸设立一道新防线（参见地图7.14）：

- **总体情况**——敌人以新锐第20摩托化师、第8步兵师和第7装甲师先遣力量，在索洛维耶沃至戈洛维诺以南森林一线到达第聂伯河，第17摩托化（装甲）师辖内部队在科洛杰济、蒙奇诺、亚兹韦诺、米列耶沃地域（第聂伯河以东，索洛维耶沃以南15—18千米）活动，该师小股部队企图向北突往米列耶沃和巴拉基列沃（索洛维耶沃东南方12千米）。

·**友邻力量**——右侧，罗科索夫斯基集群正攻向扎德尼亚和格里希诺并在第20集团军渡过第聂伯河时为其提供掩护；左侧，卡恰洛夫集群正在波奇诺克和叶利尼亚地域战斗。

·**第20集团军的任务**——完成撤至第聂伯河东岸的行动后，沿第聂伯河和乌斯特罗姆河据守防线，从索洛维耶沃至布雷基诺（索洛维耶沃东南偏南方30千米至叶利尼亚西北方18千米），残余部队在波德霍尔米察、扎普鲁季耶、戈罗多克地域（前线后方15—20千米）担任预备队。应在那里保持完整战备状态。

·**辖内各兵团的任务**

★步兵第144师（与萨赫诺、舍佩柳克支队）——占据并守卫第聂伯河东岸，从索洛维耶沃渡口南延至扎博里耶以北1千米的河流弯曲部。

★步兵第153师（与戈洛温、塔拉索夫、卡先科支队）——占据并守卫第聂伯河防线，该防线从扎博里耶以北1千米的河流弯曲部南延至梅尔特瓦亚河河口（索洛维耶沃西南偏南方12千米），再向东南方延伸到科洛杰济（索洛维耶沃以南16千米）。以卡先科支队在克利莫沃地域担任预备队，经我批准后方可投入。

★步兵第73师——沿科洛杰济、谢利措、236.5高地（斯利佐沃以南1千米）、224.8高地、克列米亚季诺一线（索洛维耶沃以南16千米至东南偏南方22千米）接替第16集团军辖内部队后，占据并守卫这段防线。同时，在克列米亚季诺和布雷基诺地段沿乌斯特罗姆河实施强化侦察，直到步兵第161师到达此处。另外还要向叶利尼亚—斯摩棱斯克铁路线方向展开侦察。

★我的预备队——集团军主力应于8月6日16点前在以下地域集结并做好战斗准备：

☆机械化第5军——波德霍尔米察南面的树林（亚尔采沃东南方20千米）。

☆坦克第57师——戈罗多克北面1千米的树林（索洛维耶沃以东18千米）。

☆步兵第229师——捷列尼诺和捷列尼诺南面的树林（索洛维耶沃以东16千米）。

☆步兵第233师——扎普鲁季耶地域（索洛维耶沃东南偏东方15千米）。[77]

次日15点25分，遵照铁木辛哥的指示，仍担任第16集团军司令员的卢金将军命令麾下部队完成集结并赶去接替预备队方面军的步兵第107师，该师一直在方面军右翼据守第二梯队防御，防区从多罗戈布日以西12千米延伸至西南方20千米：

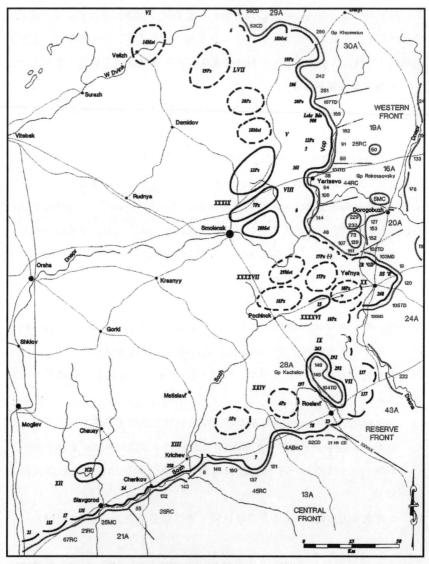

▲ 地图7.14：1941年8月6日23:00的战场态势（资料图）

·**步兵第34军**——8月6日20点前沿涅德尼基、亚科夫斯科耶一线（多罗戈布日西南方5—10千米）接替步兵第107师第765和第474团，沿第聂伯河南岸至多罗戈布日一线部署加强战斗掩护的力量。

·**步兵第152师**——沿亚科夫斯科耶和卡利塔一线（索洛维耶沃东南方30—32千米，叶利尼亚以北18—20千米）接替步兵第107师第586团第1营，向奥索沃和叶里洛沃一线（索洛维耶沃以南8—15千米）派遣加强战斗掩护的力量。

·**各师师长**——亲自前往各自的防御地带，检查防御工事、障碍物和作战地图并对此负责。[78]

8月6日，大本营对西方面军的高级指挥员做出调整，派库罗奇金接替扎哈尔金将军出任第43集团军司令员，第20集团军司令员一职则由卢金将军接任。另外，大本营承诺，将第16集团军残部编入卢金集团军并在方面军后方地域组建一个新的第16集团军，但该集团军由大本营统辖。出任第20集团军司令员后，卢金采取的第一个措施就是拟制一道关于第20集团军新防御地幅的最终命令，从而完成库罗奇金遗留下来的工作。这道命令于8月7日1点20分签发，为集团军辖内兵团分配了作战任务和防御地带：

·**总体情况**——敌第7装甲师、第20摩托化师、第8步兵师、第17摩托化师在索洛维耶沃、拉奇诺、谢利措、克列米亚季诺（索洛维耶沃东南偏南方22千米）地段到达第聂伯河渡口，正企图在南面的普涅沃和拉奇诺强渡第聂伯河。

·**友邻力量**——右侧，罗科索夫斯基集群左翼力量正为扎德尼亚（索洛维耶沃以西2千米）而战；左侧，第24集团军辖内部队正在乌沙科沃（索洛维耶沃东南方47千米）和拉夫罗沃一线战斗。

·**第20和第16集团军的任务**——在我的统一指挥下，将主力集中于左翼，坚守第聂伯河防线，该防线从索洛维耶沃渡口南延至扎博里耶以南5千米的谷仓、斯利佐沃、瓦休基、米哈伊洛夫卡、卡赞卡（叶利尼亚西北方17千米）。

·**辖内各兵团的任务**

★第20集团军：

☆步兵第144师（与舍佩柳克、萨赫诺支队）——防御地带从索洛维耶沃渡口起，向南延伸至扎博里耶（索洛维耶沃以南8千米）北面1千米的第聂伯河弯曲部。

☆步兵第153师（与塔拉索夫、卡先科支队和1个边防连）——将各支队派往第聂伯河东岸，防止敌人强渡该河并据守第聂伯河一线，防御地带从第聂伯河弯曲部（扎博里耶北面1千米）至179.1里程碑、科洛杰济北面1千米的树林（索洛维耶沃以南15千米）。

☆步兵第73师——接替步兵第46和第129师后，于8月7日6点前占据并守卫科洛杰济、斯利佐沃、米列耶沃一线（索洛维耶沃以南15千米至西南偏南方16千米），派1个支队赶往科尔孙亚，防止敌人强渡第聂伯河。

☆步兵第161师（与步兵第129师炮兵力量）——在乌斯特罗姆河占据并守卫瓦休基和米哈伊洛夫卡地段（索洛维耶沃东南方18—21千米）。

☆步兵第46师——将现有防区移交步兵第73师后，于8月7日7点前占据并守卫米哈伊洛夫卡、戈拉维齐、卡赞卡一线（索洛维耶沃东南方21千米至叶利尼亚西北方17千米）。

☆集团军骑兵中队——向南实施侦察。

★第16集团军——沿多罗戈布日和乌斯维亚季耶一线接替步兵第107师，沿乌扎河至旧罗日杰斯特沃一线部署步兵第127、第152、第158师，随后加强你们的阵地，应特别注意防御叶利尼亚和多罗戈布日公路。

☆步兵第233师——8月7日3点撤离现有阵地，8月7日6点前集中在巴拉基列沃、奈杰诺沃、萨莫伊洛沃地域（索洛维耶沃东南方15—18千米），担任我的预备队，做好向西、向南展开行动的准备。

☆步兵第129师——将防区移交给步兵第46和第161师，把火炮暂时交给步兵第161师后，于8月7日8点前集中在第一博布罗沃地域，担任我的预备队，做好向东南面和南面展开行动的准备。

☆步兵第229师——在捷列尼诺地域休整补充，担任我的预备队，做好向切尔诺瓦亚（索洛维耶沃东南偏东方9千米）展开行动的准备。

☆摩托化步兵第1师——在戈罗多克地域休整补充，担任我的预备队。

☆机械化第5军（与坦克第57师）——利用公路穿过多罗戈布日，返回西方面军建制，集中在科罗布基诺、罗马什科沃、涅克拉索沃地域（格扎茨克东南方20千米）。[79]

几小时后，第16集团军司令部通知西方面军，他们已按照大本营的要求，将第16集团军尚具战斗力的所有部队转隶卢金第20集团军。除宣布"第16集团军所有部队已转隶第20集团军并赶往指定集结地"外，第16集团军参谋长波诺马列夫上校还报告称："第16集团军从第聂伯河西岸运送装备和物资的工作已结束"，现已采取措施炸毁渡口，"渡河期间，敌人仅以虚弱火力施加阻挠"。[80] 但在报告结尾处，可能是在卢金的默许下，波诺马列夫上校对库罗奇金做出最后一次猛烈抨击，宣称"第20集团军派一个警卫营赶至渡口，并采取积极措施抢运包括大部分车辆和火炮在内的装备和物资的做法是不正确的"。[81]

8月7日20点，在第16和第20集团军残部撤至安全处、西方面军重新组织斯摩棱斯克以东防御后，方面军提交了另一份作战摘要，阐述当日日终前整条战线的情况并承认战场上的确出现了战役间歇：

·**总体情况**——整条战线偶尔发生炮击和侦察袭击。

·**第22集团军**——位置未发生变化，当日白天，交战双方的炮击和侦察行动稀稀落落，步兵第256师攻向沃洛克。

·**马斯连尼科夫集群**

★**步兵第252师**——第924团的位置未发生变化，但第928和第932团面对敌人施加的沉重压力，撤至西德维纳河北岸，在那里，第928团据守韦波尔佐沃、彼得罗沃一线（托罗佩茨东南偏南方40—45千米），第932团位于柳博维齐、奥列尼察、乌斯季耶一线（托罗佩茨以南50—65千米）。

★**步兵第243师**——攻向伊利因诺（托罗佩茨以南58千米），16点30分在托尔卡奇、193.8高地、扎霍德、博德涅夫卡、柳比莫沃一线（托罗佩茨以南45千米）战斗。

★**骑兵第50和第53师**——未收悉新消息。[8月8日20点提交的第86号作战摘要称："骑兵集群（骑兵第50和第53师）后撤，8月6日22点前，骑兵第50师退至叶姆连地域（别雷以西70千米），骑兵第53师退至奥尔登卡地域（别雷以西55千米）。"]

·**第30集团军**——位置未发生变化。[8月8日8点提交的第85号作战概要称："第30集团军8月7日黄昏时停止进攻。敌人没有采取行动。8月8日6点前，集团军辖内部队（占据以下阵地）：步兵第250师——洛西米诺、杰米亚希（南部）、布拉亚一线（别雷西南方15—19千米）；步兵第242师——莫罗霍沃车站、新莫罗霍沃、多尔戈耶一线，步兵第900团1个营位于克林齐地域；步兵第251师——古利亚耶沃（含）、茹科瓦东郊、斯洛博达一线；坦克第107师——纳泽缅基、236.6高地一线。"]

·第19集团军——实施局部重组并于8月7日7点发起进攻，面对顽强抵抗之敌，只取得有限战果。

★步兵第166师——在右翼夺得杰梅雄基（捷米亚申基，位于亚尔采沃以北34千米），但所处位置未发生其他变化。

★步兵第162师——右翼到达乌斯季耶西面1千米的树林东部边缘（亚尔采沃东北偏北方28千米），左翼在藻夫拉日耶以西的森林中战斗。

★步兵第91师——右翼和中央力量从戈尔巴托夫斯卡亚（亚尔采沃以北25千米）向西推进，赶往杜拉。

★步兵第89师——位置未发生变化。

★工程兵第303、第321、第11营——在后方沿涅耶洛沃和戈罗多克一线遂行防御。

·罗科索夫斯基集群——位置未发生变化，集群辖内部队在沃皮河东岸的库尔加诺沃和亚尔采沃地段、第聂伯河北岸的索洛维耶沃占据防御。

·第20集团军——8月6日—7日夜间实施部分重组后，沿第聂伯河东岸并在索洛维耶沃、扎博里耶、米列耶沃、布雷基诺、卡赞卡地段（索洛维耶沃东南偏南方18千米至东南方31千米，叶利尼亚西北方18千米）占据梯次防御阵地。

★步兵第144师——在索洛维耶沃和扎博里耶据守第聂伯河渡口，抗击第聂伯河西岸的小股敌军。

★步兵第153师——据守扎博里耶和179.1里程碑一线，肃清敌人在拉奇诺渡过第聂伯河的1个排。

★步兵第73师——接替步兵第129师后，占据科洛杰济、斯利佐沃、米列耶沃、瓦休基一线（索洛维耶沃以南16千米至东南方19千米）。

★步兵第161师——占据并守卫瓦休基、米哈伊洛夫卡一线（索洛维耶沃东南方19—25千米）。

★步兵第46师——沿科洛杰济和米列耶沃一线获得步兵第73师接替，准备占据米哈伊洛夫卡、卡赞卡一线（索洛维耶沃东南方25—31千米）。

★步兵第233师——渡至第聂伯河东岸后，于8点前赶至巴拉基列沃、奈杰诺沃、萨莫伊洛沃地域（索洛维耶沃东南方15—20千米）。

★步兵第129师——准备将作战地域移交给步兵第73师并赶往博布罗沃地域。

★步兵第229师和摩托化步兵第1师——位置未发生变化。

★步兵第34军——接替步兵第107师后占据以下地段：

☆步兵第127师——乌斯维亚季耶和维戈里（索洛维耶沃以东25千米至东南偏东方26千米）。

☆步兵第158师——维戈里和卡西科沃（索洛维耶沃东南偏东方26千米至东南方28千米）。

☆步兵第152师——卡西科沃和卡利塔（索洛维耶沃东南方28—33千米）。

★机械化第5军和坦克第57师——位置未发生变化，但将于8月7日—8日夜间在格扎茨克东南地域加入方面军预备队。

★步兵第153和第73师——将发起进攻以夺取拉奇诺和利亚霍沃地域（索洛维耶沃西南方9—12千米），将敌人驱离第聂伯河渡口并掩护集团军后勤部队和物资渡至第聂伯河东岸。

★第16集团军司令部——经铁路撤入多罗戈布日以北地域的方面军预备队。

· **方面军航空兵力量**——在方面军作战地域实施侦察并同地面部队配合，消灭敌摩托—机械化部队、步兵和炮兵。[82]

可是，正如后续事件表明的那样，这场战役间歇仅仅是暂时的。

库罗奇金和卢金麾下部队，究竟有多少人逃离斯摩棱斯克包围圈，这个问题多年来一直存有争议，尽管新的文件证据为此提供了相当多的启示。我们知道，两个集团军6月22日晚些时候的总兵力约为16.5万人，其中大多数人于7月初投身战斗。第19集团军11万名士兵中的5万人也陷入合围圈，再加上斯摩棱斯克地域为他们提供加强的其他部队，包围圈内的苏军士兵最初可能超过22万人，到8月7日，他们中有17万人阵亡或被俘，约5万人最终逃脱，有些是有组织的部队，其他则是三五成群或独自逃离。例如，据西方面军报告称，7月份最后十天损失105723人，其中46827人列为失踪，大多数损失发生在斯摩棱斯克围歼战期间。[83] 相关记录还表明，库罗奇金第20集团军7月底时尚有65辆坦克、177门火炮和120门反坦克炮。

无论这场战斗的真正代价如何，根据博克的报告和两天后德国国防军公报的说法，对整个斯摩棱斯克交战期间（包括在罗加乔夫附近和在莫吉廖夫沿第聂伯河的战斗）战果的初步统计为，俘虏309110名红军士兵，击毁或缴获3205辆坦克、3120门火炮、1098架飞机。虽然俘虏总数最终上升到35万人，但是总的战果很可能远远低于德军的预期。[84]

截至8月7日，多达5万名第16和第20集团军士兵逃离斯摩棱斯克包围圈，日后他们将重新投入战斗。这些部队之所以能逃离包围圈，罗科索夫斯基坚守索洛维耶沃走廊起到了极其重要的作用。为防止德军封闭这条走廊，罗科索夫斯基还以相互支援的反坦克支撑点设立起绵亘的防坦克防御，这在战争中尚属首次，这种做法后来成为红军防御战术的惯例。

除了罗科索夫斯基亚尔采沃集群的坚定表现外，第16和第20集团军残部的成功突围还应归功于两位集团军司令员，卢金和库罗奇金，突围期间，他们以小股突击群率领部队突围，后卫部队交替掩护，以此阻挡德国第9集团军的推进。例如，7月31日—8月1日夜间，步兵第129、第46、第108师确保走廊畅通时，机械化第5军和步兵第127、第233师向东行进，步兵第153、第144、第229、第73、第158师留守支队组成的后卫力量为其提供掩护，这些师的阵地由北至南形成一条弧线。各个师向东开拔时，选定的后卫部队脱离前线，加入这些穿过走廊撤退的部队，后卫部队的防御正面逐渐缩窄。当然，苏军的突围行取得成功的前提条件是德国中央集团军群未能封闭包围圈，但这一点也是苏军在莫吉廖夫和斯摩棱斯克包围圈顽强防御的结果。

另外，对日后作战行动更为重要的是，库罗奇金坚守斯摩棱斯克包围圈、卢金进攻斯摩棱斯克城，以及铁木辛哥沿德军东部防线发起反攻，红军各指挥部在此期间下达的命令和提交的报告都强调了一点：即便恶化的态势已让人绝望，苏联大本营和红军仍坚持进攻。对德国国防军和"巴巴罗萨行动"的后续命运来说，这不是个好兆头。

尽管库罗奇金、卢金和罗科索夫斯基英勇无畏，可是斯摩棱斯克围歼战的结果和红军反攻的失败，的确严重削弱了铁木辛哥的西方面军。到8月初，该方面军许多步兵师仅剩1000—2000人，战斗人员的数量更少，坦克力量显然已残破不全。尽管如此，铁木辛哥仍能获得预备队集团军提供的补充，而博克中央集团军群却没有任何预备力量。克鲁格第4装甲集团军参谋长京特·布鲁门特里特将军战后所做的评论表明，德国人对7月份作战行动的结果深感失望，特别是对没能全歼被围的苏军部队这一点：

> 一大群俄国人被包围在斯摩棱斯克地域。两个野战集团军……守住包围圈的三面，同时，我们的坦克在亚尔采沃附近封锁包围圈出口。这场行动又一次没能取得成功。俄国军队在夜间突出包围圈向东逃窜。[85]

苏军在斯摩棱斯克地域的殊死防御和进攻行动，也在物质和心理方面给德国军队造成了沉重打击。除大幅增加德国人的伤亡外，苏军持续不断的行动还牵制并消耗了中央集团军群辖内部队，特别是其装甲和摩托化师。在这段时期提交的一份关于战斗影响的报告中，博克写道：

> 我现在被迫将集团军群预备队中尚具战斗力的师悉数投入战斗……我们需要投入每一个士兵……尽管损失严重……敌人每天都在数个地段发起进攻，因而到目前为止，根本无法重组部队并前调预备队。如果我们不能在不久的将来在某个地方对俄国人施以毁灭性打击，冬季到来前完成彻底消灭他们的任务会变得非常困难。[86]

归根结底，苏军在斯摩棱斯克周围实施坚定有力的抵抗，促使希特勒重新审视他为"巴巴罗萨行动"这一阶段确定的优先进攻目标，并为他最终决定8月下旬将古德里安装甲集群调往南面埋下了伏笔。

总结

8月5日黄昏时，交战双方及其上级指挥部门从明显不同的角度审视这场斯摩棱斯克交战。在博克看来，斯摩棱斯克交战已于8月5日结束，他的集团军群赢得了这场斗争的胜利。除击溃威胁侧翼的苏军部队外，他的集团军群主力已实现主要目标：击败并歼灭西方面军大部并夺得斯摩棱斯克。因此，博克确信，若提供一段短暂的休整期，他的集团军群就能恢复向莫斯科的胜利进军。但从希特勒的角度看（陆军总司令部的看法越来越与之接近），古德里安在罗斯拉夫利赢得的胜利、铁木辛哥和朱可夫在斯摩棱斯克以东的激烈抵抗，以及西南方面军在南面的基辅地域实施的顽强防御，为德军在第聂伯河以东的基辅地域实施一场规模庞大且具决定性的合围提供了新的机会。

但是，涅韦尔、斯摩棱斯克、罗斯拉夫利的斗争给铁木辛哥和苏联大本营留下的印象完全不同。在他们看来，虽然红军丢失了西德维纳河和第聂伯河沿岸预有准备的防御，也没能遏止德军攻占涅韦尔、斯摩棱斯克和罗斯拉夫利，但他们设法救出了四个集团军（第16、第19、第20、第22集团军）被围部队大部，并沿从大卢基南延到斯摩棱斯克以东，再延伸至布良斯克以西杰斯纳河的整条战线重新建立起一道坚固而又连贯的防线。更重要的是，在此过程中，他们给中央集团军群辖内部队造成了严重破坏，特别是对其装甲师和摩托化师的步兵力量。简言之，大本营确信，发起更大规模猛烈反攻的决定正在奏效。另外，鉴于红军尚有大批未投入战斗的预备队集团军，以及德军实力显而易见地日趋虚弱，大本营决心继续以消耗战对付中央集团军群，而且坚信自身力量最终能遏止，甚至可能歼灭博克集团军群。因此，德国人宣布斯摩棱斯克交战结束时，斯大林和他的大本营正忙于准备一场大规模反攻，他们确信，这场反攻标志着斯摩棱斯克交战的第二阶段，也是最具决定性的阶段的开始。

注释

1. 佩尔西·E.施拉姆主编，汉斯-阿道夫·雅各布森编撰并评述，《国防军最高统帅部战时日志（作战处），1940—1945》（八卷本）第一卷，慕尼黑：伯纳德＆格雷费出版社，1982年特许出版，第1020—1021页（本书以下简称为《最高统帅部战时日志》）；查尔斯·伯迪克、汉斯-阿道夫·雅各布森译，《哈尔德战时日记，1939年—1942年》，加利福尼亚州诺瓦托：要塞出版社，1988年，第458—459页；瓦尔特·瓦利蒙特，《德国国防军大本营，1939年—1945年》，波恩：雅典娜出版社，1964年，第193—195页。

2.《哈尔德战时日记，1939年—1942年》，元首会议上的报告，第458—459页。

3.《恩格尔日记》，1941年7月28日的条目；《莱布日记》，1941年7月21日的条目；《哈尔德战时日记，1939年—1942年》，第458—459、第469—471、第483—484页。

4.《哈尔德战时日记，1939年—1942年》，第471—472页。

5. 哈尔德1941年7月20日视察南方集团军群，该集团军群正竭力完成乌曼围歼战，当日，苏军第22集团军突出涅韦尔包围圈。参见《哈尔德战时日记，1939年—1942年》，第480—481页；以及这一时期的《南方集团军群作战日志》。

6. 这道元首令和其他元首令的完整文本可参阅《伟大卫国战争军事和历史资料集》第18期，莫斯科：军事出版局，1960年。这是苏军总参谋部军事科学院军事历史部编写的资料集，原为保密级。

7. 同上。

8. 参阅《最高统帅部战时日志》，简介，第188页。

9. 参阅这段时期的《中央集团军群作战日志》和《南方集团军群作战日志》。

10. 陆军少校冯·格里森贝克男爵（莱布的副官）的备忘录，《莱布日记，1941年7月21日》；《北方集团军群作战日志，1941年7月21日》，收录于*75128/1*；《最高统帅部战时日志》第一卷，附录77，第1029—1030页。

11. 希特勒直到次日才对勃劳希契提出严厉批评，参见《哈尔德战时日记，1939年—1942年》，第483—484页。

12. 北方集团军群参谋长布伦内克将军对希特勒的视察所做的备忘录，收录在《北方集团军群作战日志，1941年7月21日》。

13. 希特勒视察前一天，哈尔德派盖伦赶赴马尔纳瓦，次日便收悉一份完整报告，参见《哈尔德战时日记，1939年—1942年》，第482—484页。

14. 集团军群司令1941年12月16日向元首所做简报的备忘录，1941年12月17日签署，《北方集团军群作战处，会议和讲话，1941年9月19日—1942年1月12日》第二册，收录于*AGp North 14985/60*。

15. 7月30日签发的第34号元首令为夺取列宁格勒提供了更精确的指示。

16.《伟大卫国战争军事和历史资料集》第18期，第233—234页，转述。

17.《最高统帅部战时日志》，1941年7月19日—23日；这段时期的《哈尔德战时日记，1939年-1942年》和《陆军元帅费多尔·冯·博克：战时日记，1939年—1945年》；1941年7月19日签发的第33号元首令和7月23日签发的第33号元首令补充令，收录于美国陆军军事历史中心档案中的《德国高级指令，1941年7月—8月》。

18. 霍特装甲集群和施特劳斯集团军编有第57、第39摩托化军和第23、第6、第8、第5军；古德里安装甲集群和魏克斯集团军编有第24、第46、第47摩托化军和第7、第9、第12、第13、第43、第53、第35军，后者仍隶属总司令部。

19. 克劳斯·格贝特主编、戴维·约翰逊译，《陆军元帅费多尔·冯·博克：1939年—1945年战时日记》，宾夕法尼亚州阿特格伦：希弗出版社，1996年；《第4集团军作战日志，1941年6月26

日一7月19日》，收录于AOK 4 17561/2；《第2集团军作战日志，1941年6月21日—9月18日》，收录于AOK 2 16690/1；《第2装甲集群作战日志，1941年6月22日—8月20日》，收录于Pz AOK 2 25034/1。

20. 克劳斯·莱因哈特著、卡尔·基南译，《莫斯科——转折点：1941年—1942年冬季，希特勒在战略上的失败》，英国牛津＆普罗维登斯：冰山出版社，1992年，第26—27页；《哈尔德战时日记，1939年—1942年》，第482—489页。

21. 相比之下，6月22日至9月30日，红军和红海军损失2129677名士兵，其中236372人阵亡，40680人伤重不治，153526人死于疾病和其他非战斗原因，1699699人失踪和被俘。另外还有687626名士兵因负伤而入院治疗。总之，伤亡人数相当于苏联武装力量战前实力的50%多。参见G.F.克里沃舍耶夫主编，《揭秘：苏联武装力量在战争、作战行动和军事冲突中的损失》，莫斯科：军事出版局，1993年，第146—153页。

22. 海因茨·古德里安，《一个军人的回忆》，第190页。

23. 《伟大卫国战争军事和历史资料集》第18期，第236页。

24. 同上，第236—237页。

25. V.A.佐洛塔廖夫主编，《伟大卫国战争，1941年—1945年》第一册，莫斯科：科学出版社，1998年，第180页。

26. 希特勒视察中央集团军群的详情，可参阅：《陆军元帅费多尔·冯·博克：战时日记，1939年—1945年》；这段时期的《第2装甲集群作战日志》；古德里安的《一个军人的回忆》，第171—172页；《哈尔德战时日记，1939年—1942年》，第494—496页；《最高统帅部战时日记》，第1041—1043；《中央集团军群作战日志》附件，收录于AGp Center 26974/8。

27. 令莱布深感沮丧的是，第一号公报还透露了他攻向列宁格勒的意图，参见《莱布日记》。

28. 参见《北方集团军群作战日志》中的每日态势图。

29. 据官方统计，红军和红海军在战争头三个月的不可归队减员为2129677人，其中1699099人被俘。参见V.A.佐洛塔廖夫主编，《伟大卫国战争，1941年—1945年》第一册，第146—147页。

30. 《哈尔德战时日记，1939年—1942年》，第494—496页（也可参阅这段时期的未删减版哈尔德日记）；《最高统帅部战时日志》，第1041—1043页。

31. 《哈尔德战时日记，1939年—1942年》，第491—496页。具体而言，213301人的伤亡中包括：149609名士兵和5464名军官负伤；44027名士兵和2443名军官阵亡；11539名士兵和219名军官失踪。军官伤亡率高是最严重的问题。中央集团军群在遭受74500人伤亡的同时，获得了23000名补充兵，他们要求上级在7—10天内再提供1万名补充兵。获得补充兵后，第2集团军仍缺30500人，第9集团军缺15000人，第2装甲集群缺5000人，第3装甲集群缺4000人。

32. 参见对凯特尔—博克会议的评论，收录在《陆军元帅费多尔·冯·博克：战时日记，1939年—1945年》，第262—263页。

33. 同上。

34. 希特勒视察鲍里索夫达成的协议。博克最后的估计正确无误。参见1941年7月30日克里姆林宫召开的会议的记录，引自G.K.朱可夫，《朱可夫元帅回忆录》，纽约：德拉科特出版社，1971年，第287—288页。

35. 瓦尔特·瓦利蒙特，《德国国防军大本营，1939年—1945年》，第198—199页。轰炸莫斯科的行动开始于1941年7月21日—22日。为地面部队直接提供战术支援的这些轰炸机被调去实施所谓的战略轰炸，战地指挥官们对此提出批评。轰炸莫斯科的正式理由是报复苏联人空袭赫尔辛基和布加勒斯特。参见第33号元首令。

36. 《陆军元帅费多尔·冯·博克：战时日记，1939年—1945年》，第272页。

37. 同上；这段时期的《第2装甲集群作战日志》；古德里安的《一个军人的回忆》，第165—168页。

38. 博克把第1骑兵师交还魏克斯第2集团军，令第7步兵师从第8军[1]转隶第24摩托化军。参见《第2装甲集群作战日志》。

39. 《西方向总指挥部司令员1941年8月1日给卡恰洛夫集群下达的特别战斗令：关于攻向波奇诺克》（Chastnyi boevoi prikaz Glavnokomanduiushchego voiskami Zapadnogo Napravleniia ot 1 avgusta 1941 g. gruppe tov. Kachalova na nastuplenie v napravlenii Pochinok），收录于《伟大卫国战争作战文件集》第37期，莫斯科：军事出版局，1959年，第62页。

40. 《第28集团军司令员1941年8月1日下达的第9号战斗令：关于准备击退敌摩托-机械化部队的进攻》（Boevoi prikaz komanduiushchego voiskami 28-i Armii no. 9 ot 1 avgusta 1941 g. na podgotovku k otrazheniiu nastupleniia motomekhanizirovannykh chastei protivnika），收录于《伟大卫国战争作战文件集》第37期，第355—356页。

41. 同上。

42. 《第28集团军司令员1941年8月2日下达的第10号战斗令：关于向敌叶利尼亚集团后方发起进攻》（Boevoi prikaz komanduiushchego voiskami 28-i Armii no. 10 ot 2 avgusta 1941 g. na nanesenii udara po tylam El'ninskoi gruppirovki protivnika），收录于《伟大卫国战争作战文件集》第37期，第356—357页。

43. 《西方面军司令部1941年8月3日20点提交的第76号作战摘要：关于方面军辖内部队的作战行动》（Operativnaia svodka shtaba Zapadnogo fronta No. 76 k 20 chasam 3 avgusta 1941 g. o boevykh deistviiakh voisk fronta），收录于《伟大卫国战争作战文件集》第37期，第120—121页。

44. 《预备队方面军参谋长1941年8月3日呈交预备队方面军司令员的报告：关于罗斯拉夫利地域各部队的情况》（Doklad nachal'nika shtaba Rezervnogo fronta ot 3 avgusta 1941 g komanduiushchemu voiskami Rezervnogo fronta o polozhenii voisk u Roslavl），收录于《伟大卫国战争作战文件集》第37期，第165—166页。

45. 《总统帅部大本营发给西方面军、预备队方面军、中央方面军司令员的第00679号训令：关于部队的转隶》（Direktiva Stavki VK no. 00679 komanduiushchim voiskami Zapadnogo, Rezervnogo, i Tsental'nogo frontov o perepodchinenii voisk），收录于V.A.佐洛塔廖夫主编，《最高统帅部大本营：1941年的文献资料》，第101页。

46. 《预备队方面军副司令员发给第24集团军司令员的单独战斗令：关于准备击退进攻之敌》（Chastnyi boevoi prikaz zamestitelia komanduiushchego voiskami Rezervnogo Fronts ot 3 avgusta 1941 g. komanduiushchemu voiskami 24-i Armii na podgotovku k otrazheniiu nastupaiushchego protivnika），收录于《伟大卫国战争作战文件集》第37期，第166—168页。

47. 《预备队方面军副司令员1941年8月4日给卡恰洛夫中将军队集群指挥员下达的第0017号单独战斗令：关于将集群左翼和中央力量撤至法杰耶瓦布达和奥斯特里克河一线》（Chastnyi boevoi prikaz komanduiushchego voiskami Rezervnogo fronta no. 0017/op ot 4 avgusta 1941 g. komanduiushchemu gruppoi voisk General-Leitenantu Kachalovu na otvod levogo flange i tsentra gruppy na rubezh Faddeeva Buda, r. Ostrik），收录于《伟大卫国战争作战文件集》第37期，第167—168页。

48. 《预备队方面军司令部1941年8月4日下达的战斗令：关于将卡恰洛夫集群辖内部队交由第43集团军司令员统辖》（Boevoe rasporiazhenie shtaba Rezervnogo fronta ot 4 avgusta 1941 g. o podchinenii komanduiushchemu voiskami 43-i Armii chastei gruppy Kachalova），收录于《伟大卫国战争作战文件集》第37期，第169页。

---

① 译注：第7军。

49. 参见亚历山大·A.马斯洛夫，《陨落的苏军将领》，伦敦：弗兰克·卡斯出版社，1998年，第17—18页。之后，根据斯大林的指示，一个军事法庭宣布卡恰洛夫犯有叛国罪并缺席判处他死刑，斯大林去世后，这一判决撤销。

50.《第28集团军军队集群指挥员1941年8月4日下达的第1号战斗令：关于部队重组》（Boevoi prikaz komanduiushchego gruppoi voisk 28-i Armii no. 1 ot 4 avgusta 1941 g. na peregruppirovku），收录于《伟大卫国战争作战文件集》第37期，第357—358页。

51.《预备队方面军司令员8月5日下达的第22号指令：关于消除作战行动组织和实施方面的缺点》（Direktiva komanduiushchego voiskami Rezervnogo fronta no. 22 ot 5 avgusta ob ustranenii nedostatkov v organizatsii i vvedenii boevykh deistvii），收于《伟大卫国战争作战文件集》第37期，第169—170页。

52.《预备队方面军军事委员会1941年8月5日给第28集团军司令员下达的指示：关于组织防御》（Ukazaniia voennogo soveta Rezervnogo fronta ot 5 avgusta 1941 g. komanduiushchemu voiskami 28-i armii po organizatsii oborony），收录于《伟大卫国战争作战文件集》第37期，第170页。

53.《预备队方面军司令部1941年8月5日下达给第24集团军司令员的战斗令：关于步兵第107师作战地带炮兵防御体系的变化》（Boevoe rasporiazhenie shtaba Rezervnogo fronta ot 5 avgusta 1941 g. komanduiushchemu voiskami 24-i Armii ob izmenenii sistemy artilleriiskoi oborony v polose 107-i Strelkovoi Divizii），收录于《伟大卫国战争作战文件集》第37期，第171页。

54.《总统帅部大本营发给预备队方面军和西方面军司令员的第00731号训令：关于击败敌叶利尼亚集团》（Direktiva Stavki VK no. 00731 komanduiushchim voiskami Rezervnogo i Zapadnogo frontov o merakh po razgromu El'ninskoi gruppirovki protivnika），收录于V.A.佐洛塔廖夫主编，《最高统帅部大本营：1941年的文献资料》，第106页。

55.《预备队方面军司令部1941年8月7日发给总参谋部的报告：关于卡恰洛夫集群辖内部队的后撤》（Donesenie shtaba Rezervnogo fronta ot 7 avgusta 1941 g. General'nomu Shtabu o otkhode voisk Gruppy Kachalova），收录于《伟大卫国战争作战文件集》第37期，第175—176页。布托林少将1943年—1944年指挥步兵第63和第80军；第28集团军参谋长帕维尔·格里戈里耶维奇·叶戈罗夫少将后来在战斗中阵亡；祖耶夫少将后来担任第43集团军参谋长。

56.《最高统帅部大本营第270号令：关于士兵们放下武器向敌人投降的问题》（Prikaz Stavki Verkhovnogo Glavnokomandovaniia ob otvetstvennosti voennosluzhashchikh za sdachu v plen i ostavlenie vragu oruzhiia），收录于V.A.佐洛塔廖夫主编，《俄罗斯档案：伟大卫国战争，苏联国防人民委员部命令，1941年6月22日—1942年》第13册（2-2）【Russkii arkhiv: Velikaia Otechestvennaia [voina]: Prikazy Narodnogo Komissara Oborony SSSR 22 iiunia 1941 g.—1942 g., T. 13 (2-2)】，莫斯科：特拉出版社，1997年；V.A.佐洛塔廖夫主编，《伟大卫国战争，1941年—1945年》第一册，第179页。

57.《西方面军司令部1941年8月1日8点提交的第69号情报摘要：关于敌人的作战行动》（Razvedyvatel'naia svodka shtaba Zapadnogo fronta No. 69 k 8 chasam 1 avgusta 1941 g. o boevykh deistviiakh protivnika），收录于《伟大卫国战争作战文件集》第37期，第118—119页。

58.《第16集团军司令员1941年8月1日发给西方向总指挥部司令员的作战报告：关于集团军辖内部队的状况》（Boevoe donesenie komanduiushchego voiskami 16-i Armii ot 1 avgusta 1941 g. Glavnokomanduiushchemu voiskami Zapadnogo Napravleniia o polozhenii voisk armii），收录于《伟大卫国战争作战文件集》第37期，第215—216页。

59.《亚尔采沃方向战役集群司令员1941年8月1日下达的第14号战斗令：关于进攻》（Boevoe rasporiazhenie komanduiushchego Operativnoi Gruppoi Voisk Iartsevskogo Napravleniia no. 14 ot 1 avgusta 1941 g. na nastuplenie），收录于《伟大卫国战争作战文件集》第37期，第415页。

60. 同上。

61. 《第16集团军司令员1941年8月2日下达的第024号战斗令：关于沿大沃佩茨河、韦尔涅比索沃和第聂伯河一线构设防御》（Boevoi prikaz komanduiushchego voiskami 16-i Armii no. 024/op ot 2 avgusta 1941 g. na oboronu rubezha po r. Bol'shoi Vop'ets, Tiushino, and Vernebisovo, i po r. Dnepr），收录于《伟大卫国战争作战文件集》第37期，第216—217页。

62. 《第20集团军司令员1941年8月2日下达的第49号战斗令：关于将第20和第16集团军撤至第聂伯河后方》（Boevoi prikaz komanduiushchego voiskami 20 i Armii no. 49 ot 2 avgusta 1941 g. na otvod voisk 20-i i 16-i Armii za r. Dnepr），收录于《伟大卫国战争作战文件集》第37期，第270—271页。

63. 《西方向总指挥部司令员1941年8月3日给第20集团军司令员下达的单独战斗令：关于将集团军辖内部队撤至第聂伯河东岸》（Chastnyi boevoi prikaz Glavnokomanduiushchego voiskami Zapadnogo Napravleniia ot 3 avgusta 1941 g. komanduiushchemu voiskami 20-i Armii na otvod voisk armii na vostochnyi bereg p. Dnepr），收录于《伟大卫国战争作战文件集》第37期，第64—65页。

64. 《预备队方面军副司令员1941年8月3日给第24集团军司令员下达的单独战斗令：关于准备击退敌人的进攻》（Chastnyi boevoi prikaz zamestitelia komanduiushchego voiskami Rezervnogo fronta ot 3 avgusta 1941 g. komanduiushchemu voiskami 24-i Armii na podgotovku k otrazheniiu nastupaiushchego protivnika），收录于《伟大卫国战争作战文件集》第37期，第166—167页。

65. 《预备队方面军副司令员1941年8月3日给第24集团军司令员下达的单独战斗令：关于包围叶利尼亚地域之敌》（Chastnyi boevoi prikaz komanduiushchego voiskami Rezervnogo fronta ot 3 avgusta 1941 g. komanduiushchemu voiskami 24-i Armii na okruzhenie protivnika v raione El'nia），收录于《伟大卫国战争作战文件集》第37期，第167页。

66. 同上。

67. 同上，第168页。

68. 《西方面军司令部1941年8月3日20点提交的第76号作战摘要：关于方面军辖内部队的作战行动》（Operativnaia svodka shtaba Zapadnogo fronta No. 76 k 20 chasam 3 avgusta 1941 g. o boevykh deistviiakh voisk fronta），收录于《伟大卫国战争作战文件集》第37期，第120—121页。

69. 更多详情可参阅伊利亚·莫先斯基、伊万·霍赫洛夫，《对抗：斯摩棱斯克交战，1941年7月10日—9月10日》第一部分，莫斯科：BTV-MN出版社，2003年，军事史系列。

70. 《第20集团军军事委员会1941年8月4日发给西方向总指挥部司令员的报告：关于第20和第16集团军辖内部队的状况》（Donesenie voennogo soveta 20-i Armii ot 4 avgusta 1941 g. Glavnokomanduiushchemu voiskami Zapadnogo Napravleniia o sostoianii voisk 20-i i 16-i Armii），收录于《伟大卫国战争作战文件集》第37期，第271—272页。

71. 《西方面军司令员1941年8月4日下达的第046号战斗令：关于歼灭敌杜霍夫希纳集团》（Boevoi prikaz komanduiushchego voiskami Zapadnogo fronta no. 046 ot 4 avgusta 1941 g. na unichtozhenie Dukhovshchinskoi gruppirovki protivnika），收录于《伟大卫国战争作战文件集》第37期，第124—125页。

72. 托马斯·L.延茨主编，《装甲部队：德军装甲力量的组建和作战使用完全指南，1933年—1942年》第一册，宾夕法尼亚州阿特格伦：希弗出版社，1996年，第190—193、第206页。

73. 《第20集团军司令员1941年8月5日发给西方向总指挥部司令员的第010号报告：关于集团军辖内部队渡至第聂伯河后方的进程》（Donesenie komanduiushchego voiskami 20-i Armii no. 010 ot 5 avgusta 1941 g. Glavnokomanduiushchemu voiskami Zapadnogo Napravleniia o khode perepravy voisk armii za r. Dnepr），收录于《伟大卫国战争作战文件集》第37期，第272—273页。

74. 《亚尔采沃方向战役集群司令员1941年8月5日下达的第4号战斗令：关于将部队撤至沃皮河后方

并在东岸组织防御 》（Boevoe prikaz komanduiushchego Operativnoi Gruppoi Voisk Iartsevskogo Napravleniia no. 4 ot 5 avgusta 1941 g. na otvod voisk gruppy za r. Vop'' i organizatsiiu oborony na ee vostochnom beregu ），收录于《伟大卫国战争作战文件集》第37期，第415—416页。

75.《第16集团军军事委员会1941年8月5日发给西方面军军事委员会的报告，关于集团军辖内部队的状况》（Doklad voennogo soveta 16-i Armii ot 5 avgusta 1941 g. voennomu sovetu Zapadnogo fronta o sostoianii voisk armii），收录于《伟大卫国战争作战文件集》第37期，第217页。

76.《第16集团军军事委员会1941年8月5日呈交西方面军军事委员会的报告：关于集团军辖内部队的状况》（Doklad voennogo soveta 16-i Armii ot 5 avgusta 1941 g. voennomu sovetu Zapadnogo fronta o sostoianii voisk armii），收录于《伟大卫国战争作战文件集》第37期，第217页。

77.《第20集团军司令员1941年8月5日下达的第50号战斗令：关于沿第聂伯河的防线》（Boevoi prikaz komanduiushchego voiskami 20 i Armii no. 50 ot 5 avgusta 1941 g. na oboronu rubezha po r. Dnepr），收录于《伟大卫国战争作战文件集》第37期，第273—274页。

78.《第16集团军司令员1941年8月6日下达给集团军辖内部队的第027号战斗令：关于接替步兵第107师各部队》（Boevoi prikaz komanduiushchego voiskami 16-i Armii no. 027/op ot 6 avgusta 1941 g. voiskam armii o smene chastei 107-i Strelkovoi Divizii），收录于《伟大卫国战争作战文件集》第37期，第217—218页。

79.《第20集团军司令员1941年8月7日下达的第52号战斗令：关于第20和第16集团军辖内部队沿第聂伯河实施防御》（Boevoi prikaz komanduiushchego voiskami 20 i Armii no. 52 ot 7 avgusta 1941 g. na oboronu voiskami 20-i i 16-i Armii rubezha po r. Dnepr），收录于《伟大卫国战争作战文件集》第37期，第274—275页。

80.《第16集团军司令部1941年8月7日发给西方面军司令部的报告：关于将第16集团军辖内所有部队转隶第20集团军编成》（Donesenie shtaba 16-i Armii ot 7 avgusta 1941 g. shtabu Zapadnogo fronta o peredache vsekh chastei 16-i Armii v sostav 20-i Armii），收录于《伟大卫国战争作战文件集》第37期，第218页。

81. 同上。

82.《西方面军司令部1941年8月7日20点提交的第84号作战摘要，关于方面军辖内部队的作战行动》（Operativnaia svodka shtaba Zapadnogo fronta No. 84 k 20 chasam 7 avgusta 1941 g. o boevykh deistviiakh voisk fronta），收录于《伟大卫国战争作战文件集》第37期，第128—129页。

83. 列夫·洛普霍夫斯基，《1941年的维亚济马悲剧》，莫斯科：亚乌扎-艾克斯摩出版社，2006年，第20页。

84. 这段时期的《陆军元帅费多尔·冯·博克：战时日记，1939年—1945年》，以及未删减的《哈尔德日记》。

85. 同上。

86. 同上。

第八章
古德里安集团军级集群和第 2 集团军南进，戈梅利的陷落，1941 年 8 月 8 日—21 日

总统帅部大本营重组

如果说德国人因为战役的进展深感困扰，那么，斯大林和他的大本营的意图则坚定不移，这种意图显然就是反攻，目的是不惜一切代价保卫莫斯科。虽说铁木辛哥在斯摩棱斯克周围发起的七月反攻以失败告终，但他在涅韦尔避免了一场大规模合围并把陷入斯摩棱斯克包围圈的三个集团军中的相当一部分力量成功撤出。铁木辛哥两侧，尽管西北、西南方面军削弱并拖缓了德军沿列宁格勒和基辅接近地的推进，但他们没能沿这些战略方向阻挡住德国人。不过，斯大林还是认为莫斯科方向最危险、最具决定性，他预计德国中央集团军群为实施重组和补充力量而短暂停顿后，很快就会恢复向东的行动。因此，斯大林命令西方向总指挥部在铁木辛哥右翼和左翼坚守大卢基和戈梅利地域，从而构成有可能合围中央集团军群的威胁。不过斯大林一直忙于加强沿莫斯科方向的预备力量，同时命令他的军队在沿斯摩棱斯克—莫斯科方向的多个地带发起新的大规模反攻，从而先发制人、钝化或挫败预期中德军向苏联首都的推进。

为此，当月月底，斯大林把在莫斯科以西（具体而言就是从勒热夫南延至维亚济马这片地域）行动的所有统帅部预备队集团军编入新组建的预备队方面军，派他最信赖的副手格奥尔吉·康斯坦丁诺维奇·朱可夫大将指挥，该方面军隶属铁木辛哥的西方向总指挥部。另外，为沿斯摩棱斯克—莫斯科方向形成

最大进攻力量，他命令朱可夫将新方面军约半数力量从第二梯队调入第一战略梯队。同时，他派鲍里斯·沙波什尼科夫接替朱可夫担任红军总参谋长。据说斯大林解除朱可夫总参谋长的职务是因为后者不断质疑他对战略重点的判断，在当前情况下指的是斯大林下达的无论如何都必须坚守基辅地域的决定。更严重的是，他甚至警告斯大林，这项决定可能会导致基尔波诺斯将军的西南方面军战败并覆灭。不过，斯大林虽然对朱可夫的傲慢深感恼火，但他还是希望由一名能征惯战的将领在新发起的反攻期间指挥预备队方面军，久经考验的朱可夫就是一位这样的斗士。[1]

8月14日22点45分，最高统帅部大本营下达组建预备队方面军的指令，具体如下：

1.组建预备队方面军

预备队方面军司令部负责联合沿勒热夫—维亚济马一线作战的各预备队集团军的行动。

任命副国防人民委员朱可夫大将为方面军司令员，克鲁格洛夫和波波夫同志担任方面军军事委员会委员。

以第一、第二预备队集群组建方面军领率机关，1941年7月30日起，方面军司令部设在格扎茨克。

2.预备队方面军编成

（a）**第34集团军**，辖步兵第254、第245、第259、第262、第257师，骑兵第25、第54师，军属炮兵第264、第644团，反坦克炮兵第171、第759团，第16和第95号装甲列车。

左侧分界线——扎列奇耶（上沃洛乔克西北方20千米）、菲罗沃、瑙莫沃（奥斯塔什科夫以西25千米）、卢昌斯科耶湖。

司令部——柳布尼察车站。

（b）**第31集团军**，辖步兵第249、第247、第119、第246、第244师，坦克第110师，军属炮兵第43团，反坦克炮兵第766、第533团。

左侧分界线——莫斯科海、克尼亚日伊戈雷、波梅利尼察车站、希帕列沃、休奇耶。

司令部——勒热夫。

（c）**第24集团军**，辖步兵第248、第194、第133、第178、第107、第19、第120步兵师，坦克第102师，摩托化第103师，军属炮兵第542、第392、第685团，加农炮兵第305、第573团，反坦克炮兵第18、第509、第871、第872、第874、第876、第879、第880团，部署在铁路车辆上的高射炮兵第43连。

左侧分界线——乌格留莫沃车站、卢日基（维亚济马以南60千米）、波波夫卡（叶利尼亚以南10千米）、波奇诺克。

司令部——谢姆列沃。

（d）**第43集团军**，辖步兵第53、第217、第222步兵师，坦克第105师，摩托化第106师，军属炮兵第448、第364、第643、第207团，加农炮兵第320团，反坦克炮兵第760、第753、第761团，部署在铁路车辆上的高射炮兵第41连。

以步兵第33军为基础组建第43集团军。

任命莫斯科军区副司令员扎哈尔金中将同志担任集团军司令员。

司令部——基洛夫。

（e）**第32集团军**，辖民兵第2、第7、第18、第13、第8师，反坦克炮兵第873、第875团。

集团军应步行前进，占据博戈罗季茨科耶、雷索沃、波德列佐沃、潘菲洛夫、戈杜诺夫卡一线，8月4日晨前集结在维亚济马地域。

司令部——维亚济马。

3.民兵第4、第6师和反坦克炮兵第761、第765团完成编组后加入预备队方面军。[2]

于8月初最终成立后，朱可夫的预备队方面军编有波格丹诺夫将军原预备队集团军方面军剩下的几个集团军，以及阿尔捷缅科①莫扎伊斯克防线方面军的三个集团军，具体说来就是第24、第31、第32、第33、第34集团军。扎哈尔金第43集团军则是以大本营预备队辖内独立师和支援部队组建的一个新集团军（参见表8.1）。

---

① 译注：阿尔捷米耶夫。

表8.1：预备队方面军1941年8月1日的编成和指挥员
（步兵、骑兵、坦克、机械化兵团和部队）

预备队方面军（7月30日组建）格奥尔吉·康斯坦丁诺维奇·朱可夫大将		
步兵第23军		步兵第100师
		山地步兵第194师
第24集团军 康斯坦丁·伊万诺维奇·拉库京少将	步兵第19师	
	步兵第107师	
	步兵第110师	
	步兵第120师	
	步兵第133师	
	步兵第178师	
	步兵第248师	
	民兵第4师	
	民兵第6师	
	坦克第102师 伊万·德米特里耶维奇·伊拉里奥诺夫上校	
	摩托化第103师（8月28日改编为步兵第103师）伊万·伊万诺维奇·比里切夫少将	
	摩托化第106师（原坦克第106师，9月28日改编为步兵第106师）8月初为阿列克谢耶夫上校，8月19日起为瓦西里·彼得罗维奇·布伦佐夫上校，8月28日起为康斯坦丁·谢尔盖耶维奇·莫纳霍夫少校	
第31集团军 瓦西里·尼基季奇·多尔马托夫少将	步兵第119师	
	步兵第244师	
	步兵第246师	
	步兵第247师	
	步兵第249师	
	坦克第110师（9月1日用于组建坦克第141、第142旅）彼得·格奥尔吉耶维奇·切尔诺夫上校	
第32集团军 尼古拉·库兹米奇·克雷科夫中将，8月23日起为伊万·伊万诺维奇·费久宁斯基中将	步兵第220师	
	民兵第2师	
	民兵第7师	
	民兵第8师	
	民兵第13师	
	民兵第18师	
第33集团军 旅级指挥员德米特里·普拉托诺维奇·奥努普里延科	民兵第1师	
	民兵第5师	
	民兵第9师	
	民兵第17师	
	民兵第21师	

续表

第34集团军 旅级指挥员尼古拉·尼洛维奇·普罗宁，8月3日起为库济马·马克西莫维奇·卡恰诺夫少将	**步兵第245师**
	步兵第259师
	步兵第262师
	步兵第257师
	骑兵第25师 旅级尼古拉·伊万诺维奇·古谢夫
	骑兵第54师 尤里·弗拉季米罗维奇·瓦利茨上校
第43集团军 伊万·格里戈里耶维奇·扎哈尔金中将（未指挥），8月6日起为帕韦尔·阿列克谢耶维奇·库罗奇金中将，8月底为彼得·彼得罗维奇·索边尼科夫少将	**步兵第53师**
	步兵第217师
	步兵第222师
	坦克第105师 阿列克谢·斯捷潘诺维奇·别洛格拉佐夫上校
方面军直属兵团/部队	**步兵第127师**
	步兵第444团
	坦克第108师（12月2日改编为坦克第108旅） 谢尔盖·阿列克谢耶维奇·伊万诺夫上校

　　朱可夫的新方面军最初以第34、第31、第24、第43、第32、第33集团军据守多条防线，从勒热夫以北延伸至维亚济马以南。可是，斯摩棱斯克围歼战及第28集团军主力在罗斯拉夫利覆灭后，大本营在8月6日2点20分将预备队方面军第34集团军调给西北方面军并以新组建的第35集团军接替之，该集团军8月11日更名为第49集团军。虽然大本营新指令中阐述的意图是"改善预备队方面军的指挥控制"，但实际上是大力加强该方面军，以便对德国人占据的叶利尼亚突出部发起新的进攻行动。大本营指令中写道：

　　为改善预备队方面军的指挥控制，调整其编成如下：

　　（a）第31集团军，辖步兵第249、第247、第119、第246、第244师，军属炮兵第43团，反坦克炮兵第766、第533团。

　　左侧分界线——莫斯科海、克尼亚日伊戈雷、波梅利尼察车站、希帕列沃、休奇耶。

　　司令部——勒热夫。

司令员——多尔马托夫少将。

（b）**第35集团军**，辖步兵第248、第194、第260、第220、第298师，民兵第4师及根据预备队方面军司令员的指示从第24集团军调拨的支援炮兵力量。

左侧分界线——瓦季诺车站、卡斯尼亚车站，上述地点都由第35集团军负责。

以步兵第35军部组建第35集团军领率机关，司令部设在新杜吉诺。

司令员——扎哈尔金中将。

（c）**第24集团军**，辖步兵第133、第178、第107、第19、第120、第100师，摩托化第106师，民兵第6师。根据预备队方面军司令员的指示，增加炮兵支援力量。

将步兵第278、第269、第280、第309师留作集团军预备队。

左侧分界线——乌格留莫沃车站、卢日基、波波夫卡、波奇诺克，上述地点都由第24集团军负责。

司令部——谢姆列沃。

司令员——拉库京少将。

（d）**第43集团军**，辖步兵第53、第217、第222、第145、第149师，坦克第104、第109师，军属炮兵第448、第364、第643、第207团，加农炮兵第320团，反坦克炮兵第760团。

将步兵第211、第279、第303师留作集团军预备队。

左侧分界线——布罗夫卡、茹科夫卡、舒米亚奇。

司令部——基洛夫。

司令员——库罗奇金中将。

（e）**独立步兵第2军**，辖步兵第258、第260、第290师，步兵第2军炮兵团，反坦克炮兵第753、第761团。

军部——布良斯克。

指挥员——叶尔马科夫少将。

西方面军司令员应立即将步兵第2军军部和军直部队派往布良斯克。

（f）**方面军预备队**

第32集团军，辖民兵第2、第7、第8、第13、第18师，反坦克炮兵第873、第875团。

司令部——维亚济马。

司令员——克雷科夫中将。

第33集团军，辖民兵第9、第5、第1、第17、第21师，反坦克炮兵第877、第878团。

司令部——斯帕斯杰缅斯克。

司令员——旅级奥努普里延科。

骑兵第45、第55师，反坦克炮兵第765团。[3]

从纸面上看，预备队方面军实力强大，实际上，最主要的弱点是方面军辖内48个师中的12个是所谓的民兵师，这些师主要由莫斯科工厂的工人民兵和一些正规军指挥员构成。虽然大多数民兵师近乎满编，每个师约有9000—10000人，但他们只受过仓促训练，配备的主要是步枪和机枪。大部分民兵过去在工人支队或工人营服役，因而这些民兵师缺乏构成部队凝聚力所必需的小股部队训练。尽管存在这些问题，但大本营认为，朱可夫、库罗奇金、拉库京、叶尔马科夫这些经验丰富的指挥员能把他们塑造成形。

实际上，第16和第20集团军残部刚刚撤过第聂伯河退至安全处，大本营和朱可夫便把预备队方面军投入战火考验中，特别是第24和第43集团军。之所以这样做，是因为古德里安装甲集群8月3日攻占了罗斯拉夫利，在铁木辛哥西方向总指挥部的防御上又打开了一个"危险的孔洞"。若德国人击败卡恰洛夫集群，这个孔洞就有可能演变成一个大缺口，对铁木辛哥整个防御的连贯性构成威胁。因此，8月6日2点16分，大本营命令朱可夫预备队方面军，消灭在叶利尼亚这个关键性战略登陆场内集结的古德里安部队，同时打击古德里安的罗斯拉夫利集团以挽救卡恰洛夫集群。这道指令要求朱可夫"亲自负责"这场进攻：

为最终歼灭敌叶利尼亚集团，大本营命令，预备队方面军司令员朱可夫大将同志亲自负责：

1.加强在叶利尼亚行动的部队后，朱可夫同志应以步兵第107师、步兵第100师2个团及其炮兵力量，继续对叶利尼亚发起一场强有力的果断进攻，包围并歼灭敌叶利尼亚集团。

2.接到这道指令后，西方面军司令员铁木辛哥元帅应把步兵第100师2个团及其炮兵力量交给预备队方面军司令员。

西方面军辖内部队8月6日20点前接替步兵第107师并沿多罗戈布日、乌斯维亚季耶、卡西科沃、卡利塔一线（叶利尼亚以北）占据该师防御阵地。

3.西方面军司令员应把他的左翼从索洛维耶沃渡口沿第聂伯河向南延伸到普里德涅普罗夫斯卡亚车站，并沿铁路线向东南方延伸到多布罗米诺车站（索洛维耶沃以南25千米，叶利尼亚西北方35千米）。

4.为实施叶利尼亚地域的行动，隶属空军司令员的2个轻型轰炸航空兵团和1个歼击航空兵团8月6日转场，从统帅部预备队转隶预备队方面军司令员。

为加强预备队方面军的航空兵力量，2个轻型轰炸航空兵团和1个歼击航空兵团8月6日转场，从统帅部预备队调至罗斯拉夫利方向。

5.确认收悉，并立即提交叶利尼亚作战行动计划。[4]

朱可夫匆匆行事，力图阻止卡恰洛夫集群遭受更大破坏并恢复他这个方面军的进攻势头，8月6日晚他遵照大本营的指示下达了两道进攻令。总的说来，这两道命令寻求彻底歼灭占据叶利尼亚突出部的德国军队，以及古德里安在罗斯拉夫利地域猛攻卡恰洛夫战役集群的部队。朱可夫是否认为他麾下诸集团军真能实现这些壮举，这一点值得怀疑，但毫无疑问，他决心重新获得战略主动权，即便不是永久掌握，至少也要暂时将其夺回。（参见地图8.1）

朱可夫当晚20点发给第24集团军的命令，要求该集团军展开进攻，消灭围绕叶利尼亚的突出部，据守在那里的是古德里安集团军级集群第20军辖内3个师。这道命令发给集团军司令员康斯坦丁·伊万诺维奇·拉库京少将，副本抄送第43集团军司令员，命令中明确指出，由于大本营认为"叶利尼亚地域具有特殊重要性"，您应以以下方式"歼灭敌叶利尼亚集团"：

· **总体情况**——叶利尼亚地域，敌第16、第248步兵师，第20装甲师第49摩托化团，第29摩托化师第86摩托化团，第31、第41工兵营，沿贝科沃、乌沙科沃、谢梅希诺、克列马季纳、小普罗尼诺、大利普尼亚一线（叶利尼亚以北

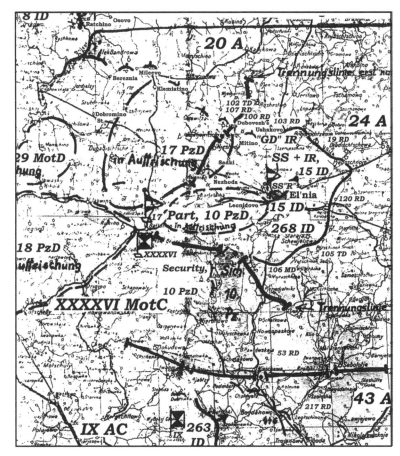

▲ 地图 8.1：叶利尼亚地域的战场态势，1941 年 8 月 6 日（资料图）

11千米至以东10千米，再至以南10千米）占据防御。据俘虏交代，武装党卫队
师和第10装甲师正撤离该地域，但敌叶利尼亚集团仍拥有大量火炮。

　　• **第24集团军的任务**——大本营认为叶利尼亚地域具有特殊重要性，因而
要求拉库京少将同志亲自负责消灭敌叶利尼亚集团，前出到多布罗米诺车站、
别尔尼基、巴巴雷金、霍尔姆、旧谢尔比诺、斯韦季洛沃一线（叶利尼亚东北
方35千米至以西20千米，再至西南方20千米，最后到以南25千米），并同西方
面军左翼力量在多布罗米诺车站附近会合。

·第24集团军的兵力——步兵第107、第100、第103、第19、第120师，摩托化第106师，坦克第105、第102师组成的战役集群，配有1个T-34坦克连，184架战机，军属炮兵第275、488团，加农炮兵第573、第305团，从杜博韦日耶和乌沙科沃地域（叶利尼亚西北偏北方13千米至以北11千米）发起主要突击。

·**辖内各兵团的任务**

★主要突击——从杜博韦日耶和乌沙科沃地域（叶利尼亚西北偏北方13千米至以北12千米）发起。

☆步兵第107师（与坦克第102师及2个加强炮兵团）——从杜博韦日耶和伊万诺夫斯克农场地域（叶利尼亚西北偏北方13千米）向南攻往维亚佐夫卡、古里耶沃、雷索夫卡、列奥尼多沃（叶利尼亚以西7千米）。

☆步兵第100师（10辆T-34坦克）——从贝科沃和乌斯季诺沃一线（叶利尼亚西北偏北12千米）向南攻往昌措沃（叶利尼亚西北方7千米）和叶利尼亚西北郊。

☆步兵第103师——从乌沙科沃和拉夫罗沃一线（叶利尼亚以北12千米）发起进攻，向南穿过佩特里亚尼诺和索菲耶夫卡，攻往叶利尼亚北郊。

★辅助突击：

☆步兵第19、第120师和坦克第105师——攻向叶利尼亚东南部。

☆摩托化第106师——从马利采沃和大利普尼亚一线（叶利尼亚以南10千米）向北攻往比佳科夫卡和列奥尼多沃（叶利尼亚西南方7千米和西面）。

★主力突击群的尔后任务：

☆从杜博韦日耶地域向南推进后，夺取别扎博特国营农场、新谢洛夫卡、季绍沃、哈尔尼亚、列奥诺沃一线（叶利尼亚西北方15千米，以西15千米，西南方10千米），随后牢牢据守这条防线，以防敌人从西面突向叶利尼亚。

☆肃清叶利尼亚之敌后，突击群部分力量前出到杜布罗米诺车站、别尔尼基、旧谢尔比诺一线，于8月7日日终前派加强支队进入斯韦季洛沃和沙季科瓦地域，以此掩护你部左翼并同西方面军步兵第53师右翼会合。

·**部署注意事项**

★8月6日—7日仔细侦察敌人的目标和部署情况。

★精心组织步兵、坦克、火炮、火箭炮、战机间的协同。

★发展排、连、营、炮兵连、炮兵营指挥员的技战术，以各种力量摧毁敌火力点，应特别注意为空中力量指定和识别己方地面部队。

★8月7日日终前完成炮弹、炸弹和燃料前运工作，为战机组织机场保障勤务并组织通信和信使勤务。

· **特别说明**

★将反坦克炮兵第879团和民兵第6师部署至纵深防御阵地，掩护鲍里索夫卡、戈罗多克、乌格拉河一线。

★按照先前的指示将反坦克炮兵第533、第880团部署至防坦克阵地。

★将配有7辆KV坦克的1个坦克连交给反坦克炮兵第880团指挥员，担任反坦克预备队。

★进攻发起前，以步兵第107和第100师的炮兵力量实施隐蔽射击校正，进攻期间以有条不紊的火力消灭敌筑垒阵地。

★8月7日12点前派信使将您的作战计划送交指挥部并准备汇报地形情况。[5]

与预备队方面军下达的其他指令一样，这道命令非常详细，因为朱可夫和他的参谋人员知道，他们的部队，特别是中下级指挥员，缺乏实施任何军事行动的经验。为确保万无一失，他们详细指导师长、团长、营长们该做些什么，以及如何做到。这种做法最终成为一种模式，整个战争期间，几乎所有红军高级指挥员都予以遵循。

给第24集团军下达进攻令后不到一个小时，朱可夫又下达了第二道命令，为方面军辖内各集团军分配任务，特别是库罗奇金第43集团军，他们受领的任务是遂行方面军的第二场大规模突击，打击德军罗斯拉夫利集团。8月6日20点30分下达的这道命令中写道：

· **总体情况**——预备队方面军正据守奥斯塔什科夫、谢利扎罗沃、叶利齐、奥列尼诺、申特拉帕洛夫卡、阿克休尼纳、马利采沃、尼什涅沃、米季诺车站、布拉戈韦先斯科耶、多罗戈布日、乌斯维亚季耶、罗日杰斯托沃车站、佩列杰利尼基、米哈伊洛夫卡、茹科夫卡、索斯诺夫卡一线，同时，第24和第43集团军将展开行动，歼灭敌叶利尼亚和罗斯拉夫利集团。

·辖内各兵团的任务

★第31集团军（步兵第249、第247、第119、第246、第244师，军属炮兵第43团，10门海军火炮，反坦克炮兵第533、第766团）——遵照预备队方面军第2号战斗令据守你部阵地，沿卢恰涅湖、莫什尼察河、安德列阿波利、别雷一线实施侦察。

☆右侧分界线——保持不变。

☆将预备队师留在原先位置。

☆左侧分界线——莫斯科海、克尼亚日伊戈雷、波梅利尼察车站、希帕列沃、休奇耶。

☆司令部——勒热夫。

★第35集团军（步兵第248、第194、第220师，军属炮兵第392团第3营，反坦克炮兵第765团）——据守阿克休尼纳、伊瓦什科夫、博纳科瓦一线，沿第聂伯河东岸至苏马罗科沃一线布防。

☆将步兵第298师留在瑟乔夫卡、民兵第4师留在新杜金斯卡亚、步兵第269师留在图马诺沃担任预备队。

☆沿沃皮河一线实施侦察。

☆左侧分界线——卡斯尼亚车站和巴季诺车站。

☆以步兵第35军军部组建第35集团军领率机关，司令部设在新杜金斯卡亚。

★第24集团军（步兵第133、第178、第107、第19、第120、第100师，坦克第102、第105师，摩托化第106师，民兵第6师，远程炮兵第423团，军属炮兵第685、第275团，加农炮兵第305、第573团，20门海军火炮，独立火箭炮第76营，反坦克炮兵第533、第872、第877、第879、第880团，部署在铁路车辆上的高射炮兵第43营）——据守谢尔科瓦、布拉戈韦先斯科耶、多罗戈布日、乌斯维亚季耶、卡利塔一线，发起行动，消灭盘踞在米季诺、波波夫卡、叶利尼亚地域的敌叶利尼亚集团。

☆将步兵第280师留在斯洛博达地域（维亚济马西南方15千米）、步兵第278留在普季科瓦地域、步兵第309师留在沃罗诺沃地域担任预备队。

☆在亚尔采沃和戈罗多克地段实施侦察。

☆左侧分界线——乌格留莫沃车站、卢日基、波波夫卡、波奇诺克。

☆司令部——谢姆洛沃。

★第43集团军（步兵第53、第217、第222、第145、第149师，坦克第104、第109师，军属炮兵第364、第646、第207团，加农炮兵第320团，反坦克炮兵第760团）——据守波波夫卡、霍尔梅茨、斯诺波特、茹科夫卡一线并组织行动消灭敌罗斯拉夫利集团。

☆将步兵第303师留在马莫诺沃地域、步兵第211师留在巴列特卡、步兵第279师留在柳季诺沃地域担任预备队。

☆左侧分界线——博罗夫卡、茹科夫卡、舒米亚奇。

☆司令部——基洛夫。

★独立步兵第2军（步兵第258、第260、第290师，军属炮兵第151团，反坦克炮兵第753、第761团）——据守茹科夫卡、维索科耶、马卡罗沃一线，掩护布良斯克方向。

☆将1个步兵师留在谢利措地域担任预备队。

☆沿马卡罗沃、克鲁佩茨、索斯诺夫卡一线构筑斜切阵地。

☆沿苏克罗姆利亚、姆格林、波切普一线实施侦察。

☆司令部——布良斯克。

★方面军预备力量：

☆第32集团军（民兵第2、第7、第8、第13、第18师，反坦克炮兵第873、第875团）——沿谢洛车站、萨佩吉诺、谢姆列沃、大斯塔罗谢利耶一线构设防御，遵照预备队方面军第016号令对部队进行系统的战斗训练。司令部设在维亚济马。

☆第33集团军（民兵第9、第5、第1、第17、第21师，反坦克炮兵第878、第876团）——沿谢利谢、拉特基、波德列斯纳亚一线构设防御，遵照预备队方面军第016号令对部队进行系统的战斗训练。司令部设在斯帕斯杰缅斯克。

★骑兵第45师——集结在格扎茨克地域。

★方面军航空兵的任务：

☆同第24和第43集团军相配合，地面部队歼灭敌叶利尼亚和罗斯拉夫利集团时，为其提供支援。

☆掩护第24和第43集团军变更部署。[6]

虽然大本营粉碎德军叶利尼亚突出部、抢在敌人消灭卡恰洛夫集群前歼灭罗斯拉夫利地域之敌的意愿非常坚决，但是朱可夫不到24小时便撤销了这些进攻令，主要因为他现在非常清楚，出于两个原因，这场进攻将会徒劳无获。首先，很明显，古德里安麾下力量几乎已歼灭了卡恰洛夫集群，从而对预备队方面军的防御构成威胁。其次，朱可夫完全知道他的部队是多么缺乏训练。因此，这位方面军司令员决定推迟第24和第43集团军的进攻，将时间用于重新组织防御并训练麾下部队，这样，他们就能可靠地遂行防御和进攻。朱可夫在8月7日21点30分发给总参谋部的一份情况报告中将自己的决定告知大本营：

1.第24集团军战役集群没有沿叶利尼亚方向展开积极行动。双方沿战线以火炮和机枪交火。敌机8月7日对摩托化第10师的炮兵观察所实施空袭。叶利尼亚战役集群各部队的位置未发生变化。

2.沿罗斯拉夫利方向，步兵第222师在安东诺夫卡、布拉戈韦先卡、莫纳希地段同敌人持续战斗。面对敌人配有坦克和战机的1个步兵团的猛攻，该师缓缓向东退却。

16点30分，按照方面军司令员的指示，发出一份关于该师撤往主防御地带前沿的加密电报。

到20点，尚未收悉该命令的执行情况。

3.步兵第53师占据原先的阵地。当日白天，敌人位于该师对面的1个师，逐渐将兵力集结在杰斯纳河西岸的居民点。

一个特别强大的敌集团（至少1个步兵师）集结在该师右翼对面，沙季科瓦以西（叶利尼亚以南20千米）。

4.沿防线其他地段，预备队方面军诸集团军正继续履行方面军司令员1941年8月6日下达的第0021号令。[7]

实际上，8月份第一周结束时，大本营发给朱可夫的指示，以及朱可夫下达给预备队方面军诸集团军的命令，拉开了8月份第二周叶利尼亚激战的序幕，不过这只是当月晚些时候大本营一场更庞大反攻的先兆而已。

8月份第一周，大本营力图歼灭敌叶利尼亚集团，而第二周的大部分时间用于加强沿莫斯科方向的防御，具体说来，是随着叶利尼亚地域的战斗断断续续地进行，加强朱可夫方面军并沿莫斯科方向完善其指挥控制。同样值得注意的是，斯大林8月8日出任苏联武装力量最高统帅，这样一来，总统帅部大本营便改称最高统帅部大本营。

8月9日，大本营发出两道命令，旨在加强防御。第一道命令由沙波什尼科夫签署，15点50分发出，称铁木辛哥的西方面军没能履行8月6日的指令，将其左翼南延至叶利尼亚北面的"普里德涅普罗夫斯卡亚车站和多布罗米诺车站一线"。命令中指出，第24集团军"坦克第102师正在莱基诺、戈拉维齐、谢利措村战斗，这些地方已被敌人占领"，命令中断言，未执行其指令"不仅给拉库京集群之右翼带来威胁，还有可能破坏消灭敌叶利尼亚集团的行动"。由于这三个村庄位于叶利尼亚西北方15—20千米，横跨西方面军预计中的防线，沙波什尼科夫要求铁木辛哥立即汇报"为何没有履行指令"及"您正采取哪些措施以可靠掩护拉库京之右翼"。[8] 第二道命令由沙波什尼科夫在当日晚些时候签发，宣布大本营接管西方面军一个骑兵师并将其调至"姆格林和乌涅恰地域"，以"掩护中央方面军与步兵第2军的结合部"。[9]

8月11日，大本营又下达两道指令，第一道同守卫西方面军与预备队方面军结合部直接相关，第二道则宣布更改沿西方向行动的诸集团军的番号。两道指令中较为重要的是沙波什尼科夫8月11日21点发给朱可夫预备队方面军的指令，这是最高统帅部大本营代表、红军炮兵主任尼古拉·尼古拉耶维奇·沃罗诺夫上将对西方面军与预备队方面军结合部的防御加以检查后促成的。据沙波什尼科夫说，沃罗诺夫返回后指出，"第33集团军防线左翼的部署没有覆盖罗斯拉夫利—莫斯科公路，因此，对该方向的掩护不够可靠"。此外，他还补充道："第33集团军防御前沿，在敌人一侧存在许多敞开的接近地，很难加以防御。"沃罗诺夫建议沿斯诺波特河（叶利尼亚东面和东南面50千米）再构设一道防线，以第43和第33集团军辖内部队据守。[10] 第二道指令只是将第35集团军改为第49集团军，因为大本营已在远东组建了一个新的第35集团军。[11]

随着预备队方面军的组建、重组和加强，以及与毗邻方面军分界线的调整，斯大林沿莫斯科方向采取的主要行动已告结束。斯大林认为朱可夫的新方面军，再加上中央方面军，应该能够阻挡住古德里安第2装甲集群（现在是古德里安集团军级集群）从克里切夫和罗斯拉夫利地域向南发起的一切后续推进。但他最大的期望是，指挥预备队方面军的新斗士朱可夫，以及仍暂代西方面军司令员的叶廖缅科，共同对博克中央集团军群发起猛烈突击。

此时，涅韦尔、斯摩棱斯克、叶利尼亚、罗斯拉夫利地域的激烈战斗已迫使中央集团军群重组辖内部队，以便为侧翼提供更多兵力并保持足够的力量击败斯摩棱斯克东面的铁木辛哥西方面军和朱可夫预备队方面军（参见表8.2）。

中央集团军群诸集团军、装甲集群、军的编成和特混编组的频繁变化，特别是临时性集群的构成，说明面对不断变化的作战状况，德国人的指挥控制极为灵活。

表8.2：1941年8月初，冯·博克元帅的中央集团军群的编成和指挥官

古德里安集团军级集群（第2装甲集群）——海因茨·古德里安大将	
第7军（8月中旬调给第4集团军） 炮兵上将威廉·法尔姆巴歇尔	**第7步兵师**（8月初转隶第24摩托化军）
	第23步兵师
	第78步兵师（8月中旬调入集团军群预备队）
	第197步兵师
第9军 步兵上将赫尔曼·盖尔	**第137步兵师**（8月初）
	第263步兵师
	第292步兵师（8月中旬转隶第20军）
第20军（8月中旬激活，8月底转隶第4集团军） 步兵上将弗里德里希·马特纳	**第15步兵师**
	第292步兵师
第24摩托化军 装甲兵上将莱奥·盖尔·冯·施韦彭堡男爵	**第3装甲师** 瓦尔特·莫德尔中将
	第4装甲师 装甲兵少将维利巴尔德·冯·朗格曼·翁德·埃伦坎普男爵
	第10摩托化师 弗里德里希-威廉·勒佩尔中将
	第7步兵师（8月初调自第7军，8月中旬调入集团军群预备队）
第46摩托化军（8月底调入集团军群预备队） 装甲兵上将海因里希·冯·维廷霍夫-谢尔	**第10装甲师**（8月2日） 沃尔夫冈·菲舍尔中将[1]

---

①译注：少将。

续表

第46摩托化军（8月底调入集团军群预备队） 装甲兵上将海因里希·冯·维廷霍夫-谢尔	**第18装甲师**（8月中旬，但8月底转隶第47摩托化军） 瓦尔特·内林少将
	武装党卫队"帝国"摩托师（8月下旬调入集团军群预备队） 武装党卫队地区总队长保罗·豪塞尔
	第15步兵师（8月中旬转隶第20军）
	第268步兵师（8月中旬转隶第20军）
	"大德意志"摩托化步兵团 赫恩莱因上校
第47摩托化军 装甲兵上将约阿希姆·莱梅尔森	**第17装甲师** 威廉·冯·托马骑士少将
	第18装甲师（8月中旬转隶第46摩托化军） 瓦尔特·内林少将
	第29摩托化师（8月中旬担任第2装甲集群预备队） 瓦尔特·冯·博尔滕施泰因中将[1]
预备队	**第20军军部**（8月初，辖内未配备师，8月中旬激活）
	第29摩托化师（8月下旬调给第47摩托化军） 瓦尔特·冯·博尔滕施泰因中将[2]
第3装甲集群——赫尔曼·霍特大将	
第23军（舒伯特集群）（8月初和8月中旬，8月底转隶第9集团军） 步兵上将阿布雷希特·舒伯特	**第86步兵师**
	第110步兵师（8月下旬转隶施图梅集群第57摩托化军）
	第206步兵师（8月中旬转隶第9集团军第40摩托化军）
	第251步兵师（8月中旬调自北方集团军群第50军）
	第253步兵师（8月中旬调自北方集团军群第50军）
第39摩托化军（8月下旬，施密特集群司令部隶属第16集团军） 装甲兵上将鲁道夫·施密特	**第7装甲师**（8月中旬转隶第57摩托化军） 装甲兵中将汉斯·冯·丰克男爵[3]
	第12装甲师（辖施佩特集群） 约瑟夫·哈佩少将
	第18摩托化师（8月中旬后，但8月底转隶第16集团军第1军） 步兵上将弗里德里希·赫尔莱恩[4]
	第20摩托化师（辖施密特集群） 步兵上将汉斯·措恩[5]
	第5步兵师（8月中旬转隶第9集团军第5军）
第57摩托化军（8月下旬隶属施图梅集群） 装甲兵上将阿道夫·孔岑	**第7装甲师**（8月底转隶第9集团军第8军） 装甲兵中将汉斯·冯·丰克男爵[6]
	第19装甲师 奥托·冯·克诺贝尔斯多夫中将
	第20装甲师 霍斯特·施通普夫中将
	第14摩托化师（8月中旬转隶第9集团军第6军） 海因里希·沃施少将

①、②、③、④、⑤、⑥译注：少将。

续表

第57摩托化军（8月下旬隶属施图梅集群） 装甲兵上将阿道夫·孔岑	第18摩托化师（8月中旬后转隶第39摩托化军） 步兵上将弗里德里希·赫尔莱恩①
	第110步兵师
	第129步兵师（8月中旬转隶第9集团军第5军）
第2集团军——陆军元帅·冯·魏克斯帝国男爵②‖	
第12军 （8月中旬转隶第4集团军） 步兵上将瓦尔特·施罗特	第31步兵师
	第112步兵师（8月中旬在第43军）
	第167步兵师（8月中旬转隶第13军）
第13军 步兵上将汉斯·费尔伯	第17步兵师
	第34步兵师（8月中旬转隶贝伦多夫集群）
	第131步兵师
	第258步兵师（8月中旬转隶贝伦多夫集群）
	第1骑兵师 骑兵上将库尔特·费尔特③
第43军 戈特哈德·海因里希大将④	第34步兵师（8月下旬，但暂时转隶第4集团军第12军）
	第45步兵师（8月中旬，但暂时由第35军指挥）
	第112步兵师（8月中旬）
	第134步兵师（8月下旬转隶第12军）
	第258步兵师（8月下旬，但暂时转隶第4集团军第12军）
	第260步兵师（8月下旬转隶第12军）
	第267步兵师（8月中旬，但8月下旬转隶集团军群预备队第53军）
第53军 步兵上将卡尔·魏森贝格尔	第52步兵师
	第252步兵师（8月下旬）
	第255步兵师
	第267步兵师（8月中旬转隶第43军）
第35军 炮兵上将鲁道夫·肯普费	第45步兵师（8月中旬暂时转隶第43军）
	第293步兵师
贝伦多夫集群（8月下旬撤销）	第34步兵师（8月中旬）
	第258步兵师（8月中旬）
第4集团军（8月中旬前未配备任何师）——陆军元帅京特·冯·克鲁格	
第7军（8月中旬） 炮兵上将威廉法尔姆巴歇尔	第23步兵师
	第197步兵师

①译注：少将。
②译注：大将。
③译注：少将。
④译注：步兵上将。

续表

第9军 步兵上将赫尔曼·盖尔	第15步兵师
	第137步兵师
第12军（8月中旬） 步兵上将瓦尔特·施罗特	第31步兵师
第20军 步兵上将弗里德里希·马特纳	—

第9集团军——阿道夫·施特劳斯大将		
第5军 里夏德·劳夫大将[1]	第5步兵师（8月中旬）	
	第35步兵师	
	第106步兵师	
	第129步兵师	
第6军 工兵上将奥托-威廉·弗尔斯特	第6步兵师	
	第14摩托化师 海因里希·沃施少将	
	第26步兵师	
第8军 瓦尔特·海茨大将[2]	第8步兵师	
	第28步兵师	
	第161步兵师	
舒伯特集群（第23军和第50军军部，8月初至8月中旬）		
施图梅集群（第40摩托化军军部，8月下旬） 装甲兵上将格奥尔格·施图梅	第57摩托化军（8月下旬）	第19装甲师 奥托·冯·克诺贝尔斯多夫中将
		第20装甲师 霍斯特·施通普夫中将
		第110步兵师
	第23军（8月下旬调自第3装甲集群，改称舒伯特集群） 步兵上将阿尔布雷希特·舒伯特	第86步兵师
		第251步兵师
		第253步兵师
	第102步兵师	
	第206步兵师（9月初转隶第6军）	
	第256步兵师（8月中旬）	
预备队	第256步兵师（8月中旬转隶第40摩托化军）	
后方地域指挥部		
集团军群预备队		
第4集团军司令部（至8月中旬）	—	
第40摩托化军军部（8月中旬加入第9集团军，8月下旬加入施图梅集群） 装甲兵上将格奥尔格·施图梅	—	

---

① 译注：步兵上将。
② 译注：炮兵上将。

续表

第1骑兵师（8月初加入第2集团军第13军） 骑兵上将库尔特·费尔特[1]	—
第15步兵师（8月初加入第2装甲集群第46摩托化军，8月中旬转隶第20军）	—
第131步兵师（8月初加入第2集团军第13军）	—
第161步兵师（8月初加入第9集团军第8军）	—
第7步兵师（8月中旬）	—
第162步兵师	—

古德里安集团军级集群渡过索日河和克里切夫包围圈，8月8日—14日

从8月8日起，古德里安第2装甲集群辖内力量向南渡过索日河，这一行动成为苏联最高统帅部大本营和希特勒制订后续战略决策的催化剂。西方面军卡恰洛夫集群（第28集团军）的覆灭并未解决古德里安南翼的全部问题。攻占罗斯拉夫利后，古德里安逐渐以步兵上将瓦尔特·施罗特的第20军[2]的步兵力量接替维廷霍夫第46摩托化军辖内各师，后者在古德里安左翼据守叶利尼亚登陆场。这样一来，维廷霍夫得以在8月7日前将第10装甲师和武装党卫队"帝国"摩托化师撤入叶利尼亚以西的预备队，在登陆场内接替他们的是第20军第15、第268步兵师和第292步兵师一部。但接下来一周，拉库京第24集团军对登陆场发起的局部冲击迫使古德里安将这两个快速师留下以加强登陆场的防御。

同一时期，古德里安把施韦彭堡第24摩托化军第3、第4装甲师和第10摩托化师调至罗斯拉夫利以西集结地域休整补充，将盖尔第9军、法尔姆巴歇尔第7军分阶段调入罗斯拉夫利东面和南面沿杰斯纳河构设的阵地。与此同时，莱梅尔森第47摩托化军第18装甲师和第29摩托化师也在斯摩棱斯克以南休整补充，

---

① 译注：少将。
② 译注：施罗特指挥的是第12军，第20军长为步兵上将弗里德里希·马特纳。

而该军第17装甲师坚守斯摩棱斯克东南方防御，抗击罗科索夫斯基亚尔采沃集群的进攻。

但古德里安得以朝任何方向发起任何后续行动前，必须确保自己位于克里切夫东面和西面，沿索日河部署的左翼安全无忧，在那里，中央方面军第13和第4集团军正掘壕据守。到目前为止，魏克斯第2集团军第13和第12军已击败苏军第21集团军夺回贝霍夫的一切尝试并据守从第聂伯河东延至索日河，再向东北方沿古德里安右翼的索日河延伸的阵地。魏克斯集团军余部，第53和第43军，位于罗加乔夫南面的第聂伯河以西地域，他们准备渡过该河，对戈梅利发起协同一致的进攻，魏克斯一再推延这场行动，首先是因为兵力不足，其次是天气恶劣、路况欠佳、弹药不济所致，也可能是因为缺乏勇气。

因此，8月份第一周结束时，古德里安准备向南突击，渡过索日河，同魏克斯第2集团军进入罗加乔夫和戈梅利地域的全面进攻相配合。从这个意义上来说，虽然这是他罗斯拉夫利之战的延续，但古德里安攻向克里切夫，配合并加强了魏克斯为夺取罗加乔夫和戈梅利而实施的更大规模行动。最重要的是，这些行动符合希特勒7月30日下达的第34号元首令的精神和要求。具体而言，正如罗斯拉夫利之战表明的那样，继续向南进攻满足了元首令的三个关键要求。首先，它将消灭威胁中央集团军群右翼的大股红军部队。其次，就像在罗斯拉夫利那样，大股装甲力量的机动似乎能利用红军的弱点，从而使其蒙受严重损失。第三点最为重要，采取这种策略能够避开红军最强大的兵力集结，特别是苏联大本营沿莫斯科方向纵深部署的诸集团军。另外，此举还能使己方力量免遭严重伤亡，若博克集团军群径直奔向莫斯科，这种伤亡很可能无法避免。

8月8日拂晓后不久，古德里安开始执行希特勒的第34号令，施韦彭堡第24摩托化军辖下的莫德尔第3装甲师和朗格曼第4装甲师，在罗斯拉夫利与克里切夫之间向南突击，渡过索日河。法尔姆巴歇尔第7军第78和第197步兵师掩护施韦彭堡左翼，而该军第7步兵师则为第24摩托化军右翼提供掩护，勒佩尔第10摩托化师在两个装甲师身后跟进。德军协同一致的突击打垮了戈卢别夫第13集团军右翼和中央的防御，引发持续近一周的激战，在此期间，第13集团军的防御几乎彻底土崩瓦解。（参见地图8.2）

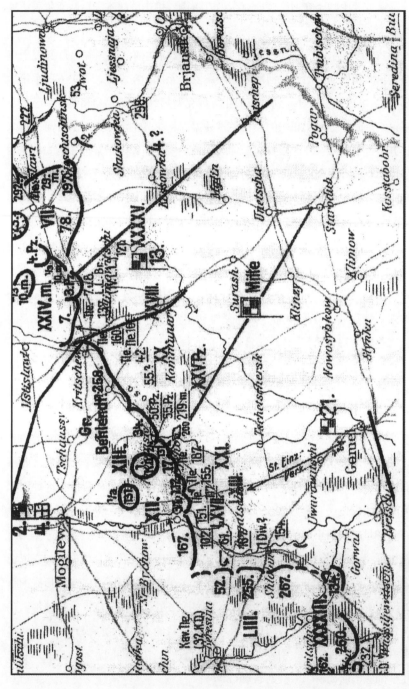

▲ 地图 8.2：古德里安集团军级集群渡过索日河的进攻，1941 年 8 月 8 日（资料图）

　　苏联大本营预料到了这种情况，已于7月30日组建新的预备队方面军，以加强西方向总指挥部左翼的防御。实际上，古德里安重新发起进攻10天前，斯大林已对中央方面军的指挥员们做出调整，希望这项措施能提高该方面军的防御能力。因此，他于7月26日派康斯坦丁·德米特里耶维奇·戈卢别夫少将替换第13集团军司令员格拉西缅科。戈卢别夫曾在边境交战期间指挥西方面军第10集团军，在格罗德诺组织了一场雄心勃勃但未获成功的反突击，从而赢得了斯大林的青睐，戈卢别夫后来逃离明斯克包围圈。8月7日，斯大林解除方面军司令员F.I.库兹涅佐夫将军的职务，取而代之的是该方面军第21集团军司令员叶夫列莫夫将军。同时，他任命第21集团军参谋长瓦西里·米哈伊洛维奇·戈尔多夫中将①接替叶夫列莫夫出任第21集团军司令员。斯大林认为，戈卢别夫、叶夫列莫夫、戈尔多夫已在战斗中证明自己是"斗士"。在此期间，斯大林还重申中央方面军的关键任务，即掩护西南方面军、预备队方面军、西方面军之间的结合部，并且沿戈梅利和博布鲁伊斯克方向朝西北方展开积极行动，削弱中央集团军群向斯摩棱斯克的推进，以此协助朱可夫和铁木辛哥方面军。

　　尽管指挥层面发生了这些变化，但事实再次证明，中央方面军无法胜任阻挡古德里安的猛攻并掩护戈梅利接近地的任务。虽然叶夫列莫夫将军几天前为戈卢别夫第13集团军提供了加强，将扎多夫空降兵第4军和骑兵第52、山地骑兵第21师投入该集团军右翼因卡恰洛夫集群覆灭而敞开的缺口，但古德里安的迅猛突击还是令第13集团军猝不及防。历时三天的激战中，莫德尔和朗格曼装甲师粉碎了第13集团军的防御，导致戈卢别夫麾下部队全速向南溃退，企图逃出包围圈。这方面的一个例子是，莫德尔第3装甲师转身向西，夺得克利莫维奇镇（Klimovichi），将第13集团军步兵第45军3—4个师包围在克列切夫东面的一个包围圈内。莫德尔的装甲掷弹兵获得了第7步兵师和第10摩托化师一个战斗群的支援，他们消灭这个小包围圈时，第4装甲师正在克里切夫南面的科穆纳雷镇（Kommunary）北部接近地设立掩护，以防戈卢别夫解救他被围的部队。[12]（参见地图8.3）

　　肃清克里切夫包围圈后，施韦彭堡第24摩托化军在8月12日晚些时候将

①译注：少将。

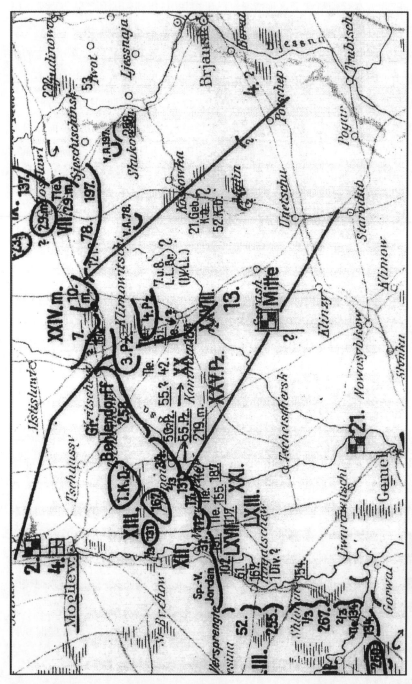

▲ 地图 8.3：古德里安德里安集团军级集群渡过索日河的进攻，1941 年 8 月 10 日（资料图）

三个快速师集中在克里切夫东面的新集结区，准备继续向南进击。东面，第7军第78和第197步兵师在罗斯拉夫利东面和南面形成一条20千米长的防御警戒线，以便在施韦彭堡摩托化军向南进军期间掩护其左翼。到8月14日晚，朗格曼第4装甲师占领科穆纳雷镇和苏拉日（Surazh）北面沿别谢季河（Besed'）构筑的阵地，而莫德尔第3装甲师先遣力量则向前推进，前往克里切夫东南方25千米的切里科夫镇（Cherikov）附近。据施韦彭堡第24摩托化军报告，发起进攻后的六天里他们俘获了1.6万名俘虏，缴获了76门火炮、15辆坦克和1列装甲列车。[13]（参见地图8.4）

第2集团军攻向戈梅利，8月12日—18日

让中央方面军感到雪上加霜的是，施韦彭堡摩托化军向南发起突击后没几天，魏克斯第2集团军就加入进攻，渡过索日河，以第12和第13军的8个步兵师向南攻往戈梅利。

在博克看来，发起进攻夺取戈梅利非常必要，因为7月中旬以来，F.I.库兹涅佐夫第21集团军对中央集团军群右翼展开进攻，已夺回日洛宾和罗加乔夫，甚至以一个骑兵军威胁博布鲁伊斯克。因此，古德里安8月8日渡过索日河向南进军时，博克认为这是彻底消灭索日河与第聂伯河之间苏军部队的机会，古德里安麾下部队从东北面进攻，魏克斯第2集团军从西北面和西面进攻，可以对戈梅利实施一场大规模合围机动。

魏克斯集团军辖第35、第43、第53、第12、第13军和贝伦多夫集群这个暂编军，共计17个师，沿一条320千米宽的战线部署，北起索日河，南至普里皮亚季沼泽。他无法将兵力集中在单一地段，更不必说两个地段了，而他唯一的快速突击力量是库尔特·费尔特将军的第1骑兵师，该师已伤亡2000余人，无法发挥全部效力，主要是7月份博布鲁伊斯克附近的激烈战斗所致。因此，魏克斯缺乏快速力量形成并封闭任何包围圈。[14] 博克和总司令部故而命令古德里安以至少一个装甲师协助魏克斯的北钳。古德里安虽然断然拒绝，甚至闹到了抗命的地步，但最终还是以施韦彭堡的整个摩托化军支援魏克斯的进攻，不是为了帮助魏克斯，而是为掩护自己的侧翼。[15]

虽然魏克斯打算发起进攻，配合古德里安的推进，但由于炮弹短缺、道

418

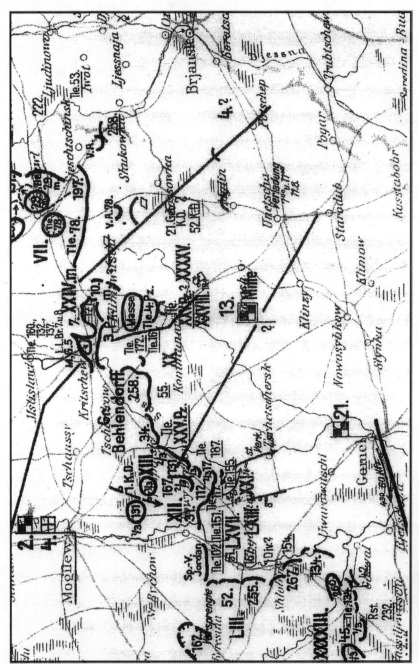

▲ 地图 8.4：古德里安装甲集群集群在索日河以南的集结，1941 年 8 月 12 日（资料图）

路泥泞，集团军无法集中辖内各军，特别是在南翼，他得不三次推迟进攻。利用古德里安在东面取得的成功，魏克斯集团军8月12日晨发起期待已久的进攻，左翼渡过索日河向南冲击，次日，右翼力量渡过戈梅利西北方的第聂伯河。贝伦多夫集群在第2集团军左翼的索日河对岸设立登陆场时（在古德里安右翼），以第1骑兵师为先锋，魏克斯麾下第13和第12军的8个步兵师向南攻往戈梅利，分割苏军第21集团军（现在由戈尔多夫指挥）并同第43军渡过第聂伯河向东推进的第267、第260、第134步兵师麾下部队会合。到8月14日，魏克斯麾下步兵力量实施的这场钳形机动已将苏军第21集团军步兵第63和第67军主力（至少6个步兵师）困在戈梅利西北方第聂伯河东岸的一个包围圈内。[16]（参见地图8.4、8.5）

　　可是，被围苏军朝南面和东南面突向戈梅利的尝试，迫使魏克斯投入除第13军和骑兵师以外的所有力量，力图遏止包围圈内的两个苏军步兵军。德军对包围圈发起连续冲击，8月17日和18日，日洛宾—罗加乔夫—戈梅利包围圈内的苏军部队终于束手就擒，或分成小股群体逃脱。[17]战斗中，第21集团军司令员戈尔多夫将军请求斯大林批准步兵第63军撤往戈梅利的安全处。斯大林拒绝了这一要求。该军陷入重围后全军覆没，军长彼得罗夫斯基将军在斯克普尼亚村（Skepnia）附近阵亡。为向他的英勇防御致敬，德国人展现出东线罕见的骑士精神，以全套军礼安葬这位将军并在他的墓地上竖起一个十字架，上面的铭文证明了他的英勇。[18]（参见地图8.6）

　　到8月16日晚些时候，魏克斯第2集团军主力位于戈梅利北郊，已形成一个铁砧，施韦彭堡第24摩托化军辖内各师将像一柄铁锤那样砸向在城市东面和东北面占据一个深邃突出部的被围苏军部队。此时，朗格曼第4装甲师已占领戈梅利东北方115千米的科穆纳雷镇。对施韦彭堡的推进实施猛烈但徒劳的抵抗后，戈卢别夫命令支离破碎的第13集团军残部撤往东南方，戈梅利以东115千米的乌涅恰地域（Unecha），而戈尔多夫则命令第21集团军余部向南退却，据守戈梅利周边防御。（参见地图8.6）

大本营的应对：组建布良斯克方面军

　　由于朱可夫预备队方面军辖内力量仍在进攻叶利尼亚，总司令部听从古

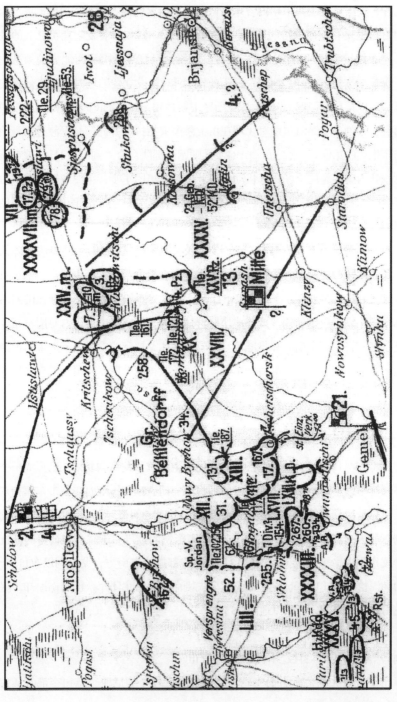

▲ 地图 8.5：第二集团军在戈梅利地域的推进，1941 年 8 月 14 日（资料图）

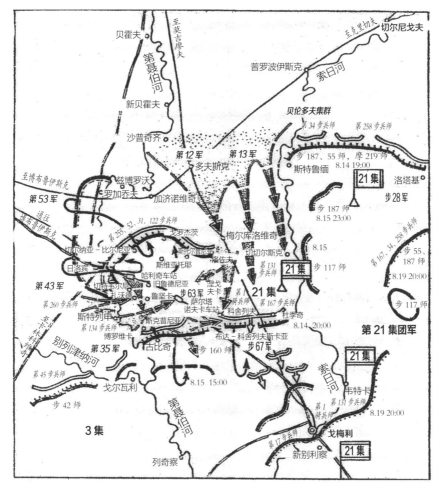

▲ 地图8.6：第21集团军步兵第63军和第67军的被围情况，1941年8月14日—18日

德里安的建议，取消渡过杰斯纳河继续向东推进的计划，让博克来决定是否、何时放弃叶利尼亚登陆场。总司令部这样做是因为维廷霍夫麾下的武装党卫队"帝国"师和"大德意志"团仍在叶利尼亚附近一线，他们将在那里逗留到8月18日，这使维廷霍夫摩托化军被削弱，自6月22日以来，该军几乎持续不停地从事战斗，辖内部队急需休整和补充。

在此期间，斯大林给朱可夫获得加强的预备队方面军分配了多项任务，要求他支援西方面军，消灭德国中央集团军群设在叶利尼亚的登陆场，继续填补并守卫西方面军与中央方面军之间，从叶利尼亚南延至布良斯克西北地域的越来越大的缺口。

从苏联最高统帅部大本营的角度看，戈卢别夫第13集团军沿索日河的防御遭粉碎，戈尔多夫第21集团军撤向戈梅利，这两股力量现在都有可能被敌人包围在戈梅利地域，从而导致斯摩棱斯克以东的西方面军与据守基辅的西南方面军之间出现一个相当大的缺口。但大本营暂时希望朱可夫预备队方面军和叶夫列莫夫中央方面军残部协助填补这个缺口。大本营8月11日收到消息，V.I.库兹涅佐夫将军的第3集团军（8月1日重建，部署在戈梅利西面的第聂伯河西岸，掩护中央方面军左翼）未经批准就擅自后撤，这无疑加剧了苏军的危急。[19] 沙波什尼科夫对此愤怒不已，给西方向总指挥部司令员铁木辛哥发去一封措辞严厉的电报：

虽然敌人并不具有压倒性优势，但库兹涅佐夫却在未实施适当抵抗的情况下继续后撤，同时给波塔波夫（库兹涅佐夫左侧的第5集团军）制造了严峻形势。方面军军事委员会必须勒令库兹涅佐夫进行他应该进行的战斗，不能未经战斗便把阵地拱手让于敌人。这种情况不能再继续下去了。[20]

事实证明，加强预备队方面军，对中央方面军和第3集团军发出威胁并不足以解决"古德里安问题"，为阻止古德里安继续向南推进，大本营8月14日果断采取行动，组建新的布良斯克方面军（由"斗士"叶廖缅科将军担任司令员），以此填补预备队方面军与中央方面军之间的缺口。大本营还借此保持一种希望：对德国中央集团军群发起一场新的、更强大的进攻。大本营的训令如下：

1.组建布良斯克方面军

为改善指挥控制，组建布良斯克方面军，直属最高统帅部。任命叶廖缅科中将为布良斯克方面军司令员，叶尔马科夫少将为方面军副司令员，扎哈罗夫少将为方面军参谋长。

以步兵第20和机械化第25军领率机关组建方面军司令部。

方面军司令部设在布良斯克地域。

布良斯克方面军的分界线为：

同预备队方面军——姆岑斯克、日兹德拉（含）、波奇诺克、斯摩棱斯克（含）。

同中央方面军——诺夫哥罗德-谢韦尔斯基、盖申（含）、莫吉廖夫。

2.布良斯克方面军编成

（a）第50集团军，辖步兵第217、第279、第258、第260、第290、第278、第269、第280师，骑兵第55师，步兵第2和第20军属炮兵团，反坦克炮兵第761、第753团。

以步兵第2军军部为基础，组建集团军领率机关。

任命彼得罗夫少将为集团军司令员。

司令部——维戈尼奇地域。

左侧分界线——特鲁布切夫斯克、北拉苏哈、克利莫维奇、莫利亚季奇（含）。

（b）第13集团军，辖步兵第137、第121、第148、第132、第6、第155、第307、第285师，坦克第50师，骑兵第52、第21师和1个空降兵军。

（c）将步兵第229、第287、第283师和骑兵第4师留作方面军预备队。

3.确认执行情况。

最高统帅：I.斯大林

总参谋长：B.沙波什尼科夫[21]

除填补沿斯摩棱斯克、叶利尼亚方向行动的西方面军和预备队方面军，以及沿戈梅利方向行动的中央方面军之间的缺口，大本营还命令叶廖缅科的布良斯克方面军，防止德国人转向中央方面军右翼并掩护基辅北部接近地。可能在斯大林看来，布良斯克方面军加入西方向总指挥部计划中对中央集团军群发起的反攻才是更重要的事。除了将新组建的彼得罗夫第50集团军纳入叶廖缅科的新方面军外，大本营还把戈卢别夫第13集团军残部交给叶廖缅科，该集团军在索日河以南遭遇惨败，现在正退向安全处。总之，大本营期望叶廖缅科能有效应对他那位著名的同名者，从而证明自己这个"俄国的古德里安"并非浪得虚名。

古德里安集团军级集群攻向斯塔罗杜布，第2集团军夺取戈梅利，8月15日—21日

尽管苏联最高统帅部大本营已采取谨慎的预防措施，古德里安也提出异议，但总司令部还是在8月15日命令施韦彭堡第24摩托化军继续向南进军。此时，莫德尔第3装甲师和朗格曼第4装甲师位于克利莫维奇和科穆纳雷地域，就在罗斯拉夫利与戈梅利中途，离乌涅恰以北仅64千米。乌涅恰是从罗斯拉夫利通往杰斯纳河畔诺夫哥罗德–谢韦尔斯基（Novgorod–Severskii）主铁路线上的一个主要火车站。24小时后，在施韦彭堡左（东）翼推进的莫德尔第3装甲师在乌涅恰以北30千米的姆格林（Mglin）切断铁路线；施韦彭堡右翼，朗格曼第4装甲师在乌涅恰西北方60千米的别谢季河遭遇激烈抵抗，对方是第13集团军后撤中的部队。施韦彭堡将勒佩尔第10摩托化师投入两个装甲师结合部，重新恢复进攻势头后，勒佩尔的摩托化步兵于8月17日晚些时候夺得了乌涅恰西北方30千米的苏拉日，而莫德尔的装甲兵则攻占了乌涅恰并在附近的古塔河（Guta）对岸夺得一座登陆场。（参见地图8.7）

同一天，古德里安投入莱梅尔森第47摩托化军辖内第29摩托化师和第17装甲师，前者攻往布良斯克以掩护装甲集群沿杰斯纳河展开的右翼，后者加强第3装甲师从乌涅恰向南发起的后续突击。8月18日黄昏，托马第17装甲师逼近乌涅恰以东50千米的波切普（Pochep）郊区，而莫德尔的装甲兵则于次日夺得乌涅恰以南25千米的斯塔罗杜布（Starodub）。莫德尔右侧，第10摩托化师从苏拉日向南攻往克林齐（Klintsy），该镇位于苏拉日与新济布科夫（Novozybkov）中途，而新济布科夫则在斯塔罗杜布与戈梅利中间。莫德尔左侧，托马第17装甲师（博尔滕施泰因第29摩托化师尾随其后，正从罗斯拉夫利地域向南开进）开始掩护古德里安长长的左翼——从罗斯拉夫利以东向南延伸到布良斯克以西，再至波切普北部接近地。此时，古德里安麾下部队已在叶廖缅科布良斯克方面军与叶夫列莫夫中央方面军之间的索日河南面冲出一个115千米宽、120千米深的突出部，构成了将后者孤立、包围在戈梅利地域的威胁。（参见地图8.8）

由于施韦彭堡第24摩托化军形成从东面迂回中央方面军的威胁，战斗重点现在不可阻挡地向西转移，在那里，魏克斯第2集团军的步兵力量冲向戈梅利。德国第2航空军对德军在日洛宾和罗加乔夫夺取第聂伯河对岸登陆场至关重要，

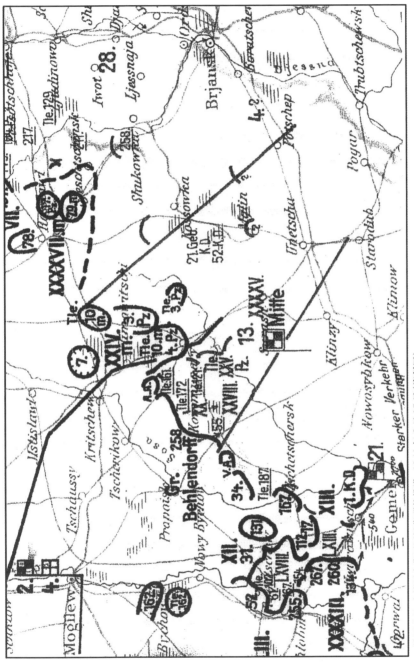

▲ 地图 8.7：古德里安集团军级集群的推进，1941 年 8 月 15 日（资料图）

426

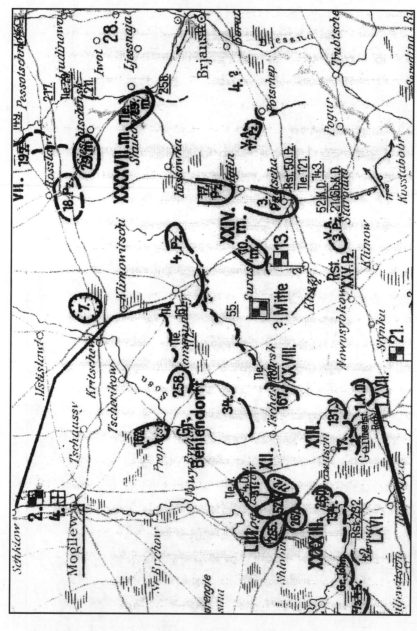

▲ 地图 8.8：古德里安第二集团军级集群的推进，1941 年 8 月 18 日（资料图）

在其掩护之下，魏克斯的步兵8月19日到达戈梅利北郊。8月20日，贝伦多夫集群和施罗特第12军掩护集团军左翼并肃清集团军后方被绕过的苏军部队时，步兵上将汉斯·费尔伯的第13军和费尔特将军的第1骑兵师攻占了该城。绝望之下，戈尔多夫第21集团军征召工人营和工人支队守卫该城，但这纯属徒劳。

魏克斯向戈梅利的推进达到高潮之际，预备队方面军司令员朱可夫给斯大林发去一份对态势的总体战略评估。在8月19日的这份报告中，朱可夫不仅抨击了身居高位的"犯罪分子"，还强调了如果古德里安和魏克斯的部队继续向南突破，中央方面军和预备队方面军有可能面临的危险。最重要的是，这份评估指出了德国人随后攻往基辅的可能性：

> 敌人已知晓我们将大股兵力沿通往莫斯科的路线集中、把中央方面军和大卢基集群置于其侧翼这一事实，因而暂时放弃进攻莫斯科，对西方面军和预备队方面军转为积极防御，并将其全部快速和装甲突击部队用于打击中央方面军、西南方面军和南方面军。
>
> 敌人的计划可能是粉碎中央方面军，通过前出到切尔尼戈夫、科诺托普、普里卢基地域，对西南方面军后方施以打击，粉碎该方面军辖内诸集团军，然后绕过布良斯克森林，对莫斯科发起一场主要突击并攻入顿巴斯。
>
> 我认为敌人非常熟悉我们的防御体系和我方军队整个战役—战略集团，也很了解我们当前的能力。
>
> 很显然，我们当中的某些高级将领与这种情况有密切关系，敌人从他们那里获得情报。卡恰洛夫和波涅杰林在这件事上扮演了罪犯的角色。据卡恰洛夫集群的参战人员说，一小群敌坦克刚一出现，他便乘坐一辆T-34坦克驶向不为人知的方向。所有人都说卡恰洛夫故意投向德国人一方。他乘坐T-34坦克逃离时，甚至禁止他的副官搭乘。
>
> 为抗击敌人以防中央方面军遭受不可承受的破坏、阻止敌人前出到西南方面军后方，我认为我有责任汇报我的想法：有必要尽快在格卢霍夫、切尔尼戈夫、科诺托普地域集结一个重兵集群。现在就应将一支掩护梯队沿杰斯纳河集中。
>
> 该集群有必要包括以下力量：
>
> 1.1000辆坦克，可从外贝加尔军区的机械化军、统帅部预备队的坦克部队

获得，还可以从远东方面军抽调300辆坦克。

2.不少于10个步兵师。

3.3—4个骑兵师。

4.400—500架战机，可从外贝加尔军区、海军航空兵和莫斯科防空区的航空兵力量调集。

如果我们采用更加积极的手段来应对敌人这种非常危险的行动，就必须把建议中的该集团全部集中在布良斯克地域，这样便可以从那里打击敌人的侧翼。目前，在不等待布良斯克集团最终集结的情况下，较有利的做法是以另外4—5个步兵师、8—10个统帅部预备队重型炮兵团加强西方面军右翼，从而使其立即转入进攻，目标是前出到波洛茨克、维捷布斯克和斯摩棱斯克一线。

西方面军右翼以前出到波洛茨克、维捷布斯克、斯摩棱斯克一线为目标发起打击，将对沿杰斯纳河行动的我方部队非常有利。[22]

斯大林没有理会朱可夫对部分高级将领的"犯罪行为"的评论，当日晚些时候他给这位方面军司令员和前总参谋长发去肯定的答复，他在电报中指出：

我认为您关于德国人可能朝切尔尼戈夫、科诺托普、普里卢基方向推进的意见是正确的。敌人朝该方向进军，意味着从第聂伯河东岸迂回我基辅集团，并包围我们的第3和第21集团军。正如我们所知道的那样，一股敌军已渡过乌涅恰河并到达斯塔罗杜布。为预防并制止这种复杂情况的发生，已组建以叶廖缅科为首的布良斯克方面军，正采取其他措施，关于这些措施，我会亲自告知您。我们希望您能阻挡住德国人。[23]

不到10天时间里，朱可夫的建议至少为大本营新的、更宏大的进攻计划提供了部分基础，这次的行动涉及红军沿西方向活动的所有方面军。

与此同时，沿戈梅利方向，除了V.I.库兹涅佐夫的第3集团军（该集团军辖下获得加强的步兵第66军被半隔绝在第聂伯河西面）被迫撤离外，戈梅利的失陷迫使戈尔多夫第21集团军约半数力量向东面和东南面退却。后撤中的苏军部队在途中遭遇施韦彭堡第24摩托化军第10摩托化师，第3、第4装甲师。在莱梅尔森第47摩托化军第17装甲师支援下，德军装甲和装甲掷弹兵们忙于构设拦截阵地，防线从姆格林南延至斯塔罗杜布。[24] 此时，施韦彭堡以装甲和摩托化步兵力量设立的封锁墙也形成了一个巨大的楔子，将叶夫列莫夫中央方面军与叶廖缅科布良斯克方面军隔开，后者刚刚开始在东面的布良斯克地域集结。（参见地图8.9）

戈梅利陷落后，斯大林立即命令中央方面军司令员叶夫列莫夫，将库兹涅佐夫第3集团军向东撤过第聂伯河，以免陷入重围。8月19日20点10分下达的这道指令中写道：

> 针对已出现的情况，最高统帅命令：坚守克林齐、戈梅利、戈尔瓦利一线的同时，第3集团军辖内部队应实施连续后撤，退至戈尔瓦利和洛耶夫地段（戈梅利以南）的第聂伯河后方。
>
> 以有组织的方式实施分阶段后撤。莫济里筑垒地域的武器必须在后撤前疏散，莫济里筑垒地域的设施必须在后撤开始前摧毁，不得有误。[25]

为确保第3集团军顺利撤至第聂伯河后方并维持布良斯克方面军和中央方面军新防御的连贯性，沙波什尼科夫8月20日给两位方面军司令员下达具体指示，协调他们的新防线并要求他们投入特别预备力量加强他们之间新分界线附近及后方的脆弱地区。这些指令证明，最高统帅部大本营是多么注重保持布良斯克方面军与中央方面军之间的紧密联系。8月20日22点下达的第一道指令中写道：

> 据阿尔古诺夫上校提交的一份报告称，第13集团军正在后撤，以便沿苏多斯季河（由南至北穿过波切普）占据一条防线。
>
> 针对斯塔罗杜布方向形成的威胁，我提请您特别留意掩护与中央方面军的结合部。
>
> 中央方面军第21集团军右翼力量正撤往卢日基、洛巴诺夫卡、扎梅舍沃一线（东延至戈梅利以南）。在这种情况下，第13集团军应撤至索洛沃、博尔谢沃、波加尔一线并进一步沿苏多斯季河设防。将方面军预备队保留在分界线后方。
>
> 汇报执行情况。[26]

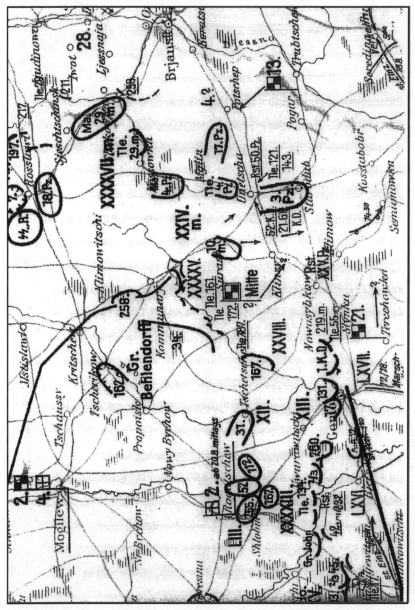

▲ 地图 8.9：古德里安集团军级集群和第二集团军的推进，1941 年 8 月 19 日（资料图）

同一时间，沙波什尼科夫还发出第二道指令：

1.针对斯塔罗杜布发生的情况和布良斯克方面军左翼出现的缺口，第21集团军应撤至卢日基、洛巴诺夫卡、扎梅舍沃、新梅斯托一线，并沿伊普季河、索日河至巴博维奇一线设防。

布良斯克方面军第13集团军将撤至索洛沃、博尔谢沃、波加尔一线，并进一步沿苏多斯季河设防。

2.应特别留意掩护第21与第3集团军的结合部，为此，您应将第3集团军右翼部署在乌扎河西岸，从巴博维奇至捷列希，再至切尔诺耶。另外，将您的预备队部署在分界线后方。

3.汇报执行情况。[27]

与此同时，施韦彭堡的摩托化军8月21日晚些时候构筑了一系列强有力的拦截阵地，就此决定了中央方面军的命运。莫德尔第3装甲师加强位于斯塔罗杜布周围的阵地，朗格曼第4装甲师在莫德尔身后进入阵地，勒佩尔第10摩托化师夺得克林齐并设立起一道向北延伸的牢固装甲屏障，以阻止第21集团军辖内部队向东突围。东面约10千米处，莫德尔和朗格曼的装甲师设立起第二道更为强大的装甲屏障，正面朝西，从斯塔罗杜布北延至姆格林，为第10摩托化师提供加强。更东面，莱梅尔森第47摩托化军以托马第17装甲师掩护施韦彭堡摩托化军之左翼和后方，该师侦察部队正向东南方扩散，从波切普赶往杰斯纳河畔的特鲁布切夫斯克。（参见地图8.10）

魏克斯第2集团军夺取戈梅利的意义的确很深远。很快，魏克斯集团军报告，俘虏5万多名红军士兵，缴获近500门火炮、100多辆坦克和拖车。[28] 第2集团军的辉煌战果中还要加上克里切夫包围圈的胜利，自8月14日以来，该集团军共俘虏7.8万名红军士兵，缴获700门火炮和144辆坦克。[29] 魏克斯集团军在这段时期伤亡5190名官兵，其中1468人阵亡，3367人负伤，355人失踪。在希特勒看来，这是对他第34号元首令蕴含的智慧的充分肯定。

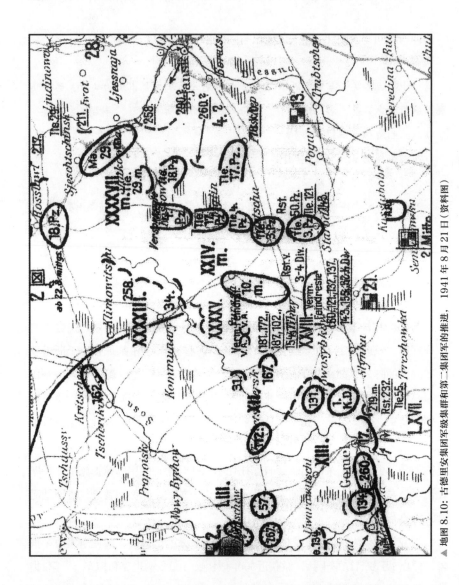

地图 8.10：古德里安集团军级集群和第二集团军的推进，1941 年 8 月 21 日（资料图）

总结

德军攻占戈梅利，不仅肃清了中央集团军群南翼持续遭受的威胁，还协助促成苏军在第聂伯河和杰斯纳河以西整个防御体系的崩溃。部分原因是戈梅利失陷后没过几天，基尔波诺斯上将的西南方面军就被迫将位于第聂伯河以西科罗斯坚地域的第5集团军，以及在基辅南面据守第聂伯河西岸登陆场的第26集团军后撤。结果，到8月24日，第1装甲集群第11装甲师在基辅以北成功渡过第聂伯河，南面约645千米处，第1装甲集群主力也在第聂伯罗彼得罗夫斯克和扎波罗热渡过第聂伯河。从这个意义上说，希特勒关于戈梅利战役后续阶段的部分计划取得了成功，中央集团军群与南方集团军群的侧翼终于在第聂伯河西岸会合。同南方集团军群在南面赢得的胜利相结合，戈梅利的陷落也打消了对希特勒第34号元首令中提出的"南进"计划所蕴藏的智慧的一切怀疑。

到8月20日，苏联最高统帅部大本营已意识到，他们为遏止古德里安向南推进而采取的措施全然无效。随着戈梅利落入德国人手中，中央方面军基本上丧失战斗力，古德里安的装甲力量几乎不受任何阻碍地向南疾进，若无法阻止古德里安，大本营沿西方向的防御就将面临彻底崩溃的危险。

但从积极的一面看，铁木辛哥的西方面军和朱可夫的预备队方面军已迫使博克集团军群在斯摩棱斯克地域止步不前，他们在那里继续猛攻德军的防线，给对方造成大量伤亡。由于手中仍掌握大量战略预备队，斯大林做出决定，继续发起更大规模的反攻，首先是以西方面军和预备队方面军发起，然后是将铁木辛哥西方向总指挥部辖下的三个方面军悉数投入——事实上他别无选择，只能不断反攻。

注释

1. 派朱可夫指挥新方面军的决定，反映出斯大林7月19日任命叶廖缅科暂时担任西方面军司令员的原因——在斯大林看来，叶廖缅科也是一名经久考验的斗士。

. 2. 《大本营第00583号训令：关于预备队方面军的编成》（Prikaz Stavki VK no. 00583 o formirovanii Rezervnogo fronta），收录于V.A.佐洛塔廖夫主编，《最高统帅部大本营：1941年的文献资料》，第98—99页。

3. 《大本营发给预备队方面军、西方面军司令员的第00732号训令：关于预备队方面军的编成》（Direktiva Stavki VK no. 00732 komanduiushchim voiskami Rezervnogo i Zapadnogo frontov o sostav Rezervnogo fronta），收录于V.A.佐洛塔廖夫主编，《最高统帅部大本营：1941年的文献资料》，第106—107页。

4. 《大本营给预备队方面军和西方面军司令员下达的第00731号训令：关于歼灭敌叶利尼亚集团的措施》（Direktiva Stavki VK no. 00731 komanduiushchim voiskami Rezervnogo i Zapadnogo frontov o merakh po razgromu El'ninskoi gruppirovki protivnika），收录于V.A.佐洛塔廖夫主编，《最高统帅部大本营：1941年的文献资料》，第106页。

5. 《预备队方面军司令员1941年8月6日下达给第24集团军司令员的第19/op号单独战斗令：关于消灭敌叶利尼亚集团》（Chastnyi boevoi prikaz komanduiushchego voiskami Rezervnogo fronta No. 19/op ot 6 avgusta 1941 g. komanduiushchemu voiskami 24-i Armii na unichtozhenie El'ninskoi gruppirovki protivnika），收录于《伟大卫国战争作战文件集》第37期，莫斯科：军事出版局，1959年，第171—172页。

6. 《预备队方面军司令员1941年8月6日下达给第24和第43集团军司令员的第0021号战斗令：关于歼灭敌叶利尼亚和罗斯拉夫利集团》（Boevoi prikaz komanduiushchego voiskami Rezervnogo fronta no. 0021/op ot 6 avgusta 1941 g.komanduiushchim voiskami 24-i i 43-i Armii na unichtozhenie El'ninskoi i Roslavl'skoi gruppirovok protivnika），收录于《伟大卫国战争作战文件集》第37期，第173—174页。

7. 《预备队方面军司令部1941年8月7日提交的第17号作战报告：关于预备队方面军辖内部队的作战行动》（Boevoe donesenie shtaba Rezervnogo fronta no. 17 ot 7 avgusta 1941 g. General'nomu Shtabu o boevykh deistviiakh voisk Rezervnogo fronta），收录于《伟大卫国战争作战文件集》第37期，第175页。

8. 《最高统帅部大本营发给西方面军司令员的第00815号训令：关于有可能破坏消灭敌叶利尼亚集团的行动》（Direktiva Stavki VGK no. 00815 komanduiushchim voiskami Zapadnogo fronta ob ugroze sryva operatsii po unichtozheniiu El'ninskoi gruppirovki protivnika），收录于V.A.佐洛塔廖夫主编，《最高统帅部大本营：1941年的文献资料》，第109页。

9. 《最高统帅部大本营发给预备队方面军司令员的第00825号训令：关于一个骑兵师的转隶》（Direktiva Stavki VGK no. 00825 komanduiushchim voiskami Rezervnogo fronta o perepodchinenii kavaleriiskoi divizii），收录于V.A.佐洛塔廖夫主编，《最高统帅部大本营：1941年的文献资料》，第110页。

10. 《最高统帅部大本营发给预备队方面军司令员的第00857号训令：关于沿斯诺波特河设立防线》（Direktiva Stavki VGK no. 00857 komanduiushchim voiskami Rezervnogo fronta o postroenii rubezha oborony po r. Snopot），收录于V.A.佐洛塔廖夫主编，《最高统帅部大本营：1941年的文献资料》，第112—113页。

11. 《最高统帅部大本营发给预备队方面军司令员的第00850号训令：关于第35集团军更改番号》（Direktiva Stavki VGK no. 00850 komanduiushchim voiskami Rezervnogo fronta o

pereimenovanii 35-i armii），收录于V.A.佐洛塔廖夫主编，《最高统帅部大本营：1941年的文献资料》，第113页。

12. 德方记录表明，步兵第160、第132、第137师和空降兵第4军部分力量被包围在克里切夫。俄国人没有公开与中央方面军相关的记录，鉴于该方面军随后遭受的破坏，这一点不足为奇。

13. 《第2装甲集群作战日志，1941年8月13日》。

14. 以下记述主要基于这些材料：这段时期的《最高统帅部战时日志》；《陆军元帅费多尔·冯·博克：战时日记，1939年—1945年》，第255—288页；《第2集团军作战日志》；《第2装甲集群作战日志》；《第2装甲集群作战处罗加乔夫—戈梅利作战报告，1941年9月13日》，收录于*Pz AOK 2 52701/10*和*MS P-114b, Ch. IV*；《第1骑兵师战后报告》，见《第4集团军第8号作战日志附件，1941年7月29日—8月11日》，收录于*AOK 4 17561/18*。

15. 克劳斯·格贝特主编、戴维·约翰逊译，《陆军元帅费多尔·冯·博克：战时日记，1939年—1945年》，宾夕法尼亚州阿特格伦：希弗出版社，1996年，第274页。

16. 德方记录表明，陷入戈梅利西北方包围圈的是步兵第63军步兵第61、第154、第167师和步兵第67军步兵第102、第151、第155师。

17. 第12军第31步兵师第82团对这场行动的详细阐述，可参阅弗里德里希·霍斯巴赫，《东线战役中的步兵，1941—1942》，奥斯特罗德：吉贝尔&厄尔施莱格尔出版社，1951年。担任希特勒副官的霍斯巴赫后来指挥过一个集团军并对上级指挥部门过度痴迷围歼战提出强烈批评，他认为这导致步兵部队过度、过早投入并为此蒙受毫无必要的损失。

18. 据弗拉基米尔·别沙诺夫在《坦克大屠杀，1941年》第395页称，第21集团军步兵第63、第69军，以及第16、第24集团军和其他第二战略梯队集团军的许多士兵，是从古拉格释放的政治犯或罪犯，或是其他类型的"惩戒部队士兵"，斯大林希望他们在军队服役，"以他们的鲜血洗去他们对祖国犯下的罪行"。他们的指挥员同样如此，例如彼得罗夫斯基、罗科索夫斯基、卢金、戈尔巴托夫和其他许多人，都是在战争爆发前不久从NKVD的牢中释放出来的。因此，这些和另一些集团军的许多指挥员和干部都是NKVD官员，例如拉库京、霍缅科和加里宁，这并非巧合。

19. 大本营7月14日前重建第3集团军率领机关并将其置于大本营控制下，8月1日前为其调拨力量并将其编入中央方面军，以此加强该方面军位于戈梅利以东[1]的左翼。

20. 《大本营发给西方面军司令员的第00880号训令：关于禁止第3集团军不合理的后撤》（Direktiva Stavki VGK No. 00880 komanduiushchemu voiskami Zapadnogo Fronta o nedopushchenii neopravdannogo otkhoda 3-i Armii），收录于V.A.佐洛塔廖夫主编，《最高统帅部大本营：1941年的文献资料》，第113页。

21. 《最高统帅部大本营下达给中央方面军和预备队方面军司令员的第00926号训令：关于布良斯克方面军的编成》（Direktiva Stavki VGK No. 00926 komanduiushchim voiskami Tsentral'nogo i Rezervnogo frontov ob organizatsii Brianskogo fronta），收录于V.A.佐洛塔廖夫主编，《最高统帅部大本营：1941年的文献资料》，第116页。

22. 《预备队方面军司令员呈交最高统帅的第2402号报告：关于态势和抗击敌人突入西南方面军后方的措施》（Doklad komanduiushchego voiskami Rezervnogo fronta No. 2402 Verkhovnomu Glavnokomanduiushchemu ob obstanovke i merakh po protivodeistviiu protivniku v vykhode na tyly Iugo-zapadnogo fronta），收录于V.A.佐洛塔廖夫主编，《最高统帅部大本营：1941年的文献资料》，第361页。

23. 《最高统帅部大本营发给预备队方面军司令员的第001082号训令：关于防止敌人迂回基辅集

---

① 译注：以西。

团并包围第3、第21集团军 》(Direktiva Stavki VGK No. 001082 komanduiushchemu voiskami Rezervnogo frontov ob predotvrashchenii obkhoda protivnikom Kievskoi gruppirovki voisk i okruzheniie 3-i i 21-i Armii),收录于V.A.佐洛塔廖夫主编, 《 最高统帅部大本营: 1941年的文献资料 》,第119—120页。

24. I.V.库兹涅佐夫的第3集团军编有步兵第66军步兵第75、第232师,独立空降兵第214旅和第6筑垒地域。虽然戈卢别夫第13集团军辖内大多数师设法穿过古德里安的装甲屏障向东逃窜,但8月下旬同布良斯克方面军会合时,他们的实力锐减,每个师仅剩2—3个营和几百名士兵。参见: 《 苏联集团军作战编成,第一部分 (1941年6月—12月) 》,莫斯科: 总参谋部军事科学院军事历史处,1963年,第42页; M.A.科兹洛夫主编, 《 在战斗的烈焰中 》,莫斯科: 军事出版局,1973年,第34页。

25. 《 最高统帅部大本营发给中央方面军和西南方面军司令员的第001092号训令: 关于将第3集团军辖内部队撤至第聂伯河后方 》(Direktiva Stavki VGK No. 001092 komanduiushchim voiskami Tsentral' nogo i Iugo-Zapadnogo frontov, Glavnokomanduiushchemu voiskami Iugo-Zapadnogo Napravleniia ob otvode voisk 3-i Armii za Dnep),收录于V.A.佐洛塔廖夫主编, 《 最高统帅部大本营: 1941年的文献资料 》,第121页。

26. 《 最高统帅部大本营发给布良斯克方面军司令员的第001139号训令: 关于掩护同中央方面军的结合部 》(Direktiva Stavki VGK No. 001139 komanduiushchemu voiskami Brianskogo fronta ob obespechenie styka s Tsentral' nym frontom),收录于V.A.佐洛塔廖夫主编, 《 最高统帅部大本营: 1941年的文献资料 》,第122页。

27. 《 最高统帅部大本营发给中央方面军司令员的第001140号训令: 关于掩护同布良斯克方面军的结合部 》(Direktiva Stavki VGK No. 001140 komanduiushchemu voiskami Tsentral' nogo fronta ob obespechenie styka s Brianskim frontom),收录于V.A.佐洛塔廖夫主编, 《 最高统帅部大本营: 1941年的文献资料 》,第122—123页。

28. 参见 《 第2集团军战后报告 》。

29. 《 陆军元帅费多尔 · 冯 · 博克: 战时日记,1939年—1945年 》,第278页。

第九章
苏军的第二次反攻：西方面军的杜霍夫希纳攻势，初期阶段，1941 年 8 月 6 日—19 日

初步行动，8月6日—13日

早在8月3日，大本营便已命令西方面军和预备队方面军加强他们在斯摩棱斯克和叶利尼亚地域的进攻，最初是协助解救撤离斯摩棱斯克包围圈的第16和第20集团军，并帮助卡恰洛夫集群（第28集团军）残部逃离古德里安对罗斯拉夫利包围圈的猛烈突击。例如，朱可夫命令拉库京第24集团军夺取叶利尼亚，从而缓解卡恰洛夫的压力后，8月3日他批评拉库京集团军，称"对占据叶利尼亚地域之敌实施的两天半进攻行动①，没能完成我在命令中提出的要求。我要求你们在最初几天向叶利尼亚的推进不得少于8—10千米，而你们的大多数部队只取得2—3千米进展，有些部队甚至未能前进一步。"朱可夫随即命令拉库京，"8月4日彻底包围并完整俘获敌叶利尼亚集团"，他还补充道：

2.鉴于连级和营级指挥员存在明显的缺点，各师各团指挥员和政委，上级指挥员和政委特别挑选的人员，应在进攻中亲自指挥各突击群和营。各突击排的指挥员和政工人员，应挑选那些在战斗中表现得特别英勇并希望为祖国做出杰出贡献的人担任。

---

① 译注：前文称一天半。

3.再次就执行命令中的犯罪行为警告步兵第103师指挥人员,我要特别指出,倘若该师8月4日未粉碎敌人,没能到达指定地域,该师指挥员们将被逮捕,并送交军事法庭惩处……[1]

次日,铁木辛哥给马斯连尼科夫第29、霍缅科第30、科涅夫第19集团军、罗科索夫斯基亚尔采沃集群下达一道"较为温和"的进攻令,要求他们在从别雷以西向南延伸至杜霍夫希纳以东和亚尔采沃地域的整条战线,对德国第9集团军的防御发起冲击,以此支援第16和第20集团军最终穿过拉奇诺走廊向东突围。[2] 待卢金第16和库罗奇金第20集团军残部逃离斯摩棱斯克包围圈后,大本营于8月8日将卢金集团军残余力量编入第20集团军和亚尔采沃集群,并把罗科索夫斯基集群改编为第16集团军,仍由罗科索夫斯基指挥。大本营随后派卢金指挥重建并获得整补的第20集团军,库罗奇金改任第43集团军司令员。

虽然罗科索夫斯基和科涅夫在亚尔采沃地域的突击确保了拉奇诺走廊的畅通,但拉库京对叶利尼亚的猛烈进攻,经过两天极为血腥、代价高昂的战斗后以崩溃告终。本轮战斗结束后,朱可夫再度发出一封措辞严厉的电报,申斥拉库京的表现。[3] 朱可夫并未因这场失利而灰心丧气,根据大本营的新训令,他于8月6日命令拉库京恢复进攻,这一次同库罗奇金第43集团军的进攻相配合,打击德国第9军设在罗斯拉夫利以东的防御。[4] 这些进攻行动虽说没能实现预定目标,但的确将古德里安麾下第17、第10装甲师、武装党卫队"帝国"摩托化师牵制在拉奇诺以南和叶利尼亚地域,并使博克确信,中央集团军群已无法向杰斯纳河以东实施任何后续行动。

此时,就如同第一次世界大战期间的凡尔登,叶利尼亚已成为一个象征。在古德里安、博克和哈尔德看来,守住叶利尼亚意味着为日后攻向莫斯科留住了一扇门;而从斯大林、铁木辛哥和朱可夫的角度看,消灭叶利尼亚登陆场相当于保卫莫斯科。实际上,叶利尼亚激烈、代价高昂的战斗,自德军第10装甲师和武装党卫队"帝国"摩托化师7月18日攻占该镇起便已开始,一直到博克9月6日下令撤离叶利尼亚才结束。具有讽刺意味的是,希特勒当日下达第35号元首令,命令博克恢复对莫斯科的进攻。在此期间,10个德国师为据守该登陆场耗尽实力。德国人之所以能守住这座登陆场,很大程度上归功于凯塞林第

2航空队卓有成效的空中支援。[5] 希特勒8月4日在于鲍里索夫召开的会议上决定，不管怎样都要坚守叶利尼亚。

铁木辛哥西方面军8月8日在斯摩棱斯克东面和东北面遂行突击期间，只有科涅夫第19集团军和霍缅科第30集团军取得了些战果。虽然德军遭到严重损失，但第9集团军第5军辖下的第106、第5、第161步兵师（数日前刚刚接替第39摩托化军第19和第12装甲师）还是能够击退科涅夫和霍缅科在杜霍夫希纳（斯摩棱斯克东北方50千米）东面和东北面的进攻（参见地图9.1）。德国人之所以能守住防线，全凭投入最后的战术预备队和第900摩托化教导旅，他们发起殊死的局部反冲击，这才恢复了防线。[6] 铁木辛哥展开突击后，博克于8月12日简短地指出："第9集团军也遭到攻击，俄国人前天突破到第5师的炮兵阵地。"[7] 苏军的这些猛烈冲击，虽然缺乏协同，可还是促使哈尔德在8月11日沮丧地写道：

> 整体情况越来越清楚地表明，我们低估了俄国这个巨人，他们一直怀着坚定的信念为战争加以准备，这正是极权国家的特点。这一点运用于他们的组织结构、经济资源和交通体系，最重要的是应用到他们严密的军事潜力方面。战争开始时，我们估计敌人约有200个师。现在我们已数出360个师。按照我们的标准看，这些师的确装备欠佳，他们的战术领导力往往也很拙劣。可他们就在那里，如果我们粉碎他们十来个师，俄国人又投入另外十来个师。时间因素有利于他们，因为他们越来越靠近自己的资源，而我们却越来越远离我方资源。因此，我们的军队沿一条庞大战线展开，没有任何纵深，遭到敌人持续不断的攻击。这些行动有时候能取得成功，因为这些庞大空间必然存在许多缺口。[8]

古德里安的装甲力量8月8日渡过索日河向南展开行动后不久，苏联最高统帅部大本营命令铁木辛哥西方面军和朱可夫预备队方面军着手实施一场协同一致的大规模进攻，打击中央集团军群从杜霍夫希纳以东向南延伸到叶利尼亚地域的防御。可是，8月11发起的首轮突击，当日晚些时候以失败告终。在8月12日18点发给总参谋部的报告中，铁木辛哥描述了这场进攻以及对德国人造成的影响，为后续进攻行动提出两个方案后，他推荐了自己的首选方案（参见地图9.2）：

440

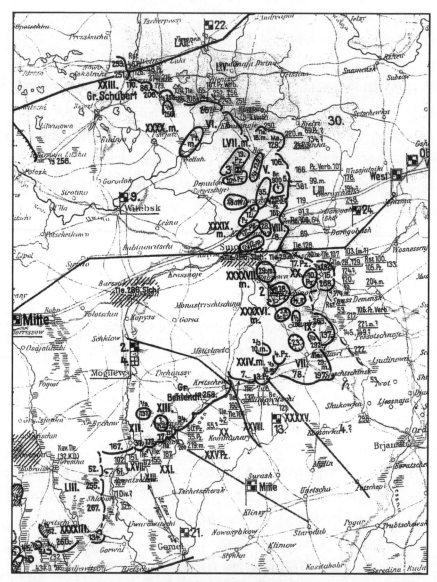

▲ 地图 9.1：中央集团军群的作战态势，1941 年 8 月 8 日晚间（资料图）

・**总体情况**——西方面军当面之敌已转入防御，并以小股预备力量应对霍缅科（第 30 集团军）、科涅夫（第 19 集团军）和卢金（第 20 集团军）的进攻。科涅夫、霍缅科和罗科索夫斯基 8 月 11 日继续进攻，以期突破敌人的防御，并

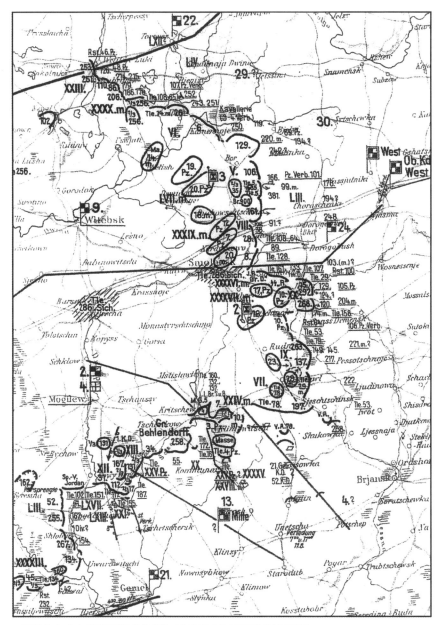

▲ 地图 9.2：中央集团军群的作战态势，1941 年 8 月 12 日晚间（资料图）

同博尔金将军1500人的集群会合，这一行动当晚取得成功。博尔金集群的1500名武装士兵，携带着许多大车和3门火炮突出包围圈，据科涅夫称，敌第5步兵师损失2000人。卢金麾下各师也给敌人造成了严重损失并缓缓向前推进，掩护预备队方面军叶利尼亚集团之右翼。

·**观察结果**——敌人已筋疲力尽，许多地段缺乏预备力量，我方部队在人员和装备方面蒙受严重损失，实力严重受损，无法遂行具有"决定性目的"的行动。因此，敌人有可能将兵力从斯摩棱斯克方向调整到罗斯拉夫利方向，击败部署在那里的我方部队后，再次集结力量对西方面军和预备队方面军发起一场大规模进攻。

·**判断**——我们必须以两个可行方案中的一个击败并歼灭斯摩棱斯克方向上的敌人，从而将敌军调离罗斯拉夫利方向。

★**第一个方案**

☆以3个步兵师、2个坦克师和1个骑兵师加强西方面军，并把他们分配给科涅夫第19集团军和霍缅科第30集团军。

☆任务：

■科涅夫第19集团军和霍缅科第30集团军，应同马斯连尼科夫第29集团军相配合，攻向杜霍夫希纳和斯摩棱斯克。

■卢金第20集团军和罗科索夫斯基第16集团军，应同预备队方面军叶利尼亚集群（第24集团军）相配合，攻往斯摩棱斯克和波奇诺克。

■叶利尼亚集群（第24集团军），在第16和第20集团军取得成功并歼灭叶利尼亚地域之敌后，应攻向罗斯拉夫利，打击古德里安从罗斯拉夫利向南展开行动的第2装甲集群之后方。

■中央方面军应发起进攻，牵制古德里安第2装甲集群。

☆在有利情况下，这个方案可能包括西方面军目标有限的行动，例如消耗敌斯摩棱斯克集团并分散南方向上的敌军。

★**第二个方案**

☆以至少8个步兵师、3个坦克师和2个骑兵师加强西方面军。

☆任务——西方面军应同中央方面军、预备队方面军叶利尼亚集团（第24集团军）相配合，发起进攻，前出到斯摩棱斯克以西地域，并决定性地击败敌人沿斯摩棱斯克和罗斯拉夫利方向行动之主力。

·**目标**——若取得成功，这场攻势将不可避免地迫使敌人在很长一段时间里，沿大卢基和戈梅利一线只采取消极行动。[9]

苏军的进攻策划，8月14日—16日

正如铁木辛哥在8月12日的评估中指出的那样，他得出的结论是，德国人可能已削弱部署在斯摩棱斯克东面和东北面、西方面军对面的兵力，这样便可从罗斯拉夫利地域对朱可夫预备队方面军部署在叶利尼亚及其南面的第24、第43集团军展开一场规模更大的进攻。因此，他敦促大本营考虑，以他方面军辖内第29、第30、第19、第20集团军发起一场大规模突击，重新夺回斯摩棱斯克东北方50千米的杜霍夫希纳，然后再收复斯摩棱斯克城。这一行动完成后，他建议以他的方面军继续进攻，同朱可夫从其左翼叶利尼亚地域发起进攻的第24和第43集团军相配合，重新夺回罗斯拉夫利。此时，朱可夫预备队方面军辖内其他集团军——第31、第32、第33、第49集团军，仍在维亚济马南面和北面、铁木辛哥和朱可夫两个方面军的后方地域修筑、据守、改善第二梯队的防御。至于第二个进攻方案，铁木辛哥认为他的西方面军和朱可夫的预备队方面军可以展开一场联合攻势，重新夺回斯摩棱斯克和罗斯拉夫利。[10] 当然，实施这两个方案中的任何一个，都应以朱可夫第二梯队集团军中的大多数加强铁木辛哥和朱可夫方面军。

根据铁木辛哥的建议，大本营命令他和朱可夫方面军由北至南排列，8月17日发起一场协同一致的进攻，这场攻势将在月底前覆盖北起托罗佩茨、南至布良斯克的整条战线。可是，尽管大本营坚持要求两位方面军司令员认真策划、协同其进攻，但混乱的战斗局面迫使铁木辛哥以零零碎碎的方式展开进攻，导致他无法将自己的行动与朱可夫麾下集团军在南面展开的进攻加以协调。

铁木辛哥及其参谋人员忙于制订最终进攻计划时，麾下诸集团军继续实施局部冲击，力图掩盖为总攻所做的准备工作。这种马斯基罗夫卡（欺骗）的一个例子是，第16集团军已沿亚尔采沃方向连续进攻数日，但8月15日11点，罗科索夫斯基命令他的集团军，于8月16日再度展开进攻，从而将敌人的注意力从前线其他地段引开：

· **总体情况**——敌人正以4个步兵师扼守沃皮河西岸，其防御前沿采用加强步兵连抵抗基点的方式，沿奇斯塔亚、新谢利耶、哈特尼、波洛吉、阿尔菲罗瓦、大戈尔基、小戈尔基、扎德尼亚一线设有全尺寸散兵坑，预备队部署在科哈诺沃、马克耶沃、克罗沃普斯科沃、萨穆伊洛瓦、谢穆希诺、索普雷基诺、卢基亚诺沃、恰多维希、马莫诺沃地域。

· **友邻力量**——右侧，第19集团军步兵第89师沿杜布罗夫卡、库济米诺、哈里纳一线部署；左侧，第20集团军步兵第144师沿科罗夫尼基和奥索瓦一线部署。

· **第16集团军的任务**——集团军应于8月15日—16日夜间重组并集中力量在右翼发起进攻。

· **辖内各兵团的任务**

★步兵第64师——将防区移交给步兵第108师，8月15日—16日夜间集中在波德利谢、奇日基、利亚达地域，以一个加强步兵营掩护普里谢利耶附近的沃皮河渡口，并以全部力量攻向米亚格琴基和斯卡奇科沃。

★坦克第101师（与摩托化步兵第18团）——以全部力量攻向新谢利耶（东部）和霍尔姆。

★步兵第44军（步兵第38和第108师）——占领并据守207.2高地、亚尔采沃、斯克鲁舍夫斯克、布亚诺沃地段。

· **补给站**——多罗戈布日车站。

· **时间**——做好1941年8月15日20点重组的准备，根据我的附加指示实施重组。

· **指挥控制**：第16集团军司令部——霍捷诺瓦东南方1千米的树林内。[11]

与此同时，为解决部队和下级指挥员在任何形式的进攻行动上都缺乏经验的问题，西方面军司令部的工作人员利用以往的经验，就如何最好地实施进攻行动，不断给辖内诸集团军下达具体指示。例如，其中一道指令可能是由方面军作战部拟制、方面军整个军事委员会签署，对德军战术的优势和劣势加以分析，并建议所有指挥员对德国人无法在夜间有效实施战斗的特点加以利用。命令开头处是一段挑战性声明："德国法西斯分子侵犯了我们神圣的领土，同他们展开历时52天斗争的经历，生动揭示出德国军队的战术特点。"这道命令随后列举德军的战术特点，带有一丝虚张声势的意味，意图提高红军的士气：

- **德军战术最强大的方面**——迫击炮和反坦克炮、摩托车手的行动和小股坦克群的纵深突破、与战机的密切协同、形成合围"对外正面"，以及精心组织的火力体系（火力与机动的相互作用）。

- **德军战术最薄弱的方面**——面对我方步兵和骑兵时表现怯懦，不愿采取刺刀进攻（相反，他们后撤、卧倒、被火力击退），敌装甲和摩托化部队无法击退他们在村庄和沿道路宿营的坦克、装甲车、汽车运输单位实施的夜袭。夜间在居民点宿营时，德国人通常在近距离内设立虚弱的安全警戒，进攻方可以展开积极行动，较为容易地将其消灭，敌人的装甲和摩托化师已非常疲惫，并遭受严重损失，夜间遭遇突袭时，他们会丢弃坦克、火炮、车辆和机枪。

- **敌人的防御特点**——主要采用连级规模的抵抗基点，部署在宽大战线上，彼此间的间隔较大，在某些地段，他们以单独的迫击炮连实施防御，未提供任何步兵掩护。

- **敌人的后勤弱点**——敌人在陌生的领土上展开行动，与他们的基地相隔绝，交通线很容易遭到游击队袭击。

- **结论**——这些因素为小股独立支队在夜色掩护下展开袭击和行动创造了有利条件。

- **我的命令**——立即投入根据附上的简短指令（关于组建夜间突击支队的简短指令，1941年8月15日签发）组建的夜间突击支队，广泛展开夜间行动，消耗敌人，消灭其人员和武器装备，归根结底是创造出令敌人无法忍受的条件并为我方的决定性进攻行动奠定基础。[12]

随着这些必要的初步措施获得落实，铁木辛哥在确定进攻令前，于8月15日中午前后向斯大林汇报他的战役概念，以期获得批准。铁木辛哥的意图是"阻止敌人恢复其部队的秩序，歼灭杜霍夫希纳地域的敌军集团"，进攻行动的细节如下：

· **总体目标**——以两个突击群发起向心突击，包围并歼灭敌第106、第5、第28步兵师和第900摩托化团，第一个突击群从旧莫罗霍沃和马尔科沃一线（亚尔采沃以北38—55千米）遂行冲击，第二个突击群从波捷利察和普里谢利耶一线（亚尔采沃东北偏北方12—24千米）展开行动。

· **突击集群**

★北部集群——第30集团军步兵第242、第251、第166师，坦克第107师，骑兵第45师，由霍缅科指挥。

★南部集群——第19集团军步兵第89、第50、第64师，坦克第101师，由科涅夫指挥。

★掩护集群（辅助突击群）——步兵第91和第162师，沿马尔科沃和波捷利察一线（亚尔采沃以北24—38千米）展开行动。

· **时间安排**——8月15日和16日实施重组和编组，8月17日展开反突击。

· **变更部署**

★步兵第101和第64师撤出第16集团军防线，以步兵第38和第108师进入其阵地。

★骑兵第45师撤出格扎茨克地域，沿安德列耶夫斯卡亚和卡纽季诺行军路线开拔，8月17日终前集中在卡纽季诺地域的森林内，以便在战役第一阶段担任第二梯队。

· **发展胜利**——将两个步兵师组成的一股掩护力量派至沃龙措沃、斯塔里纳、捷捷里诺，派骑兵第45和坦克第107师从北集群右翼后方进入敌身后，从西面迂回杜霍夫希纳。

· **欺骗措施**——为隐蔽计划中的行动，第30和第19集团军辖内部队应于8月15和16日继续遂行局部进攻，消灭个别敌抵抗基点，并为进攻行动占领更有利的出发阵地。

· **增援**——我请求您为我提供两个步兵师加强，一个师调给马斯连尼科夫（第29集团军），以排除敌人突向北面的可能性，第二个师加强霍缅科集群（第30集团军），另外还需要100辆坦克配备一个摩托化步兵师，该师由1个坦克团和2个摩托化团组成，用于科涅夫集群（第19集团军）方向上的战斗。[13]

大约在8月15日15点左右，斯大林批准了铁木辛哥的计划，当日18点前后，铁木辛哥签署并下发西方面军第01号战斗令，具体如下：

· **总体情况**——将主力调去对付中央方面军后，敌人已沿整个西方面军防线转入防御，敌人3个步兵师和1个装甲师据守在第30和第19集团军防线对面，可能还有1个摩托化师在兹维亚基诺地域担任预备队。

· **友邻力量**——右侧，第27集团军（西北方面军）的任务是以其左翼力量肃清霍尔姆地域之敌；左侧，预备队方面军正遂行进攻，以消灭敌叶利尼亚集团。

· **西方面军的任务**——以第30和第19集团军发起向心突击，攻往杜霍夫希纳，中央地段前出到斯塔里纳、杜霍夫希纳、亚尔采沃一线，从而包围并歼灭敌杜霍夫希纳集团。

· **辖内各兵团的任务**

★**第22集团军**——履行受领的任务并坚守既占阵地。

★**第29集团军**——8月19日攻向伊利因诺，前出到韦利日、伊利因诺一线，8月16日拂晓时以多瓦托尔骑兵集群突入敌后方，在韦利日、杰米多夫、杜霍夫希纳地域消灭敌后方地域目标和补给基地。

★**第30集团军**（步兵第250、第242、第251、第162师，坦克第107师，骑兵第45师，获得混成航空兵第46师，军属炮兵第392、第542团，M-13火箭炮兵第30连，反坦克炮兵第871团，工程兵第253、第291营，舟桥兵第51营加强）——掩护右翼力量赶往别雷的同时，于8月17日晨攻向杜霍夫希纳，以果断的行动消灭敌人，当日日终前将骑兵第45和坦克第107师投入敌后方，从西面迂回杜霍夫希纳，以此发展进攻，集团军主力8月19日前应到达韦利察河一线。尔后，以2个师沿杜博维察、斯塔里纳、韦尔季诺一线防范敌人从西面发起进攻，同时做好向杜霍夫希纳西北方发展进攻的准备。

★**第19集团军**（步兵第166、第91、第50、第64、第89师，获得混成航空兵第43师、榴弹炮兵第120团、榴弹炮兵第302团1个营、榴弹炮兵第596团、加农炮兵第311团、M-13火箭炮兵第6和第19连、反坦克炮兵第874团、独立工程兵第321营和工程兵第42营加强）——将加强步兵第166师留在马尔科沃、波捷利察一线，8月17日晨以5个师从波捷利察、普里谢利耶一线攻往杜霍夫希纳，同第30集团军相配合，包围并歼灭杜霍夫希纳以东地域之敌，前进支队沿赫莫斯季河部署。尔后，从西面掩护行动的同时，以集团军主力向南进攻。

★**第16集团军**（步兵第38和第108师）——坚守既占阵地，应特别留意防御亚尔采沃和多罗戈布日方向，第19集团军推进时，以强有力的前进支队掩护第19集团军左翼。

★**第20集团军**——继续遂行先前受领的任务，同时准备发展第19集团军向杜霍夫希纳南面的进攻，8月19日晨以3个师从扎博里耶和普里德涅普罗夫斯卡亚车站一线（索洛维耶沃以南10—24千米）攻往卡尔德莫沃车站（斯摩棱斯克东北偏东方27千米）。

★**方面军航空兵的任务**

☆8月15日—16日夜间和8月16日—17日对第30和第19集团军主要突击地域遂行空中打击。

☆8月17日7点—7点15分，以所有轰炸机沿第30和第19集团军主要突击方向，对敌防御前沿实施打击。

☆阻止敌人从西南面和西面逼近杜霍夫希纳地域。

☆按照第30和第19集团军司令员的要求，为两个集团军辖内部队提供支援。

·**指挥控制**——方面军司令部作战指挥所：瓦季诺。[14]

铁木辛哥为西方面军所谓的"杜霍夫希纳攻势"拟制的计划，要求辖内诸集团军在两天内重组其部队，然后以一南一北两个突击群投入进攻（8月17日开始）。南突击群由科涅夫指挥，编有第19集团军5个步兵师（因为坦克第101师没有坦克），将在从普里谢利耶北延至波捷利察（亚尔采沃以北12—24千米）这片9千米宽的地段渡过沃皮河向西突击，在中央地段和德国第8军第161师左翼突破德军防御，随后向西发展进攻，从而渡过察列维奇河（Tsarevich）并夺取杜霍夫希纳。步兵第166师在第19集团军右翼、德国第5军第5、第35步兵师对面据守从波捷利察北延至马尔科沃这片14千米宽的地段，若集团军的突击取得成功，该师也将投入进攻。（参见地图9.3）

霍缅科指挥的北突击群，编有第30集团军4个步兵师、1个坦克师和1个骑

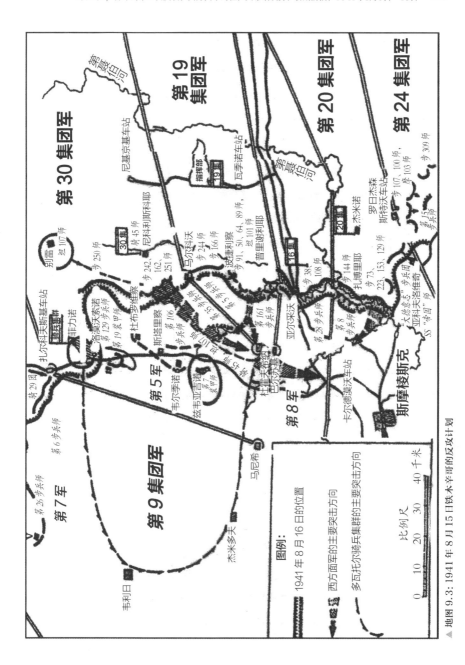

▲ 地图 9.3：1941 年 8 月 15 日铁木辛哥的反攻计划

兵师，将在从马尔科沃（亚尔采沃以北38千米）向西北方延伸至旧莫罗霍沃（亚尔采沃以北55千米）的这片17千米宽的地段向南突击，突破德国第9集团军第5军左翼和中央的防御，向杜霍夫希纳挺进。收复杜霍夫希纳后，两个突击群将继续朝斯摩棱斯克攻击前进，同朱可夫预备队方面军辖内部队会合，据称后者正从东南方攻向斯摩棱斯克。

为确保这场进攻具备赢得胜利的必要力量，铁木辛哥命令坦克第101、步兵第64师从罗科索夫斯基第16集团军转隶科涅夫第19集团军，并以混成航空兵第43师、2个加农炮兵团、3个炮兵营和2个"喀秋莎"多管火箭炮连加强科涅夫的南部集群。铁木辛哥还从方面军预备队抽调坦克第107师、骑兵第45师加强霍缅科的北部集群并命令他以两个快速师率领向杜霍夫希纳的发展。另外，霍缅科和科涅夫还将在8月15日和16日遂行局部牵制性进攻，使德国人无法弄清苏军展开主要突击的确切地段。[15]

最后，就像他在七月攻势中所做的那样，铁木辛哥组建了一个特别骑兵集群，编有伊萨·亚历山德罗维奇·普利耶夫上校的骑兵第50师和旅级指挥员孔德拉特·谢梅诺维奇·梅利尼克的骑兵第53师，该集群由列夫·米哈伊洛维奇·多瓦托尔少将指挥，部署在霍缅科突击群右翼。待霍缅科麾下部队突破德国第9集团军设在西德维纳河以南的左翼防御后，多瓦托尔的骑兵力量将迅速深入德军后方地域，可能的话，夺取杜霍夫希纳。朱可夫正精心策划，准备对德国人的叶利尼亚登陆场发起突击，据守在那里的是步兵上将弗里德里希·马特纳第20军辖内的3个步兵师。朱可夫计划以拉库京第24集团军几乎全部力量遂行冲击，库罗奇金第43集团军部分力量将从叶利尼亚南面渡过杰斯纳河向西突击。

8月16日，铁木辛哥策划他的进攻时，卢金第20集团军提交了一份作战摘要，对该集团军逃离斯摩棱斯克包围圈后（8月8日—15日）的作战行动加以阐述。这份摘要描述了一幅有趣的作战画面，卢金集团军填补了铁木辛哥西方面军左翼与朱可夫预备队方面军右翼之间持续存在的缺口。通过揭示集团军在人员和武器方面可怜的实力，这份摘要生动地强调了最高统帅部大本营在这段险恶时期的绝望困境，他们被迫将一项重要的作战任务赋予该集团军，而这个集团军的指战员刚刚从几周前的惨痛经历中生还。在一定程度上，卢金集团军的残破状况也反映出许多红军师的类似情况，而这些师即将发起一场如此雄心勃勃、如此危险的进攻行动（参见地图9.4）：[16]

·**行动的性质**——1941年8月9日—15日，方面军主力向西南方发起一场进攻，沿铁路线前出到普里德涅普罗夫斯卡亚车站和杜布罗米诺车站一线（叶利尼亚西北方38—45千米），同时牵制第聂伯河西岸之敌。

进攻速度

·**第20集团军的部署**——第20集团军以步兵第144、第153、第73、第161、第129师遂行冲击，从马克耶沃、165.9高地、利亚霍沃、拉奇诺、帕什科沃至戈洛维诺（索洛维耶沃以南1—12千米）沿第聂伯河西岸部署，而在

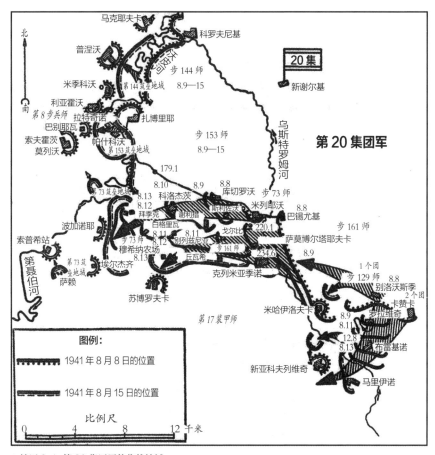

▲ 地图9.4：第20集团军的作战地域

河东面，则从179.1高地、库切罗沃、米列耶沃、瓦休基、米哈伊洛夫卡、别洛沃斯季至卡赞卡（索洛维耶沃东南方32千米）一线部署，步兵第229师在捷列尼诺（索洛维耶沃以东16千米）和米哈伊洛夫卡（索洛维耶沃东南方21千米）地域担任预备队，步兵第127和第152师在乌斯维亚季耶、卡西科沃、卡缅卡地段（索洛维耶沃以东25千米至东南方30千米）沿乌扎河东岸部署在第二防御地带，集团军司令部设在新谢尔基（索洛维耶沃东南方10千米）。

·辖内各兵团的部署和行动

★步兵第144和第153师（将3—4个获得加强的营级先遣支队部署在第聂伯河西岸）。

☆步兵第144师——8月9日—12日夺得马克耶沃、165.9高地和南面树林一线并逼近马克耶沃、普涅沃、米季科沃，在那里遭遇敌人激烈抵抗后就地掘壕据守。尔后夺取这一线的尝试未获成功。8月9日—15日，先遣支队前进1.5—2千米，平均速度为每昼夜300—400米。

☆步兵第153师——敌人猛烈的火力将该师先遣支队阻挡在利亚霍沃以东高地、杜布罗瓦、戈洛维诺以南树林西南边缘一线，敌人从莫列沃国营农场附近向帕什科沃发起的反复反冲击阻止了该师的一切后续推进。8月9日—15日，先遣支队前进1.5—2千米，平均速度为每昼夜300—400米。

★步兵第73师——攻向库切罗沃、科洛杰济、白格里瓦、叶尔杰齐，8月15日日终前，其先遣支队到达拜季克、波加诺耶、叶尔杰齐一线，右翼取得8千米进展，平均速度为每昼夜1—1.4千米，左翼推进13千米，平均速度为每昼夜1.5—1.75千米。

★步兵第161师——攻向瓦休基、236.5高地、莫托沃，8月15日日终前到达穆西诺国营农场、莫托沃、丘瓦希和克列米亚季诺北郊一线，在这里被敌人的火力所阻。8月9日—15日，师右翼取得10千米进展，平均速度为每昼夜1.3—1.5千米，师左翼前进3千米，平均速度为每昼夜400—500米。

★步兵第129师——以一个步兵团从琴措沃以南树林攻向克列米亚季诺，8月15日日终前突入克列米亚季诺并展开巷战。该团取得2千米进展，平均速度每昼夜25—300米。该师另外两个团夺得从乌斯特罗姆河上的渡口（新亚科夫列维奇东北方1.5千米）至马里诺一线，取得7千米进展，平均速度为每昼夜1千米。

· 批评

★集团军辖内部队取得的进展大多微不足道，在某些地段甚至"止步不前"。

★首先，这是"进攻行动混乱"，突击部队指挥员"没有目标""不愿寻找敌人的侧翼"（克列米亚季诺地域的步兵第457团）所致。

★由于"步兵、炮兵、友邻部队间缺乏周密的协同"，正面冲击只取得极为有限的战果并造成了毫无必要的人员伤亡。

★部队和分队往往被敌人1—2挺机枪和2—3门迫击炮的火力阻挡住。正如第20集团军司令员所写的那样，"这些微不足道的武器阻挡住整个部队的进攻"（1941年8月13日第0016号令）。

★敌人2—3辆坦克或战机出现时，部队会惊慌失措并向后退却，全然不顾敌步兵和自己的武器。步兵们要么挖掘掩体，要么隐蔽在散兵坑内，而在这些地方，他们很容易招致敌人的炮火攻击和空袭。

· 第20集团军8月8日的编成和实力

★根据1941年8月8日的第0014号令，第20集团军编有：

☆步兵第34军军部。

☆步兵第144、第153、第73、第161、第129、第229、第127、第152师。

☆军属炮兵第7、第126团。

★此后：

☆步兵第34军军部和步兵第158师撤编，纳入步兵第127师。

☆步兵第46和第233团分别用于补充步兵第129和第73师。

· 交战双方的力量对比

★总体：

步兵——6比1，对我们有利

炮兵——13比4，对我们有利

坦克——2比1，对敌人有利

★前沿阵地（第20集团军部署在纵深的力量不到三分之一）

步兵——5比1，对我们有利

炮兵——8比1，对我们有利

坦克——2比1，对敌人有利

注：我方指挥员在进攻时并未对我们在步兵和炮兵力量方面的巨大优势加以利用，他们通常将手中掌握的力量平均散布在整条战线上。

★损失（基于集团军司令部8月9日—15日的报告）

阵亡——105人

负伤——441人

伤重不治——89人

总计——635人

·入院治疗（基于卫勤部门的不完整信息，仅8月10日—11日）

方面军医院——879人

集团军医院——1265人

·获得的补充兵（基于兵员补充部8月9日—15日的报告）

★9个行进营——9000人

★9个行进营（每个营640人）——5760人（派往步兵第152师）

★2100匹马

·8月9日—15日，从第聂伯河西岸疏散的装备

卡车——280辆	迫击炮——3门
轻型卡车——14辆	重机枪——9挺
拖车——43辆	冲锋枪——22支
坦克——5辆	电话——22部
火炮——93门	战地厨房——29部
电台——2部	炮队镜——1具
大车、雪橇等——402辆	马匹——588匹
运水车——2辆	炸药——1箱
摩托车——4辆	

西方面军8月15日晚些时候下达最终完成的进攻计划后，方面军辖内诸集团军拟制各自的计划，次日晨迅速呈交铁木辛哥审核批准。因此，各集团军司令部可用的策划时间非常有限，实际上不超过几个小时。科涅夫将军率先做

第20集团军1941年8月8日的战斗编成

分类	原第16集团军	原第20集团军	截至8月6日总计
指挥员	—	3446	—
军士和士兵	13956	23149	40560
马匹	1801	2042	3843
汽车	105	123	228
BT坦克	—	3	3
T-26坦克	—	3	6
T-37坦克	—	16	16
装甲车	—	20	20
步枪	7971	19998	21969
自动武器	—	128	128
重机枪	16	84	100
冲锋枪	41	195	236
122毫米火炮	14	27	41
107毫米火炮	—	1	1
76毫米火炮	19	18	37
45毫米火炮	—	10	10
152毫米榴弹炮	2	18	20
120毫米迫击炮	6	3	9
82毫米迫击炮	2	—	2
50毫米迫击炮	6	10	10

注：这些数字不包括机械化第5军、摩托化步兵第1师，以及第16和第20集团军逃离包围圈后派往后方的另外一些部队。

（作者注：这些数字证实了上文的说法，约5万名苏军士兵逃离斯摩棱斯克包围圈。）

第20集团军1941年8月15日的战斗编成[1]

部队	人员	步枪	机枪	火炮	迫击炮
步兵第229师	2968	1848	43	9	—
步兵第129师	5322	3763	45	56	7
步兵第144师	5537	3353	84	24	29
步兵第73师	6947	4062	57	14	8
步兵第161师	7188	5464	95	13	—
步兵第153师	5497	2444	39	21	13
步兵第152师	无可用数据				
指挥部	无	无	无	无	无
总计	**29309**	**20944**	**363**	**123**	**47**

---

[1] 译注：除机枪之外，其他几项的总数似乎有误，疑为原书有误。

出回应，8月16日2点将他的进攻计划提交方面军司令部。科涅夫这份计划的开头处写道："18点45分接到您下达的第01号令，11点30分（应为21点30分）前将其解密并加以彻底研究。已充分掌握其精神。"这段话强调了短暂的策划时间。（参见地图9.5）

· 第19集团军的战斗队形和任务

★主要突击——我将以5个师（步兵第91、第50、第89、第64、第101师）从戈尔巴托夫斯卡亚和普里谢利耶一线（亚尔采沃以北12—25千米）向杜霍夫希纳发起主要突击，8月17日日终前到达谢梅诺沃、锡罗京卡、波波瓦、新谢利耶一线（沃皮河以西4—10千米，亚尔采沃以北4—14千米）。这些师将编为一个梯队，每个师的进攻地段为2—3千米宽。

★坦克第101师——位于左翼的博罗杜利诺和普里谢利耶地域（亚尔采沃以北12-14千米），我将以预备队的坦克力量发展突破。

★步兵第166师——沿扎里亚、普里格洛沃、第一扎尼诺卡纽季诺一线遂行防御，应从卡纽季诺和第二戈尔巴托夫斯卡亚一线向洛谢沃发起一场辅助突击。

· 炮火准备——以火力急袭的方式实施半个小时。

· 请求——将步兵第100师派至多罗兹多沃（多罗戈布日西北方22千米）、阿列希诺、瓦西利耶瓦地域，我会在该师开到后做出汇报。

· 我将于8月16日就地组织协同，晚些时候向您提交所下达的命令和作战计划。[17]

向铁木辛哥汇报自己意图的同时，科涅夫还指示麾下部队为即将发起的进攻行动占据指定出发阵地：

· 敌人的情况——第900摩托化旅、第5步兵师和新开到的第35步兵师据守在集团军对面。

· 友邻力量——右侧，第30集团军，左侧，第16集团军，正遂行他们受领的任务。

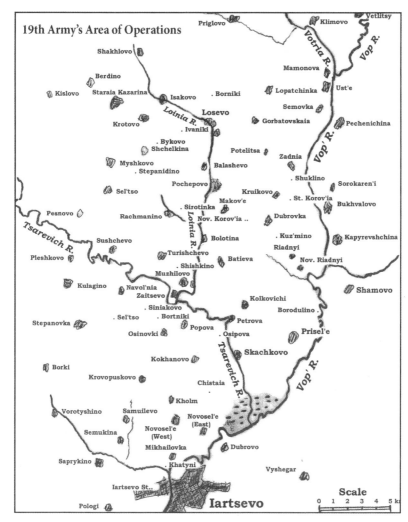

▲ 地图 9.5：第 19 集团军的作战地域（资料图）

· **第19集团军的任务**——实施重组，8月17日2点前占据出发阵地。

· **辖内各兵团的任务**

★步兵第166师——坚守波戈列利齐、第二舍斯塔基、扎里亚、普里格洛沃、第一扎尼诺、洛帕钦卡、第二尔巴托夫斯卡亚地段（亚尔采沃以北25—44千米）。

★步兵第91师——8月17日2点前沿第二戈尔巴托夫斯卡亚、杜拉、舒克利诺一线（亚尔采沃以北22—25千米）占据出发阵地。

★步兵第50师——8月17日2点前沿图罗瓦、杜布罗夫卡一线（亚尔采沃以北18—21千米）占据出发阵地。

★步兵第89师——8月17日2点前沿杜布罗夫卡、库济米诺、新里亚德尼一线（亚尔采沃以北15—18千米）占据出发阵地。

★步兵第64师——8月17日2点前沿采尔科维、新里亚德尼、203.4高地东坡、博罗杜利诺一线（亚尔采沃以北12—15千米）占据出发阵地。

★坦克第101师——8月17日2点前沿普里谢利耶、斯卡奇希纳一线（亚尔采沃以北9—12千米）占据出发阵地。

★坦克第282团——在利亚达西北方0.5千米的树林地域担任我的预备队。

· **给所有指挥员的特别指示**

★实施指挥员侦察并根据地形组织步兵与炮兵间的协同，要特别注意营级、连级和炮兵连级的步兵与炮兵间的协同。

★只在夜间调动部队，严格遵守马斯基罗夫卡（伪装和欺骗）纪律。

★8月16日—17日夜间组织积极的侦察行动，确定敌人的编组情况并在步兵第166、第91、第89师地段抓捕俘虏。

★每日1点、13点、20点提交作战和侦察摘要。[18]

第30集团军司令员霍缅科5点50分呈交他的进攻计划，比科涅夫晚了三个小时，可能是因为他的司令部离西方面军司令部较远、通信不畅所致。他采用了标准格式，具体如下（参见地图9.6）：

· **敌人的情况**——以第19、第20装甲师和第106步兵师在集团军防线对面据守洛西米诺、切尔内鲁切、旧莫罗霍沃、叶尔霍沃、旧谢洛、谢琴基、奥利霍夫卡村、托尔奇洛沃一线，其战术预备队位于奇恰塔、戈罗德诺、巴甫洛夫希纳，战役预备队部署在兹维亚基诺，一个摩托化师位于杜霍夫希纳。

· **友邻力量**——右侧，编有骑兵第50和第53师的骑兵集群将于8月16日拂晓突入敌人后方并沿叶夫连方向攻击前进，进入韦利日、杰米多夫、杜霍夫希纳地域；左侧，第19集团军正攻向杜霍夫希纳。

・**第30集团军的任务**——第30集团军（步兵第250、第242、第151、第162师，坦克第107师，骑兵第45师，获得混成航空兵第46师、军属炮兵第399和第542团、M-13火箭炮兵第30连、反坦克炮兵第871团、独立工程兵第263和第291营、舟桥工程兵第51营加强）——以步兵第250师朝别雷方向掩护右翼，8月17日8点以集团军主力攻向沙尼诺、多罗费耶沃、波诺马里，通过果断的行动歼灭敌人，利用这一战果将骑兵第师和坦克第107师投入敌后方，从西面迁

▲ 地图 9.6：第 30 集团军的作战地域（资料图）

回杜霍夫希纳，8月19日前以其主力前出到韦利察河一线，以步兵第242和第251师沿杜博维察、斯塔里纳、韦尔季诺一线防范敌人从西面发起进的攻后，向杜霍夫希纳西北地域发展进攻。

·辖内各兵团的任务

★步兵第250师[军属炮兵第542团第2营，迫击炮兵第12营（欠1个连），炮兵第871团1个连]——掩护既占阵地，防止敌人突向别雷并做好朝杜博维察这个总方向发起进攻的准备。

★步兵第242师（军属炮兵第392团第1营）——以1个步兵团掩护奥尔洛沃、旧莫罗霍沃、新莫罗霍沃一线的同时，以2个步兵团攻向叶尔霍沃和丘尔基诺并歼灭敌人，当前任务是前出到旧索奇涅沃的列克塔河，尔后朝斯塔里纳（杜霍夫希纳以北35千米）这个总方向发展进攻。

★步兵第251师（军属炮兵第392团2个营，迫击炮兵第12营1个连，炮兵第871团2个连，舟桥工程兵第51营1个连）——以2个营在旧谢洛地域封锁敌抵抗基点的同时，以师主力攻向舍列佩和波明基，当前任务是前出到旧索奇涅沃和哈多布扎一线，尔后做好朝韦尔季诺这个总方向发展进攻的准备。

★步兵第162师[军属炮兵第542团（欠1个营），反坦克炮兵第871团1个连，独立工程兵第263营1个连]——以师主力攻向戈尔季恩基、谢琴基、小列皮诺，歼灭当面之敌，当前任务是前出到哈多布扎和旧谢洛一线，尔后做好朝波诺马里发展进攻的准备。

★坦克第107师——以1个步兵团向大列皮诺、新谢尔基、彼得罗沃谢洛发起一场辅助突击，8月17日4点前将师主力集中于诺沃维索科耶农场，随后从多罗费耶东北方2千米的涅克柳多沃、旧谢洛一线跟随步兵第251师主力，与骑兵第45师一道突入敌后方，从西面迂回杜霍夫希纳，尔后做好向杜霍夫希纳西北地域发展进攻的准备。

★骑兵第45师——集结在克沃克图希诺、波季耶扎洛沃、拉卡舍沃地域，做好从涅克柳多沃和旧谢洛一线同坦克第107师一道攻入敌后方地域，从西面迂回杜霍夫希纳的准备。骑兵第45师师长负责指挥整个渗透群。

★预备队（步兵第134师1个营，步兵第250、第242、第251师各坦克营）——8月17日4点前集结于波宰采沃以南0.5千米的森林地域，做好开赴列利莫沃、索皮诺、米哈伊洛夫希纳的准备。

　　★炮兵——做好准备，8月17日4点实施一场45分钟的炮火准备，任务如下：

　　☆炮火准备期间消灭敌防御前沿的发射点。

　　☆压制敌抵抗基点、迫击炮兵连和炮兵。

　　☆掩护步兵第162、第251师主要方向上的步兵和坦克并朝1千米纵深处实施一场弹幕射击。

　　☆阻止敌坦克和步兵从亚科夫采沃和戈罗德诺发起反冲击。

　　☆阻止敌预备队从格里韦茨、巴甫洛夫希纳地域开至。

　　☆掩护步兵和坦克顺利进入敌纵深并通过火力和机动不断提供支援。

　　★航空兵的任务：

　　☆拂晓后，对兹维亚吉诺农场、希洛维奇、巴甫洛夫希纳地域反复实施空袭，并在亚科夫采沃、新谢奇涅沃、舍列佩、沙尼诺、小列皮诺、戈罗德诺、普尼诺地域消灭敌预备队。

　　☆以烟幕弹攻击沃龙措沃、博尔、普列奇斯托耶、大列皮诺、沃罗帕耶沃、希洛维奇、杜霍夫希纳的行军路线，瘫痪敌人的调动，使敌预备队无法从西面开至。

　　☆在普列奇斯托耶、杜霍夫希纳、布德尼察一线，休奇耶，以及普列奇斯托耶地域实施侦察。

　　☆从空中掩护集团军主力。[19]

　　一如既往，铁木辛哥及其参谋人员审核第30集团军的进攻计划时，发现该计划在几个方面存在不足之处，这使铁木辛哥于8月16日中午前后给霍缅科发去修正意见：

　　我批准您的基本决定，仅在以下几处做出修改：

　　☆将步兵第251师的发展方向改为兹维亚吉诺。

　　☆将现有的坦克留在各个师内，不要把他们撤入预备队。

　　☆步兵第244师8月18日晨到达西莫诺沃地域后，将该师留作预备队，梯次部署在步兵第251师右翼后方。

☆步兵第162、第251和坦克第107师夺得沃皮河上的渡口后，必须在8月17日日终前到达涅克柳多沃、谢洛车站一线，8月18日晨将骑兵第45和坦克第107师沿该方向投入以完成他们受领的任务。

☆8月17日9点实施炮火准备。[20]

第30集团军司令员命令步兵第251师"以师主力攻向舍列佩和波明基，当前任务是前出到旧索奇涅沃和哈多布扎一线，尔后做好朝韦尔季诺这个总方向发展进攻的准备"，但铁木辛哥给他下达的指示却相反，要求该师向韦尔季诺以南9千米、更靠近杜霍夫希纳的兹维亚吉诺发展，以便收紧预期中的包围圈。另外，他还命令霍缅科将宝贵的几辆坦克留给各个师，以便为步兵提供火力和突击支援。最后，为了让第30集团军获得完成集结的时间，铁木辛哥指示霍缅科，将炮火准备发起时间设在9点，45分钟后展开地面突击。

8月16日14点30分，第20集团军司令员卢金将军终于提交了他的进计划。但这种过度延误似乎是有道理的，因为卢金集团军的实力较弱，只需遂行支援和辅助突击，以便将敌人的注意力从北面霍缅科和科涅夫的主要突击行动上引开（参见地图9.4）：

·**敌人的情况**——以5个步兵师据守马克耶沃、米季科沃、杜布罗沃、戈洛维诺以南树林、马利诺夫卡、苏博罗夫卡、克列米亚季诺、新亚科夫列夫斯基一线，并企图以不成功的反冲击遏止我方进攻行动。

·**第20集团军的任务**——坚守第聂伯河一线和拉奇诺、帕什科沃以西高地的同时，正以左翼力量继续进攻，夺取索普希诺、多布罗米诺、克洛科沃和格林卡。

·**友邻力量**——右侧，第16集团军据守第聂伯河；左侧，第24集团军步兵第107师正攻向别扎博特国营农场。

·**辖内各兵团的任务**

★步兵第144师——沿从索洛维耶沃渡口南延至拉古诺沃以东2千米的树林一线据守第聂伯河防线，将先遣支队部署在马克耶沃、普涅沃、米季科沃，并于8月17日夜间从第聂伯河河曲部至拉古诺沃以东树林一线接替步兵第153师。

★步兵第153师——沿拉古诺沃至谷仓（戈洛维诺以南4千米）一线据守第聂伯河防线，发起进攻，不惜一切代价夺取拉奇诺以西高地、戈洛维诺、戈洛维诺以南树林之东部。8月17日—18日夜间将从戈洛维诺至"谷仓"路牌这片地段移交步兵第229师，随后在利亚霍沃、杜布罗瓦、戈洛维诺占据出发阵地，以便朝费杜莫发起进攻。

★步兵第73师——发起进攻，日终前夺取索普希诺和铁路桥。坚守谷仓西面的草地时，以先遣支队夺取科尔皮诺以东树林南部边缘和马利诺夫卡。对所占据地域加以掩护后，做好攻往马利诺夫卡、科尔皮诺、贡恰罗沃的准备。

★步兵第161师——8月16日晨发起进攻，日终前夺取多布罗米诺和克洛科沃车站，坚守这一线，尔后应以1个团夺取索普希诺和普里德涅普罗夫斯卡亚车站以东铁路桥，同时掩护步兵第73师左翼。

★步兵第129师——8月16日晨发起进攻，日终前夺取克洛科沃、格林卡一线。

★步兵第229师——加强科瓦利和博罗夫卡一线的同时，于8月17日24点前集结在科洛杰济西北方2千米的树林内。渡过第聂伯河后，于8月18日4点前接替步兵第153和73师，占据出发阵地，以便从戈洛维诺至第聂伯河西岸"谷仓"路牌这片地段发起进攻，同时做好攻往莫列沃农场的准备。至少将一个半步兵团留在第聂伯河东岸。[21]

下午晚些时候，科涅夫结束了一轮密集的进攻准备，完成了他的命令。他先向方面军参谋长汇报为进攻行动所做的最后准备，随后给辖内兵团下达一道最后进攻令。这些报告中的第一份，由他的参谋长V.F.马雷什金上校在8月16日15点前拟制完毕，并向方面军参谋长汇报。报告中说，第19集团军突击力量"8月16日晨进入其指定地域，目前位于以下位置"（参见地图9.5）：[22]

· **步兵第50师**——4点30分前集结，步兵第2团（欠第1营）位于扎沃德东面1千米的树林，步兵第49团位于加夫里洛沃西北方的树林，步兵第359团位于瓦西利西诺以东1.5千米的树林内，独立步兵营和独立工程兵第68、第81营位于扎沃德东南方2千米的树林内，摩托化步兵第10营位于新古塔以西的树林，汽车第41营位于巴兰伊戈尔基（亚尔采沃东北方25—32千米）东南方1.5千米的树林内，师指挥所设在232.7里程碑以北树林内。

· **独立坦克第101师**——7点前集结，舟桥兵第101营位于苏博尔以北对树林，坦克第202团位于拉久基诺西南方的小树林，独立高射炮兵第101营位于新亚历山德罗夫斯科耶以东的小树林，炮兵第101团位于新亚历山德罗夫斯科耶以西的小树林，摩托化步兵第101团（欠接替步兵第38师的2个营）位于科日霍沃以西的树林，师指挥所设在拉尼诺以北树林内。

· **步兵第64师**——7点30分前到达雷布基和斯塔罗谢利耶地域（亚尔采沃东北偏东方18—20千米）和东南方的树林。[23]

20分钟后，科涅夫给他的集团军下达正式进攻令，除涉及正常事务外，还解决了敌我识别这个棘手问题，特别是战机支援己方步兵和坦克的时候：

· **敌人的情况**——第900摩托化（教导）旅和第5步兵师辖内部队已因先前的战斗疲惫不堪，新开到的第35步兵师据守在我集团军防线对面，企图通过个别抵抗基点和连级规模小股战斗群的反冲击阻止我们的进攻。敌预备队可能只有兹维亚基诺地域的一个摩托化师。

· **友邻力量**——右侧，第30集团军将于8月17日晨朝杜霍夫希纳这个总方向转入进攻；左侧，第16集团军正沿沃皮河东岸遂行防御。

· **第19集团军的任务**——在右翼实施积极防御，中央和左翼8月17日晨发起进攻，同第30集团军相配合，包围并歼灭敌杜霍夫希纳集团。应于8月17日日终前夺取第一新洛谢沃、巴尔苏基、扎米亚季纳、218.5高地（穆日洛沃以西2千米）、奥西诺夫基、新谢利耶一线，尔后攻向杜霍夫希纳。

· **辖内各兵团的任务**

★步兵第166师（与反坦克炮兵第874团第3营）——据守舒佩基、第二舍斯塔基、扎里亚、普里格洛沃、第一扎尼诺、藻夫拉日耶一线，并以左翼力量攻往莫捷沃，同时掩护与第30集团军左翼的结合部，防止敌人突向洛帕钦卡和谢季巴。

★步兵第91师（与榴弹炮兵第120团，迫击炮兵第111营第1连，反坦克炮兵第5和第874团）——在波捷利察和扎德尼亚地段突破敌人的防御，以师主力攻往波捷利察、巴拉绍瓦、谢尔基纳，8月17日日终前夺取谢缅科瓦和锡罗京卡一线，尔后攻往谢尔基纳和巴甫洛沃。

★步兵第50师（与榴弹炮兵第302团第4营，迫击炮兵第111团[1]第2、第3连，反坦克炮兵第874团第4营）——在旧科罗维亚、202.2高地（杜布罗夫卡以北）地段突破敌人的防御，以师主力攻向杜布罗夫卡和新科罗维亚，8月17日日终前夺取扎米亚季诺和希什基诺一线，尔后攻往库拉吉诺和米希诺。

★步兵第89师——在205.1高地（库济米诺西北方1千米）和新里亚德尼地段突破敌人，以师主力攻往布拉尼纳和巴特耶瓦，并夺取218.5高地（穆济洛瓦以西2千米）和（宰采夫国营农场以西）小树林西部边缘一线。

★步兵第64师（与榴弹炮兵第596团，反坦克炮兵第874团第1、第2营）——在旧里亚德尼和203.4高地（哈里诺以西1.5千米）地段突破敌人的防御，以师主力攻向203.4高地和科尔科维奇北郊，8月17日日终前在锡尼亚科瓦和彼得罗瓦地段夺取察列维奇河上的渡口，尔后攻往谢利措、斯捷潘诺夫卡和228.2高地（位于拉布列沃地域）。

★坦克第101师（欠坦克第202团）——同步兵第64师相配合，以右翼力量攻往米亚格琴基、科哈诺沃、马克耶瓦，8月17日日终前夺取科哈诺沃、新谢利耶一线，尔后攻往克罗沃普斯科沃和博尔基，同时掩护与第16集团军右翼的结合部。

★预备队（坦克第101师的坦克团位于莫斯季谢以北林地）——做好在步兵第64师作战地域，同该师第二梯队一道向列斯科夫斯基、科尔科维奇、彼得罗瓦、米亚格琴基、斯卡奇科瓦、博尔特尼基发展胜利的准备，歼灭奥西波瓦、斯卡奇科瓦地域之敌并在锡尼亚科瓦和彼得罗瓦夺取察列维奇河上的渡口。

★炮兵——做好准备，8月17日3点发起45分钟炮火准备。任务：

☆压制波捷利察和米亚格琴基一线前沿的敌火力点。

☆压制波捷利察和克留科瓦地域的敌炮兵，做好对洛谢沃、巴拉绍瓦、马科维耶和涅费多夫希纳地域实施DON（防御性火力急袭）的准备，并以3—

---

[1] 译注：原文如此。

4个营的火力支援坦克预备队在步兵第64师地域的投入和坦克第101师。

★第19集团军航空兵的任务：

☆在旧科罗维亚和200.2高地（杜布罗夫卡以北）地段压制敌方人员和发射点。

☆在克留科瓦和斯捷潘基纳地域压制敌支撑点的炮兵。

☆阻止敌预备队从洛伊尼亚河开至并压制敌步兵在巴拉绍瓦、马科维耶、涅费多夫希纳、斯捷潘基纳地域的集结。

☆掩护集团军辖内部队在波捷利察、瓦西利西诺、普里谢利耶地域重组，掩护同一地域的主力突击群。

☆做好支援坦克预备队的准备。

★方面军航空兵——在205.1高地（杜布罗夫卡西南方2千米）、208.0高地（米亚克舍瓦西南方2千米）、谢利科沃、列斯科夫基、波捷利察和扎德尼亚地域，以轰炸机打击敌方人员、火炮和迫击炮。

★协同信号：

☆战机对地联络——"我是你们的飞机。"

■1941年8月17日——白天的主信号：一发红色信号弹。

重复：白天——展示起落架；夜间——以所有武器发射30秒。

■1941年8月18日——白天的主信号：一发绿色信号弹。

重复：白天——连续实施几次左右倾斜转弯；夜间——与1941年8月17日相同。

☆1941年8月17日和18日，步兵对空联络——白天：以白色材料制成的角铁，其尖角指向敌人；夜间：朝敌方发射一发黄色信号弹。

☆坦克和摩托—机械化部队对空联络——白天：在炮塔和座舱上画一个半径25厘米的白圈。

☆步兵、炮兵和坦克之间的信号由各师长确定，以下情况除外：

■炮火转移：一连串红色信号弹，或通过无线电代码222。

■停止射击：一连串白色信号弹，或通过无线电代码555。

■目标指定：曳光弹。

★报告——每日1点、13点、20点提交作战和侦察摘要。[24]

西方面军的第二份作战摘要，8月16日20点签发于铁木辛哥设在沃皮河以东4千米、瓦西利西诺（Vasilisino）附近树林中的指挥部，这份摘要汇报了整条战线的情况并阐述辖内诸集团军突击群为进攻行动所做的准备（参见地图9.7）：

- **总体情况**——右翼的情况未发生变化；方面军中央地带，部队正实施局部战斗以改善他们的出发阵地，部队重组正在进行；左翼部队发起进攻，敌人顽强抵抗，故而进展缓慢。
- **第22集团军**——位置未发生变化，正以部队加强既占阵地。
- **第29集团军**——正在加强防御阵地并实施部分重组以强化其左翼，而骑兵第50和第53师正从普洛夫诺耶湖和叶姆连湖地域（杜霍夫希纳以北80—90千米）开来，以执行西方面军第01号令赋予他们的任务。
- **第30集团军**——为改善出发阵地而进行战斗，准备遵照第01号令发起进攻。

  ★步兵第162师——到达舒尔基诺、扎莫希耶、库尔加诺沃地域（旧莫罗霍沃东南方18—20千米）。

  ★骑兵第45师——正开赴卢卡绍夫、克洛库季诺、波季耶扎洛沃地域（旧莫罗霍沃东南方15千米），将于8月16日—17日夜间到达，并于8月17日晨完成集结。
- **第19集团军**——为改善出发阵地进行战斗，准备遵照第01号令发起进攻，辖内部队8月16日9点30分的集结情况如下：

  ★步兵第50师——扎沃德（瓦季诺车站以西20千米，亚尔采沃东北方28千米）。

  ★步兵第64师——谢尔盖科沃和雷布基（瓦季诺车站西南方25千米，亚尔采沃东北偏东方18—20千米）。

  ★坦克第101师——利亚达和科茹霍瓦（亚尔采沃东北方12—15千米）。
- **第16集团军**——重组、掘壕据守并击退敌人的局部冲击。

  ★步兵第38师——8月16日6点以炮火击退敌人一个营从乌斯季耶和察列维奇河向杜布罗沃（亚尔采沃以北4千米）发起的进攻，给对方造成严重损失。

  ★步兵第108师——8月16日6点以火炮和机枪火力击退并驱散敌人两个连

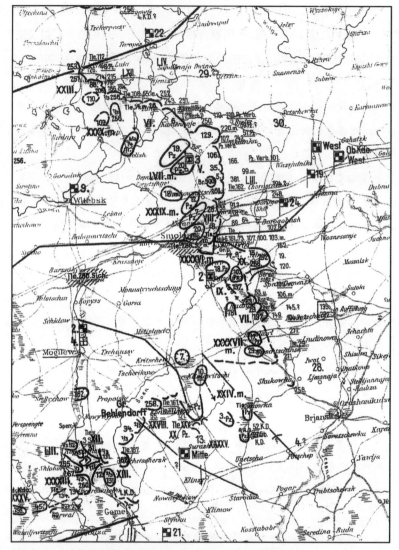

▲地图 9.7：中央集团军群作战态势，1941 年 8 月 16 日晚间（资料图）

从扎德尼亚（索洛维耶沃以西1千米）向索洛维耶沃发起的进攻。

· **第20集团军**——以其左翼展开进攻，打击敌人的顽强防御和反冲击。

★步兵第144和第153师——加强他们的阵地。

★步兵第73师——以右翼力量攻向兹雷德尼亚，左翼力量力图夺取叶尔杰齐。

★步兵第161师——击退敌人从苏博罗夫卡和萨莫杜罗夫卡（索洛维耶沃以南22千米）发起的反冲击。

★步兵第129师——步兵第475团夺得克列米亚季诺（索洛维耶沃东南偏南方24千米），其他团正从希帕列维和马里诺一线（索洛维耶沃东南偏南方25—28千米）攻往亚科夫列维奇。

· **方面军航空兵**——同地面部队相配合，当日上午展开侦察行动。

★重型航空兵第1团——8月16日夜间轰炸斯摩棱斯克敌机场，以及戈罗多克、涅韦尔车站、新索克利尼基地域的敌军集结和仓库，以13个架次的战机投下95枚FAB-100、49枚FAB-82、9枚FAB-70、16枚AO-25、10枚AO-8、20枚AO-2.5、10枚ZAB-50炸弹，以及32枚KS玻璃瓶装燃烧弹和35万份传单。

★混成航空兵第43师——在第20集团军防线上投入32个飞行架次。

★混成航空兵第47师——在第19集团军防线上投入24个飞行架次。

★混成航空兵第46师——在第30集团军防线上投入11个飞行架次。

★混成航空兵第31师同第22集团军辖内部队相配合，投入17个飞行架次。

★侦察航空兵第38中队——在卡尔波沃和扎莫希耶地段沿沃皮河对敌防御地带实施拍照摄影。

★这些师共执行了88个架次飞行任务，包括51个歼击机架次、31个轰炸机架次和6个强击机架次，投掷/发射10枚FAB-100、34枚FAB-50、8枚ZAB-50、30枚AO-25、40枚AO-15、140枚ZAB-1、39枚RS、650枚BS、7210发ShKAS、2430发ShBAK炸弹/机枪、机炮弹。

★敌人的损失——尚不掌握确切情况。

★我方损失——2架TB-3飞机，其中1架着陆时坠毁，另1架未能返航。[25]

随着策划工作的完成，根据铁木辛哥的指示，8月17日拂晓前几小时，西方面军遂行突击的几个集团军汇报了他们的准备状况。例如，科涅夫第19集团军的策划工作似乎比友邻兵团更具效率，该集团军的晨时作战摘要清晨5点准时发给西方面军司令部，证实辖内突击群已到达出发阵地。这份报告还谈及交战双方在这段关键时期和夺取出发阵地的战斗中遭受的损失，并指出各师长正在听取将他们的指挥所尽量靠近作战部队的建议：

· **总体情况**——第19集团军辖内部队8月16日—17日夜间占据出发阵地，准备执行第028号令。

★步兵第166师——加强既占阵地，8月16日20点前准备执行受领的任务，对一股不活跃之敌展开行动。8月15日有15名士兵阵亡，33人负伤，还损失了2匹马。在为夺取比佳戈沃以西小树林内的出发阵地而展开的战斗中，缴获72发37毫米炮弹、30发37毫米迫击炮弹、18发81毫米炮弹、6发75毫米炮弹、15枚手榴弹、2000发步枪弹、6件大衣。师部——舒什洛沃东北方1.5千米的小树林内。

★步兵第91师——准备执行受领的任务，步兵第613、第561团据守原有阵地，步兵第503团8月16日24点到达杜拉小树林南部边缘。师部——布赫瓦洛瓦东北面500米处的灌木丛。

★步兵第50师——到达出发阵地，但24点时仍在调动中。师部——博布罗维察东北方1千米的树林。

★步兵第89师——黄昏后重组，右侧地段交给步兵第49团，左侧地段交给步兵第288团。8月16日的损失为阵亡2人、负伤19人。师部——新谢尔基以西500米的山沟。

★步兵第64师——正进入出发阵地。

★坦克第101师——正到达指定防线。

· **通信**——工作正常，但由于部队调动导致电线中断，故而发生通信中断。

· **道路状况**——令人满意。[26]

进攻发起之前，收悉辖内诸集团军的准备情况报告之后，西方面军在8月17日8点提交了一份作战摘要，向大本营和总参谋部详细阐述方面军的部署情况。

· **总体情况**——方面军战线右翼未发生变化，只出现步枪、机枪和火炮断断续续的交火，以及侦察兵沿战线实施的袭击；中央地带，我方部队继续重组，正到达他们的出发阵地；战线左翼，第20集团军的进攻由于遭遇敌人顽强抵抗而进展缓慢。

- **第22集团军**——位置未发生变化。

- **第29集团军**——据守既有阵地，准备发起进攻。

- **第30集团军**——占据出发阵地，但没有骑兵第45师开到的消息。

- **第19集团军**——占据出发阵地，准备遵照第01号令发起进攻，辖内各师位置如下：

★步兵第166师——位于舒片基、第二舍斯塔基、扎里亚、普里格洛沃、第一扎尼诺、藻夫拉日耶一线，准备以左翼力量发起进攻。

★步兵第91师——戈尔巴托夫斯卡亚、舒克利诺一线。

★步兵第50师——舒克利诺、杜布罗夫卡一线。

★步兵第89师——杜布罗夫卡、新里亚德尼一线。

★步兵第64师——新里亚德尼一线。

★坦克第101师——库尔加诺沃、曼奇纳一线。

★8月16日的损失——17人阵亡，52人负伤。

- **第16集团军**——实施重组后，辖内部队正加强沃皮河东岸的防御，抗击一股不活跃之敌，具体如下：

★步兵第38师——奥泽里谢湖和169.9里程碑地段。

★步兵第108师——169.9里程碑和布亚诺沃地段。

★集团军司令部——霍捷诺沃东北方1千米的树林内。

- **第20集团军**——在既占阵地进行战斗，击退敌人从丘瓦希地域发起的反冲击，8月16日—17日夜间，从第聂伯河西岸撤回5门火炮、13辆卡车、2箱炸药、2部战地厨房、3辆大车。

- **方面军航空兵**——同地面部队相配合，8月16日下午实施侦察，共投入108个飞行架次，包括78个歼击机架次、31个轰炸机架次、9个强击机架次，共投掷/发射44枚FAB-100、104枚FAB-50、2枚ZAB-50、25枚AO-25、64枚AO-15、440枚ZAB-1炸弹，94枚KS玻璃瓶装燃烧弹，25800发ShKAS和5030发ShVAK机枪/机炮弹。

★混成航空兵第43师——在瓦西利耶沃、米季科沃、普涅沃地域轰炸敌兵力集结，沿波奇诺克—叶利尼亚公路轰炸敌军队列，在潘秋希地域掩护我方摩托—机械化队列行进，并为第20集团军实施侦察，共出动31个飞行架次。

★混成航空兵第47师——在杜霍夫希纳地域并沿通往亚尔采沃的道路消灭敌摩托—机械化部队和炮兵，在杜霍夫希纳和斯摩棱斯克地域实施侦察，共出动38个飞行架次。

★混成航空兵第46师——出动4个飞行架次，对舍列佩和沙尼诺地域的敌步兵和炮兵反复实施袭击。

★混成航空兵第31师——在采尔科维谢地域打击敌军部队，轰炸丹琴科的燃料仓库，在第22集团军作战地域实施侦察，共出动35个飞行架次。

★敌人的损失——1架He-111和1架Ju-88被击落。

★我方损失——1架伊-16被防空炮火击落，但降落在我方地域，1架拉格-3和4架伊尔-2未能返回机场，其中3架迫降在我方地域，尚未确定其受损度，另一架伊尔-2没有找到。[27]

8月17日拂晓时，西方面军各突击群已进入，或已接近他们的出发阵地。不管怎样，古德里安和魏克斯麾下部队正稳步向南攻往戈梅利，对铁木辛哥来说，如期发起进攻非常必要。虽说马斯连尼科夫第29集团军也应参加此次进攻，但出于很多原因，最主要的是调动和集结，以及步兵第246师进入集结地域过晚，导致该集团军要到8月19日才能大张旗鼓地投入进攻。在此之前，铁木辛哥依靠南、北部突击群从事他们致命的行动。

西方面军南部突击群由科涅夫第19集团军步兵第91、第50、第89、第64师和坦克第101师组成，集中在约15千米宽的进攻阵地上，从普里谢利耶（Prisel'e）东面的沃皮河东岸沿该河向北延伸到佩切尼奇诺（Pechenichino）。该集团军辖内步兵第166师，部署在最右翼北延至马尔科沃（Markovo）一线，将向师左翼洛谢沃（Losevo）以北约6千米的莫列沃（Morevo）实施一场辅助突击。科涅夫突击群的5个师面对的是德军第161步兵师，该师由赫尔曼·维尔克中将指挥，辖内第336、第364、第371团以单梯队配置部署在瓦尔特·海茨将军第8军左翼。第8军辖内另外两个师，第28和第8步兵师，据守军中央地带和右翼，其防区从第161步兵师右侧分界线（亚尔采沃北面）起，沿沃皮河和第聂伯河西岸向南延伸，直至著名的拉奇诺渡口附近。

第19集团军右翼的步兵第166师，面对的是劳夫将军第5军辖下的第5步兵师。该师由步兵上将卡尔·阿尔门丁格[1]指挥，辖内第14、第56、第75团部署在14千米宽的防御地带，从洛谢沃以东向北延伸至马尔科沃。该师获得第900摩托化教导旅1个装甲营和2个掷弹兵营的支援，另外还有步兵上将瓦尔特·菲舍尔·冯·魏克斯塔尔[2]的步兵第35师，该师集结在后方预备阵地。第900摩托化教导旅部分力量已为靠前部署的步兵团提供支援，一旦苏军发起进攻，该旅余部和整个第35步兵师将投入第5步兵师左翼。

西方面军北部突击群由霍缅科第30集团军步兵第242、第251、第162师组成，并获得该集团军坦克第107师和骑兵第45师加强，部署在第30集团军左翼和中央地带，准备发起突击，沿15千米宽的战线突破德军防御，这条战线从马尔科沃向西北方延伸到新莫罗霍沃（Novyi Morokhovo）。这股力量面对的是德国第5军第106步兵师，该师由步兵上将恩斯特·德纳指挥[3]，辖第239、第240、第241团。霍缅科长长的右翼，步兵第242师一个团据守从新莫罗霍沃向西延伸至别雷—杜霍夫希纳公路以东5千米的奥尔洛沃（Orlovo）这片地段，而步兵第250师据守的阵地，沿济基村（Zyki）与卢基诺村（Lukino）之间的别雷公路向东北方延伸15千米。步兵第250师面对的是德国第5军第129步兵师主力，该师辖内部队据守着一个向北伸往弗罗洛沃（Frolovo）和卢基诺的突出部。

因此，铁木辛哥的两个突击群得以将辖内每个师集中在约2—3千米宽的突击正面。这使科涅夫和霍缅科在步兵力量方面建立起5—8比1的局部优势，炮兵力量的优势稍小些。但德国人拥有空中优势，若将提供支援的第900摩托化教导旅纳入统计，双方在坦克力量方面势均力敌。不过，虽然陆军总司令部刚刚把第57摩托化军、第19和第20装甲师调往西方参加大卢基地域的行动，第39摩托化军辖内第12装甲师，第18、第20摩托化师为北方集团军群第16集团军提供支援，但德国第9集团军仍掌握丰克将军的第7装甲师，该师在斯摩棱斯克东北方担任战役预备队。丰克师拥有100辆坦克，每日可用的坦克为70—80辆。

抗击铁木辛哥突击群的德军步兵师中，第8、第28、第161、第106步兵师的

---

① 译注：少将。
② 译注：中将。
③ 译注：少将。

防御地段宽15—18千米，第5和第35步兵师的防御宽度为8千米，但仅仅是在后者投入战斗后，而第129步兵师的防御宽度超过30千米。因此，防御中的德军师的通常将辖内三个团悉数靠前部署，团一级以营级战术预备队、营一级以连级战术预备队提供支援。德国人的前进防御相当于排列在前线的连排级支撑点，这些支撑点之间的缺口据称获得预先计划、随叫随到的火炮和迫击炮交叉火力的掩护。德军支撑点设在村内或村庄周围，这些村庄布满了暗堡和交通壕。若加上德国人引以为自豪的空中支援，这些支撑点的确是难以砸碎的硬核桃。

铁木辛哥的攻势，8月17日—19日

8月17日

8月17日拂晓过后几个小时，朱可夫[①]和霍缅科集团军发起进攻。苏军炮兵对德国人的防御实施了60分钟炮火准备，红军战机紧随其后，发动了几个波次的轰炸和扫射，工程兵迅速清理前方各种障碍物，第19集团军5个突击师第一梯队团的营级突击群一波波向前涌去。炮组人员推着76毫米团属火炮向前转移，在他们的支援下，苏军步兵攻向松散的德军前沿防线。德军警戒部队竭力后撤时，红军步兵波次向前冲去，若有可能便穿过德军支撑点之间的缺口，而在没有缺口处，苏军士兵高呼"乌拉"，端着上了刺刀的步枪冲向德军阵地。德国人的机枪扫射前进中的苏军步兵队列时，迫击炮弹在一排排灰色人影中炸开。率领进攻的苏军步兵营在德军不断加剧的火力打击下发生动摇时，新的步兵营出现了，他们以密集队列穿过遭到重创的战友，保持突击势头继续向前。而在德军火力最密集、最致命处，随着生还下来的苏军步兵就地卧倒，进攻陷入停滞。而在冲锋获得成功处，一排排步兵已被炮火驱散，分成一个个大小不一的群体，在各支撑点及其暗堡之间向前推进，仿佛是在持续不停的火力中寻找某种喘息之机。（参见地图9.8）

某些地段，下定决心的苏军步兵在徐进弹幕和歼击机偶尔实施的空中打击支援下，克服德军防御，打死打伤守军士兵并迫使幸存者逃至后方的新战壕

---

① 译注：原文如此。

寻求隐蔽。与此同时，红军先遣团指挥员命令他们的第二梯队和预备队营向前推进。后方，师长们将第二梯队团投入战斗。结果不难预料，在德军防御顽强处，他们的火炮和迫击炮有效协同，一旦进攻发生动摇，苏军士兵的"乌拉"声也平息下来。而在德军防御薄弱处或据守阵地的士兵不够坚决处，向前推进的苏军步兵和突击炮很快就会撕开一个大缺口，就连预备队也无法将其封闭。

同样的情景沿霍缅科第30集团军战线不断重演，但存在一个重要的例外。在这里，并非所有部队都在进攻令下达前到达了他们的出发阵地。霍缅科不愿破坏他所期待的协同进攻，遂命令麾下部队到达出发阵地后便投入进攻。结果，10点后不久展开进攻的部队达成了突然性，而姗姗来迟的部队则因为德国人有所准备而付出相应的代价。不出所料，该集团军的战果喜忧参半。至于马斯连尼科夫第29集团军，他们参加第一波次突击行动，对德军第106步兵师沿伊利因诺北面西德维纳河的防御发起冲击。

铁木辛哥意识到上级部门的焦虑和不耐烦，甚至在收悉麾下诸集团军关于进展的初步报告前，便给红军总参谋部发去第一份进攻进展报告。因此，按照方面军司令员的指示，铁木辛哥的参谋长马兰金将军8月17日10点30分左右告知红军总参谋长沙波什尼科夫，进攻行动正在进行中：

我向您汇报西方面军第01/op号令的执行情况：

☆ 各部队及时占据各自的出发阵地。

☆ 炮火准备8月17日9点发起。

☆ 10点发起进攻前，除歼击航空兵第31师，方面军辖内所有航空兵悉数展开空中突击。

☆ 步兵第246师8月17日10点前搭乘11列火车出发，其中5列已卸载，另外3列正在装载。

☆ 步兵第244师仍在途中，该师第907团8月16日19点搭乘卡车出发，依靠马匹拖曳的梯队8月17日1点30分动身，师主力第一汽车梯队8点出发。该师将于8月18日晨集结在西莫诺沃地域。

☆ 调自库宾卡的坦克营8月17日5点正在瓦季诺车站（亚尔采沃东北方42千米）卸载。[28]

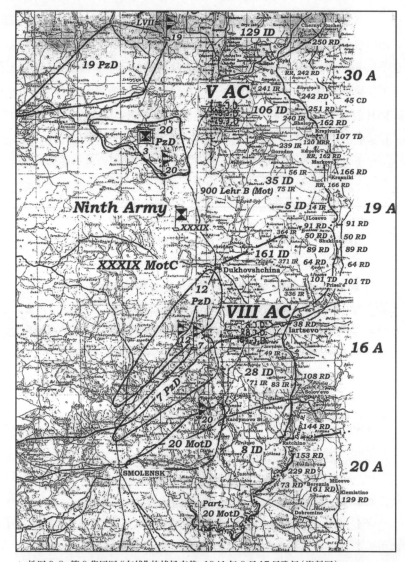

▲ 地图 9.8: 第 9 集团军 "东线" 的战场态势, 1941 年 8 月 17 日晚间 (资料图)

　　尽管铁木辛哥和马兰金发出乐观的报告, 可是来自战场的第一批报告却表明, 这场进攻并未精确地按照计划展开。事实是, 糟糕的道路网给变更部署造成困难, 一些部队没能及时开至指定出发阵地, 这种情况尤以第29和第30集团军为甚。结果，科涅夫麾下部队按计划展开进攻时，霍缅科却以零零碎碎的方式投入冲击，步兵第244师未加入其中，可想而知，该集团军的战果不尽如人意。而马斯连尼科夫第29集团军，在步兵第246师8月19日开到前只实施了有限行动。

当日下午早些时候，铁木辛哥收到关于进攻行动的第一个显然较为积极的消息，方面军司令部获悉，科涅夫突击群的两个师的确取得了重大进展。科涅夫发给两位师长的命令副本解释了个中原因（参见地图9.9）：

> 我们注意到沿克留科瓦方向取得了重大战术成功。步兵第50师辖内部队已夺取马科维耶（亚尔采沃以北19千米）并消灭了驻扎在那里的一个敌高射炮连。
>
> 第19集团军司令员命令：
>
> **（1）步兵第91师**——应从师左翼后方投入第二梯队，向波切波瓦（马科维耶以西4千米）发展胜利。
>
> **（2）步兵第50师**——应向克留科瓦和马科维耶投入第二梯队。
>
> 第19集团军副参谋长马斯洛夫上校[29]

实际上，尼基塔·费多托维奇·列别坚科少将的步兵第91师先遣部队已冲过沃皮河并向前推进约3千米，夺得马科维耶村（Makov'e）。步兵第91师左侧，阿尔卡季·亚历山德罗维奇·博列科上校的步兵第50师与友邻部队齐头并进，占领马科维耶村以南2千米的高地。科涅夫迅速抓住这一有限战果所提供的机会，命令列别坚科步兵第91师将进攻方向向北调整，攻往波切波瓦（Pochepova）和北面5千米的更大的洛谢沃村，德国人设在那里的一个支撑点阻挡住了尼古拉·费多罗维奇·科尔库诺夫上校步兵第162师左翼团的推进。与此同时，博列科麾下部队应巩固步兵第91师的战果，并向东攻往沃皮河与察列维奇河中途的克留科瓦（Kriukova）。

苏军步兵第91和第50师的猛烈突击，在德军第161步兵师右翼团的防线上撕开了一个大缺口。该团遂行防御的士兵不是在被绕过的阵地上丧生，就是混乱不堪地逃向沿察列维奇河构设的新防御，而科涅夫突击群中央和左翼的各个师，迂回或直接打垮了第161步兵师其他团的防御。步兵第89、第64师，坦克

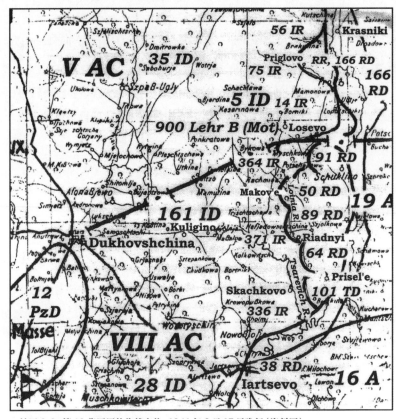

▲ 地图 9.9：第 19 集团军的作战态势，1941 年 8 月 17 日晚间（资料图）

第101师的全面突击迫使两个德军团惊慌失措地向东①撤往察列维奇河的安全处。8月17日17点，自豪的科涅夫汇报道：

·**总体情况**——对敌防御前沿实施60分钟炮火和航空火力准备后，第19集团军辖内部队于1941年8月17日10点—10点30分发起冲击，沿波戈列利齐、第二舍斯塔基、扎里亚、普里格洛沃、第一扎尼诺、洛帕钦基、戈尔巴托夫斯卡亚、舒克利诺、杜布罗夫卡、库济米诺、里亚德尼、普里谢利耶、斯卡奇希诺

①译注：向西。

一线同敌人进行持续战斗，遭遇敌人强大炮兵火力和猛烈机枪、迫击炮火力。

★步兵第166师——以部分力量掩护集团军右翼，10点发起进攻，13点在波戈列利齐、第二舍斯塔基、普里格洛沃、第一扎尼诺、洛帕钦基一线战斗，12人阵亡，44人负伤。

★步兵第91师——10点发起进攻，12点前到达祖博瓦以南300米的小树林、杜拉小树林东部边缘、采尔科维以东长树林西部边缘、舒克利诺一线。该师师部设在布赫瓦洛瓦东北面500米的灌木丛中。

★步兵第50师——10点发起进攻，夺得图罗瓦、图罗瓦以南小树林北部边缘、图罗瓦以南小树林西部边缘、200.2里程碑、西面500米小树林西部边缘。该师师部设在博布罗夫齐东北方1千米的树林内。

★步兵第89师——10点20分发起进攻，12点前沿212.4里程碑和新里亚德尼一线战斗。

★步兵第64师——10点30分发起进攻，12点前夺得采尔科维、旧里亚德尼、208.4里程碑。

★坦克第101师——10点发起进攻，12点前，摩托化步兵第101团夺得普里谢利耶和216.5高地西北坡，摩托化步兵第18团在216.4高地和斯卡奇希诺战斗，坦克第202团集结在帕德利谢以东1千米的树林内。

· **集团军指挥所**——科罗文卡以北树林内。

· **道路状况**——令人满意。

· **通信状况**——工作正常。[30]

第19集团军在整个作战地幅成功突破了德军战术防御，不过霍缅科第30集团军取得的战果有限得多。虽然该集团军辖内4个师多多少少按计划投入冲击，但他们在大多数地段遭遇到德军猛烈的机枪、迫击炮火力和卓有成效的炮火。在从克拉皮夫尼亚以东向西北方延伸到旧莫罗霍沃的这片主要突击地段，面对敌人的顽强抵抗，步兵第162、第251和第242师只取得了150—400米进展，未获得任何重要战果便停顿下来。唯一的例外是坦克第107师位于集团军最左翼的突击地段，摩托化步兵第120团在那里同步兵第162师左翼团相配合，突破了德军第106步兵师的右翼防御。苏军步兵迅速打垮德军前沿防御，谢尔盖·阿列克谢耶维奇·伊万诺夫上校坦克第107师的坦克团向纵深发展约4千米，10点30分夺得了卡尔波沃（Karpovo）支撑点。（参见地图9.10）

此后，德军第106步兵师几个预备队营（可能还获得第35步兵师部分步兵和第900摩托化教导旅一些坦克加强）数次发起反冲击，力图驱散伊万诺夫的部队，激烈的战斗持续数小时。虽说德军的反冲击以失败告终——据报战场上留下数百具德军士兵的尸体，但夺得卡尔波沃支撑点后，坦克第107师的推进戛然而止。当晚，德国第9集团军第5军加强该地域的防御，将第35步兵师投入第5步兵师作战地带北半部的前沿阵地，就在苏军占据的卡尔波沃小突出部南面。

科涅夫和霍缅科集团军猛攻德国第9集团军设在杜霍夫希纳东面和东北面的防御（德国人将之称为第9集团军的"东线"）时，铁木辛哥调整他的欺骗计划，命令卢金第20集团军继续沿第聂伯河及其南面遂行冲击。例如，8月17日18点，他命令第20集团军以5个实力不足的步兵师恢复进攻（参见地图9.4）：

致卢金同志：

☆将步兵第161师投入索普希诺、第聂伯河上的铁路桥、多布罗米诺地段（索洛维耶沃西南偏南方25千米至以南25千米）。

☆将1个团留在与第24集团军的结合部，从而掩护新亚科夫列维奇和格林卡方向后，将步兵第129师投入多布罗米诺和克洛科瓦地段（索洛维耶沃以南25千米至东南偏南方30千米）。

☆待步兵第161和第129师到达叶利尼亚—斯摩棱斯克铁路线后，以步兵第153、第229、第73师向第聂伯河以西发起冲击。[31]

8月17日20点，铁木辛哥的参谋长索科洛夫斯基将军在西方面军夜间作战摘要中总结了当日的行动（参见地图9.9）：

· **总体情况**——方面军右翼未发生变化，但面对敌人的顽强抵抗，方面军中央地带和左翼的进攻行动发展缓慢。

· **第22集团军**——位置未发生变化。

· **第29集团军**——位置未发生变化，辖内部队准备执行第01/op号令。

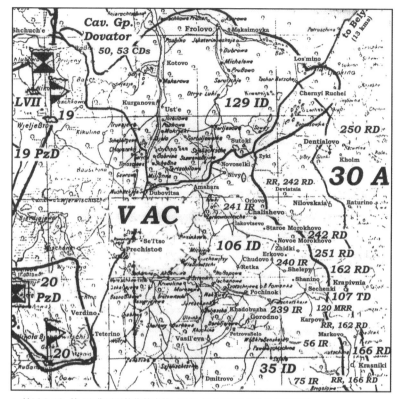

▲ 地图 9.10: 第 30 集团军的作战态势, 1941 年 8 月 17 日晚间（资料图）

★骑兵集群（骑兵第50和第53师）——8月16日晚从普洛夫诺耶湖和叶姆连湖向东南方开进，驱散小股敌军在博尔基、尼日、卡拉科沃地段（别雷以西30—35千米）沿梅扎河实施的巡逻，8月16日以先遣支队前出到科托沃、菲利诺、布德尼察并到达弗罗洛沃（别雷西南偏西方25—32千米），该村已被敌人2个骑兵中队占领，但没有更多消息。

·第30集团军——在右翼遂行防御，但在中央地带和左翼，经过一小时炮火准备后，集团军以4个师在旧莫罗霍沃、新莫罗霍沃、戈尔杰恩基地段发起冲击。

★步兵第250师和第242师右翼团——据守洛西米诺、谢利措、恰利舍沃、旧莫罗霍沃（含）一线。

★步兵第242师——以2个团在旧莫罗霍沃和叶尔霍沃地段发起冲击，取得150—200米进展，但被敌人猛烈的火力阻挡在铁丝网前。

★步兵第251师——在第二波奇诺伊和古利亚耶沃地段发起冲击，并以左翼力量从北面遂行突击，以夺取戈尔杰恩基。

★步兵第162师——在米哈伊洛夫希纳和别斯赫沃斯托沃地段发起冲击，取得400米进展，但被敌人的猛烈火力所阻。

★坦克第107师——进攻并夺取卡尔波沃，10点30分在那里击退敌人1个步兵营从卡尔波沃以西小树林发起的一场反冲击，敌人在战场上留下200具尸体，该师正沿纳泽缅基、谢卡奇、托尔奇洛沃一线战斗。

· **第19集团军**——对敌防御前沿实施炮火和航空火力准备后于10点—10点30分间发起进攻。14点前，集团军在中央地带和左翼取得成功，敌人将他们的武器和其他装备丢弃在战场上，分成小股向西退却。

★步兵第166师——掩护舒佩基、扎尼诺、卡纽季诺一线，并以1个团在左翼的卡纽季诺和藻夫拉日耶地段遂行冲击，但未获成功。

★步兵第91师——10点在戈尔巴托夫斯卡亚和斯塔罗耶一线发起冲击，14点前以左翼力量夺得扎德尼亚东郊。

★步兵第50师——10点从古罗瓦和杜布罗夫卡一线发起冲击，右翼力量14点前取得1.5—2千米进展，夺得克留科瓦和斯塔罗耶，其先遣部队夺取马科维耶东郊时，左翼力量在克留科瓦东南面小树林东部边缘战斗。

★步兵第89师——10点20分沿杜布罗夫卡和新里亚德尼一线发起冲击，但只取得有限战果。

★步兵第64师——在里亚德尼和博罗杜利诺地段发起冲击，12点前到达从旧里亚德尼的教堂至203.4高地这片地段，该师正继续进攻。

★坦克第101师——10点从库尔加诺沃和奇日基地段发起冲击，12点夺得普里谢利耶、216.4高地西北坡和斯卡奇希诺，该师正在继续进攻，打击退往米亚琴基的小股敌军。

· **第16集团军**——位置未发生变化。

· **第20集团军**——面对敌人的顽强抵抗，继续攻往普里德涅普罗夫斯卡亚车站和多布罗米诺车站（斯摩棱斯克东南方30—44千米，叶利尼亚东北方

35—50千米）。

★步兵第144师——在普涅沃以东第聂伯河弯曲部至195.6里程碑西北方1千米的树林这片地段接替步兵第153师，占据索洛维耶沃和195.6里程碑一线，加强其先遣部队设在第聂伯河西岸的阵地。

★步兵第153师——占据195.6里程碑和拜季克一线，加强其先遣部队设在第聂伯河西岸的阵地。

★步兵第73师——向季特科沃和兹雷德尼亚实施侦察，其先遣支队为争夺索普希诺东面的169.7里程碑进行战斗，13点45分夺得兹雷德尼亚。

★步兵第161师——13点发起冲击，步兵第603团前出到苏博罗夫卡以西河流至249.9里程碑一线；步兵第242团位于丘瓦希以西的墓地；步兵第477团位于克列米亚季诺西北方228.0高地北坡。

★步兵第129师——步兵第457团拂晓前击退敌人一场反冲击，自5点起攻往228.0里程碑；面对敌人的激烈抵抗，步兵第343和第348团正攻往新亚科夫列维奇。

★步兵第229师——正准备攻往科洛杰济地域。

★8月17日夜间，6辆卡车、4门火炮、48支步枪、1辆拖车、7辆大车、1部战地厨房从第聂伯河西岸撤回。

· **方面军航空兵**——同地面部队相配合，实施侦察，压制开赴前线的敌预备队并沿勒热夫和别雷方向掩护卡车运输，8月17日夜间和上午投入151个飞行架次，包括69个歼击机架次、73个轰炸机架次和9个强击机架次，投掷/发射262枚FAB-100、74枚FAB-82、92枚FAB-70、70枚FAB-50、10枚ZAB-50、34枚FAB-32、213枚AO-25、223枚AO-15、204枚AO-10、48枚AO-8、2枚SAB-3、54枚ZAB-3、556枚AO-2.5炸弹，99枚KZ玻璃瓶装燃烧弹，66枚RS，2700发ShBAK、8500发ShKAS机枪/机炮弹和553000份传单。

★航空兵第23师、重型航空兵第1、第3团——出动23个飞行架次，在休奇耶湖和杜霍夫希纳地域轰炸敌人的集结和机场，在乌斯维亚季耶和叶利尼亚轰炸敌运输车队，在维捷布斯克和奥尔沙轰炸铁路中心，以及斯摩棱斯克机场和戈罗多克的补给站。

★混成航空兵第43师——支援第19集团军，实施侦察，以31个飞行架次掩护乌斯季耶和普里谢利耶地域的我方部队。

★混成航空兵第46师——以33个飞行架次支援第30集团军。

★混成航空兵第47师——以43个飞行架次支援第19和第30集团军，消灭开赴前线的敌预备队，沿勒热夫和别雷路线掩护汽车运输。

★混成航空兵第31师——以16个飞行架次支援第16集团军。

★侦察航空兵第38中队——以5个架次侦察亚尔采沃、阿尔希波夫卡、普洛斯科耶和扎德尼亚、斯摩棱斯克、古锡诺车站、波奇诺克、叶利尼亚方向。

★敌人的损失——未收悉报告。

★我方损失——1架SB飞机被击落。[32]

铁木辛哥两个主力突击群发起冲击时，仍在等待步兵第246师赶来提供加强的第29集团军只是"准备执行第01/op号令"，尽管多瓦托尔的骑兵集群显然已投入行动。铁木辛哥对进攻首日的战斗结果持乐观态度，8月18日命令他的两个突击群加强进攻，并以自己所能找到的一切力量为他们提供加强。具体说来，他希望抢在德军战役预备队介入前发展科涅夫第19集团军取得的战果并加强霍缅科第30集团军，以便该集团军跟上科涅夫的进展。为此，8月18日2点，科涅夫给集团军辖内兵团下达新命令，要求他们攻向初期目标，也就是位于集团军沿沃皮河出发阵地以西5—9千米的洛伊尼亚河（Loinia）和察列维奇河一线（参见地图9.9）：

· **敌人的情况**——集团军辖内部队8月17日在波捷利察和米亚克舍瓦地段（亚尔采沃以北8—24千米）成功突破敌人的防御，迫使敌第900摩托化旅，第5、第312、第336师遭受严重损失后分成小股撤往西面和西北面，但敌人有可能从杜霍夫希纳投入配有15—20辆坦克的1个预备队步兵师。

· **友邻力量**——继续遂行他们先前受领的任务。

· **第19集团军的任务**——发展在步兵第50师作战地带取得的战果，夜间以步兵第91师左翼和步兵第50师右翼力量遂行冲击，8月18日晨继续进攻。日终前到达察列维奇河一线，尔后攻往杜霍夫希纳，同第30集团军相配合，包围并歼灭敌杜霍夫希纳集团。

★步兵第166师——遂行第028号令赋予的任务。

★步兵第91师——夜间以左翼力量发起冲击，8月18日日终前完成第028号令赋予的任务，以先遣部队前出到梅什科沃和谢利措一线。

★步兵第50师——攻向马科维耶，8月18日日终前夺取采斯涅沃和苏谢沃一线，并以现在隶属您指挥的步兵第159和坦克第202团夺取苏谢沃和锡尼亚科沃的渡口，切断敌人的后撤路线。

★步兵第89师——从斯捷潘基纳攻往博洛季纳，8月18日日终前完成第028号令赋予的任务。

★步兵第64师——8月17日—18日夜间夺取谢利科沃和列斯科夫基，8月18日日终前完成第028号令赋予的任务。

★坦克第101师（欠坦克第202团）——8月18日完成第028号令赋予的任务并掩护集团军左翼。

★炮兵的任务：

☆支援步兵第91、第50、第89师作战地段发展胜利的行动，以加农炮兵第596团1个营支援步兵第89师。

☆掩护坦克第202和步兵第159团进入突破口和在纵深处的行动。

☆防范敌人对我突破部队之侧翼发起反冲击，阻止敌预备队从纵深处开至。

★第19集团军航空兵：

☆同步兵第91和第50师相配合，压制巴拉绍瓦、波切措瓦、217.0高地（巴拉绍瓦以东2千米）、博洛季诺、涅费多夫希纳、巴特耶瓦地域之敌。

☆坦克第202团在克留科沃和斯捷潘基纳投入突破口时，在纵深处洛伊尼亚河一线，尔后从察列维奇河至苏谢沃一线为其提供支援。

☆阻止敌预备队从洛伊尼亚河和察列维奇河一线开至。

☆在波捷利察、巴拉绍瓦、列斯科夫基、瓦西利西诺地域掩护集团军突击群。

★信号——遵照第028号令。

★指挥所和司令部——未发生变动。

★报告——每日1点、13点、20点提交作战和侦察摘要。[33]

虽然没有找到第30集团军8月18日下达的进攻令，但毫无疑问，霍缅科肯定也督促麾下部队向前，要求他们完成战术突破并跟上科涅夫集团军的前进步伐。与此同时，南面，卢金将军2点50分给他的集团军下达新命令，鉴于第19集团军取得的战果，以及科涅夫部队到达杜霍夫希纳地域的可能性加大，卢金这道命令比先前更为紧迫（参见地图9.4）：

· **敌人的情况**——以2个团据守苏博罗夫卡、249.9高地、221.3高地、228.0高地、科尔扎基、新亚科夫列夫斯基一线。

· **第20集团军的任务**——准备向西发起进攻的同时，以部分力量掩护左翼并展开进攻，前出到普里德涅普罗夫斯卡亚车站和格林卡车站（斯摩棱斯克与叶利尼亚中途）之间的铁路线。

· **辖内各兵团的任务**

★步兵第144师——据守第聂伯河西岸登陆场，做好夺取米季科沃（索洛维耶沃西南偏南方8千米）的准备。

★步兵第153师——不惜一切代价据守第聂伯河西岸登陆场，做好攻往马什基诺（索洛维耶沃西南偏南方10千米）的准备。

★步兵第229师——据守第聂伯河西岸登陆场，做好攻往莫列沃国营农场（索洛维耶沃西南偏南方13千米）的准备。

★步兵第73师——发起进攻，8月18日日终前到达扎博里耶以南3千米的农场至涅鲁佩诺河河口和索普希诺这片地域（索洛维耶沃西南偏南方15—25千米）的第聂伯河河段，并以先遣支队夺取科尔皮诺东北方小树林和马利诺夫卡。

★步兵第161师（与榴弹炮兵第302团，军属炮兵第476团，反坦克炮兵第872团3个连）——8月19日10点从丘瓦希和224.8高地一线攻往萨莫杜罗夫卡、奥尔雷农场、瓦西列沃、多布罗米诺，日终前夺取多布罗米诺和多布罗米诺车站（索洛维耶沃以南25千米）。

★步兵第129师——8月19日10点从克列米亚季诺攻往奥布若罗夫卡和阿列克谢耶沃，日终前夺取瓦西列沃（索洛维耶沃东南偏南方32千米）。[34]

从西方面军的角度看，卢金集团军坚守第聂伯河西岸登陆场至关重要，这样一来，第19集团军向杜霍夫希纳的攻势顺利发展时，第20集团军辖内部队可以从南面攻往杜霍夫希纳。同样重要的是，铁木辛哥希望卢金的部队沿斯摩棱斯克—叶利尼亚铁路线夺取主要火车站，从而切断敌杜霍夫希纳集团与叶利尼亚集团之间的交通线。

随着战斗于8月18日恢复，当日8点，西方面军提交了一份作战摘要，阐述各突击群前一天晚上的进展：

· **总体情况**——方面军右翼未发生变化，但在中央地带，由于敌人顽强抵抗，进攻发展较为缓慢，而左翼部队仍在已到达位置进行战斗。

· **第22集团军**——位置未发生变化。

· **第29集团军**——自8月17日21点30分起，沿向心方向攻往伊利因诺（托罗佩茨以南68千米，韦利日东北方50千米，别雷以西80千米）；面对敌人的顽强抵抗和猛烈的机枪、迫击炮、火炮火力，集团军辖内部队缓缓向前推进。

★步兵第252师——8月18日3点以右翼力量在克利诺克（伊利因诺以北16千米）强渡西德维纳河，正攻向169.8里程碑，左翼力量在阿格雷兹科沃（伊利因诺以北12千米）战斗。

★步兵第243师——沿安德列耶夫斯卡亚东北方1千米至小博罗克一线（伊利因诺东北方11—12千米）战斗，摩托化步兵第1团在东面（15—18千米）的卡纳特和克里瓦亚卢卡为夺取梅扎河上的渡口进行战斗，骑兵第29团在普洛夫诺耶湖和叶姆连湖地域（伊利因诺以东30千米，杜霍夫希纳以北80—90千米）掩护集团军左翼。

★第53号装甲列车——掩护扎尔科夫斯基车站和博尔基方向（伊利因诺东南偏东方35—40千米）。

★步兵第246师——1个团8月17日开到，集结在图尔拉奇哈、皮切瓦哈、米哈列沃地域（西德维纳河以南）担任集团军预备队，该师余部乘火车陆续开抵。

· **第30集团军**——8月17日后半日在原先位置战斗，8月18日9点将继续进攻，骑兵第45师集结在克沃克图希诺、波季耶扎洛沃、卢卡舍沃地域。8月17日伤亡185人。

· **第19集团军**——8月18日7点起，沿整条战线恢复进攻，以便在步兵第50师作战地段发展胜利。

★步兵第50师——先遣部队夺得马科维耶，8月17日21点以1个连前出到洛伊尼亚河，但敌人发起反冲击后，23点撤至克留科沃东郊和南面的树林。正在核实该师目前所在位置。

★步兵第89师——夺得新科罗维亚和斯捷潘基纳。

★步兵第64师——夺得203.4高地。

★集团军其他部队——8月18日5点时据他们的原有阵地。

★敌人8月17日的损失——据初步统计：12门各种口径的火炮，5支冲锋枪，10辆自行车，1部电台，在扎德尼亚、马科维耶、克留科瓦地域的战斗中俘获1名俘虏，在马科维耶消灭敌人1个炮兵连和1辆坦克。

★8月17日的损失：37人阵亡，43人负伤。

· 第16集团军——位置未发生变化，当面之敌不太活跃。

· 第20集团军——在原先位置进行战斗，8月17日晚和8月18日晨实施部分重组。

★步兵第73师——以1个步兵团夺得新马利诺夫卡，8月17日16点沿新马利诺夫卡、兹雷德尼亚、兹雷德尼亚东南方河流、169.7里程碑、叶尔杰齐树林西部边缘一线战斗，但该师对169.7里程碑反复发起的冲击，被敌人迫击炮、机枪火力和坦克击退。

★步兵第161师——同敌人据守苏博罗夫卡、丘瓦希、228.0高地抵抗基点的2个营、2—3个迫击炮连和2辆半埋坦克展开激烈战斗。8月17日的损失——29人阵亡，93人负伤，包括步兵第477团团长明希科夫少校。

★步兵第129师——面对敌人从228.0里程碑和戈罗多克射来的猛烈迫击炮和机枪火力，步兵第453团放弃克列米亚季诺西郊，步兵第343和438团对新亚科夫列维奇发起的冲击未获成功。之后，两个团撤至乌斯特罗姆河，米哈伊洛夫卡以南农场至布雷基诺这片地段，并沿波坚科沃、乌斯特罗姆河、马里因诺一线留下掩护力量。

★步兵第229师——集结在179.1里程碑附近和西北方树林内，以便从扎博里耶至179.1里程碑以西2千米农场这片地域接替步兵第153和第73师。

★其他部队——位于他们先前的位置。

★8月17日，2辆卡车、1辆轻型汽车、1辆大车、1部战地厨房撤至第聂伯河东岸。

· 方面军航空兵——同地面部队相配合，实施侦察，阻截敌预备队开到，8月17日后半日在勒热夫和别雷行进路线掩护汽车运输，共出动108个飞行架次，包括34个轰炸机架次、68个歼击机架次、8个强击机架次，投掷26枚FAB-100、81枚FAB-50、4枚AO-25、126枚AO-8炸弹，发射47发RS、550发BS、2150发ShBAK、19900发ShKAS机枪/机炮弹，投掷68200份传单。

★混成航空兵第43师——在洛谢沃、阿泽林基、巴特耶瓦、涅费多夫希纳、戈罗德诺地域轰炸敌人的部队集结和炮兵阵地，为轰炸机护航并掩护维亚济马的铁路中心和机场。

★混成航空兵第47师——支援第19和第30集团军，打击杜霍夫希纳西北方15千米公路上的车队，在苏谢沃、梅德韦杰沃、普柳谢沃地域轰炸敌坦克和车辆群，在勒热夫和别雷行进路线掩护车辆运输，共出动29个飞行架次。

★混成航空兵第46师——支援第30集团军，对敌步兵、火炮、坦克在舍列佩地域的集结实施打击并轰炸杜霍夫希纳附近道路上的敌车队，共出动41个飞行架次。

★混成航空兵第31师——打击德维尼耶湖南岸之敌并在大卢基和德维尼耶湖地域实施侦察，共出动33个飞行架次。

★侦察航空兵第38中队——对亚尔采沃、阿尔希波夫卡、大普洛斯科耶、扎德尼亚、斯摩棱斯克、古锡诺车站方向实施侦察。

★混成航空兵第23、第46师——未收到相关报告。

★当天后半日敌人的损失——1架Me-109被击落。

★我方损失——1架SB被击落，1架伊-16因事故而损失，4架拉格-3没能返回机场。[35]

在铁木辛哥看来，当日作战行动最令人失望的一点是，由于步兵第246师迟迟未到，第29集团军又一次进展缓慢。

8月18日

第19集团军8月18日8点恢复进攻后不久，其先遣力量注意到德军部队已撤至或正撤往新防线，他们认为敌人的新防线很可能沿察列维奇河布设。因此，科涅夫9点15分命令麾下部队发起追击。为确保追击行动顺利发展，他还命令他的小股坦克预备力量投入战斗（参见地图9.9）：

> 致步兵第50、第91、第89、第64、第166师，坦克第101师师长：
> ☆敌人已开始后撤，在步兵第64师作战地带缴获许多战利品。
> ☆步兵第50师师长应立即将坦克第202团投入马科维耶方向。
> ☆步兵第91师师长应果断协助步兵第50师的进攻。
> ☆步兵第64师师长应沿他的战线发起更果断的冲击。[36]

当日上午剩下的时间里，苏军的追击发展缓慢，科涅夫对麾下各师长混乱的指挥控制深感不满，遂于14点04分通过他的参谋长下达新命令，要求他们将各自的指挥所前移，以加强同麾下部队的联系：

> 致步兵第91、第50、第89、第64师和坦克第101师师长：
> ☆你们对指挥所的部署，无法在现代战争条件下提供可靠的指挥控制。
> ☆立即将你们的指挥所前移至以下地点，同麾下部队建立可靠联系：步兵第91师——杜拉的小树林；步兵第50师——图罗瓦以南小树林；步兵第89师——库济米诺地域；步兵第64师——新里亚德尼；坦克第101师——普里谢利耶。[37]

当日16点40分，科涅夫命令他的参谋长提交一份新态势报告以安抚急躁的方面军司令员，并把集团军进展情况告知友邻部队的霍缅科和卢金：

> 集团军辖内部队继续进攻，在波捷利察、克留科沃、布拉尼纳、列斯科夫基地段取得了成功。步兵第64和坦克第101师先遣分队13点前在戈罗德诺、米亚格琴基、斯卡奇希诺地段逼近洛伊尼亚河，当面之敌分成小股撤过洛伊尼亚河。坦克第202团正投入克留科沃、科罗维亚诺瓦亚地段，以发展步兵第50师的战果。有一些损失，缴获部分战利品，进攻正在继续。[38]

行事严谨的科涅夫21点20分至21点50分发出一连串命令，明确指示他的师长们在发展胜利期间该做些什么、何时去做，以及怎样做（参见地图9.11）：

21点20分——发给步兵第89师

全力继续进攻行动，前出到洛伊尼亚河，在那里应以1个步兵团掘壕据守。继续以师主力肃清你部进攻地段，直至洛伊尼亚河。步兵第50师已到达洛伊尼亚河，正同步兵第64师会合，该师右翼团已占领宰采瓦国营农场地域，正攻往穆日洛瓦和巴特耶瓦。

21点25分——发给步兵第50师

夺取扎米亚季纳和218.1高地一线并就地据守。派先遣支队遂行追击并对你部作战地带之敌实施侦察。同你部左侧，步兵第64师位于穆日洛瓦地域的部队建立联系。

21点30分——发给步兵第91师

全力进攻，前出到洛伊尼亚河，在那里掘壕据守。派先遣支队追击、侦察敌人。步兵第50师已到达洛伊尼亚河。

21点40分——发给坦克第101师

夺取222.8高地和奇斯塔亚一线，在那里掘壕据守。派先遣支队对你部作战地带之敌实施追击和侦察。步兵第64师已夺得科尔科维奇，正遂行类似任务。

21点50分——发给步兵第166师

以你部左翼力量全力进攻，夺取莫捷瓦和220.5高地一线，在那里掘壕据守。派先遣支队赶往洛谢沃和阿扎林基，对敌人实施追击和侦察。步兵第91师辖内部队已受领在巴拉绍瓦和卡扎科瓦地段前出到洛伊尼亚河的任务。[39]

在科涅夫继续进攻之际，按照铁木辛哥的指示，卢金将军15点30分给第

▲ 地图 9.11：第 19 集团军的作战态势，1941 年 8 月 18 日晚间（资料图）

20集团军步兵第144、第153、第229、第73师师长下达新命令，强调在斯摩棱斯克东南方坚守第聂伯河西岸的小型登陆场是多么重要，这道命令发给普罗宁、加根、科兹洛夫和阿基莫夫："集团军司令员再次提醒你们，虽然敌人有可能发起反冲击，但是必须不惜一切代价坚守第聂伯河西岸登陆场。"[40]

北面较远处，第30集团军仍在期待援兵的到来，这对该集团军更成功地发展其攻势至关重要，8月18日14点，集团军司令员霍缅科终于汇报了新锐步兵第244师即将开到的好消息。本应在几天前到达的这个师，将在集团军最左翼加强坦克第107师在马尔科沃地段取得的战果：

> 致步兵第244师师长，副本抄送坦克第107师师长：
>
> ☆步兵第244师——留在西莫诺沃、霍洛波沃、塔拉索沃、新亚历山德罗夫斯科耶（马尔科沃以北20—25千米）集结地域的同时，应做好（从卡尔波沃和马尔科沃）向米哈伊洛夫希纳、福缅基、涅克柳多瓦、杜霍夫希纳展开行动的准备。
>
> ☆8月19日4点前，以你师1个团沿茹科沃、斯洛博达、纳泽缅基、卡尔波沃一线接替坦克第107师摩托化步兵第120团，以第120团发起进攻，同时将你师的主要突击置于右翼，（向西）攻往大列皮诺、新谢尔基、彼得罗沃谢洛，并以小股集群掩护左翼。
>
> ☆步兵第244师的分界线如下：右侧与步兵第251师——克拉皮夫尼亚、别斯赫沃斯托沃、克列切茨、多罗费耶沃；左侧与步兵第166师——舒尔基诺、马尔科沃、别尔季诺。
>
> ☆你师应在第30集团军与第19集团军步兵第166师之间的分界线实施侦察。[41]

但是，霍缅科对8月19日抱以的希望，几乎未影响到该集团军8月18日的进展，正如他8月18日晚提交的作战摘要表明的那样，第30集团军辖内部队在当日白天的战斗中取得了一些宝贵的进展（参见地图9.12）：

- **敌人的情况**——顽强抵抗，不时发起反冲击。
- **第30集团军**——8点实施炮火准备，8点20分展开航空火力准备后，辖内部队发起冲击，但未能取得成功。
- ★步兵第250师——第926团8月18日12点集结在巴图里诺、波日姆基地域和波日姆基东北方森林内，该团将从那里攻往多尔戈耶和科列舍列佩，其他团仍在先前所在的地段。师部——托罗皮诺附近的卢金。
- ★步兵第242师——第900团8月18日9点45分夺得212.2高地，但10点45分被敌人一个加强营的进攻驱离出发阵地，对方获得火炮和迫击炮的支援。师部——苏哈列沃西面的小树林。

★步兵第251师——为争夺旧谢洛和戈尔杰恩基进行战斗。

★步兵第162师——第720团在218.7高地战斗，对付敌人精心组织的防御和火力；第627团在220.9高地的敌炮兵阵地间从事近战。师部——216.3高地上。

★坦克第107师——位置未发生变化，8月18日15点20分，2架敌机轰炸了位于卢卡舍沃东南方的该师。师部——巴里诺沃西面的小树林内。

★骑兵第45师——完全集结在维诺库罗沃地域的出发阵地。

★步兵第244师——8月18日9点30分到达图林卡、萨姆索尼哈、茨韦图希诺地域（别雷以南20—25千米），15点30分，该师师长下令8月19日晚以1个团在斯洛博达、卡尔波瓦、230.3高地地域接替坦克第107师第120团并准备沿集团军主要方向发展进攻。

★损失——伤亡327人。

★战果——俘获5名俘虏，毙伤大批敌人。

·道路状况——15点40分，集团军作战地域降雨，给道路通行造成困难。

·通信——下雨导致集团军司令部同各个师的电话通信中断。[42]

这份摘要中最令人不快的消息是，可能因为降雨的缘故，步兵第244师黄昏时仍在先前指定集结地以北10千米处，也就是说，该师需要更多的时间才能进入指定进攻位置。

铁木辛哥西方面军8月18日20点提交的作战摘要总结了当日的行动（参见地图9.13）：

·总体情况——大卢基方向未发生变化，面对敌人的顽强抵抗，方面军中央地带和左翼的进攻行动继续进行。

·第22集团军——加强其阵地并遂行侦察。

·第29集团军——以持续的战斗向伊利因诺发展进攻。

★第252步兵师——第924团将敌人驱离苏马里地域，前出到博布罗沃（伊利因诺西北偏西方16千米），敌人缓缓向南退却；第932团在乌斯季耶附近强

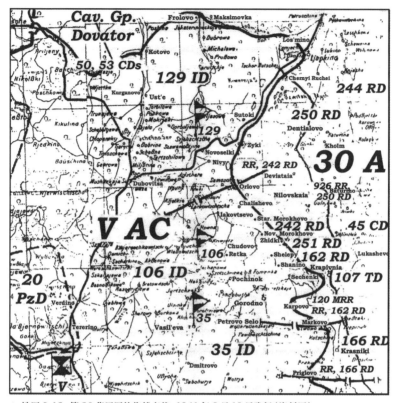

▲ 地图 9.12: 第 30 集团军的作战态势, 1941 年 8 月 18 日晚间(资料图)

渡西德维纳河, 前出到鲁德尼亚地域(伊利因诺西北偏北方10千米), 在那里遭遇敌人强有力的抵抗; 第927团夺得格拉佐沃, 正为夺取皮休利诺(伊利因诺西北偏北方10千米)支撑点同顽强防御的敌人进行战斗。

　★步兵第243师——面对敌人的顽强抵抗和猛烈的火炮、迫击炮火力, 该师展开夜间行动, 前出到特鲁布尼基以东1千米至佩索切克以北无名高地一线(伊利因诺东北方11千米), 从北面迂回佩索切克支撑点; 该师右翼和中央团在安德列耶夫斯卡亚(伊利因诺东北方10千米)以南无名高地战斗, 左翼团则为争夺波季耶夫卡和维亚西科沃一线(伊利因诺东北偏东方15千米)进行战斗, 敌人顽强防御, 卡特科沃支撑点和无数掩体、暗堡的火力异常猛烈。该师消灭敌人4个连。

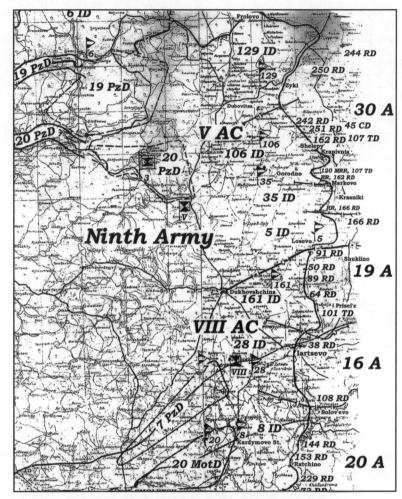

▲ 地图 9.13: 第 9 集团军 "东线" 的战场态势, 1941 年 8 月 18 日晚间（资料图）

　　★摩托化步兵第1团——为夺取卡特科沃、卡纳特、克里瓦亚卢卡支撑点（伊利因诺东北方15千米至以东15千米）进行战斗, 敌人在克里瓦亚卢卡、扎博尔尼察地域的战场上遗尸250多具。

　　★骑兵第29团——在泽克耶沃地段和从博尔基至泽克耶沃一线沿梅扎河（伊利因诺以东35—40千米）掩护集团军左翼。

★第53号装甲列车——掩护集团军左翼并同赶往扎尔科夫斯基车站之敌交火。

★步兵第246师——卸载后集结于乌斯季耶、佩图戈沃、阿纳希基地域（伊利因诺西北偏北方18千米至以北20千米）。

★第29集团军司令部——边齐（伊利因诺以北28千米）。

·**第30集团军**——据守洛西米诺、杰梅希谢利措、恰利谢沃、旧莫罗霍沃、新莫罗霍沃一线，8月18日8点30分恢复进攻，打击据守个别抵抗基点之敌的顽强抵抗，辖内各师10点30分的位置如下：

★步兵第250师——位于原先的位置。

★步兵第242师——夺得215.2高地，但在敌人从舍列佩地域发起反冲击后撤回出发阵地。

★步兵第251师——为夺取218.7、220.9高地顶峰进行战斗。

★步兵第162师——在原先阵地上战斗。

★坦克第107师——10点30分前取得400米进展，但被敌人猛烈的迫击炮和机枪火力逼停。

★骑兵第45师——上午10点集结在克沃克图希诺、波季耶扎洛沃、卢卡舍沃地域。

★步兵第244师——搭乘卡车的第907团集结在西莫诺沃地域（别雷以南20千米），而依靠马匹拖曳的梯队将在8月19日日终前完成集结。

·**第19集团军**——18点的进攻取得了成功，克服了敌人的顽强抵抗。

★步兵第91师——将敌人逐向西面，前出到祖博沃东郊、祖博沃以南小树林、扎德尼亚以西个别房屋（亚尔采沃以北23千米），正继续向前推进。

★步兵第50师——敌人8月17日—18日夜间以反冲击夺得马科维耶村后，该师以一场"决定性冲刺"重新夺回该村和219.4高地（亚尔采沃以北19千米）并给敌人造成严重损失，该师正在继续向前推进。坦克第202团攻往苏谢沃（亚尔采沃西北偏北方18千米），以发展该师取得的胜利。

★步兵第89师——向西进攻，迫使敌人退往戈罗德诺（亚尔采沃以北16千米）。

★步兵第64师——强渡察列维奇河，夺得宰采沃国营农场、波波沃和奥西波沃村（亚尔采沃以北11—13千米），目前正在继续进攻。

★坦克第101师（欠坦克第202团）——强渡察列维奇河，沿河西岸高地掘壕据守，正继续向西攻击前进。

· **第16集团军**——位置未发生变化。

· **第20集团军**——攻向普里德涅普罗夫斯卡亚车站和多布罗米诺车站，并为尔后向西北方攻往杜霍夫希纳实施重组。

★**步兵第144师**——先遣部队在第聂伯河西岸，马克耶沃以南农场至165.9里程碑以西农场，再至米季科沃以南沟谷这片地段从事战斗，师主力沿第聂伯河东岸，在科罗夫尼基以西1千米农场至195.6里程碑这片地段战斗，对付敌人的顽强抵抗和来自马克耶沃、普涅沃、利亚霍沃的猛烈炮火。

★**步兵第153师**——师主力沿第聂伯河西岸占据洛古诺沃、帕什科沃地段（索洛维耶沃以南8—11千米）并准备攻往马什基诺，第505团8月18日6点前集结在奥索沃南面的树林中。

★**步兵第229师**——8月18日4点前占据帕什科沃至戈洛维诺以南3千米谷仓这片地段（索洛维耶沃以南11—15千米）。

★**步兵第73师**——在索普希诺东郊、169.7高地、叶尔杰齐（索洛维耶沃西南偏南方16—22千米）战斗，第413团占据别列兹尼亚（索洛维耶沃以南20千米），并掩护步兵第161师侧翼。

★**步兵第161师**——夜间和8月18日晨在原先位置上战斗（索洛维耶沃以南20千米至东南方24千米），击退敌人对莫吉利齐农场和萨莫博尔塔耶夫卡发起的反冲击，该师炮兵击毁敌人1门迫击炮和1挺机枪并为攻往奥布若夫卡实施重组。该师辖内部队8月17日—18日夜间的进攻行动未获成功。

★**步兵第129师**——在米哈伊洛夫卡以南农场至新布雷基诺一线（索洛维耶沃东南偏南方25—32千米）掘壕据守，掩护波坚科沃东南方2千米小树林和马里因诺以东地域的同时，为攻往阿列克谢耶沃和瓦西利耶沃实施重组。步兵第457团击退敌人一场进攻，对方不仅以迫击炮提供支援，还以俄语进行挑衅性呐喊，该师作战地域其他地段，双方以迫击炮和机枪交火。

★8月17日—18日夜间，我们将3辆卡车、1辆轻型汽车、2门150毫米火炮、5辆大车从第聂伯河西岸撤至东岸。

· **方面军航空兵**——8月18日前半日，同地面部队相配合，实施侦察，掩护我预备队集结，共投入129个飞行架次，包括46个轰炸机架次和83个歼击机架次，投掷43枚FAB-100、1枚FAB-82、4枚FAB-70、38枚FAB-50、5枚FAB-32、96枚AO-25、162枚AO-8、910枚AO-2.5、206枚各种口径的炸弹，177枚 KS燃烧弹和145000份传单。

★混成航空兵第23师——8月17日—18日夜间轰炸卡缅卡机场，引发三起大火和一起爆炸。

★混成航空兵第41师——支援第19集团军，在拉赫马尼诺、扎米亚季诺地域消灭一股敌军。

★混成航空兵第47师——支援第19和第30集团军并实施侦察，共出动20个飞行架次。

★混成航空兵第46师——支援第20集团军并掩护勒热夫和别雷的汽运路线，共出动46个飞行架次。

★混成航空兵第31师——支援第22集团军，掩护我方部队在托罗帕车站的卸载并实施侦察，共出动31个飞行架次。

★侦察航空兵第38中队——在亚尔采沃、古锡诺车站、莫纳斯特尔希纳、波奇诺克、叶利尼亚地域实施侦察，共出动5个飞行架次。

★敌人的损失——1架Me-109被击落。

★我方损失——2架SB被敌高射炮火击落，1架SB在着陆时倾覆并起火燃烧。1架TB-3 执行完任务后未能返航，1架拉格-3未能从8月17日的任务中返航，但在己方作战地域发现这架飞机完好无损。[43]

总之，由于第19集团军在其作战地域设法前出到洛伊尼亚河和察列维奇河，第20集团军坚守第聂伯河西岸立足点，铁木辛哥认为当日的行动取得了成功。不过，第29和第30集团军在集结、投入新锐预备队方面遇到的困难影响到当日的战果。铁木辛哥无法忽视的一个可能性是，德国人也许会发起一场大规模反突击，重新占领被科涅夫部队夺取的地段。实际上，基于以往的经验，几乎可以肯定，德军会在48小时内设法肃清苏军的突破。另外，如果以过往的经验为指导，德国人的行动会非常成功。但在目前情况下，铁木辛哥和科涅夫都很清楚这一现实，并准备对此加以应对。

8月19日

8月18日午夜过后不久，铁木辛哥命令他的突击群次日晨恢复进攻。但在此之前，他们应将修改后的计划呈交方面军司令部审批。虽然这道命令主要针对科涅夫第19集团军，该集团军辖内部队目前在沃皮河以西战斗，似乎已成功在握，但这道命令同样适用于马斯连尼科夫规模较小的第29集团军，其部队正在西德维纳河以南，沿伊利因诺和东面卡特科沃接近地从事战斗。铁木辛哥非常清楚，若马斯连尼科夫麾下部队击败并打垮德国第9集团军相对虚弱的左翼，这样一场胜利也许能促成整个反攻取得成功。最起码，第29集团军的成功推进肯定能为西方面军创造有利条件。铁木辛哥提及的德国第9集团军左翼，是一片近100千米宽的地带，从伊利因诺以西15千米，西德维纳河河畔的奥列尼察（Olenitsa）向东延伸，直至别雷—杜霍夫希纳公路西面、别雷以南20千米的洛西米诺（Los'mino）。中央集团军群在这片地带的防御尤为虚弱，因为据守在此的只有2.5个德国师，也就是第6军第26和第6步兵师，以及第5军第129步兵师。

这片长长的地带主要是茂密的森林和布满灌木丛的沼泽地，西德维纳河、梅扎河和两条河流的诸多支流在这里穿过并交错，负责守卫该地段的是两个德国军辖内3个师所属的部队。具体说来，第6军第26步兵师守卫伊利因诺以东、以西地段，第6军第6步兵师横跨西德维纳河及其东面，第5军第129步兵师掩护别雷—杜霍夫希纳公路及其西面。由于先前从事的战斗，这三个师实力不足，每个师的防御地带约为30千米宽。他们面对的是马斯连尼科夫第29集团军，该集团军编有步兵第243、第252师，新开到的步兵第246师，NKVD摩托化步兵第1团，新组建的一个混成摩托化步兵旅（辖3个摩托化步兵团），以及独立骑兵第29团。（参见地图9.14）

另外，多瓦托尔上校编有骑兵第50和第53师的骑兵集群，已受领突袭德军第6步兵师后方地域的任务，而第30集团军步兵第250师实际上正对德军第129步兵师的防御构成威胁，第129步兵师据守着一个拉长的突出部，沿别雷—杜霍夫希纳公路及其西面伸向北面。与当面之敌相比，马斯连尼科夫集团军在步兵力量方面占有超过四倍的优势，铁木辛哥据此认为，该集团军能够打垮德国第9集团军左翼，但前提条件是马斯连尼科夫激励辖内部队展开积极进攻。

实际上，苏联人与德国人之间的这场有趣的猫鼠游戏即将在该地带上演。希特勒和陆军总司令部意识到了中央集团军群左翼的脆弱性，刚刚命令集团军群司令博克，将霍特第3装甲集群辖内大部分装甲和摩托化师调往北面，加强北方集团军群对列宁格勒摇摇欲坠的攻势并解决博克左翼遭受的威胁。具体而言，施密特将军辖第12装甲师、第18和第20摩托化师的第39摩托化军，向北开赴旧鲁萨（Staraia Russa）和列宁格勒，而第57摩托化军（更名为施图梅集群）和第19、第20装甲师转向西北方，进攻并粉碎西方面军最右翼、大卢基地域的苏军第22集团军。希特勒坚信，施图梅对大卢基的突击不仅能粉碎苏军第22集团军，还将击败、歼灭马斯连尼科夫第29集团军并率领德军前出到托罗佩茨地域，在此过程中可消除第9集团军左翼面临的一切危险。

铁木辛哥很快就发现德军装甲力量正调离他的作战地域，但不知道对方会赶往何处，而希特勒决定只留下第7装甲师、第14摩托化师和武装党卫队"帝国"摩托化师，在从伊利因诺东延至别雷—杜霍夫希纳公路，再向南延伸到亚尔采沃以南的第聂伯河河段这片地带支援第9集团军第6、第5、第8军的步兵。另外，8月中旬沿沃皮河的激烈战斗吸引了德军第14摩托化师和第7装甲师，没有给面对马斯连尼科夫第29、霍缅科第30集团军的德军步兵师留下任何提供支援的战役预备队。这令苏联最高统帅部大本营和指挥西方面军的苏联元帅深感鼓舞。

但现实情况远比铁木辛哥意识到的更为凶险，因为希特勒和博克为获取更大利益，刻意接受了暂时削弱第9集团军装甲力量的风险。铁木辛哥指望在德军装甲和摩托化力量缺阵的情况下打垮第9集团军的防御时，希特勒和博克却计划以部分装甲力量（第57摩托化军第19和第20装甲师）击败大卢基地域的苏军第22集团军，然后再沿西德维纳河及其北面消灭马斯连尼科夫第29集团军。归根结底，这是个时机问题。苏军不得不自问："第29集团军能否在德军装甲力量介入前击败斯摩棱斯克北面的第9集团军步兵力量？"另一方面，德军也必须回答类似的问题："第57摩托化军的装甲铁拳能否在第9集团军左翼步兵力量崩溃前粉碎苏军第22和第29集团军？"

这场致命的猫鼠游戏开始于8月17日，马斯连尼科夫本应于当日向南进军。随后发生的事件表明，这场游戏只持续了五天。（参见地图9.11）

8月18日午夜过后不久，西方面军各突击群司令员将各自的最终进攻计划

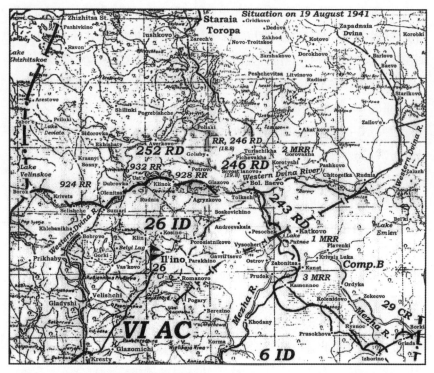

▲ 地图9.14：第29集团军的作战地域（资料图）

提交铁木辛哥审批。虽然霍缅科尚未呈交计划，但一如既往，科涅夫的方案中包括他的战役概念和计划，以及提供额外支援的请求：

致铁木辛哥，副本抄送第30和第16集团军司令员：

☆敌人的情况——遭到我集团军辖内部队攻击，敌第161步兵师被击败的部队撤往洛伊尼亚河和察列维奇河西岸。集团军中央地带和左翼之敌混乱退却，在战场上丢下大批尸体并将个人武器和装备抛弃一空。

☆第19集团军的任务——以一场果断突击粉碎敌人的抵抗，发展胜利的同时，在扎米亚季纳、穆日洛瓦、宰采瓦国营农场地域和新谢利耶东北方3千米的209.9高地附近夺取洛伊尼亚河和察列维奇西岸。

☆表彰——我必须提及步兵第50、第64师，坦克第101师的特殊干劲和英勇，集团军为当日取得的胜利向他们表示感谢。

☆第19集团军的情况——步兵第166师在右翼占据原先的位置并展开积极侦察，步兵第91师夺得波捷利察和扎德尼亚西南方1.5千米处的216.5高地。

☆决心——我决定于8月19日发展胜利，朝杜霍夫希纳这个总方向发起进攻，追击并消灭敌第161步兵师已被击败的部队，同时前出到以下位置：

■步兵第166师——博尔尼基和巴拉绍瓦（亚尔采沃以北23—26千米）。

■步兵第91师——梅什科沃和马舒季诺（亚尔采沃以北19—22千米）。

■步兵第64师——苏谢沃和波波瓦（亚尔采沃西北偏北方12—18千米）。

■坦克第101师——波波瓦和新谢利耶（亚尔采沃以北4—11千米）。

■我的预备队是步兵第89师，位于谢利科沃、特鲁哈诺瓦和斯捷潘基纳地域；以及坦克第202团，位于博洛季诺东南方森林内。

☆请求——我请求提供歼击机支援，因为今天上午，9—12架敌机对我集团军主要突击方向上的部队实施空袭并在科佩罗夫希纳地域打击沃皮河上的渡口。[44]

获得铁木辛哥批准后，科涅夫8月19日2点给他的集团军下达了新进攻令：

· **敌人的情况**——敌人将第900摩托化团、第5和第161步兵师投入战斗后，其部队已被逐一击败，正向西退却，企图沿洛伊尼亚河和察列维奇河的中间防线掘壕据守。敌人获得坦克和火炮加强的一些摩托化步兵预备队有可能从杜霍夫希纳地域开至。

· **友邻力量**——在现有分界线内继续遂行他们受领的任务。

· **第19集团军的任务**——8月19日8点起，朝杜霍夫希纳这个总方向发展胜利，追击并歼灭敌第161步兵师被击败、正在后撤的部队，包围并歼灭巴拉绍瓦、波切波瓦地域之敌，以及敌人位于东面森林内的部分力量。

· **辖内各兵团的任务**

★步兵第166师——据守右翼并以左翼力量攻往祖博瓦和洛谢沃，会同步兵第91和第50师将敌人歼灭在莫捷沃、220.5高地（波捷利察西北方1千米）和洛谢沃地域并于日终前夺取洛谢沃、阿扎林基一线。

★步兵第91师——发展胜利，以右翼力量遂行主要突击，攻往巴拉绍瓦、波切波瓦和东面的树林，8月19日日终前到达梅什科沃和马舒季诺一线，在马列耶夫卡和巴甫洛沃夺取并坚守察列维奇河上的渡口。

★步兵第50师（获得1个混成坦克营加强）——以你部主力向科卢吉诺发展胜利，以1个步兵团和坦克营向波切波沃和巴拉绍瓦发起一场快速打击，会同步兵第91和第166师包围并歼灭巴拉绍瓦、波切波沃地域及东面森林内之敌，日终前到达马舒季诺、苏谢沃一线，以先遣支队在荣军院附近夺取并坚守察列维奇河上的渡口。

★步兵第64师——消灭穆日洛沃、图里谢沃、宰采瓦国营农场地域之敌，沿图里谢沃、西面小树林、宰采瓦国营农场以南一线掘壕据守并以先遣部队在纳沃利尼亚和斯洛博达夺取、坚守察列维奇河上的渡口。

★坦克第101师——夺取波波瓦和新谢利耶（东部）一线，沿此掘壕据守并派支队追击、侦察敌人，直至波塔波瓦和萨穆伊洛瓦一线。

★预备队：

☆步兵第89师——肃清谢利科沃、巴特耶沃、特鲁哈诺瓦地域之残敌，8月19日10点前集结于谢利科沃、巴特耶沃西南方1千米、特鲁哈诺瓦、米亚科谢瓦地域。

☆坦克第202团和集团军混成坦克营——8月19日4点调至步兵第50师，集结于马科维耶东面树林并在博洛季诺南面树林附近占据环形防御后，做好发起行动的准备，打击从杜霍夫希纳地域开到的敌预备队和撤离梅什科沃、佩斯涅沃、苏谢沃、拉赫马尼诺地域的敌军队列。

☆步兵第159团——留在当前位置。

★炮兵的任务：

☆压制博尔尼基、卡斯塔拉诺瓦、洛谢沃、巴尔苏基、伊万尼基、巴拉绍瓦地域的敌炮兵连。

☆阻止敌人撤至巴拉绍瓦、卡扎科瓦、博洛季诺、宰采瓦国营农场、卡利科维奇地域的渡口。

☆阻止敌预备队从洛谢沃、拉赫马尼诺、苏谢沃开至。

☆8月19日的弹药消耗——0.5个基数。

★第19集团军航空兵的任务：

☆实施侦察，确定马尔科沃、沃斯克列先斯科、沙图内、弗拉库利诺地域之敌，以及从杜霍夫希纳方向开来的敌预备队的性质，并弄清在别尔季诺、克佩什尼亚车站、波尼佐维耶地域行动之敌的编组及性质。

☆阻止敌预备队从察列维奇河开至。

☆准备同坦克第202团展开联合行动，消灭察列维奇河渡口之敌。

☆在乌斯季耶、巴拉绍瓦、博洛季诺、特鲁哈诺瓦、瓦西利西诺地域掩护集团军军队集群。

☆应特别留意为步兵第89师和坦克第202团提供掩护。

★报告——1点、13点、20点提交作战和侦察摘要。[45]

除了把自己的力量和注意力集中于察列维奇河上的渡口外，科涅夫还特别留意预期中德军装甲力量的反突击，他认为对方必然会采取这一行动。基于自己接受过的训练和以往的经历，科涅夫认为第19集团军位于沃皮河以西的登陆场之北翼最有可能成为德军装甲力量的打击重点。因此，他命令步兵第50、第91、第166师将他们的进攻行动集中在5千米宽的地段，从波切波瓦向北延伸，穿过巴拉舍瓦，直至集团军右翼的洛谢沃。科涅夫认为，摆出这个姿态，三个师可以将其半数力量转向右侧，抗击德军从北面而来的一切装甲突击。为进一步加强该地段，科涅夫命令坦克第202团（辖混成坦克营，共计50—60辆坦克）进入步兵第50师后方地域，位于德军装甲力量可能出现处以南5—6千米。到达指定区域后，两支坦克部队将构设环形防御支撑点，把部分坦克半埋入地下，与反坦克炮兵分队和步兵协同，组织坦克伏击。为完成他的防御计划，科涅夫命令季格·费多罗维奇·科列斯尼科夫上校将步兵第89师变更部署至预期德军突击点以南5千米的巴特耶沃（Batyevo），另外，为强化防御，他还把火炮和战机打击力量集中到该地域。

虽然第19集团军8月19日8点恢复进攻，但步兵第50师并未参与其中，主要因为科列斯尼科夫①的部队没能及时重组，以便在规定的H时加入进攻。科涅夫

---

① 译注：原文如此。

当日中午向西方面军司令部和两个毗邻集团军通报这个情况，称"集团军辖内部队8月19日8点转入进攻，以完成第030号令规定的任务，步兵第50师除外，该师辖内部队未能在夜间成功重组并占据出发阵地。该师将于11点投入冲击"。[46]

尽管存在这个问题，但截至12点，步兵第50和第64师从卡扎科夫（Kazakov）和穆日洛沃（Muzhilovo）村又向西推进1千米。南面，坦克第101师坦克第101团两个营前出到斯卡奇科瓦（Skachkova）和奇斯塔亚（Chistaia）对面的察列维奇河东岸，步兵第89师肃清后方战场，数出200多具敌人的尸体，还缴获大批德军装备（参见下面的方面军每日作战摘要）。最具价值的战利品当属德军第161步兵师第336团的地图和命令。据报，苏军在前一日的战斗中共击毁12辆敌坦克。汇报这些战果时，科涅夫还提及坦克第202团第3营营长科尔舒诺夫大尉，他的指挥坦克被击毁，他和车组成员"英勇牺牲"。与此同时，第19集团军加强右翼防御，准备应对德国人必然发起的反突击。（参见地图9.15）

8月19日，战线其他地段，北部突击群（第30集团军）只取得些许战果。虽然霍缅科麾下步兵第162和坦克第107师取得约2千米进展，前出到舍列佩（Shelepy）东郊，但面对德军激烈抵抗的其他师止步不前，主要因为获得加强的步兵第244师仍未及时完成重组并加入进攻，而马斯连尼科夫第29集团军的突击也停滞在伊利因诺以北的西德维纳河南面，不仅因为德军的顽强抗击，还因为步兵第246师没能到达集结地域并加入向伊利因诺发起的进攻。除了科涅夫集团军，西方面军中只有在第29与第30集团军之间缺口投入行动的多瓦托尔骑兵集群取得了胜利。多瓦托尔中午报告，他的部队"将梅扎河北岸之敌逐向他们从图卡洛沃延伸至瓦西利耶沃、乌斯季耶、弗罗洛沃（别雷西南偏西25—55千米）的主防线"，在此过程中"消灭2000名敌步兵并以夜袭打垮敌第4步兵团团部（乌斯季耶）"，此后敌人"惊慌后撤"。[47]（参见地图9.16）

可能是为弥补8月19日白天的欠佳表现，当晚19点，马斯连尼科夫给西方面军司令部发去更加乐观的消息。这份报告以详细进攻令的方式列出辖内部队的任务并宣布步兵第244师①已经到达，即将投入战斗（参见地图9.14）：

①译注：第246师。

·敌人的情况——据守在集团军战线对面, 正加强他们设在伊利因诺的筑垒地域, 以及卡特科沃、195.0、209.6高地的抵抗基点, 正在柳博维齐和赫列巴尼哈地域集结兵力, 可能有2个步兵团部署在我集团军左翼对面的大热列兹尼察、波焦吉农场、克里瓦亚卢卡农场、普鲁多克地域, 更多步兵力量位于博罗克地域, 其空中活动也有所增加。

·第29集团军的任务——以2个师从左翼的巴耶沃和亚西科沃农场发起主要突击, 以2个团从乌斯季耶和维波尔佐沃一线展开辅助突击, 攻向伊利因诺, 消灭敌伊利因诺集团并朝杰米多夫发展胜利。同时, 以步兵第252师第924团在克里维茨、萨莫杜莫瓦、奥西诺夫卡、第一奥列尼察、红索斯内设立防坦

▲ 地图 9.15: 第 19 集团军的作战态势, 1941 年 8 月 19 日晚间(资料图)

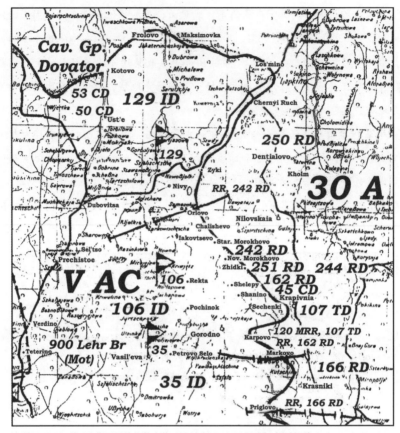

▲ 地图 9.16：第 30 集团军的作战态势，1941 年 8 月 19 日晚间（资料图）

克防御地域，以此掩护集团军右翼，左翼则由混成旅骑兵第29团沿梅扎河设立一道骑兵掩护线。

·**友邻力量**——右侧，第22集团军据守既占阵地；左侧，第30集团军正攻向杜霍夫希纳并朝别雷方向掩护其右翼。

·**集团军各兵团的任务：**

★步兵第252师（与反坦克炮兵第309营2个连，军属炮兵第644团1个连）——第924团据守克里维茨、萨莫杜莫瓦、奥西诺夫卡、第一奥列尼察和红索斯内地段（伊利因诺西北偏西方23千米至西北方14千米），以2个团（向南）攻往锡尼奇诺和韦利希（伊利因诺西南方15千米），向别雷卢格农场、伊万特鲁德农场、瓦西科沃、旧谢利耶、韦利希发展，以夺取171.6里程碑（韦利希西南方1千米），在掩护集团军遂行任务的主力的同时，在乌斯季耶和维波尔佐沃地域（伊利因诺西北偏北方18—20千米）强渡西德维纳河，将两个团沿197.6里程碑和锡尼奇诺一线合并，向西南方（向韦利日）发展进攻。

★步兵第246师（与反坦克炮兵第309营1个连，军属炮兵第644团2个连）——8月19日—20日夜间集结在巴耶沃和波亚尔科沃地域（伊利因诺东北方10—13千米）的出发地段，攻往舍雷加内、安德列耶夫斯科耶、安德列耶夫斯克农场、尤里耶沃、克林，会同步兵第243师夺取伊利因诺并歼灭敌伊利因诺集团，以1个团攻往特鲁布尼基、索科维奇诺、别洛泽里察、普什尼基、第三格拉布利诺，以此掩护主力之右翼。同时，以1个连掩护更北面的别洛泽里察地域，以1个连掩护季莫费耶沃农场以南1千米各湖泊之间地域，以1个营掩护第三格拉布利诺、202.0高地、科切加罗沃。

★步兵第243师（与反坦克炮兵第303团1个连，军属炮兵第644团1个连）——沿诺温卡农场、采尔皮诺农场、波罗夏特尼科沃农场、帕拉希诺方向（伊利因诺东北偏东方12千米）遂行主要突击，前出到194.3里程碑、采尔皮诺农场、秋利基一线，会同步兵第246师，通过前出到列舍特基、马尔科沃、别列津诺、伊利因诺地域夺取伊利因诺东郊并歼灭敌伊利因诺集团。

★混成旅（欠摩托化步兵第2团）——夺取卡特科沃（伊利因诺东北方15千米）抵抗基点后，会同步兵第243师攻往维索切尔特、哈尔托米诺农场、加夫里利采沃（伊利因诺以东5千米），同时掩护主要突击力量之左翼和维索切尔特、叶尔佐沃农场、哈尔托米诺农场方向。

★骑兵第29团——在集团军左翼以独立骑兵巡逻队和警戒哨沿扎博尔尼察、克里瓦亚卢卡、格林斯科耶、泽克耶沃、维亚佐夫尼亚、博尔基方向掩护梅扎河一线，防止敌侦察力量向北面和东北面渗透。

★第53号装甲列车——交由混成旅指挥，照亮并掩护扎尔科夫斯基车站和博尔基方向。

★集团军预备队——（混成旅的）摩托化步兵第2团集结在杰米多沃、科罗特希、皮卡利哈地域。

★炮兵——8月20日13点前做好遂行以下任务的准备。

☆以步兵第252、第243师炮兵力量压制敌火力配系和支撑点。

☆以20分钟火力急袭掩护步兵转入进攻。

☆阻止敌人从别洛泽里察以东森林发起反冲击，阻止敌预备队开至伊利因诺、卡纳特、大热列兹尼察。

☆反坦克预备队——反坦克炮兵第303营2个连应在边齐地域阻止敌坦克力量从北面开到，并以1个坦克连在谢瓦斯季亚诺沃和布罗德地域占据支撑点。

★第29集团军航空兵，混成航空兵第31师的任务：

☆掩护步兵第246、第243师的集结并于8月20日拂晓在巴耶沃、普特诺耶农场、扎博里耶地域发起冲击。

☆侦察并消灭韦利日和伊利因诺、尼古拉耶夫斯科耶和卡纳特、伊利因诺和普鲁多克公路上的敌军队列。

☆摧毁科洛德诺湖东南方的敌机场和师部。

☆8月20日14点纵火焚烧卡特科沃筑垒地域。压制鲁德尼亚、苏特尔米诺、波罗夏特尼科沃地域的敌炮兵和迫击炮兵连。

★后勤副司令员——为作战行动提供弹药和草料，为步兵第246、第243师确定补给和疏散路线，鉴于后方道路数量有限，必须考虑交叉路口和补给站的问题。

★工程兵主任——沿各师主要前进方向修葺道路，在乌斯季耶、韦基什基诺、谢瓦斯季亚诺沃、布罗德附近搭设西德维纳河上的桥梁。

★报告——提交进攻准备、占据出发阵地的报告，到达索科维奇诺、诺温基农场、博拉季科沃农场、沃洛霍沃农场、别洛泽里察、采尔皮诺农场、秋利基一线和夺取伊利因诺后都应提交相关报告。[48]

西方面军8月19日20点提交的作战概要，详细阐述方面军所取得的进展的同时，清楚地表明铁木辛哥确信这场进攻将取得积极的战果。但这份作战摘要也证明，西方面军司令员对德国中央集团军群的后续计划几乎一无所知，特别是对方正准备以装甲力量猛攻西方面军右翼（参见地图9.17）：

· **总体情况**——大卢基方向未发生变化，但方面军中央地带和左翼，面对敌人的顽强防御，我方部队正继续进攻。

- **第22集团军**——加强既有阵地并实施侦察。
- **第29集团军**：

★步兵第252师——面对敌人施加的沉重压力，第924和第932团撤至西德维纳河北岸的出发阵地，第928团弃守阿格雷兹科沃，撤至格拉兹科沃（位于西德维纳河北岸，伊利因诺以北13千米），在那里同进攻之敌展开战斗。（特别指出）——第924团8月18日消灭敌（第26步兵师）第78团第3营营部，缴获1门火炮、部分弹药和文件，这些文件表明，敌人已于8月17日对该集团军发起进攻。该团一名上校和一名大尉在战斗中牺牲。

★步兵第243师——8月19日15点夺得佩索切克（伊利因诺东北方10千米）并沿特鲁布尼基、安德列耶夫斯卡亚一线战斗，在此期间遭到敌人的猛烈空袭和反冲击。（特别指出）——8月18日在舍雷加内地域，该师第912团的班长穆先科中士，一连18个小时协助击退敌人1个连对索科维奇诺的进攻。

★摩托化步兵第1团——封锁卡特科沃（伊利因诺东北偏东方15千米）的敌支撑点。

★骑兵第29团和第53号装甲列车——掩护集团军左翼。

- **骑兵集群**（骑兵第50和第53师）——将梅扎河北岸之敌逐向他们从图科洛沃延伸至瓦西利耶沃、乌斯季耶、弗罗洛沃（别雷西南偏西方25—55千米）的主防线。

★骑兵第50和第53师——日终前分别到达菲利诺、特鲁西洛沃、伊瓦什基纳、普里斯坦（别雷西南偏西方28—30千米）和博亚尔希诺、洛莫诺索沃车站、宰科瓦（别雷西南偏西方35—40千米）并奉命赶往韦利斯托湖（别雷西南方50—53千米）。

★该集群侦察部队消灭2000名敌步兵，并以夜袭在乌斯季耶（别雷西南方35千米）打垮敌第4步兵团团部，迫使敌人"惊慌后撤"，德寇烧毁索洛维耶沃、伊瓦什基诺、穆拉维耶沃和另外几个村庄并抢走村里的牲畜①。

---

① 译注：格兰茨为阐述他前言中所说的"根本事实"而大量引用苏联方面的命令和作战报告，但诸如"侦察部队消灭2000名敌步兵"这种令人瞠目结舌的战报只会降低这些作战报告的真实性和可信度。

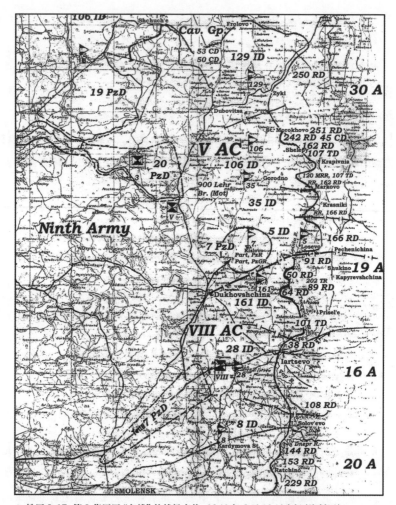

▲ 地图 9.17: 第 9 集团军 "东线" 的战场态势, 1941 年 8 月 19 日晚间 (资料图)

★损失——10人阵亡, 71人负伤。

★刚刚从德国开来的第2步兵师在骑兵集群前方行动。

★集群指挥部——菲利诺以北1千米的树林内。

·第30集团军——8月19日13点30分发起进攻, 打击敌人的顽强抵抗, 截至16点的战果如下:

★步兵第250师——位置未发生变化。

★步兵第242师——夺取200.0高地[日德基(亚尔采沃以北50千米)西南面]后缓缓推进。

★步兵第162师——同坦克第107师的坦克相配合,消灭当面之敌并前出到舍列佩(杜霍夫希纳以北47千米)东郊,那里的战斗仍在继续。

★骑兵第45师——投入战斗,发展步兵第162师的胜利并攻向舍列佩。

★步兵第244师——将师主力集结在新维索科耶地域(舍列佩以东10—12千米),1个步兵团位于斯洛博达和托尔奇洛沃地段(日德基以东4—5千米),但该师依靠马匹拖曳的梯队预计将于8月19日18点开到,尽管这一点尚未得到确认。

★损失——45人阵亡,451负伤。

· **第19集团军**——8月19日8点发起进攻,在中央地带及右翼发展胜利,已被击败的敌第161步兵师辖内部队,正向西实施战斗后撤。

★第50和第64步兵师——12点从卡扎科瓦和穆日洛沃一线(亚尔采沃以北14—19千米)成功向西推进。

★坦克第101师——步兵第101团2个营在察列维奇河西岸的斯卡奇科沃、奇斯塔亚地段(亚尔采沃以北6—9千米)战斗。

★步兵第166师——位置未发生变化。

★步兵第89师——集结在第二梯队的谢利科沃、戈罗德诺、米亚基舍沃地域(亚尔采沃东北偏北方16—18千米)。

★敌人的损失——在科尔科维奇地域遗尸200具,据初步数据统计,我方缴获4门105毫米火炮和1000发炮弹、45箱迫击炮弹、3辆轻型汽车、21支步枪、1门迫击炮、1辆指挥车,消灭/击毁敌人3个45毫米炮兵连、4门反坦克炮和1个步兵营,据后续报告称,我方另缴获9门105毫米火炮、3门150毫米火炮、2门75毫米火炮、1500发炮弹、第161步兵师第336团的地形图和相关命令。

★我方损失——8辆坦克被烧毁,4辆被击毁,坦克第202团第3营营长科尔舒诺夫大尉的指挥坦克烧毁,他和车组成员"英勇牺牲"。

· **第16集团军**——协助第19集团军的进攻行动并掩护其左翼,以步兵第38师在集团军右翼朝新谢利耶和萨穆伊洛瓦(亚尔采沃以北3—5千米和东北偏北方）这个总方向遂行冲击，以夺取萨穆伊洛瓦和库季诺瓦一线。

★步兵第38师——师主力18点前在斯卡奇希诺附近200里程碑所在高地南坡至196.6高地这片地域到达沃皮河西岸。

★步兵第108师——位置未发生变化。

·**第20集团军**——实施重组和炮火准备后，8月19日10点向南发起冲击，同时准备在中央地带攻向西北方（杜霍夫希纳）。

★步兵第144师——加强既占阵地，向米季科沃（索洛维耶沃以南8千米）发起的进攻未获成功。

★步兵第153师——加强既占阵地，第505团8月18日24点前集结在扎博里耶（索洛维耶沃以南10千米）以西地域，面对敌人对扎博里耶和奥索瓦地域有条不紊的炮击，并于8月18日—19日夜间和8月19日晨渡过第聂伯河。

★步兵第229师——加强既占阵地。

★步兵第73师——面对敌人的顽强抵抗，9点40分攻向科尔皮诺（索洛维耶沃西南偏南方18千米）。

★步兵第161师——实施炮火准备后，8月19日10点沿丘哈奇、224.8高地一线（索洛维耶沃东南偏南方20千米）发起冲击，克服敌人的激烈抵抗，13点前夺得224.8高地西北坡，缴获30—40箱37毫米迫击炮弹，正在继续进攻。

★步兵第129师——实施1小时炮火准备后，8月19日10点发起冲击，16点在克列米亚季诺（索洛维耶沃东南偏南方22千米）进行激烈巷战，第343团逼近戈罗多克东郊。

·**方面军预备队**——1个坦克师位于瓦季诺（亚尔采沃东北偏北方47千米）南面的树林内。

·**方面军航空兵**——以107个飞行架次支援地面部队、打击开进中的敌预备队、掩护我方部队集结，包括51个轰炸机架次和56个歼击机架次，其中36个飞行架次在夜间实施，共投掷24枚FAB-100、6枚FAB-82、6枚AO-82、99枚FAB-70、40枚FAB-50、2枚SAB-25、44枚AO-32、34枚AO-10、146枚AO-2.5炸弹，5172枚KS燃烧弹和427000份传单。

★混成航空兵第23师——打击敌军，纵火焚烧博尔季诺、斯卡利亚耶夫卡、洛莫诺索沃、乌夏波沃、伊沃希诺、苏谢沃、胡德科瓦、布采沃、贝霍沃、克里夫齐、蓬克拉托瓦地域的森林，称多处燃起大火并发生剧烈爆炸。

★混成航空兵第46师——在休奇耶湖附近的森林内纵火，造成大火和爆炸，8月19日晨支援第30集团军。

★混成航空兵第47师——8月18日—19日夜间轰炸敌军，在杜霍夫希纳地域周边半径5—6千米内纵火，8月19日晨支援第19集团军。

★混成航空兵第43师——支援第19集团军。

★混成航空兵第31师——支援第29集团军。[49]

（作者注：这份摘要中描述骑兵集群的段落错误地列入第19集团军部分，但已加以纠正。）

尽管第29集团军声称德国人正加强第9集团军位于西德维纳河南面的左翼，可是这些调动报告显然得自空中侦察，很可能是指第57摩托化军向西变更部署，赶往大卢基地段。铁木辛哥虽然对第19集团军的实际进展和第30集团军的预期进展深感鼓舞，但非常清楚德军装甲力量发起反突击的可能性。不过，他预计德国人会对第19集团军在沃皮河以西的突破展开反突击，仍未意识到德国第3装甲集群辖内装甲师和摩托化师调往东北面给西方面军右翼造成的危险。由于北方集团军群辖内部队刚刚在伊尔门湖南面的旧鲁萨地域遭遇挫败，急需新锐装甲力量重振他们向列宁格勒的进军势头，这一点完全可以理解。因此，虽然一些关键性事件即将在战线上的数个地段发生，但铁木辛哥没能领悟其重要性。

★

铁木辛哥西方面军攻势第一阶段的行动，即便不能说超过，也满足了这位方面军司令员的最大期望值。斯大林和大本营同样深受鼓舞。科涅夫第19集团军在亚尔采沃以北的猛烈突击，沿德国第9集团军"东线"防御撕开了一个大缺口，重创第8军第161步兵师并给第5、第28步兵师和第900摩托化旅提供支援的坦克造成了严重损失。德国第9集团军的防御发生弯曲，但并未破裂，8月19日黄昏，科涅夫第19集团军在亚尔采沃北面的沃皮河西岸夺得了一片坚实的立足地，而马斯连尼科夫第29集团军则将德国第9集团军左翼从西德维纳河南面推向伊利因诺接近地。虽然霍缅科第30集团军没能复制科涅夫的成功，但他的猛烈突击至少将德国第9集团军沿别雷—杜霍夫希纳公路及其南面推往西南方。更令人鼓舞的是，姗姗来迟的步兵第244师现在开始向前推进，这一点加强了霍缅科的信念：他的部队将在不久之后取得更大战果。

从第9集团军司令施特劳斯将军的角度看，他的右翼遭突破，中央地带和左翼处在巨大的压力下，他别无选择，只能向中央集团军群寻求帮助。而中央集团军群司令博克和施特劳斯一样，也无计可施，只得四处搜罗必要的预备力量，以维系第9集团军的防御。雪上加霜的是，希特勒北调第3装甲集群主力的决定，导致博克和施特劳斯几乎没有足够的预备力量加强他们沿集团军群"东线"的防御。因此，由于希特勒这场赌博的效果仍要打个问号，博克和施特劳斯别无选择，只能以手头现有力量解决眼前的危机。8月19日晚，第9集团军的命运，以及博克集团军群恢复向莫斯科进军的希望，都寄托在他力量微薄装甲预备队的肩头。黄昏前不久，丰克将军的第7装甲师接到紧急命令，要求他挥师向北，在第9集团军彻底崩溃前恢复其防御。12小时内，铁木辛哥的反攻将经受最艰巨的考验。

注释

1. 《预备队方面军副司令员1941年8月3日给第24集团军司令员下达的单独战斗令：关于包围叶利尼亚地域之敌》（Chastnyi boevoi prikaz komanduiushchego voiskami Rezervnogo fronta ot 3 avgusta 1941 g. komanduiushchemu voiskami 24-i Armii na okruzhenie protivnika v raione El'nia），收录于《伟大卫国战争作战文件集》第37期，莫斯科：军事出版局，1959年，第168、第333—335页。朱可夫挑出步兵第19、第103、第105、第106、第120师加以严厉批评。

2. 同上，第124—125页。

3. 同上，第169—170页。

4. 同上，第171—174页。拉库京突击群编有步兵第107、第10、第103、第19、第120师，摩托化第10师，坦克第105、第102师，外加一个T-34坦克连。库罗奇金突击群编有步兵第53、第217、第222、第145、第149师，坦克第104、第109师。大本营的训令可参阅V.A.佐洛塔廖夫主编，《最高统帅部大本营：1941年的文献资料》，第106页。

5. 阿尔贝特·凯塞林，《一名军人的记录》，纽约：威廉·莫罗出版社，1954年，第123页；赫尔曼·普洛歇尔，《德国空军对苏作战，1941年》，美国空军历史部，空军大学航空航天研究学院，1965年7月，第97—111页。里希特霍芬第8航空军8月3日撤离前线，调去协助莱布夺取列宁格勒后，坚守叶利尼亚的可能性骤然下降。

6. 参见第3装甲集群8月份的每日态势图，《第3装甲集群作战处作战日志附件，作战态势图，1941年7月21日至8月31日》，收录于*Pz AOK 3, 15415/12*；V.A.佐洛塔廖夫主编，《伟大卫国战争，1941年—1945年》第一册，第181页。

7. 克劳斯·格贝特主编、戴维·约翰逊译，《陆军元帅费多尔·冯·博克：战时日记，1939年—1945年》，宾夕法尼亚州阿特格伦：希弗出版社，1996年，第280页。

8. 查尔斯·伯迪克、汉斯-阿道夫·雅各布森译，《哈尔德战时日记，1939年—1942年》，加利福尼亚州诺瓦托：要塞出版社，1988年，第506页。

9. 《西方面军司令部1941年8月12日发给总参谋部的报告：关于计划中沿杜霍夫希纳—斯摩棱斯克、叶利尼亚—罗斯拉夫利方向的进攻行动》（Doklad shtaba Zapadnogo fronta ot 12 avgusta 1941 g. General'nomu Shtabu o namechaemykh nastupatel'nykh operatsiiakh na Dukhovshchinsko-Smolenskom i El'ninsko-Roslavl'skom napravleniakh），收录于《伟大卫国战争作战文件集》第41期，莫斯科：军事出版局，1960年，第11—12页。博尔金集群由原西方面军作战部长指挥，以第3集团军残部组成，该集团军6月下旬刚刚完成从比亚韦斯托克和明斯克包围圈向西[1]的跋涉。与许多集群一样，博尔金的部队6月下旬逃离明斯克包围圈，16天内向东跋涉约400千米。

10. 同上，第12页。

11. 《第16集团军司令员1941年8月15日下达的第01号战斗令：关于准备发起一次进攻》（Boevoi prikaz komanduiushchego voiskami 16-i Armii No. 01 ot 15 avgusta 1941 g. o podgotovke voisk armii k nastupleniiu），收录于《伟大卫国战争作战文件集》第41期，第137—138页。

12. 《西方面军司令员1941年8月15日下达的第0109号令：关于敌人的战术特点和将方面军辖内部队投入夜间行动》（Prikaz komanduiushchego voiskami Zapadnogo fronta no. 0109 ot 15 avgusta 1941 g. ob osobennostiakh taktiki protivnika i razvertyvanii voiskami fronta nochnykh deistvii），收录于《伟大卫国战争作战文件集》第41期，第13—14页。

13. 《西方面军司令员1941年8月15日发给最高统帅的报告：关于沿杜霍夫希纳方向的进攻行动》

---

① 译注：原文如此。

（Doklad komanduiushchego voiskami Zapadnogo fronta ot 15 avgusta 1941 g. Verkhovnomu Glavnokomanduiushchemu o nastupatel' noi operatsii na Dukhovshchinskom napravlenii），收录于《伟大卫国战争作战文件集》第41期，第14—15页。

14.《西方面军司令员1941年8月15日下达的第01号战斗令：关于消灭敌杜霍夫希纳集团》（Boevoi prikaz komanduiushchego voiskami Zapadnogo fronta no. 01 ot 15 avgusta 1941 g. na unichtozhenie Dukhovshchinskoi gruppirovki protivnika），收录于《伟大卫国战争作战文件集》第41期，第17—18页。

15. 同上，第14—15页，第17—18页。

16.《西方面军司令部作战部高级助理部长发给西方面军司令部作战部部长的报告：关于第20集团军辖内部队1941年8月8日—15日的作战行动》（Doklad starshego pomoshchnika nachal' nika operativnogo otdela shtaba Zapadnogo fronta nachal' niku operativnogo otdela shtaba fronta o boevykh deistviiakh voisk 20-i Armii v period s 9 po 15 avgusta 1941 g.），收录于《伟大卫国战争作战文件集》第41期，第20—25页；《西方面军司令部的报告：关于第20集团军辖内部队1941年8月15日的战斗和人数编成》（Svedeniia shtaba Zapadnogo fronta o boevom i chislennom sostave voisk 20-i Armii na 15 avgusta 1941 g.），收录于《伟大卫国战争作战文件集》第41期，第211页。

17.《第19集团军司令员1941年8月16日提交西方面军司令员的报告：关于进攻行动的决定》（Doklad komanduiushchego voiskami 19-i Armii ot 16 avgusta 1941. komanduiushchemu voiskami Zapadnogo fronta o reshenii na nastupatel' nuiu operatsiiu），收录于《伟大卫国战争作战文件集》第41期，第157页。

18.《第19集团军司令员1941年8月16日下达的第027号战斗令：关于为进攻行动占据出发阵地》（Boevoi prikaz komanduiushchego voiskami 19-i Armii No. 027 ot 16 avgusta 1941 na zaniatie iskhodnogo polozheniia dlia nastupleniia），收录于《伟大卫国战争作战文件集》第41期，第159—160页。

19.《第30集团军司令员1941年8月16日下达的第036号战斗令：关于朝沙尼诺、多罗费耶沃、波诺马里方向发起进攻》（Boevoi prikaz komanduiushchego voiskami 30-i Armii No. 036 ot 16 avgusta 1941 na nastuplenie v napravlenii Shanino, Dorofeevo, Ponomari），收录于《伟大卫国战争作战文件集》第41期，第281—282页。

20.《西方面军司令员1941年8月16日下达给第30集团军司令员的战斗令：关于修正集团军辖内部队的进攻计划》（Boevoe rasporiazhenie komanduiushchego voiskami Zapadnogo fronta ot 16 avgusta 1941 g.komanduiushchemu voiskami 30-i Armii o vnesenii popravok v reshenie na nastuplenie voisk armii），收录于《伟大卫国战争作战文件集》第41期，第41、第32页。

21.《第20集团军司令员1941年8月16日下达的第55号战斗令：关于夺取索普希诺、多布罗米诺、克洛科沃、格林卡》（Boevoi prikaz komanduiushchego voiskami 20-i Armii No. 55 ot 16 avgusta 1941 na ovladenie rubezhom Sopshino, Dobromino, Klokovo, Glinka），收录于《伟大卫国战争作战文件集》第41期，第212—213页。

22. 值得注意的是，在任何情况下，兵团/部队拟制的命令和报告，指挥员、政委和参谋长的名字和签名都会出现在文件底部。但在第19集团军的文件中，却看不到参谋长马雷什金上校的名字，签名栏写的只是"第19集团军参谋长"。我们现在知道个中原因了。这是因为马雷什金1941年10月在维亚济马包围圈被德国人俘虏后，就成了个"不存在的人"。当时已晋升为少将的马雷什金走入德国战俘营，在那里投靠了德国人，先是在红军战俘中进行亲德宣传，后来加入弗拉索夫将军组织的俄罗斯解放军。弗拉索夫这位著名的将领1942年7月被德国人俘虏，当时他率领突击第2集团军在列宁格勒南部发起进攻，但失败后被德军包围。战争结束时，马雷什金被美国人抓获，经过多次谈判，美国人9月份把他移交给苏联人，接受审判后，他因叛国罪被处决。马雷什金这番经历的详情可参阅A.A.马斯洛夫，《被俘的苏军将领：苏军将领被德国人俘虏后的命运 》，伦敦：弗兰克·卡斯出版社，2001年。

23.《第19集团军司令部1941年8月16日发给方面军参谋长的第06号作战报告：关于步兵第50、第64和坦克第101师的集结 》（Boevoe donesenie shtaba 19-i Armii No. 06 ot 16 avgusta 1941 g. nachal'niku shtaba fronta o sosredotochenie 50-I i 64-i Strelkovykh i 101-i Tankovoi Divizii），收录于《伟大卫国战争作战文件集》第41期，第160页。

24.《第19集团军司令员1941年8月16日下达的第028号战斗令：关于消灭敌杜霍夫希纳集团 》（Boevoi prikaz komanduiushchego voiskami 19-i Armii No. 028 ot 16 avgusta 1941 na unichtozhenie Dukhovshchinskoi gruppirovki protivnika），收录于《伟大卫国战争作战文件集》第41期，第160—162页。

25.《西方面军司令部1941年8月16日20点提交的第102号作战摘要：关于方面军辖内部队的作战行动 》（Operativnaia svodka shtaba Zapadnogo fronta No. 102 k 20 chasam 16 avgusta 1941 g. o boevykh deistviiakh voisk fronta），收录于《伟大卫国战争作战文件集》第41期，第25—27页。

26.《第19集团军司令部1941年8月17日5点提交的第145号作战摘要：关于占据出发阵地和为进攻所做的准备 》（Operativnaia svodka shtaba 19-i Armii No. 145 k 5 chasam 17 avgusta 1941 g. o zaniatii voiskami iskhodnogo polozheniia i podgotovke k nastupleniiu），收录于《伟大卫国战争作战文件集》第41期，第163页。

27.《西方面军司令部1941年8月17日8点提交的第103号作战摘要：关于方面军辖内部队为进攻行动占据出发阵地 》（Operativnaia svodka shtaba Zapadnogo fronta No. 103 k 8 chasam 17 avgusta 1941 g. o zaniatii voiskami fronta iskhodnogo polozheniia dlia nastupleniia），收录于《伟大卫国战争作战文件集》第41期，第33—34页。

28.《西方面军司令部1941年8月17日发给总参谋长的作战报告：关于进攻行动的发起 》（Boevoe donesenie shtaba Zapadnogo fronta ot 17 avgusta 1941 g. nachal'niku General'nogo Shtaba o nachale nastupatel'noi operatsii），收录于《伟大卫国战争作战文件集》第41期，第35页。

29.《第19集团军司令部1941年8月17日发给步兵第91和第50师师长的战斗令：关于将师第二梯队投入战斗 》（Boevoe rasporiazhenie shtaba 19-i Armii ot 17 avgusta 1941 g. komandiram 91-i i 50-i Strelkovykh Divizii o vvode v boi vtorykh eshelonov divizii），收录于《伟大卫国战争作战文件集》第41期，第164页。

30.《第19集团军司令部1941年8月17日17点提交的第0146号作战摘要：关于集团军辖内部队的作战行动 》（Operativnaia svodka shtaba 19-i Armii No. 0146 k 17 chasam 17 avgusta 1941 g. o boevykh deistviiakh voisk armii），收录于《伟大卫国战争作战文件集》第41期，第164—165页。

31.《西方面军司令员1941年8月17日发给第20集团军司令员的战斗令：关于更正集团军辖内部队的进攻计划 》（Boevoe rasporiazhenie komanduiushchego voiskami Zapadnogo fronta ot 17 avgusta 1941 g.komanduiushchemu voiskami 20-i Armii o vnesenii popravok v reshenie na nastuplenie voisk armii），收录于《伟大卫国战争作战文件集》第41期，第36页。

32.《西方面军司令部1941年8月17日20点提交的第104号作战摘要：关于方面军辖内部队转入进攻和战斗结果 》（Operativnaia svodka shtaba Zapadnogo fronta No. 104 k 2000 chasam 17 avgusta 1941 g. o perekhod voisk fronta v nastuplenie i rezul'tatakh boia），收录于《伟大卫国战争作战文件集》第41期，第36—39页。

33.《第19集团军司令员1941年8月18日下达的第029号战斗令：关于继续进攻，发展步兵第50师的胜利 》（Boevoi prikaz komanduiushchego voiskami 19-i Armii No. 029 ot 18 avgusta 1941 g. na prodolzhenii nastupleniia s tsel'iu razvitiia uspekha 50-i Strelkovoi Divizii），收录于《伟大卫国战争作战文件集》第41期，第165—166页。

34.《第20集团军司令员1941年8月18日下达的第56号战斗令：关于集团军辖内部队发起进攻

的准备 》（Boevoi prikaz komanduiushchego voiskami 20-i Armii No. 56 ot 18 avgusta 1941 o podgotovke voisk armii k nastupleniiu），收录于《伟大卫国战争作战文件集》第41期，第213—214页。

35.《西方面军司令部1941年8月18日8点提交的第105号作战摘要：关于方面军辖内部队的作战行动》（Operativnaia svodka shtaba Zapadnogo fronta No. 105 k 8 chasam 18 avgusta 1941 g. o boevykh deistviiakh voisk fronta），收录于《伟大卫国战争作战文件集》第41期，第40—42页。

36.《第19集团军司令员1941年8月18日下达的战斗令：关于在步兵第64师作战地段发展胜利》（Boevoe rasporiazhenie komanduiushchego voiskami 19-i Armii ot 18 avgusta 1941 g. o razvitii uspekha v polose 64-i Strelkovoi Divizii），收录于《伟大卫国战争作战文件集》第41期，第166页。

37.《第19集团军参谋长1941年8月18日下达的战斗令：关于各师师长将其指挥所更靠近各部队的战斗队形》（Boevoe rasporiazhenie nachal' nika shtaba 19-i Armii ot 18 avgusta 1941 g. o priblizhenii komandnykh punktov komandirov divizii k boevym poriadkam nastupaiushchikh voisk），收录于《伟大卫国战争作战文件集》第41期，第167页。

38.《第19集团军司令部1941年8月18日发给西方面军参谋长的第09号作战报告：关于集团军进攻行动的进展》（Boevoe donesenie shtaba 19-i Armii No. 09 ot 18 avgusta 1941 g. nachal' niku shtaba Zapadnogo fronta o khode nastupleniia voisk armii），收录于《伟大卫国战争作战文件集》第41期，第168页。

39.《第19集团军司令部1941年8月18日下达的战斗令》（Boevye rasporiazheniia shtaba 19-i Armii ot 18 avgusta 1941），收录于《伟大卫国战争作战文件集》第41期，第168—170页。

40.《第20集团军司令部1941年8月18日下达给步兵第144、第153、第229、第73师师长的第2号战斗令：关于坚守第聂伯河西岸登陆场》（Boevoe rasporiazhenie shtaba 20-i Armii No. 2 ot 18 avgusta 1941 komandiram 144, 153, 229-i I 73-i Strelkovykh Divizii ob uderzhanie platsdarma na pravom beregu r. Dnepr），收录于《伟大卫国战争作战文件集》第41期，第214页。

41.《第30集团军司令部1941年8月18日发给步兵第244师师长的战斗令：关于该师准备沿杜霍夫希纳方向发起进攻》（Boevoi rasporiazhenie shtaba 30-i Armii ot 18 avgusta 1941 komandiru 244-i Strelkovoi Divizii o podgotovke divizii k nastupleniiu na Dukhovshchinskom napravlenii），收录于《伟大卫国战争作战文件集》第41期，第283—284页。

42.《第30集团军司令部1941年8月18日提交的第64号作战摘要：关于集团军辖内部队的行动》（Operativnaia svodka shtaba 30-i Armii No. 64 ot 18 avgusta 1941 g. o boevykh deistviiakh voisk armii），收录于《伟大卫国战争作战文件集》第41期，第284—285页。

43.《西方面军司令部1941年8月18日20点提交的第106号作战摘要：关于方面军辖内部队的作战行动》（Operativnaia svodka shtaba Zapadnogo fronta No. 106 k 2000 chasam 18 avgusta 1941 g. o boevykh deistviiakh voisk fronta），收录于《伟大卫国战争作战文件集》第41期，第45—47页。

44.《第19集团军司令员1941年8月19日呈交西方面军司令员的第010号作战报告：关于集团军辖内部队的作战行动，以及我1941年8月19日的决定》（Boevoe donesenie komanduiushchego voiskami 19-i Armii No. 010 ot 19 avgusta 1941 g. komanduiushchemu voiskami Zapadnogo fronta o boevykh deistviiakh voisk armii 18 avgusta i o svoem reshenii na 19 avgusta 1941 g.），收录于《伟大卫国战争作战文件集第41期》，第172—173页。

45.《第19集团军司令员1941年8月19日下达的第030号战斗令：关于向杜霍夫希纳发展进攻》（Boevoi prikaz komanduiushchego voiskami 19-i Armii No. 030 ot 19 avgusta 1941 g. na razvitie nastupleniia s v napravlenii Dukhovshchina），收录于《伟大卫国战争作战文件集》第41期，第171—173页。

46.《第19集团军司令部1941年8月19日发给西方面军参谋长的第011号作战报告：关于集团

军辖内部队转入进攻》（Boevoe donesenie shtaba 19-i Armii No. 011 ot 19 avgusta 1941 g. nachal'niku shtaba Zapadnogo fronta o perekhod voisk armii v nastuplenie），收录于《伟大卫国战争作战文件集》第41期，第173页。

47.《西方面军司令部1941年8月19日20点提交的第108号作战摘要：关于方面军辖内部队的作战行动》（Operativnaia svodka shtaba Zapadnogo fronta No. 108 k 2000 chasam 19 avgusta 1941 g. o boevykh deistviiakh voisk fronta），收录于《伟大卫国战争作战文件集》第41期，第48—50页。

48.《第29集团军司令员1941年8月19日下达的第9号战斗令：关于歼灭敌伊利因诺集团》（Boevoi prikaz komanduiushchego voiskami 29-i Armii No. 9 ot 19 avgusta 1941 g. na unichtozhenie Il'inskoi gruppirovki protivnika），收录于《伟大卫国战争作战文件集》第41期，第262—263页。

49.《西方面军司令部1941年8月19日20点提交的第108号作战摘要：关于方面军辖内部队的作战行动》（Operativnaia svodka shtaba Zapadnogo fronta No. 108 k 2000 chasam 19 avgusta 1941 g. o boevykh deistviiakh voisk fronta），收录于《伟大卫国战争作战文件集》第41期，第48—50页。

第十章
苏军的第二次反攻：西方面军的杜霍夫希纳攻势，德军的反突击和余波，1941年8月20日—24日

苏联元帅铁木辛哥指挥的红军西方面军，1941年8月份第二周的表现非常出色。7月初和中旬沿第聂伯河和在斯摩棱斯克地域经历了难堪的失败后，7月份最后两周和8月份第一周，铁木辛哥方面军设法救出了被困于斯摩棱斯克地域的大部分部队，并在斯摩棱斯克东北、东面和东南地域发起一场可靠（尽管不太成功）的反攻。利用取得的些许战果，铁木辛哥旋即在8月中旬组织另一场大规模反攻，给德国中央集团军群第9集团军造成严重破坏，这场反攻似乎预示着不久后将取得更大战果。实际上，西方面军沿沃皮河和西德维纳河取得的胜利，对红军来说可谓史无前例，铁木辛哥和他身处莫斯科的上级因此相信，在斯摩棱斯克以东地域坚持不懈的努力，有可能遏止转身向南攻往基辅的古德里安集团军级集群和第2集团军不断取得胜利。

在这种背景下，斯摩棱斯克地域之战到达高潮。只有时间能证明中央集团军群能否恢复平衡并遏止铁木辛哥遂行突击的诸集团军，从而使古德里安的装甲力量给红军的战略防御造成进一步破坏。此时，整个"巴巴罗萨行动"的重心，特别是中央集团军群的重心，集中在两个特定点上：首先是第9集团军的"东线"，集团军群司令博克即将向那里投入最后的装甲预备队，击败铁木辛哥的攻势；其次是大卢基及其周边广阔的森林地域，根据希特勒大胆的战略豪赌，中央集团军群第3装甲集群主力即将在那里打击铁木辛哥西方面军之右翼。

德国第9集团军的反突击，8月20日—22日

8月20日

　　8月19日黄昏时，维尔克将军的第161步兵师已支离破碎。科涅夫第19集团军8月17日晨突然对该师发起打击，导致位于师左翼和中央地段的第336、第364团辖内战斗营遭到重创，8月18日和19日，该师设法组织三个团余部实施一场战斗后撤，退往洛伊尼亚河和察列维奇河。截至19日黄昏，该师战斗力急剧下降，仅剩原先实力的25%，这使集团军群司令博克当日深夜在日记中写道："第9集团军报告，敌人已突破第8军左翼，据守在那里的第161步兵师的战斗力已然消耗殆尽。"接着，博克又毫无根据地补充道："看上去俄国人似乎注意到第9集团军防线后方的摩托化师已调离。"不过事实的确和博克所说的一致。[1]

　　次日，博克揭露出铁木辛哥的企图，他指出：

　　第161步兵师遭受的突破极为严重，刚刚从病倒的施特劳斯手中接过第9集团军指挥权的霍特，已将他最后的预备力量召集起来——第7装甲师和第14摩托化师。第7装甲师将于当日下午发起一场反冲击，接替第161步兵师。我要求霍特将第14摩托化师也投入行动，但霍特报告，第19和第20装甲师（开赴大卢基地域）使用的路线给该师造成妨碍，因而无法立即开至。

　　我指示古德里安将武装党卫队师（"帝国"师）调往斯摩棱斯克及其北面，以防第9集团军下辖部队——特别是已非常虚弱的第8军——发生问题。[2]

　　8月20日时，第8军的防御的确非常薄弱。由于第161步兵师在8月17日和18日的战斗中遭到重创，8月18日和19日，第8军军长海茨试图以右侧第28步兵师一个营级战斗群加强第161步兵师右翼。第161步兵师左侧，第5军将第35步兵师投入第5步兵师左翼的前线阵地，这使第5步兵师得以将其部队南调，在苏军第19集团军突破口右翼加强洛谢沃以南防御。（参见地图10.1）

　　但是，这些措施显然只是权宜之策，第9集团军司令施特劳斯将军8月18日便已提出，投入更多力量，发起一场强有力的反突击。当日，将第900摩托化教导旅辖内部队派去加强第5和第161步兵师后，他又命令第7装甲师师长丰克将军，将该师第25装甲团主力、第7装甲掷弹兵团、第84高射炮营，从斯摩

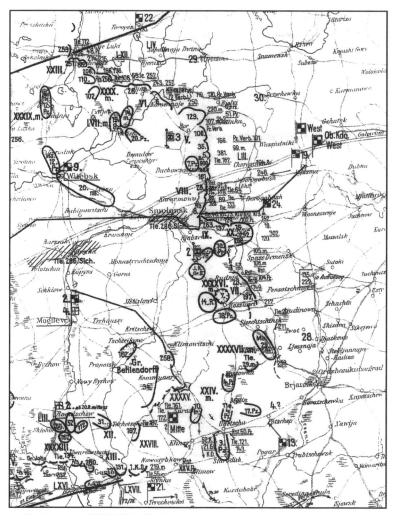

▲ 地图 10.1：中央集团军群的作战态势，1941 年 8 月 19 日晚间（资料图）

棱斯克东北方集结区北调，赶往杜霍夫希纳东北方15千米，察列维奇河以西不到10千米，苏军第19集团军突破口对面的集结区。施特劳斯最初的想法是直接打击科涅夫这场突破的"鼻子"。可是，向东发起反突击，渡过察列维奇河直接进入科涅夫进攻部队的"利齿"，这样的尝试太过棘手，也过于危险，施特劳斯遂放弃了这一设想。8月19日，他决定不采取直接进攻的方式，而是以第

7装甲师战斗群赶往更北面，进入洛谢沃以北地域，从那里对苏军第19集团军可能较为脆弱的右翼遂行打击。随着8月20日中午的最终集结，第7装甲师战斗群和约110辆坦克位于洛谢沃北面和西北面洛伊尼亚河谷内的最终集结地域。丰克的进攻计划要求第7装甲师装甲团，在装甲掷弹兵和用于反坦克支援的高射炮营的加强下，在洛谢沃东面和西面、亚尔采沃以北25千米的戈尔巴托夫斯卡亚（Gorbatovskaia）与伊万尼基（Ivaniki）之间地域向南发起突击，粉碎苏军第19集团军的防御，夺取科涅夫位于沃皮河以西登陆场中心的里亚德尼村（Riadyni），打垮，或者切断并歼灭第19集团军扼守登陆场部队之主力。但丰克没有意识到这样一个事实，他选择的进军路线，会使他的部队进入科涅夫设在马科维耶及其西面的防坦克防御的中心地带。

第7装甲师8月19日—20日夜间在洛谢沃西北地域集结时，科涅夫正为次日的战斗加以准备。虽然科涅夫认为第19集团军渡过察列维奇河向西发展是首要任务，但他2点15分下达的命令也表明，他越来越担心德军装甲力量可能对集团军右翼实施的反突击（参见地图9.15）：

· **敌人的情况**——从杜霍夫希纳地域和战线邻近地段投入少量预备队后，企图阻挡我集团军沿洛伊尼亚河西岸和察列维奇河的进攻。

· **第19集团军的任务**——在右翼遂行积极防御，1941年8月20日9点发起冲击，在梅什科沃、苏谢沃、穆日洛沃地域消灭敌第5、第161步兵师残部和开到的敌预备队，前出到梅什科沃、苏谢沃、拉费尼诺、新谢利耶一线（亚尔采沃西北偏北方4—24千米），日终前以先遣部队在茹科沃、巴甫洛沃、新尼科利斯科耶国营农场（荣军院）地域夺取察列维奇河上的渡口。

· **辖内各兵团的任务**

★步兵第166师——积极防御舒佩基、克拉斯尼察、扎里亚、第一扎尼诺一线，并以左翼力量遂行冲击，歼灭莫捷瓦和祖博瓦地域（亚尔采沃以北24—26千米）之敌。

★步兵第91师——以第613团遂行冲击，在第166团支援下消灭祖博瓦以南树林内的敌人，师主力攻往谢尔基纳，夺取梅什科沃和马舒季诺一线（亚尔采沃以北22—24千米），日终前在茹科沃和巴甫洛沃夺取察列维奇河上的渡口，同时向伊万尼基和克罗托沃掩护左翼。

　　★步兵第50师（坦克第202团）——攻向卡卢吉诺，日终前夺取马舒季诺和苏谢沃一线（亚尔采沃以北18—22千米），以先遣部队在新尼科利斯科耶国营农场（荣军院）附近夺取察列维奇河上的渡口。

　　★步兵第64师——攻往彼得罗沃、谢利措、库拉吉诺，日终前到达苏谢沃和拉费尼诺一线（亚尔采沃以北14—18千米）。

　　★坦克第101师——攻往克罗沃普斯科沃，日终前到达拉费尼诺和新谢利耶一线（亚尔采沃以北4—14千米），同时掩护集团军左翼。

　　★预备队——第89步兵师，集结在旧科罗维亚、克留科沃、217.0高地、斯捷潘基纳一线（亚尔采沃以北20—22千米）。沿扎德尼亚和克留科沃一线部署反坦克炮，做好从步兵第91师右翼后方、步兵第91与第50师结合部发起冲击的准备。

　　★炮兵——8月20日5点前准备实施30分钟炮火准备，任务如下：

　　☆压制190.3高地，卡扎科瓦，212.6、216.1、211.6高地，穆日洛瓦，波波瓦，彼得罗瓦，222.8高地地段的敌迫击炮连和人员并沿步兵第50和第64师主要突击方向实施密集火力急袭。

　　☆压制莫谢耶夫卡、博尔尼基、伊万尼基、巴尔苏基、拉赫马尼诺、卡卢吉诺地域的敌炮兵。

　　☆防止敌人从洛谢沃、谢梅诺沃、贝科瓦地域发起反冲击。

　　☆在茹科瓦、新尼科利斯科耶国营农场、苏谢沃地域准备对察列维奇河上的渡口实施DON（防御性火力急袭）。

　　★第19集团军航空兵的任务：

　　☆同地面部队相配合，消灭步兵第91和第50师进攻地段的敌方人员、坦克、火炮。

　　☆8月20日8点55分，消灭扎米亚季诺、216.1高地（博洛季诺以西2千米）、希什基诺、211.6高地、库拉吉诺地段的敌坦克和迫击炮连。

　　☆在茹科沃、苏谢沃地段消灭察列维奇河渡口之敌。

　　☆消灭沿杜霍夫希纳方向开到的敌预备队。[3]

事实证明，科涅夫所做的准备非常及时。14点，丰克第7装甲师战斗群投入进攻，德国人之所以选择这个时间，是因为他们认为苏联人绝料不到进攻会在当日这么晚才发起。在第5步兵师、第900摩托化旅组成的小股战斗群和独立第643反坦克营支援下，丰克的部队挥师向南，穿过洛谢沃，攻入第19集团军据称敞开、缺乏防御的右翼。这番装甲突击就此拉开一场历时两天的激战之序幕，遂行进攻的德军部队发现自己落入一张由半埋的坦克、交错的步兵和防坦克支撑点织成的死亡之网，且处在苏军密集的火炮和迫击炮火力下。这场战斗短暂而又激烈，参与其中的苏军部队记录下了战斗过程和结果。（参见地图10.2、10.3）

第一份提及德军反突击的记录出现在西方面军20点提交的夜间作战摘要中，相关内容夹杂在沿战线其他地段发生的战斗之详情内。

· **总体情况**——大卢基方向未发生变化，但方面军中央地带和左翼的战斗仍在进行，方面军辖内部队正在克服敌人的顽强抵抗。

· **第22集团军**——加强既占阵地。

· **第29集团军**——位置总体未发生变化。

★摩托化步兵第1团（NKVD）——在卡特科沃地域（伊利因诺东北偏东方15千米）战斗，卡特科沃起火燃烧；沿战线其他地段以火炮和迫击炮同敌人交火。

★步兵第246师——在巴耶沃、舍雷加内、波亚尔科沃地域（伊利因诺东北方20—24千米）完成集结。

★敌人的损失——在安德列耶夫斯卡亚和卡特科沃地域（步兵第243师作战地域）阵亡或负伤约300人，8月19日被消灭2个迫击炮连。

· **骑兵集群**（骑兵第50和第53师）——尚未收悉相关情况。

· **第30集团军**——经过1小时炮火准备和航空火力准备后，13点沿新莫罗霍沃、古利亚耶沃、别斯赫沃斯托沃、斯洛博达一线（亚尔采沃以北45—50千米）发起冲击，在主要进攻地段沿舍列佩方向，朝第二波奇诺伊和舍列佩突破（1—2千米）。

★步兵第251、第162师——进行激烈战斗，以扩大在第二波奇诺伊和舍列佩地域（亚尔采沃以北45—46千米）达成的突破。

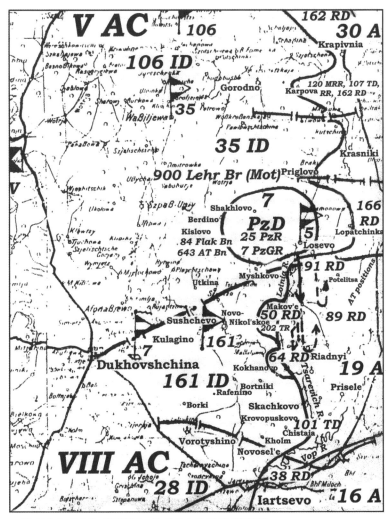

▲ 地图 10.2：第 7 装甲师的进攻，1941 年 8 月 20 日（资料图）

★步兵第244师、骑兵第45师——位于先前的位置，准备沿主要方向发展胜利。

· 第19集团军——8月20日9点起攻向杜霍夫希纳，敌人当日下午以至少1个装甲师发起反冲击并获得坦克和战机支援，但我方部队成功将其击退。截至17点，集团军辖内部队在以下位置战斗：

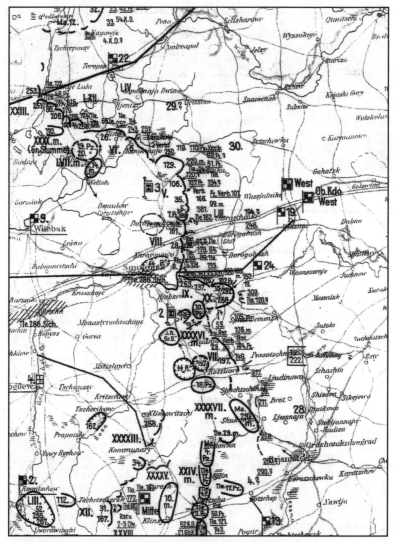

▲ 地图10.3: 中央集团军群的作战态势, 1941 年 8 月 20 日晚间(资料图)

★步兵第166师——左翼部队攻往莫捷沃(亚尔采沃以北24千米)的行动失败后, 在原先位置进行战斗。

★步兵第91师——夺取波捷利察(亚尔采沃东北偏北方23千米)东北方树林内抵抗基点的行动一再受挫。

★步兵第50师——击退敌人沿洛伊尼亚河向南发起的反冲击，沿洛伊尼亚河至马科维耶西面小树林西部边缘、博洛季诺至博洛季诺以南树林一线（亚尔采沃以北17—19千米）战斗。

★步兵第64师——击退敌人从宰采沃国营农场附近和波波瓦发起的反冲击，面朝洛伊尼亚河，沿穆日洛沃东郊、宰采沃国营农场、波波瓦、奥西波瓦一线（亚尔采沃以北10—16千米）战斗。

★坦克第101师——在奥西波瓦以东1千米的灌木丛地域、斯卡奇科瓦的教堂、奇斯塔亚南郊一线（亚尔采沃以北4—10千米）战斗。

★步兵第89师——集结在旧科罗维耶、克留科瓦、布拉尼纳地域，担任集团军预备队。

· **第16集团军**——以右翼力量发起进攻，前出到萨穆伊洛瓦和库季诺瓦一线（亚尔采沃西北方5千米），以支援第19集团军。

★第38步兵师——沿新谢利耶、哈特尼一线（亚尔采沃西北偏北方1—4千米）战斗。

★其他部队——位置未发生变化。

· **第20集团军**——遂行先前受领的任务。

★步兵第144师——为争夺马克耶沃（索洛维耶沃西南方2千米）同武装党卫队"帝国"师进行战斗，余部位于原先位置。

★步兵第153师——在原先位置上进行战斗。

★步兵第229师——沿戈洛维诺和谷仓一线进行战斗。

★步兵第73师——面对敌人的顽强抵抗，位置未发生变化，击退敌人从列梅尼谢以东森林向谷仓西南方2千米，第聂伯河河曲部发起的一场"密集队形"进攻，第392团正为夺取索普希诺（索洛维耶沃西南偏南方25千米）而战斗。

★步兵第161师——继续进攻，以第542团夺取维什尼亚基（索洛维耶沃以南23千米）西北方小树林并继续冲击，但攻往波古比尔卡的行动受挫。

★步兵第129师——8月20日晨攻往奥布若罗夫卡，敌人以1个营发起反冲击，导致该师7点被迫放弃克列米亚季诺（索洛维耶沃东南偏南方22千米），但仍在该镇郊区战斗。

★缴获战利品——2门迫击炮、1门反坦克炮、1支冲锋枪、3具自动武器、30发迫击炮弹和若干箱弹药。

· **方面军预备队**——坦克第1师：位于瓦季诺（亚尔采沃东北方42千米）以南树林中；步兵第152师：卡库什基诺地域。

· **方面军航空兵**—— 8月19日—20日夜间和8月20日晨，以139个飞行架次支援地面部队、实施侦察并打击开进中的敌预备队，投掷58枚FAB-100、17枚FAB-82、142枚FAB-50、2枚ZAB-50、13枚FAB-32、110枚AO-25、347枚AO-15和AO-10、498枚AO-2.5炸弹，6509枚KS燃烧弹和118000份传单。

★混成航空兵第23师——8月19日—20日夜间，以22个飞行架次打击敌兵力集结，并在杜霍夫希纳以东、东南、西南地域和叶利尼亚地域的森林中纵火，观察到许多地方爆发火灾并发生爆炸。

★混成航空兵第43师——支援第19集团军，以17个飞行架次在克列米亚季诺和希什基诺地域消灭敌兵力集结，并在亚尔采沃、斯摩棱斯克、波奇诺克、叶利尼亚地段遂行纵深侦察。

★混成航空兵第47师——8月19日—20日夜间以4个飞行架次在杜霍夫希纳以北20千米地域打击敌兵力集结，称许多地方燃起大火，8月20日侦察开进中的敌预备队并掩护第19集团军。

★混成航空兵第46师——8月19日—20日夜间以9个飞行架次轰炸克里维茨和戈罗德诺地域的敌兵力集结，称许多地方燃起大火，8月20日上午以40个飞行架次支援第20集团军，在戈罗德诺西北地域、丘尔基诺、马舒特基诺、福缅科、普洛斯科耶轰炸敌前沿阵地，称有效打击了敌人的散兵坑和炮兵阵地。

★混成航空兵第31师——支援第29集团军，8月20日晨以26个飞行架次掩护部队在韦利科波利耶车站卸载，在涅韦尔和乌斯维亚季耶地域实施侦察，打击敌坦克和炮兵队列，称直接命中的炸弹在敌队列内引发大火。

★侦察航空兵第38中队——以7个飞行架次在亚尔采沃、杜霍夫希纳、阿尔希波夫卡、斯摩棱斯克、扎德尼亚地域遂行拍照侦察。

★敌人的损失——8月20日上午击落5架敌机，包括2架Me-109、1架Me-11、2架Ju-88战机。

★我方损失——1架TB-3坠毁，2架伊尔—2未能返回机场。[4]

这份夜间作战摘要清楚地表明，苏军第29和第30集团军8月20日都没能取得重要进展，尽管交战双方都在卡特科沃（Katkovo）德军支撑点的激烈战斗中蒙受严重损失。这个筑垒镇由德国第6军第26步兵师据守，位于伊利因诺东北方15千米，西德维纳河与梅扎河中途。卡特科沃镇一连数日遭到马斯连尼科夫NKVD摩托化步兵第1团猛攻。霍缅科第30集团军作战地域，步兵第244师还是没能赶至前进集结区，打乱了集团军的进攻计划。因此，铁木辛哥的注意力继续集中在第19集团军作战地域，在那里，他这场攻势的命运似乎悬而未决。

8月21日晚些时候[①]，西方面军提交作战摘要之前或之后，因为对第19集团军作战地域的情况越来越担心，铁木辛哥下令加强为科涅夫提供的援助。在发给"坦克第1师和反坦克炮兵第509团指挥员"，副本抄送"位于瓦季诺的第19集团军司令员"的命令中，铁木辛哥指示这两股力量8月20日—21日夜间开赴卡佩列夫希纳（Kapyrevshchina）、曼奇诺（Manchino）和阿夫久科沃（Avdiukovo）地域（第19集团军登陆场后方的沃皮河以东地域）。到达那里后，他们将继续留在西方向总指挥部控制下，但应同科涅夫建立联系，并向第19集团军指挥所派一名"全权代表"担任联络员。最重要的是，这两股力量应"不断掌握第19集团军前线的情况并准备投入行动，扩大第19集团军的胜利"。[5]

新锐坦克第1师拥有大量装甲战车，其前身是大名鼎鼎的莫斯科摩托化步兵第1师，曾参加过7月份的斯摩棱斯克交战，其间基本被歼灭。8月初撤离前线后，该师在多罗戈布日以北15千米的科库什基诺镇（Kokushkino）周围改编为坦克师。到8月18日，该师的改编工作基本完成，两天后接到重返前线的命令。虽说该师姗姗来迟，无法沿沃皮河支援第19集团军，但当月月底该师转隶罗科索夫斯基第16集团军，将在西方面军8月底扩大的攻势中发挥更重要的作用。

8月21日

这场猫鼠游戏正在斯摩棱斯克以北地域上演时，科涅夫凭一己之力抗击德军第7装甲师的反冲击。这场致命决斗于8月21日恢复，科涅夫很有预见性地

[①]译注：8月20日。

于当日凌晨2点40分向辖内部队重申当前态势并调整防御以迎接新的装甲力量带来的挑战：

· **敌人的情况**——敌第5、第161步兵师和第900摩托化旅被击败的部队正企图沿洛伊尼亚河和察列维奇河掘壕据守，敌预备队正从纵深处开到。

· **第19集团军的任务**——8月21日8点朝杜霍夫希纳这个总方向发起进攻。

· **辖内各兵团的任务**

★**步兵第166师**——坚守集团军右翼，在洛帕钦基和戈尔巴托夫斯卡亚地段（亚尔采沃以北25—28千米）组织防坦克防御，防止敌坦克突入该地域，并肃清祖博瓦的敌抵抗基点。

★**步兵第91师**——在戈尔巴托夫斯卡亚、波捷利察、217.0高地（扎德尼亚以西2千米）地段（亚尔采沃以北23—25千米）组织牢靠的防坦克防御，并以左翼力量攻往波切波瓦和谢尔基纳（亚尔采沃以北22—23千米）。

★**步兵第50师**（与坦克第202团）——攻往卡卢吉诺，日终前夺取马舒季诺和苏谢沃地段（亚尔采沃以北18—22千米），并以先遣部队在新尼科利斯科耶（荣军院）地段夺取察列维奇河上的渡口。

★**步兵第64师**——攻往彼得罗沃、谢利措、库拉吉诺，日终前到达苏谢沃和拉费尼诺一线（亚尔采沃以北14—18千米）。

★**坦克第101师**——攻往克罗沃普斯科沃，日终前到达拉费尼诺和新谢利耶一线（亚尔采沃以北4—14千米），同时掩护集团军左翼。

★**步兵第89师**——在你部所占据地域组织正面朝北、西北、西面的防坦克防御并做好向北攻往马科维耶、卡卢吉诺、苏谢沃的准备。

★**炮兵**——5点做好准备，任务如下：

☆7点30分至8点实施炮火准备。

☆防止敌坦克突入洛谢沃和巴拉绍瓦地域。

☆压制莫捷瓦、卡斯塔拉诺瓦、巴拉绍瓦、220.5高地地域的敌炮兵。

☆炮兵第311团1个营做好沿戈尔巴托夫斯卡亚和波捷利察方向同敌坦克战斗的准备。

★**第19集团军航空兵**——任务：

☆支援地面部队，消灭洛泽沃、伊万尼基、贝科沃、苏谢沃、马科维耶地域之敌，首先打击莫捷瓦、洛谢沃、谢缅科瓦、巴拉绍瓦地域的敌坦克群，7点50分与步兵第50和第64师协同，沿锡罗京卡、阿法纳西耶沃、希什基纳、穆日洛瓦、苏谢沃地域打击敌人。

☆连续实施打击，消灭敌人从洛谢沃和谢缅科瓦纵深处开来的摩托—机械化部队并在新尼科利斯科耶和苏谢沃摧毁察列维奇河上的渡口。[6]

第19集团军登陆场的激烈战斗8点左右恢复，科涅夫主力突击力量的步兵第50、第64师和坦克第101师继续沿察列维奇河巩固他们来之不易的立足地并扩大越过该河西岸的攻势。与此同时，步兵第91和第166师重新组织他们的防坦克防御并在火炮和迫击炮掩护下，同第7装甲师战斗群展开近距离厮杀，第7装甲师正竭力摆脱苏军防坦克防御阵地的泥沼。随着坦克第202团加强步兵第50师向西的突击，科列斯尼科夫上校的步兵第89师在马科维耶东南方形成一道防坦克屏障并准备向北发起冲击，打击丰克实力锐减的装甲力量。第7装甲师战斗群的坦克在苏军防坦克防御的迷宫中一辆接一辆被击毁。（参见地图10.4、10.5）

随着战况在当日白天愈发激烈，而第30集团军的进攻行动似乎进展不顺，铁木辛哥认为将其新锐力量调至第19集团军作战地域会更有效，他们可以在那里协助击败德军装甲部队的反突击并确保达成更显著的突破和发展。因此，方面军司令员和参谋长索科洛夫斯基当日中午指示霍缅科，将尚未投入战斗的骑兵第45师和新锐步兵第244师调往南面，加强科涅夫第19集团军。

致第19和第30集团军司令员

我命令：

1.骑兵第45师，仍由我掌握的同时，8月21日—22日夜间调往克利涅茨、旧谢利耶、科别列沃地域（第19集团军登陆场东北方15—20千米）。8月21日白天将师里的反坦克武器部署在上述地域，沿基斯拉耶沃、舍尔希基、科尼谢沃、佩切尼切诺方向（第19集团军登陆场后方的沃皮河以东）设置一道防坦克防御。

▲ 地图 10.4：第 7 装甲师的进攻，1941 年 8 月 21 日（资料图）

骑兵师应做好8月22日晨投入第19集团军作战地域突破口的准备，同时确保同第19集团军建立直接联系，派一名全权代表到第19集团军指挥所。

2.步兵第244师调至第19集团军，8月21日白天在马尔科沃、扎尼诺、213.9高地地段（亚尔采沃以北28—40千米）接替步兵第166师，8月22日晨之前完成步兵和炮兵营逐一换防的任务。

步兵第166师被步兵第244师接替后，应于8月22日拂晓前占据213.9高地、戈尔巴托夫斯卡亚地段（亚尔采沃以北25—28千米）并做好8月22日投入进攻的准备。

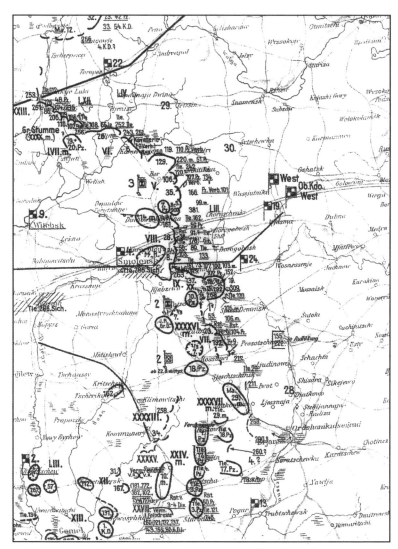

▲ 地图 10.5: 中央集团军群的作战态势, 1941 年 8 月 21 日晚间(资料图)

　　第30集团军参谋长巴杰尔科中校亲自负责及时派遣步兵第244师接替步兵第166师, 以及步兵第244和第166师占据各自的指定地段的工作, 第19集团军参谋长负责监督这两个师做好8月22日投入进攻的准备。

　　3.步兵第152师调入方面军预备队，8月23日拂晓前集结在阿法纳西科沃、涅斯洛沃国营农场、洛古诺沃、罗日诺沃国营农场地域。该师应以先遣部队据守涅斯洛沃国营农场和尼古拉克列米亚内国营农场一线，并沿奥布霍沃、叶戈里耶夫斯科耶、尼古拉克列米亚内方向设立防坦克防御。

　　4.汽车装甲兵副司令员应把坦克第18师集结在瓦季诺以南森林，进一步加以重组。

　　确认收悉并汇报执行情况。[7]

　　因此，8月21日黄昏时，坦克第1、步兵第244和骑兵第45师都在开赴第19集团军作战地域的途中。坦克第1和骑兵第45师为科涅夫提供了一股新锐力量，他可以借此渡过察列维奇河，向西发展胜利，而步兵第244师的转隶可以腾出步兵第166师，这样，后者便可从东面对第7装甲师的突破施以打击。

　　这些力量变更部署时，第19集团军登陆场的激烈战斗仍在继续，科涅夫竭力抵挡丰克的装甲突击。实际上，科涅夫麾下部队证明，即便没有新锐预备队，他们也能对付第7装甲师。中央集团军群司令博克在日记中准确描述了当日的战斗：

　　在饱受重压的第161师作战地域，第7装甲师的反冲击没能取得成功。这场进攻停滞不前，在此过程中，该师损失大量坦克。我本该坚持自己的意见，为这场进攻投入更强大的力量。[8]

　　激烈的战斗沿第19集团军登陆场北翼持续数小时后，科涅夫防坦克防御的密度和致命效力使丰克无计可施，他只能于8月21日晚些时候将装甲战斗群主力撤回出发阵地。鉴于战斗的激烈性，撤离苏军错综复杂的防坦克防御是一项艰巨的任务。但经验丰富的德军部队顺利撤出，还把半数被击毁和受损的坦克拖了回去。

　　西方面军8月21日20点提交的作战摘要，至少部分解释了在前线其他地段仍在战斗的背景下，第7装甲师8月20日发起的雄心勃勃的反突击，是如何在21日丢下一辆辆被击毁的坦克和一具具装甲掷弹兵尸体而告终的。这份摘要还强调了叶尔沙科夫第22集团军在方面军右翼的进攻，这实际上表明铁木辛哥对方面军右翼大卢基和托罗佩茨以南地域的真实情况一无所知：

- **总体情况**——西方面军以中央力量攻往杜霍夫希纳，同时以右翼力量发起进攻，以歼灭第22与第29集团军之间的敌军。

- **第22集团军**——右翼遂行防御的同时，于8月21日13点在中央地段和左翼发起冲击，以歼灭当面之敌。

★步兵第51军——以步兵第126师第366团和坦克第48师的积极防御（大卢基西北面和西南面）掩护集团军右翼，以步兵第214师向南攻往库兹涅措沃（大卢基以南14千米），取得2—3千米突破，该军还以独立骑兵师向敌人后方的新索科利尼基（大卢基以西25千米）展开行动。

★步兵第29军——8月21日13点从斯特里热沃、古萨科沃、索普基一线（大卢基东南偏南方10—32千米）向南发起进攻，取得2—3千米进展，步兵第126师攻往列奥诺沃；步兵第179师攻往普拉克西诺和皮罗戈沃；步兵第170师攻往穆利纳和普罗尼诺；步兵第98师在鲁德尼察和列斯科沃地域担任预备队。

★步兵第62军——以步兵第174师据守谢尔加尼哈和别列兹尼基一线（大卢基东南方40千米），以步兵第186和第174师从巴库季诺和马茨科瓦一线（大卢基东南方35—38千米）攻往涅斯捷罗瓦，面对敌人强有力的抵抗取得3千米进展，该军还以先遣支队掩护与第27、第29集团军的结合部。

- **第29集团军**——遵照第9号令准备发起进攻，以部分力量占据出发阵地。

- **第30集团军**——整顿部队，准备从现有位置展开冲击，步兵第250和第162师作战地域遭到敌人火炮和迫击炮打击。

★步兵第244师——开始赶往马尔科沃、扎尼诺、213.9高地地段（亚尔采沃以北28—40千米）接替第19集团军步兵第166师。

★骑兵第45师——准备以一场夜行军赶往克利涅茨、旧谢利耶、科别列沃地域（亚尔采沃东北偏东方35—40千米）。

★缴获战利品——2挺重机枪、5支步枪、1辆自行车。

★8月20日的损失——阵亡、负伤1312人。

- **第19集团军**——8月20日14点，敌人50辆坦克和步兵从220.5高地向波捷利察（亚尔采沃以北23千米）发起反冲击，打击集团军右翼的步兵第91师，并以2个步兵营向波切洛沃（亚尔采沃以北20千米）展开反冲击。8月21日8点，集团军攻往杜霍夫希纳。

★8月20日—21日夜间进攻步兵第91师的敌人，在损失2辆坦克、丢下第42装甲营的许多阵亡者（数量需要验证）后退却。

★敌人对波切洛沃的进攻遭遇"坚决抵抗"，我方部队仍在成功地进行战斗。

★步兵第64师——尽管遭到30架轰炸机空袭，但仍成功前进，俘获敌第28步兵师80名俘虏，包括2名军官。

★坦克第101师——夺得斯卡奇科沃和奇斯塔亚（亚尔采沃以北4—7千米）。

· **骑兵集群**（骑兵第50和第53师）——未收悉新消息。

· **第16集团军**

★步兵第38师——发起进攻支援第19集团军，8月21日16点夺得新谢利耶（亚尔采沃以北3千米）东半部。

★步兵第108师——位置未发生变化。

· **第20集团军**——沿马克耶沃、普涅沃、帕什科瓦、戈洛维诺、谷仓、索普希诺、莫捷沃、维什尼亚基、波吉比尔卡、丘瓦希、萨莫杜罗夫卡、克列米亚季诺、新亚历山德罗夫卡、布雷基诺一线战斗。

· **方面军预备队**

★坦克第1师（与反坦克炮兵第509团）——8月20日—21日夜间从瓦季诺地域（亚尔采沃东北方38千米）变更部署至卡佩列夫希纳、奇日基、阿夫久科沃地域（亚尔采沃东北方20—22千米）。

★步兵第152师——准备从卡库什基诺地域（亚尔采沃以东54千米）开赴阿法纳西科沃、涅斯洛沃、拉古诺沃、拉日诺沃国营农场地域。

★步兵第134师——在别雷东南方30千米的弗拉季米罗夫斯卡亚地域休整补充。

· **方面军航空兵**——恶劣的气候条件限制了当日上午的空中行动，只出动46个飞行架次。

★混成航空兵第43师——支援第19集团军。

★混成航空兵第46师——以5个飞行架次支援第30集团军。

★混成航空兵第47师——支援第19集团军。

★12点和13点55分，9架伊尔−2战机在9架米格−3歼击机掩护下，对扎米亚季诺和巴拉舍瓦公路上的一支敌坦克队列发起打击，战果不明。

★敌人的损失——附加信息证实，8月20日击落4架敌机。

★我方损失——2架伊−16没能返回机场，先前报告中所说的1架没能返回机场的米格−3，已证实被敌战斗机击落。[9]

西方面军司令部提交这份作战摘要后仅仅几个小时，科涅夫将两份文件呈送方面军司令部：第一份文件是他8月22日进攻令的副本；第二份文件呈交铁木辛哥本人，是科涅夫对同第7装甲师交战较为个人的记述。23点40分下达的进攻令，将当前情况告知铁木辛哥和第19集团军辖内部队，另外还展示了科涅夫8月22日的决心：

· **敌人的情况**——敌人再次前调预备力量，自8月21日晨起，一直企图遏止集团军的攻势，他们以摩托—机械化部队在波捷利察、波切波瓦、宰采瓦国营农场地域发起反冲击并获得战机的广泛支援，但集团军辖内部队正在击退敌人厚颜无耻的反冲击，使他们在人员和装备方面付出重大代价，将他们逐回出发阵地；俘虏的交代证实敌第161步兵师已被击溃。

· **第19集团军的任务**——8月22日9点30分继续朝杜霍夫希纳这个总方向遂行突击，从而歼灭洛伊尼亚河与察列维奇河之间的敌军，日终前到达克罗托沃、马舒季诺、苏谢沃、波塔波瓦、萨穆伊洛瓦一线（亚尔采沃以北5—25千米），并以先遣部队夺取基斯洛瓦、雷特维诺、波尼佐维耶、卢普舍沃、格里亚兹诺基一线（亚尔采沃西北方17千米至西北偏北方28千米）。

· **辖内各兵团的任务**

★步兵第244师——据守舒佩基、第二舍斯塔基、克拉斯尼察、扎里亚、普里格洛瓦农场一线（亚尔采沃以北32—40千米），以此掩护集团军右翼，并以你部主力攻往扎尼诺和第二伊萨科夫卡（亚尔采沃以北27—32千米，洛谢沃西北方4千米），日终前夺取莫谢耶夫卡和博尔尼基一线（亚尔采沃以北26—32千米，洛谢沃西北偏北方2—8千米），并以先遣部队夺取第一新洛谢沃和新谢利谢（位于洛伊尼亚河谷）。

★步兵第166师（与反坦克炮兵第36和第874团）——攻往莫捷瓦和洛谢沃，以夺取克罗托沃（洛谢沃以西6千米）和克罗托沃西南面小树林西部边缘。

★步兵第91师（与加农炮兵第120团，反坦克炮兵第874团第1、第2、第5营）——向西攻往巴拉绍瓦和梅什科沃，夺取230.0高地（梅什科沃以北0.5千米）和226.2高地（梅什科沃以南0.5千米）并占领雷特维诺和波尼佐维耶一线（察列维奇河以西10千米，亚尔采沃西北偏北方23—25千米）。

★步兵第89师（欠步兵第390团，但获得炮兵第311团1个榴弹炮兵营）——向西攻往220.3高地和谢利措，日终前夺取224.9高地（谢利措以北0.5千米）和马舒季诺一线（察列维奇河以西8千米，亚尔采沃西北偏北方21—23千米）。

★步兵第50师（与榴弹炮兵第302团第4营，炮兵第596团第1营，反坦克炮兵第874团）——向西攻往阿法纳西耶沃和库拉吉诺，日终前夺取马舒季诺和苏谢沃一线（亚尔采沃西北偏北方18—21千米），并以先遣部队夺取布采沃以东1千米的小树林。

★步兵第64师（与炮兵第596团，欠第1营）——以师主力攻往谢利措和库拉吉诺，日终前到达苏谢沃和胡德科瓦一线（亚尔采沃西北偏北方14—18千米），并以先遣部队夺取卢普舍沃和格里亚兹诺基一线（亚尔采沃西北方13—15千米）。

★坦克第101师——向克罗沃普斯科沃（沃皮河以西15千米，亚尔采沃西北偏北方10千米）遂行主要突击，日终前夺取波塔波瓦和新谢利耶一线（亚尔采沃西北方4—8千米，杜霍夫希纳东南方15—18千米），并以先遣部队占领乌兹瓦利耶和沃罗特希诺一线（杜霍夫希纳东南方11—13千米），同时掩护集团军左翼。

★预备队——步兵第390团，位于波捷利察和扎德尼亚地域。

★炮兵——8月22日5点做好准备，9点至9点30分实施炮火准备。任务如下：

☆压制拉赫马尼诺、谢尔基纳、库拉吉诺地域的敌炮兵。

☆沿前沿压制敌迫击炮连和人员。

☆以3个营的火力阻止敌人从莫谢耶夫卡、博尔尼基、洛谢沃、克罗特沃地域发起反冲击。

★第19集团军航空兵的任务：

☆沿洛谢沃、巴拉绍瓦、锡罗京基、扎米亚季纳、216.1高地（扎米亚季纳以南1.5千米）、希什基诺、锡尼亚科瓦、斯洛博达地域之前沿压制敌方人员和迫击炮，首先沿前沿打击敌方人员。

☆压制谢尔基纳和拉赫马尼诺地域的敌炮兵。

☆消灭洛谢沃、谢尔基纳、苏谢沃、巴拉绍瓦地域的敌坦克。

☆沿杜霍夫希纳方向阻止敌预备队开到。

☆在洛帕钦基、马科维耶、米亚格琴基、瓦西利西诺地段掩护地面部队的行动。

☆对扎尼诺、莫谢耶夫卡、第一新洛谢沃、卡斯塔拉诺瓦、克罗托沃、波尼佐维耶、苏谢沃地域实施侦察。[10]

科涅夫在命令中强调麾下部队应前出到察列维奇河以西8—5千米处，再加上他为这项任务配备的力量，这表明这位第19集团军司令员现在清楚地意识到，德军第7装甲师战斗群构成的威胁微不足道，实际上，步兵第244和第166师在炮火和空中打击支援下，足以应对这种微不足道的威胁。仿佛是为强调这一事实，科涅夫命令担任预备队的步兵第89师加入向西进军的行动。

午夜前不久，科涅夫以更个人化的方式给铁木辛哥发去一份更加详细的报告，副本抄送友邻军团的霍缅科和罗科索夫斯基，报告中更为准确地阐述了过去48小时所发生的情况并清楚说明他想要实现的目标：

· **总体情况**——8月21日白天，集团军同开进中的敌预备队战斗，对方企图沿戈尔巴托夫斯卡亚、波捷利察、波切波瓦一线发起反冲击，遏止我方进攻，并向南沿洛伊尼亚河攻往穆日洛瓦、穆日洛瓦以西2千米的树林、波波瓦、斯卡奇科沃和奇斯塔亚。

· **具体情况**

★在波捷利察地段，敌人以70—80辆坦克和1个摩托化步兵团展开反突击，在波切波瓦和卡扎科瓦地段，敌人以50辆坦克和1个摩托化步兵营发起反冲击，这些地方的战斗异常艰难。

★我们击退敌人的反冲击并给对方造成严重损失，初步信息表明，我们在这些地段击毁敌人70辆坦克和大批车辆。夜间，敌人企图楔入步兵第91师在220.5高地（波捷利察西北方1千米）南面和东南面的部署，但步兵第91师辖内部队一直坚守波捷利察、扎德尼亚、217.9高地、巴拉绍瓦以东树林和波切波瓦。

★敌人在波波瓦和彼得罗瓦地域的战场上遗尸300多具，在波切波瓦地域又丢下250具尸体，我们停获第7和第364步兵团（可能是第28和第161步兵师的第71和第364团）包括2名军官在内的54名停虏。

★敌机彻日行动，特别是傍晚前，在战场和紧邻沃皮河渡口的后方地域投入俯冲轰炸机，炸毁卡佩列夫希纳和波德利谢的渡口。空战中的某些时刻，30多架敌机同时出现在空中，特别是沿步兵第50师方向。

★不完整的信息还表明，我们缴获1门75毫米火炮、约10挺轻重机枪、1部电台和1门反坦克炮，而我方损失12辆坦克。

· **我的决心**

★夜间肃清楔入步兵第91师部署之敌集团。

★8月22日9点30分恢复进攻，第166、第91、第89、第50、第64、第101师以单梯队布势发起突击，歼灭洛伊尼亚河与察列维奇河之间的敌人。

★日终前到达克罗托沃、马舒季诺、苏谢沃、波塔波瓦、萨穆伊洛瓦一线（亚尔采沃以北5—12千米），并以先遣部队夺取基斯洛瓦、雷特维诺、波尼佐维耶、卢普舍沃、格里亚兹诺基一线（亚尔采沃西北方17千米至西北偏北方28千米）。

★步兵第244师应以左翼力量向第一扎尼诺和伊萨科夫卡（亚尔采沃以北26千米）发起一场辅助突击。[11]

铁木辛哥对科涅夫完全掌握局势深感满意，遂沿沃皮河继续加强第19集团军辖内部队，并命令科涅夫右侧的第29集团军和科涅夫左侧的第20集团军加强进攻，从而对德国中央集团军群第9集团军设在斯摩棱斯克东北面和东面的防线，以及德国第4集团军位于斯摩棱斯克东南面的北翼保持不间断的沉重压力。

例如，8月21日傍晚17点45分，铁木辛哥多少有些苛刻地指示第29集团军司令员马斯连尼科夫，听从他的建议，重新组织进攻，沿西德维纳河打击德国第9集团军左翼。以补充方式下达命令时，铁木辛哥宣布"我同意您在歼灭敌伊利因诺集团的计划中提出的整体概念"，随即又责备马斯连尼科夫分散麾下力量。他补充道："您为完成歼灭敌人的计划而下达的命令不够清晰，各连各营的任务细目模糊了各个师的任务。"[12] 随后，铁木辛哥明确要求："右侧获得掩护的步兵第252师，应从乌斯季耶和维波尔佐沃一线（伊利因诺西北偏北方20千米）向东南偏南方攻往科济诺和伊利因诺，步兵第246师应会同步兵第243师，从巴耶沃和亚西科沃一线（伊利因诺东北方15千米）朝伊利因诺这个总方向发起进攻。"铁木辛哥的意图非常明确，他最后指出："任何情况下都不能把这些师的分队和部队用于执行次要任务，您应以混成旅掩护您的左翼。"[13]

出于同样的原因，8月21日22点30分，第20集团军司令员卢金将军对铁木辛哥支援第19集团军的要求做出回应，命令麾下部队发起进攻，扩大第聂伯河西岸登陆场，前出并夺取卡尔德莫沃车站，这是斯摩棱斯克东北方25千米，杜霍夫希纳以南35千米主铁路线上的一个重要交汇点。

· **敌人的情况**——武装党卫队"大德意志"师据守普涅沃、米季科沃、利亚霍沃、杜布罗瓦、戈洛维诺以南树林、马利诺夫卡一线（索洛维耶沃西南方6千米至西南偏南方20千米，第聂伯河以西），并在普涅沃、米季科沃、季特科沃构设抵抗基点，预备队位于费杜尔诺和瓦奇科沃国营农场。获得武装党卫队师接替的第263步兵师，据守在苏博罗夫卡、克列米亚季诺、亚科夫列维奇一线（索洛维耶沃以南23千米至东南方35千米，第聂伯河东面）。

· **友邻力量**——右侧，第19集团军步兵第108师据守沃皮河；左侧，第24集团军步兵第107师攻向别扎博特国营农场（叶利尼亚西北方12千米）。

· **第20集团军的任务**——防御敌南部集团的同时，于8月22日9点朝卡尔德莫沃（斯摩棱斯克东北偏东方28千米）这个总方向发起进攻，粉碎武装党卫队师，前出到赫莫斯季河（斯摩棱斯克以东25千米）。

· **辖内各兵团的任务**

★步兵第144师——在从索洛维耶沃渡口南延至扎博里耶（索洛维耶沃以南8千米）以北1千米的树林这片地段坚守第聂伯河防线，8月22日9点攻往米季科沃（位于第聂伯河西岸，索洛维耶沃以南10千米），日终前将其夺取，同时掩护集团军突击群之右翼。

★步兵第153师——8月22日9点，从你部位于洛古诺沃和拉奇诺以西的阵地（索洛维耶沃以南8—12千米）攻往利亚霍沃和拉奇诺以西高地，消灭敌人，日终前夺取马什基诺和费杜尔诺（费杜尔诺沃）一线（斯摩棱斯克以东25—26千米）。

★步兵第229师——8月22日9点从你部既占阵地（帕什科沃西南郊至戈洛维诺和戈洛维诺南面小树林边缘以东300米，索洛维耶沃以南12—15千米）攻往帕什科沃和巴别耶瓦，粉碎敌人后，于日终前夺取费杜尔诺沃和斯塔里诺沃（斯摩棱斯克以东28千米至东北偏东方30千米）。

★步兵第73师——据守拜季克以北1千米的谷仓至索普希诺这片地段（索洛维耶沃西南偏南方18—25千米）并掩护你部左翼的同时，于8月22日9点以你师余部从各分队在第聂伯河西岸占据的出发阵地（索洛维耶沃以南15—18千米）发起冲击，攻往雷日科沃和列梅尼谢（斯摩棱斯克以东34千米）。

★步兵第161师——据守既占阵地，不惜一切代价阻止敌人攻往莫托沃以北、205.9高地、丘瓦希、224.8高地、克列米亚季诺一线（索洛维耶沃以南20千米至东南偏南方23千米）。

★步兵第129师——在克列米亚季诺和新布雷基诺地段（索洛维耶沃东南偏南方23千米至东南方32千米）据守乌斯特罗姆河东岸，不惜一切代价阻止敌人突向戈拉维齐、克拉斯诺谢利耶、米哈伊洛夫卡、萨福诺沃，特别是克列米亚季诺和琴措沃。[14]

8月22日

8月21日—22日午夜过后不久，科涅夫按照他的习惯，将他对第19集团军位于沃皮河以西登陆场的总体情况的看法，以及他对次日作战行动的决心汇报给西方面军司令员。签署这份报告的是第19集团军参谋长V.F.马雷什金上校，开头处写着"我将汇报不久后发展集团军进攻行动的计划"：

· **敌人的情况**——8月20日和21日，敌人从友邻第30和第16集团军作战地域抽调预备队，沿杜霍夫希纳方向集结，以抗击第19集团军的进攻。

★在此期间，敌人成功集结起预备力量，8月21日下午投入不下2个摩托化步兵团和150辆坦克应对我方部队，其中显然包括沿波捷利察和洛谢沃方向部署（位于集团军右翼，亚尔采沃以北22千米）的第42装甲师、第15摩托化团和第900摩托化旅辖内部队，以及沿奥西波瓦和博尔特尼基方向部署[察列维奇河以南（亚尔采沃以北11千米）]的第28步兵师第7团。

★自集团军发起进攻以来，到目前为止，沿这些方向尚未发现敌摩托—机械化部队。因此，敌人抗击我方进攻的主要手段是步兵的积极防御和俯冲轰炸机的行动。很显然，察列维奇河给敌人在北面行动的摩托—机械化部队变更部署造成妨碍。

★8月21日的战斗给开进中的敌预备队造成了严重损失。

·**决心**——基于对敌人的这一评估，觉察到察列维奇河以南敌军的虚弱，以及地形适于投入骑兵力量，我认为采取以下措施较为有利：

★保持集团军目前的编组，在不削弱我们在中央地带对马科维耶和巴甫洛沃（亚尔采沃以北20千米）的进攻的情况下，朝米亚格琴基、斯捷潘诺瓦、杜霍夫希纳（位于左侧，亚尔采沃以北10千米）发起一场进攻。

★8月23日下午沿米亚格琴基、斯捷潘诺瓦、杜霍夫希纳方向投入骑兵第45师。

★8月23日4点前，（骑兵师）集结在马斯利希、马特文基、马利诺夫卡地域，该师从这里可以投入发展胜利的行动，需要的话也可投入中央地带，视情况而定。

★步兵第64师和坦克第101师夺得纳沃利尼亚、谢利措、马克耶瓦、新谢利耶一线后，将骑兵师投入战斗，从而在8月23日日终前夺取杜霍夫希纳以西森林，从那里，该师可以沿北方或西南方向投入。

·**请求**

★8月23日晨起，提供歼击机掩护骑兵师集结地域，为该师从集结地赶往洛伊尼亚河以及8月23日下午投入突破口的行动提供掩护。

★将1个炮兵团置于我的掌握下，另外，步兵第244和骑兵第45师纳入我的集团军，特别需要更多通信设备。[15]

科涅夫的报告再次证明了他的信心，他的部队已击败遂行反突击之敌，现在可以完成他们的主要任务——突向杜霍夫希纳并将其收复了。铁木辛哥认为他给科涅夫提供的预备队足够第19集团军完成受领的任务，因而于8月22日批准霍缅科第30集团军和卢金第16集团军，或转入休整，或只遂行局部冲击。例如，当日8点20分，大致是科涅夫麾下部队恢复进攻的同一时刻，卢金给第20集团军下达恢复进攻的新命令，但这场被推延一天的行动攻往连接斯摩棱斯克和叶利尼亚的主铁路线，而非斯摩棱斯克以东铁路线，这可能是因为铁木辛哥相信科涅夫集团军能够到达杜霍夫希纳：

·**敌人的情况**——以1个武装党卫队师在第聂伯河西面、我集团军之右翼遂行防御，我集团军左翼对面，敌人前调第263步兵师以接替"大德意志"师。

·**第20集团军的任务**——以2个师（步兵第73和第144师）据守第聂伯河一线并扼守河西岸登陆场的同时，于8月23日晨投入4个步兵师（第229、第153、第161、第129师），在重型火炮支援下发起冲击，粉碎敌第263步兵师，前出到杜布罗米诺和格林卡车站（索洛维耶沃以南25千米，斯摩棱斯克与叶利尼亚中途）的铁路线。[16]

因此，从西方面军的角度看，8月22日最激烈的战斗发生在第19集团军设在沃皮河以西的登陆场，科涅夫集团军以两个步兵师在那里抹去德军第7装甲师反突击行动所取得战果的最后痕迹，而集团军辖内其他部队渡过察列维奇河继续向西进击。但在遥远的北面，叶尔沙科夫将军第22集团军作战地域内，铁木辛哥最初认为德军在那里的进攻不过是局部行动，并不具有紧迫性，但德军这场进攻最终演变为一场大规模行动，对西方面军八月反攻的最终命运产生了巨大影响。（参见地图10.6、10.7）

西方面军8月22日20点提交的作战摘要，再次详细描述当日白天的行动，强调了沿整条战线展开的战斗之激烈性：

·**总体情况**——方面军辖内部队克服敌人的顽强抵抗，以右翼力量向乌斯维亚季耶发展攻势，中央地段向杜霍夫希纳发展攻势，左翼力量正加强他们的阵地并重组辖内部队。

· **第22集团军**——右翼遂行防御，中央和左翼力量继续进攻。敌人依靠精心构设的障碍物体系实施顽强抵抗，特别是在森林地域。他们大量使用有组织的火炮和迫击炮火力并展开反冲击。

★步兵第186师——8月22日6点遭敌第110步兵师攻击，对方获得火炮和迫击炮支援，敌人攻占巴尔季诺、索普基、德列基（大卢基东南方36—37千米），敌冲锋枪手突入斯洛诺沃（大卢基东南方35千米），但该师正采取措施肃清敌人的突破。

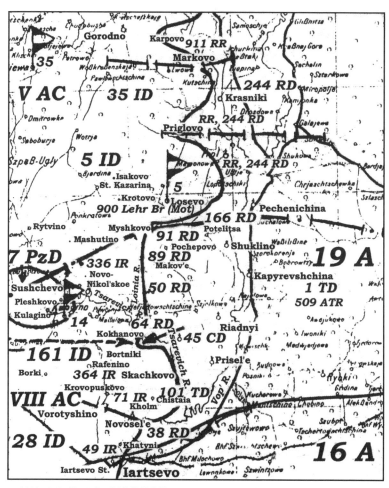

▲ 地图 10.6：第 19 集团军的作战态势，1941 年 8 月 22 日（资料图）

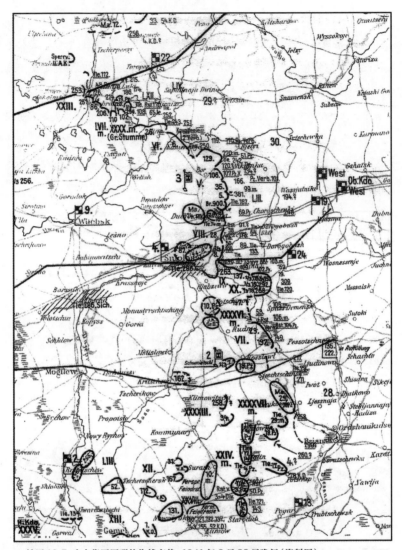

▲ 地图 10.7：中央集团军群的作战态势，1941 年 8 月 22 日晚间（资料图）

★步兵第174师——8月21日夺得维亚佐维基（德列基以东10千米），给敌人造成严重损失并缴获4挺重机枪。

★第22集团军司令部——纳济莫沃车站（大卢基以东32千米）。

·第29集团军——8月22日14点发起进攻以歼灭当面之敌，沿整条战线遭遇敌人顽强抵抗，以及猛烈的火炮、迫击炮火力和空袭。

★步兵第252师——以1个团据守克里韦茨、萨莫杜莫瓦、第一奥列尼察、红索斯内地段（伊利因诺西北偏西方24千米至西北方15千米），以2个团在乌斯季耶和维波佐沃地域（伊利因诺西北偏北方18千米）强渡西德维纳河后，向锡尼奇诺发展进攻。

★步兵第246师——从巴耶沃地域（伊利因诺东北方15千米）攻往安德列耶夫斯克和尤里耶沃（伊利因诺东北方10千米）。

★步兵第243师——从扎霍德和亚西科沃一线（伊利因诺东北方12千米）攻往波罗夏特尼科沃和帕拉希诺（伊利因诺东北偏东方6千米）。

★摩托化步兵第1团（NKVD）——向卡特科沃（伊利因诺东北偏东方15千米）展开行动。

★骑兵第29团——沿梅扎河（伊利因诺以东30千米）掩护集团军左翼。

★第53号装甲列车——掩护扎尔科夫斯基车站和博尔基方向（伊利因诺东南偏东方35—40千米）。

★摩托化步兵第2团（NKVD）——在杰米多沃、科罗特希、皮卡利哈地域（伊利因诺东北偏北方18—20千米）担任集团军预备队。

★第29集团军司令部——波亚尔科沃以南0.5千米。

· **骑兵集群**（骑兵第50和第53师）——集结在乌斯季耶以北森林和波德维亚济耶（别雷西南方35—45千米，杜霍夫希纳以北55千米），但由于敌人顽强抵抗，该集群以独立支队或团突破希赫托沃、波德维亚济耶、布列哈洛沃一线的所有尝试均告失败。8月22日20点，该集群开始到达194.9里程碑、尼库利诺以北树林、波德维亚济耶东南方树林一线，正同当地游击队相配合，汇报称遭受的损失微不足道（这一点正在核实）。

· **第30集团军**——实施重组，（在以下地点）恢复各部队的序列，准备恢复进攻，打击一股不甚活跃之敌。

★步兵第250师——第918团位于洛西米诺和布拉托沃地段（别雷西南方18—20千米，亚尔采沃以北78千米），余部集结在波任基地域（亚尔采沃以北60—65千米）。

★步兵第242师——位于旧莫罗霍沃、新莫罗霍沃、日德基地域（亚尔采沃以北50—60千米）。

★步兵第162师——位于多尔戈耶和旧谢洛地域（亚尔采沃以北47—50千米）。

★步兵第251师——位于米哈伊洛夫希纳以西和谢琴基东南方1千米的树林边缘（亚尔采沃以北44—47千米）。

★坦克第107师（欠摩托化步兵第120团）——集结在多尔戈耶地域。

★摩托化步兵第120团——获得第30集团军步兵第244师第911团接替后，将据守茹科沃、斯洛博达、纳泽缅基、卡尔波沃、托尔奇洛沃一线（位于第二梯队）。

★步兵第244和骑兵第45师——转隶第19集团军。

★步兵第134师——在弗拉季米尔斯科耶地域（第30集团军后方）休整补充，担任集团军预备队的1个团8月22日终前集结在波德宰采沃东北方2千米的森林内。

★我方损失：

☆坦克第107师——在近期战斗中人员伤亡非常严重，8月20日折损11辆坦克。摩托化步兵第237团8月22日只剩180名战斗步兵，坦克第143团损失115人，团长也已牺牲，两名营长和几乎所有连长都已负伤。

☆步兵第251师——师部军事委员、营政委宰采夫，步兵第927团代理团长萨姆科大尉都已牺牲。

★敌人的损失和我方缴获的战利品——缴获1门30毫米火炮和28发炮弹、8支步枪、1门迫击炮，击毁/消灭8挺重机枪、9支冲锋枪、7门迫击炮、5门反坦克炮和1个炮兵连，击毙800名德军官兵，8月22日以高射炮击落1架敌运输机。

· **第19集团军**——当日白天替换右翼部队，重组辖内力量，9点30分在中央地段和右翼发起冲击以歼灭洛伊尼亚河与察列维奇河之间的敌军。

★敌人从纵深处前调预备队，实施顽强抵抗，以获得坦克支援的步兵展开局部反冲击，企图遏止我方推进，特别是在波捷利察、波切波瓦、波波瓦、斯卡奇科瓦地段。

★初步报告表明，敌人在这些地段损失惨重，自8月17日以来阵亡2000名士兵，8月21日又被击毁70多辆坦克和许多车辆。

★8月22日，敌人投入一个新式迫击炮（火箭炮）连，这种火炮能同时发射8枚炮弹。截至17点，集团军辖内兵团在以下地点战斗：

★步兵第244师——15点前在舒佩基和213.9高地地段（亚尔采沃以北28—32千米）接替步兵第166师。

★步兵第166师——在213.9高地和戈尔巴托夫斯卡亚地段（亚尔采沃以北24—28千米）重组，准备攻往莫捷沃和洛谢沃。

★步兵第91师——以右翼力量进攻220.8高地上的敌抵抗基点，击退敌人2个步兵连和15—20辆坦克的反冲击后，于8月22日11点攻向波切波瓦并继续赶往波切波沃以东小树林的西部边缘（亚尔采沃以北20—24千米）。

★步兵第89师——以1个团协助步兵第91师攻往220.8高地，另外2个团进入出发阵地，准备对无名高地（波切波瓦以东1千米）至马科维耶以东0.5千米小树林一线（亚尔采沃以北18—20千米）遂行冲击。

★步兵第50师——沿洛伊尼亚河一线（亚尔采沃以北12—8千米）同敌人展开激战。

★步兵第64师——12点30分击退敌人2个步兵连从彼得罗沃以南小树林发起的反冲击并继续向前推进（亚尔采沃以北8—12千米）。

★坦克第101师——从斯卡奇科瓦和奇斯塔亚一线（亚尔采沃以北3—8千米）遂行冲击，打击敌人的激烈抵抗。

★骑兵第45师——集结在戈洛巴切沃、茹科瓦、费多谢耶瓦以东森林附近。

★缴获战利品——1门75毫米火炮、10挺/支重机枪和冲锋枪、1部电台、1门反坦克炮。

★8月22日的损失——击退敌装甲反冲击时损失12辆坦克。

· **第16集团军**——遂行战斗，支援第19集团军。

★步兵第38师——进攻未获成功，由于敌人猛烈的火炮和迫击炮火力，被迫放弃新谢利耶（亚尔采沃东北偏北方4千米），8月22日17点，在从108.6高地东南坡至哈特尼东郊这一地段（亚尔采沃以北1—2千米）进行战斗，当面之敌为敌第7步兵团（可能是第28步兵师第71团）。

★步兵第108师——位置未发生变化。

★在新谢利耶地域俘获的俘虏身上的证件表明，敌第49步兵团（第28步兵师）据守从174.7高地以南1千米的小树林延伸至谢利措的防区，至少1个敌步兵团据守在谢利措以南，至少1个番号不明的敌步兵团据守在步兵第108师对面。敌人普遍不太活跃。

· **第20集团军**——准备遂行受领的任务。

★步兵第144、第73、第161、第129师——加强既占阵地。

★步兵第229和第153师——赶往新集结区。

· **方面军航空兵**——支援地面部队，遂行侦察，8月21日—22日夜间和8月22日上午，以160个飞行架次打击开赴前线的敌预备队。

★轰炸航空兵第23师——8月21日—22日夜间以21个飞行架次轰炸佩斯涅沃、列奥诺沃、拉费尼纳、奥西诺夫卡、洛谢沃、扎米亚季诺地域之敌，注意到多起大火和爆炸。

★混成航空兵第43师——支援第19集团军。

★混成航空兵第46师——8月21日—22日夜间在新谢尔基、卡尔波沃、舍列佩地域，以三次连续突袭轰炸敌防御前沿，机组人员看见多起大火并听见爆炸声。另外还支援第30集团军，掩护部队重组，自8月22日起，在波霍维奇齐和沙洛维奇地域打击敌坦克、步兵和车辆，数次直接命中敌运输车辆和人员。

★混成航空兵第31师——支援第22集团军。

★混成航空兵第47师——在洛谢沃和巴拉舍瓦地域打击敌摩托—机械化部队、炮兵和步兵，在第19集团军作战地域，以两次连续突袭击毁10—15坦克和约22辆汽车，烧毁1辆运水车，炸毁1个弹药仓库，压制敌人2个炮兵连的火力，消灭对方2个步兵连。

★敌人的损失——当日上午损失1架Ju-88战机。

★我方损失——据附加信息称，8月21日，1架伊-16战机被击落。[17]

和前几天一样，科涅夫第19集团军8月22日晚些时候向西方面军呈交了两份报告，第一份是该集团军给辖内兵团所下达命令的副本，第二份是发给铁木辛哥及其参谋长的详细报告，关于当日的行动和科涅夫打算在8月23日采取的措施。22点40分签发的战斗令如下：

· **敌人的情况**——8月21日企图遂行反突击时遭受严重损失，目前正企图沿洛伊尼亚河和察列维奇河设立防御。我们在8月21日和22日击毁约80辆敌坦克。

· **·第19集团军的任务**——8月23日8点继续朝杜霍夫希纳这个总方向进攻，歼灭洛伊尼亚河与察列维奇河之间的敌军并切断对方通往察列维奇河渡口的后撤路线。

·辖内各兵团的任务

★步兵第244、第166、第91、第89、第50、第64师和坦克第101师（以及先前的支援力量）——执行我在8月21日第033号战斗令中赋予的任务。

★步兵第50、第64和坦克第101师——为骑兵第45师在他们的作战地段投入突破口做好准备。

★骑兵第45师——向谢利措、梅科沃、杜霍夫希纳发展突破，阻止敌军撤过察列维奇河，在纳沃利尼亚和茹科沃地段（亚尔采沃西北偏北方14—15千米）夺取河上渡口，于日终前占领杜霍夫希纳西面的森林地域。做好准备，在步兵第50师作战地域投入突破口，攻往苏谢沃、米希纳和杜霍夫希纳。

★炮兵主任——8月23日5点前做好准备，8点至8点30分实施30分钟炮火准备。任务如下：

☆以5个炮兵营掩护骑兵第45师投入突破口。

☆打击从两翼射来的机枪和火炮火力，以此掩护骑兵师。[18]

午夜前不久，科涅夫又给铁木辛哥发去他的个人看法和8月20日—21日的战后报告：

· **第一**，8月22日，集团军完成右翼力量重组并沿战线其他地段继续消灭开进中的敌预备队。沿波捷利察和巴拉绍瓦方向持续战斗的结果是，步兵第91和第89师给敌人造成严重损失，迫使对方退往西北面和西面，前出到巴拉绍瓦东面树林的西部边缘，并且夺得了波切波瓦（亚尔采沃以北20千米）。经过验证的消息表明，击毁敌人22辆坦克和3辆装甲车，这些战车残骸位于波捷利察以西地域（亚尔采沃以北23千米），现已落入我们手中。另外，敌人成功拖离15辆被我方火炮击毁的坦克。敌人在波切波瓦地域至少遭受到相同的损失，在那里，我方炮兵击毁25辆敌坦克，坦克第202团击毁另外15辆敌坦克。

· **第二**，由于集团军8月21日的成功战斗，敌人活动显著减少，但仍在洛谢沃和卡扎科瓦地段（亚尔采沃以北18—25千米）盘踞于洛伊尼亚河西岸。南面，我方部队夺得卡扎科瓦、穆日洛瓦、穆日洛瓦东南方1千米的树林（亚尔采沃以北13—18千米）。集团军左翼，步兵第64师和坦克第101师发起联合进攻，继续在斯卡奇科沃和卡哈诺沃地域（亚尔采沃以北8—12千米）歼灭敌第364步兵师残部。

· **第三**，8月23日，我们（军事委员会）已决定8点30分朝杜霍夫希纳这个总方向恢复进攻，歼灭洛伊尼亚河与察列维奇河之间的敌军。骑兵第45师将投入步兵第64师作战地域（亚尔采沃以北10—12千米），朝米亚格琴基、谢利措、杜霍夫希纳发展胜利，切断敌人渡过察列维奇河的后撤路线，并于8月23日日终前夺取杜霍夫希纳西面的树林。[19]

虽然科涅夫的命令和报告表明，他的部队已取得重大胜利，但他麾下各个师的实际进展也证明，尽管他们击败了德军第7装甲师的反突击力量并给对方造成严重损失，可是这番努力也严重削弱了第19集团军的突击势头。实际上，正如后续战斗表明的那样，丰克师遂行突击给苏军造成的破坏，以及博克决定将腾出的第14步兵师（摩托化）投入察列维奇河的战斗，最终挫败了第19集团军的发展。

8月22日是个关键的日子，希特勒和铁木辛哥在8月17日上演的这场猫鼠游戏开始落幕。自8月17日以来，铁木辛哥一直沐浴在幸运的阳光下，不过幸运之神正在悄悄离他而去，而他对此一无所知。虽然西方面军8月22日晚提交的作战摘要只提及第22集团军作战地域局部受挫，但这些局部挫败是一场即将到来的战役灾难的先兆，这场灾难的庞大规模将在次日开始显现。

余波，8月23日—24日
8月23日

8月23日，西方面军作战地域内的战斗顺利展开。铁木辛哥的北部、南部突击群（霍缅科第30集团军和科涅夫获得加强的第19集团军）拂晓时恢复进攻，与此同时，马斯连尼科夫第29集团军也沿西德维纳河及其南面继续遂行冲击。可是，当日白天传至西方面军司令部的一份份乐观的报告中，夹杂着关于叶尔沙科夫第22集团军的越来越令人不安的消息，尽管从表面上看，该集团军仍在大卢基南面和东南面遂行进攻。实际上，当日日终前，这些消息已坏到足以迫使铁木辛哥大幅度更改他的计划的地步。（参见地图10.8、10.9）

8月23日11点左右，科涅夫第19集团军向铁木辛哥呈交规定的作战报告。这份加密报告表明，此时一切正常：

1.实施1小时30分钟炮火准备后，集团军辖内部队8月23日8点30分投入进攻。

2.骑兵第45师8月23日5点的集结情况如下：骑兵第52团——马斯利希东南面树林内，马特文基西南方0.5千米处；骑兵第55团——224.6高地地域的树林内；骑兵第58团——赖法木材厂东北面的树林内。该师师部——赖法木材厂以东1千米。[20]

霍缅科第30集团军度过了看似平静无事的一天，取得了些许战果，并为8月24日更具决定性的推进部署辖内部队，该集团军21点30分汇报了当日的情况：

· **敌人的情况**——投入最后的预备队，正竭力坚守他们现有的阵地。

· **第30集团军的情况**——步兵第250师夺得220.0高地，步兵第162师夺得218.7高地和波奇诺克（亚尔采沃以北45—48千米），后者以第120团在右翼沿大列皮诺（亚尔采沃以北40千米）接近地战斗，但战线其他地段未能获得成功。

· **辖内各兵团的任务**

★步兵第250师——夜间以侦察和各专业支队在不同地段展开行动，发展胜利。

★步兵第162师——加强既占阵地，做好夜间以小股侦察和专业支队展开行动、发展胜利的准备。

★坦克第107师——步兵第237团应同步兵第162师右翼力量相配合，以小股力量彻夜展开行动，借此发展胜利。坦克团应集结在多尔戈耶（亚尔采沃以北47千米）以西森林休整补充，做好8月24日晨发展步兵第250和第162师所取得胜利的准备。摩托化步兵第120团应掘壕据守，并在夜间向大列皮诺展开积极的侦察行动。

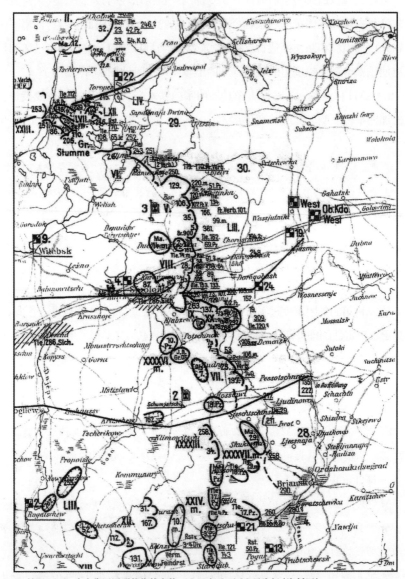

▲ 地图 10.8：中央集团军群的作战态势，1941 年 8 月 23 日晚间（资料图）

★步兵第251师——确定敌作战兵团的分界线，夜间以突袭的方式渗透这些分界线，做好8月24日晨发展渗透的准备。[21]

▲ 地图10.9：第19集团军的作战态势，1941年8月23日晚间（资料图）

　　鉴于第19集团军在昨日取得了胜利，就连卢金第20集团军也在8月23日继续进攻。卢金于黄昏后汇报了这些行动，报告中称，"敌第263步兵师，兵力不超过3000人，辖内三个团正以单梯队配置据守苏博罗夫卡、维什尼亚基、波古比尔卡、克列米亚季诺、亚科夫列维奇一线（索洛维耶沃以南24千米至东南偏南方28千米）"，而"步兵第229、第153、第161、第129师将于8月24日10点30分继续进攻，日终前将完成第58号令赋予他们的任务。"[22]

　　对铁木辛哥和第19集团军来说，当日无疑是美好的一天，喜气洋洋的方面军司令员锦上添花，黄昏后不久给西方面军诸集团军下达了一道通令，对第19集团军在过去四天中取得的前所未有的胜利大加称赞：

发给西方面军辖内诸兵团的第03/op号令

1941年8月23日

红军指战员和政工人员同志们!

自我们的第19集团军对德国法西斯军队发起进攻以来，已过去四天。正如所料，初步打击给过度拉伸的敌人造成严重挫败。第19集团军辖内部队，特别是步兵第64、第50师和坦克第101师坦克第202团的红军指战员和政工人员，证明自己的确是红军中的勇士。经过三天战斗，他们彻底击败法西斯第161步兵师，夺得其火炮，捣毁其指挥部，还缴获了他们的地图和战斗令，击毙不下3000名敌官兵。

敌人8月21日和22日企图阻挡我方部队前进。他们投入大批坦克和摩托化步兵力量，以极大的独立性对我方部队发起攻击。但敌人轻而易举赢得胜利的日子一去不返。德国法西斯军队已知道这一点。出色的步兵第64和第50师——方面军的楷模，英勇的航空兵第47师及其强击航空兵第61、第215团和歼击航空兵第129团，击毁法西斯分子的坦克，迫使他们混乱后撤。敌人损失100辆坦克、100多辆卡车、许多火炮和弹药，数千人伤亡。

我命令:

第19集团军司令员和航空兵指挥员，给在战斗中表现出色的所有红军战士、飞行员、指挥员、政工人员，以及表现杰出的部队和兵团颁发正式奖励。

红军指战员和政工人员同志们! 西方面军步兵、炮兵、坦克兵、骑兵和飞行员同志们!

如果仅凭第19集团军和航空兵第47师的飞行员就能给敌人造成严重挫败，那么我们将以方面军辖内所有力量将这番胜利扩大十倍，对敌人展开一场更具毁灭性的打击。

同志们! 法西斯分子的力量已被削弱。他们无法承受我们的决定性压力。果断前进，不让敌人获得哪怕是一分钟的喘息之机，不能让他们重整旗鼓。坚持到底，向胜利前进!

这道命令下达到各个连、营、航空兵和骑兵中队指挥所和指挥部。

西方面军司令员，铁木辛哥

西方面军军事委员会委员[23]

虽说铁木辛哥下达褒奖令的确有其道理，而且肯定会提升整个西方面军红军将士们的士气，但此时就开始庆祝还是有些为时过早。几个小时后，一种不祥的预感降临在这位刚刚还很振奋的苏联元帅身上，他终于意识到自己正在从事一场致命的猫鼠游戏。这种不祥预感不断加重，直到他清楚地意识到自己正在输掉这场游戏。

提示新一波灾难即将到来的是一些令人不安的报告表明，看似取得胜利的西方面军最右翼的情况不太好。第22集团军在8月22日的晚间报告中几乎没有提到可能存在的问题，仅指出"步兵第186师8月22日6点遭敌第110步兵师攻击，对方获得火炮和迫击炮支援，敌人攻占巴尔季诺、索普基、德列基，敌冲锋枪手突入斯洛诺沃"。但这份报告的后续内容又平息了铁木辛哥的担心，称"正采取措施肃清敌人的突破"。可是，这种安慰仅仅是暂时的，8月23日中午，第22集团军友邻力量称，敌人对第22集团军作战地域的进攻，远比仅打击该集团军一个师的"局部冲击"更加严重。（参见地图10.10）

第22集团军作战地域的情况越来越危急，最明显的证据夹杂在马斯连尼科夫8月23日14点30分下达给第29集团军的命令中。这道命令首先描述在第22集团军的防御遭到严重突破时才会出现的情形："第22集团军地域至少有一个敌装甲师从西面突向大卢基，1941年8月23日晨已在库尼亚车站附近、阿尔捷莫沃车站、格鲁兹多沃（大卢基以东27—35千米）发现敌前进侦察分队（10辆超轻型坦克和步兵）。这对第22集团军后方地域和第29集团军侧翼构成威胁。"马斯连尼科夫又补充道，更糟糕的是，"一股具有积极进攻意图的敌集团仍活跃在赫列巴尼哈、博罗克地域（伊利因诺西北偏西方24—26千米，旧托罗帕西南方37千米），以及第29集团军右翼，德温卡河南岸的柳博维齐和谢利谢地段（伊利因诺西北偏西方25千米，旧托罗帕西南偏南方35千米）。"

汇报这一令人担忧的情况后，第29集团军司令员描述了他这个集团军的情况，以及他为解决新威胁采取的措施（参见地图9.14）：

• **第29集团军的情况**——右翼，由从初级指挥员培训班和初级政工人员强化班挑选出来的人员组成的一个混成营，在科多斯诺湖与日日茨科耶湖之间的地峡（伊利因诺西北偏北方47千米，旧托罗帕以西20千米）掩护扎谢诺沃和帕

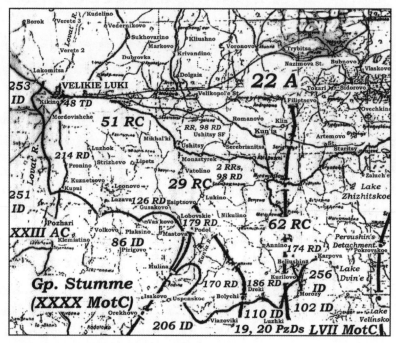

▲ 地图 10.10：第 22 集团军作战地域（资料图）

希夫基诺地段。左翼，集团军突击群（步兵第246和第243师）果断向南攻往伊利因诺（西德维纳河以南8千米，旧托罗帕以南40千米），一个狙击手连掩护别良卡农场和谢瓦斯季亚诺沃地段（伊利因诺东北偏北方15千米，旧托罗帕东南偏南方25—27千米）。

· 辖内各兵团的任务

★步兵第252师——8月23日黄昏时设立一道牢固的环形防御，以独立连、排支撑点和防坦克地域在切列穆哈农场、第一奥列尼察、红索斯内、乌斯季耶、阿韦尔科沃、彼得罗沃地段（西德维纳河北岸，伊利因诺西北偏北方23—28千米，旧托罗帕以南20—25千米）组成营防御地域，沿西德维纳河掩护红索斯内、克里维茨、奥西诺夫卡、第一奥列尼察、乌斯季耶、彼得罗沃、布哈里哈、阿韦尔科沃地段，防止敌人从南面和西面达成突破。8月24日7点开始工作，8月24日4点准备遂行防御。该师师部将设在戈卢贝（西德维纳河以北3千米，旧托罗帕以南20千米）以西森林内。

★工程兵主任——沿步兵第252师防御阵地接近地大量布设工程障碍和雷区，立即提交计划并以所有障碍设置手段和储备的地雷尽快完成这项工作。

★报告——提交部队开始转入防御、各部队集中在他们的防御地段、防御准备情况的报告，不得迟于8月24日5点。[24]

正如这道命令和许多其他报告表明的那样，8月23日下午3点左右，铁木辛哥已开始意识到，虽然他的西方面军沿沃皮河战线对德军装甲力量的缺阵加以利用，但总司令部和中央集团军群不顾博克的反对意见，正准备以集团军群约半数装甲力量发起自己的反击，这股装甲力量四天前"消失不见"。在铁木辛哥看来，更糟糕的是，从打击方面军右翼的德军部队之规模及其初期发展的深度判断，德国人这番行动似乎是一场真正的反突击，而非旨在收复失地的"局部反冲击"。

西方面军8月23日20点提交了一份长长的作战摘要，生动地透露出铁木辛哥日趋加剧的担心，也描述了方面军大部分战线上仍在继续的激烈战斗：

· **总体情况**——辖内诸集团军8月23日晨转入进攻后，西方面军在右翼遭遇敌人强有力的反冲击，战线其他地段，进攻部队遭遇敌人的顽强抵抗。

· **第22集团军**——集团军左翼遭敌人突破后，组织一场反突击，以歼灭达成突破之敌集团，同时从西面掩护自身力量。

★敌人的行动——8月22日至少以1个配有坦克的摩托化师和1个步兵师突破步兵第186师防御地段并冲向北面和西北面，8月23日晨攻占韦利科波利耶车站和乌希齐国营农场（分别位于大卢基以东和东南方15千米），8月23日12点，两支摩托化队列（各有150部车辆）组成的先遣部队到达库尼亚车站和乌希齐车站（大卢基以东25—27千米）。

★第22集团军的应对：

☆除了向库尼亚地域派出两个搭乘汽车的支队外，还把步兵第98师1个团派往帕拉什科沃、泽姆利亚尼奇诺、皮斯库诺沃地域（库尼亚车站以南15—20千米），以歼灭突入之敌。

☆步兵第179师——调入大卢基地域（大卢基东南方22千米），接受第22集团军司令员指挥。

☆第22集团军司令部组建的一个通信兵支队，在别古诺沃和库尼亚正北地域同小股敌军（步兵、摩托车手和4—5辆装甲车）战斗。

☆第22、第29集团军，方面军航空兵的战机对敌队列实施打击。

☆250人组成的一个支队被派往日日察车站地域（大卢基以东50千米，托罗佩茨西南偏南方30千米），据守湖泊间空地，防止敌人向东发展。

☆坦克第48师——位置未发生变化。

☆未收悉集团军辖内其他部队的消息。

☆第22集团军指挥部——迁至步兵第29军军部所在地。

☆集团军后勤部队遭到敌机和炮火打击，还受到敌摩托化部队威胁，正从纳济莫沃车站变更部署到托罗佩茨。

· **第29集团军**——继续沿整条战线遂行冲击。

★步兵第252师——以2个团遂行进攻，在申基诺和160.2里程碑[韦波尔佐沃东北方1千米（伊利因诺西北偏北方22千米，旧托罗帕以南25—27千米）]被敌人反复发起的反冲击所阻，敌人企图沿西德维纳河南岸向北面和东北面突破，但该师击退了对方的反冲击。

★步兵第246、第243师——进攻取得成功，将敌人逐向西面，在8月22日的战斗中消灭的敌人超过两个营。

★摩托化步兵第1、第2团（NKVD）——为夺取卡特科沃（伊利因诺东北偏东方15千米）进行战斗。

★骑兵第29团和第53号装甲列车——执行他们的侧翼掩护任务。

★已在科多斯诺湖（旧托罗帕以西22千米）北面布设障碍物和地雷。

★第29集团军指挥部——边齐和波亚尔科沃（旧托罗帕以南15千米）以南0.5千米的森林内。

· **骑兵集群**（骑兵第50和第53师）——未收悉新消息。

· **第30集团军**——实施1小时炮火准备后，于8月23日13点发起冲击，遭遇敌人预有准备的防御和多达三个步兵师的猛烈火力。

★步兵第242师——据守第一乌斯季耶、莫什基、奥尔洛沃、旧莫罗霍沃一线（亚尔采沃以北53—65千米）并会同步兵第250师和坦克第107师坦克第143团向西南方攻往叶尔霍沃和215.2里程碑（亚尔采沃以北60千米）。

★步兵第250师（欠第918团）——为争夺第二波奇诺克（亚尔采沃以北50千米）进行战斗。

★步兵第162师——为争夺旧谢洛（亚尔采沃以北48千米）进行战斗。

★步兵第251师——面对敌人的反冲击，被迫放弃谢琴基（亚尔采沃以北44千米），17点为夺回该村进行战斗。

★坦克第107师——摩托化步兵第120团据守先前阵地，摩托化步兵第237团在步兵第250师右翼后方作为第二梯队投入进攻。

· **第19集团军**——实施30分钟炮火准备后，于8点30分投入进攻，但遭遇敌人猛烈的火炮和迫击炮火力，双方当日上午展开交火，但该集团军下午开始向前缓慢推进，截至17点，集团军辖内兵团位于以下位置：

★步兵第244师——在右翼据守舒佩基、扎里亚、普里格洛沃地段（亚尔采沃以北32—40千米），但在其他地段的进攻未获成功；目前在库奇诺、谢尔季纳、普里格洛沃地段同敌抵抗基点交火。损失：4人阵亡，21人负伤，3匹马死亡，2匹马受伤。

★步兵第166师——在中央地段（亚尔采沃以北28—32千米）缓缓向前推进，从南北两面迂回卡纽季诺并为夺取该村进行战斗，同时以左翼力量攻克藻夫拉日耶以南高地。

★步兵第91师——克服敌人的顽强抵抗，在阿泽林基至波切波瓦北郊这片地段（亚尔采沃以北24—28千米）到达洛伊尼亚河。损失——28人阵亡，45人负伤，1门76毫米火炮、1门45毫米火炮和1挺重机枪被击毁。

★步兵第89师——以2个团攻往谢利措（亚尔采沃以北20—24千米），右翼力量为夺取波切波沃进行战斗，左翼力量赶往洛伊尼亚河。损失：29名士兵和2名军士阵亡，6名士兵和1名军士负伤，6匹马死亡，1匹马受伤。

★步兵第50师——发起进攻，尽管阿法纳西耶沃以南高地射来猛烈火力，但该师还是夺得了卡扎科沃和伊万诺瓦东郊（亚尔采沃以北16—20千米），击退敌人一场反冲击并继续进攻。

★步兵第64师——以右翼力量强渡察列维奇河并攻往锡尼亚科沃，左翼力量（亚尔采沃以北12—16千米）前出到奥西波瓦西南方1千米的小树林。

★坦克第101师——在原先位置（亚尔采沃以北6—12千米）进行战斗，只取得微不足道的进展。

★骑兵第45师——在原先的集结区休整补充。

· **第16集团军**——位置未发生变化。

★步兵第38师——赶往新谢利耶（亚尔采沃以北4千米），但面对敌人猛烈的火炮、迫击炮和机枪火力，行动未能获得成功。

★步兵第108师——位置未发生变化。

· **第20集团军**——8月23日11点以左翼力量向南攻往多布罗米诺车站（索洛维耶沃以南26千米），现在正在发展胜利。

★步兵第144师——在沿索洛维耶沃渡口南延至拉奇诺（索洛维耶沃以南10千米）一线据守第聂伯河，击退敌人从索洛维耶沃地域发起的一场进攻，先遣支队位于马克耶沃和普涅沃（第聂伯河西岸）。

★步兵第73师——从扎博里耶至索普希诺（索洛维耶沃东南偏南方10—25千米）沿第聂伯河东岸设防，同时在河西岸据守拉奇诺、帕什科沃、戈洛维诺地域。

★步兵第229师——8月23日11点10分，从莫托沃和莫托沃以东1千米小树林南部边缘一线向南攻往苏博罗夫卡和多布罗米诺（索洛维耶沃以南23—25千米）并从西面绕过苏博罗夫卡，12点前到达苏博罗夫卡北郊河流至249.9高地一线，将敌人逐向南面，俘获敌第263步兵师23名俘虏。

★步兵第153师——面对敌人强有力的抵抗，从莫吉利齐和维什尼亚基一线攻往瓦西列沃，14点30分前到达苏博罗夫卡东南方0.5千米高地北坡至维什尼亚基西南方0.5千米树林北部边缘一线（索洛维耶沃以南25—26千米），迫使敌人混乱撤向瓦西列沃，俘获2名俘虏。

★步兵第161师——从205.9高地、丘瓦希、萨莫杜罗夫卡一线（索洛维耶沃东南偏南方25—28千米）攻往阿列克谢耶沃，并为夺回波吉比尔卡进行战斗，但被敌人从228.0高地射出的猛烈侧射火力所阻。

★步兵第129师——沿乌斯特罗姆河设防（索洛维耶沃东南偏南方22—30千米），自11点起，以第457团攻往普罗赫洛波夫卡，克服敌人的顽强抵抗，13点前再次到达克列米亚季诺东郊。

· **方面军航空兵**——支援地面部队，遂行侦察，8月23日上午以116个飞行架次消灭开赴前线的敌预备队，共投掷12枚FAB-100、144枚FAB-50、11枚AO-8炸弹和1440枚AZh-2 KS燃烧弹。

★混成航空兵第23师——8月22日—23日夜间以11架TB-3战机执行特殊任务，同时以2架飞机在莫吉廖夫地域投掷传单。

★混成航空兵第43师——支援第19集团军，打击敌人在新尼科利斯科耶、佩斯涅沃、库拉吉诺地域的集结，机组人员注意到轰炸行动引发多起大火。

★混成航空兵第46师——8月22日—23日夜间以6架战机轰炸希赫托沃和科马罗瓦地域之敌，引发多起大火，当日上午支援第29集团军，在库尼亚车站附近轰炸敌人50部车辆和坦克。

★航空兵第47师——打击锡罗京卡、苏谢沃、图里谢沃、阿法纳西耶瓦、锡尼亚科瓦地域之敌摩托—机械化部队、炮兵和步兵，并在瑟乔夫卡车站掩护我方部队卸载，消灭敌人500名步兵、15匹马和1门火炮，压制敌人2个高射炮连和2个野战炮兵连的火力，但打击敌坦克的战果不明，因为这些坦克隐蔽在森林里。

★混成航空兵第31师——支援第22集团军，但由于气候恶劣，11点30分前的飞行架次有所减少。[25]

8月24日

也许是因为苏军和德军指挥部正在苏德战线中央地带出演的猫鼠游戏已达顶峰，希特勒和博克制定并实施其战略、斯大林和铁木辛哥追求他们的目标时，激烈的战斗仍进行得如火如荼。西方面军8月24日20点提交的作战摘要描述了这场战斗，为8月底和9月初将要发生的事情提供了必要的背景介绍（参见地图10.11）：

· **总体情况**——西方面军在中央地带和左翼继续进攻，同时组织右翼力量肃清敌人的突破，歼灭突入我后方地域之敌。

· **第22集团军**——遭到大股敌军攻击。

★敌人的情况——以第110、第206步兵师，第19、第20装甲师和1个装甲

旅在集团军后方行动。缴获的一道命令表明，敌人企图包围第22集团军，以其
先遣部队前出到阿尔捷莫沃湖、博罗克、韦利科波利耶一线（大卢基以东15—
20千米）。8月24日12点已达成突破的摩托—机械化部队前出到佩斯基、乌希
齐车站、库尼亚一线（大卢基东南偏东方15—28千米）。

★第22集团军的情况——占据大卢基和萨温斯科耶湖一线，步兵第62军
左翼的情况尚不明确，但敌人8月24日晨在波多尔、科京博尔、扎博洛季耶地

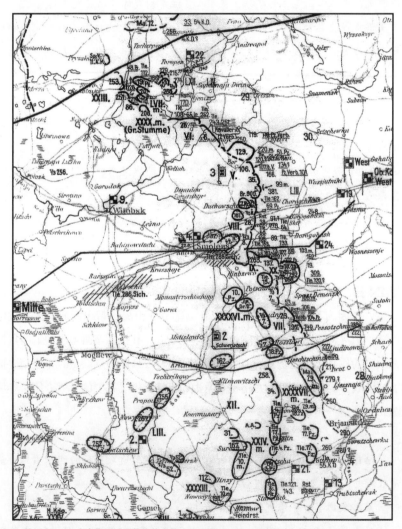

▲ 地图 10.11：中央集团军群的作战态势，1941 年 8 月 24 日晚间（资料图）

段（大卢基东南方25—35千米）突破了步兵第174师防线。

★决心——集结步兵第126、第179师部分力量后，叶尔沙科夫将向东攻往乌希齐车站（大卢基东南偏东方16千米），击败达成突破之敌集团，并于8月24日11点15分夺得乌希齐（未经证实）。

· **第29集团军**——右翼遂行防御，以左翼力量攻往伊利因诺，敌人据守独立抵抗基点，并把坦克半埋起来，火炮和迫击炮火力非常猛烈。

★步兵第252师——以设在西德维纳河北岸（伊利因诺西北偏北方23—28千米，旧特罗帕以南20—25千米）的支撑点组织环形防御，掩护集团军右翼，未发现敌人的活动。

★步兵第246师——实施半小时炮火准备后，于8月24日8点进攻特鲁布尼基郊区的敌支撑点和以南森林（伊利因诺东北偏北方15千米），左翼力量配合步兵第243师进攻209.6高地并向前推进0.5千米，从南面迂回该高地。

★步兵第243师——进攻并夺取小布罗克（伊利因诺东北方15千米）东北郊，正为夺取209.6高地进行战斗，同时从南面迂回该高地。

★摩托化步兵第1、第2团——争夺卡特科沃（伊利因诺东北偏东15千米）。

★骑兵第29团——遂行先前受领的侧翼掩护任务（伊利因诺以东30千米）。

★混成学员营——在扎谢科沃和帕希夫基诺一线（托罗佩茨西南偏南方30千米）据守科多斯诺湖与日日茨科耶湖之间的地峡，那里的敌人以火炮和迫击炮轰击日日察车站。

★8月22日和23日的损失——227人阵亡，653人负伤，38人在战斗中失踪。

★第29集团军司令部——边齐。第29集团军指挥所——波亚尔科沃以南0.5千米。

· **第30集团军**——在中央地段战斗，战线其他地段的部队接受休整和补充。

★步兵第162师（获得2个步兵团和30辆坦克加强）——当日晨攻往舍列佩和扎列奇耶（亚尔采沃以北48千米）的行动未获成功，但16点投入步兵第251师。步兵第251和第162师16点40分突入谢琴基（亚尔采沃以北45千米），那里的战斗仍在继续。结果，敌人撤离戈罗德诺和克列切茨（亚尔采沃以北40—42千米），并将牲畜和当地居民一同带离。

★战线其他地段的位置未发生变化。

· **第19集团军**——以步兵第244师部分力量据守舒佩基和普里格洛沃一线（亚尔采沃以北32—40千米），8月24日12点30分以其他部队展开冲击，但遭遇敌人从纵深处开到的新锐预备队，对方实施猛烈反冲击，企图遏止集团军的进攻。

★步兵第166师——夺得卡纽季诺，正在该村西面300—400米处的树林战斗，师左翼力量夺得祖博沃（亚尔采沃以北28—32千米）。

★集团军左翼，敌人9点30分投入1个步兵营，以密集队形从科哈诺沃（亚尔采沃以北9千米）对步兵第64师与坦克第101师结合部发起反冲击，但被我军击退并蒙受严重损失。

★敌人的损失——缴获1个炮兵连的4门火炮（口径仍在确认中）、2门反坦克炮、5辆自行车和2辆摩托车，在战场上还发现5辆被烧毁的坦克和2辆卡车。

★敌人以坦克展开反冲击，激烈的战斗正沿战线其他地段进行。

· **第16集团军**——位置未发生变化。

· **第20集团军**——攻往多布罗米诺车站（索洛维耶沃以南26千米）并沿从索洛维耶沃渡口向西南偏南方延伸（25千米）到索普希诺一线据守第聂伯河防线。

★步兵第144和第73师——位置基本未发生变化。

★步兵第229师——面对敌人的顽强抵抗，向苏博罗夫卡（索洛维耶沃西南偏南方23千米）缓缓推进。

★步兵第153师——面对敌人以坦克发起的反冲击，被迫放弃维什尼亚基（索洛维耶沃以南24千米）东北方树林，撤至249.9高地，但11点30分恢复进攻，将敌人逐向南面并夺取了维什尼亚基西北方小树林。

★步兵第121、第169师——位置未发生变化。

★第20集团军指挥所——新谢尔基（索洛维耶沃东南偏东方10千米）西南面树林内。

· **方面军航空兵**——同第19集团军辖内部队相配合，并于8月24日对突入第22集团军作战地域之敌遂行打击，但恶劣的气候导致航空兵仅出动了35个飞行架次。

★混成航空兵第46师——8月24日在库尼亚车站附近和纳济莫瓦轰炸敌人达成突破的摩托—机械化部队和坦克，在伊利因诺地域轰炸敌军之集结，以此支援第22和第29集团军，机组人员注意到在库尼亚车站和纳济莫瓦地域多次直接命中敌坦克和车辆，伊利因诺地域发生多起大火。

★混成航空兵第31师——8月23日—24日夜间对库尼亚车站附近之敌发起打击，8月24日晨在佩斯基和日加洛沃地域轰炸一支敌军队列，以此支援第22集团军。

★轰炸航空兵第23师、混成航空兵第43和第47师、侦察航空兵第38中队——由于天气恶劣，未执行战斗飞行。

★敌人的损失——经确认，8月23日1架Me-109战机被击落。

★我方损失——1架米格-3战机未能返回机场，经确认，8月21日和22日未能返航的3架伊尔-2战机降落在己方地域。[26]

虽然这份摘要最引人注目之处是对西方面军右翼、第22集团军作战地域迅速恶化的态势所做的描述，但它也在几个方面表明铁木辛哥痴迷于让他的方面军继续进攻。首先，尽管第22集团军处境困难，可是马斯连尼科夫仍坚持在伊利因诺地域和紧邻的东面遂行进攻，一天内就伤亡约1000人。其次，霍缅科第30集团军仍在努力实现苦苦追寻的突破，在这种情况下，步兵第162和第251师猛攻谢琴基地段，而集团军辖内其他部队接受休整和补充，准备投入很快就将到来的新攻势。虽然展开激烈的局部战斗，但科涅夫第19集团军、罗科索夫斯基第16集团军和卢金第20集团军也在恢复辖内诸兵团的作战序列并等待新进攻令的下达。最后一点，正如第19集团军报告中指出的那样，战役新阶段正沿洛伊尼亚河和察列维奇河展开。这是因为8月23日—24日夜间，根据施特劳斯的指示，德军第14摩托化师前调并沿两条河流之西岸接替第161步兵师残部。因此，到8月24日中午，科涅夫集团军辖内疲惫不堪的各个师面对的是德军第14摩托化师第11、第53步兵团和第54侦察（摩托车）营。德军左侧获得第28步兵师一个团的支援，在右侧提供支援的是该师一个营，防线从波切波瓦向南延伸到新谢利耶。所以，第19集团军此后恢复推进会非常困难。虽然西方面军的进攻行动中出现这一短暂间歇，但铁木辛哥集结起所有空中力量，对进攻第22

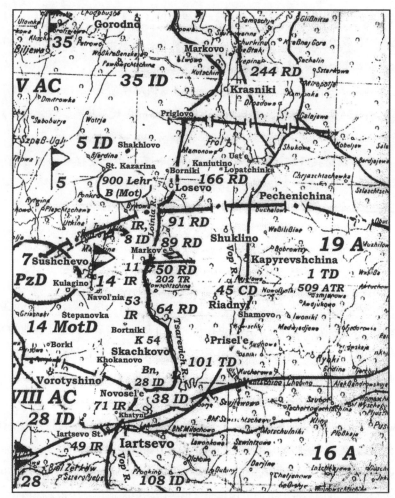

▲ 地图 10.12：第 19 集团军的作战态势，1941 年 8 月 24 日晚间（资料图）

集团军的德军部队施以打击。8月24日的不良气向条件严重妨碍了他的这番努力。（参见地图10.12）

一个多星期后的9月1日，科涅夫第19集团军军事委员会拟制了一份关于8月份最后两周集团军作战行动的总体概要和评估，呈送铁木辛哥和最高统帅部大本营。这份报告中的大部分内容涉及8月17日—24日激烈、但只取得部分成功的战斗，简洁但又准确地阐述了对在沃皮河这个重要而又血腥的作战地段发生的事情的看法。最重要的是, 报告中指出, 截至8月24日, 德国人显著加强了他们沿集团军战线的防御。

这份报告以一段简略的总结性陈述为开始。

沿沃皮河持续战斗后, 敌人开始向东退却, 之后, 德军编组情况如下:

· 第一, 第35步兵师在克拉斯尼察、布拉库列沃、莫罗佐瓦一线 (亚尔采沃以北34—38千米) 行动。该线南面, 第5步兵师 (第14、第56、第75步兵团和第44炮兵团) 后撤, 随后在沙图内 (普里格洛沃) 和巴拉绍瓦地段 (亚尔采沃以北22—34千米) 转入防御。该师转入防御后, 主防御地带前沿位于帕诺瓦、沙赫洛沃、新谢利谢、伊万尼基、巴拉绍瓦一线。德国人在这片防御地带前方实施迟滞行动, 先是沿马莫诺沃和戈尔巴托夫斯卡亚一线 (亚尔采沃以北24—30千米), 随后沿扎尼诺和祖博瓦一线展开。第5步兵师三个团以单梯队战斗队形占据防御, 防线宽达11—12千米。显然, 由于防线较宽, 第5步兵师没有大股预备力量。战斗期间, 敌人建立起两个预备队战斗群, 第一个为步兵营级规模, 位于沙赫洛沃西北方树林内 (亚尔采沃西北偏北方30千米); 第二个也是步兵营级规模, 位于旧卡扎里纳地域 (亚尔采沃西北偏北方25千米)。第5步兵师作战地域共有5—6个炮兵连, 其中一个是重型炮兵连。

· 第二, 第161步兵师 (第336、第364、第371步兵团) 在卡佩列夫希纳、卡扎科瓦、奇斯塔亚、克罗沃普斯科沃地段 (亚尔采沃以北5—22千米) 行动。该师实施战斗后撤的同时, 在卡扎科瓦和奇斯塔亚地段 (亚尔采沃以北3—24千米) 沿洛伊尼亚河和察列维奇河一线转入防御。第161步兵师三个团以单梯队战斗队形占据防御, 防御地带宽度为12—13千米。

· 第三, 发现第312步兵师、第900摩托化旅辖内部队, 甚至包括第35步兵师第34团第1营, 在第5步兵师与第161步兵师之间地段行动。

· 第四, 第19集团军发起进攻行动时, 德国人最密集的战斗队形位于波捷利察和巴拉绍瓦一线 (亚尔采沃以北20—24千米) 北面。敌炮兵主力部署在扎尼诺、洛谢沃、莫捷瓦地域的森林内。这种情况只能以这样一个事实加以解释, 进攻发起前, 特别是博尔金集团突出包围圈期间, 第19集团军在其右翼展开主要努力。另外, 伪装 (马斯基罗夫卡) 措施也在战役准备期间发挥了重要作用，使敌人无法弄清我集团军的主要突击方向。

· 因此，第19集团军在巴拉绍瓦和涅费多夫希纳地段展开主要突击，发现德军的编组情况不太有利。步兵第91、第89、第50和第64师遂行的主要突击，重点打击敌第161步兵师，8月17日—21日，该师人员损失超过三分之二，武器装备的损失超过半数。德军指挥部不得不把第161步兵师残部撤离前线，为防止防线遭突破，他们开始从纵深处和战线消极地带（第16集团军）抽调兵力。第8步兵师第84步兵团和第28步兵师第83步兵团投入波切波瓦和宰采瓦国营农场地段（亚尔采沃以北13—20千米）。第28步兵师余部（第7和第49团）接替第336和第364步兵团的两个营残部后，占据波波瓦和奇斯塔亚一线（亚尔采沃以北3—11千米）。

· 8月18日—23日期间，敌人将坦克力量投入洛谢沃和穆日洛瓦地段（亚尔采沃以北15—25千米），8月20日夜间，其坦克分队从洛谢沃地域攻往波捷利察和扎德尼亚（亚尔采沃东北偏北方23千米），企图突破到沃皮河上的渡口。另外，8月20日—22日期间，敌人企图以独立坦克群（10—30辆坦克）在波切波瓦、博洛季诺、穆日洛瓦地域（亚尔采沃以北15—20千米）遂行冲击，但这些企图都以失败告终。损失130多辆坦克后，敌人被迫停止这场反冲击。我们通过从死者身上缴获的证件确定，敌第7装甲师辖内部队参与了这些反冲击。

· **第五**，8月17日—22日这段时期的战斗迫使德军指挥部门加强博尔尼基、新谢利谢一线（亚尔采沃以北27千米）南面的德军作战兵团。8月26日日终前，由于第8步兵师第84步兵团和第28步兵师第7步兵团遭受严重损失，敌第44、第87步兵师和第14摩托化师辖内部队开始赶赴第19集团军战线。据8月28日和29日对俘虏的审讯，我们确定敌第44步兵师辖内部队正开赴巴拉绍瓦（亚尔采沃以北22千米），第87步兵师辖内部队正赶往南面的斯捷潘尼季诺（杜霍夫希纳东北方）。与此同时，第14摩托化师第53步兵团在锡尼亚科沃和奥西波瓦地段（亚尔采沃以北10—12千米）接替第28步兵师第7团。因此，在历时18天的战斗中，第19集团军粉碎了敌第161步兵师、第8步兵师第84团、第28步兵师第7团。敌人9月1日前从三个新锐师前调兵力，但尚未确定这些部队的编组情况。沿我方战线已确认敌第35、第5、第8、第28、第44、第87步兵师，第14摩托化师师，第7装甲师的部队。沿我集团军战线行动的敌人炮兵连达到30个。

·**第六**，8月28日至31日期间，集团军辖内部队对敌防御实施侦察，同时遂行进攻战斗。这些情况在附属方案中阐述。[27]

★

截至8月24日晚，铁木辛哥西方面军主力，具体说来就是科涅夫第19和霍缅科第30集团军，已被施特劳斯第9集团军强有力的反突击削弱。在8月20日和21日历时两天的激战中，科涅夫第19集团军遭遇并击败德国第9集团军获得加强的第7装甲师，击毁击伤该师三分之二的坦克，迫使对方撤出战斗舔舐伤口。红军步兵同炮兵、高射炮兵、少量坦克、工程兵、一些提供支援的飞行员及其机组成员紧密配合，击退德军一场装甲突击，从而确保第19集团军的登陆场完好无损，这在战争中尚属首次。但在书写发给铁木辛哥的战后报告时，科涅夫也知道他的胜利付出了相应的代价。具体而言，第19集团军在近期战斗中蒙受的高昂损失严重削弱了其战斗力。科涅夫总结道，除非援兵开至，否则他的集团军在不久后的将来很难有与近期相当的表现。北面的霍缅科也对他严重受损的第30集团军得出相同结论。因此，从这个意义上说，两个集团军过去一周为胜利付出的代价较为惨烈。

身处西方面军司令部的苏联元帅铁木辛哥是个现实主义者，他非常清楚，没有援兵，他最重要的突击群"已呈强弩之末"。因此，受到第19集团军在沃皮河以西表现的鼓舞，他已竭力调集援兵维系这场反攻。实际上，在大本营的批准和支持下，作为西方向总指挥部司令员的铁木辛哥已考虑将两个方面军遂行的较为适度的第二次反攻，扩大为一场投入三个方面军，更具雄心的全面反攻。

从中央集团军群司令博克和第9集团军司令施特劳斯的角度看，现在的情况很明显，他们的装甲反突击受挫，而且手头没有其他装甲力量可用，他们麾下的步兵师不得不沿二者都认为是集团军群的不幸且毫无意义的"东线"继续流血牺牲。因此，竭力搜罗新锐步兵力量的同时，博克对元首错误的军事策略所持的反对意见越来越激烈，就像他在个人日记中透露的那样。另外，尽管遭遇挫败，但博克现在确信，只有在集团军群左翼赢得一场重大胜利，才能结束集团军群中央地带的血腥杀戮。正如下一章所示，这场胜利的确近在咫尺。

注释

1. 克劳斯·格贝特主编、戴维·约翰逊译，《陆军元帅费多尔·冯·博克：战时日记，1939年—1945年》，宾夕法尼亚州阿特格伦：希弗出版社，1996年，第287页。

2. 同上。

3. 《第19集团军司令员1941年8月20日—21日下达的第031、第032、第033号战斗令》（Boevoi prikazy komanduiushchego voiskami 19—i Armii Nos. 031, 032, i 033 ot 20—21 avgusta 1941 g.），收录于《伟大卫国战争作战文件集》第41期，莫斯科：军事出版局，1960年，第173—178页。

4. 《西方面军司令部1941年8月20日20点提交的第110号作战摘要：关于方面军辖内部队8月20日白天的作战行动》（Operativnaia svodka shtaba Zapadnogo fronta No. 110 k 2000 chasam 20 avgusta 1941 g. o boevykh deistviiakh voisk fronta v techenie dnia 20 avgusta 1941 g.），收录于《伟大卫国战争作战文件集》第41期，第51—53页。

5. 《西方面军司令部1941年8月20日发给坦克第1师师长的战斗令：关于做好发展第19集团军胜利的准备》（Boevoe rasporiazhenie shtaba Zapadnogo fronta ot 20 avgusta 1941 g. komandiru 1—i Tankovoi Divizii o podgotovke divizii k razvitiiu uspekha 19—i Armii），收录于《伟大卫国战争作战文件集》第41期，第50页。

6. 《第19集团军司令员1941年8月20日—21日下达的第031、第032、第033号战斗令》（Boevoi prikazy komanduiushchego voiskami 19—i Armii Nos. 031, 032, i 033 ot 20—21 avgusta 1941 g.），收录于《伟大卫国战争作战文件集》第41期，第173—178页。

7. 《西方面军司令员1941年8月21日下达给第19和第30集团军司令员的命令：关于部分重组》（Prikazanie komanduiushchego voiskami Zapadnogo fronta ot 21 avgusta 1941 g. komanduiushchim voiskami 19—i i 30—i Armii o chastichnoi peregruppirovke voisk），收录于《伟大卫国战争作战文件集》第41期，第55页。

8. 《陆军元帅费多尔·冯·博克：战时日记，1939年—1945年》，第288页。

9. 《西方面军司令部1941年8月21日20点提交的第112号作战摘要：关于方面军辖内部队的作战行动》（Operativnaia svodka shtaba Zapadnogo fronta No. 112 k 2000 chasam 21 avgusta 1941 g. o boevykh deistviiakh voisk fronta），收录于《伟大卫国战争作战文件集》第41期，第55—57页。

10. 《第19集团军司令员1941年8月20日—21日下达的第031、第032、第033号战斗令》（Boevoi prikazy komanduiushchego voiskami 19—i Armii Nos. 031, 032, i 033 ot 20—21 avgusta 1941 g.），收录于《伟大卫国战争作战文件集》第41期，第173—178页。

11. 《第19集团军司令员1941年8月21日发给西方面军司令员的作战报告：关于集团军辖内部队8月21日的作战行动和我8月22日的决心》（Boevoe donesenie komanduiushchego voiskami 19—i Armii ot 21 avgusta 1941 g. komanduiushchemu voiskami Zapadnogo fronta o boevykh deistviiakh voisk armii 21 avgusta i reshenii na 22 avgusta 1941 g.），收录于《伟大卫国战争作战文件集》第41期，第178—179页。

12. 《西方面军司令员1941年8月21日下达给第29集团军司令员的战斗令：关于改善集团军辖内部队的作战计划，以歼灭敌伊利因诺集团》（Boevoe rasporiazhenie komanduiushchego voiskami Zapadnogo fronta ot 21 avgusta 1941 g.komanduiushchemu voiskami 29—i Armii o utochnenii plan operatsii voisk armii po razgromu Il'inskoi gruppirovki protivnika），收录于《伟大卫国战争作战文件集》第41期，第54页。

13. 同上。

14. 《第20集团军司令员1941年8月21日—23日下达的战斗令》（Boevye prikazy i rasporiazhenie komanduiushchego voiskami 20—i Armii ot 21—23 avgusta 1941 g.），收录于《伟大卫国战争作战文件集》第41期，第216—220页。

15. 《第19集团军参谋长1941年8月22日发给西方面军司令员的报告：关于集团军辖内部队继续进

攻的计划》（Doklad nachal' nika shtaba 19—i Armii ot 22 avgusta 1941 g. komanduiushchemu voiskami Zapadnogo fronta o plane dal' neishego nastupleniia voisk armii），收录于《伟大卫国战争作战文件集》第41期，第179—180页。

16.《第20集团军司令员1941年8月21日—23日下达的战斗令》（Boevye prikazy i rasporiazhenie komanduiushchego voiskami 20—i Armii ot 21—23 avgusta 1941 g.），收录于《伟大卫国战争作战文件集》第41期，第216—220页。

17.《西方面军司令部1941年8月22日20点提交的第114号作战摘要：关于方面军辖内部队1941年8月22日的作战行动》（Operativnaia svodka shtaba Zapadnogo fronta No. 114 k 2000 chasam 22 avgusta 1941 g. o boevykh deistviiakh voisk fronta v techenie dnia 22 avgusta 1941 g.），收录于《伟大卫国战争作战文件集》第41期，第58—61页。

18.《第19集团军司令员1941年8月20日—21日下达的第031、第032、第033号战斗令》（Boevye prikazy komanduiushchego voiskami 19—i Armii Nos. 031, 032, i 033 ot 20—21 avgusta 1941 g.），收录于《伟大卫国战争作战文件集》第41期，第173—178页。

19. 同上。

20.《第19集团军司令员1941年8月22日—24日的战斗令和报告》（Boevye prikazy i doneseniia komanduiushchego voiskami 19—i Armii ot 22—24 avgusta 1941 g.），收录于《伟大卫国战争作战文件集》第41期，第180—183页。

21.《第30集团军司令员1941年8月22日下达的第043号战斗令：关于加强集团军辖内部队既占阵地并于夜间发展胜利》（Boevoi prikaz komanduiushchego voiskami 30—i Armii No. 043 ot 22 avgusta 1941 g. o zakreplenii voisk armii na dostignutom rubezhe i razvitii uspekha noch' iu），收录于《伟大卫国战争作战文件集》第41期，第288—289页。

22.《第20集团军司令员1941年8月21日—23日下达的战斗令》（Boevye prikazy i rasporiazhenie komanduiushchego voiskami 20—i Armii ot 21—23 avgusta 1941 g.），收录于《伟大卫国战争作战文件集》第41期，第216—220页。

23.《1941年8月23日发给西方面军辖内部队的第03/op号令：关于第19集团军1941年8月20日—23日的成功进攻》（Prikaz No. 03/op voiskam Zapadnogo fronta ot 23 avgusta 1941 g. ob uspeshnom nastuplenii 19—i Armii v period s 20 po 23 avgusta 1941 g.），收录于《伟大卫国战争作战文件集》第41期，第61—62页。

24.《第29集团军司令员1941年8月23日下达给步兵第252师师长的第26号战斗令：关于在红索斯内、奥西诺夫卡、彼得罗沃、阿韦尔科沃一线遂行防御》（Boevoe rasporiazhenie komanduiushchego voiskami 29—i Armii No. 26 ot 23 avgusta 1941 g. komandiru 252—i Strelkovoi Divizii na oboronu rubezha Krasnye Sosny, Osinovka, Petrovo, Averkovo），收录于《伟大卫国战争作战文件集》第41期，第268页。

25.《西方面军司令部1941年8月23日20点提交的第116号作战摘要：关于方面军辖内部队的作战行动》（Operativnaia svodka shtaba Zapadnogo fronta No. 116 k 2000 chasam 23 avgusta 1941 g. o boevykh deistviiakh voisk fronta），收录于《伟大卫国战争作战文件集》第41期，第63—66页。

26.《西方面军司令部1941年8月24日提交的第118号作战摘要：关于方面军辖内部队的作战行动》（Operativnaia svodka shtaba Zapadnogo fronta No. 118 k 2000 chasam 24 avgusta 1941 g. o boevykh deistviiakh voisk fronta），收录于《伟大卫国战争作战文件集》第41期，第70—72页。

27.《第19集团军军事委员会发给西方面军军事委员会的报告：关于1941年8月17日—31日，集团军当面之敌的编组和作战行动》（Doklad voennogo soveta 19—i Armii voennomu sovetu Zapadnogo fronta o gruppirovke i boevykh deistviiakh protivnika pered frontom armii v period s 17 po 31 avgusta 1941 g.），收录于《伟大卫国战争作战文件集》第41期，第195—196页。

第十一章
苏军的第二次反攻：预备队方面军的叶利尼亚攻势，更改战略计划，大卢基之战，1941年8月8日—24日

预备队方面军（第24集团军）的叶利尼亚攻势，8月8日—21日
第一阶段，8月8日—17日

苏联最高统帅部大本营在8月中旬制定的进攻计划，最初的整体意图是以铁木辛哥西方面军和朱可夫预备队方面军沿莫斯科方向实施进攻行动。实际上，卡恰洛夫集群惨败、第28集团军大部在8月份第一周覆灭时，预备队方面军司令员朱可夫正竭力以拉库京第24集团军（当时正遏制叶利尼亚登陆场内的德军部队）猛攻德军在该城周围占据的突出部，以此支援卡恰洛夫。

卡恰洛夫集群遭遇挫败并覆灭之前和之后，出于一个最基本的原因，德国人和苏联人都将叶利尼亚登陆场视为关键——它是德军攻往莫斯科的一个重要出发阵地。由于该登陆场对德国人似乎至关重要，苏联最高统帅部大本营准备发起遏止德军推进的反攻时，把这座登陆场列为主要目标之一。另外，同1943年夏季著名的库尔斯克之战一样，德国人当时将叶利尼亚之战视作歼灭苏军大股力量的良机。虽然与库尔斯克相比，叶利尼亚登陆场的规模较小，但1941年夏末，该登陆场显然为苏军指挥部门粉碎并歼灭德军至少三个师提供了一个绝佳机会，这是红军此前从未实现过的壮举。

到8月8日，德军在杰斯纳河东岸占据的叶利尼亚登陆场，宽22千米，深12千米，从叶利尼亚以北12千米的乌沙科沃镇（Ushakovo）起，沿杰斯纳河

东岸向南延伸到叶利尼亚以南10千米的利普尼亚村（Lipnia），然后沿一条弧线向东延伸10—12千米。登陆场最东端依托叶利尼亚东北偏东方12千米的科列马季纳村（Klematina）和该城以东10千米的普罗尼诺村（Pronino），德国人将这两个村庄改造为支撑点，配以各种武器。（参见地图11.1）

目前据守登陆场的是步兵上将弗里德里希·马特纳第20军辖内第15和第268步兵师，他们刚刚接替原先占据登陆场的第46摩托化军第10装甲师和武装党卫队"帝国"摩托化师，这两个师都隶属古德里安集团军级集群。实际上，8月8日，武装党卫队"帝国"师将沿登陆场东部防线设立的防区移交给第20军第292步兵师，换防工作直到次日才完成。[1] 武装党卫队师随后赶往西北方，接手叶利尼亚与第聂伯河之间防线。换防期间，激烈的战斗在叶利尼亚周边肆虐并沿叶利尼亚至第聂伯这条超过40千米的战线进行，西方面军第20集团军和预备队方面军第24集团军竭力粉碎登陆场并切断该登陆场与斯摩棱斯克之间的联系。[2]

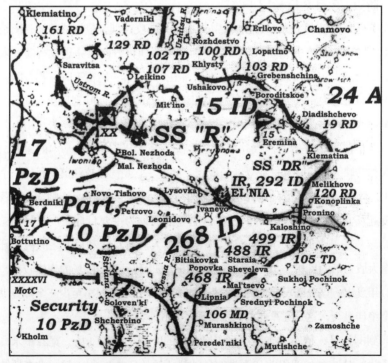

▲ 地图 11.1：叶利尼亚登陆场，1941 年 8 月 8 日（资料图）

　　古德里安的暂编集团军级集群负责叶利尼亚地带的作战行动，直到8月26日由第4集团军接防。由于登陆场周边的激烈战斗持续不停，古德里安遂将第46摩托化军第10、第18装甲师留在杰斯纳河和叶利尼亚西面的集结区休整补充，必要时支援马特纳扼守登陆场的步兵。可是，随着古德里安集团军级集群的行动重点在当月不断向南调整，以及第18装甲师加入第47摩托化军的南调，8月18日后只剩第10装甲师为登陆场内德军部队提供支援。武装党卫队"帝国"师8月18日—19日将叶利尼亚西北方防区移交第9军第263和第137步兵师后，也转身向南开拔。

　　8月8日，叶利尼亚突出部西北翼，具体说来就是从叶利尼亚西北偏北方11千米的米季诺村（Mitino）起，向西北方延伸到拉奇诺以南2千米的第聂伯河河段，据守这片35千米宽防区的是第17装甲师和第29摩托化师一部。但到8月10日，这些部队获得武装党卫队"帝国"师和"大德意志"步兵团接替，前者据守22千米宽的防区，从米季诺伸向西北方的克列米亚季诺（Klemiatino），后者接防15千米宽地带，从克列米亚季诺延伸至第聂伯河。这道防线至关重要，因为它掩护着斯摩棱斯克—叶利尼亚铁路线接近地，这条铁路线就在南面10千米处。这条重要的铁路线和北面的一个个村镇自然成为卢金第20集团军的主要目标，该集团军据守在西方面军最左翼，负责同拉库京将军第24集团军保持密切联系，后者扼守朱可夫预备队方面军最右翼，受领的任务是遏制并歼灭叶利尼亚登陆场内的德军。

　　8月8日—24日期间，卢金第20集团军辖内各师反复冲击铁路线以北最重要的村镇，特别是米列耶沃（Mileevo）、克列米亚季诺、别列兹尼亚（Bereznia）和科洛杰济（Kolodezi），其部队竭力突破德军防御并前出到斯摩棱斯克—叶利尼亚铁路线。第20集团军的目标是夺取斯摩棱斯克东南方32千米，第聂伯河东岸的普里德涅普罗夫斯卡亚车站（Pridneprovskaia），以及东南方10千米的多布罗米诺车站（Dobromino）。卢金麾下部队试图与拉库京第24集团军进攻德军叶利尼亚登陆场的力量协同行动，但事实证明其大多数尝试并不成功。

　　叶利尼亚登陆场南侧，预备队方面军第24集团军左翼力量和第43集团军据守的防线，沿杰斯纳河东岸向南延伸到罗斯拉夫利—斯帕斯杰缅斯克铁路线跨过该河的铁路桥，然后伸向西南方，同中央方面军位于罗斯拉夫利南面的右翼防御相连。古德里安集团军级集群8月份第一周夺得罗斯拉夫利地域，8月中旬向南进军后，迫使中央方面军辖内部队向南退却，预备队方面军别无选择，只得将其左翼防御沿杰斯纳河东岸向南延伸，直至布良斯克西北方50千米的茹科夫卡城（Zhukovka）。

至于交战双方部署在叶利尼亚登陆场及其周边的力量，在战斗人员的质量和武器装备的性质方面同战线其他地带的部队大致相当。德国第20军辖内步兵师装备精良，主要由战斗经验丰富的老兵组成，而与之对阵的红军各个师都是近期动员、只受过部分训练、装备大多较为糟糕的步兵兵团，近期战败或战前机械化军撤除后剩下的一些实力不济的坦克和摩托化师为他们提供加强。

截至7月30日，拉库京第24集团军编有9个步兵师（步兵第19、第100、第107、第110、第120、第133、第178、第248师，山地步兵第194师）和3个所谓的快速师（摩托化第103、第106师，坦克第102师），并获得民兵第4、第6师加强，这些民兵师主要由莫斯科城内缺乏训练的工人民兵组成。但到9月1日，拉库京集团军将把步兵第194、第248师和民兵第4师交给第49集团军，把步兵第133师交付方面军预备队，让步兵第178师转隶第29集团军，同时获得奥廖尔军区组建的步兵第303、第309师和第43集团军转隶的坦克第105师。虽然这些师中的大多数基本齐装满员，但8月8日前在叶利尼亚地域战斗的那些师都已蒙受损失。

7月份最后一周和8月份第一周，苏军对叶利尼亚登陆场发起初步突击，首先是为加强西方面军向斯摩棱斯克展开的进攻，其次是为协助卡恰洛夫集群，可能的话，使其免遭覆灭（参见前文的"总统帅部大本营重组"）。7月30日接掌预备队方面军后，朱可夫将军严厉批评第24集团军先前的进攻努力并着手组织新的进攻行动，以消灭叶利尼亚登陆场。拉库京辖内部队在8月第一周历时数日的战斗中还是没能削弱德军防御，面对斯大林和大本营施加的压力，朱可夫8月6日命令拉库京第24集团军彻底消灭叶利尼亚登陆场。为提供协助，他以调自西方面军的更具经验的步兵第100和第107师，以及统帅部预备队的航空兵部队加强第24集团军。

拉库京的这场突击最初定于8月7日发起，但最终推迟到8月8日，目标是"歼灭敌叶利尼亚集团，前出到杜布罗米诺车站、别尔尼基、巴巴雷金、霍尔姆、旧谢尔比诺、斯韦季洛沃一线（叶利尼亚东北方35千米至叶利尼亚以南25

千米的杰斯纳河), 在杜布罗米诺车站附近同西方面军左翼会合"。为支援拉库京的突击, 卢金第20集团军步兵第73、第161、第129师, 将沿从叶利尼亚西北方至第聂伯河的整条战线对"大德意志"团和武装党卫队"帝国"师的防御遂行冲击。第24集团军突击群辖内部队受领的任务如下:

- **战役集群的任务**(步兵第107、第100、第103、第19、第120师, 摩托化第106师, 坦克第105、第102师, 获得1个T-34坦克连、184架战机、军属炮兵第275和第488团、加农炮兵第573和第305团加强)——从杜博韦日耶和乌沙科沃地域(叶利尼亚西北偏北方13千米至以北11千米)遂行主要突击。

- **主力突击群的任务**(步兵第107、第100、第103师和坦克第102师)

★从杜博韦日耶地域(叶利尼亚西北偏北方12千米)向南冲击, 夺取别扎博特国营农场、新谢洛夫卡、季绍沃、哈尔尼亚、列奥诺沃一线(叶利尼亚西北方15千米至西南方10千米)并扼守这道防线, 以防敌人从西面突向叶利尼亚。

★肃清叶利尼亚地域之敌后向西推进, 赶往杜布罗米诺车站、别尔尼基、旧谢尔比诺一线(叶利尼亚以西35千米至西南方20千米), 派加强支队向西前进, 8月7日日终前进入斯韦季洛沃和沙季科瓦地域, 掩护你部左翼并同西方面军步兵第53师右翼会合。

- **辖内各兵团的任务**

★步兵第107师(与坦克第102师及2个加强炮兵团)——从杜博韦日耶和伊万诺夫斯克农场地域(叶利尼亚西北偏北方12千米)向南攻往维亚佐夫卡、古里耶沃、雷索夫卡、列奥尼多沃(叶利尼亚以西7千米)。

★步兵第100师(10辆T-34坦克)——从贝科沃和乌斯季诺沃一线(叶利尼亚西北偏北11千米)向南攻往昌措沃(叶利尼亚西北7千米)和叶利尼亚西北郊。

★步兵第103师——从乌沙科沃和拉夫罗沃一线(叶利尼亚以北10千米)发起进攻, 向南穿过佩特里亚尼诺和索菲耶夫卡, 攻往叶利尼亚北郊。

★步兵第19、第120师和坦克第105师——打击登陆场防御东翼和东南翼并攻往叶利尼亚东南部。

★摩托化第106师——从马利采沃和大利普尼亚一线(叶利尼亚以南10千米)向北攻往比佳科夫卡和列奥尼多沃(叶利尼亚西南方7千米和西面)。[3]

拉库京的计划要求他的主力突击群从叶利尼亚北面和西北面展开行动，向南进攻，从西面包围该城，同时设立消灭被围之敌的合围对内正面，以及阻止德军预备队实施救援的合围对外正面。问题是拉库京的突击群必须对武装党卫队"帝国"师和第15步兵师设在城市北面和西北面的防御发起冲击。鉴于红军以往进攻德军有准备的防御时遭遇的困难，其结果不难预料。

8月8日拂晓，步兵第73、第161、第129师在第20集团军右翼发起冲击，在持续三天的激战中取得2—5千米进展。交战双方损失惨重，红军三个师从"大德意志"团和武装党卫队"帝国"师手中夺得了科洛杰济、别列兹尼亚和米列耶沃村。但在东面，尽管付出巨大的努力，第24集团军突击群仅从德军第15步兵师设在乌沙科沃正东面的防御上夺得一小片地带（约500平方米）。因此，首日战斗结束时，拉库京给麾下各师长下达一道严厉的命令，申斥他们乏善可陈的表现。

致步兵第107、第100、第102、第19师师长：

1.1941年8月8日上午的战斗表明，尽管我们具有明显的优势，特别是在步兵第107和第100师作战地段，但我方部队的进展极为缓慢。步兵第107师在2小时的战斗中前进2千米，步兵第100师在3小时内取得约1.5—2千米进展。其他师基本停滞不前，他们不是积极向前，而是不停地抱怨敌人的火力猛烈。

2.步兵没有利用炮火掩护迅速向前推进，而炮兵发射了许多炮弹，效果却很有限。

3.步兵和炮兵都在胡乱射击。必须消除上述这些缺点。[4]

同一天，拉库京的军事委员N.I.伊万诺夫在发给步兵第107师军事委员和摩托化第106师政治处主任的电报中强调了第24集团军的许多问题。他阐述了纪律问题并要求建立起一种即便不持续数周，也将执行数日的警告和惩戒模式：

1941年7月31日至8月8日，摩托化第106师各部队45名士兵受到军事法庭审判，其中32人自残，10人开小差，2人违反保密规定，1人玩忽职守。我要求你们建立一种高度的苏维埃爱国主义精神和军人的责任感，决不允许任何违纪、开小差、犯罪或自残行为。[5]

使这番批评达到高潮的是, 方面军司令员朱可夫决心采取一切必要措施彻底解决这些问题, 他于次日亲自下达命令, 申斥第24集团军这些师长, 即便没说他们极度无能, 也指责这些人玩忽职守:

致步兵第19、第100、第102、第103、第106、第107、第120师师长:

叶利尼亚地域实施的战斗行动表明, 除了个别英勇的指挥员和政委, 我们的大多数指挥员和政委, 在三天的进攻中没能前进哪怕是一千米。这些指挥员通常以敌人的迫击炮和自动武器火力强大, 以及敌机的轰炸猛烈为借口, 为他们的不作为和未能履行战斗令开脱, 而上级指挥员和政委们却对这些指挥员持宽容态度。到目前为止, 令人奇怪的是, 他们似乎认为止步不前、未能履行前出到指定地域的命令是一件司空见惯的事, 这些犯有罪行的指挥员和政委不应承担任何责任。

不幸的是, 有些指挥员已到达某条战线, 在未得到任何批准的情况下又撤回自己的出发阵地, 次日晨再度攻往昨晚被他们放弃的地段。

我要求

1.你们必须让所有排长、连长、营长和部队(团)指挥员意识到这样一个事实, 止步不前、不履行向前推进的命令, 都将被视为怯懦的表现, 而不履行命令将承担一切后果。

2.你们应当展开最果断的斗争, 必要时采取极端措施, 一些指挥员和政委肆意容忍分队指挥员们停滞不前或不履行前出到指定战线的命令, 是因为他们出于自私的动机或害怕遭受损失。

3.你们必须让那些率领部队一连数日止步不前的指挥员和政委们知道, 在激烈的战斗中, 蒙受损失并完成受领的任务, 要比未完成任何目标, 在原地日复一日地遭受敌人火力杀伤强得多。

4.你们必须通过第24集团军司令员拉库京同志, 亲自向我汇报为履行这些指示所采取的措施。

预备队方面军司令员朱可夫大将[6]

最重要的是，这份电报表达了整个战争期间朱可夫秉持的信念，这个简单的信念就是，"在激烈的战斗中，蒙受损失并完成受领的任务，要比未完成任何目标，在原地日复一日地遭受敌人火力杀伤强得多"。实际上，朱可夫1941年9月和11月在列宁格勒和莫斯科，1942年8月和9月在斯大林格勒，较小程度上还包括1943年7月在库尔斯克，以及1945年4月沿柏林东面的奥得河都坚持了这一原则，虽然会蒙受重大损失，但的确能赢得巨大的战略胜利。

与此同时，根据朱可夫的指示，8月12日—20日，拉库京集团军几乎每天都发起进攻，集团军的任务几乎未做任何修改，但他不断调整部队，申斥并撤换指挥员和政委，将他们中的一些人降级，派到更低层面指挥作战部队。拉库京和朱可夫在8月10日和11日下达给部队的命令中指明了这些威胁、警告和降级手段：

8月10日——预备队方面军司令员朱可夫

步兵第100师参谋长格鲁兹杰夫中校，行事混乱、消极，被调去指挥一个团……（格鲁兹杰夫8月11日降级为步兵第85团团长）

我宣布，严厉批评步兵第100师师长鲁西亚诺夫少将和一级营政委菲利亚什金同志，他们没能履行我的命令，我在此提出警告，若该师8月11日和12日还是无法完成受领的任务，我将考虑解除他们的职务，并把他们送交军事法庭审判。

8月11日——第24集团军司令员拉库京

步兵第100师8月7日、9日、10日没能取得任何战果。该师在原地止步不前，结果导致各部队未完成整体作战任务。该师师长没能组织部队前进，没有组织同逃兵和恐慌散布者的斗争，并以过于宽容的态度对待第331和第85团出现的这些现象。[7]

第24集团军突击群，在拉库京和朱可夫的无情驱使下，于8月12日—14日在德军防御阵地上仅取得1—4千米进展，在激烈的战斗中蒙受严重损失。例如，步兵第107、第100和坦克第102师对叶利尼亚西北方15—20千米，武装党卫队"帝国"师与第15步兵师分界线附近发起冲击, 在这段时期取得4千米突破, 夺得戈罗维齐 (Gorovitsy)、卢吉诺沃 (Luginovo)、新布雷基诺 (Novoe Brykino) 村。但是, 第24集团军辖内其他师甚至没能削弱德军围绕叶利尼亚登陆场设立的周边防御。德军第15步兵师虽然没有丢失阵地, 但是有15名军官阵亡、20名军官负伤, 在这些战斗中伤亡的步兵可能多达数百人, 由此足见战斗的激烈呈度。而第24集团军突击群的减员情况更加严重, 特别是遂行突击的步兵第107、第100师和坦克第102师。(参见地图11.2、11.3)

到8月中旬, 第20军辖内各师遭受的严重损失, 促使该军军长马特纳将军向古德里安求援。正如集团军群司令博克在8月14日晚的日记中所写的那样, 马特纳将军告诉他: "他只剩1个营的预备队, 叶利尼亚已无法长期据守。"[8] 身处总司令部的哈尔德将军则在日记中写道: "我提醒格赖芬贝格 (中央集团军群参谋长), 反对放弃叶利尼亚。无论我方部队的情况多么严峻, 敌人的状况只会更加糟糕。"[9]

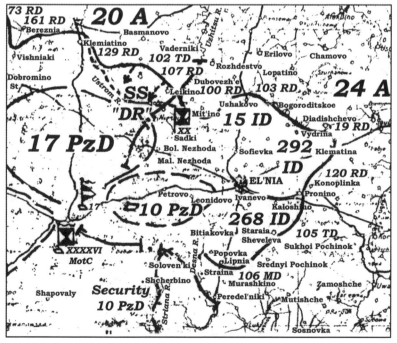

▲ 地图 11.2: 叶利尼亚地域的战场态势, 1941 年 8 月 11 日 (资料图)

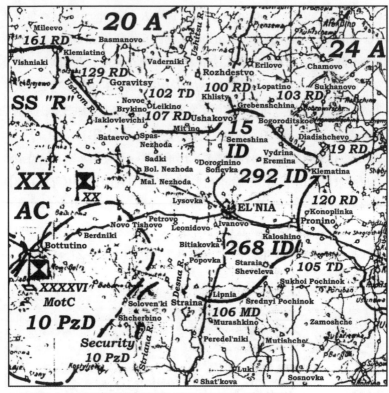

▲ 地图11.3: 叶利尼亚地域的战场态势, 1941 年 8 月 14 日(资料图)

第20军军部与古德里安集团军级集群司令部进行了数次激烈讨论, 古德里安最终于8月15日答应以第9军第263、第137步兵师接替陷入困境的武装党卫队 "帝国" 师和 "大德意志" 步兵团, 并以较新锐的第78步兵师替换第20军在登陆场内严重受损的第15步兵师。到目前为止, 武装党卫队 "帝国" 师已击退苏军83次进攻, 在四周时间内展开27次反冲击, 而第15步兵师在前一周的战斗中损失2254名士兵和97名军官, 其中大多数人属于作战部队。[10] 因此, 第9军第263和第137步兵师8月18日—19日夜间展开换防行动, 而第78步兵师则在8月20日—21日夜间和8月21日—22日夜间实施换防。与此同时, 卢金第20集团军和拉库京第24集团军继续在他们认为可行的任何地段展开无情但却徒劳的进攻。(参见地图11.4、11.5)

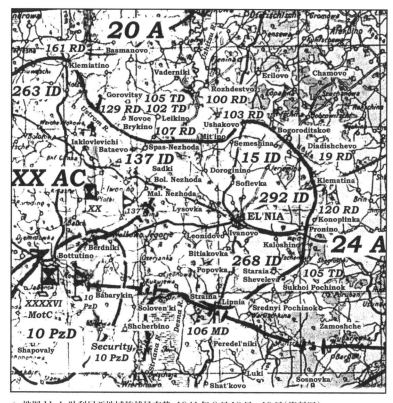

▲ 地图11.4：叶利尼亚地域的战场态势，1941年8月18日—19日（资料图）

第二阶段，8月18日—21日

徒劳无获的正面突击持续数日后，大本营于8月18日介入，试图阻止这种屠杀并重振第24集团军的攻势。大本营的新指令由沙波什尼科夫签署，建议朱可夫命令拉库京加强集团军右翼突击群以再次发起冲击：

抄送：西方向总指挥部司令员

1941年8月18日16点

叶利尼亚的行动已变得旷日持久，而且，敌人每天都在改善其阵地，并替换在战斗中筋疲力尽的部队。

我们已确定，您没有将右翼加强到必要的程度，仅以坦克第102师、步兵

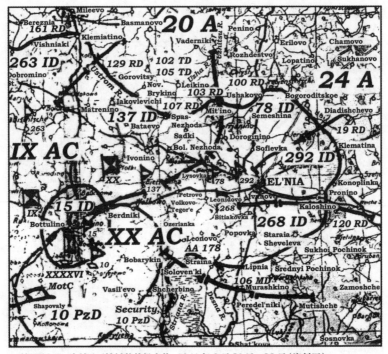

▲ 地图11.5：叶利尼亚地域的战场态势，1941年8月21日—22日（资料图）

第107和第100师从萨德基和古里耶沃一线（叶利尼亚西北方12千米至西北偏北方12千米）攻往列奥尼多沃（叶利尼亚西南偏西方8千米）。

以摩托化第103师替换突击群的步兵第100师，将步兵第19师调入前者的作战地域，向索菲耶夫卡（叶利尼亚以北7千米）发起冲击。

以步兵第309师的2个团占据维德里纳和克列米亚季诺一线（叶利尼亚东北偏东方11千米），向普里列佩（叶利尼亚东面）发起冲击。

以步兵第120师加强坦克第105师。

这样一来，仅凭强大的右翼，您就能取得胜利。

汇报您的结论。[11]

实际上，拉库京的确接受了大本营的指导，并把这些建议纳入8月18日下达给集团军的战斗令。具体说来，摩托化第103师的投入，以及步兵第19师的支援进攻，显然加强了集团军主力突击群的实力。但此举没能削弱德国人的防御力量。与此同时，朱可夫抓住机会，在他下达的命令中添加了一份备忘录，事实证明，这是他在为完成大本营的命令而采取更为激烈的措施前，最后一次哄骗、威胁作战部队的指挥员们：

8月18日——第019号战斗令（改述）

第24集团军辖内部队将在集团军右翼遂行主要突击，这场决定性打击将封闭合围铁环……

步兵第107师和获得休整补充的步兵第102师，后者应同坦克第105师余部朝古里耶沃、雷索夫卡、列奥尼多沃这一总方向实施集团军的主要突击，在列奥尼多沃地域封闭包围圈。8月18日日终前夺取维波尔佐沃和雷索夫卡一线……

中央地带，步兵第103师应攻往谢梅希诺和索菲耶夫卡，日终前到达242.3高地和希洛沃一线……

步兵第19师应于8月18日日终前占领普里列佩和尤里耶沃一线。

8月18日——方面军司令员朱可夫的备忘录，随附第019号战斗令

1.尽管我对向前推进已发出明确警告，可是坦克第105师停滞不前达10日之久，而且遭受到损失。

鉴于该师无力解决独立战斗任务，坦克第105师撤编，人员和装备移交坦克第102师。

由于无法履行自己的职责，该师师长，团政委级比留科夫降级使用。

2.已多次警告摩托化第106师师长阿列克谢耶夫上校，他对战斗任务的执行情况无法令人满意，现决定，解除他的师长职务，降低军衔后担任步兵第309师第955团团长。

3.任命步兵第158师原师长布伦佐夫上校为摩托化第106师师长。

4.由于步兵第955团的恐慌行为，解除米塔少校的团长职务，派他在该团担任营级指挥员。

5.我要对步兵第120师师长彼得罗夫少将提出批评，因为他消极、无法令

人满意地执行受领的战斗任务，我警告他，若执行任务的情况依然糟糕，他将被解除职务并降衔使用。

朱可夫[12]

又经过三天激烈、代价高昂、通常都很疯狂的战斗，苏军几乎没能取得任何进展，8月21日4点45分，朱可夫终于勉为其难地告诉斯大林，必须转入重大停顿，休整、补充、加强、训练拉库京实力不断下降的部队，否则，继续进攻纯属徒劳。（参见地图11.5）

1941年8月21日4点45分

截至1941年8月20日，预备队方面军第24集团军辖内部队在叶利尼亚地域未能完成包围并歼灭德军部队的任务。

另外，8月19日，敌人将原先部署在第43集团军当面的第137步兵师，投入古里耶沃和萨德基地域（叶利尼亚西北方12千米至西北偏北方12千米）。

敌人还在克列米亚季诺和格里恰诺地域（叶利尼亚西北方28—30千米）投入另一支新锐部队，我们尚未确认其番号。

历时10天的战斗中，我下到各个师，亲自了解战斗状况和各部队的表现。

大多数指战员的表现都很好。他们不害怕遭受损失并学习战斗技术和战术以歼灭敌人，但各部队的实力严重不足，面对敌人的火力，过去几天彻夜未停的进攻行动停滞不前。

由于兵力劣势，我方部队无法包围并彻底歼灭4—5个德军步兵师。

在目前状况下，继续遂行战斗会导致各作战部队彻底丧失战斗力。

现在必须为各部队提供补充，兵力至少要达到60%，还需调集更多弹药，让战士们休整，仔细找出敌防御的薄弱处，之后再发起猛烈进攻。

我请求您批准：

1.停止全面进攻，直至8月24日。

2.以这段时期开到的14个行进营补充各部队。

3.让补充兵们熟悉战斗情况并做好投入行动的准备。

4.8月25日晨以新锐部队发起进攻。倘若其他方向的情况没有恶化，则把部署在霍杰耶夫卡担任预备队的步兵第303师投入战斗。

8月25日前[①]，敌人将被系统性的火炮和迫击炮火力摧毁，我们将俘获俘虏。[13]

斯大林当日晚些时候批准了朱可夫的请求，后者命令拉库京停止进攻，着手准备在当月晚些时候发起一场更强大、组织得更好、获得更全面支援的攻势。实际上，这道命令暂时结束了历时13天的血腥战斗，这场激战吞噬了叶利尼亚地域苏德双方的大量部队。虽说并不具有决定性，但叶利尼亚登陆场及其周边的战斗使进攻方和防御方都付出了高昂的代价。

8月份头三周围绕德军叶利尼亚登陆场展开的战斗，在战术或战役方面未能取得重大战果，实际上是一场拉锯战，但对交战双方而言，这是一场代价高昂的拉锯战。第24集团军犹如吸引激烈战斗的一块磁铁，持续遂行组织欠佳的突击行动使其实力严重受损。虽然俄国人尚未公布8月份叶利尼亚之战的伤亡数字，但从7月30日至9月10日，整个预备队方面军的不可归队减员高达103147人，其中45774人阵亡、被俘或失踪，57373人负伤。8月30日至9月10日，该方面军在叶利尼亚地域投入103200人，损失31853人，包括10701名不可归队减员。8月1日至7日，卡恰洛夫集群的覆灭又折损2—2.5万人，这就意味着担任方面军8月攻势主力的第24集团军，8月8日—24日在叶利尼亚的战斗中损失4—5万人。

更糟糕的是，如果说第24集团军各突击师8月21日前不知道该如何实施有效进攻行动，那么，他们在人员方面（军官和士兵）遭受的可怕损失，以及为弥补这些损失而获得的数千名补充兵的训练水平表明，该集团军不太可能在后续战斗中表现得更加出色。出于这个理由，朱可夫要求休整四天，并希望拉库京集团军经过这场战役间歇能更有效地实施行动。但这种期盼无法实现。

在德国人看来，事实证明叶利尼亚是一片杀戮场，任何一支军队都无法承受红军蒙受的那种伤亡。以德国第9集团军为例，第161步兵师在沿沃皮河持续一周的战斗中，战斗力折损超过四分之三。其他步兵师，例如第5、第8、第26、第28、第35、第106、第129师，也在这片和其他地段遭受到前所未有、不

─────────────────

① 译注：原文如此。

可持续的损失，而同样的情况也发生在叶利尼亚。例如，第46摩托化军6月22日至7月25日伤亡4788人，其中1182人阵亡、3445人负伤、161人失踪。但武装党卫队"帝国"师两个医护连报告，仅7月28日一天就救治800名伤病员。[14] 8月8日至15日，稍稍超过一周的战斗中，第20军折损2254人，其中包括许多前线军官，大多隶属第15、第268、第292师各战斗营。另一些可悲的损失数字包括，第263步兵师在七天的战斗中损失1200人，第78步兵师在两周内阵亡1115人（虽然大多数人阵亡于8月25日后），第137步兵师伤亡约2000人。总之，8月或9月，或这两个月在叶利尼亚苦战的大多数德军师，战斗力损失达20%—30%。[15]

毫无疑问，在叶利尼亚地带付出的牺牲，就如同第9集团军在斯摩棱斯克东面和东北面遭受的损失一样，导致希特勒更加不愿继续向莫斯科发起有可能付出高昂代价的进攻，在他看来，北面和南面目前存在更柔软、更易获得丰厚回报的目标。

更改战略计划，8月18日—21日

德国人的战略

虽然铁木辛哥明显对方面军右翼恶化的态势感到沮丧，但科涅夫第19集团军在中央地带取得的成功，正给德国人的战略决策造成显著影响，具体说来，德国需要解答是否应立即恢复向莫斯科进军的问题。实际上，中央集团军群司令博克、陆军总参谋长哈尔德和总司令部、博克麾下的集团军司令们为是否立即进军苏联首都的问题争论不休时，希特勒和他那些身处柏林的顾问已决定，必须推迟这场行动，直到他们消除中央集团军群侧翼的危机。

这些危机最严重的表现是苏军在北面旧鲁萨地域展开的反突击，虽说对方的行动未获成功，但至少在整整一周内导致陆军元帅莱布的北方集团军群向列宁格勒的推进止步不前，另外，苏军第5集团军在第聂伯河以西的顽强抵抗，导致陆军元帅伦德施泰特的南方集团军群向基辅的进军迟延了一个多月。在希特勒看来，唯一可行的解决方案是把中央集团军群第3装甲集群相当一股力量调往北面协助北方集团军群，以古德里安第2装甲集群（和魏克斯第2集团军）攻往南面，协助南方集团军群。希特勒在8月12日签发的第34号元首令补充规定中宣布了这一点。

同样清楚的是，斯摩棱斯克东面和东北面，以及叶利尼亚地域，许多德军师遭到重创，这表明苏军正沿莫斯科方向加强他们的防御。希特勒遂决定向北、向南发起打击，而不是直接向东冲往莫斯科。

实际上，8月21日，也就是苏军第19集团军渡过沃皮河发起进攻四天后，博克报告第161步兵师"已然消耗殆尽"三天后，以及博克承认第7装甲师的反突击遭遇血腥失利的当天，希特勒下达了一道新元首令:

陆军总司令部（OKH）8月18日提出的关于东线后续作战事宜的建议，并不符合我的计划（意图）。我的命令如下:

1. 冬季到来前有待实现的最重要目标并非夺取莫斯科，而是在南面占领克里木和顿涅茨的工业及产煤区并隔离高加索的苏联产油区，在北面包围列宁格勒并同芬兰人会合。

2. 我军前出到戈梅利—波切普一线，使这个作战解决方案对我们特别有利，必须立即加以利用，以南方和中央集团军群内翼展开一场向心行动。实施这场行动时必须注意，不能仅凭第6集团军的进攻将苏军第5集团军逐过第聂伯河，而应在对方突围并逃至杰斯纳河—科诺托普—苏拉河一线后方的安全处之前将其歼灭。这将确保南方集团军群的安全，使其进入第聂伯河中游以东地域，并以中央和左翼力量继续朝罗斯托夫—哈尔科夫方向展开行动。

3. 无论后续行动如何，中央集团军群必须投入足以实现歼灭俄国第5集团军这一目标的力量，同时保留足够的部队，在可以以最小损失坚守阵地处设防，击退敌人对集团军群防线中央地带的进攻。中央集团军群左翼力量赶往托罗佩茨周边高地的计划没有改变，应在那里同北方集团军群右翼会合。

4. 夺取克里木半岛对保护我们从罗马尼亚获得石油供应至关重要。为此，必须采取包括动用装甲力量在内的一切可用手段，在敌人调集新锐力量前，渡过第聂伯河，赶往克里木方向。

5. 待紧紧包围列宁格勒、同芬兰人会合、歼灭俄国第5集团军后，我们才能做好准备并腾出力量，进攻并击败敌铁木辛哥集团军群的行动才有成功的希望，正如8月12日第34号元首令补充命令所规定的那样。[16]

同一天，德国陆军总参谋长，总司令部首脑哈尔德将军在日记中指出，随元首令一同下达的备忘录批评了陆军总司令瓦尔特·勃劳希契元帅，因为他"没有按照元首所希望的方式展开行动"，他还使总司令部"受到个别陆军指挥官特殊利益的影响"。这促使哈尔德添加了一句颇具先见之明的注释："这对战役结果具有决定性影响。"[17] 在对希特勒的所作所为的更长批评中，哈尔德苛刻地评论道：

> 我认为元首介入、干预所造成的局面是总司令部无法容忍的。元首接连不断的命令导致的曲折过程只能归咎于他本人，总司令部无法为此负责，总司令部目前正在从事第四场胜利的战役，这些最新命令玷污了它的好名声。另外，陆军总司令受到的对待极不像话。我曾建议陆军总司令和我一同辞职，但他拒绝了，理由是这种辞呈不会被接受，所以，一切都没有改变。[18]

如果说哈尔德被希特勒的决定所激怒，那么，博克的反应可谓出离愤怒。虽然他收到指令的当天没有在日记中发表任何评论，但次日（8月23日）同哈尔德讨论相关问题时，他把希特勒的提议称作"犯罪"。针对希特勒在备忘录中"必须粉碎俄国军队"的说法，博克争辩道："俄军主力就在我东面，向南转进的命令使我丧失了粉碎他们的机会。"[19] 博克的这番评论无意间证实了希特勒所做判断的主要依据，也就是说，俄国人的确沿莫斯科方向部署了最强大的力量。好像是为强调这一点似的，博克在8月23日的日记中补充道："俄国人对第9集团军防线发起了更加猛烈的进攻。"[20] 希特勒的决定自有其道理，且不说7月和8月的战斗给中央集团军群辖内各师整体实力造成的破坏，仅凭第161步兵师和第7装甲师8月中旬的悲惨遭遇，他就确信立即进军莫斯科过于冒险。他的确希望歼灭红军，但他认为应当逐一消灭敌人，而不是一口吞。

如果8月份头三周的激烈战斗尚不足以证明希特勒的判断正确无误，那么，8月底和9月初更为激烈、代价更高的战斗将有效地证明这一点。

苏联人的策略

正当希特勒为后续战略路线大伤脑筋、他那些元帅和将军对他的决定深感愤怒时, 基于两个现实, 铁木辛哥也面临两难境地。首先, 他的方面军在8月份第三周取得的成就, 特别是给一个德军步兵师造成前所未有的毁灭性打击并重创多个德军装甲和步兵师, 使斯大林和最高统帅部大本营深受鼓舞。尽管铁木辛哥西方面军和朱可夫预备队方面军伤亡惨重, 可是两位司令员决心歼灭盘踞在斯摩棱斯克地域的中央集团军群部队。斯大林和大本营确信, 博克的部队, 特别是沿集团军群前沿防御部署的步兵师即将崩溃, 只要铁木辛哥加大进攻范围和力度, 打垮他们并非难事。因此, 从8月21日起, 大本营着手将重要的战略预备力量调拨给铁木辛哥。8月25日, 大本营下达新命令, 要求铁木辛哥彻底夺回韦利日、杰米多夫和斯摩棱斯克。怀着这种过度乐观的情绪, 大本营还命令朱可夫预备队方面军的两个前进集团军歼灭叶利尼亚登陆场之敌并向西推进, 夺取罗斯拉夫利, 而新组建的叶廖缅科布良斯克方面军, 则在摇摇欲坠的叶夫列莫夫中央方面军的加强下, 阻止古德里安向南进击并掩护基尔波诺斯西南方面军之右翼。

但在莫斯科毫无保留的乐观情绪和这种乐观情绪催生的宏大计划中, 第二个更为严峻的现实已经浮现。大本营下达全面反攻命令的三天前, 希特勒的豪赌突然见效。8月22日, 德军2个装甲师和第9集团军施图梅集群提供配合的7个步兵师突然结束了长达一周的猫鼠游戏, 对铁木辛哥西方面军右翼发起一场猛烈打击。虽然铁木辛哥和斯大林两天后才彻底意识到究竟发生了什么, 但他们都很清楚, 斯摩棱斯克交战的高潮就在眼前。从这一刻起, 一场新的竞赛拉开了序幕, 具体而言, 就是红军三个方面军力图削弱中央集团军群, 而中央集团军群的施图梅集群则竭力粉碎西方面军右翼。双方都很清楚, 谁能赢得这场角逐, 谁就有可能成为斯摩棱斯克交战的最终胜利者。

北翼: 大卢基之战, 8月21日—24日

双方的计划

虽说魏克斯第2集团军8月20日攻克了戈梅利城, 古德里安的装甲部队同时攻往斯塔罗杜布, 解决了中央集团军群南翼的问题, 但集团军群北翼的混乱还是令博克和希特勒深感担忧。这个问题特别棘手, 因为中央集团军群第5、第8、第9、第20军辖内步兵师在斯摩棱斯克东北面、东面、东南面和叶利尼亚

地域遭受到巨大压力。在希特勒看来，苏军设在大卢基和托罗佩茨的支撑点代表着一面红旗，苏军从这两个地域展开的行动仍对施特劳斯第9集团军和霍特第4装甲集群①构成威胁。[21] 科涅夫、霍缅科第19和第30集团军猛攻德军位于西德维纳河与亚尔采沃之间的防御时，拉库京第24集团军在叶利尼亚展开行动，而叶尔沙科夫第22和马斯连尼科夫第29集团军则对德国第9集团军和第4装甲集群②左翼构成威胁。结果，博克过度拉伸的各个师缺乏必要的预备队，弹药也已不济。特别是第20军因为据守叶利尼亚登陆场消耗了过多资源，博克建议希特勒批准其从暴露的登陆场撤离，但希特勒断然拒绝。

直到戈梅利陷落、斯摩棱斯克东面和东北面的态势稳定下来后，施特劳斯第9集团军才得以集结起足够的力量，为夺取大卢基展开一场协同一致的进攻。但希特勒将孔岑第57摩托化军第19、第20装甲师从斯摩棱斯克以北地域变更部署到大卢基以南新集结区的决定，为苏联最高统帅部大本营提供了另一个机会，使他们得以打击博克部署在斯摩棱斯克东面和东北面的虚弱步兵师。希特勒接受这一风险，部分原因是大卢基攻势符合他看重的第34号令的要求。

8月20日，苏联最高统帅部大本营拟制新命令，要求铁木辛哥、朱可夫和叶廖缅科方面军恢复进攻时，博克正在着手执行希特勒第34元首令的补充规定，将第57摩托化军第19和第20装甲师从霍特装甲集群左翼、别雷以西的休整区调至乌斯维亚特以北集结地域。在那里，两个装甲师与第206、第110、第102、第256步兵师一起编为一个特混集群，由装甲兵上将格奥尔格·施图梅领导的第40摩托化军军部指挥。第9集团军第23军辖内第253、第251、第86步兵师在左侧提供掩护，施图梅集群将以第57摩托化军两个装甲师为先锋，突破叶尔沙科夫第22集团军的防御，从东面迂回大卢基，包围并歼灭叶尔沙科夫集团军，将该集团军和马斯连尼科夫第29集团军逐向东面并夺取托罗佩茨地域。若取得成功，这场进攻不仅能肃清中央集团军群左翼的苏军部队，还将使北面的推进线与中央集团军群辖内部队在斯摩棱斯克以东的战线齐平。

德军8月22日突破苏军第22集团军防御前，第22集团军、铁木辛哥、斯大

---

① 译注：原文如此。
② 译注：原文如此。

林和大本营似乎对西方面军右翼即将发生的事情一无所知。实际上，就在一天前，叶尔沙科夫第22集团军已发起进攻并给莫斯科发去一份相当乐观的进展报告。铁木辛哥8月18日批准叶尔沙科夫提交的进攻计划，告诉他8月21日发起进攻，"待集团军突击群到达锡韦尔斯科耶湖地域（大卢基东南偏南方42千米），便向乌斯维亚季耶（韦利日西北方33千米）发展进攻"，同时以两个步兵师掩护主力突击群，以防敌人从西面发起打击。铁木辛哥告诫叶尔沙科夫，他不得不依靠自己的力量完成这场行动，因为"方面军目前无法以火炮和战机为集团军提供加强"。[22]

8月19日3点45分，叶尔沙科夫为即将发起的进攻给辖内部队下达一道预先号令，以便他们做好必要的准备，正式进攻令于当晚21点45分下达（参见地图10.10）：

· **敌人的情况**——第22集团军防线对面，敌第253、第110、第86、第206步兵师，共7个步兵团，已转入防御。

· **友邻力量**——右侧，第27集团军辖内部队正履行夺取霍尔姆地域的任务；左侧，第29集团军辖内部队正遂行进攻，以歼灭伊利因诺地域之敌。

· **第22集团军的任务**——8月21日展开进攻，歼灭当面之敌，前出到波扎里（洛瓦季河畔，大卢基以南16千米）、波列奇耶湖、奥德加斯特湖、锡罗托湖、奥尔多斯诺湖（大卢基东南方45千米）一线，尔后向乌斯维亚季耶发展进攻并掩护右翼。

· **辖内各兵团的任务**

★步兵第51军（步兵第366团，坦克第48师，步兵第214师，获得炮兵支援）——掩护集团军右翼，以步兵第366团和坦克第48师的积极防御挫败敌军，防止敌支队向东突往大卢基以北，至少以步兵第214师2个团在左翼发起冲击，前出到罗扎科沃、库普伊斯科耶湖、谢奎湖一线（大卢基以南14千米），并以一个先遣支队赶至洛瓦季河地段。

★步兵第29军[步兵第126师（欠步兵第366团），步兵第179、第170、第98师（欠1个步兵团），获得炮兵支援]——以步兵第179、第170、第98师从瓦西科沃和莫霍尼基农场地域（大卢基东南方20千米至东南偏南方10千米）遂行主要突击，以步兵第126师从现有位置（大卢基以南6—8千米）发起一场辅助突击，歼灭敌人，前出到谢奎湖和普索沃湖一线，尔后以步兵第126师赶往谢奎湖、波列奇耶湖、奥德加斯特湖一线（大卢基西南偏南方20千米至以南25千米），之后以主力集群向东南方发展进攻，先后到达奥列霍沃、维诺格拉多沃一线，奥德加斯特湖、奥列利耶湖、锡韦尔斯科耶湖一线（大卢基以南25千米至东南偏南方42千米），阻止敌人撤往这些湖泊的南面。

★步兵第62军（步兵第174、第186师，并获得炮兵支援）——据守步兵第174师右翼、第186步兵师左翼的同时，以至少4个团从戈尔基和库里洛沃一线攻往萨维诺（奥尔多斯诺湖以西2千米），防止敌人对集团军突击群（步兵第29军）及其左翼发起反冲击，当前任务是歼灭弗利亚佐维基、斯列普涅沃、卢日基地域（大卢基东南方38—42千米）之敌并夺取涅斯捷罗沃和斯托尔布齐，将强有力的先遣支队派至帕西卡和大、小波捷姆基地域，尔后以主力集群向锡韦尔斯科耶湖、奥尔多斯诺湖、阿列克谢恩基（奥尔多斯诺湖以东7千米）一线（大卢基东南方50—55千米）发展。

★佩尔武申大尉的支队（骑兵师的一个骑兵中队）——在湖泊地域展开积极行动，阻止敌人在德维尼耶湖与日日茨科耶湖之间达成突破并进入德维尼耶湖与韦林斯科耶湖之间的地峡（大卢基东南偏东方50千米）。

★第98步兵师第4团（集团军预备队）——留在乌希齐地域（大卢基东南偏东方18千米），准备沿乌希齐国营农场、莫克里基、丘季诺一线，穆利纳、乌希齐国营农场、安尼诺、布卡季诺、博雷奇一线，安尼诺、阿赫罗姆采瓦、列德基诺一线攻往东南面或南面。

★独立骑兵师（欠1个中队）——集结在步兵第366团所在地段后，开赴接触线并赶往新索科利尼基（大卢基以西25千米），消灭个别敌部队、指挥部和后勤设施，破坏敌人的指挥控制和后方交通。[23]

不知道叶尔沙科夫麾下那些指挥员能否理解这样一道复杂的命令，其执行效果就更难想象了，总之，叶尔沙科夫指示步兵第62和第29军6个师组成的主力突击群，从大卢基向南进击，以便与马斯连尼科夫第29集团军保持同步和紧密协同，后者正向南攻往东面约50千米的伊利因诺。叶尔沙科夫之所以采取这一行动，是因为铁木辛哥希望第22和第29集团军共同对中央集团军群第9集团军左翼保持最大压力，那里的德军依托的是西德维纳河和韦利日北面的密林和广阔湖区。第22集团军的进攻行动也是一场冒险，当主力向南推进时，掩护大卢基北面、西面和南面的左翼的兵力只有第51军虚弱的部队，即便该地域没有德军大股装甲力量，这点兵力也捉襟见肘。因此，倘若大股德军力量突然出现在该集团军突击群前方并将其粉碎，从大卢基东延至托罗佩茨的整个西方面军右翼，以及战线后方的广大地域，基本上是敞开的。

第22集团军的进攻，8月21日—22日

尽管存在风险，但实施一场短暂的炮火准备后，叶尔沙科夫集团军还是在8月21日13点按计划发起冲击。遂行主要突击的是伊万·彼得罗维奇·卡尔马诺夫少将的步兵第62军和亚历山大·格奥尔吉耶维奇·萨莫欣少将的步兵第29军的6个步兵师，这些兵团部署在约42千米宽的战线上的出发阵地内，从东面的德维尼耶湖向西延伸到大卢基南面的洛瓦季河东岸。西方面军当晚20点提交的作战摘要记录下了该集团军进攻首日取得的进展（参见地图11.6）：

· **第22集团军的情况**——右翼遂行防御，中央地带和左翼8月21日13点发起进攻以歼灭当面之敌。

★步兵第51军——据守集团军右翼，2个团向南冲击，骑兵力量向西突袭。

☆步兵第126师第366团——据守锡多罗夫希纳、第一韦列季耶、库杰利诺地域（大卢基西北方3千米至以北14千米）。

☆坦克第48师——据守谢尔吉耶夫斯卡亚斯洛博达、叶列梅耶沃、基基诺、莫尔多维谢、科尼地域（大卢基以西3千米至西南方5千米）。

☆步兵第214师（1个团）——据守科尼、普罗尼诺一线（大卢基以西5千米至以南10千米）。

☆步兵第214师（2个团）——从普罗尼诺和斯特里热沃地段（大卢基以南10千米至东南偏南方10千米）向南攻往库兹涅措沃，楔入敌防御2—3千米。

☆独立骑兵师——向西突袭新索科利尼基（大卢基以西25千米）和敌后地域。

☆军部——弗拉斯科沃（大卢基以东44千米）。

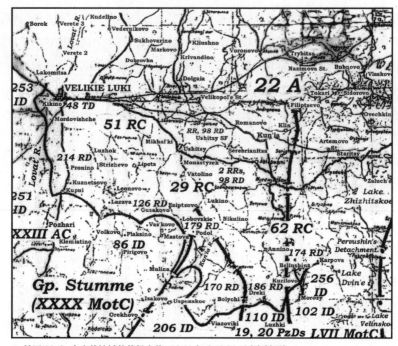

▲ 地图11.6：大卢基地域的战场态势，1941年8月21日（资料图）

★步兵第29军——8月21日13点从集团军中央地带的斯特里热沃、古萨科沃、索普基一线（大卢基东南偏南方10千米至东南方35千米）展开冲击，15点前取得2—3千米进展，辖内部队位置如下：

☆步兵第126师——列奥诺沃（大卢基以南10千米）。

☆步兵第179师——普拉克西诺和皮罗戈沃（大卢基东南偏南方20—23千米）。

☆步兵第170师——穆利纳和普罗尼诺（大卢基东南偏南方23—25千米）。

☆步兵第98师——担任集团军预备队，2个团位于塔拉斯基诺、鲁德尼察、列斯科沃地域（大卢基东南偏东方20—25千米），1个团位于乌希察国营农场地域①（大卢基东南偏东方18千米）。

———————————

① 译注：就是乌希齐国营农场。

☆军部——瓦托利诺（大卢基东南偏东方18千米）。

★步兵第62军——以步兵第174师1个团沿谢尔加尼哈和别列兹尼基一线（大卢基东南方40千米）据守集团军左翼，在右翼（大卢基东南方35—45千米）遂行进攻。

☆步兵第174师（2个团）——从巴库季诺和马茨科瓦一线（大卢基东南方32—34千米）攻往涅斯捷罗瓦，15点前取得3千米进展。

☆步兵第186师——以1个团据守库里洛沃、别柳希纳、卡尔波瓦一线（大卢基东南方25—30千米），以2个团同步兵第174师突击群相配合，从马茨科瓦和梅里诺一线（大卢基东南方30—32千米）攻往卢日基，但被敌人极为猛烈的抵抗所阻。

☆军部——安尼诺（大卢基东南方35千米）。

★分界线的掩护

☆同第27集团军的分界线——步兵第98师先遣支队，位于克尼亚若沃（霍尔姆西南方35千米的库尼亚河畔）。

☆同第29集团军的分界线——1个集团军支队，位于亚米谢、克拉斯诺耶、索斯内[1]（大卢基东南偏东方50千米）。

★第22集团军司令部——纳济莫沃车站（大卢基以东32千米）。

第22集团军按计划发展进攻时，叶尔沙科夫集团军的情报处8月21日晚些时候告诉他，当面之敌是3—4个疲惫的德军师，击败他们的时机已成熟。实际上，正如第22集团军情报处9月5日的回顾性报告所写的那样，他们和西方面军情报部门对该地域存在德军装甲师的情况一无所知：

通过各种侦察所获得的情报表明，集团军当面之敌的情况如下：

1.1941年8月22日晚，集团军防线遭突破时，当面之敌为：

第253步兵师（第453、第463、第464步兵团和第253炮兵团）——在集团军右翼行动，据停房交代，该师兵力仅为编制的50%—60%。

---

① 译注：红索斯内？

第86步兵师（第184、第216、第176步兵团和第86炮兵团）——在第253步兵师左侧（应为右侧）行动，已严重受损。

第206步兵师（第301、第312、第413步兵团和第206炮兵团）——在波洛茨克、涅韦尔、大卢基持续作战后遭受严重损失，据称获得第256步兵师接替，目前担任预备队，接受整补。

第110步兵师（第262、第254、第255步兵团）——据守维亚佐维基地域。

第256步兵师——集结在德维尼耶湖附近。

因此，集团军前方有敌人4个步兵师，另外，一个新的敌集团出现在德维尼耶湖地域。[24]

这份报告显然存在着严重的不足，因为据德军每日记录称，除了编有第57、第40摩托化军和第19、第20装甲师的施图梅集群，在该地域行动的德军部队还有隶属第40、第57摩托化军和第23军的7个步兵师（第253、251、86、206、110、102、256师）。事实上，到9月5日，第22集团军情报处不得不承认：

8月22日晨，敌人以快速支队突破集团军防线，当日下午攻占库尼亚车站（大卢基以东28千米）、韦利科波利耶（大卢基以东18千米）和乌希齐国营农场（大卢基东南偏东方18千米）。通过缴获的文件（第19装甲师的地图和进攻令）确定，对方为第57摩托化军第19和第20装甲师，在第110、第206步兵师和第40摩托化军加强下，已突破第22集团军防线。[25]

因此，8月22日上午10点左右，第22集团军主力突击群辖内各师猝不及防。步兵第62和第29军先遣师刚刚向南恢复推进，突然遭遇德军多个装甲楔子，他们穿过苏军前进中的战斗队形向北攻击前进，尖啸的"斯图卡"俯冲轰炸机提供掩护，朝前进路线投下致命的炸弹。苏军遭遇的是施图梅集群，其任务是歼灭第22集团军，夺取大卢基。

施图梅集群的进攻和大卢基包围圈，8月22日—24日

8月22日

施图梅集群以新开到的第40摩托化军军部为核心组建而成，由装甲兵上将格奥尔格·施图梅指挥，编有孔策第57摩托化军第19和第20装甲师，并获得步兵第102、第110、第206、第256师支援。施图梅集群的计划是从大卢基东南方38千米，德列基村（Dreki）东面4千米宽地段，以第20和第19装甲师并肩向正北面攻击前进，第206、第110、第102、第256步兵师尾随其后，并在从大卢基东南方35千米的维亚佐维基（Viazoviki）东延至大卢基东南方45千米的德维尼耶湖西岸这片18千米宽地带提供支援。施图梅集群辖内部队向北突击时，在其左侧，舒伯特将军第23军辖内第86、第251、第253步兵师将做好从南面和西面攻往大卢基的准备。

德国人的突击令苏军第22集团军猝不及防，该集团军主力突击群被迅速打垮。克诺贝尔斯多夫第19装甲师径直向北，打击步兵第62军右翼和步兵第29军左翼，一举粉碎尼古拉·伊万诺维奇·比留科夫少将刚刚开始向南进军的步兵第186师。克诺贝尔斯多夫的装甲兵在苏军前进部队中撕开个缺口，迅速向北进击，一天内取得24千米进展，夺得了大卢基东南偏东方28千米的库尼亚车站（Kun'ia），并把第22集团军设在大卢基以东32千米纳济莫沃车站（Nazimovo）的司令部与在该城东南方20—35千米处行动的集团军主力之间的交通线悉数切断。（参见地图11.7）

施通普夫第20装甲师梯次部署在第19装甲师左侧，穿过步兵第29军步兵第170师的防御，向北疾进20千米，在大卢基东南偏东方18千米的瓦托利诺（Vatolino）附近切断大卢基—托罗佩茨主公路。施通普夫随后率领他的装甲兵转身向西，直扑大卢基城。两个装甲师身后和侧翼，第206、第110、第102、第256步兵师利用装甲部队突击造成的巨大缺口向北而行，在从大卢基东南方25千米的波多尔村（Podol）向东北方延伸至主公路，再向东递延到大卢基以东40千米的瓦西科沃村（Vas'kovo）这条宽大战线上呈扇形散开。

夜幕降临时，第22集团军处于极度震惊的状态。德军强有力的进攻不仅粉碎了该集团军主力突击群，还导致叶尔沙科夫设在纳济莫沃车站的司令部同在大卢基地域战斗的第22集团军三个步兵军失去联系。前一天，叶尔

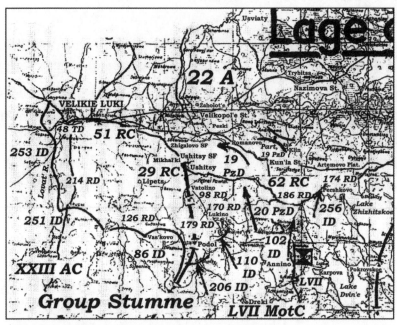

▲ 地图11.7：施图梅集群的反突击，1941年8月22日（资料图）

沙科夫将司令部的一个作战指挥组派往罗曼诺沃（Romanovo）附近的新指挥所，该村位于库尼亚西北偏西方7千米，他希望从那里指挥集团军的进攻行动。但遭到德军战机袭击、受到前进中的德军坦克威胁后，他于8月22日夜间将指挥所迁往大卢基东南偏东方11千米，步兵第29军设在米哈利基镇（Mikhal'ki）附近的军部。由于指挥电台未能运抵新指挥所，叶尔沙科夫同远在东面的集团军司令部失去联系。另外，由于德军一举粉碎比留科夫步兵第168师和步兵第98师大部（叶尔沙科夫刚刚派该师向南支援比留科夫师），并迫使步兵第62军步兵第174师向东北方溃逃，叶尔沙科夫也同这些部队失去了联系。

8月23日

第22集团军的通信中断后，叶尔沙科夫立即采取措施，全力据守大卢基并组织集团军残余力量向东面或东北面突围。与此同时，与叶尔沙科夫失去联系后，第22集团军司令部建立起由作战处处长内里亚宁上校领导的一个新作战指挥组。由于他只能偶尔同叶尔沙科夫指挥所取得联系，内里亚宁很快被任命为集团军参谋长，在包围圈外竭力应对混乱的局面。一连串电报往来于西方面军司令部、内里亚宁作战指挥组、马斯连尼科夫第29集团军之间。铁木辛哥刚刚意识到方面军右翼发生了某些危险的情况，便立即命令马斯连尼科夫协助第22集团军，抽调兵力掩护第22和第29集团军后方的托罗佩茨和旧托罗帕（Staraia Toropa），德国人似乎正攻向那里。

8月22日—23日夜间和8月23日白天往来于三个指挥部之间的大量电报，强调了西方面军右翼彻底陷入混乱的局面。最重要的是，苏军显然输掉了同德国中央集团军群进行的猫鼠游戏，方面军司令员铁木辛哥面临着一个至关重要的抉择：是停止进攻，修补方面军右翼遭受的破坏，还是阻挡德军的推进，同时准备对中央集团军群发起一场更大规模的反攻？

在此期间，德军继续发展已取得的胜利，施图梅集群投入克诺贝尔斯多夫第19、施通普夫第20装甲师，从东面奔向大卢基，第23军第253、第251、第86步兵师则从南面和西面逼向该城。更东面，施图梅麾下第110、第102、第256步兵师肃清第22集团军步兵第62军残部，开始缓缓向东赶往德维涅耶湖和日日茨科耶湖（Zhizhitskoe）以北，进入第29集团军后方地域，朝托罗佩茨城这个更大的奖杯而去。（参见地图11.8）

8月23日晨，叶尔沙科夫重新组织大卢基地域三个步兵军残部时，铁木辛哥的参谋长索科洛夫斯基将军给红军总参谋长沙波什尼科夫元帅发去一份作战报告，向他汇报战况及叶尔沙科夫为补救潜在的灾难性态势而采取的措施：

· **敌人的情况**——以1个配有坦克的摩托化师和1个步兵师沿克列米亚季诺方向突破步兵第186师防线，正朝北面和西北面发展胜利，两股摩托化队列（各有150部车辆）12点逼近乌希齐国营农场（大卢基东南偏南方18千米）和库尼亚车站（大卢基东南偏东方26千米），其先遣部队到达阿尔捷莫沃车站和韦利科佩利耶车站（分别位于大卢基以东40、15千米），1个骑兵团正沿日季茨科耶湖西岸前进并于12点进入佩尔什科沃地域（大卢基东南偏东方38千米）。

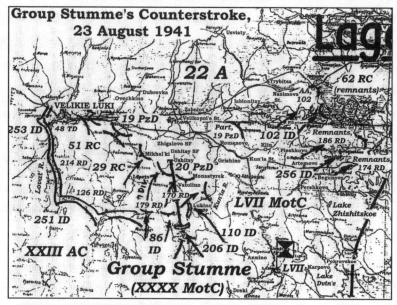

▲ 地图 11.8: 施图梅集群的反突击，1941 年 8 月 23 日（资料图）

·辖内各军团的行动

★第29集团军（应为第22集团军）——以步兵第98和第170师肃清敌人的突破并掩护北部方向，但他们向东后撤的行动以失败告终。

★西方面军——预计第22集团军将消灭敌人的突破，并派2个摩托车团、2个炮兵连、配有19辆T-26坦克的1个坦克营和1个工程兵营占领从托罗佩茨至旧托罗帕的防线（大卢基东北偏东方70千米至东南偏东方70千米），防止敌人突向安德烈亚波尔和西德维纳（东面30—40千米）。

·总结——由于第22集团军没有足够的力量包围并消灭突入之敌，方面军沿该方向也没有预备力量，第29集团军将投入2个师，从托罗佩茨和旧托罗帕地域发起冲击，同第22集团军相配合，包围敌人。[26]

铁木辛哥仍未意识到降临在第22集团军头上的灾难之规模，只是在12点命令叶尔沙科夫恢复态势。这道完全不切实际的加密电报中写道："您在8月23日和24日的主要任务是坚守防线。步兵第62军军长（I.P.卡尔马诺夫少将）

和步兵第186师师长亲自负责封闭敌人的突破。投入您麾下所有力量和配属的战机, 8月23日和24日歼灭突入之敌。"[27]

同时, 这位方面军司令员命令马斯连尼科夫第29集团军全力支援叶尔沙科夫, 但不能停止进攻。作为回应, 马斯连尼科夫8月23日23点50分命令安托先科上校指挥的支队在集团军右翼设立拦截阵地, 阻止德军一切后续推进, 并向铁木辛哥呈交作战摘要:

· **敌人的情况**——以2个师突破步兵第186师防线 (其中一个是配有1个坦克团的摩托化师) 并朝大卢基发展, 2支摩托化队列从库尼亚地域赶往托罗佩茨, 沿第29集团军战线顽强据守原先预有准备的筑垒阵地, 同时企图从梅德韦季察、鲁米谢、杜布罗夫卡地域 (第29集团军右翼) 发起进攻。

· **第29集团军的任务**——从西德维纳河向伊利因诺顺利发起进攻, 将一个师调至克里韦茨、乌斯季耶、彼得罗沃农场、红索斯内一线 (伊利因诺西北偏西方24千米至西北方15千米), 担任右翼掩护。

· **友邻力量**——右侧, 第22集团军, 沿大卢基和普拉克西诺一线 (大卢基东南偏南方20千米) 战斗并组织力量肃清突入库尼亚地域 (大卢基东南偏东方38千米) 之敌。

· **辖内各兵团的任务**

★安托先科上校的混成支队 (摩托车第8和第9团, 45毫米和76毫米炮兵连, 1个坦克营和1个工程兵营) ——在托罗帕车站卸载, 占据并守卫托罗佩茨、托罗帕河、旧托罗帕、卢基亚诺沃一线 (大卢基东北偏东方30千米至东南偏东方35千米), 防止敌人突向安德烈亚波尔和西德维纳。以团级防御地段据守托罗帕河东岸, 组织环形防御, 前沿设在托罗帕河东岸, 同时沿捷列别霍沃、谢利谢、巴布基诺、扎杰米扬耶、亚科夫列沃、奥斯塔什科沃一线实施战斗警戒。

★几个先遣支队 (调自第22和第29集团军, 由安托先科指挥) ——在斯克沃尔措沃车站和日日察车站 (大卢基以东50千米) 西面行动, 控制重要的道路枢纽并掩护混成支队的主防御地带。

★第53号装甲列车 (也由安托先科指挥) ——沿日日察、旧托罗帕车站铁路线行动。

· **报告**——在旧托罗帕完成卸载，支队到达防御地带后分别提交报告，另汇报防御准备情况。[28]

8月24日

8月24日1点15分，铁木辛哥命令第29集团军负责在第22集团军后方地域设立防御后，马斯连尼科夫命令分别由奥尔洛夫中校和杰维上校指挥的托罗佩茨、旧托罗帕守军，配合他正采取的措施，做好防御准备。他给当地驻军下达的命令以这样一段话为开始："负责在托罗佩茨和旧托罗帕地段据守托罗帕河防线的部队开到前"，你们应当——

· 组织部队和特工人员沿纳济莫夫卡和库尼亚车站方向实施侦察，务必确定敌人的集结地域和前进方向。

· 以托罗佩茨和旧托罗帕驻军占据预有准备的防御地段，任何情况下都不得后撤，战斗到援兵开到。

· 以蓄意撤离前沿阵地的各分队、部队的士兵据守你们的防御地段。

· 以工程兵和当地居民在托罗佩茨和旧托罗帕地段沿托罗帕河东岸构筑并改善你们的防御，在托罗佩茨以北地段和科姆洛沃、罗曼诺沃地段布设雷区，沿铁路路基留下一条通道。

· 扣留所有蓄意放弃前沿阵地的士兵，把他们编入各个连队后派往旧托罗帕南面的托罗帕河东岸，占据预有准备的防御阵地。[29]

与此同时，铁木辛哥的参谋长索科洛夫斯基同第22集团军作战处长内里亚宁上校展开了一场近乎离奇的信息交流，内里亚宁率领一个新战役集群待在第22集团军深远后方、托罗佩茨以西某处。再8月24日4之后近一个小时的交谈中，索科洛夫斯基竭力从内里亚宁处获取消息，而这位心烦意乱的作战处长则试图阐明彻底混乱的态势：

内里亚宁——叶尔沙科夫18点离开，赶往步兵第29军（少将A.G.）萨莫欣的指挥所。

索科洛夫斯基——您最后一次与他联系是在什么时候？

内里亚宁——最后一份电报是8月23日8点左右。

索科洛夫斯基——您同步兵第29军保持联系到什么时候？

内里亚宁——我们同步兵第29军的联系保持到8月23日19点。

索科洛夫斯基——您收到电报了吗？

内里亚宁——我们在8月23日15点左右给叶尔沙科夫发去一封电报，但没有收到对方的收讫。

索科洛夫斯基——您没有再发一次？

内里亚宁——发了，我还给步兵第62军军长（少将I.P）卡尔马诺夫发了份副本。

索科洛夫斯基——卡尔马诺夫确认收悉了吗？

内里亚宁——我是18点—19点之间发出的，但我不太确定他们是否收到，如果是一道命令，我可能会更有把握些。

索科洛夫斯基——通过电台和联络机恢复同叶尔沙科夫和各兵团指挥员的联系。

内里亚宁——今天，8月23日18点，我们派出200人组成的第二个支队，还给航空兵指挥员下达了命令，显然我会在早上收到消息。

索科洛夫斯基——对敌人和您自己的部队掌握些什么情况？

内里亚宁——叶尔沙科夫打算在8月23日8点将步兵第179师带出（包围圈），他要求航空兵提供支援。第179师用于打击敌人的侧翼和后方，坦克第48师的位置12点时没有发生变化。他们（叶尔沙科夫）接到萨扎诺夫（步兵第51军军长或参谋长）的一份电报，问"我们该怎么做"，叶尔沙科夫的回复是"原地坚守，同萨莫欣（步兵第29军）保持联系并掩护萨莫欣的右翼"。

索科洛夫斯基——敌人采取了什么行动？

内里亚宁——21点至22点，敌步兵以先遣部队突向北面的库尼亚，7辆坦克位于三个地点，剩下的力量，1个装甲师和第110步兵师，已突向西面和西北面。突破（我方防御）后，第110步兵师沿一条宽大战线发展。从8月23日16—17点起，该师各个营从库尼亚（向北）攻往纳济莫沃，（向西攻往）乌希齐，（向西北方往）佩斯基，敌装甲师集结在乌希齐、佩斯基、库尼亚地域。8

月22日日终时，战线其他地段的情况如下：

☆济金[（步兵第174师）阿列克谢·伊万诺维奇·济金少将]——由于比留科夫（步兵第186师）地段失利而后撤。

☆步兵第126师和坦克第48师——情况稳定，我方力量缓缓向前推进。

☆叶尔沙科夫、列奥诺夫、皮加列维奇的情况都不错，都在萨佐诺夫（步兵第51军）的作战地域。他们（第22集团军）缴获德国人的一道命令，表明第110、第206步兵师、1个武装党卫队步兵旅、第59步兵师，以及第19和第20装甲师的装甲战斗群合并在一个军部下，将攻往乌希齐，夺取大卢基，以步兵力量设立抵抗基点，并以工兵在库尼亚、扎博洛季耶、舒布科沃地域修建碉堡，阻止我方部队撤往东面。我们要求提供空中支援。

索科洛夫斯基——收到命令了吗？

内里亚宁——已收到命令，通信情况不太好。

索科洛夫斯基——检查你们的通信。叶尔沙科夫打算怎么做？

内里亚宁——步兵第179和第126师向乌希齐实施侦察突袭，但由于敌人航空兵力量强大，无功而返。

索科洛夫斯基——投入战机打击敌人。我们突向南面的力量是不是被消灭了？

内里亚宁——我们正以分散的混成支队对其加以掩护。

索科洛夫斯基——主要任务是击败企图包围我们的敌人。你负责把这一点传达给叶尔沙科夫。[30]

西方面军司令部弥漫着混乱和不确定性，马斯连尼科夫第29集团军竭力避免方面军右翼发生更大灾难之际，施图梅集群迅速发展攻势。叶尔沙科夫步兵第51和第29军大部竭力采取措施据守大卢基西面、南面、西南面阵地，抗击德国人的推进时，克诺贝尔斯多夫第19装甲师8月24日攻占韦利科波利耶车站（Velikopol'e）并向西推进，黄昏前在大卢基以东4千米处设立拦截阵地。第19装甲师左翼，施通普夫第20装甲师向西进击，随即转身向南，沿乌希齐和乌希齐国营农场西北方6千米至东南方6千米的公路设立一道12千米长、正面朝南的合围对内正面。随着德国第23军辖内三个师排列在南面和西面，叶尔沙科夫第22集团军残部, 可能有4万多人, 被困在大卢基周边地域和东南方一个由北至南延伸12—15千米, 由东向西延伸16—20千米的包围圈内。东面, 施图梅集群辖内第110步兵师和第102步兵师一部, 将苏军步兵第62军步兵第86和第174师残部包围并歼灭在库尼亚车站东南面, 而在东面更远处, 德军第102步兵师余部和整个第256步兵师形成一道合围对外正面并稳步向东推进, 日终前夺得纳济莫沃和阿尔捷莫沃车站 (Artemovo), 这两个车站分别位于大卢基东北偏东方32千米和东南偏东方40千米。(参见地图11.9)

　　与此同时, 困住第22集团军的、日趋萎缩的包围圈内, 叶尔沙科夫竭力试图制定一个突围计划, 以便尽可能多地挽救他的部队。由于不清楚德军部署情况, 他于8月24日10点15分下达第一道突围令, 要求麾下部队沿大卢基通往托罗佩茨的主铁路线和公路及其南面向正东面突围 (参见地图10.10):

　　· 敌人的情况——两个装甲师在一个步兵师支援下, 突破集团军左翼防御, 前出到库尼亚和乌希齐国营农场地域, 从而包围并歼灭我大卢基集团, 目前正从东面和东南面攻往大卢基, 同时以积极防御掩护库尼亚地域。

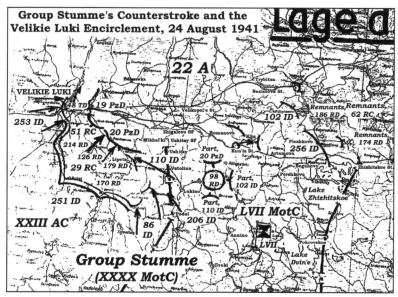

▲ 地图 11.9: 施图梅集群的反突击和大卢基包围圈, 1941 年 8 月 24 日(资料图)

·第22集团军的任务——在坦克第48师、步兵第214、第170师作战地域坚守至8月24日晚，歼灭乌希齐国营农场地域（大卢基东南偏东方16千米）和突向东面之敌，8月24日16点起向东后撤，8月26日日终前占据扎多罗日耶、米绍沃、普列什科沃、别古诺沃、日日茨科耶湖一线（大卢基东北偏东方35千米至东南偏东方40千米），同时从每个营抽调一个连，充分配备自动武器和迫击炮，组成强有力的集团，掩护后撤行动。

·辖内各兵团的任务

★步兵第51军（坦克第48师和步兵第214师）：

☆坦克第48师——8月24日阻止敌人攻入大卢基，8月24日16点开始将你部主力向东撤退，右侧沿大卢基、新谢利耶、杜布罗夫卡、特列季亚科维耶农场、亚布洛尼齐方向进行，左侧沿科尼、马尔基纳、格列丘希纳、伊万诺万、米绍沃、菲利普采沃方向进行。撤退后，在扎多罗日耶和米绍沃地段（大卢基东北偏东方30—35千米）占据防御。

☆步兵第214师——后撤时与坦克第48师紧密协同，右侧沿与坦克第48师分界线方向，左侧沿博尔、扎杰扎（北）、塔拉斯基诺、费多里哈、戈罗瓦斯季察农场、格里希诺、库尼亚、库兹涅措沃方向进行。撤退后，在莫罗佐瓦、新伊万措瓦、扎戈斯基纳地域（大卢基以东38—40千米）担任集团军预备队。

★步兵第29军（步兵第126、第170、第179师）：

☆步兵第126师——向东进攻，突破乌希齐国营农场地域；实施后撤，以便据守米绍沃和普列什科沃一线（大卢基以东35千米）。

☆步兵第170师——8月24日19点撤往弗斯库亚、茹科沃、乌沙尼、库尼亚河一线（大卢基以东20千米至东南方30千米），坚守这道防线，直至坦克第48师，步兵第214、第126师撤至弗斯库皮察河（大卢基以东35千米至东南偏东方38千米）后方，步兵第179师赶往弗托里科沃和扎哈尔采沃后开始后撤，以便沿普列什科沃和别古诺沃一线（大卢基东南偏东方40千米）占据防御。确保在泽列诺瓦（位于库尼亚河畔）夺取渡口，直至后撤开始。

☆步兵第179师——从红戈尔卡和莫纳斯特列克一线（大卢基东南偏东方20千米）发起进攻，突破敌人的防御，沿弗托里科沃和扎哈尔采沃方向消灭敌人，掩护集团军后撤部队，抗击敌人从北面和东南面发起的进攻。撤退后，在奥韦奇基纳、别洛杰特科沃、伊万采瓦、费多索沃地域（大卢基以东40—45千米）担任集团军预备队。

★步兵第62军——在步兵第179师南面行动，撤往别古诺沃和日日茨科耶湖（大卢基以东40—42千米）。

· **特别说明**

★负责掩护撤退的各支队，只有接到不低于团级的上级指挥部门下达的命令方可后撤。

★各师师长和政委亲自负责装备、后勤部队和伤员的撤退工作。

★集团军指挥所和步兵第29军军部，由步兵第126师第550团护送。[31]

叶尔沙科夫制定第一份突围计划时，斯大林、大本营和总参谋部对西方面军施以无情的压力，要求方面军司令部提供关于右翼实际情况的相关信息。方面军参谋长索科洛夫斯基同第22集团军作战指挥组内里亚宁的另一场交谈发生在8月24日晚些时候，这番谈话再次表明情况的不明确性，但也使方面军司令部获悉了关于叶尔沙科夫后续意图的更多信息：

内里亚宁——我们收到叶尔沙科夫发来的报告，正通过电台发送给您：

☆（上校E.V.）别金（步兵第126师）和德沃尔金（指挥的部队不明）将率部攻往乌希齐（大卢基东南偏东方16千米）。11点15分，乌希齐也许已被占领，但这个消息尚未核实。

☆若失利，我将从乌希齐攻往东北方，夜间为此集结打击力量。

☆根据缴获的一份敌人的命令，叶尔沙科夫确认，对我方部队展开行动的敌人是第19、第20装甲师，第110、第206步兵师，第59和第112步兵师的几个团，1个工兵营和第92炮兵团。

索科洛夫斯基——叶尔沙科夫现在在哪里？

内里亚宁——同萨莫欣（步兵第29军）在一起，但4点—5点他打电话来时在步兵第51军。比留科夫（步兵第186师）、格沃兹杰夫（步兵第179师）和（上校D.I.）雅科夫列夫（坦克第48师）的后方部队正混乱不堪地到达托罗佩茨，但我们正在恢复秩序。我们集结起5000人，其中半数带有武器，包括惩戒营的人，把他们编入配备汽车的一个支队后，我们派他们沿北部公路前往大卢基，给他们下达的命令是掩护这条路线。我们可以确定，叶尔沙科夫的主要任务是击败他后方地域的敌人，但他的进攻方向取决于具体情况。[32]

获得这些零零碎碎的新消息后，索科洛夫斯基立即联系沙波什尼科夫，这样，红军总参谋长便可以将这些情况纳入呈交斯大林和大本营的午夜报告。虽然索科洛夫斯基的报告基本采用内里亚宁的说法，但他添加了自己对此的评估，称"叶尔沙科夫没有任何坦克，因而不太可能期待……他成功击败配有大批坦克、如此强大的敌集团"。索科洛夫斯基估计，敌人没有足够的力量同时向西面和东面展开行动，因而建议"倘若我们以2—3个步兵师从托罗佩茨和旧托罗帕发起打击，同时命令叶尔沙科夫从西面展开冲击，就有机会包围过度拉伸的敌人"。由于西方面军沿该方向没有预备力量，索科洛夫斯基补充道："我再次建议您从预备队方面军抽调至少2个步兵师交给西方面军，以便把他们投入托罗佩茨地域，哪怕只是暂时性的。"[33]

没等沙波什尼科夫做出回复，索科洛夫斯基又命令第29集团军司令员马斯连尼科夫，接管第22集团军作战地域，采取一切措施守卫托罗佩茨和旧托罗帕方向，次日晨向他汇报。马斯连尼科夫8月25日7点奉命行事，同时阐述了他所掌握的情况：

· **敌人的情况**——以2个师的兵力突破步兵第186师（第22集团军）防线，向大卢基成功发展，并以两支摩托化队列从库尼亚地域攻向托罗佩茨，同时沿第29集团军战线顽强据守原先预有准备的筑垒阵地，企图从梅德韦季察、鲁米谢、杜布罗夫卡地域（伊利因诺西北方15—20千米）发起进攻。

· **第29集团军的情况**——从托尔卡奇、特鲁布尼基、佩索切克一线（伊利因诺东北偏北方13千米至东北方12千米）向南进攻，并以1个师掩护右翼，在克里韦茨、乌斯季耶、彼得罗沃农场、红索斯内地域（伊利因诺西北方24千米至西北偏北方15千米）据守支撑点，同时沿西德维纳河加强、改善防御。

· **第22集团军的情况**——沿大卢基和普拉克西诺一线（大卢基东南偏南方20千米）战斗，并组织力量肃清突入库尼亚地域之敌。

·辖内各兵团的任务

★步兵第252师——在克里韦茨、第一奥列尼察、乌斯季耶、彼得罗沃、布哈里哈地段（托罗佩茨以南55千米）沿西德维纳河加强、改善你部防御，并通过掩护交叉路口、隘路和关键性高地，加强扎特科湖与德维尼耶湖（托罗佩茨西南方50千米）之间地峡的阿列斯托沃、波利亚内、科科夫基诺、扎博里耶、杰维亚托湖地段。

★步兵第246师——发起进攻，按照集团军第10号令歼灭敌伊利因诺集团，同混成旅相配合，在普洛夫诺耶湖通往米哈伊洛夫斯科耶的公路，罗夫内博尔河上的叶姆连渡口，以及梅利尼察、奥泽雷、扎博里耶公路交汇处（旧托罗帕西南方45千米）布设障碍物和地雷，同时为骑兵第29团向梅扎河遂行侦察留出通道。

★步兵第243师——在各道路交叉口，并沿卡特科沃、卡纳特公路（伊利因诺东北偏东方15千米，以东15千米，旧托罗帕东南偏南方35—42千米）和哈洛托米诺、普鲁多克方向（旧托罗帕以南35—40千米）布设障碍物和地雷，炸毁桥梁、渡口和道路，并同混成旅紧密配合。

★混成旅——8月25日改善你部设在高地上和隘路处的阵地并掘壕据守，沿前线和纵深处设置一切必要的障碍物，尔后遵照第10号令强化你部防御工事。

★安托先科上校的混成支队——遂行集团军第6号令赋予的任务。

★第29集团军——遵照西方面军第04/op号令，阻止敌人攻往勒热夫，沿波多利纳、托罗佩茨、旧托罗帕、叶洛维科沃一线（大卢基东北方70千米至东南方75千米）构设一道主防御地带，并以当地驻军和居民沿切尔诺斯季河、杜布罗夫卡、伊万采沃、巴尔苏基、列夫科沃、科多斯诺湖、日日茨科耶湖、韦林斯科耶湖一线（大卢基东北方30千米，以东42千米至东南方60千米）构筑一道正面朝西的前沿防御地带。

★托罗佩茨驻军（杰维上校）——以全部力量、装备和当地居民一起构筑一道配有主防线和前沿防线的防御地带，右侧分界线为库尼亚河与切尔诺斯季河交汇处和波多利诺（大卢基东北方35千米），左侧分界线为沙拉波沃、谢利斯科耶湖（托罗佩茨以南12千米）。

★旧托罗帕驻军（奥尔洛夫中校）——以当地驻军和居民构筑一道配有

主防线和前沿防线的防御地带，右侧分界线为沙拉波沃、谢利斯科耶湖（旧托罗帕以北12千米）一线，左侧分界线为拉翁、扎列奇耶（旧托罗帕以南5千米）一线。

★集团军工程兵主任——动用你掌握的全部力量、装备，和当地居民一起构筑一道配有主防线和前沿防线的防御地带，右侧分界线为拉翁、扎列奇耶（旧托罗帕以南5千米），左侧分界线为马拉沙特、叶洛维科沃（旧托罗帕以南35千米，伊利因诺以北13千米）。在西德维纳河北岸沿韦林斯科耶湖、叶洛维科沃、谢沃斯季亚诺沃、皮克列沃一线（旧托罗帕西南方35千米至东南方30千米）预先构设一道防线。

★作战指挥组（第22集团军司令部，由第29集团军副参谋长费多罗夫中校领导）——监督各条防线的准备工作。

★时间安排——立即展开工作，8月27日前完成第一、第二阶段任务，8月29日前完成第三和最后阶段任务，8月25日16点向我提交工作计划，以及对所需要兵力、装备和时间的计算。[34]

西方面军和第29集团军竭力从混乱中恢复秩序并加强掩护方面军右翼防御时，大卢基附近恶化的态势迫使沮丧的叶尔沙科夫大幅更改向东进攻、突出包围圈的计划。正如这位第22集团军司令员后来汇报的那样，步兵第126和第179师8月23日—24日夜间冲击乌希齐国营农场失利后（部分原因是步兵第179师师长格沃兹杰夫上校"失去对麾下部队的控制"），叶尔沙科夫下令8月24日再度发起进攻：

步兵第179和第126师8月24日再度攻往乌希齐国营农场（大卢基东南偏东方16千米），但敌步兵的顽强抵抗和敌战机、坦克、迫击炮的猛烈火力迫使步兵第179师向西撤至库尼亚河后方（大卢基东南偏东方12千米），步兵第126师的冲击也告失败。14点，敌坦克力量打击步兵第179师，给该师造成严重损失，迫使师左翼撤至一道中间防线，而步兵第170师顽强坚守其阵地。

16点，空中侦察确认敌坦克和炮兵集结在乌希齐国营农场、日加洛沃国营农场、佩斯基、扎博洛季耶地域（大卢基以东17千米至东南偏东方18千米）。自16点起，敌扎博洛季耶集团（第19装甲师）以40辆坦克和2个摩托化步兵营攻往大卢基。8月24日一整天，敌战斗机和轰炸机反复袭击我方部队，同步兵第186和第98师失去联系。

集团军指挥部肃清敌人突破的措施未实现预期效果，主要因为我们没能集结起一股强有力的打击力量，指挥控制组织得不好，派去消灭敌人的各部队（团）与派遣他们的各兵团（师）之间缺乏有效联系，这些力量本来足以消灭敌人的突破。

17点时，情况已经很清楚，我们无法肃清敌人的突破，集团军辖内部队遭包围，他们的补给线自8月22日起便被切断，弹药只剩四分之一个基数，燃料和食物即将耗尽，各部队战斗队形暴露在敌人的炮火下。

8月23日晚从一名被击毙的德军军官身上缴获的命令表明，敌人正以2个军（第57装甲军和第40军）攻往德维尼耶湖和日日茨科耶湖西面，企图消灭我大卢基集团。考虑到这些困难的条件，集团军司令员决定更改撤往东北方的初步计划，组织部队向北突围，朝大小乌斯维亚特（大卢基东北方30千米）方向退却。

为实施突围组织的战斗队形如下：步兵第126师和坦克第48师担任突围第一梯队，步兵第179和第214师余部位于第二梯队，步兵第62军辖内部队紧随其后，最后一个梯队是步兵第170师，其任务是掩护后撤部队之后方。突围期间，步兵第126师将作为掩护力量留在乌希齐国营农场并封锁扎博洛季耶（大卢基以东15千米至东南偏东方16千米），坦克第48师和步兵第366团将沿奥韦奇基诺和伊万采沃一线（大卢基东北偏东方7—25千米）留下一股掩护力量。

各部队8月24日22点开始行动。

到晚上，敌人一个团接一个团，沿扎博洛季耶至大卢基的道路开进，占领了所有构筑战斗阵地的居民点，并在通往乌希察国营农场[1]的公路与大卢基至韦利科波利耶车站（大卢基以东16千米）的铁路线之间占据高地。步兵第214、第126师和军后勤部队的装备（火炮和汽车）沿步兵第214师进攻方向排列在道路上，8月25日晨，他们跟随在突围部队身后向前开动。步兵第48、第179、第170、第174师的装备紧紧跟随在其部队身后。

---

① 译注：就是乌希齐国营农场。

行动中，火炮和车辆遭到敌战机、火炮和迫击炮、坦克的猛烈打击。结果，大批火炮和汽车在突围期间被摧毁，部队也蒙受部分损失。[35]

就这样，从8月24日—25日夜间起，第22集团军残部，可能有1.5—2万人，冒着第19装甲师（正从东面攻入大卢基）与第23军第253步兵师（正从西面逼近该城）之间的交叉火力向北逃离大卢基。叶尔沙科夫集团军余部，约2.5万人，被困在城市南面几个较小的包围圈和东南方15—20千米一个较大的口袋里，接下来两天，这些苏军士兵要么奋战至死，要么单独或三五成群地举手投降。

消灭包围圈的行动交给第23军第253、第251、第86步兵师，他们形成一道封锁线，从大卢基向东南方延伸20千米直至瓦西科沃，而第19和第20装甲师据守的拦截阵地，从大卢基东面起，沿铁路线和公路及其南面向东南方延伸到大卢基东南偏东方17千米的瓦托利诺。这些部队粉碎包围圈时，第253步兵师部分力量和德军火炮、俯冲轰炸机猛烈打击沿通往奥韦奇基诺（Ovechkino）、乌斯维亚特（Usviaty）、伊万采沃（Ivantsevo）的土路和通向托罗佩茨地域的小径撤向东北方的叶尔沙科夫突围队列。

★

到1941年8月24日晚，德国第9集团军施图梅集群在大卢基地域给西方面军第22集团军造成的粉碎性惨败，在几个重要方面彻底改变了博克中央集团军群左翼、铁木辛哥西方面军右翼的战术和战役态势。首先，德军这场突然袭击的力量和破坏性效果落在一股遂行进攻而非防御的苏军头上，一举瘫痪第22集团军辖下实力最强、最具能力的几个师，使施图梅集群集结起的装甲力量得以先在对方做出应对并建立某种可靠防御前击败对方，然后以零打碎敲的方式将其歼灭。其次，施图梅集群这场反突击达成了突然性，令西方面军和第22集团军司令部猝不及防，导致他们在一段时间内根本不知道发生了什么事，从而无法对德军的打击做出迅速而又有效的应对。第三，施图梅两个装甲师通过快速机动迅速包围了第22集团军大部，使其彻底丧失作为一支战斗力量的价值，并迫使西方面军和第29集团军投入他们微薄的资源，徒劳地试图在方面军右翼恢复某种防御连贯性，这种情况不免让人想起不久前的战事。

　　至于对高于战术和战的层面有何影响，则取决于施图梅集群的反突击不久后如何发展，但至少在两个重要方面，该集群从根本上改变了西（莫斯科）方向的战略态势。首先，叶尔沙科夫第22集团军的失败和可能遭遇的覆灭，导致西方面军的作战序列中减少了一整个集团军，其右翼防御出现一个大缺口。其次，最高统帅部大本营和铁木辛哥投入新锐力量，匆匆设法填补西方面军右翼这个缺口，消耗了他们的战役乃至战略预备力量，他们还要求马斯连尼科夫第29集团军减缓进攻行动，将至关重要的力量调离进攻地段，最终迫使西方面军削弱其主要努力，将重要的预备队调离科涅夫第19和霍缅科第30集团军。

　　也许更重要的是，希特勒以施图梅集群在西方面军右翼实施的这场成功的行动，打破了蔓延在莫斯科和西方面军司令部的"毫无理由的乐观气氛"，同时也给斯大林和铁木辛哥"宏大计划"的某些方面造成了严重破坏。除了令两位苏军领导人猝不及防外，恶化的形势还迫使他们在斯摩棱斯克交战的高潮到来时，大幅度修改反攻计划。实际上，虽然决心削弱博克中央集团军群的三个红军方面军正同竭力打击铁木辛哥西方面军的德国第9集团军施图梅集群展开一场新角逐，但第22集团军在大卢基地域的惨败肯定令苏联人的信心大为受挫，他们原本认为，随着全面反攻高潮的到来，一切都会进展顺利。

　　总之，虽说沿中央集团军群北翼和南翼两场斗争的最终结果在8月24日晚些时候仍悬而未决，但红军在南面的戈梅利和斯塔罗杜布地域、北面的大卢基地域遭遇的挫败，显然打破了斯大林、最高统帅部和铁木辛哥确信无疑的想法：他们以三个方面军发起的反攻将赢得战略性胜利。

注释

1. 截至7月17日，盖尔将军第9军编有第137、第263、第292步兵师，马特纳将军第20军编有第129、第256步兵师和担任总司令部预备队的第15步兵师。这些步兵师仍在赶往维捷布斯克和斯摩棱斯克地域的途中。8月8日，德国人重组部队、歼灭卡恰洛夫集群后，第9军仍掌握第137、第263和第292步兵师，据守叶利尼亚南面的杰斯纳河西岸，第20军则编有第15和第292步兵师[①]。这两个师负责接替了登陆场内的武装党卫队"帝国"师和"大德意志"步兵团。换防时，第20军接替已在登陆场内的第268步兵师，武装党卫队"帝国"师和"大德意志"步兵团接防叶利尼亚西北方防线。第9军第137和第263步兵师8月18日—19日接替武装党卫队"帝国"师和"大德意志"步兵团，就此完成这番复杂的调整。

2. 对于7月下旬至9月初叶利尼亚周边战斗的准确描述，可参阅鲍里斯·卡瓦列尔奇克的《叶利尼亚之战》，收录于《1941年：红军被遗忘的胜利》，莫斯科：亚乌扎—艾克斯摩出版社，2009年，第128—183页。另可参阅米哈伊尔·卢比亚戈夫，《1941年在叶利尼亚》，斯摩棱斯克：俄国人出版社，2005年。

3. 《预备队方面军司令员1941年8月6日下达给第24集团军司令员的第19/op号单独战斗令：关于消灭敌叶利尼亚集团》（Chastnyi boevoi prikaz komanduiushchego voiskami Rezervnogo fronta No. 19/op ot 6 avgusta 1941 g. komanduiushchemu voiskami 24—i Armii na unichtozhenie El' ninskoi gruppirovki protivnika），收录于《伟大卫国战争作战文件集》第37期，莫斯科：军事出版局，1959年，第171—172页。

4. 米哈伊尔·卢比亚戈夫，《1941年在叶利尼亚》，第229页。引自苏联国防部中央档案馆（TsAMO）f. [全宗号]. 1087, o. [卷宗类目号] 1, d. [文件号], l. [页数] 70.

5. 同上。

6. 同上，第249—250页。引自苏联国防部中央档案馆，f.1087, o. 1, d. 5. l. 75.

7. 同上，第252页。

8. 克劳斯·格贝特主编、戴维·约翰逊译，《陆军元帅费多尔·冯·博克：战时日记，1939年—1945年》，宾夕法尼亚州阿特格伦：希弗出版社，1996年，第281页。

9. 查尔斯·伯迪克、汉斯—阿道夫·雅各布森译，《哈尔德战时日记，1939年—1942年》，加利福尼亚州诺瓦托：要塞出版社，1988年，第508页。

10. 参见米哈伊尔·卢比亚戈夫，《叶利尼亚之战》，第150页。

11. 《最高统帅部大本营发给预备队方面军司令员的第001043号训令：关于变更叶利尼亚行动计划》（Direktiva Stavki VGK No. 001043 komanduiushchemu voiskami Rezervnogo fronta ob izmeneniakh v plane operatsii pod El' nei），收录于V.A.佐洛塔廖夫主编，《最高统帅部大本营：1941年的文献资料》，第118页。

12. 米哈伊尔·卢比亚戈夫，《1941年在叶利尼亚》，第248、第261、第276—277、第284—285、第304、第311—313、第322页。引自苏联国防部中央档案馆，f. 1087, o. 1, d. 5., l. 75—98, 124。

13. 《预备队方面军司令员呈交最高统帅的战斗报告：关于叶利尼亚地域的行动过程》（Boevoe donesenie komanduiushchego voiskami Rezervnogo fronta Verkhovnomu Glavnokomanduiushchemu o khode operatsii v raione El' ni），收录于V.A.佐洛塔廖夫主编，《最高统帅部大本营：1941年的文献资料》，第363—364页。

14. 米哈伊尔·卢比亚戈夫，《叶利尼亚之战》，第142页。

15. 蒂莫西·A.雷，《坚守：二战期间德军在东线的防御学说，战前至1943年》，堪萨斯州莱文沃斯堡：作战研究协会，1986年，第47页。

---

① 译注：原文如此。

16. 《哈尔德战时日记，1939年—1942年》，第514—515页。引自WFST I. No. 441 412/41指令；《陆军元帅费多尔·冯·博克：战时日记，1939年—1945年》，第289—290页。

17. 《哈尔德战时日记，1939年—1942年》，第515页。

18. 同上。

19. 《陆军元帅费多尔·冯·博克：战时日记，1939年—1945年》，第219页。

20. 同上。

21. 参见这段时期的《第9集团军作战日志》和《第3装甲集群作战日志》。施特劳斯病倒后，霍特于8月5日接掌第9集团军。另可参阅《陆军元帅费多尔·冯·博克：战时日记，1939年—1945年》，第273—274页。

22. 《西方面军司令员1941年8月18日给第22集团军司令员下达的战斗令：关于更正集团军辖内部队的计划》（Boevoe rasporiazhenie komanduiushchego voiskami Zapadnogo fronta ot 18 avgusta 1941 g.komanduiushchemu voiskami 22—i Armii o vnesenii popravok v plan nastupleniia voisk armii），收录于《伟大卫国战争作战文件集》第41期，莫斯科：军事出版局，1960年，第40页。

23. 《第22集团军司令员1941年8月19日下达的战斗令》（Boevye prikazy komanduiushchego voiskami 22—i Armii ot 19 avgusta 1941 g.），收录于《伟大卫国战争作战文件集》第41期，第235—237页。

24. 《第22集团军司令部侦察处的情报：关于当面之敌1941年8月20日—23日的编组和活动情况》（Spravka razvedyvatel'nogo otdela shtaba 22—i Armii o gruppirovke i deistviiakh protivostoiashchego protivnika s 20 po 23 avgusta 1941 g.），收录于《伟大卫国战争作战文件集》第41期，第239页。

25. 同上。

26. 《西方面军司令部1941年8月23日发给总参谋长的作战报告：关于在步兵第186师防御地带消灭突入之敌所采取的措施》（Boevoe donesenie shtaba Zapadnogo fronta ot 23 avgusta 1941 g. nachal'niku General'nogo Shtaba o priniatykh merakh po likvidatsii proryva protivnika v polose oborony 186—i Strelkovoi Divizii），收录于《伟大卫国战争作战文件集》第41期，第62—63页。

27. 《西方面军司令员1941年8月23日下达给第22集团军司令员的战斗令：关于坚守既占阵地》（Boevoe rasporiazhenie komanduiushchego voiskami Zapadnogo fronta ot 23 avgusta 1941 g.komanduiushchemu voiskami 22—i Armii o uderzhanie zanimaemogo rubezha），收录于《伟大卫国战争作战文件集》第41期，第63页。

28. 《第29集团军司令员1941年8月23日下达给混成支队指挥员的第6号单独战斗令：关于据守托罗佩茨、托罗帕河、旧托罗帕、卢基亚诺沃（含）一线》[Chastnyi boevoi prikaz komanduiushchego voiskami 29—i Armii No. 6 ot 23 avgusta 1941 g. komandiru svodnogo otriada na oboronu rubezha Toropets, r. Toropa, Staraia Toropa, (incl.) Luk'ianovo]，收录于《伟大卫国战争作战文件集》第41期，第269页。

29. 《第29集团军司令员1941年8月24日下达给托罗佩茨和旧托罗帕驻军司令的战斗令》（Boevoe rasporiazhenie komanduiushchego voiskami 29—i Armii ot 24 avgusta 1941 g. nachal'nikam garnizonov Toropets i Staraia Toropa ob organizatsii oborony etikh punktov），收录于《伟大卫国战争作战文件集》第41期，第270页。

30. 《西方面军参谋长1941年8月24日同第22集团军司令部作战处处长的交谈记录：关于集团军辖内部队的情况》（Zapis' peregovora nachal'nika shtaba Zapadnogo fronta s nachal'nikom operativnogo otdela shtaba 22—i Armii 24 avgusta 1941 g. o polozhenii voisk armii），收录于《伟大卫国战争作战文件集》第41期，第68—69页。

31.《第22集团军司令员1941年8月24日下达的第18号战斗令：关于集团军辖内部队撤至扎多罗日耶、米绍沃、普列什科沃、别古诺沃一线》（Boevoi prikaz komanduiushchego voiskami 22—i Armii No. 18 ot 24 avgusta 1941 g. na otvod voisk armii na rubezh Zadorozh'e, Mishovo, Pleshkovo, Begunovo），收录于《伟大卫国战争作战文件集》第41期，第240—241页。

32.《西方面军参谋长1941年8月24日同第22集团军司令部作战处处长的交谈记录：关于集团军司令员的决心和敌军编组情况》（Zapis' peregovora nachal'nika shtaba Zapadnogo fronta s nachal'nikom operativnogo otdela shtaba 22—i Armii 24 avgusta 1941 g. o reshenii komanduiushchego armiei na nastuplenie i gruppirovke voisk protivnika），收录于《伟大卫国战争作战文件集》第41期，第73—74页。

33.《西方面军司令部1941年8月24日呈交红军总参谋长的作战报告：关于态势和第22集团军辖内部队继续进攻的计划》（Boevoe donesenie shtaba Zapadnogo fronta ot 24 avgusta 1941 g nachal'niku General'nogo shtaba ob obstanovke i plane dal'neishego nastupleniia voisk 22—i armii），收录于《伟大卫国战争作战文件集》第41期，第69—70页。

34.《第29集团军司令员1941年8月25日下达的第11号战斗令：关于沿勒热夫方向加强防御》（Boevoi prikaz komanduiushchego voiskami 29—i Armii No. 11 ot 25 avgusta 1941 g. ob usilenii oborony na Rzhevskom napravlenii），收录于《伟大卫国战争作战文件集》第41期，第270—271页。

35.《第22集团级军事委员会发给西方面军军事委员会的报告：关于集团军1941年8月21日—25日沿大卢基和托罗佩茨方向的作战行动》（Dokladnaia zapiska Voennogo Soveta 22—i Armii Voennomu Sovetu Zapadnaia fronta o boevykh deistviiakh armii na Velikolukskom i Toropetskom napravleniiakh s 21 po 25 avgusta 1941 g.），收录于《伟大卫国战争作战文件集》第41期，第241—244页。

第十二章
总结

中央集团军群7月份的战斗

德国元首阿道夫·希特勒和中央集团军群（这是第三帝国在东线的首要作战力量）司令费多尔·冯·博克，完全有理由为博克集团军群在苏德战争头五周赢得的胜利感到自豪。1941年6月开始的"巴巴罗萨行动"在头十天取得了惊人的胜利，进入7月份后中央集团军群似乎重演了这番"壮举"。"巴巴罗萨行动"初期阶段歼灭了苏军三个集团军（第3、第4、第10集团军），7月份头两周，博克集团军群又轻而易举地突破了苏军五个集团军（第13、第19、第20、第21、第22集团军）沿西德维纳河和第聂伯河部署的防御。尔后，博克麾下部队并未停下脚步，而是大胆地向东进击，推开苏军另一个集团军（第16集团军），攻占斯摩棱斯克，将苏军第16、第19、第20集团军残部包围在该城北面和东北面。

7月份最后两周，中央集团军群第4、第9集团军辖内步兵力量，在少量装甲师和摩托化师支援下，遏制并力图歼灭被困于斯摩棱斯克及其周边的苏军部队之际，霍特和古德里安第3、第2装甲集群之主力沿集团军群"东线"，斯摩棱斯克城东北面和东南面，阻挡苏军新组建的四个集团军（第29、第30、第19、第24集团军）。与此同时，施特劳斯第9集团军和霍特装甲集群一部夺得涅韦尔，以此掩护集团军群北翼。而魏克斯第2集团军和古德里安第2

装甲集群一部，迫使部署在集团军群南翼的苏军部队退往罗加乔夫、日洛宾地域和索日河。

因此，在短短三周多时间里，博克麾下力量沿德维纳河和第聂伯河粉碎了红军第二战略梯队的防御，夺得了斯摩棱斯克这座通往莫斯科的历史性门户。在此期间，他们俘虏了30万名红军士兵，给铁木辛哥西方面军造成严重损失。无论以何种标准看，这的确是一场巨大的胜利。此时，就算不能说整个世界都有这样的认识，至少德军统帅部对此深信不疑：进攻莫斯科不过是一场快速推进，即一场闪电战风格的辉煌胜利而已。

但事情的表面往往具有欺骗性，1941年7月下旬的情况就是如此。虽说"巴巴罗萨行动"最初一个月充满了胜利，但德国人也有些失望，其中有的远非微不足道。德国人审视他们最初对战争性质和后续进程做的几个重要预测，结果对先前的判断产生了怀疑。最初，德国人坚信，一旦德军歼灭西德维纳河和第聂伯河西面的红军主力，苏联和苏联红军必然崩溃。可是，虽然博克集团军群以壮观的形式完成了这一目标，但事实证明，这个假设明显不成立。7月份第一周结束时，歼灭苏军三个集团军和第四个集团军部分力量后，博克麾下部队到达本应代表彻底胜利的两条河流，可他们却遭遇到苏军另外五个愿意并能够从事战斗的集团军。很自然地，德国人稍稍更改他们的预测，辩称在斯摩棱斯克地域击败并歼灭"这排集团军"就将赢得承诺中的胜利。但情况显然并非如此。实际上，沿西德维纳河和第聂伯河部署一排集团军，在斯摩棱斯克以东部署另一排集团军后，红军将于1941年夏季和秋季沿莫斯科方向投入另外三排集团军。[1] 德国人沉溺于被证明是错误的假设中，他们从事战斗，1941年10月和11月击败其中两排集团军，直到12月初才在莫斯科门前被苏军第三排集团军击败。

德国人对东线战争的另一个重要假设是，在西线轻松赢得胜利的闪电战，在东线同样能取得蔚为壮观的胜利。但这一假设并不成立，主要因为"东线千米"与"西线千米"截然不同。事实证明，德国军队无法在如此庞大、如此落后的战区实施持续不停的闪电战。具体说来，到7月中旬，德军被迫以临时性举措遂行几乎所有的作战行动，在不同的进攻中实施迅猛推进后必然需要长时间休整和补充。

德国人最后一个错误假设是关于苏联红军的战斗力，特别是关于其指挥员和士兵的意志和素质的。这个假设牢牢扎根于纳粹的意识形态和种族理论，根深蒂固地认为红军官兵不能或不会以同其德国对手相称的水平从事战斗。到7月下旬，相关战事证明这个假设纯属无稽之谈。虽说的确有大批红军士兵投降或投敌，但即便没有数十万，也有数万名红军士兵英勇奋战——通常是以近乎自杀的方式，并在抗击德国入侵的战斗中牺牲。因此，到1941年7月下旬，伴随多次重大胜利催生的热情，"聪明"而又"敏锐"的德军官兵有充分的理由对此加以反思并为之沮丧不已。

尽管红军作战英勇，可是1941年7月，苏联政治和军事领导人，以及红军指战员们也面临着前所未有的艰巨考验。以各种标准衡量，7月份的战斗都给苏军造成了接连不断的灾难和看似永无止境的重大危机。很显然，战争头五周，苏联红军和平时期的兵力折损三分之一，可能多达150万名官兵。到1941年8月底，这个数字将攀升到约300万。因此，随着训练有素的士兵在夏季的损失越来越大，红军只能以仅受过部分训练的预备役人员和从苏联辽阔国境内征召的、基本未受过训练的新兵从事战斗。这使红军别无选择，只能在战斗过程中教育、锻炼其官兵。随着时间的推移，凤凰涅槃般出现的新集团军替代了被德军歼灭的集团军，长长的新集团军列表只是强调了这些灾难的规模而已。

此外，红军还面临着另外一个严峻问题，那就是军官团里充斥着"政治"将领和在三十年代后期大清洗中侥幸生还的将军，他们发现自己所从事的这场战争远远超出他们的指挥能力，因而经历了一场不折不扣的"战斗清洗"。在这场优胜劣汰的过程中，这些缺乏能力的指挥员率领他们的部下一同走向死亡。但反过来看，7月份的战斗也表明，这个规模庞大、水准参差不齐的军官团中，的确有许多高级指挥员在战斗中展现出自己的能力，他们知道如何战斗、如何生存，这一点也许并不令人惊讶。有趣的是，除了著名的朱可夫，另一些红军将领，例如科涅夫、罗科索夫斯基和库罗奇金，也在七月的交战中生还下来，从而率领整个方面军在1945年4月和5月胜利征服了柏林。

简言之，尽管红军1941年7月经受了诸多失败、危机和问题，但到月底时，斯大林已能够识别并任用一批堪称斗士的将领组成坚定的指挥核心。通过这些高级指挥员付出的巨大努力，再加上数十万红军士兵的坚韧耐力，最高统帅部大本营得以从失败和后撤转入坚决防御和猛烈反攻。

中央集团军群8月份的战斗

至少表面上看，中央集团军群1941年8月份头三周的战斗值得注意，首先博克麾下力量在初期取得了戏剧性胜利，其次他们在这段时期结束时赢得了同样引人瞩目的战果，关于这段时期的大多数历史著作都如是描述。例如，8月份第一周，博克集团军群获得了两场主要胜利。先是第9和第2集团军步兵力量最终肃清了斯摩棱斯克包围圈，从表面上看消灭了苏军三个集团军的部队并在该城东面恢复了一道坚固防线。其次，几乎在这同时，古德里安麾下第24摩托化军在罗斯拉夫利地域粉碎了卡恰洛夫集群，使铁木辛哥诸战役集群令人大伤脑筋的反攻戛然而止。不到10天，古德里安转身向南，渡过索日河，他的装甲力量和魏克斯第2集团军的步兵就此开始了一连串看似永无止境的迅猛突击，最终以夺取戈梅利达到高潮，从北面对基辅构成真正的威胁，给苏军最高统帅部造成一场危机。

8月份第三周，希特勒不顾博克的强烈反对，要求中央集团军群对铁木辛哥西方面军发起另一场成功打击。这一次，第3装甲集群相当一部分装甲力量，以施图梅集群的方式（中央集团军群已将其悄然变更部署到左翼），在大卢基地域对叶尔沙科夫毫不知情的第22集团军展开一场毁灭性打击。德军突然袭击，一周内，施图梅集群麾下力量粉碎、重创进攻中的第22集团军，攻占大卢基，将叶尔沙科夫集团军半数力量消灭在该城东南方的包围圈内。他们几乎毫不停顿，立即向东进击，威胁托罗佩茨和托罗帕，迫使马斯连尼科夫第29集团军减缓进攻并抽调部分兵力，以免西方面军右翼陷入灭顶之灾。

因此，8月份头三周，中央集团军群将三个集团军（第16、第19、第20集团军）主力从斯摩棱斯克地域红军作战序列中抹去，在罗斯拉夫利地域歼灭第四个集团军（第28集团军），在大卢基周边森林重创第五个集团军（第22集团军），迫使第六个集团军（第21集团军）弃守戈梅利，第七个集团军（第29集团军）则不得不削弱他们在西方面军计划于8月底和9月初实施的反攻中发挥的作用。博克集团军群在斯摩棱斯克东面和东北面击毙或俘虏4万多名红军士兵，在戈梅利地域击毙或俘虏约9万人，在罗斯拉夫利和大卢基又击毙或俘虏6万名红军士兵。不管怎么说，他们消灭了超过19万名红军官兵，这些胜利的规模令人印象深刻。

与德国人赢得的这些胜利同样引人瞩目的是，另外几个严峻的现实也证明，这些胜利具有欺骗性，至少从某个角度来看是这样。首先，虽然西方面军和中央方面军在短短三周内损失超过19万人的确很可悲，但在战争爆发六周内同西方面军折损40多万人比起来，损失19万人实在相形见绌。事实上，苏联动员体系征召的新兵总数超过1000万，6月底之前为80万人，7月份又动员了60万人，8月份的动员人数也差不多，这些人员中，超过半数被派往沿西（莫斯科）方向行动的西方面军、预备队方面军和中央方面军。在此期间，国防人民委员部（NKO）动员并投入的步兵师，其番号7月份为从第250至第316，8月份为从第317至第384，另外还有8月初番号为100系列的坦克师，这些师，约半数加入沿西方向行动的诸方面军。他们大多数缺乏训练，装备不佳，但他们的战斗部署证明了一句古老的格言：双拳难敌四手，恶虎还怕群狼。

　　另外，更重要的是，正如本书引用的记录清楚表明的那样，1941年8月指挥红军各集团军和各师的是在战争头六周生还下来的将军和上校，诸如科涅夫、利久科夫、尤什克维奇和另外几十名指挥员，他们的确在学习如何同欧洲最具成就的军队——德国陆军进行战斗。

　　虽然铁木辛哥的西方向总指挥部和西方面军、预备队方面军、中央方面军的确在8月份第一、第三周遭到惨败，但这两周间，铁木辛哥组织了一场大规模反攻，给博克中央集团军群造成严重破坏，首先体现战斗损失方面，但更重要的是在信心和士气方面。尽管参加铁木辛哥8月中旬反攻行动的大多数集团军未能取得战役性胜利，更不必说战略性胜利了，可是他们确实赢得了史无前例的战术性胜利并给博克集团军群造成了真正的伤害。这一点特在科涅夫第19集团军沿沃皮河展开的进攻中体现得尤为明显，这番冲击重创德军第161步兵师并给德军第28和第5步兵师造成严重破坏，还挫败了德军第7装甲师发起的一场大规模反冲击，这在苏德战争中尚属首次。从较小程度上说，这一点也适用于霍缅科第30集团军，该集团军的行动虽说不够连贯，但还是导致德军第106步兵师伤亡惨重，马斯连尼科夫第29集团军沿西德维纳河缓慢但颇具破坏力的突击同样如此，给德军第26和第6步兵师造成严重破坏。拉库京第24集团军对叶利尼亚猛烈的、有些徒劳的进攻统一体现了这一点，虽然未获成功，但给武装党卫队"帝国"摩托化师，第20军第15、第268、第292步兵师和第9军第263、第137步兵师造成了严重损失。

　　德军高级指挥层陷入越来越严重的沮丧情绪之中。集团军群司令博克8月

3日汇报称第9集团军第8和第5军在斯摩棱斯克合围战期间"遭受严重伤亡，特别是军官"。8月12日他又在日记中透露，"如果俄国人不会迅速崩溃，那么，在冬季到来前击败并歼灭他们的目标就很难实现。"[2] 8月份第三周结束时，斯摩棱斯克以东战线的情况变得极其危急，以至于博克在日记中写道：

> 现在看来，（东部战线）坚守不了太久。我被迫将辛辛苦苦拼凑起来的预备力量分散出去，希望在我战线后方发起的进攻能实现一定程度的安全，以免防线遭突破。
>
> 赢得诸多胜利后，倘若东线战役的良机在我集团军群惨淡的防御作战中悄然流失，这不是我的责任。[3]

当然，这反映出博克对希特勒坚持要求进军莫斯科前先行肃清中央集团军群侧翼的失望之情。

在博克和其他集团军群司令看来，更糟糕的是他们没有必要的预备力量弥补自身蒙受的损失。例如，哈尔德8月2日在日记中写道，自"巴巴罗萨"入侵以来，中央集团军群已损失74500人，只获得23000名补充兵。其结果是，第9集团军目前短缺15000人，第2集团军缺30000人，第3装甲集群缺4000人。8月28日，哈尔德又在日记中写道，中央集团军群第2、第3装甲集群辖内各装甲师，平均每日可用的坦克数量为编制数量的45%，第7装甲师最低，仅为编制的24%。[4] 这些损失中的大多数（以及装甲掷弹兵的惊人损失）发生在7月下旬和8月初沿斯摩棱斯克合围对外正面发起的行动中，此间他们同提供支援的步兵师相隔绝。

中央集团军群的装甲师，特别是其摩托化步兵力量，7月份下半月遭受的损失占了集团军群总损失的很大一部分比例。到了8月份，惨重的损失落在了集团军群辖内步兵师的头上。因此，随着霍特装甲集群北调，第2装甲集群主力向南展开行动，德国第9和第4集团军辖内步兵师最终负责抗击铁木辛哥在斯摩棱斯克东面和东北面猛烈而又持续的突击，以及朱可夫在叶利尼亚地域的进攻。正是在这些地段，10个德军步兵师的实力遭到削弱，其战斗力等级也从"强""中强"降为"虚弱"甚至"耗尽"。

斯摩棱斯克以东和叶利尼亚地域的激烈战斗渐渐说服希特勒，同铁木辛哥展开一场猫鼠游戏，也就是停止代价高昂的东进，先解决中央集团军群北翼和南翼的威胁。希特勒的这一决定，显然源自中央集团军群没能以他所认为及时的方式肃清斯摩棱斯克包围圈而造成的受挫感。霍特和古德里安麾下装甲师坚守斯摩棱斯克东面的合围对外正面，抗击苏军越来越猛烈、越来越疯狂的反冲击期间蒙受损失的痛苦经历，以及古德里安在罗斯拉夫利看似轻而易举的胜利，只是加强了这种挫败感。导致这种受挫感愈发强烈的是，德军步兵师8月中旬继续在斯摩棱斯克以东和叶利尼亚地域流血牺牲，而古德里安的装甲力量在索日河和克里切夫又轻松赢得胜利。

　　这一切为希特勒的决定提供了背景和动力。希特勒不愿冒险突破苏军看似最强大的防御径直奔向莫斯科，而是选择对方抵抗较弱、己方损失较小的路径，对苏军沿西方向防御之侧翼遂行打击。8月份第三周结束时，虽然博克、古德里安和其他高级将领强烈反对，但希特勒的决定正在取得重大战果，这首先是因为元首赢得了这场猫鼠游戏。此时，古德里安不仅打垮中央方面军，还构成将预备队方面军与据守基辅接近地的西南方面军隔开的威胁。与此同时，第3装甲集群的施图梅集群以低廉的代价给铁木辛哥西方面军右翼造成严重破坏，重创苏军第22集团军，并迫使第29集团军停止参加西方面军雄心勃勃的反攻。

　　反过来说，希特勒这场猫鼠游戏在8月份第三周赢得了显而易见的有利结果，也为8月份最后一周和9月初将要发生的事情提供了背景和动力。从铁木辛哥的角度看，虽然德国人在西方面军左右两翼赢得了胜利，但这位方向总司令和他在莫斯科的上级依然坚信，夏季战局的最终结果将在斯摩棱斯克地域决定。如果说希特勒估计到了失败的风险，从而将装甲力量调离莫斯科方向，把中央集团军群两个装甲集群派至侧翼，为西方面军截至8月24日在斯摩棱斯克以东地域实现战术性胜利提供了有利条件的话，那么，苏军最高统帅部大本营认为，8月底和9月初坚持实施打击中央集团军群几乎没有坦克力量的"东线"的策略，也许能取得进一步的战役性乃至战略性胜利。

　　基于这些判断，加之斯大林和大本营的完全认同，8月份最后一周到来时，铁木辛哥正着手策划一场新的、规模更大的反攻，这次将投入三个、而非两个方面军的力量，并获得大本营提供的援兵加强。反过来说，苏军这场新反攻将彻底决定希特勒为实现"巴巴罗萨计划"中提出的目标而采取的策略。

注释

1. 简言之，这些集团军包括6月底和7月初的5个（第16、第19、第20、第21、第22集团军），7月中旬和下旬的12个[第24、第28、第29、第30、第31、第32、第33、第34、第35（后改为第49）、第43、第53、第57集团军]，10月初的3个（第5、第49、第50集团军），11月和12月初的10个（第10、第26、第39、第56、第57、第58、第59、第60、第61和突击第1集团军）。参见戴维·M.格兰茨，《巨人重生》，劳伦斯：堪萨斯大学出版社，2005年。

2. 克劳斯·格贝特主编、戴维·约翰逊译，《陆军元帅费多尔·冯·博克：战时日记，1939年—1945年》，宾夕法尼亚州阿特格伦：希弗出版社，1996年，第271、281页。

3. 同上，第292—293页。

4. 查尔斯·伯迪克、汉斯-阿道夫·雅各布森译，《哈尔德战时日记，1939年—1942年》，加利福尼亚州诺瓦托：要塞出版社，1988年，第493、519页。

附录一
交战双方将领照片

　　本附录中的照片大部分由作者提供。部分苏方将领的肖像画质并不十分理想，但是较有历史价值，故而加以选录。

德国

▶ 德国陆军总司令，陆军元帅瓦尔特·冯·勃劳希契

▽ 阿道夫·希特勒、陆军总司令瓦尔特·冯·勃劳希契元帅（左）、陆军总参谋长弗朗茨·哈尔德大将（右）

◀ 德国陆军总参谋长弗朗茨·哈尔德大将

▶ 中央集团军群司令，陆军元帅费多尔·冯·博克

▲ 第 2 装甲集群、古德里安集团军级集群司令海因茨·古德里安大将

▲ 第 4 集团军司令, 陆军元帅京特·冯·克鲁格

▲ 第 3 装甲集群司令赫尔曼·霍特大将(中)

苏联

▲ 苏联共产党中央委员会总书记约瑟夫·斯大林

1. 西方向总指挥部总司令、西方面军司令员，苏联元帅谢苗·康斯坦丁诺维奇·铁木辛哥

2. 红军总参谋长，苏联元帅鲍里斯·米哈伊洛维奇·沙波什尼科夫

3. 第 20 集团军司令员帕维尔·阿列克谢耶维奇·库罗奇金中将

4. 第 16 集团军司令员米哈伊尔·费多罗维奇·卢金中将

5. 亚尔采沃集群、第 16 集团军司令员康斯坦丁·康斯坦丁诺维奇·罗科索夫斯基中将

6. 第 13 集团军司令员费奥多尔·尼基季奇·列梅佐夫中将

7. 第 21、第 13 集团军司令员瓦西里·菲利波维奇·格拉西缅科中将

8. 西北方面军、第 21 集团军、中央方面军司令员费奥多尔·伊西多罗维奇·库兹涅佐夫上将

9. 红军总参谋长，预备队方面军司令员格奥尔吉·康斯坦丁诺维奇·朱可夫大将

10. 第 19 集团军司令员伊万·斯捷潘诺维奇·科涅夫中将

1. 霍缅科集群、第 30 集团军司令员瓦西里·阿法纳西耶维奇·霍缅科少将

2. 卡恰洛夫集群、第 28 集团军司令员弗拉基米尔·雅科夫列维奇·卡恰洛夫中将

3. 第 24 集团军司令员康斯坦丁·伊万诺维奇·拉库京少将

4. 第 13 集团军司令员康斯坦丁·德米特里耶维奇·戈卢别夫少将

5. 西方面军副司令员、布良斯克方面军司令员安德烈·伊万诺维奇·叶廖缅科上将

6. 第 21 集团军、中央方面军司令员米哈伊尔·格里戈里耶维奇·叶夫列莫夫中将

7. 马斯连尼科夫集群、第 29 集团军司令员伊万·伊万诺维奇·马斯连尼科夫中将

8. 第 21 集团军司令员瓦西里·米哈伊洛维奇·戈尔多夫中将

9. 西方面军骑兵集群司令员列夫·米哈伊洛维奇·多瓦托尔少将

▲ 亚尔采沃集群司令员 K.K. 罗科索夫斯基将军（左）同红军总参谋长 G.K. 朱可夫将军会面

附录二
1941年7月，支援西方面军的机械化军之编成、部署、指挥员和装甲力量

·机械化第5军（外贝加尔军区）

★**指挥员**——坦克兵少将伊利亚·普罗科菲耶维奇·亚历克先科

★**编成：**

☆坦克第13师——费奥多尔·乌斯季诺维奇·格拉切夫上校（在1941年7月中旬的战斗中阵亡）

☆坦克第17师——伊万·彼得罗维奇·科尔恰金上校

☆摩托化第109师——尼古拉·伊万诺维奇·西多连科上校

★**调动至**——西方向总指挥部，第16集团军

★**实际部署情况：**

☆1941年5月25日—6月26日——随第16集团军调至奥斯特罗格、伊贾斯拉夫利、舍佩托夫卡，隶属基辅特别军区

☆1941年6月26日—29日——随第16集团军调至奥尔沙，隶属西方面军

☆1941年7月4日——转隶西方面军第20集团军

☆1941年7月5日——在第20集团军辖下，与机械化第7军协同攻往列佩利

☆1941年7月19日——摩托化第109师改编为步兵第109师，后又改为步兵第304师

☆1941年8月10日——坦克第13师遭歼灭后撤编

☆1941年8月底——坦克第17师在斯摩棱斯克包围圈遭重创，改编为坦克第126旅

★**1941年7月6日的实力：**

☆军部——7辆坦克（BT型）和12辆装甲车

☆坦克第13师——441辆坦克（7辆KV，10辆T-34，238辆BT，112辆T-26，26辆KhT，48辆T-37/38）和97辆装甲车；7月10日为77辆BT-7和32辆T-26坦克

☆坦克第17师——413辆坦克（237辆BT，130辆T-26，35辆KhT，11辆T-37/38）和74辆装甲车

☆摩托化第109师——113辆坦克（113辆BT）和11辆装甲车

☆摩托车第8团——19辆装甲车

☆**共计**——974辆坦克（7辆KV，10辆T-34，595辆BT，242辆T-26，61辆KhT，59辆T-37/38）和213辆装甲车

·机械化第7军（莫斯科军区）

★**指挥员**——瓦西里·伊万诺维奇·维诺格拉多夫少将

★**编成：**

☆坦克第14师——伊万·德米特里耶维奇·瓦西里耶夫上校

☆坦克第18师——坦克兵少将费奥多尔·季莫费耶维奇·列米佐夫

☆摩托化第1师——雅科夫·格里戈里耶维奇·克列伊泽尔上校

★**调动至**——战略预备队

★**实际部署情况：**

☆1941年6月24日——调至维亚济马

☆6月26日——调至斯摩棱斯克和奥尔沙，隶属第13集团军

☆6月26日——调至奥尔沙，隶属第20集团军

☆6月28日——在第20集团军辖下，开赴鲁德尼亚，阻挡德军攻往斯摩棱斯克

☆7月5日——在第20集团军辖下，与机械化第5军协同攻往列佩利

★**1941年7月6日的实力：**

☆坦克第14师——293辆坦克（24辆KV，29辆T-34，179辆BT，20辆T-26，17辆KhT，24辆T-37/38）和55辆装甲车

☆坦克第18师——272辆坦克（10辆KV，11辆BT，193辆T-26，54辆KhT，3辆T-37/38）和46辆装甲车

☆摩托车第9团——17辆装甲车

☆独立通信兵第251营——6辆坦克（6辆BT）

☆**共计**——571辆坦克（34辆KV，29辆T-34，196辆BT，269辆T-26，71辆KhT，27辆T-37/38）和118辆装甲车

☆摩托化第1师（7月5日后脱离机械化第7军）——229辆坦克（205辆BT，24辆T-37/38）和39辆装甲车

·械化第17军（明斯克，西方面军）

★**指挥员**——米哈伊尔·彼得罗维奇·彼得罗夫少将

★**编成：**

☆坦克第27师——阿列克谢·奥西波维奇·阿赫马诺夫上校

☆坦克第36师——谢尔盖·扎哈罗维奇·米罗什尼科夫上校

☆摩托化第209师——阿列克谢·伊里奇·穆拉维耶夫上校

★**实际部署情况：**

☆7月4日——与空降兵第204旅和步兵第56师奉命开赴博布鲁伊斯克地域

☆7月5日——隶属第21集团军

☆7月下旬——撤至苏希尼奇地域，转隶第4集团军，编入坦克第27师

☆8月1日——改编为坦克第147旅

★**1941年7月7日的实力**——没有装甲车辆

·机械化第20军（巴拉诺维奇，西方面军）

★**指挥员**——安德烈·格里戈里耶维奇·尼基京少将，坦克兵少将尼古拉·杰尼索维奇·韦杰涅耶夫（7月21日起）

★编成：

☆坦克第26师——维克托·季莫费耶维奇·奥布霍夫少将

☆坦克第38师——谢尔盖·伊万诺维奇·卡普斯京上校

☆摩托化第210师

★实际部署情况：

☆6月22日—27日——在明斯克附近战斗

☆7月9日—27日——在莫吉廖夫包围圈战斗，遭歼灭

☆7月27日—28日——100—200人逃离莫吉廖夫包围圈

★1941年7月7日的实力：

☆坦克第26师——3000人和3门152毫米榴弹炮

☆坦克第38师——3800人和5门火炮

☆摩托化第210师——5000人和9门火炮

☆总计——12000人，27门火炮，没有坦克

· 机械化第23军（奥廖尔军区）

★指挥员——米哈伊尔·阿基莫维奇·米亚斯尼科夫少将

★编成：

☆坦克第48师——德米特里·雅科夫列维奇·雅科夫列夫上校

☆坦克第51师——格里戈里·格奥尔基耶维奇·切尔诺夫上校

☆摩托化第220师——尼基福尔·戈尔杰耶维奇·霍鲁任科少将

★调动至——战略预备队

★实际部署情况：

☆1941年6月27日——调至第24集团军，该集团军从西伯利亚军区向西部署。

☆7月1日——转隶西方面军第19集团军，接替机械化第25军，部署至维捷布斯克和利奥兹诺地域。

☆7月10日——坦克第51师编入第31集团军，但接替该师的坦克第57师一直没有开到。

☆7月11日——开赴莫吉利诺和别列津诺，担任第19集团军预备队。

★1941年6月29日的实力：

☆坦克第48师——104辆坦克（3辆T-34，101辆T-26）

☆坦克第57师——不明

☆摩托化第220师——不明

☆总计——413辆坦克（21辆KV和T-34）

· 机械化第25军（哈尔科夫军区）

★指挥员——谢苗·莫伊谢耶维奇·克里沃申少将

★编成：

☆坦克第50师——鲍里斯·谢尔盖耶维奇·巴哈罗夫上校

☆坦克第55师——瓦西里·米哈伊洛维奇·巴达诺夫上校

☆摩托化第219师——帕维尔·彼得罗维奇·科尔尊少将

★**调动至**——战略预备队

★**实际部署情况：**

☆1941年6月24—29日——经铁路部署至基辅地域

☆6月30日——在基辅地域编入第19集团军

☆7月3—8日——经铁路调至新济布科夫地域，加入第21集团军

☆7月13日——准备与第21集团军一道向贝霍夫、博布鲁伊斯克发起反冲击

★**1941年7月1日的实力：**

☆坦克第50师——不明

☆坦克第55师——不明

☆**总计**——163辆坦克（6辆BT，157辆T-26），7月13日前获得64辆T-34加强

·机械化第26军（北高加索军区）

★**指挥员**——尼古拉·雅科夫列维奇·基里琴科少将

★**编成：**

☆坦克第52师——格里戈里·米哈伊洛维奇·米哈伊洛夫上校

☆坦克第56师——伊万·德米特里耶维奇·伊拉廖诺夫上校

☆摩托化第103师——格里戈里·季莫费耶维奇·季莫费耶夫少将，V.P.索科洛夫中校（7月22日起），伊万·伊万诺维奇·比里切夫少将（8月11日起）

★**调动至**——战略预备队

★**实际部署情况：**

☆6月28—29日——随第19集团军调至基辅地域，但7月13日转隶第24集团军

☆7月8—16日——该军改编，坦克第52和第56师改编为坦克第101、第102师，摩托化第103师改编为坦克第103师，都担任第24集团军预备队

★**7月7日的实力**——不明

·机械化第27军（中亚军区）

★**指挥员**——伊万·叶菲莫维奇·彼得罗夫少将

★**编成：**

☆坦克第9师——瓦西里·格拉西莫维奇·布尔科夫上校

☆坦克第53师——阿列克谢·斯捷潘诺维奇·别洛格拉佐夫上校

☆摩托化第221师——格尔什·莫伊谢耶维奇·罗伊坚别尔格上校

★**调动至**——战略预备队

★**实际部署情况：**

☆6月25日——接到警戒令，准备于7月4日部署至西部

☆6月27日——经铁路调往沃罗涅日

☆7月10日——加入第28集团军，开赴基洛夫地域

☆7月11—15日——该军撤编，坦克第9师改编为坦克第104师，坦克第53师改编为坦克第105师，摩托化第221师改编为坦克第106师，都驻扎于斯帕斯杰缅斯克地域，隶属第28集团军

☆7月19日——坦克第106师改称摩托化第106师，调至斯摩棱斯克地域

★1941年7月15日的实力：

☆坦克第104师——208辆坦克（50辆BT-7，19辆BT-5，3辆BT-2，136辆T-26）和51辆装甲车

☆坦克第53师——不明

☆**总计**——不明

注：KhT的意思是配备喷火器或烟雾发生器的化学坦克。

※资料来源：叶甫盖尼·德里格，《战斗中的红军机械化军：1940年—1941年红军汽车装甲坦克兵史》；伊利亚·莫先斯基、伊万·霍赫洛夫，《对抗：斯摩棱斯克交战，1941年7月10日—9月10日》第一部分，刊登于《军事历史》杂志（2003年3月）第3期，第4—7页。

附录三
1941年7月1日，交战双方的作战序列

德国中央集团军群

第9集团军	第20军		第129步兵师
			第256步兵师
	第8军		第8步兵师
			第28步兵师
	第5军		第161步兵师
			第5步兵师
			第35步兵师
	第6军		第6步兵师
			第26步兵师
	第23军（预备队）		第206步兵师
			第86步兵师
第4装甲集团军	第3装甲集群	第57摩托化军	第19装甲师
			第18摩托化师
		第39摩托化军	第7装甲师
			第20装甲师
			第20摩托化师
		第12装甲师	
		第14摩托师	

续表

			第4装甲师
第4装甲集团军	第2装甲集群	第24摩托化军	第3装甲师
			第20摩托化师
		第47摩托化军	第18装甲师
			第17装甲师
			第29摩托化师
		第46摩托化军	武装党卫队"帝国"摩托化师
			第10装甲师
		第1骑兵师	
		"大德意志"步兵团（摩托化）	
第2集团军	第12军		第34步兵师
			第31步兵师
	第9军		第292步兵师
			第137步兵师
			第263步兵师
	第7军		第268步兵师
			第7步兵师
			第23步兵师
			第258步兵师
	第13军		第78步兵师
			第17步兵师
	第35军		第293步兵师
			第45步兵师
	第53军		第167步兵师
			第52步兵师
			第255步兵师
			第267步兵师
集团军群预备队	第43军		第131步兵师
			第134步兵师
			第252步兵师
	第102步兵师		
	第900摩托化教导旅		
集团军群后方地域	第126、第87步兵师		
	第403、第221、第286保安师		
总司令部（OKH）预备队	第42军		第110步兵师
			第106步兵师
			第96步兵师（不在战区内）
	第197步兵师（开赴第43军途中）		
	第15步兵师（开赴第43军途中）		
	第260步兵师（开赴第43军途中）		
	第112步兵师（开赴第13军途中）		

注：本表格反映的是截至1941年7月4日的德军隶属关系。

苏军西方面军

第3集团军	步兵第56师	
	步兵第85师	
	第58筑垒地域	
	军属炮兵第152团	
	独立高射炮兵第16营	
	机械化第11军	坦克第29师
		坦克第33师
		摩托化第204师
第4集团军	步兵第28军	步兵第6师
		步兵第42师
	步兵第47军	步兵第55师
		步兵第143师
		步兵第155师
	步兵第75师	
	步兵第121师	
	第62筑垒地域	
	军属炮兵第420团	
	军属炮兵第477团	
	军属炮兵第455团	
	军属炮兵第462团	
	独立高射炮兵第12营	
第10集团军	步兵第2军	步兵第3师
		步兵第86师
		第66筑垒地域
	骑兵第6军	骑兵第6师
		骑兵第36师
	加农炮兵第311团	
	榴弹炮兵第124团（大本营预备队）	
	坦克第4师	
	摩托化第29师	
	摩托化第208师	
第13集团军	步兵第9军	步兵第100师
		步兵第161师
	步兵第21军	步兵第24师
		步兵第37师
		步兵第50师
	步兵第44军	步兵第64师
		步兵第108师
	第63筑垒地域	

续表

第13集团军	反坦克炮兵第8旅	
	军属炮兵第56团	
	军属炮兵第151团	
	军属炮兵第467团	
	榴弹炮兵第301团（大本营预备队）	
	榴弹炮兵第390团（步兵第17师）	
	独立高射炮兵第86营	
	机械化第20军	坦克第26师
		坦克第38师
		摩托化第210师
	独立工程兵第275营	
方面军直属部队	步兵第1军	步兵第8师
		步兵第17师
	步兵第5军	步兵第49师
	空降兵第4军	空降兵第7旅
		空降兵第8旅
		空降兵第214旅
	第58、第61、第64、第65筑垒地域	
	军属炮兵第29、第49、第130、第156、第262、第315、第444、第587团	
	加农炮兵第293、第611团	
	榴弹炮兵第360、第375团	
	大威力榴弹炮兵第5、第120、第318、第612团（大本营预备队）	
	独立大威力炮兵第32营（大本营预备队）	
	独立迫击炮兵第24营	
	独立高射炮兵第71营	
	机械化第17军	坦克第27师
		坦克第36师
		摩托化第309师
	歼击航空兵第43师	
	轰炸航空兵第12、第13师	
	混成航空兵第23、第47师	
	轰炸航空兵第1、第3团	
	强击航空兵第4团	
	侦察航空兵第313、第314团	
	工程兵第22团	

苏军大本营预备队
预备队集团军集群

第19集团军	步兵第25军	步兵第127师
		步兵第134师
		步兵第162师
	军属炮兵第442团	
	军属炮兵第471团	
	机械化第23军	坦克第48师
		坦克第51师
		摩托化第220师
	摩托化工程兵第111营	
	独立工兵第238营	
	独立工兵第321营	
第20集团军	步兵第61军	步兵第18师
		步兵第110师
		步兵第172师
	步兵第69军	步兵第73师
		步兵第229师
		步兵第233师
	步兵第137师	
	军属炮兵第438团	
	大威力榴弹炮兵第537团（统帅部预备队）	
	机械化第7军	坦克第14师
		坦克第18师
		摩托化步兵第1师
	摩托车第9团	
	独立装甲列车第12营	
	舟桥兵第60营	
第21集团军	步兵第45军	步兵第53师
		步兵第148师
		步兵第187师
	步兵第63军	步兵第61师
		步兵第117师
		步兵第167师
	步兵第66军	步兵第154师
		步兵第232师
	步兵第67军	步兵第102师
		步兵第132师
		步兵第151师
	军属炮兵第546团	

续表

第21集团军	军属炮兵第645团	
	榴弹炮兵第387团（大本营预备队）	
	独立高射炮兵第130营	
	独立高射炮兵第158营	
	独立高射炮兵第311营	
	机械化第25军	坦克第50师
		坦克第55师
		摩托化第219师
		摩托车第12团
	独立装甲车第6营	
第22集团军	步兵第51军	步兵第98师
		步兵第112师
		步兵第170师
	步兵第62军	步兵第153师
		步兵第174师
		步兵第186师
	军属炮兵第336团	
	军属炮兵第545团	
	独立高射炮兵第273营	

独立集团军（兵团/部队）

第16集团军	步兵第32军	步兵第46师
		步兵第152师
	军属炮兵第126团	
	独立高射炮兵第112营	
第16集团军	机械化第5军	坦克第13师
		坦克第17师
		摩托化第109师
		摩托车第8团
第24集团军	步兵第52军	步兵第91师
		步兵第119师
		步兵第166师
	步兵第53军	步兵第107师
		步兵第133师
		步兵第178师
	军属炮兵第392团	
	军属炮兵第542团	
	军属炮兵第685团	
	重型加农炮兵第524团（大本营预备队）	

续表

第28集团军	步兵第30军	步兵第19师
		步兵第149师
		步兵第217师
	步兵第33军	步兵第89师
		步兵第120师
		步兵第145师
		步兵第222师
	军属炮兵第364团	
	军属炮兵第643团	
	摩托化第69师	
独立兵团/部队	步兵第20军	步兵第144师
		步兵第160师
	空降兵第3军	空降兵第5旅
		空降兵第6旅
	大威力榴弹炮兵第191（大本营预备队）	
	大威力榴弹炮兵第440团（大本营预备队）	
	加农炮兵第302团（大本营预备队）	
	军属炮兵第267团	
	军属炮兵第275团	
	军属炮兵第390团	
	军属炮兵第596团	
	军属炮兵第644团	
	独立大威力炮兵第40营（大本营预备队）	
	独立迫击炮第6营	
	独立迫击炮第15营	
	机械化第26军	坦克第52师
		坦克第56师
		摩托化第103师
		摩托车第28团
	坦克第57师	
	歼击航空兵第38师	
	轰炸航空兵第30师	
	混成航空兵第31师	

附录四
1941 年 7 月 10 日，交战双方的作战序列

德国中央集团军群

第9集团军	第20军		第129步兵师
			第256步兵师
	第8军		第8步兵师
			第28步兵师
			第161步兵师
	第5军		第5步兵师
			第35步兵师
	第6军		第6步兵师
			第26步兵师
第4装甲集团军	第3装甲集群	第57摩托化军	第19装甲师
			第14摩托化师半数力量
		第39摩托化军	第7装甲师
			第20装甲师
			第20摩托化师
			第12装甲师
			第14摩托化师半数力量
			第18摩托化师
			第900摩托化教导旅
		第23军	第206步兵师
			第86步兵师
			第110步兵师
	第2装甲集群	第24摩托化军	第4装甲师
			第3装甲师
			第10摩托化师
			第1骑兵师
		第47摩托化军	第18装甲师
			第17装甲师
			第29摩托化师
		第46摩托化军	武装党卫队"帝国"摩托化师
			第10装甲师
			"大德意志"步兵团（摩托化）

续表

第2集团军	第12军	第34步兵师
		第31步兵师
	第9军	第292步兵师
		第137步兵师
		第263步兵师
	第7军	第268步兵师
		第7步兵师
		第23步兵师
		第258步兵师
	第13军	第78步兵师
		第17步兵师
	第35军	第293步兵师
		第45步兵师
	第53军	第167步兵师
		第52步兵师
		第255步兵师
		第267步兵师
集团军群后方地域	第162、87、252步兵师	
	第403、221、286保安师	
集团军群预备队	第43军（开赴第2集团军途中）	第131步兵师
		第134步兵师
	第102步兵师（开赴第9集团军途中）	
总司令部（OKH）预备队	第42军（开赴第9集团军途中）	第106步兵师
		第96步兵师
	第197步兵师（开赴第43军途中）	
	第15步兵师（开赴第13军途中）	
	第260步兵师（开赴第43军途中）	
	第112步兵师（开赴第43军途中）	

注：本表格反映的是截至1941年7月12日的德军隶属关系。

苏军西方面军

第4集团军	步兵第28军	步兵第6师
		步兵第42师
		步兵第55师
		步兵第143师
	步兵第47军	步兵第121师
		步兵第155师

续表

第4集团军	军属炮兵第455团	
	军属炮兵第462团	
	军属炮兵第420团（组建中）	
	军属炮兵第447团（组建中）	
第13集团军	步兵第45军	步兵第148师
		步兵第187师
	步兵第20军	步兵第132师
		步兵第137师
		步兵第160师
	步兵第61军	步兵第53师
		步兵第110师
		步兵第172师
	空降兵第4军	空降兵第7旅
		空降兵第8旅
	步兵第24师	
	军属炮兵第398团	
	军属炮兵第438团	
	军属炮兵第649团	
	榴弹炮兵第301团（大本营预备队）	
	榴弹炮兵第302团（大本营预备队）	
	机械化第20军（没有装备）	坦克第26师
		坦克第38师
		摩托化第210师
	独立工程兵第275营	
第19集团军	步兵第25军	步兵第127师
		步兵第134师
		步兵第162师
	步兵第34军	步兵第38师
		步兵第129师
		步兵第158师
	军属炮兵第442团	
	榴弹炮兵第360团（统帅部预备队）	
	榴弹炮兵第399团（统帅部预备队）	
	机械化第23军	坦克第48师
		摩托化第220师
		摩托车第27团
	独立工程兵第111营	
	独立工兵第238营	
	独立工兵第321营	

续表

第20集团军	步兵第69军	步兵第153师
		步兵第229师
		步兵第233师
	步兵第2军	步兵第100师
		步兵第161师
	步兵第18师	
	步兵第73师	
	步兵第144师	
	军属炮兵第49团	
	军属炮兵第151团	
	军属炮兵第467团	
	军属炮兵第587团	
	加农炮兵第592团（大本营预备队）	
	混成炮兵第7团	
	独立迫击炮兵第24营	
	独立高射炮兵第12营	
	独立高射炮兵第71营	
	独立高射炮兵第76营	
	独立高射炮兵第123营	
	机械化第5军	坦克第13师
		坦克第17师
		摩托化第109师
	摩托化步兵第1师	
	独立装甲列车第12营	
	轰炸航空兵第47师	
	混成航空兵第23师	
	工程兵第89团	
	独立工兵第122营	
	独立工兵第226营	
第21集团军	步兵第63军	步兵第61师
		步兵第154师
		步兵第167师
	步兵第66军	步兵第232师
	步兵第67军	步兵第102师
		步兵第117师
		步兵第151师
	步兵第75师	
	军属炮兵第191团	
	军属炮兵第546团	
	大威力榴弹炮兵第318团（统帅部预备队）	
	榴弹炮兵第387团（统帅部预备队）	

续表

第21集团军	反坦克炮兵第696团	
	军属炮兵第420团第3营	
	独立迫击炮兵第5营	
	独立迫击炮兵第6营	
	独立迫击炮兵第15营	
	独立高射炮兵第130营	
	独立高射炮兵第158营	
	独立高射炮兵第344营	
	机械化第25军	坦克第50师
		坦克第55师
		摩托化第219师
		摩托车第12团
	独立装甲列车第6营	
	轰炸航空兵第13师	
	混成航空兵第11师	
	独立工程兵第1营	
	独立工程兵第23营	
第22集团军	步兵第51军	步兵第98师
		步兵第112师
		步兵第170师
	步兵第62军	步兵第174师
		步兵第179师
		步兵第186师
	步兵第50师	
	步兵第214师	
	军属炮兵第56团	
	榴弹炮兵第390团（步兵第17师）	
	独立高射炮兵第397营	
	独立坦克营（坦克第48师）	
	轰炸航空兵第12师	
	轰炸航空兵第46师	
	独立工程兵第22营	
	摩托化工程兵第115营	
方面军直属部队	步兵第44军	步兵第17师
		步兵第64师
		步兵第108师
	步兵第49师	
	第61、第62、第63、第65、第66、第68筑垒地域	
	军属炮兵第29、第336、第444、第471、第545、第596、第645团	
	加农炮兵第293、第311团	
	大威力榴弹炮兵第5、第120、第403团（统帅部预备队）	

续表

方面军直属部队	榴弹炮兵第375、第537团（统帅部预备队）		
	反坦克炮兵第699团（统帅部预备队）		
	独立大威力炮兵第32、第40营（统帅部预备队）		
	独立高射炮兵第16、第86营		
	防空第7旅		
	巴拉诺维奇旅级防空地域、科布林旅级防空地域、维捷布斯克旅级防空地域、斯摩棱斯克旅级防空地域、戈梅利旅级防空地域		
	机械化第7军	坦克第14师	
		坦克第18师	
	机械化第17军	坦克第27师	
		坦克第36师	
		摩托化第209师	
	歼击航空兵第43师		
	轰炸航空兵第1、第3、第410团		
	侦察航空兵第313、第314团		

苏军大本营预备队
预备队集团军集群

第24集团军	步兵第52军	步兵第91师
		步兵第133师
		步兵第166师
	步兵第53军	步兵第19师
		步兵第107师
		步兵第178师
		步兵第248师
	军属炮兵第275团	
	军属炮兵第392团	
	军属炮兵第542团	
	军属炮兵第685团	
	加农炮兵第524团	
	加农炮兵第573团	
	大威力榴弹炮兵第514团（统帅部预备队）	
	反坦克炮兵第18团	
	反坦克炮兵第509团	
	反坦克炮兵第700团	
	反坦克炮兵第738团	

续表

第24集团军	机械化第26军	坦克第52师
		坦克第56师
		摩托化第103师
		摩托车第28团
第28集团军	步兵第30军	步兵第89师
		步兵第120师
		步兵第149师
	步兵第33军	步兵第145师
		步兵第217师
		步兵第222师
	军属炮兵第207团	
	军属炮兵第364团	
	军属炮兵第643团	
	军属炮兵第644团	
	反坦克炮兵第754团	
	反坦克炮兵第756团	
	反坦克炮兵第760团	
	反坦克炮兵第761团	
	机械化第27军	坦克第9师
		坦克第53师
		摩托化第221师
		摩托车第31团
	摩托化工兵第538营	
第31集团军	步兵第244师	
	步兵第246师	
	步兵第247师	
	步兵第249师	
	军属炮兵第646团	
	反坦克炮兵第761团	
	反坦克炮兵第766团	

独立集团军（兵团/部队）

第3集团军（只有领率机构）		
第16集团军	步兵第32军	步兵第46师
		步兵第152师
	军属炮兵第126团	
	独立高射炮兵第112营	
	坦克第57师	

续表

独立兵团/部队	步兵第119师	
	步兵第272师	
	山地步兵第194师	
	军属炮兵第43团	
	军属炮兵第267团	
	军属炮兵第390团	
	军属炮兵第488团	
	军属炮兵第637团	
	大威力榴弹炮兵第138团（统帅部预备队）	
	大威力榴弹炮兵第440团（统帅部预备队）	
	反坦克炮兵第171团	
	反坦克炮兵第533团	
	反坦克炮兵第753团	
	反坦克炮兵第758团	
	反坦克炮兵第759团	
	独立迫击炮兵第11营	
	独立迫击炮兵第12营	
	坦克第51师	
	摩托化第69师	

附录五
1941年6月22日，苏军大本营预备队诸集团军的兵力和装甲力量

兵 力

兵团	原驻地	途中	前调	合计
第16集团军	—	17153	33910	**51063**
第19集团军	14574	—	95765	**110339**
第20集团军	113193	—	—	**113193**
第21集团军	44773	61339	—	**106112**
第22集团军	—	44356	38806	**83162**
第24集团军	88029	—	—	**88029**
独立部队	33637	—	33210	**66847**
总计	**294206**	**122848**	**201691**	**618745**

装甲力量

兵团	原驻地	途中	前调	合计
第16集团军	—	29	1030	**1059**
第19集团军	99	—	41	**140**
第20集团军	959	—	—	**959**
第21集团军	79	68	—	**147**
第22集团军	—	10	9	**19**
第24集团军	99	—	—	**99**
独立部队	54	—	683	**737**
总计	**1290**	**107**	**1763**	**3160**

附录六
1941 年 7 月 10 日—31 日，苏军西方面军诸集团军的估计兵力

集团军	1941年7月10日	1941年7月31日
第4集团军	25000	转隶中央方面军
第13集团军	60000	转隶中央方面军
第19集团军	100000	与第16集团军合并
第20集团军	113000	25000（8月6日）
第21集团军	106000	转隶中央方面军
第22集团军	83000	78000
西方面军合计	**579400**	—
第16集团军（7月15日后）	50000	15000（8月6日）
第24集团军	85000	—
补充兵（截至7月31日）		250000（估计）
总计	**732400**	—
马斯连尼科夫集群（第29集团军）	—	45000
加里宁集群（第24集团军）	—	50000
霍缅科集群（第30集团军）	—	65000
亚尔采沃集群（罗科索夫斯基）	—	50000
卡恰洛夫集群（第28集团军）	—	50000
骑兵集群	—	10000
西方面军合计		**638000**

附录七
1941 年 7 月 10 日—9 月 10 日，苏军在斯摩棱斯克交战期间的人员损失

| 方面军 | 集团军 | 7月10日的兵力 | 损失 | | 合计 |
			不可归队减员（阵亡、失踪、被俘）	负伤或患病	
西方面军	第16、第19、第20、第21、第22、第28、第29、第30集团军	579400	309959	159627	**469584**
中央方面军（7月26日—8月25日）	第3、第13、第21集团军		79216	28009	**107225**
预备队方面军（7月30日—9月10日）	第24、第31、第32、第33、第34、第43、第49集团军		45774	57373	**103147**
布良斯克方面军（8月16日—9月10日）	第3、第13、第21、第50集团军		50972	28603	**79575**
平斯克区舰队		2200	250	193	**443**
总计		**581600**	**486171**	**273803**	759974

附录八
苏军 1941 年 9 月 30 日的实力

西方面军（第16、第19、第20、第22、第29、第30集团军）——558000人

预备队方面军（第24、第31、第32、第33、第43、第49集团军）——448000人

布良斯克方面军（第3、第13、第50集团军和叶尔马科夫集群）——244000人

参考文献

缩略语

VIZh——《军事历史杂志》(Voenno-istoricheskii zhurnal / Military-historical journal)
VM ——军事思想 (Voennaia mysl' / Military thought)
TsAMO RF——俄罗斯联邦国防部中央档案馆 (Central Archives of the Ministry of Defense,
Russian Federation)

一手资料

德国

1. 从集团军群至装甲集群和各个师指挥部门所下达的命令

"HGp Mitte [AGp Center], KTB, Anlagen." *HGp Mitte 26974/8.*
《中央集团军群作战日志附件》, 收录于 *HGp Mitte 26974/8*。

"HGr Nord [AGp North], Ia, Besprechungs- und Vortragsnotizen, 19.9.41–12.1.42, Band 2."
HGp Nord 14985/60.
《北方集团军群作战处，会议和讲话，1941 年 9 月 19 日——1942 年 1 月 12 日，第二册》, 收录于 *HGp Nord 14985/60*。

"HGp Nord, KTB, July 41." *HGp Nord 75128/1.*
《北方集团军群作战日志，1941 年 7 月》, 收录于 *HGp Nord 75128/1*。

"HGr Nord, KTB (Zweitschrift), 22 Jun–31 Aug 41." *HGp Nord 75128/1.*
《北方集团军群作战日志 (副本), 1941 年 6 月 22 日——8 月 31 日)》, 收录于 *HGp Nord 75128/1*。

"Der Feldzug gegen die Sowjet-Union, Kriegsjahr 1941." *HGp Nord 75884.*
《北方集团军群对苏战役，1941 年》, 收录于 *HGp Nord 75884*。

"AOK 2, 1a, KTB Russland, Teil 1, 21 Jun–18 Sept 41." *AOK 2 16690/1.*
《第 2 集团军作战处作战日志，俄国篇，第一部分，1941 年 6 月 21 日—— 9 月 18 日》, 收录于 *AOK 2 16690/1*。

"AOK 4, KTB, 26 Jun–19 Jul 41." *AOK 4 17561/2.*
《第 4 集团军作战日志，1941 年 6 月 26 日——7 月 19 日》, 收录于 *AOK 4 17561/2*。

"AOK 4, Ia, Anlagen zum KTB Nr. 8, 1–5 Jul 41." *AOK 4 17561/12.*
《第 4 集团军作战处第 8 号作战日志附件，1941 年 7 月 1 日——5 日》, 收录于 *AOK 4 17561/12*。

"AOK 4, Ia, Anlagen zum KTB Nr. 8, 1 Jul–15 Jul 41." *AOK 4 17561/13.*
《第 4 集团军作战处第 8 号作战日志附件，1941 年 7 月 1 日—15 日》，收录于 *AOK 4 17561/13*。

"AOK 4, Ia, Anlagen zum KTB Nr. 8, 29 Jul–11 Aug 41." *AOK 4 17561/18.*
《第 4 集团军作战处第 8 号作战日志附件，1941 年 7 月 29 日—8 月 11 日》，收录于 *AOK 4 17561/18*。

"AOK 4, Oberquartiermeister, Memo, on conference with Army Group [Center], 13 Jul 41." *AOK 4 17561/13.*
《第 4 集团军军需长在中央集团军群召开的会议上呈交的备忘录，1941 年 7 月 13 日》，收录于 *AOK 4 17561/13*。

"AOK 4, KTB Nr. 8, erster und zweiter Teil, 26 Jun–19 Jul 41." *AOK 4, 17561/1.*
《第 4 集团军第 8 号作战日志，第一、第二部分，1941 年 6 月 26 日—7 月 19 日》，收录于 *AOK 4, 17561/1*。

"1st Cavalry Division after-action report, 1–31 Jul 41, in AOK 4, Ia, Anlagen zum KTB Nr. 8, von 29.7.–11.8.1941." in the folder "Ruhezeit bei Mogilev." *AOK 4 17561/18.*
《第 1 骑兵师 1941 年 7 月 1 日—31 日的战后报告》，见 "莫吉廖夫休整期" 文件夹中的《第 4 装甲集团军作战处第 8 号作战日志附件，1941 年 7 月 29 日—8 月 11 日》，收录于 *AOK 4 17561/18*。

"Third Panzer Group, Estimate of Situation, morning 13 Jul 41," in "AOK 4, KTB, Anlagen. *AOK 4 17561/13.*
《第 3 装甲集群态势评估，1941 年 7 月 13 日晨》，见《第 4 集团军作战日志附件》，收录于 *AOK 4 17561/13*。

"AOK 9, KTB, Ostfeldzug Band 2, 22 Jun–29 Sept 41." *AOK 9 14855/2.*
《第 9 集团军作战日志，东线作战第二册，1941 年 6 月 22 日—9 月 29 日》，收录于 *AOK 9 14855/2*。

"AOK 16, KTB 5, Pt. 2, 7–31 Jul 41." *AOK 16, 22745/1.*
《第 16 集团军第 5 号作战日志第二部分，1941 年 7 月 7 日—31 日》，收录于 *AOK 16, 22745/1*。

"Pz AOK 2 (Panzergruppe 2), KTB, 22 Jun 41–13 Mar 42." *Pz AOK 2 25034/1.*
《第 2 装甲集群第 1 号作战日志，1941 年 6 月 22 日—1942 年 3 月 13 日》，收录于 *Pz AOK 2 25034/1*。

"Pz AOK 2, Ia, Bericht über die Schlacht Rogachev-Gomel, 13 Sept 41." *Pz AOK 2 52701/10.*
《第 2 装甲集群作战处的罗加乔夫—戈梅利作战报告，1941 年 9 月 13 日》，收录于 *Pz AOK 2 52701/10*。

"Anlageband Nr. 8 zum K.T.B. Pz. A.O.K. 2 – vom 22.V.41 bis 31.1.42," in *Pz AOK 2, 734843.* NAM[National Archives Microflm] T-313, Roll 103.
《第 2 装甲集群作战日志第 8 号附件册，1941 年 6 月 22 日—1941 年 1 月 31 日》，收录于 *PzAOK 2, 734843,* 国家档案馆缩微胶卷 T-313, Roll 103。

"Pz. Gr. 3, Ia, Anlagen zum Kriegstagebuch. Lagenkarten. 21 Jul–31 Aug 41." *Pz AOK 3, 15415/12.*

《第 3 装甲集群作战处作战日志附件，作战态势图，1941 年 7 月 21 日至 8 月 31 日》收录于 *Pz AOK 3, 15415/12*。

"Pz AOK 3, KTB, 29 Jun-31 Aug 41." *Pz AOK 3 14837/2*.
《第 3 装甲集群作战日志，1941 年 6 月 29 日—8 月 31 日》，收录于 *Pz AOK 3 14837/2*。

"Pz AOK 3, Gefechtsbericht." *Pz AOK 3, 21057*.
《第 3 装甲集群作战报告》，收录于 *Pz AOK 3, 21057*。

"Pz AOK 3, KTB, 6-11 Jul 41, After-action Report." *Pz AOK 3 21057*.
《第 3 装甲集群作战日志，1941 年 7 月 6 日—11 日，战后报告》，收录于 *Pz AOK 3 21057*。

"Panzer Gruppe 3, Ic, Feindnachrichtenblatt Nr. 16, 17-22 Jul 41." *Pz AOK 3 21818/8*.
《第 3 装甲集群情报处，第 16 号敌情通报，1941 年 7 月 17 日—22 日》，收录于 *Pz AOK 3 21818/8*。

"Panzergruppe 3, Ic, Feindnachrichtenblatt Nr. 16, 22 Jul 41, Annex." *Pz AOK 3 21818/8*.
《第 3 装甲集群情报处，第 16 号敌情通报，1941 年 7 月 22 日》，收录于 *Pz AOK 3 21818/8*。

"Gefechts und Verpfl. Stärken. LVII Pz. A. K, 22.6.1941-2.1.1942," in *Ia LVII Pz.A.K. 666*. NAM T-314, Roll 1474.
《第 57 摩托化军作战力量和预备队，1941 年 6 月 22 日—1941 年 1 月 2 日》，收录于第 57 摩托化军作战处第 666 号文件，国家档案馆缩微胶卷 T-314, Roll 1474。

"Anlagen zum Kriegstagebuch Nr. 3, 3. Panzer-Divisionbefehle vom 15.9.41 bis 29.12.41," in *Ia 3. Panzer-Division 000285*. NAM, series T-315, Roll 116.
《第 3 装甲师第 3 号作战日志附件，1941 年 9 月 15 日—12 月 29 日》，收录于第 3 装甲师作战处 000285 号文件，国家档案馆缩微胶卷 T-315, Roll 116。

"Kriegstagebuch Nr. 3 der 7. Panzer-Division (Führungsabteilung) einsatz Sowjetrussland. 1.6.41-9.5.42," in *Ia 7. Panzer-Division 24797*. NAM T-315, Roll 406.
《第 7 装甲师对苏作战第 3 号作战日志，1941 年 6 月 1 日—1942 年 5 月 9 日》，收录于第 7 装甲师作战处第 24797 号文件，国家档案馆缩微胶卷 T-315, Roll 406。

2. 参战人员和统率机构的战时日志

Bock, Fedor von. *Generalfeldmarschall Fedor von Bock: The War Diary, 1939-1945*. Atglen, PA: Schiffer Military History, 1996.
费多尔·冯·博克，《陆军元帅费多尔·冯·博克：战时日记，1939 年—1945 年》宾夕法尼亚州阿特格伦：希弗军事历史出版社，1996 年。

The Halder War Diary 1939-1942. Charles Burdick and Hans-Adolf Jacobsen, translators. Novato, CA: Presidio, 1988.
查尔斯·伯迪克、汉斯－阿道夫·雅各布森译，《哈尔德战时日记，1939 年—1942 年》加利福尼亚州诺瓦托：要塞出版社，1988 年。

Halder, Generaloberst Franz. *Kriegstagebuch*, ed. Hans-Adolf Jacobsen, 3 vols. Stuttgart: W. Kohlhammer Verlag, 1962–1964.

弗朗茨·哈尔德大将著，汉斯－阿道夫·雅各布森编，《战时日记》（三卷本），斯图加特：W. 科尔哈默出版社，1962—1964 年。（即《哈尔德战时日记，1939 年—1942 年》的未删减版）

Heinrici, Gotthard. *The Campaign in Russia, Volume 1*. Washington, DC: United States Army G-2, 1954.

戈特哈德·海因里希，《对苏作战》第一卷，华盛顿特区：美国陆军情报处，1954 年。

Kriegstagebuch des Oberkommandos der Wehrmacht (Wehrmachtfuhrungsstab), 1940-1945. Percy E. Schramm, ed. and Hans-Adolf Jacobsen, commentator. Frankfurt am Main: Bernard & Graefe Verlag, 1965 and Munich, 1982.

佩尔西·E. 施拉姆主编，汉斯－阿道夫·雅各布森编撰并评述，《国防军最高统帅部战时日志，1940—1945 年（作战处）》，美因河畔法兰克福：伯纳德&格雷费出版社，1965 年；慕尼黑，1982 年。

"OKH, Denkschrift über die Russische Landesbefestigung." *H21/303*.

《国防军陆军总司令部，关于苏军筑垒地域的备忘录》，收录于 *H21/303*。

苏联（俄罗斯）

Boevoi sostav Sovetskoi armii, chast' 1 (iiun' -dekabr' 1941 goda) [The combat composition of the Soviet Army, part 1 (June-December 1941)]. Moscow: Voenno-istoricheskii otdel', Voenno-nauchnoe Upravlenie General'nogo Shtaba [Military-Historical Department, Military-Scientifc Directorate of the General Staff], 1963.

《苏联集团军作战编成，第一部分（1941 年 6 月—12 月）》，莫斯科：总参谋部军事科学院军事历史处，1963 年。

Boevoi i chislennyi sostav vooruzhennykh sil SSSR v period Velikoi Otechestvennoi voiny (1941-1945 gg.): Statisticheskii sbornik No. 1 (22 iiunia 1941 g.) [The combat and numerical composition of the USSR's Armed Forces in the Great Patriotic War (1941-1945). Statistical collection No. 1 (22 June 1941)]. Moscow: Institute of Military History, 1994.

《苏联武装力量在伟大卫国战争中（1941 年—1945 年）的作战和数字编成：第 1 号统计汇编（1941 年 6 月 22 日）》，莫斯科：军事历史研究所，1994 年。

Sbornik boevykh dokumentov Velikoi Otechestvennoi voiny, vypusk, 33 [Collection of combat documents of the Great Patriotic War, Issue 33]. Moscow: Voenizdat, 1957.

《伟大卫国战争作战文件集》第 33 期，莫斯科：军事出版局，1957 年。（其中包括关于红军坦克和机械化力量 1941 年 6 月 22 日至 9 月部署情况的文件）

Sbornik boevykh dokumentov Velikoi Otechestvennoi voiny, vypusk 41 [Collection of combat documents of the Great Patriotic War, Issue 41]. Moscow: Voenizdat, 1960.

《伟大卫国战争作战文件集》第 41 期，莫斯科：军事出版局，1960 年。（其中包括关于西方面军 1941 年 8 月 12 日至 9 月 13 日作战行动的文件）

Sbornik voenno-istoricheskikh materialov Velikoi Otechestvennoi voiny, vypusk 18 [Collection of military-historical materials of the Great Patriotic War, Issue 18]. Moscow: Voennoe

Izdatel' stvo Ministerstva Oborony Soiuza SSR, 1960.

《伟大卫国战争军事和历史资料集》第 18 期，莫斯科：军事出版局，1960 年。[其中包括德国国防军最高帅部(OKW)和陆军总司令部(OKH)1941 年—1945 年苏德战争期间准备并实施作战行动的文件。]

Velikaia Otechestvennaia voina 1941-1945 gg.: Kampanii, strategicheskie operatsii i srazheniia: Statisticheskii analiz, Kniga I: Letne-osenniaia kampaniia 1941 g. [The Great Patriotic War 1941-1945: Campaigns, strategic operations, and battles. A statistical analysis, Book I: The Summer-Fall campaign of 1941]. Moscow: The Institute of Military History of the Ministry of Defense of the Russian Federation, 2004.

《伟大卫国战争，1941 年—1945 年：交战，战略战役和会战：统计分析，第一册：1941 年夏秋季战局》，莫斯科：俄罗斯联邦国防部军事历史研究所，2004 年。

Zolotarev, V. A. ed. *Russkii arkhiv: Velikaia Otechestvennaia: Stavka VGK. Dokumenty i materialy. 1941 god. T. 16 (5-1)* [The Russian archives: The Great Patriotic (War): Stavka VGK. Documents and materials, 1941, Volume 16 (5-1)]. Moscow: TERRA, 1996.

V.A. 佐洛塔廖夫主编，《俄罗斯档案：伟大卫国战争：最高统帅部大本营，1941 年的文献资料》第 16 册（5—1），莫斯科：特拉出版社，1996 年。

Zolotarev, V. A. ed. *Russkii arkhiv: Velikaia Otechestvennaia: Prikazy Narodnogo Komissara Oborony SSSR, 22 iiunia 1941 g. -1942 g., T. 13 (2-2)* [The Russian archives: The Great Patriotic (War): The People' s Commissar of Defense on the USSR, 22 June 1941-1942, Volume 13 (2-2)]. Moscow: TERRA, 1997.

V.A.佐洛塔廖夫主编《俄罗斯档案:伟大卫国战争:苏联国防人民委员部命令,1941 年 6 月 22 日—1942 年》第 13 册（2—2），斯科：特拉出版社，1997 年。

Zolotarev, V. A. ed. *Russkii arkhiv: Velikaia Otechestvennaia: General'nyi Shtab v Gody Velikoi Otechestvennoi voiny: Dokumenty i materialy 1941 god, T 23 (12-1)* [The Russian archives: The Great Patriotic (War): The General Staff in the years of the Great Patriotic War: Documents and materials, 1941, Volume 23 (12-1)]. Moscow: TERRA, 1998.

V.A. 佐洛塔廖夫主编，《俄罗斯档案：伟大卫国战争：伟大卫国战争中的总参谋部，1941 年的文献资料》第 23 册（12—1），莫斯科：特拉出版社，1998 年。

二手资料
书籍

Abaturov, Valerii. *1941 na Zapadnom napravlenii* [1941 along the Western axis]. Moscow: Iauza Eksmo, 2007.

瓦列里·阿巴图罗夫，《1941 年沿西方向》，莫斯科：亚乌扎－艾克斯摩出版社，2007 年。

Anflov, V. A. Proval "Blitskriga" [The defeat of "Blitzkrieg"]. Moscow: Nauka, 1974.

V.A. 安菲洛夫，《闪电战的失败》，莫斯科:科学出版社，1974 年。(这是一部关于红军在 "巴巴罗萨行动" 期间遂行防御的经典著作)

Bartov, Omar. *The Eastern Front, 1941-1945: German Troops and the Barbarization of Warfare.*

New York: St. Martin' s Press, 1986.
奥马尔·巴托夫,《东线, 1941 年—1945 年:德国军队和战争的野蛮化》,纽约:圣马丁出版社, 1986 年。
(本书详细描述了德国的战时暴行)

Beshanov, Vladimir. *Tankovyi pogrom 1941 goda* [Tank massacre, 1941]. Moscow: AST, 2001.
弗拉基米尔·别沙诺夫,《坦克大屠杀, 1941 年》,莫斯科:AST 出版社, 2001 年。(本书披露了苏军坦克和机械化部队在"巴巴罗萨行动"期间的失败)

Boldin, I. V. *Stranitsy zhizni* [Pages of a life]. Moscow: Voenizdat, 1961.
I.V. 博尔金,《生命的篇章》,莫斯科:军事出版局, 1961 年。(这是西方面军作战部长关于 1941 年 6 月的回忆录,他逃离明斯克包围圈,后来指挥第 50 集团军,直至战争结束)

Carell, Paul. *Unternehmen Barbarossa*. Frankfurt am Main: Verlag Ullstein GmbH, 1966.
保罗·卡雷尔,《东进》,美因河畔法兰克福:乌尔斯泰因出版社, 1966 年。(这本六十年代的畅销书完全从德方视角阐述"巴巴罗萨行动")

Carell, Paul. *Hitler Moves East, 1941–1943*. Boston: Bantam, 1967.
保罗·卡雷尔,《东进, 1941—1943》,波士顿:班坦出版社, 1967 年。(以德军视角审视战争的畅销历史书)

Das Deutsche Reich und der Zweite Weltkrieg: 4. Der Angriff auf die Sowjetunion. Stuttgart: Verlags-Anstalt, 1983.
《德国与第二次世界大战. 第四卷:入侵苏联》,斯图加特:安斯塔特出版社, 1983 年。

Drig, Evgenii. *Mekhanizirovannye korpusa RKKA v boiu: Istoriia avtobronetankovykh voisk Krasnoi Armii v 1940–1941 godakh* [The RKKA's mechanized corps in combat: A history of the Red Army's auto-armored forces in 1940–1941]. Moscow: AST, 2005.
叶甫盖尼·德里格,《战斗中的红军机械化军:1940 年—1941 年红军汽车装甲坦克兵史》,莫斯科:AST 出版社,2005 年。(本书全面阐述红军机械化军、坦克和摩托化师、坦克旅在"巴巴罗萨行动"期间的编成、指挥员情况和战斗经历)

Eremenko, A. I. *The Arduous Beginning*. Moscow: Progress Publishers, 1966.
A.I. 叶廖缅科,《艰难的战争初期》,莫斯科:进步出版社, 1966 年。(叶廖缅科 1941 年 7 月暂代西方面军司令员,8 月—10 月担任布良斯克方面军司令员,这是他的回忆录)

Eremenko, A. I. *V Nachale voiny* [In the beginning of the war]. Moscow: Nauka, 1965.
A.I. 叶廖缅科,《在战争初期》,莫斯科:科学出版社, 1965 年。(这是《艰难的战争初期》一书的俄文版)

Erickson, John. *The Road to Stalingrad*. New York: Harper & Row, 1975.
约翰·埃里克森,《通往斯大林格勒之路》,纽约:哈珀&罗出版社, 1975 年。(这是关于苏德战争头十八个月的权威性经典著作)

Fugate, Brian I. *Operation Barbarossa: Strategy and Tactics on the Eastern Front, 1941*. Novato, CA: Presidio, 1984.
布莱恩·I. 福盖特,《巴巴罗萨行动:东线的战略和战术, 1941 年》,加利福尼亚州诺瓦托:要塞出版社, 1984 年。(本书描述了"巴巴罗萨行动"期间苏德双方的战略)

Galitsky, K. N. *Gody suvorykh ispytanii, 1941–1944, zapiska komandarma* [Years of a severe education: 1941–1944, the notes of an army commander]. Moscow: Nauka, 1973.
K.N. 加利茨基，《严峻考验的年代，1941 年—1944 年，一名集团军司令员的笔记》，莫斯科：科学出版社，1973 年。（书中描述了 1941 年 7 月和 8 月第 13、第 21 集团军的战斗，作者后来担任突击第 3、近卫第 11 集团军司令员）

Glantz, David M. *Atlas of the Battle for Smolensk, 7 July–10 September 1941*. Carlisle, PA: Self-published, 2003.
戴维·M. 格兰茨，《斯摩棱斯克交战地图册：1941 年 7 月 7 日—9 月 10 日》，宾夕法尼亚州卡莱尔：个人出版，2003 年。

Glantz, David M. *The Battle for Smolensk, 7 July–10 September 1941*. Carlisle, PA: Self-published, 2001.
戴维·M. 格兰茨，《斯摩棱斯克交战：1941 年 7 月 7 日—9 月 10 日》，宾夕法尼亚州卡莱尔：个人出版，2001 年。

Glantz, David M. *Colossus Reborn, The Red Army at War, 1941–1943*. Lawrence, KS: The University Press of Kansas, 2005.
戴维·M. 格兰茨，《巨人重生，战争中的苏联红军，1941 年—1943 年》，堪萨斯州劳伦斯：堪萨斯大学出版社，2005 年。

Glantz, David M. *The Military Strategy of the Soviet Union: A History*. London: Frank Cass, 1992.
戴维·M. 格兰茨，《苏联的军事战略：一段历史》，伦敦：弗兰克·卡斯出版社，1992 年。

Glantz, David M. *Soviet Military Operational Art: In Pursuit of Deep Battle*. London: Frank Cass, 1991.
戴维·M. 格兰茨，《苏军战役法：探寻大纵深战役》，伦敦：弗兰克·卡斯出版社，1991 年。

Glantz, David M. *Soviet Mobilization in Peace and War, 1924–1942: A Survey*. Carlisle, PA: Self-published, 1998.
戴维·M. 格兰茨，《苏联和平时期和战时的动员，1924 年—1942 年：一份调查》，宾夕法尼亚州卡莱尔：个人出版，1998 年。

Glantz, David M. *Stumbling Colossus: The Red Army on the Eve of World War*. Lawrence, KS: The University Press of Kansas, 1998 and the Russian translation, Koloss poverzhennyi: Krasnoi Armii v 1941 godu [Staggering Colossus: The Red Army in 1941]. Moscow: Iauza Eksmo, 2008.
戴维·M. 格兰茨，《泥足巨人：战争前夕的苏联红军》，堪萨斯州劳伦斯：堪萨斯大学出版社，1998 年。该书俄文版为《泥足巨人：1941 年的苏联红军》，莫斯科：亚乌扎－艾克斯摩出版社，2008 年。

Glantz, David M. ed. *The Initial Period of War on the Eastern Front: 22 June–August 1941*. London: Frank Cass, 1993.
戴维·M. 格兰茨主编，《东线的战争初期：1941 年 6 月 22 日—8 月》，伦敦：弗兰克·卡斯出版社，1993 年。

Grigorenko, M. G. ed. *Skvoz' ognennye vikhri: Boevoi put' 11-i Gvardeiskoi Armii v Velikoi Otechestvennoi voine 1941-1945* [Through a fiery vortex: The combat path of the 11th Guards Army in the Great Patriotic War 1941-1945]. Moscow: Voenizdat, 1987.
M.G. 格里戈连科主编,《穿过火热的漩涡：1941 年—1945 年，近卫第 11 集团军在伟大卫国战争中的征途》,莫斯科：军事出版局，1987 年。（本书描述了第 16 集团军在斯摩棱斯克交战中的作用）

Guderian, Heinz. *Panzer Leader*. New York: E. P. Dutton, 1952.
海因茨·古德里安,《装甲指挥官》,纽约：E.P. 达顿出版社，1952 年。（这是德国国防军首席装甲专家对战争的记述）

Hardesty, Van. *Red Phoenix: The Rise of Soviet Air Power, 1941-1945*. Washington, DC: The Smithsonian Institution Press, 1982.
冯·哈德斯蒂,《火凤凰：苏联空中力量的崛起，1941 年—1945 年》,华盛顿特区：史密森学会出版社，1982 年。

Haupt, Werner. *Army Group Center: The Wehrmacht in Russia, 1941-1945*. Atglen, PA: Schiffer Military History, 1997.
维尔纳·豪普特,《中央集团军群：德国国防军在俄国，1941 年—1945 年》,宾夕法尼亚州阿特格伦：希弗出版社，1997 年。（这是以德方视角撰写的德国中央集团军群战史）

Hossbach, Friedrich. *Infanterie im Ostfeldzug, 1941-42*. Osterode [Harz]: Verlag Giebel & Oehlschlägel, 1951.
弗里德里希·霍斯巴赫,《东线战役中的步兵，1941—1942》,奥斯特罗德：吉贝尔&厄尔施莱格尔出版社，1951 年。

Hoth, Hermann. *Panzer-Operationen*. Heidelberg: Kurt Vowinckel Verlag, 1956.
赫尔曼·霍特,《装甲作战》,海德堡：库尔特·沃温克尔出版社，1956 年。（这是第 3 装甲集群司令撰写的回忆录，他后来担任第 4 装甲集团军司令）

House, Jonathan M. *Toward Combined Arms Warfare: A Survey of 20th Century Tactics, Doctrine, and Organization*. Fort Leavenworth, KS: Combat Studies Institute, 1984.
乔纳森·M. 豪斯,《走向诸兵种合成战：20 世纪战术、学说和编成研究》,堪萨斯州莱文沃斯堡：战斗研究所，1984 年。

Ivanov, S. P. ed. *Nachal' nyi period voiny* [The initial period of war]. Moscow: Voenizdat, 1974.
S.P. 伊万诺夫主编,《战争初期》,莫斯科：军事出版局，1974 年。（这是一份关于战争初期战斗性质的开创性研究）

Jentz, Tomas L. ed. *Panzer Truppen: The Complete Guide to the Creation & Combat Employment of Germany' s Tank Force, 1933-1942, Volume 1*. Atglen, PA: Schiffer Military History, 1996.
托马斯·L. 延茨主编,《装甲部队：德军装甲力量的组建和作战使用完全指南，1933 年—1942 年》第一卷,宾夕法尼亚州阿特格伦：希弗出版社，1996 年。

Kavalerchik, Boris. "Srazhenie za El' niu", in *1941: Zabytye pobedy Krasnoi Armii* [1941:

Forgotten victories of the Red Army]. Moscow: Iauza Eksmo, 2009.

鲍里斯·卡瓦列尔奇克，《叶利尼亚之战》，收录于《1941 年：红军被遗忘的胜利》，莫斯科：亚乌扎－艾克斯摩出版社，2009 年。（这是一份对叶利尼亚登陆场之战不带偏见的研究）

Kesselring, Albert. *A Soldier's Record*. New York: William Morrow, 1954.

阿尔贝特·凯塞林，《一个军人的记录》，纽约：威廉·莫罗出版社，1954 年。

Khazanov, Dmitrii. *1941: Bor' ba za gospodstvo v vozdukhe* [1941: The struggle for air superiority]. Moscow: Iauza Eksmo, 2008.

德米特里·哈扎诺夫，《1941 年：争夺空中优势》，莫斯科：亚乌扎－艾克斯摩出版社，2008 年。（这是后苏联时代对 1941 年空中作战的第一份重要研究）

Kotze, Hildegard von, ed. *Heeresadjutant bei Hitler, 1938-1943, Aufzeichnungen des Majors Engel*. Stuttgart: Deutsche Verlagsanstalt, 1974.

希尔德加德·冯·科策编撰，《在希特勒身边任陆军副官，1938 年—1943 年：恩格尔少校的记录》，斯图加特：德意志出版社，1974 年。（这是希特勒副官的回忆录）

Kozlov, M. A. ed. *V plameni srazhenii* [In the flames of battles]. Moscow: Voenizdat, 1973.

M.A. 科兹洛夫主编，《在战斗的烈焰中》，莫斯科：军事出版局，1973 年。（本书为苏军第 13 集团军战史）

Krivosheev, G. F. ed. *Grif sekretnosti sniat: Poteri vooruzhennykh sil SSSR v voinakh, boevykh deistviiakh i voennykh konfliktakh* [The classifcation secret is removed: The losses of the armed forces of the USSR in wars, military operations, and military conflicts]. Moscow: Voenizdat, 1993.

G.F. 克里沃舍耶夫主编，《揭秘：苏联武装力量在战争、作战行动和军事冲突中的损失》，莫斯科：军事出版局，1993 年。（这是俄罗斯官方对红军战时伤亡的评估）

Krivosheev, G. F. ed. *Velikaia Otechestvennaia bez grifa sekretnosti. Kniga poter'* [The Great Patriotic [War] without the secret classifcation. A book of losses]. Moscow: Veche, 2009.

G.F. 克里沃舍耶夫主编，《揭秘伟大卫国战争：损失评估》，莫斯科：韦切出版社，2009 年。

Leppa, Konrad. *Generalfeldmarschall Walter Model von Genthin bis vor Moskaus Toren*. Nürnberg: Prinz-Eugen-Verlag, 1962.

康拉德·莱帕，《陆军元帅瓦尔特·莫德尔，从根廷到莫斯科门前》，纽伦堡：欧根亲王出版社，1962 年。

Lopukhovsky, Lev. *Viazemskaia katastrofe 41-go goda* [The Viaz' ma tragedy of 1941]. Moscow: Iauza Eksmo, 2006.

列夫·洛普霍夫斯基，《1941 年的维亚济马悲剧》，莫斯科：亚乌扎－艾克斯摩出版社，2006 年。（这是后苏联时代关于恶名昭彰的 1941 年 10 月维亚济马包围圈的第一部，也是最佳的一部著作）

Losik, O. A. ed. *Stroitel' stvo i boevoe primenenie Sovetskikh tankovykh voisk v gody Velikoi Otechestvennoi voiny* [The formation and combat use of Soviet tank forces during the Great Patriotic War]. Moscow: Voenizdat, 1979.

O.A. 洛西科夫主编，《伟大卫国战争中苏联坦克力量的编成和作战使用》，莫斯科：军事出版局，1979 年。

Lubiagov, Mikhail. *Pod El' nei v sorok pervom* [At El' nia in forty-one]. Smolensk: Rusich, 2005.

米哈伊尔·卢比亚戈夫,《1941 年在叶利尼亚》, 斯摩棱斯克: 俄国人出版社, 2005 年。(本书逐日记述了登陆场之战)

Luttichau, Charles V. P. von. *The Road to Moscow: The Campaign in Russia*. Washington, DC: Office of the Chief of Military History, 1985.
查尔斯·V.P. 冯·吕蒂肖,《通往莫斯科之路: 对苏战役》, 华盛顿特区: 陆军军史部军事历史中心, 1985 年。(戴维·M. 格兰茨将这份未发表的 26-P 项目扩充、修改为两卷本的"巴巴罗萨行动"研究)

Manteuffel, Hasso E. von , ed. *Die 7. Panzer Division im Zweiten Weltkrieg, Einsatz und Kampf der "Gespenster-Division" 1939-1945*. Verdingen am Rhein: Buchdruckerei Josef Broich, 1965.
哈索·冯·曼陀菲尔主编,《第二次世界大战中的第 7 装甲师: "幽灵"师从事的战役和战斗, 1939 年—1945 年》, 莱茵河畔乌尔丁根: 约瑟夫·布罗伊希出版社, 1965 年。

Maslov, Aleksander A. *Captured Soviet Generals: The Fate of Soviet Generals Captured by the Germans, 1941-1945*. London: Frank Cass, 2001.
A.A. 马斯洛夫,《被俘的苏军将领: 苏军将领被德国人俘虏后的命运》, 伦敦: 弗兰克·卡斯出版社, 2001 年。

Maslov, Aleksander A. *Fallen Soviet Generals: Soviet General Officers Killed in Battle, 1941-1945*. London: Frank Cass, 1998.
A.A. 马斯洛夫,《陨落的苏军将领》, 伦敦: 弗兰克·卡斯出版社, 1998 年。

Mikhalev, S. N. *Liudskie poteri v Velikoi Otechestvennoi voine 1941-1945 gg.: Statisticheskoe issledovanie* [Personnel losses in the Great Patriotic War 1941-1945: A statistical study]. Krasnoiarsk: Krasnoiarsk State Pedagogical University, 2000.
S.N. 米哈列夫,《1941 年—1945 年, 伟大卫国战争中的人员损失: 一份统计研究》, 克拉斯诺亚尔斯克: 克拉斯诺亚尔斯克州师范大学出版社, 2000 年。

Militärakademie M.W. Frunse, Lehrstuhl für Geschichte der Kriegskunst, *Die Entwicklung der Taktik der Sowjetarmee im Grossen Vaterländischen Krieg*. Generalleutnant K.S. Kolganow, ed. Berlin: Deutscher Militärverlag, 1961.
伏龙芝军事学院, K.S. 科尔加诺夫中将主编,《苏联军队在伟大卫国战争中的战术发展》, 柏林: 德意志军事出版社, 1961 年。

Murray, Williamson. *Luftwaffe*. Baltimore, MD.: Nautical and Aviation Publishing Co. of America, 1985.
威廉姆森·穆雷,《德国空军》, 巴尔的摩: 航海和航空出版社, 1985 年。

Pliev, I. A. *Pod gvardeiskim znamenem* [Under the guards banner]. Ordzhonikidze: IR, 1976.
I.A. 普利耶夫《在近卫军的旗帜下》, 奥尔忠尼启则: IR 出版社, 1976 年。(本书为骑兵集群指挥员的回忆录)

Plocher, Herman. *The German Air Force Versus Russia, 1941*. USAF Historical Division, Aerospace Studies Institute, Air University, July 1965.
赫尔曼·普洛歇尔,《德国空军对苏作战, 1941 年》, 美国空军历史部, 空军大学航空航天研究学院, 1965 年 7 月。

Pospelov, V. N., ed. *Istoriia Velikoi Otechestvennoi voiny Sovetskogo Soiuza 1941–1945, v shesti tomakh, Tom Vtoroi: Otrazhenie Sovetskom narodom verolomnogo napadeniia Fashistkoi Germanii na SSSR. Sozdanii uslovii dlia korennogo pereloma v voine (iiun' 1941 g. – noiabr' 1942 g.)* [History of the Great Patriotic War of the Soviet Union 1941–1945 in six volumes, Volume 2: The Repulsion of the Attack by Treacherous Fascist Germany on the USSR by the Soviet People and the Creation of Conditions for a Fundamental Turning Point in the War (June 1941–November 1942)]. Moscow: Voenizdat, 1961.
V.N. 波斯佩洛夫主编,《1941 年—1945 年, 伟大卫国战争史》(六卷本) 第二卷:《苏联人民抵抗邪恶的法西斯德国对苏联的入侵并为战争根本转折点创造条件, 1941 年 6 月—1942 年 11 月》, 莫斯科:军事出版局, 1961 年。(本书为赫鲁晓夫时代的苏联官方苏德战争史)

Rendulic, Lothar. *Gekämpft, gesiegt, geschlagen*. Heidelberg: Verlag Welsermühl, Wels, 1952.
洛塔尔·伦杜利克,《战斗、胜利、失败》, 海德堡:韦尔泽米赫尔出版社, 1952 年。

Rokossovsky, K. K. *Soldatskii dolg* [A soldier's duty]. Moscow: Golos, 2000.
K.K. 罗科索夫斯基,《军人的天职》, 莫斯科:呼声出版社, 2000 年。(这是亚尔采沃集群司令员的回忆录, 他后来晋升为集团军和方面军级司令员)

Sandalov, L. M. *Perezhitoe* [One's past]. Moscow: Voenizdat, 1961.
L.M. 桑达洛夫,《往事》, 莫斯科:军事出版局, 1961 年。(本书为第 4 集团军司令员的回忆录)

Senger und Etterlin, F. W. von. *Die Panzergrenadiere: Geschichte und Gestalt der mechanisierten infanterie 1930–1960*. Munich: J. F. Lehmanns Verlag, 1961.
F.W. 冯·森格尔·翁德·埃特林,《装甲掷弹兵:机械化步兵的历史和形成, 1933 年—1960 年》, 慕尼黑:J.F. 莱曼斯出版社, 1961 年。(这是一部经典军事著作, 详细阐述了苏德战争中的坦克战)

Sherstnev, Vladimir. *Tragediia sorok pervogo: Dokumenty i razmyshleniia* [The tragedies of 1941: Documents and reflections]. Smolensk: Russich, 2005.
弗拉季米尔·舍尔斯特涅夫,《1941 年的悲剧:文件和反思》, 斯摩棱斯克:俄国人出版社, 2005 年。(这是一部后苏联时期披露红军在 "巴巴罗萨行动" 期间作战失利的著作)

Smirnov, Aleksandr and Aleksandr Surnov. *1941: Boi v Belorussii* [1941: The battle in Belorussia], in the series Frontovaia illiustratsiia [Front illustrated]. Moscow: Strategiya KM, 2003.
亚历山大·斯米尔诺夫和亚历山大·苏尔诺夫,《1941 年:白俄罗斯交战》, 收录于《前线画刊》第 62 期, 莫斯科:KM 战略出版社, 2003 年。

Reinhardt, Klaus. *Moscow – The Turning Point: The Failure of Hitler's Military Strategy in the Winter of 1941–1942*. Karl B. Keenan, transl. Oxford & Providence: Berg Publisher, 1992.
克劳斯·莱因哈特著, 卡尔·基南译,《莫斯科——转折点:1941 年—1942 年冬季, 希特勒在战略上的失败》, 英国牛津&普罗维登斯:冰山出版社,1992 年。(德方撰写的关于 "巴巴罗萨行动" 和莫斯科战役的经典著作)

Reinhardt, Klaus. *Die Wende vor Moskau. Das Scheitern der Strategie Hitlers im Winter 1941–42*. Stuttgart: Deutsche Verlags Anstalt, 1972.
克劳斯·莱因哈特,《莫斯科——转折点:1941 年—1942 年冬季, 希特勒在战略上的失败》, 斯图加特:德意志出版社, 1972 年。

Vnutrennie voiska v gody mirnogo Sotsialisticheskogo stroitel' stva, 1922-1941 gg, [Internal troops in the years of peaceful Socialist construction, 1922-1941]. Moscow: Voenizdat, Iuridicheskaia literature, 1977.
《社会主义和平建设时期的内卫部队，1922 年—1941 年》，莫斯科：军事出版局，尤里季切斯卡亚文学出版社，1977 年。(本书详细记述了 NKVD 部队的战时行动)

Warlimont, Walter. *Im Hauptquartier der Wehrmacht 1939-1945.* Bonn: Athenaum Verlag, 1964.
瓦尔特·瓦利蒙特，《德国国防军大本营，1939 年—1945 年》，波恩：雅典娜出版社，1964 年。

Wehrgeographischer Atlas der Union der Sozialistichen Sowjetrepubliken, Oberst Professor Dr. Ritter von Niedermayer, ed. Berlin: Reichsdruckerei, 1941.
上校教授冯·尼德迈尔博士主编，《苏联地图册》，柏林：帝国印刷公司，1941 年。

Wray, Timothy A. "Standing Fast: German Defensive Doctrine on the Russian Front During World War II," *Research Survey No. 5.* Fort Leavenworth, KS: Combat Studies Institute, 1986.
蒂莫西·A. 雷，《坚守：二战期间德军在东线的防御学说，战前至 1943 年 3 月》，第 5 号调查研究，堪萨斯州莱文沃斯堡：战斗研究所，1986 年。(这是一份关于德军在苏德战争期间防御战术的出色研究)

Zhukov, G.K. *Reminiscences and Reflections, Volume 1.* Moscow: Progress Publishers, 1985.
G.K. 朱可夫，《回忆与思考》第一卷，莫斯科：进步出版社，1985 年。

Zhukov, G.K. *The Memoirs of Marshal Zhukov.* New York: Delacorte Press, 1971.
G.K. 朱可夫，《朱可夫元帅回忆录》，纽约：德拉科特出版社，1971 年。

Zolotarev, V. A., ed. *Velikaia Otechestvennaia voina 1941-1945, Kn. 1* [The Great Patriotic War 1941-1945, Book 1]. Moscow: Nauka, 1998.
V.A. 佐洛塔廖夫主编，《伟大卫国战争，1941 年—1945 年》第一卷，莫斯科：科学出版社，1998 年。(这是最新的多卷本苏德战争史)

文章

Bazhenov, A. N. "O likvidatsii el' ninskogo vystupa nemetsko-fashistskikh voisk v 1941 godu" [About the liquidation of El' nia bulge of the German-Fascist forces in 1941]. *VIZh*, No. 10 (October 1986), 20-28.
A.N. 巴热诺夫，《关于 1941 年消灭德国法西斯军队的叶利尼亚突出部》，刊登于《军事历史杂志》(1986 年 10 月) 第 10 期，第 20—28 页。

Biriukov, N. "V dni Smolenskogo srazheniia" [In the days of the battle for Smolensk]. *VIZh*, No. 4 (April 1962), 80-88.
N. 比留科夫《在斯摩棱斯克交战的日子里》，刊登于《军事历史杂志》(1962 年 4 月) 第 4 期，第 80—88 页。

Boldin, I. "Sorok piat' dnei v tylu vraga" [45 days in the enemy' s rear]. *VIZh*, No. 4 (April 1961), 64-82.
I. 博尔金，《敌后 45 天》，刊登于《军事历史杂志》(1961 年 4 月) 第 4 期，第 64—82 页。

Cheremukhin, K. "Na Smolensko-Moskovskom strategicheskom napravlenii letom 1941 goda" [Along the Smolensk-Moscow strategic axis in summer 1941]. *VIZh*, No. 10 (October 1966), 3-18.
K. 切列姆欣,《1941 年夏季, 沿斯摩棱斯克—莫斯科战略方向》, 刊登于《军事历史杂志》(1966 年 10 月)第 10 期, 第 3—18 页。

Evseev, A. I. "Manevr strategicheskimi rezervami v pervom periode Velikoi Otechestvennoi voiny" [The maneuver of strategic reserves in the first period of the Great Patriotic War]. *VIZh*, No. 3 (March 1986), 9-20.
A.I. 叶夫谢耶夫,《伟大卫国战争第一阶段战略预备力量的调动》, 刊登于《军事历史杂志》(1986 年 3 月)第 3 期, 第 9—20 页。

Kuleshov, G. "Na dneprom rubezhe" [On the Dnepr line], *VIZh*, No. 6 (June 1966), 18-19.
G. 库列绍夫,《在第聂伯河战线》, 刊登于《军事历史杂志》(1966 年 6 月)第 6 期, 第 18—19 页。

Lukin, M. "V Smolenskom srazhenie" [In the battle of Smolensk]. *VIZh*, No. 7 (July 1979), 42-55.
M. 卢金,《在斯摩棱斯克的战斗中》, 刊登于《军事历史杂志》(1979 年 7 月)第 7 期, 第 42—55 页。

Moshchansky, Il' ia and Ivan Khokhlov. "Protivostoianie: Smolenskoe srazhenie, 10 iiulia-10 sentiabria 1941 goda, chast' 1" [Confrontation: the Battle of Smolensk, 10 July-10 September 1941, part 1], in the series *Voennaia letopis'* [Military Chronicle], 3, 2003. Moscow: BTV-MN, 2003.
伊利亚·莫先斯基、伊万·霍赫洛夫,《对抗 : 斯摩棱斯克交战, 1941 年 7 月 10 日—9 月 10 日》第一部分, 刊登于《军事编年史杂志》, 莫斯科 : BTV-MN 出版社, 2003 年第 3 期。

Nekhonov, G. "Uspekh prines nochnoi shturm" [A night assault brings success]. *VIZh*, No. 1 (January 1969), 56-60.
G. 涅霍诺夫,《夜袭取得成功》, 刊登于《军事历史杂志》(1969 年 1 月)第 1 期, 第 56—60 页。(本文描述的是第 30 集团军步兵第 251、第 162 师 1941 年 8 月 22 日—23 日在舍列佩以东的一场夜袭)

Panov, B and N. Naumov, "Vosstanovlenie strategicheskogo fronta na Zapadnom Napravlenii (iiul' 1941 g.)" [The restoration of the strategic front along the Western axis (July 1941)]. *VIZh*, No. 8 (August 1976), 15-23.
B. 帕诺夫、N. 瑙莫夫《1941 年 7 月沿西方向恢复战略防线》, 刊登于《军事历史杂志》1976 年 8 月第 8 期, 第 15—23 页。

Rokossovsky, K. K. "Soldatskii dolg [A Soldier' s duty]. *VIZh*, No. 6 (June 1989), 52.
K.K. 罗科索夫斯基,《军人的天职》, 刊登于《军事历史杂志》(1989 年 6 月)第 6 期, 第 52 页。

Shevchuk, V. "Deistviia operativnykh grupp voisk v Smolenskom srazhenii (10 iiulia-10 sentiabria 1941 g.)" [The actions of operational groups of forces in the battle for Smolensk (10 July-10 September 1941)]. *VIZh*, No. 12 (December 1979), 10-14.
V. 舍夫丘克《斯摩棱斯克交战中各战役集群的行动,1941 年 7 月 10 日—9 月 10 日》,刊登于《军事历史杂志》(1979 年 12 月)第 12 期, 第 10—14 页。

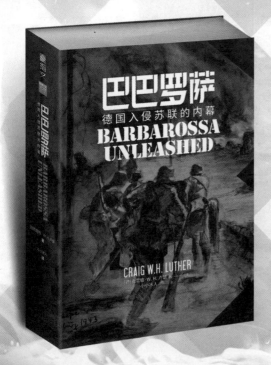